庆祝西北大学建校120周年

# 中国历史文摘

## CHINESE HISTORY DIGEST

2021年卷
（总第2卷）

主 编／李 军

社会科学文献出版社
SOCIAL SCIENCES ACADEMIC PRESS (CHINA)

# 中国历史文摘

## 2021年卷（总第2卷）

# C 目 录
## ontents

## 全文转载

## 宋元明清史（栏目主持：王善军）

## 中国近现代史（栏目主持：郑金刚）

# 论点摘编

## 史学理论与中国史学史

# 篇目推荐

全文转载

# 中国马克思主义史学史研究的若干理念问题

乔治忠

**摘　要**　相对独立地设置中国马克思主义史学史的整体研究，在学界已经起步，十分必要。在此之际，亟须从理论上厘清若干基本理念问题，以保障马克思主义史学史研究的健康发展。首先，要贯彻求真的史学准则，认真查考和厘清一些重要史实，这是一切历史研究的基础。其次，研讨马克思主义史学史，必须以理论思维的方法，要点在于切实地运用唯物辩证法，从而使研究成果达到理论性的层次。研究中国马克思主义史学史，不能脱开对中国近现代历史和近现代史学史的研究，这不仅仅需要汲取近现代史学史的研究成果，更重要的是应当从马克思主义史学史的研究高度，重新审视近现代史学史研究中的讹误和不足，纠谬补偏。特别需要研讨唯物史观的基本理念和底线，不可让一些虚假"唯物史观"轻率地混淆了马克思主义的思想阵线。

**关键词**　马克思主义　史学史　理论思维　思想阵线

中国自 1919 年"五四运动"以来，马克思主义学说的传播日益强劲，其中唯物史观作为中国史学界的新兴理念，影响越来越大。从此，中国马克思主义史学不断发展壮大，随着新民主主义革命的胜利，跃居历史学科的主导地位。中国马克思主义史学，与各种史学流派有着明晰的分界，有着独特发展的特点，有着理论和实践的丰富内容，因此完全可以构成史学史研究的一个独立课题。但研究这个课题，不能脱离近现代社会的背景以及与其他史学流派的关系。于此之际，为保障这项研究的健康发展，讨论和解决其中的一些基本理念问题，正当其时。

# 一 马克思主义史学史研究的视角

历史研究因其内容的多面性，具体的研究课题可以有多种的视角，作为历史学一个专业的史学史研究，当然也不例外。不言而喻，在整体性的中国近现代史学史研究中，应当纳入马克思主义史学的发生、发展的状况，成为其中一个组成部分。然而中国近现代的史学状况是丰富而又十分复杂的，在社会文化的转型时期，许多非马克思主义史学家将传统史学结合于西方的史学方法，加之新开发的史料，能够取得令人瞩目的学术成就。历史学具有一个显著的特点，就是将考察、揭示及解析真情实事，作为整个学科的基础和第一要素。这种旨在求真的历史研究中主要依靠史料的把握，在史料解析中固然需要高层次的辩证思维，而一般的形式逻辑也可以解决很多的问题。这意味着非马克思主义史学家在求真宗旨下，可以取得精湛而意义久远的历史研究成果。因此，在混一的中国近现代史学史框架内，不容易使马克思主义史学成为学术研讨的焦点，研究深度受到限制。解决的方法应当是首先相对独立地设置中国马克思主义史学史的整体研究，经过精深探索，再回返到中国近代史学史中考察。简言之，就是要建立起深化研究中国马克思主义史学史的视角，形成一个相对独立的学术体系。迄今为止，中国马克思主义史学史的研究，成果已经相当丰富，但主要还是集中于对史家、史书、史学等个案的探索，整体性研究虽已起步，而重要成果还在期待之中。

对于马克思主义史学史，研究者应当用何种眼光并且关注哪些要点，即构成一定立场之下的学术视角。在这里，立场是十分重要的，立场不同，研讨的眼光与着眼点会大不相同。只要具备实事求是原则，就不能不承认自近代以来，中国马克思主义史学处于持续向上发展的状况。历史唯物主义学说具有严密、深入的逻辑体系，因而在总体上予以肯定性的评析，乃是理所当然的。因此，研究马克思主义史学史，应当包含具有正面肯定的鲜明立场，其探讨的视角，需要体现出以下几点。

## （一）着眼于清理和查证中国马克思主义史学发展中的重要史实，贯彻以求真为第一要素的史学准则

只有史实无讹，细节清晰，论述方能底气充足，根基牢固。马克思主义史学在中国的产生，是近代才发生、发展的，历史并不悠久，但仍然有许多相关事实需要进一步梳理和考订。尤其是一些关键性的事件，更应当全面考察所有真实的细节，以便予以确当的评论。例如：20世纪30年代的中国社会史论战，无疑是十分重要的事件，其中郭沫若《中国古代社会研究》一书，为中国马克思主义史学产生、发展的关键著作。但这部书的出版面世，到底是郭沫若的个人行为还是党组织的策动和运作？评论者多未涉及于此。实际上，此书之面

世，主要是在中共宣传部的组织和推动下得以实现的。郭沫若在写于1929年9月的该书《解题》中说："本书出版全靠李一氓兄督促斡旋，各种参考书籍的搜集也多靠他，我特别向他感谢。"① 李一氓时任中共中央宣传部文化工作委员会委员，他对郭沫若此书的督促和协助，必然是党组织的既定工作。认定这一重要情况，对于《中国古代社会研究》，对于中国马克思主义史学的产生和发展，对于随后的社会史论战，就会得出更加深入的评析。由此可知，全面理清基本史实，在马克思主义史学史研究中具有何等重要的意义。

### （二）必须以理论思维的角度研讨马克思主义史学史

马克思主义史学本来具有特别重视历史理论和思想方法的特色，唯物史观从出发点上就呈现鲜明的理论性、原则性，理论性成为马克思主义史学的存在方式，亦即一项基本的事实，因而考察马克思主义史学发展的进程，也就不能缺乏理论思维。马克思主义史学史的研究，仍然与所有史学研究的格局一样，应将考实求真与理论分析紧密结合起来，不可偏废。但是，马克思主义史学史的研究具有自己的特色和更加崇高的学术使命，要求对于史实的考订更为精深，理论思维的水平尤其要超越其他史学流派。以理论思维的方法研究马克思主义史学史，使研究成果呈现为理论的层次，这才符合马克思主义史学发展状况的实质特征。仅仅堆积一些事件、人物等，不能反映马克思主义史学的本质内容。马克思主义史学为什么能够在旧中国立足和不断壮大？为什么在1927年大革命失败的背景下马克思主义史学却迅速发展？中国马克思主义史学有哪些独到特点和优点？中国马克思主义史学与中国传统史学有哪些矛盾和契合点？诸如此类的问题，都应当在研究中予以解决，缺乏精深的理论思维，就不能完成这种学术任务。

马克思主义的历史理论及唯物史观，经过马克思等经典作家150多年来的精心探讨和论述，已成为成熟化的学说，虽然还应当随着时代变化继续发展，但基本原理则已奠定基础。然而，与史学史研究联系较为直接的史学理论不等同于历史理论，史学理论针对的对象是历史学，历史理论概括的是客观历史，马克思主义的经典作家未遑系统地研究史学理论的问题，这是中国史学界需要共同努力承担的学术使命。

史学理论的学科建设，以史学史的系统研究为基础，反过来又是保证史学史研究迈向高水平、高层次展开的必要条件之一，二者为辩证的互动关系。因此，对于从事马克思主义史学史研究的群体而言，应当同时致力于马克思主义史学理论的研讨。这里需要申明：马克思主义的史学理论，绝不仅仅观照马克思主义的史学，而是要成为概括整个历史学的科学理论。当前有形形色色的西方史学理论流行于世，对历史学的根本性问题做出不同程度的曲解，惑乱认知，影响消极，建设马克思主义史学理论以正本清源，是十分迫切的工作。由此

---

① 郭沫若:《中国古代社会研究》卷首，人民出版社，1977，第6页。

可知，马克思主义史学史的研究具有重大的学术意义，具有繁重的学术任务，具有广阔的创新前景，在实际探索中需要运用最好的思想方法与研究方法，这种方法只能是马克思主义的唯物辩证法。

## 二 思想方法与学术视野

马克思主义史学史的研究，务必要学习和运用辩证法这个科学的思维方式，才能使繁杂的史实条理清晰，才能在理论上把握住正确的方向。恩格斯指出："蔑视辩证法是不能不受惩罚的。无论对一切理论思维多么轻视，可是没有理论思维，就会连两件自然的事实也联系不起来，或者连二者之间所存在的联系都无法了解。在这里，唯一的问题是思维的正确或不正确。"① 与辩证法对立的是形而上学的思想方法，其缺陷是以孤立、静止和片面的眼光观察事物，社会科学的研究尤其要避免落入形而上学的误区。

第一，对于中国的马克思主义史学史，不能将之孤立起来看待，而是要置于一定的社会背景之中、联系当时历史学发展的整体状况加以评析。中国近代的政治和文化状态错综复杂，相互冲突的政治派别与政治观念很多，文化理念也千差万别，单就历史学而言，非马克思主义史学群体之中，有恪守旧史学观念的信古派，有怀疑中国旧有上古史体系的古史辨派，有接受形形色色西方非马克思主义理论的史学团体与个人，而史界所接受的西方史学理念也是五花八门。中国马克思主义史学产生在这种多样政治文化与史学的环境中，不是与外界绝缘的。史学界的各种流派，即使有与马克思主义格格不入和对立者，也存在相互影响的因素。如守旧信古派史家和疑古派史家考辨史实的成果，都可以被马克思主义史学所汲取，其中重要成果得到了马克思主义史家的赞扬，郭沫若既赞扬过王国维，也赞扬过顾颉刚，这里体现的是史学求真意识的共性。但比较而言，疑古派富于史学的批判性，这与马克思主义的学术精神较为贴近，郭沫若说："顾颉刚的'层累地造成的古史'，的确是个卓识……旧史料中凡作伪之点大体是被他道破了。"② 顾颉刚则认为，郭沫若的《中国古代社会研究》"富有精深独到的见解。中国古代社会的真相，自有此书后，我们才摸着一些边际"。③

至于西方五花八门的史学理论流派，除先期传入中国的社会进化论可能"为中国人接受唯物史观吹响了前奏曲"之外，④ 其余则多有抵牾或冲突，在理论层次上，不同体系的史

---

① 恩格斯：《自然辩证法》，《马克思恩格斯选集》第3卷，人民出版社，1972，第482页。
② 郭沫若：《中国古代社会研究》附录《追论及补遗》，第274～275页。
③ 顾颉刚：《当代中国史学》，《顾颉刚全集·顾颉刚古史论文集（第12卷）》，中华书局，2011，第407页。
④ 参见李波《进化论对马克思主义哲学在中国早期传播的影响——以李大钊为例》，《西北工业大学学报》2008年第4期。

学观念，相互之间很难协同和共融，如历史进化论，不仅内部光怪陆离，派系复杂，整体上也与唯物史观不在一个思想理路之上。因此，将持有不同史学理论的史家笼统归入一个"史观派"，是十分荒谬的说法。反观以梳理、考据与叙述史实为治史特征的史家，凡颇具业绩者无不各有自己的史学理念，如信古、疑古之间激烈的争辩，甚或各不容让，哪里有同属一个"史料派"的模样？因此，有人构建近代史学中的"史料派"与"史观派"二元对立之说，追随者不少，其实乃向壁虚造而已。

将中国马克思主义史学史置于近代政治文化与史学的环境中研究，不仅可以深入探讨马克思主义史学在中国的发展进程，而且通过分析各类史家对马克思主义史学的反应，分别做出研讨，可以更新对近代诸多史家的评价。多年以来，学界对于中国近现代史学史的研究也有长足发展，而建立马克思主义史学史研究的视角和视野，不仅仅需要汲取近现代史学史的研究成果，更重要的是要从马克思主义史学史的研究高度，重新审视近现代史学史研究中的讹误和不足，纠谬补偏，打开整个中国近代史学史研究的新局面。

第二，史学史学科本来就是要探讨历史学的发展变动，中国的马克思主义史学史，同样必须以发展的观念予以研究。以发展、变动的眼光观察，有些西方史学流派传入中国，虽一时轰动，但随后则渐渐衰退；另一些则影响力相当贫乏，很快被学界摒弃。而中国马克思主义史学在中国产生以来，就不断地成长壮大，直至居于全国史学界的主导地位。把握中国马克思主义史学的这个特点，全面探索形成这种状况的综合原因，是马克思主义史学史研究的重要任务。

马克思主义史学自身也在不断发展之中，随着时代的前进，有局部需要补充和细化的内容，有因地、因时制宜而个别需要调整的内容。唯物史观是马克思主义史学的基本内容，但不是全部内容，还有马克思主义的史学理论需要有系统地建立起来。面对西方诸多现代、后现代史学流派对历史学根本理念的曲解，以唯物史观为指导、以唯物辩证法为思维方式建设马克思主义史学理论，是需要急切补充和细化的内容。在资本主义形成世界体系的状态下，还有一些社会发展显著滞后的民族和地区，其发展前景不能不受外来影响，唯物史观最初对社会发展阶段论的阐述，必应有所补充和调整，使之更为丰富、更具活力。中国近现代的历史，是从半封建社会经过特殊路径进入社会主义阶段的，丰富了唯物史观社会发展阶段学说的内容，即为显例。马克思主义史学史的研究，必须注意这种理论与实践的新发展。

第三，在马克思主义史学史的研究中，避免片面性的形而上学误区，要点是防止将唯物史观从整个马克思主义学说体系中任意割裂和肢解，防止将唯物史观的学术理论与政治任务做绝对化的分割。马克思主义的三个组成部分，即哲学、政治经济学和科学社会主义，互为表里，有机地结合在一起。马克思主义哲学包括辩证唯物主义、历史唯物主义，是从总结和概括自然界规律、社会经济与政治发展以及从人类解放事业的斗争实践中得出的，具有精深的理论性、学术性、批判性，正如马克思所指出："哲学家们只是用不同的方式解释世界，而问题在于改变世界。"① 争取无产阶级和全人类的解放，是马克思给予唯物史观的主题之一，从唯物史观的论说中，必定能够体会出历史发展的方向，是指向科学的社会主义和共产主义社会。因此，任何将唯物史观从马克思主义思想体系中单列出来，将唯物史观分割为学术的与意识形态的两端的做法，都是糊涂与错误的。对此，我们在下一节还会涉及。

唯物史观既然是发展、变动的，那么在不同历史阶段，也会有与现实社会联系的不同侧重点。在社会革命运动时期，强调阶级斗争、历史规律及社会主义方向是必要的；在社会主义的和平建设时期，做唯物史观整个体系的学术反思和研究也是必要的，但这仍应具有巩固和发展社会主义成果的现实目标。

研究问题的思想方法，也可以形象化为观察事物的视野。防止以孤立的眼光认识马克思主义史学史，即应充分注意马克思主义史学发展的背景以及与其他事物的关系，这显示出考察视野的深远与透彻，是辩证法的光辉普照到形而上学所难以抵达的奥妙之处。避免以静止的观念看待马克思主义史学史，是考察眼光对视野的扫描和追踪，具有积极、主动的活力。发展、变动的理念，是辩证法所具备的最显著的特点，是防止认识僵化的基本保障。摒弃片面性，意味着考察问题之视野的扩大，并且注意到所有内容，但又不是平均用力，在发展观念的指导下，成为有重点并且也有着重点随时转换的全面性研究。

## 三 厘清马克思主义史学发展中的思想阵线

中国马克思主义史学是在新中国建立之后，取得历史学界的主导地位，但唯物史观在理论上的胜利，则很早就显现出来。马克思、恩格斯在世之际，无产阶级革命运动距离成功尚远，但马克思主义学说已经在西方社会中取得理论上的胜利。逻辑缜密、体系严整的辩证唯物主义、历史唯物主义哲学，证据充分、分析透彻的马克思主义政治经济学，旗帜鲜明、论证翔实的科学社会主义学说，其学理之精深，格调之高正，是任何其他理论都不可比拟的。唯物史观传入中国，同样令人耳目一新，影响力之大，是此前此后传入的其他西方历史理论所无法企及的。而思想上的科学性以及与劳苦大众利益的息息相关，则是唯物史观在理论上必然取胜的切实保障。

唯物史观在近代中国影响范围虽大，但不是所有认知者都会全面接受这种科学的历史观念，其中有随意抽取唯物史观的部分论点者，有曲解或误解唯物史观的原意者，有仅仅使用部分术语装点门面者，也不乏直接的攻击谩骂者。涉及近代史学界出现的各色人物，他们的经历、立场、学养可以说是五花八门，言论多样且多变，十分复杂。但言论和理论上越是

---

① 马克思：《关于费尔巴哈的提纲》，《马克思恩格斯选集》第 1 卷，人民出版社，1972，第 57 页。

表现得复杂，越是要在学术上将之清理明晰，划清马克思主义史学发展中的思想阵线，不能把非马克思主义的史学混入马克思主义史学之中，此乃马克思主义史学史研究的头等要务。最容易混淆唯物史观与非唯物史观界限的研究课题，是对于 20 世纪 30 年代关于社会史大论战状况的研究。迄今为止，在这个问题上有许多议论，也确实存在较多的阵线不清、是非混淆之说。

在苏联的帮助下，孙中山宣布联俄、联共与扶助农工的三大政策，于 1924 年实现了第一次国共两党合作，随后展开北伐战争，革命运动进入高潮。这一时期马克思主义也迅速传播，共产党的学人自然加强了对唯物史观的学习和领会，而不少国民党内的学者也受到了唯物史观很深的影响。1927 年国民党当权人物先后背叛国共合作，实行反共、清共，大革命因而失败。在苏联，也因对中国革命问题的意见冲突，斯大林与托洛茨基派别有公开斗争。于是，原先参与革命、关注革命并且读过马克思主义著述的知识界人物，对革命失败的原因及中国当前的社会性质予以反思，并且延伸到对整个社会历史的探讨，各派力量主张抵牾，激烈争辩，形成了中国社会史的论战。

就狭义的社会史论战（不包括中国当下社会性质问题）而言，其中固然包含学术论辩的因素，但其中的政治背景极为深厚，不能忽视。参与论辩者主要由四种人构成：其一是与斯大林、共产国际保持一致的中共干部派，其二是国民党内因受蒋介石集团政治挤压而要求改组国民党的"改组派"，其三是追随托洛茨基思想的"托派"，其四是脱开政治派别的个人参加者。无论是形成派别还是以个人身份参加论辩，都具有各自不同的政治立场，所有参与论辩者的言论，都不同程度地受其政治立场所制约。

因主办《读书杂志》而推动了社会史论战形成高潮的王礼锡曾说，"在中国社会史的论战里，都是唯物的内部争斗，没有唯心论者插足的余地，各方都是以唯物的辩证法做武器"。[①] 还有一些人说过类似的话，将社会史论战看作马克思主义史学内部的争论。时至近年，一些学者仍以此为据，不仅将陶希圣等诸多涉及社会史论战之人统统归入"唯物史观派"，还主张把"学术"的马克思主义与"实践"的马克思主义予以"分离和切割"，设想反共、反革命分子可以同时是个"学术"的马克思主义者、唯物史观学者。这是极为错误、极其糊涂的观念。王礼锡等人对马克思主义唯物史观一知半解，颇多误会，岂能以他的说法作为依据？

唯物史观是严密、完整而不可分割的理论体系，其内容的基点和底线不容歪曲和抹杀。其一，是指出社会发展内在的基本矛盾，即社会生产力与生产关系、经济基础与上层建筑的矛盾。社会基本矛盾是人类历史发展的动力。其二，生产力与生产关系的对立统一所构成的

---

① 王礼锡：《中国社会史论战序幕》，《读书杂志》第 1 卷第 4、5 期合刊（《中国社会史的论战》第 1 辑），神州国光社，1931 年 8 月。

社会生产方式，是社会形态的核心，不同的社会形态展示了历史上各种社会的根本性质，历史研究必当抓住这个重点。其三，社会基本矛盾决定了社会历史发展的规律性和阶段性，在存在一部分人剥削另一部分人的社会中，必定形成阶级斗争，阶级斗争与社会革命是阶级社会历史发展的直接动力。其四，社会历史的发展，终将走向社会主义和共产主义。这些基点内容不可以舍弃任何一项，否则就是脱离或背叛了唯物史观。这里有必要深入领会列宁的论断："在这个由一整块钢铁铸成的马克思主义哲学中，决不可去掉任何一个基本前提、任何一个重要部分，不然就会离开客观真理。就会落入资产阶级反动谬论的怀抱。"[①]

　　参与中国社会史论战的各个成员，毫无疑问都是曾经接触过唯物史观基本理念的人物，但对唯物史观的理解程度参差不一，又各有不同的政治立场制约着他们的思想理念，因此除了坚定信奉马克思主义的中共干部派人士之外，其余许多人即使对唯物史观并无恶意和反感，但他们的发论立说，并无恪守唯物史观基本理论的意识，往往只是撷取个别观点、概念为其所用，且难免出现曲解与误解。参与论战的国民党改组派人士，在思想上始终保持与马克思主义唯物史观的距离，他们赞成和运用唯物史观的一些研讨历史的方法，却是将之掺杂在其他的历史观念体系之中。在社会史的论战中，他们不仅要对大革命失败状况进行反思，而且更进行了历史观念的自我反思，其结果是大多数人逐步摒弃了原有的对唯物史观的些许接纳，更加远离唯物史观，陶希圣是其中的重要代表者。[②]参加社会史论战的托派人士，按理应是接受过较多的马克思主义理论，对唯物史观的理解一般说来也强于国民党改组派，但在共产国际政治斗争的视野下，采取对抗中共干部派历史观念的态度，故意提出异说而不惜脱离唯物史观的大框架，这些人大部分最后也是摒弃了原有的一些历史唯物主义观念，任曙可以作为代表性人物之一。[③]社会史论战中多有脱开政治派别的个人参加者，这些人来源复杂，其中有较具政治敏锐眼光而关注中国革命的学人，有参加过共产党、国民党或其他党派而退出的人物，如熊得山、朱其华是脱离共产党的人士；也有虽然曾是国民党员身份，却在思想上坚持自由主义理念的人物，例如胡秋原与王礼锡。

　　社会史论战中诸人是否秉持唯物史观，必须剖析其论说的实际内容。例如陶希圣其人，截取唯物史观的某些概念、词语和分析方法，掺杂多种来源的非唯物史观理念，在重视社会经济的牌匾下自命为唯物史观，而明知唯物史观包括阶级斗争学说，却坚决反对，当然也就

---

① 列宁：《唯物主义和经验批判主义》，《列宁选集》第2卷，人民出版社，1972，第332~333页。

② 陶希圣（1899~1988），1922年毕业于北京大学法学科，后曾任上海商务印书馆编辑，同时在上海大学、上海法政大学、东吴大学等校讲授法学和政治学。1927年初，陶希圣应聘为军事政治学校武汉分校中校教官，参加北伐革命军工作，思想、政治上曾追随汪精卫。1929年始，陆续在复旦大学、劳动大学、暨南大学和中央大学任教，与周佛海等创办新生命书局，出版著述，随后引发社会史论战。1937年日本侵略军大举进攻中国，遂积极从政，曾追随汪精卫以对日讲和名义参与另组政府，但发现汪氏乃进行投降卖国勾当，即设法逃出，并且公开予以揭露。后成为蒋介石秘书，1949年奔赴台湾，继续从政，于1988年逝世。

③ 任曙，又名任映沧、任旭，四川南充人。大革命时期加入共产党，后思想和立场转向托派。抗日战争时在四川，进行了一些社会调查工作，撰有《大小凉山开发概论》《大小凉山㑩族通考》等书。1949年之后到台湾，著有《中国远古史述要》《历代中兴复国史述要》等。

远离了马克思主义关于社会基本矛盾的论断。应当明了的是：所有早期的国民党左派、所有后来的国民党的改组派，都无一例外地反对阶级斗争学说。而陶希圣这样自取所需地从马克思主义著述中摘取词语和个别内容，乃是阉割和肢解马克思主义、阉割和肢解唯物史观。后来他主办《食货》杂志，倡导研究中国经济史，从而促进了相关史料的发掘，但这种经济史研究，打着反对"公式主义"的旗号，脱离社会生产关系来谈论生产运营、财务财政，实际摒弃了唯物史观的"社会形态"观念，已经不属于唯物史观的"经济史"范畴，连陶希圣自己也都不再标榜唯物史观。王礼锡虽热衷于为论战推波助澜，但并无足够的历史理论素养，思想上追随和依赖于胡秋原。胡秋原在政治上反复在国民党与共产党之间摇摆，受不了任何组织的约束，虽也曾以通晓唯物史观自诩，却是典型的自由主义者，早在1932年，鲁迅就批判和讽刺胡秋原是"在指挥刀的保护之下，挂着'左翼'的招牌，在马克斯主义里发见了文艺自由论，列宁主义里找到了杀尽'共匪'说的论客"。[①]胡秋原发文立论同样摇摆不定，为投机主义与自由主义相结合。他绝不依从恩格斯、列宁明确论述的社会发展阶段学说，生生捏造出一个"氏族社会"阶段，这已然脱离以生产方式为中心的社会形态理念，背离唯物史观思想体系。1949年之后逃往台湾，明确声明他当初在社会史论战中虽然"使用马克思主义语言"，其实是"与第三国际和中共对立"、是"非共反共"。[②]朱其华原名朱雅林，发文、撰书使用朱新繁、朱其华、亦明、李昂、柳宁等笔名。原为北伐军中共的政治工作人员，大革命失败后被组织上任命为军队指挥官，但逃走、脱党，更名躲入上海，借社会史论战的机会，随意抄袭、拼凑论文与撰书，目的是捞取稿费，当时就有参与论战的各派多人揭出其剽窃行为，遂改换笔名来否认前作。这些行为均不足为训，他的撰述有的抄袭了共产党文献和马克思主义书籍的内容，有的抄袭了反马克思主义论著中的内容，出尔反尔，杂乱迷离，这都不能当作他个人所具有的见解。

社会史论战中，脱离共产党而坚持唯物史观之人是熊得山（1891~1939）。熊得山字子奇，早年留学日本，回国后参与革命运动，接受马克思主义并且加入中国共产党，与李达关系密切。[③]第一次国共合作时期因政见问题，与李达一起退党。1928年他与李达、邓初民合作在上海设立昆仑书店，次年出版《中国社会史研究》等书，坚持以唯物史观对中国历史予

① 鲁迅：《论"第三种人"》，《鲁迅全集》第5卷《南腔北调集》，人民文学出版社，1973，第33页。
② 胡秋原：《古代中国文化与中国知识分子（第四版）·序言》，学术出版社，1978，转自吴泽《大革命失败后中国社会性质革命性质及社会史问题论战研究（续）》，《社会科学辑刊》1990年第2期；林甘泉《二十世纪的中国历史学（续）》，《历史研究》1996年第2期。按：胡秋原此书2010年于中华书局印行时，第四版《序言》已被删节，失去原貌。
③ 李达（1890~1966），早年留学日本，阅读和接受马克思主义，1920年回国后，参与发起上海的共产党组织。1921年7月出席中国共产党第一次全国代表大会，当选为中央局宣传主任，成为中国共产党的主要创始人和早期领导人之一。1923年末，因与陈独秀的矛盾和不同意国共合作中的某些措施，脱离共产党，但仍然坚持进行马克思主义理论的研究，著述丰富，成为卓有建树的马克思主义理论家。1949年重新加入中国共产党，历任北京政法大学副校长、政务院文教委员会副主任、湖南大学校长、武汉大学校长，继续致力于马克思主义哲学社会科学理论的研究。后在"文革"中受到冲击，身体状况恶化，1966年8月在武汉逝世。

以分析。1931年曾以个人身份参与中国社会史论战，在唯物史观的原则下进一步完善对中国社会史的认识。随后任广西大学教授，1939年因病逝世。他和李达一样，虽然曾经脱离共产党，但没有疏离马克思主义思想，坚持了辩证唯物主义、历史唯物主义的世界观。这些事例说明划分唯物史观与非唯物史观的界限，政治立场和政治行为固然是重要的参考坐标，但主要还是应以上述唯物史观的四项基点与底线作为标准。

按照马克思主义的理论原则，思想阵线的判定与划分，远远严于政治阵营。毛泽东指出："共产党员可以和某些唯心论者甚至宗教徒建立在政治行动上的反帝反封建的统一战线，但是决不能赞同他们的唯心论或宗教教义。"[①] 对某些使用唯物史观的词语、概念、个别方法的论述及其作者，皆轻许一张唯物史观的标签，甚至对于凡是强调经济因素在社会中具有重要作用的说法，也定为唯物史观，这是学术上的肤浅。中国马克思主义史学史研究，必须以实事求是的原则，厘清马克思主义史学发展中的思想阵线。

综上所述，对中国马克思主义史学史进行深入的研究，是当前十分必要的学术工作。这种研究应当确立以马克思主义理论为主导的新视角，同时也不能孤立地进行，必当以开阔的视野，结合中国近现代史、中国近现代史学史的研讨。鉴于学界存有不少相关问题的糊涂观念和讹误说法，中国马克思主义史学史的研究应当起到廓清思想的作用。划清马克思主义史学与非马克思主义史学的界限尤为重要，这是一个基本原则。坚持这个理念，才能使中国史学史和史学理论的学术研究得以健康地发展。

〔本文原载《学术研究》2020年第11期。作者乔治忠，廊坊师范学院特聘教授、南开大学历史学院教授〕

---

① 毛泽东：《新民主主义论》，《毛泽东选集》第2卷，人民出版社，1966，第667页。

# 传统中国史学中的世界认识

葛兆光

**摘　要**　中国传统史学中有关世界的认识变化非常值得注意。从公元前 2 世纪的《史记》以来，中国就形成了"以中央王朝为中心，以周边四裔为附庸"的世界观念。在此后的两千多年中，曾有过三次虽然可能却终未实现的改变契机，但是一直到 19 世纪中叶西潮东渐之后，这一观念才出现根本动摇，新的世界观念终于成为常识并进入教科书，取代了传统的世界观念。

**关键词**　中国史学　世界认识　《史记》　佛教传来　宋代　蒙元　晚清

19、20 世纪之间，经历了"二千年未有之巨变"的中国，不得不真的睁开眼睛，重新认识面前这个世界。20 世纪逐渐形成新的世界认识，实际上包括了两个方面。一方面，是知识史意义上的世界认识，也就是世界是方的，还是圆的？是像传统中国人想象的"天圆地方，我在中央"，还是艾儒略（Giulio Aleni，1582~1649）所说的"无处非中"[①]？另一方面，则包含文化意义上的世界观念，是天下唯有中国最大，还是中国只是世界万国中的一国？是中国文明为世界最高，还是世界上多种文明并立？在中国之外，还有其他文明的民族和国家吗？

20 世纪中国新世界认识的形成，固然主要是受到来自西方的冲击，但并非没有来自传统的资源影响，特别应当强调的是，由于中国传统世界认识的影响，来自西方的新世界知识，会在这一背景的过滤和透镜的折射下，产生微妙的变形和修正。就像丸山真男所说的，历史意识的"古层"始终会影响历史的展开，执拗持续的"低音"始终会修饰甚至修正思想的主旋律。[②] 因此，在讨论 20 世纪中国形成的新世界认识时，我们不能不回过头重新看看

---

① 艾儒略著，谢方校释《职方外纪校释》，中华书局，1996，第 27 页。
② 丸山真男「歴史意識の"古層"」『忠誠と反逆』築摩書房、1992、333 頁。

传统中国的世界知识，尤其值得讨论的是传统中国史学，是如何形塑历史上中国人的世界认识的。

# 一 秦汉之前："九州"、"四裔"与"五服"

一直到现在，我们也还没有充分的证据，可以证明先秦时代中国人曾经到过多远。

在秦、汉之前的早期文献中所表现出来古代中国人对世界的认识，毫无疑问大多是传闻和想象。古代中国人有一种把空间最大化的想象方式，就是把"天下"想象成（1）"九州"以及周边，（2）中国与"四裔"，或者是（3）以"王畿"为中心逐级放大的"五服"。

在这方面，有三篇文献很重要。第一篇是《尚书·禹贡》[1]，根据它的记载，在中国之内有九州，在中国之外有岛夷、莱夷、淮夷、三苗等，周边以华夏为中心，他们都服从中国号令，都会给中国进贡土产。第二篇是《逸周书·王会篇》[2]，它记载西周武王（一说成王）时，八方进贡的热闹场面，传说当时四方来朝贺的属国包括了东夷、南越、西戎、北狄各方。第三篇是《国语·周语上》，据它说周代的天下已经分为甸服、侯服、宾服、要服、荒服，各种不同区域对天子有祭祀和进贡的责任。[3] 这三篇文献半是传闻，半是想象，但它们都表现了古代中国自居中央的天下观念，按照古人的说法，因为四裔不够文明，都仰慕中国，所以要来中国朝贡。

在秦汉统一中国之前，古文献中对于"中国"以及周边世界，缺乏具体而准确的记载。[4] 一直要到秦、汉（公元前3世纪之后）统一，大体奠定了"中国"，中国的历史著作才对"中国"之外的世界，有了比较明确的记载。

# 二 《史记》：以中央王朝为中心，以周边四裔为附庸

在现在传世的历史文献中，《史记》可能是第一部有意识地记载中国与周边的著作。在司马迁的《史记》中，除了"我者"即汉帝国之外，周边的"他者"有北方即最强大的匈奴，以及东方和南方，如朝鲜、南越、东越、西南夷（甚至身毒即印度），同时也特别通过

---

[1] 阮元校刻《十三经注疏》，中华书局影印本，1980，第146~154页。
[2] 黄怀信等：《逸周书汇校集注》卷七《王会解第五十九》，上海古籍出版社，1995，第850~968页。
[3] 《国语》卷一《周语上》，上海古籍出版社，1998，第4页。
[4] 在秦汉之前，古代中国文献记载的异域，大多如《山海经》之类的想象和传闻，不能算作历史记载。

《大宛列传》记载了西方（即现在的中亚、西亚）诸国[①]，这个世界已经大致包括了现在的亚洲大部。

司马迁是一位卓越的历史学家，已经很具有"世界意识"。不过，我们也要看到三点。第一，传统帝国时代的历史学家无法超越本国的立场，他们习惯于从本国立场向外眺望，主要依赖官方实际往来的资料，加上当时有限的视野、知识甚至传闻。所以，他们笔下的世界，仍然是以本国为圆心、逐级放大的"同心圆"。第二，尽管事实上，汉朝有彼此对等的敌国如匈奴，在政治上不能不与之对等交往，但在文化上总是有优越感，仍然视之为蛮夷，在历史记载中，也总是要凸显他们不够文明。第三，外面的世界主要只是"中国"的"四裔"，这些四裔都是没有开化的野蛮人，他们存在的意义，主要是证明华夏的文明，由于他们朝觐中央帝国，这会给帝国带来荣耀和自信。

"以中央王朝为中心，以周边四裔为附庸"，这成为传统中国历史记载的传统，这个传统延续了两千多年。

## 三 中国史学世界认识变化的三个契机

比起司马迁来，此后撰写纪传体正史的官方学者，更把注意力主要集中在本国本朝的历史中，对于外面世界的关注并没有太多增加，很多记载往往陈陈相因，辗转抄撮。不过，司马迁奠定的中国为主、四裔为辅的书写方式，已经成为典范和传统。《汉书》以下的历代史书，依然有着对于周边世界的记载，如《汉书》的《西域传》等，《三国志》的《东夷传》等，都有新的观察和资料。稍后刘宋时代成书的《后汉书》，则有《东夷》《南蛮西南夷》《西羌》《西域》《南匈奴》《乌桓鲜卑》传，大体上描述了那个时代人心目中的"世界"。

在漫长的传统时代，中国对于"世界"的历史叙述大致如此。虽然这种"以中央王朝为中心，以周边四裔为附庸"的基本格局，两千年中都没有根本改变，但是，随着传统中国的对外交流、国际处境变化与帝国疆域的移动，传统史学也曾有过三次虽然可能、却终未实现的改变契机。

第一，是中古时期世界视野的拓宽与佛教世界观的传入。

在中国中古时期，有关中国之外的世界知识，最重要来源有二。一是中国人的活动范围拓宽，以及西部、北部异族进入中国核心区域，大大开阔了中国对于世界的认知。由于汉王朝与匈奴争夺西域控制权的对抗，由于大月氏的西迁与贵霜王朝的崛起，由于罗马帝国与

---

[①] 司马迁说："汉既通使大夏，而西极远蛮，引领内乡，欲观中国。作《大宛列传》第六十三。"《史记》卷一三〇《太史公自序》，中华书局，1963，第 3318 页。

汉帝国的并立，由于陆上、海上交通技术的发展，渐渐打开了中国人的视野。这种交往视野的扩张，从汉代到唐代，即整个"中古时代"一直在延续。二是佛教的传入。对于中国世界知识的最重要的冲击来自佛教。由于佛教来自中国之外，因此，它给中国带来相当丰富的异域知识，也给中国带来世界观的巨大冲击。

这些变化前辈学者已经指出。1936年，贺昌群发表《汉代以后中国人对于世界地理知识的演进》，指出《史记·大宛列传》和《汉书·西域传》表明，中国对于玉门、阳关以西的世界，从西汉的"包括今撒马耳干（Samarkand）及俄属土耳其斯坦，更进而西伯利亚、波斯、小亚细亚（Asia Minor），以至印度"，到东汉更进而西面到达了条支，了解了大秦（罗马），北面则直到丁零与坚昆（Kirghiz），到了贝加尔湖（Baikal），东面则肯定与日本有了来往，日本九州岛发现的汉倭奴王金印已经证实了这一点。[①] 而这一中国之外的世界由于佛教的进入而变得更加广大，日本学者桑原骘藏（1870~1931）说，中国的世界视野拓展与佛教有关，他在题为《佛教东渐与佛教徒在历史地理学上的功劳》的论文中，开列出近五十个经陆路和海路，以及由天竺、罽宾、月氏、安息、波斯、康居、于阗、高昌、师子国、扶南、交趾来到中国传教的佛教徒，还有法显、宋云、玄奘等若干由中国远赴西方的佛教信仰者。他指出，正是由于佛教东渐的缘故，中国不得不正面注视自己的周边，[②] 在佛教徒笔下，中国并非世界的中心，印度才是世界的中心，而且他们撰写了不少类似《世界记》《外国传》之类的著作，其中如《续高僧传》卷二《达摩笈多传》就记载，彦琮（557~610）曾根据达摩笈多的见闻和游历，编撰了《大隋西国传》十篇，更记载了这些国度的方物、时候、居处、国政、学教、礼仪、饮食、服章、宝货。[③]

不过，在中古时期，佛教没有征服中国，反而是佛教融入中国传统。[④] 因此，佛教的冲击，并没有改变"以中央王朝为中心，以周边四裔为附庸"的历史学传统。

第二，是宋代（960~1279）国际环境的变化，带来"内""外"之分的意识。

10世纪中叶建立的宋朝和唐朝比起来，变化太大了。它的疆域缩小了一大半，过去大

---

① 原载《禹贡》半月刊第5卷第3、4期合刊，1936年。后收入《贺昌群史学论著选》，中国社会科学出版社，1985，第28~29页。参见段连勤《丁零、高车与铁勒》，上海人民出版社，1988。

② 桑原騭藏「佛教の東漸と歴史地理學上における佛教徒の功勞」『桑原騭藏全集』卷一、岩波書店、1968、293-334頁。

③ 按：桑原氏的说法，可能受到《月藏经》记载的启发，《月藏经》据《开元释教录》说，是北齐天统二年即566年那连提黎耶舍所译，记载了五十五国名，见《大正新修大藏经》第13卷《大方等大集经》第55卷《月藏分第十二分布阎浮提品》，第364页以下。又，《大宝积经》卷一〇《密迹金刚力士会第三》也记载"阎浮提天下大国，具足有一千，各有大郡，其十六大国，以用治政而相摄护……释种、安息、月支、大秦、剑浮、扰动、丘慈、于阗、沙勒、禅善、乌耆、前后诸国、匈奴、鲜卑、吴蜀秦地、诸么夷狄……"见《大正新修大藏经》第11卷，第59页。这一点法国学者早已经注意到了，见烈维《大藏方等部之西域佛教史料》，中文本载冯承钧译《西域南海史地考证译丛》第2卷第9编，商务印书馆重印本，1995，第160~234页。

④ 关于佛教与中国关系，请参看葛兆光《中国思想史》第1卷《七世纪前中国的知识、思想与信仰世界》第四编第六节"佛教征服中国？"，复旦大学出版社，1998，第566~594页；Ge Zhaoguang, *A Intellectual History of China*, trans. Michael Duke & Josephine Chiu-Duke（Leiden and Boston: Brill, 2014）, pp. 350–369。

唐帝国内部可以混融杂居的"胡汉"问题，逐渐变成了大宋帝国外部需要区分你我的"华夷"问题。[①]在北边的契丹（以及后来崛起的女真和蒙古），东边的高丽（以及日本），西边的党项（夏），西南的吐蕃、大理，南边的安南等"强邻"环绕之下，缩小了的宋帝国就像他们自己说的那样，"一榻之外，皆他人家也"，[②]宋朝逐渐成为诸国中的一国，中古时代那种无远弗届的天下帝国，已经只是遥远的历史记忆。[③]

正是在这个时代，"内"和"外"逐渐分化，历史学家开始明确地把外部世界和内部世界区分开来：前者是明确的"外国"，是与中国相对的"他者"；而后者是"蛮夷"，是在中国之内的野蛮族群，虽然介于"我"与"他"之间，但毕竟是可以"以夏变夷"的内部。这一区分"外国"与"蛮夷"的思想，逐渐在士大夫那里形成共识，一直到元代撰修《宋史》，历史学家们在传统正史中第一次分别了《外国》与《蛮夷》。

在历史学领域，宋代出现了三个新现象。（1）人们改变了"四裔"微不足道的传统观念，倾向于肯定外国存在的合理性。这使得宋代逐渐形成一种常识，也就是像宇宙有阴有阳一样，天下也同样有"中"有"外"。（2）人们改变了过去地理上以"九州"为最大空间和天文上以"二十八宿"全部对应中国的方式，从传统中国最重要的"天地"意义上，承认中国之外的世界存在，也就是在大地之上、星空之下还有很多很大的外国。（3）改变了对四裔漠视的态度，宋人对域外的知识逐渐增多。宋朝出使外国的使臣根据亲身经历，留下大量有关外国的纪行文献；[④]宋朝负责贸易管理的市舶司官员，也留下一些有关域外的文献。[⑤]

一般说来，宋代有关"外国"观念的形成，原本有可能推动主流历史论著平等地理解和细致地记载中国以外的世界。可是，传统非常顽强，历史非常诡异，宋代这种新观念并没有在历史学中生根，反而在此后由汉族重建的大明帝国逐渐消失，传统中国历史学家们仍然固守"以中央王朝为中心，以周边四裔为附庸"的历史记叙方式。

第三，是横跨欧亚建立世界大帝国的蒙元时期，回回人带来了有关世界历史的新看法。

尽管宋代逐渐对"周边四裔"区分出了"内"与"外"，但是，"以中央王朝为中心，以周边四裔为附庸"的记述方式并没有根本改变。在中国历史学家看来，中国之外仍然是环绕中央王朝的蛮夷，尽管蒙元时代的官方非常聪明地把契丹、女真和汉族的三个政权给予平等地位，分别书写各自历史，但是，在宋元时期相当多汉族历史学家的观念世界中，汉唐时代

---

① 邓小南曾经指出，五代宋初的胡汉问题"经过五代（其中三个沙陀王朝）的统治以后，到宋代不再频频出现于历史记载，不再被当时的人们所关注，已经从时人的话语中逐渐淡出"。参见邓小南《祖宗之法：北宋前期政治述略》，三联书店，2006，第81~82页。

② 邵伯温：《邵氏见闻录》卷一，中华书局，1983，第4页。

③ 陶晋生：《宋辽关系史研究》第一章，台北：联经出版事业公司，1983，第5~10页。

④ 这里略举几例，如路振《乘轺录》、王延德《西州行程记》、徐兢《宣和奉使高丽图经》、范成大《揽辔录》、楼钥《北行日录》，都是关于宋代域外各国很有价值的文献。

⑤ 这是市舶司的职责，北宋崇宁二年即规定，"市舶司自合依《政和令》，询问其国远近、大小、强弱，与已入贡何国"。参见徐松辑《宋会要辑稿》职官四四之一〇，中华书局影印本，1997，第3368页。著名的赵汝适《诸蕃志》一书就是这样产生的。

奠定的那个疆域和族群，仍然是历史叙述的中心。短暂的蒙元时代结束之后，"以中央王朝为中心，以周边四裔为附庸"的历史叙述方式还是没有变化。

不过，在蒙古人横扫欧亚的蒙元时代，确实出现过具有"全球意识"，并且试图全面叙述世界历史和地理的可能。而这种"全球知识"却可能是由横跨欧亚的蒙古人和从波斯等地外来的"回回"人带来的。[①] 至元二十二年（1285），也就是蒙元忽必烈平定南宋之后不久，就把各个文职部门合并成秘书监，准备修撰帝国一统志和世界地图，所以，要"大集万方图志，以表皇元疆理，至大无外"，这个至大无外的"一统"，既包含汉族中国，也包括了蒙古征服的"万方"。一个主持其事的回回学者叫作扎马鲁丁[②]，曾经上书要求把"边远国土"的史料和地图都集中到大都，并且集中了"蛮子""汉儿"秀才来编撰。扎马鲁丁在第二年（1286）主持编纂"会同志"（《至元大一统志》）时，曾经向皇帝报告：我们的帝国很大，从太阳升起的地方，到太阳落山的地方，所以，我们不仅要编帝国的历史书，而且要绘制一个有关蒙元帝国的总地图。[③] 现在，尽管这个总地图早已不存，但是，包含了整个非洲、阿拉伯、欧洲部分以及几乎整个亚洲的地图，我们还可以从朝鲜人绘制、保存在日本的《混一疆理历代国都之图》中看到它的影响。只是他主持编撰、用来显示"六合同风"的"统同志"即《大元大一统志》，虽然于1294年最终编成755卷，此后至1303年又增加到1300卷，但是，这部大书在明代逐渐散佚，现在仅存数十卷。只有一篇《大一统志序》，还保留在许有壬《至正集》卷三五。[④]

遗憾的是，作为"新世界史开端"的蒙元时代，在中国仅仅持续不足一个世纪，这种笼罩欧亚、试图叙述"日头从东边出从西头落"的大世界的史学理想，也很快消退。从现在留存的历史资料看，就连蒙元大都的回回学者在编撰"一统志"的过程中，似乎也只关注了新纳入元朝版图的云南、甘肃和辽阳等地，仍然局限在"以中央王朝为中心，以周边四裔为附庸"。蒙古帝国征服的更广大的世界，包括在《混一疆理历代国都之图》中已经有所涉及的中亚、西亚、阿拉伯半岛、非洲以及欧洲，[⑤] 好像仍然没有在他们的历史叙述中出现。[⑥]

---

① 参看杨志玖《元代东传的回回地理学》，《杨志玖文集·元代回族史稿》，中华书局，2015，第299页以下。

② 许有壬《至正集》卷三五《大一统志序》称其为"行秘书监事"，名又作"札马里鼎"。见李修生主编《全元文》第38册，凤凰出版社，2005，第124页。

③ 王士点、商企翁编《秘书监志》卷四，高荣盛点校，浙江古籍出版社，1992，第72~74页。

④ 《四库全书总目》卷六八《明一统志》提要中说，元代岳璘等"所修《大元一统志》最称繁博，《国史经籍志》载其目，共为一十（千）卷，今已散逸无传……惟浙江汪氏所献书内，尚有原刊二卷，颇可以考见其体制，知明代修是书（按：《明一统志》）时，其义例一仍元志之旧"（中华书局影印本，1981，第597页）。

⑤ 日本学者杉山正明指出，《混一疆理历代国都之图》中，不仅有中亚、西亚、阿拉伯半岛、非洲，还有若干欧洲地名。参看杉山正明「東西の世界圖が語る人類最初の大地平」藤井讓治・杉山正明・金田章裕編『大地の肖像：繪畫、地圖が語る世界』京都大學學術出版會、2007、54-83頁。又，关于这一点，可以参看《蒙古山水地图》与《塞尔登地图》。

⑥ 赵万里辑《元一统志》前言中说，《元一统志》"有浓厚的封建正统观念"，"承历代史书之遗，极度尊重汉、晋、唐、宋等正统王朝"（中华书局，1966，第3页）。

## 四　晚清变局：把"世界"带入"中国"，把"中国"带进"世界"

尽管明代中后期西洋传教士带来新的世界知识，也带来新的世界地图，使得中国传统世界观念几乎出现"天崩地裂"，①但非常遗憾的是，这一天崩地裂的观念变化，由于种种原因意外中止，并没有出现在那个时代的历史著作中。而真正可以算得上具有"全球／世界"认识的历史学著作，则出现在清代的道光、咸丰、同治（1821~1874）之后。

原因很简单，那个时代西潮东渐，中国在"坚船利炮"面前被迫打开国门，不得不了解世界的政治、历史、地理。特别是道光二十二年（1842）鸦片战争失利后签订《南京条约》，咸丰八年（1858）被迫与英法联军订立《天津条约》，同一年黑龙江以北广大地区由于《瑷珲条约》割让给沙俄，两年之后（1860）英法联军侵入北京，签订《北京条约》，又与俄国签订《北京条约》割让乌苏里江、图们江以东地区。这个时候，新疆等地也在俄国、英国等殖民帝国的虎视眈眈之下。因此，这种紧张的局势，使得原来只关注汉族中国核心地区的历史学家，开始关注更大范围的周边世界。

前面我们说到，司马迁以来的中国历史学传统，是"以中央王朝为中心，以周边四裔为附庸"，因此，各种史书尤其是正史中的"四夷传"、"蛮夷传"或者"外国传"都是附在史书之末，篇幅也不是很多。可是，在这个时代情况却发生了很大的变化。

首先，19世纪中叶，随着大清帝国在西洋坚船利炮的压迫下被迫打开国门，有关中国之外的世界知识逐渐受到关注，从林则徐根据英国人慕瑞《世界地理大全》改编的《四洲志》（1839）以后，徐继畬的《瀛寰志略》（1849）、魏源的《海国图志》（1852）等涉及世界地理和历史的著作陆续问世。尽管在此以前，中国也曾有过关于外部世界的零星记载（类似《诸蕃志》《岛夷志略》等），但应该说，到了这个被迫进入世界的危机时代，中国历史学家才真正开始有意识地超越帝国边界，不再是"以中土人谭西洋"，而是"以西洋人谭西洋"，②也不再仅仅依赖中国自己的文献、情报和传闻，而是依靠异域自己的资料加上亲身经验和考察，③开始试图叙述有关世界／全球的史地知识。

其次，随着帝国边疆出现的种种危机，道光、咸丰两朝之后，一些学者改变了过去的书斋习惯，正如顾颉刚所说，"往日以千里为远行，知识范围不越中原；此时既于国际间发

① 参看葛兆光《中国思想史》第2卷《七世纪至十九世纪中国的知识、思想与信仰》第三编第一、二节，复旦大学出版社，2000，第449页以下。
② 魏源：《海国图志·原叙》（作于道光二十二年），岳麓书社，1998，第2页。
③ 可以比较嘉庆年间成书的《吾妻镜补》与光绪年间成书的《日本国志》，仅仅数十年，中国学者对于日本历史的知识和观念，就有相当大的差异。

生本国边境之交涉，遂引起此方面之注意，欲知其经历则求诸史，欲知其现状则求诸地"。[1] 比如出现了祁韵士《藩部要略》、张穆《蒙古游牧记》、何秋涛《朔方备乘》等，西北史地之学便日益兴盛；大清王朝在追溯族群与历史渊源的时候，也开始重新重视蒙元历史，重修元史成为热点，比如魏源《元史新编》、李文田《元秘史注》、洪钧《元史译文证补》等。这也正如顾颉刚所说，"以元代境域横跨欧洲，可藉是史以研究西北地理及欧亚交通之史迹"。[2] 而西北史地之学和重修蒙元史不仅超越了传统中国，也不得不与域外资料发生接触，历史学的视野便逐渐扩大。

最后，是这个时期外国传教士在中国翻译和编写了不少有关世界或欧洲的历史书，[3] 从郭实腊（Karl Friedrich Gutzlaff，1803~1853）的《万国史传》《古今万国鉴》，到马礼逊（Robert Morrison，1782~1834）的《外国史略》，都传达了一种新的世界历史观念。[4] 1833年至1838年，广州和新加坡出版的《东西洋考》中刊载麦都司（Walter Henry Medhurst，1796~1856）《东西史记和合》，他在序文中就说，读书人要"视万国当一家"，又说"诸国之体如身之存四肢，血脉相通而疴痒相关"。[5] 此后，这一类历史书开始在中国开明的知识人中普遍流行，1900年广学会出版的《万国通史》就说，"善学史者又不可限于其本国也，能知本国盛衰兴废之端倪，尤必当知他国理乱存亡之阶级"。[6] 所以，这一类有关世界的历史著作在晚清中国成为热门图书，其中，像广学会出版的、原本并不出色的历史书《泰西新史揽要》，就曾风靡一时，[7] 1895年初版卖了两万本，1898年第三版在两周内卖了四千本。它不仅影响了康有为、梁启超等近代中国的重要学者，也影响到李鸿章、张之洞等近代中国的重要政治家。

---

[1] 顾颉刚：《禹贡学会研究边疆计划书》，《顾颉刚全集》第36册《宝树园文存》卷四，中华书局，2011，第216页。

[2] 顾颉刚：《禹贡学会研究边疆计划书》，《顾颉刚全集》第36册《宝树园文存》卷四，第216页。

[3] 据说，从道光元年（1821）至咸丰十一年（1861）的四十年中，中国人自己撰写有关域外的地理书有20种，到光绪二十六年（1900），增加到151种。参见朱维铮《求索真文明》，上海古籍出版社，1996，第137页；邹振环《晚清西方地理学在中国》，上海古籍出版社，2000，第61~157页。

[4] 参看王家俭《十九世纪西方史地知识的介绍及其影响（1807~1861）》，《清史研究论丛》，文史哲出版社，1994，第277~303页。

[5] 参看葛兆光《中国思想史》第2卷《七世纪至十九世纪中国的知识、思想与信仰》第三编第五节"西洋新知的进入"，第585页。

[6] 《万国通史前编》"自序"，广学会，1900，第2页。此书前编十卷，记载自古以来到希腊罗马之历史；续编十卷，记英国及其殖民地、法兰西的历史。据冯承钧《续修四库全书总目提要（西学与中外交通部分）》（《冯承钧学术著作集》下册，上海古籍出版社，2015，第1152页）及王树槐《外人与戊戌变法》（中研院近代史研究所专刊，2015，第115页）说，是张之洞出资请英国传教士李思（一译瑞思义，J. Lambert Rees，1859~1924）翻译，蔡尔康、曹曾涵笔受的。

[7] 《泰西新史揽要》二十四卷，此书原名《十九世纪史》（*History of the Nineteenth Century*），英国麦肯齐（Robert Mackenzie）原作，1889年出版于伦敦，1894年由传教士李提摩太（Timothy Richard）口译，蔡尔康笔述，先发表在《万国公报》，1895年由广学会出版。记载了欧洲，包括英国、法国、德国、奥地利、意大利、俄罗斯、土耳其、美国等历史与政教。1895年，中国经甲午之败，李提摩太不失时机地给这本书作序，强调要知道世界大势、治国之道、兴国之道，必须看世界历史著作，而且提出两条建议，一是请清皇帝下旨，各级科举考试，"必就西史命题条对"，二是让高官和学人，"均取是书悉心考核"。参见《泰西新史揽要》，上海书店出版社，2002，第2~3页。

## 五　成为教材：中国史学世界认识之最终变化

"天不变，道亦不变"，但是，晚清民初恰恰是一个"三千年未有之大变局"，传统中国时空观念，也就是关于世界地理和历史观念的巨变，随着中国内政外交的步步失败，仿佛在加速度地出现。从 1901 年梁启超的《中国史叙论》、1902 年的《新史学》①，到 1904 年夏曾佑《最新中学中国历史教科书》②，中国历史学界，一方面在翻译过来的日本中国史或世界史著作的影响下，③开始对世界与中国有了重新认识；④另一方面在"中国无史"的悲情刺激下，⑤逐渐开始在世界背景下，重新审视和写作自己的中国史和世界史。在 1901 年，梁启超作《中国史叙论》，一开始讨论"中国史之范围"的时候，就已经涉及中国史在世界史中的位置，⑥又提出所谓"中国之中国"（上世史）、"亚洲之中国"（中世史）和"世界之中国"（近世史）的中国历史三段论⑦。这说明，刚刚进入 20 世纪，有关中国的历史叙述已经不能不具备世界意识了。

特别是，这种变化的历史观念，被官方用于学校教育，这就说明这种有关历史的世界

---

① 1902 年梁启超的《新史学》中意识到世界史的重要性，也有意识地用欧洲史与中国史比较。特别是他认为，在现在万国大同、世界进步的时代，要立于世界民族之林，必须先弘扬民族主义。而弘扬民族主义，则需要反身搞清民族（人种）历史，搞清本民族与他民族的差异（"能自结者排人，不能自结者排于人，排人者则能扩张本种以侵蚀他种，骎骎焉垄断世界历史之舞台，排于人者则本种日以陵夷衰微，非唯不能扩张于外，而且渐灭于内，寻至失其历史上本有之地位，而舞台为他人所占"）。他在《新史学》中就以欧洲史为例，说具有历史的人种（民族），可以分为影响世界的和仅仅在本国境域内的，他希望中国可以成为具有"世界史"性质的人种，因此，反复叙述世界史上的雅利安人种，即希腊罗马、条顿、斯拉夫人。见梁启超《饮冰室合集》第 1 册《饮冰室文集》卷九，中华书局重印本，1989，第 1 页以下。

② 夏曾佑《最新中学中国历史教科书》第 1 册是 1904 年出版的，第 2、3 册是 1906 年出版的，这是当时中国学者自己编纂的新型的历史教材。而刘师培的《中国历史教科书》第 1 册则在 1905 年、第 2 册在 1906 年由国学保存会出版。这是两种影响较大的新型历史教科书。当然，1903 年文明书局就出版了丁保书《蒙学中国历史教科书》，商务印书馆也出版了《中国历史教科书》，这两种出版虽早，但从内容上看，还不能算现代意义上的新历史教科书。

③ 如日本冈本监辅《万国史记》（1898 年，程世爵译）、那珂通世《支那通史》（1899 年，东文学社中文译本）、桑原骘藏《中等东洋史》（1899 年，东文学社中文译本作《东洋史要》）和市村瓒次郎《支那史要》（1902 年，广智书局中文译本）。

④ 齐思和在《晚清史学的发展》中说，《万国史记》和《泰西新史揽要》"同样风行"，因为它简要，便于翻阅，"翻印不知若干次，读书界大概人手一编"（齐思和：《中国史探研》，中华书局，1981，第 351 页）。比如，康有为在长兴学舍开设"万国史学"，梁启超在那里就读过《万国史记》，后来他撰《西学书目表》时，也列入《万国史记》；天津育才馆的中外史学课程，主要书目中有《万国史记》；吕思勉、顾颉刚等年轻的时候都受到《万国史记》的影响。

⑤ 1902 年陈黻宸《独史》中说"於乎，我中国之无史久矣"（《陈黻宸集》上册，中华书局，1995，第 568 页）。同一年，曾鲲化《中国历史之出世辞》也说"中国有历史乎？何配谭中国有历史乎？"（转引自蒋大椿《史学探渊》，吉林教育出版社，1991，第 596 页）。邓实在《史学通论》（《政艺通报》第 12 期）中也呼应这一说法，说"中国史界革命之风潮不起，则中国永无史矣"。但在同一年，马叙伦则发表《中国无史辩》（《新世界学报》第 5 期），特意反驳这一说法。说明这一说法在当时相当流行。

⑥ 梁启超：《中国史叙论》，《饮冰室合集》第 1 册《饮冰室文集》卷六，第 2 页。

⑦ 梁启超：《中国史叙论》，《饮冰室合集》第 1 册《饮冰室文集》卷六，第 11 页。

观念，已经被普遍地接受。早在同治六年（1867）清王朝成立同文馆，规程中就决定，同文馆要设立"读各国史略"一科；而在 1894 年甲午战败、1898 年变法失败、1900 年义和团事件之后，晚清政府不得不从政治、制度和教育上改革。在这种改革中，有关历史的观念，也终于进入官方主导的学校教育。1904 年，张百熙、张之洞等人在影响深远的《奏定学堂章程》中指出，"中学堂以上各学堂，必生勤习洋文，而大学堂经学、理学、中国文学、史学各科，尤必深通洋文，而后其用乃为最大"，并具体规定大学堂在中国历史之外必须讲授"万国史"、中学堂讲授"欧洲和美洲史"。正是在这种中国的大变局之中，不仅中国被迫进入世界，世界历史也顺势进入中国，中国的历史学者不得不开始被迫关注全球／世界。

应当说，当有关世界的历史知识成了"常识"和"教材"的时候，中国史学才开始初步形成有关历史的"世界认识"。

附记：本文是 2017 年在德国哥廷根大学一次会议上的演讲，英文本以"The Evolution of World Consciousness in Traditional Chinese Historiography"为题，发表在 *Global Intellectual History*（Routledge，2020）上，感谢王晴佳教授、范鑫教授、金燕教授的批评与翻译。谨以此文祝贺《文史哲》创刊七十周年。

〔本文原载《文史哲》2021 年第 3 期。作者葛兆光，复旦大学文史研究院教授〕

# 西周恭懿孝夷时期的王室内部斗争

## ——以彝铭及竹简资料为中心的考察

晁福林

**摘 要** 西周王朝恭懿孝夷时期的非正常王位继统情况，是当时政治斗争的一个重要表现。由于史载不明，所以对于当时王室内斗的具体情况及其原因，从传世文献中无从得知。今所见的彝铭及竹简资料，如《大克鼎》、《幽公盨》、清华简《摄命》、《师询簋》、《蔡簋》等，多少透露出这场斗争的一些信息，是十分珍贵的材料，关于这些材料的内容和性质，值得重新深入解读和研究。

**关键词** 恭王 懿王 孝王 夷王 王位继统

西周王朝自武王伐纣起，挟天命而令天下，行宗法而广分封，经成康之治而达昭穆之盛，国势如烈火烹油，鲜花着锦，臻至鼎盛。太史公对这个鼎盛时期津津乐道，《史记·周本纪》述文武成康昭穆诸王之事较多而且详细，他如西周后期的厉（含共和）、宣、幽诸王之事记载亦比较多。然于西周中期的恭、懿、孝、夷四王则记载疏略。这可能是材料有限、书缺有间的缘故。前辈专家对于这四王史事因材料不足而很少抉发研究。史载不明，若要讨论，可能遗人以捕风捉影之讥。

然而，草蛇灰线虽然不能视为确论，却总可抉发出一些接近历史真相的线索。若仅以没有"铁证"为由，而无视雪泥鸿爪，怕也不是完全正确的做法。但是，反过来说，若有"铁证"，则史事明晰，还需要探究吗？今所见相关彝铭已有数件，竹简资料中亦有一些线索，虽然如风如影，但亦非全然无据。若析而论之，似可以稍补太史公之所阙，从中可以窥见这个时期王室内部斗争的一些情况。若仍拘于无"铁证"可寻而摆出一副不理不睬之态，岂不可惜？① 今不揣谫陋，姑妄言之，敬请专家指教。

## 一　关于恭懿孝夷时期王位的非正常继统及其原因的推测

恭懿孝夷时期的王位传递的不正常情况，发生于孝王之继统。于孝王身分，古史有两种说法。一言他是恭王之弟，这是《史记·周本纪》之说；一言他是懿王之弟，这是《世本》之说。

说到此处，我们不得不先费些笔墨来讨论《世本》的问题。这是因为或有专家泥于《世本》成书早于《史记》，断然否定《周本纪》的记载，所以不得不进行一些必要的探讨。愚以为依据学界研究成果，以下几个认识，大体可以肯定。第一，《世本》是西汉末年刘向收集零散资料所编定，不仅不是先秦古籍，而且其编定的时代后于《史记》。② 第二，《世本》所汇集的材料，固然有一定的参考价值，但其中有许多资料是传闻杂记，秽乱芜杂。唐代孔颖达曾多次指出其不可信据，如谓"《世本》转写多误""《世本》多误，本不必然"③等，并在考证吴公子光的世系时赞扬杜预采《史记》之说。他指出："今之《世本》与迁言不同，《世本》多误，不足依冯，故杜以《史记》为正也。"④ 三国时学问家谯周指出《世本》谓"暴辛公作埙"说法之误，孔颖达谓："《世本》之谬，信如周（按：指谯周）言。"⑤ 要之，《世本》一书，其材料可信度不高，此书后来全部佚失，并非无因。第三，孔颖达确曾引用过《世本》"懿王崩，弟孝王立"，⑥ 但仅此一处，并且只是记异说而已，并未肯定《世本》之说为确，也不认为《史记·周本纪》孝王为恭王之弟的说法为误。不能由此说孔颖达肯定了《世本》的价值。并且《世本》记周王世系，自身亦有相互矛盾处，如《世本》谓"孝王生夷王"，⑦ 说孝王为夷王之父；但《世本》又谓"懿王崩，弟孝王立。孝王崩，懿王大子爕立，是为夷王"，⑧ 又谓孝王是夷王之叔。两说龃龉难合。第四，《史记》诸"本纪"，是太史

---

① 关于非"铁证"的史料的作用问题，徐中舒先生早年研究金文嘏辞时曾说，嘏辞之别，"虽属几微，且有参错互见者，但若合其他方面观之，则町畦厘然，亦研究铜器者所不废也"。《金文嘏辞释例》，《徐中舒历史论文选辑》上册，中华书局，1998，第 563 页。徐先生此说为发人深省的至理之言。属于"几微"的资料，若有用，也不当废之。

② 关于《世本》的成书及性质，本文参考乔治忠、童杰《〈世本〉成书年代问题考论》一文（《史学集刊》2010 年第 5 期，第 39~45 页），其论证明晰，结论可信。本文为简明计，取乔、童两先生成说为据，不再展开讨论。

③ 《春秋左传正义》卷二一、卷二二，《十三经注疏》，中华书局影印本，1980，第 1867 页中、第 1875 页下。

④ 《春秋左传正义》卷五二，第 2116 页中。

⑤ 《毛诗正义》卷一二，《十三经注疏》，第 455 页下。

⑥ 《礼记正义》卷二五，《十三经注疏》，第 1448 页上。

⑦ 《世本八种·王谟辑本》，中华书局，1957，第 9 页。

⑧ 《礼记正义》卷二五，第 1448 页上。

公用力很多、非常重视的部分。其关于世系的记载不当轻易否定。《周本纪》明言"懿王崩，共王弟辟方立，是为孝王"，[①]三家注《史记》曾多采包括《世本》在内的古史异说为注，但对于孝王为恭王弟之说，不着一词。可见三家注者也认为《世本》相关的说法并不可信。[②]坚执《世本》所说为是的专家的立论，有一点尚未涉及，那就是证明《周本纪》之说的"错误"。如同不能以《周本纪》抹杀《世本》的异说一样，也无法以《世本》之载抹杀《周本纪》，古史记载渺茫，两说并存可也。

总之，《世本》成书晚于《史记》，且内容驳杂，虽然有一定参考价值，但尚不足以否定《史记》的相关记载。当然，我们也不能摈弃《世本》之说，可将其列为异说，以供参考。如果笃信《周本纪》之说为错误，但又举不出理由，也就难免以强词夺正理之嫌。

《史记·周本纪》云："穆王立五十五年，崩，子共王繄扈立。……共王崩，子懿王囏立。……懿王崩，共王弟辟方立，是为孝王。孝王崩，诸侯复立懿王太子燮，是为夷王。"[③]我们可以依据《史记·周本纪》的记载，将王位继统情况绘图示意（见图1）。这个传位次序中很特别的是懿王去世以后，孝王以懿王叔父的身分继位，[④]而不是懿王太子燮（即后来的夷王）继位。这在以宗法立国的周王朝是只此一见的特例。再就是孝王之后，由其侄孙夷王继位，这在周王朝继统序列里也是特例。

宗法制的核心主旨是保证宗子（亦即嫡长子）的继承权。王位由嫡长子继承，是为周代惯例。[⑤]春秋后期王子朝遍告诸侯说："昔先王之命曰：王后无嫡，则择立长，年钧以德，德钧以

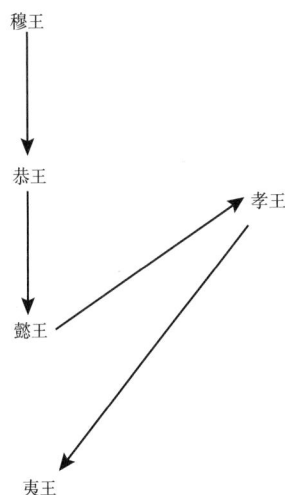

图1　继统示意图

---

① 《史记》卷四《周本纪》，中华书局，1959，第141页。

② 关于孝王的身分，历来信《世本》之说者少，而持《史记·周本纪》之说，以孝王为恭王之弟者颇多，如清儒梁玉绳申述《周本纪》"共王弟辟方立，是为孝王"之说，而不采《世本》异说，见《史记志疑》，中华书局，1981，第99页。持此说的现代专家，如许倬云谓孝王为"共王弟"，见《西周史》，台北：联经出版公司，1984，第186页；又如，杨宽论恭孝间事，亦取《周本纪》之说，而不提《世本》异说，见《西周史》，上海人民出版社，2016，第893页；再如，夏商周断代工程专家亦认为孝王为恭王弟，《夏商周断代工程1996~2000年阶段成果报告·简本》，世界图书出版公司，2000，第12页；等等。

③ 《史记·周本纪》，第140~141页。按，关于"共王"之称，因为共、恭音近字通，所以文献每互用，如楚共王，文献亦多称楚恭王。《史记·周本纪》称周共王，《国语》《世本》则称"恭王"。今见《大克鼎》铭文称"龏王"，《殷周金文集成（修订增补本）》2836，中华书局，2007，下文引此书只注器号。可知"龏王"是较早时期的称谓。"龏"古音属见纽东部，而"共"则属群纽东部。韵部虽同，但声纽稍别。古文献写"龏"为同音的"恭"，近古为优。所以本文称"恭王"而不作"共王"。

④ 关于孝王的身分，《史记·三代世表》说是"懿王弟"（《史记》，第503页），与《周本纪》不合。然而，《汉书·古今人表》则谓"孝王辟方"为"共王弟"（《汉书》，中华书局，1962，第898页），则与《周本纪》合。要之，诸说不同，是可列为供参考的异辞。

⑤ 嫡长子继承君位，是历代王朝都十分强调的原则。汉儒说："立嫡以长，不以贤。"（《春秋公羊传》隐公元年，《春秋公羊传注疏》卷一，《十三经注疏》，第2197页中）南朝时人说："留心正嫡，立嫡惟长。"（《南齐书》卷七《东昏侯记》，中华书局，1972，第107页）唐代魏徵说："自周以降，立嫡必长，所以绝庶孽之窥觎，塞祸乱之源本，有国者之所深慎。"（《旧唐书》卷七一《魏徵传》，中华书局，1975，第2559页）此皆论嫡长继位之重要。

卜；王不立爱，公卿无私，古之制也。"①这里强调王后所生嫡子，是承继王位的首选。吕思勉说："此所谓'古'，皆指周之先世言之。"②春秋后期的晏婴也说："立子有礼，故孽不乱宗。……宗孽无别，是设贼树奸之本也。"③春秋时人所强调的在继统时必须遵从嫡系与旁系的区别，合乎西周王室继统的历史实际。从文、武以降，直至懿王的二百余年间，一直由嫡系继统，然而至懿王末则一反宗法惯例而由旁系继统。专家或以春秋时期诸侯国或有兄终弟及之事来解释孝王以旁系继统，认为这也是正常的。这种说法不合西周时期王位继统的惯例，似失于详察。

这种非正常情况的出现或当由以下几方面的因素促成。其一，懿王时周王室衰弱，懿王无法左右政局。《史记·周本纪》言"懿王之时，王室遂衰，诗人作刺"，④即透露出此一信息。《史记·秦本纪》正义引《帝王世纪》说"纪侯谮齐哀公于周懿王，王烹之"，⑤懿王信谮言而烹杀诸侯，可见其与诸侯关系紧张。汉儒郑玄说"王室之衰，始于懿王"，⑥是有道理的。其二，从恭王时期开始，姜姓的穆王后势力炽盛，从夷王继统后迅即打击姜氏势力（说详下）的情况看，姜氏很可能是支持孝王攫取王位的重要力量。其三，懿王失却了不少朝臣拥戴，清华简《摄命》简文记载懿王感到可信任者少，不少辅佐重臣与自己"异德"（说详下）。这应当也是他未能传位于己子的一个原因。

对于恭懿孝夷时期王室内部斗争的情况，学者曾有关注。例如，清儒崔述信从《周本纪》之说，而不采《世本》之异说，他指出："懿王之崩，子若弟不得立而立孝王，孝王之崩，子又不立而仍立懿王子，此必皆有其故，史失之耳。"⑦其所言"此必皆有其故"，是一个合理的推测。又如在研讨《毛公鼎》的时候，唐兰先生曾经据铭文字体，把它定为"孝夷时物"，张政烺先生曾闻此说，认为此鼎"当在孝夷之世"，指出"立不以其次，当有争位之事"。⑧两先生此说，虽然只见于批注之语，并未正式发表，非是定论，但他们所提出的

---

① 《左传》昭公二十六年，《春秋左传正义》卷五二，第2115页上。
② 《吕思勉读史札记（增订本）》甲帙"先秦"，上海古籍出版社，2005，第245页。
③ 《晏子春秋·内篇·谏上》，吴则虞《晏子春秋集释》，中华书局，1962，第38~39页。
④ 《史记·周本纪》，第140页。按，懿王执政无能，溺于逸乐。《匡卣》（《集成》5423）铭文记载懿王以捕兔为戏，匡因捉到两只小兔而被赏。刘雨先生说："铭文活画出懿王逸于淫乐、不务正业的形象。"（《金文中的王称》，《故宫博物院院刊》2006年第4期，第19~20页）其说甚是。
⑤ 《史记·秦本纪》正义引《帝王纪》，第293~294页。按，古本《纪年》谓夷王"烹齐哀公"（方诗铭、王修龄：《古本竹书纪年辑证》，上海古籍出版社，1981，第53页），说与《帝王世纪》不同。揆诸事实，夷王方得诸侯拥戴而继位，还曾"下堂而见诸侯"（《礼记·郊特牲》，《礼记正义》卷二五，第1447页下）以向诸侯示好。职是之故，夷王烹齐哀公的可能性不大。所以本文取《帝王世纪》说，认为行此事者当为懿王。《帝王纪》盖取郑玄《诗谱·齐谱》之说为据。郑玄曾谓："哀公政衰，荒淫怠慢，纪侯谮之于周，懿王使烹焉。"孔颖达引晋儒徐广之说，证成郑玄的懿王烹齐哀公之论。郑玄、徐广、孔颖达关于懿王烹杀齐哀公之论，是正确的（《毛诗正义》卷五，第348页中至下）。
⑥ 《毛诗正义》卷四《王城谱》，第330页上。
⑦ 崔述撰，顾颉刚编定《崔东壁遗书·丰镐考信录》卷六，上海古籍出版社，2013，第234页。
⑧ 唐、张两先生的说法，见朱凤瀚等整理《张政烺批注〈两周金文辞大系考释〉》中册，中华书局，2011，第300页。

见解，还是相当精辟的。特别是张先生指出的孝王之立不是传统的次序，并推测是时有"争位"之事，今日验诸其他彝铭，可以肯定这是个很有启发意义的卓见。今循两先生思路检讨相关资料，以求发现相关的蛛丝马迹，应当是一个有意义的探讨。

## 二 《大克鼎》铭文所记王朝重臣"师华父"

大克鼎是西周恭懿孝夷时期的重器，1890 年出土于陕西扶风法门镇任家村西周铜器窖藏。同出克器多件，其中大克鼎不仅铜器形制厚重庄严，而且有多达二百九十字的长篇铭文，并且其铭文叙事方式及风格与其前的彝器铭文多不一致，历受专家重视和研究。《大克鼎》的前半，历数名克者的文祖"师华父"在恭王时期的卓越功勋，然后再在铭文的后半，叙述周王对于名克者的封赏及其对王之颂扬。铭文强调周王常念师华父之功勋而封赏名克者，可见师华父对于周王朝和名克者的重要。

我们若要深入探讨此铭文，有必要先讨论两事。首先，师华父是不是名克者的祖父（即三世祖），[①] 此问题牵涉到《大克鼎》的断代和对于铭文的理解，所以是首先要讨论的事情。其次，《大克鼎》的断代问题。

先来讨论第一点，被称为"文祖"的师华父是不是名克者的三世祖。

铭文里，名克者称师华父为"文祖"，这个称谓的含义是什么呢？商周时期，父辈以上的男性祖先皆可称"祖"。但是，"祖"之上加修饰词"文"者，则当是作为父之父的三世祖的称谓。如《尚书·洛诰》"文祖受命民"，伪孔传云"文王所受命之民"，[②]"文祖"即指成王之三世祖文王。再如《国语·晋语》"文祖襄公"，韦注"襄公，蒯聩之祖父"，[③]"文祖"指蒯聩的三世祖襄公。《逸周书·成开》"昭文祖，定武考"，"文祖"即指成王三世祖文王，"武考"指成王之父武王。[④] 在彝铭中所见"文祖"之称，除了《大克鼎》以外，还有《作文祖考鼎》，[⑤] 称为"文祖考"作器，"祖考"连称指祖父和父考。还有《作厥文祖尊》，另有称"文祖己公""文祖考""文祖大叔""文祖乙公""文祖辛公""文祖皇考""文祖益仲""文祖乙伯"[⑥] 等者，"文祖"后系连具体人称者，亦当指祖父，而非远祖或多位先祖。彝

---

① 或有专家为了将《大克鼎》的时代拉后，甚至断其属宣世，所以否定师华父为名克者的三世祖，而只认为被称为"文祖"的师华父是名克者的远祖。
② 《尚书·洛诰》，《尚书正义》卷一五，《十三经注疏》，第 216 页下。
③ 徐元诰：《国语集解》，中华书局，2002，第 451 页。
④ 黄怀信、张懋镕、田旭东：《逸周书汇校集注（修订本）》，上海古籍出版社，2007，第 509 页。
⑤ 《作文祖考鼎》，《商周青铜器铭文暨图像集成》卷五，上海古籍出版社，2012，第 94 页。按下引此书，简称《铭图》。
⑥ 依次见《逋盂》（《集成》10321）、《麸叔信姬鼎》（《集成》2767）、《卑鼎》（《铭图》卷五，第 266 页）、《戟鼎》（《集成》2789）、《师晨鼎》（《集成》2817）、《晋侯苏篹》（刘雨、卢岩编著《近出殷周金文集录》，中华书局，2002，第 477 号）、《元年师旋篹》（《集成》4279）、《訇篹》（《集成》4321）。

铭中也有单称"文祖"者，虽不能确指其为三世祖，但亦不能排除这种可能。并且至今找不出"文祖"指远祖的例证。总之，彝铭的"文祖"之称比文献复杂，但谓大体近是，则是可以的。《大克鼎》称"文祖师华父"，当即名克者的三世祖师华父，而不是远祖师华父。再从《大克鼎》铭文看，天子厚赏名克者，是因为天子"经念厥圣保祖师华父"的巨大功勋。时王所念念不忘的，亦当是其三世祖，因远祖之功而被时王厚赏之例尚未得见。

《大克鼎》铭文明谓师华父为恭王重臣，所以若将师华父定为名克者的远祖，从而将名克者的时代拉得很晚，就不合适；反之，若定名克者的"文祖师华父"为其三世祖，则名克者的时代当如下所示：

恭王—懿王—孝王—夷王

师华父—名克者之父—克

如此排列可以肯定的一个前提，即铭文明言师华父之"辟"就是恭王，而懿、孝两世都历时不长，那么其孙名克者当夷王世的可能性就很大。另外，若假定孝夷之际有"争位"之事，则夷、孝两世的关系就会紧张而非和谐。《大克鼎》铭文极赞其祖师华父之功勋，而对于孝王时期任职的名克者之父，则只字不提，就是合乎情理的。其父当孝王世，而其子名克者当夷王世，也是一个合乎情理的推测。

然后是第二点，《大克鼎》的断代问题。

依形制而论，克器中七件小克鼎与大克鼎形制纹饰完全相同。鼎口沿下有一周窃曲纹，各组间有短相隔，腹部饰宽大波浪纹，三蹄足上端有兽面装饰，立耳两侧有龙纹。王世民等先生依据形制、纹饰、铭文等定其年世"在西周中晚期之交的夷厉之世"，[1] 其说正确可从。陈梦家先生分析《大克鼎》铭文说："克之文祖师华父恭保其辟共王，而共王之孙因念于圣保师华父的功绩，命克以官。共王与师华父同时，共王之孙与师华父之孙同时，此共王之孙应是夷王。"[2] 这个分析据现今铜器断代的成果看，应当是较为妥当的一种推测。[3]

在肯定《大克鼎》属夷王世、师华父为名克者的祖父的基础上，我们可以进而探讨这篇铭文所载关于恭懿孝夷时期王位内斗的一些蛛丝马迹。《大克鼎》铭文首载名克者对于其

---

[1] 王世民、陈公柔、张长寿：《西周青铜器分期断代研究》，文物出版社，1999，第32页。

[2] 陈梦家：《西周铜器断代》，中华书局，2004，第262页。按，推断名克者见于夷世，一个旁证就是第二次册命膳夫克时的傧右"龘季"又见于《伊簋》（《集成》4287），此簋形制纹饰与夷、厉时器相同，并且有"王二十七年"的纪年，当是厉王之年。"龘季"盖活动于夷、厉两朝。名克者与其并时，其时代不难推定。

[3] 西周铜器断代以西周中期诸器最为繁难，这是学术界的一般认识。穆王以后诸王世的时代难以断定的原因大体有二，一是关于恭、懿、孝、夷诸王事迹的文献记载"接近空白，人物史事两无所知。因此，在推断中期青铜器所属王世时，就缺乏可资比照的可靠依据"（李学勤：《西周中期青铜器的重要标尺》，《中国国家博物馆馆刊》2019年第1期，第29页）。二是这四王历时较短，器物形制纹饰变化不大，难以区别。对于此时期的铜器断代取慎重态度，很有必要。或有专家在青铜器断代时，只持一个标准，即若不同意我的或我所支持的观点即为错误，这种断代方式可能难以服人。

祖父"师华父"的颂扬。现将这段话具引如下：

> 克曰：穆穆朕文祖师华父，聪襄厥心，宇静
> 于猷，盅（淑）哲厥德，肆克恭保厥辟恭王，谏辥
> （乂）王家。惠于万民，柔远能迩。肆克智（知）于
> 皇天，顼于上下，得纯亡愍，锡釐无疆，永念于厥
> 孙辟天子。天子明哲，顈孝于神，巠（经）念厥圣保
> 祖师华父，擢克王服，出纳王命，多锡宝休。（见图
> 2）①

这段铭文的大意是，名克者说：我的肃穆的有文采的祖父师华父，他虚心谦逊，以宁静之心，谋划大事，德行美善而明智。因此，他能够恭谨地保卫其君恭王，督促整治王家之事。他关爱万民，安定远近的各个邦国。所以能知晓

图 2 《大克鼎》铭文（局部）

伟大的天意，取信于上下神灵，得大佑而无忧，赐福无限，长远地思念着其孙子璧事天子。天子圣明渊哲，大敬于神，并且常念及神圣的保卫王朝的师华父，将其孙子拔擢任用于王事，让他出入传达王命，多赐给其孙子以美善福佑。

铭文前半不记时空信息和事情原委，不记王命或册命封赏，而是直陈名克者祖父的功绩，这与一般彝铭确实不同。名克者的用意显然是要以此作为铭文重点来炫宠弋荣。值得注意的是铭文称师华父"谏辥（乂）王家"之语。铭文的"谏"字原作"⿰"形，或释为"敕"，但这个字从言，而不从支，实当以释"谏"为优。《膳鼎》《逑盘》中的这个字亦当释为"谏"。②谏，在文献里每训为"正"，③在彝铭里它和"辥（乂）"连用，当即整治之义。《膳鼎》《逑盘》称"谏辥（乂）四方"，意即整治四方邦国。而《大克鼎》言"谏辥（乂）

---

① 《大克鼎》，《集成》2836。按，郭沫若定大克鼎为厉王时器，见《两周金文辞大系图录考释》第 3 册，科学出版社，1958，第 121 页。另有将此器定为孝王时器者，皆不若定为"夷厉之世"为优。铭文参照诸家考释。按，铭文"肆克"下一字，原剜不精，作"⿰"形，有专家阙疑不释，《集成》释为"智"字（中国社会科学院考古研究所编《殷周金文集成释文》第 2 卷，香港中文大学出版社，2001，第 409 页），对比《金文编》所载彝铭中"智"字之形，《集成》所释当是。按，铭文"巠"字，冯时先生说："读为'经'，法也。字象织机而首布经线，故有典法之义。"（《豳公盨考释》，《考古》2003 年第 5 期，第 69 页）其说甚是。法有典型之意，须时常效法之，此铭的"经念"意即时常念及。

② 《膳鼎》《逑盘》，依次见刘雨、严志斌《近出殷周金文集录二编》，中华书局，2010，第 1 册，第 350 页；第 3 册，第 264 页。刘雨、严志斌两先生释这个字为谏。另外，吴镇烽先生亦释其为谏（《铭图》卷五，第 440 页），皆正确可从。

③ "谏"训为"正"之例，如《周礼·地官·叙官》"司谏"，郑玄注："谏，犹正也，以道正人行。"孙诒让说："《说文》'言部'云：'谏，证也。'谏本为谏净，引申之，凡纠正万民之事，通谓之谏。正与证字亦通。"（《周礼正义》卷一七，中华书局，1987，第 660 页）又如《论语·微子》"往者不可谏"，清儒刘宝楠引戴氏《论语注》说："谏，正也。言祸乱相寻，已往不可以礼义正之。"（刘宝楠：《论语正义》卷二一，中华书局，1990，第 718 页）

王家"，则是整治王家之义。

彝铭每谓"司王家"，①意谓任管理王家之事，今言整治王家，其意当与之不同。细绎文意，当是"王家"出现了严重的事变，故需整而治之。师华父整治王家，铭文说他"智（知）于皇天"，即知晓天命之所归。铭文称师华父"克恭保厥辟恭王"，意即师华父奋力捍卫了恭王。恭王有什么事值得大臣来保卫呢？其中大有可能者，应当就是传位之事。联系到恭王之弟（穆王庶子辟方）后来继大统之事，可以推测，辟方的势力在恭王（或者穆王）时或已相当可观，在恭王时就有取嫡系继统而代之的势头，已经威胁到恭王。

恭王时欲攫取王位者即穆王庶子、恭王之弟"辟方"。②《大克鼎》明谓名克者的祖父师华父"克恭保厥辟恭王"，这说明师华父是恭王时的王朝重臣。这句铭文之意似在说明师华父阻止了恭王弟"辟方"干扰王位，保障了恭王之子"囏"的太子之位，并且使其继位为懿王，从而接续了王室的嫡长正统。虽然此说也只是一种推测，但除此推测之外，难以有其他的解释来诠释铭文"谏辥（乂）王家"的含义。关于"谏乂王家"之义，或有专家说它与《毛公鼎》的"乂我邦我家"及金文习语"死司王家"意义相同。愚未敢信。不同的表述，应当有相当的区别。专家或基于不承认恭夷时期有"争位"之事，所以将这些涉及"王家"的彝铭辞语混为一谈，恐未必是。

我们循《大克鼎》铭文念念不忘于"师华父"的巨大功勋这一事实出发进行分析，则可以推测，师华父作为王朝重臣，当恭王时，其年岁已非年轻，当在六旬左右，正是可以发挥重要影响的年纪。他可能去世于懿王时，其子（即名克者之父）或当任职于懿、孝时期。③分析此篇铭文，一言天子"巠（经）念厥圣保祖师华父，擢克王服，出纳王命"，意即天子念师华父之功勋，所以将其孙名克者拔擢任职于王事，担负出入传达王命之重任。铭文再言，周王再次册命时就称他为"膳夫克"，并且说"克，昔余既令女（汝）出纳朕令"，可见他首次册封时即已被委任为"膳夫"之职。夷王念及名克者的首要因素是他的祖父师华父的巨大功勋。夷王感念的可能不少，但关于王位继统问题有可能是其最为感念的事情之一。师华父通过"谏辥（乂）王家"阻止王子辟方攫取王位，所以夷王才继位之初就委克以重任并且厚赐土地、臣妾、服饰，④赏赐的规格和数量在西周后期名列前茅。这其间固然有名克者个人才干较为突出的原因，但其祖师华父的巨大功勋更是重要的因素。铭文首言师华父的勋绩，原因当在乎此。

---

① 彝铭谓"司王家"者见《康鼎》（《集成》2786）、《蔡簋》（《集成》4340）等，均为效忠服务于王家之意。
② 夏商周断代工程专家认为西周王年如下：恭王23年、懿王8年、孝王6年、夷王8年、厉王37年、共和14年、宣王46年。《夏商周断代工程1996~2000年阶段成果报告·简本》，第88页。
③ 《大克鼎》对于其祖父"师华父"赞誉极高，但无一语言及其父，这应当是其父任职于孝王的缘故，夷王之世的彝铭绝无赞誉孝王者。名克者不称誉作为孝王臣的父亲，乃是理所当然之事。
④ 据《大克鼎》铭文记载，此次夷王所赐土地分散在"峻""寒山"等六处。周原地区是周王朝祖基所在，周原之土地多被周公、召公等贵族重臣所瓜分，夷王能在此地区找出六处土地赏赐，可见名克者所受到的重视。

总之,《大克鼎》铭文表明在恭懿孝夷时期,王室大统有嫡庶之争,所以才有恭王时重臣师华父的"谏辥(乂)王家"。对于周王室而言,师华父的"谏辥(乂)王家"是一件很大的功劳。周宣王回首这段历史时说道:周王朝之巩固,除了文武受命之"耿光"以外,"亦惟先正襄辥(乂)厥辟,劳堇(勤)大命,肆皇天亡罪(敄),临保我有周,丕巩先王配命",[①]意即"先正"襄助其君,勤劳于天命,所以皇天才不懈地保卫我们周国,巩固先王所受的天命。"先正",即辅弼先王且有卓著功勋之大臣。[②]穆王庶子辟方在恭王去世时未能承继王位,其中应有师华父"谏辥(乂)王家"的因素。辟方只能在懿王之后以叔父的身分继位。辟方虽然继位为孝王,但这已不是他势力的鼎盛时期,所以在位时间不长,就由懿王太子燮继位为夷王。此时王位复归王室嫡系。若论师华父之功勋,使王室大统终归嫡系,他应当在周宣王所言的"襄辥(乂)厥辟"的"先正"之列。从恭王时器《大克鼎》的"谏辥(乂)王家"一语和当时可能存在的"争位之事"来分析,周王室嫡庶间王位争夺的草蛇灰线,依稀可见。当然,我们还没有根据说这就是"铁证",并再引申推测师华父是抑制辟方势力崛起的中坚力量,但是,从夷王念念不忘师华父之功勋,并由此隆重嘉封师华父之孙的事实,推测师华父确曾为王室继统免由嫡系转为旁系做出过重大贡献,当不为臆说。

## 三 《幽公盨》铭文所见继位前的孝王

近年面世的《幽公盨》对于研究恭懿孝夷时期的王朝变迁,颇有参考价值。为讨论方便计,今参考裘锡圭、李学勤、朱凤瀚、李零、冯时等先生的卓见,将此盨铭文具写如下:

天命禹尃(敷)土,堕山浚川,乃任地艺征,降民监德,乃自乍(作)配缗民,成父女(母)。生我王、乍(作)臣,厥沬(美)唯德。民好明德,任(任)在天下,用厥邵(昭)好,益美懿德,康(荒)亡(无)不楸(懋)。考(孝)友订明,经齐(斋)好祀,无凶。心好德,婚媾亦唯协。天釐用考,神复用发(祓)禄,永御于宁。

---

[①] 《毛公鼎》,《集成》2841。

[②] 先秦文献对于"先正",多有所云,如《尚书·文侯之命》"亦惟先正克左右昭事厥辟",与《毛公鼎》铭文意同。《诗经·大雅·云汉》称"群公先正",《礼记·缁衣》引逸诗云"昔吾有先正,其言明且清,国家以宁,都邑以成,庶民以生",亦强调"先正"辅弼之重要。《毛公鼎》在此语之前述文武受命,在此后言国人暴动之骚乱,此处所言"先正"不会是文武旧臣,而应当指恭王时的师华父及"共和行政"时的共伯和。

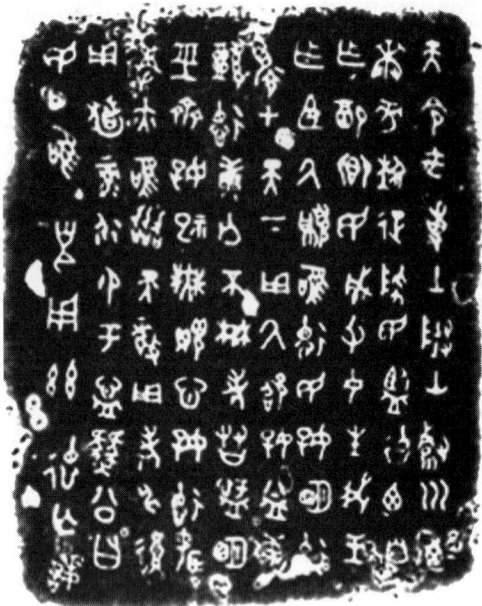

图3 《豳公盨》铭文

豳公曰：民唯克用兹德亡（无）悔。（见图3）[1]

铭文有些关键词，应当做些说明。如，铭文"任地艺征"的释读当从冯时先生说。诸家原释的"方"字，"即'地'之本字"；这四个字，"意同《尚书·禹贡》之'任土作贡'"。铭文的"康"当通假而读若"荒"，与亡一样，"皆言无"。[2]铭文"沫"字，读为"美"，句意谓民众唯以德为美；"饪"字读为任职之"任"，皆从裘锡圭先生说。铭文"任在天下"，意谓民在天下有传扬君之明德的任务。铭文"讦"字原从心从盂，当从朱凤瀚、李零先生说读为"讦"，意谓大。铭文"复"字，李零先生说"有回报之义"。铭文"无凶"的"凶"字，当从沈建华先生所释读，意即《说文》所训"扰恐也"。[3]专家对于这些关键词考释甚精，在此基础上，我们可以将铭文大意试写如下：

天命令禹规划天下土地，于是禹就破山导水，据其土地所有，定其贡献等差。禹修德而使民服，配合上天以助民，成为民之父母。天生我王，并为王配置了臣。君臣唯以德行为美。民喜好光明之德，禹便以明德为己任而统领天下。禹以此来宣示民之所好，增益民之美德，民无不勉力从事。孝友之德于是大明，民皆中正庄敬参加祭祀，没有扰恐。民心向德，婚媾亲戚和谐。天赐民以寿考，神也回报以福禄，使民长久地安宁。豳公说：民唯能用此德，方可无悔。

关于《豳公盨》的时代，从盨的形制纹饰等因素推断，李学勤、裘锡圭、李零先生都推测当属西周中期后段。朱凤瀚先生说"应属于恭王或稍晚"。今从铭文内容看，可从朱先生

---

① 《豳公盨》，刘雨、严志斌：《近出殷周金文集录二编》第2册，第139页。按，盨铭拓片，亦采自此书。铭文释文参考了裘锡圭（《豳公盨铭文考释》，《中国历史文物》2002年第6期，第13~27页）、李学勤（《论豳公盨及其重要意义》，《中国历史文物》2002年第6期，第4~12页）、朱凤瀚（《豳公盨铭文初释》，《中国历史文物》2002年第6期，第28~34页）、李零（《论豳公盨发现的意义》，《中国历史文物》2002年第6期，第35~45页）等专家论文的卓见。下引几位先生之说，不另注。裘锡圭先生说"释'豳'为'豳'（邠）可能是正确的"，冯时先生引诸家考证，说"豳"字为"'豳'字异构"（《豳公盨铭文考释》，《考古》2003年第5期，第71页），饶宗颐先生："'豳'字，柯昌济、马叙伦、丁山、陈直诸家均释豳，似可信从。"（《豳公盨与夏书佚篇"禹之总德"》，《华学》第6辑，紫禁城出版社，2003，第5页）据以上诸家说，本文径以《豳公盨》为称。

② 冯时：《豳公盨铭文考释》，《考古》2003年第5期，第68页。

③ 沈建华：《读豳公盨铭文小札》，《华学》第6辑，第28~29页。

说，具体定为恭王时器。

与今所见数千件周代青铜器铭文相比较，《豳公盨》的特点十分明显。从铭文格式看，它完全没有一般铭文所有的时间、地点、人物等记载。从内容上看，一般铭文或记事铭功、或颂扬神灵先祖，记事内容包括封赏册命、立此存照纠纷处理结果及殷嘱子孙等，然而此类习见之内容于《豳公盨》则全然不见踪影。《豳公盨》铭文围绕"德"进行阐述，从禹的事功谈德自天降，为民所喜，再讲有德行者天赐以寿考，神报以福禄，最后以民众信用德才能无灾无祸作结，展现出来的是一篇关于德论的文章。朱凤瀚先生说此篇铭文"是一篇散文形式的专门论及伦理道德的文章，这在以往所见青铜器中似乎还没有见到过"，甚是。这样的德论散文若出现在战国诸子的时代，倒也不足为奇，但在西周中期后段就有这样一篇文字，实在令人诧异。疑问的核心是此篇铭文的性质，也就是说为什么此时会出现这样一篇铭文呢？

从迄今所见周代彝器看，可以说当时的人从不铸无用之器，彝铭亦不载无用之辞。铸器作铭的目的应当都是明确的。然而，《豳公盨》不仅性质不明，而且制器者身分不明，何时为何事所铸，亦不明。读后令人茫然。

很明显，确定《豳公盨》的器主，是发覆这些谜团的关键。有启发性的卓见是由刘雨先生在一篇讨论周代王称的文章中提出的。他说，孝王"曾居于豳地，作过豳公"。[①] 循此思路，来分析此篇铭文，我们可以推测《豳公盨》即孝王继位前任"豳公"时所制作。兹依次将相关问题讨论如下。

首先，豳公当即恭王弟辟方。他在穆王时可能受封为豳公。汉儒谓"天子三公称公，王者之后称公"，[②] 是符合周代情况的。王世民先生据大量的彝铭资料指出，西周时期称"公"者，多为"身居高位的天子重臣"，"为王之卿士"，[③] 也是确论。王子辟方能够觊王位而取之，表明他在穆、懿时期颇有权势，已经在朝廷中有举足轻重的影响。只是由于师华父等重臣的干预，他在恭王以后攫取王位之事未能成功。尽管如此，王子辟方却未改攫取王位之志，在恭、懿时期一直为此而积蓄力量，待时而动。

王子辟方对于受封为"豳公"应当是很满意的。[④] 豳地是周王朝王业始兴的宝地，周先祖率众迁于此，事见于《诗经·大雅·公刘》，至公亶父始再迁岐下。公刘和公亶父都曾被

① 刘雨：《金文中的王称》，《故宫博物院院刊》2006 年第 4 期，第 20 页。关于"豳公"，史籍和彝铭均少有记载，其事当待以后有新的发现来佐证；关于孝王是否别称"豳王"，亦不可肯定。但刘雨先生推断王子辟方曾为豳公，确是富有启发意义的卓见。

② 《公羊传》隐公五年，《春秋公羊传注疏》卷三，第 2207 页中至下。

③ 王世民：《西周春秋金文中的诸侯爵称》，《历史研究》1983 年第 3 期，第 12、17 页。按，关于"豳公"的身分，陈英杰先生推测"豳公可能是豳国在周王朝任职者"（《豳公盨铭文再考》，《语言科学》2008 年第 1 期，第 72 页），这是一个很正确的推测。

④ 可以推测辟方受封为"豳公"当在穆王或恭王时期，若在穆王时期他是王子，若在恭王时期则是王弟。

后人尊称为"豳公"，①王子辟方满意"豳公"之称，有王业寓此的希冀。豳公的努力今可推测得知者有如下两个方面：一是拉拢王朝官员并收买人心，清华简《摄命》即透露出这种信息（说详下）；二是大造舆论，宣扬豳王当兴。迄今所见数千件彝器中称"豳公"者，仅豳公盨一件。我们由此推测此器应当是王子辟方为豳公时所铸之器，不可谓全然无据。如果此一推测不误，那么关于盨铭的许多疑点皆可得到解释。

其次，《豳公盨》铭文虽然通篇在说"德"，但其旨并不在乎此。《豳公盨》铭文强调的是德由禹出。铭文谓："天命禹尃（敷）土，堕山浚川，乃任地艺征，降民监德。"言禹以自己的德行，使天命赋予他统领天下之权，成为民之父母。天命自禹，这才是铭文的主旨所在。铭文无一述及作为周人传统观念核心的"文武受命"，而是天命颁于禹，再下及周王，人世间的美德也是由"天命"经禹而下传的。这种天命观与周人传统的天命观颇有不同。

"天命"是周王朝的立国之本，从周初开始，周人一直信从文王接受天命而缔造周邦的理念。②到了西周中后期，武王附骥尾而进入受命之例，文献和彝铭方遂有"文武受命"之称。③在传统的观念里，周受天命而有天下皆自文王始，后有武王赓续之。然而，《豳公盨》不言文武受命，而是另立一说，谓天命所授自禹始而及"我王（即周王）"。在圣王的序列里，禹的声望高于文、武，所以言禹得天命自然高出"文武受命"。言外之意是说，天命非必出于"天—文武"一系，得天命者还会另有渠道。若谓从禹而来，有何不可？当然分析铭文之意，经禹而传的天命，还是传到了周王那里，只不过是加了"禹"这个环节。天命可直达文武，亦可经"禹"而达周王。天命下传之渠道非一而已。其中所含之意应当也包括，既然渠道非一，那么，嫡系可得天命，非嫡系亦非不能得天命。如此说来，作为豳公的"王子辟方"虽非嫡系，但亦可有得天命之渠道。要之，这种天命渠道非一之说，应当是辟方为己造势的一个言论。

最后，铭文极力宣扬"德"，意在自我标榜，并收买人心。"民好明德，饪（任）在天下"，是全篇言德之主旨。这句铭文之意是说民所喜好的明德之人可以担负天下之主的重任。而这个"明德"之人，依铭文之意，那就是豳公。他所勤勉的"懿德"有以下两个方面。其一，恭敬祭祀而无灾祸［"经齐（斋）好祀，无凶"］。其二，孝敬长辈、和谐兄弟与姻亲（"孝友讦明""婚媾亦唯协"）。因为豳公的"明德"，所以天赐予他长寿，神给他以福

---

① 《孔丛子·记义》篇谓"于《七月》见豳公之所造周也"，认为《诗经·豳风·七月》之诗，是述豳公准备王业之诗。汉儒郑玄说："公刘初居豳之主，大王终去豳之君。"唐儒陆德明说："周公遭流言之难，居东都，思公刘、大王为豳公，忧劳民事，以此叙己志而作《七月》《鸱鸮》之诗。"（《毛诗正义》卷八，第387页中至下）

② 关于"文王受命"，在文献中可举以下几例。《诗经·大雅·文王有声》谓"文王受命，有此武功"；《尚书·无逸》"文王受命惟中身"；《尚书·君奭》言"天不庸释于文王受命"；《逸周书·祭公》谓"皇天改大殷之命，维文王受之"等。在彝铭中的例子，如成王时器《何尊》称"文王受兹大命"（《集成》6014），康王时器《大盂鼎》称"丕显文王，受天有大命"（《集成》2837）。

③ 关于"文武受命"，在文献中可举以下几例。《诗经·大雅·江汉》称"文武受命"；《诗经·鲁颂·閟宫》谓"至于文武，缵大王之绪，致天之届"。在彝铭中的例子，如恭王时器《乖伯簋》称"文武膺受大命"（《集成》4331），懿王时器《师询簋》和孝王时器《师克盨》皆称"丕显文武膺受天命"（《集成》4342、4467）。

禄。他号召民众要像他这样好明德而无悔。

还有一个旁证，可以说明《豳公盨》为辟方所作。那就是孝王本称"考王"。近年面世的《逨盘》铭文称其亚祖"保厥辟考王、夷王"，吴镇烽先生分析《逨盘》铭文所载十一位王名，说："王名是生称，后世将之纳入谥法。……西周所有王名都不是贬义字。"①《逨盘》铭文可证《周本纪》所载的"孝王"可能是后世将原来所称的"考王"纳入谥法所改称者。《谥法》和《世本》皆云"考（孝）"有五义："五宗安之曰孝，慈惠爱亲曰孝，协时肇享曰孝，秉德不回曰孝，大虑行节曰考。"②对于"考（孝）"这种美谥的五义，孝王极有可能以"秉德不回""大虑行节"（意即高尚德行不邪辟，特别注重节操）为重点而自诩，所以他在世时生称"考王"。这与他作豳公时屡言"德"之义，是相吻合的。

王子辟方在懿王之后继位为王，生称"考王"，以明德而自诩。还有一件孝王时的彝铭可以作为旁证，那就是《师𩛥鼎》，铭文载孝王语，亦大讲"德"。铭文谓：

> 王曰：师𩛥！女克尽乃身，臣朕皇考穆王，用乃孔德逊屯，乃用心引正乃辟安德。叀（惟）余小子肇淑先王德。③

诸家多以铭文中有"朕皇考穆王"之语，定为穆王之子恭王时器。唐兰先生指出鼎铭所称的"王"，"是穆王另一个儿子，共王之弟孝王"。他指出：

> 这个鼎的形制、纹饰、铭文字体等看来都较共王时为晚，铭中所说"伯太师"见于伯太师盨。宋代出土的克尊说"伯太师锡伯克仆三十夫"，均当西周后期。因此定为孝王时。④

唐兰此说，颇有理据，可以信从。铭文里面，孝王不仅赞扬名师𩛥者"孔德逊屯，乃用心引正乃辟安德"（意即师𩛥拥有谦逊之美德，能悉心长久地保证君主的安和之德），而且他还自夸"余小子肇淑先王德"，说自己虽然年轻，却能聪敏地发扬先王之德。从铭文里可以看到名师𩛥者还鹦鹉学舌般地大讲其德，一说天子不忘其父的"猷德"（意即大德），二说自己承继先祖"烈德"来臣事君主，三说其顶头上司伯克有"懿德"，四说自己先祖拥有"介

① 《陕西眉县出土窖藏青铜笔谈》，《文物》2003 年第 6 期。
② 《逸周书·谥法》，黄怀信、张懋镕、田旭东：《逸周书汇校集注（修订本）》卷六，第 650~651 页。《世本·秦嘉谟辑补本》卷一○，《世本八种》，第 380~382 页。
③ 《师𩛥鼎》，《集成》2830。关于《师𩛥鼎》的断代，黄盛璋《新出伯公父、伯多父铜器群及其相关问题》（《人文杂志》1986 年第 1 期，第 76 页）引郭沫若说，定其为孝王时器，是正确的。
④ 唐兰：《用青铜器铭文来研究西周史——综论宝鸡市近年发现的一批青铜器的重要历史价值》，《文物》1976 年第 6 期，第 36 页。

德"（意谓大德）。一篇册命彝铭里七用"德"字，为一般彝铭所罕见。这篇铭文既称颂周天子和上司，也用来自夸，还记载了孝王"肇淑先王德"的自谕。由此而论，处处讲"德"的《㻬公盨》铭文可谓其证不孤了。[①]

总之，《㻬公盨》全篇铭文应当是㻬公手下的史官总结提炼㻬公平时之语而写成，[②]仅最末一句点明全篇为㻬公所述。铭文既不对扬王休，也不赞襄王化；而且上不言祖考，下不及子孙，也不表事功，亦不提封赏。通篇除了㻬公自谕"明德"之外，就是另立天命系统，为㻬公有朝一日攫取王位张目。这样的铭文若谓出自王朝重臣之手，是不大可能的。但若放在作为时王（即懿王）叔父的辟方那里，则是可以理解的。铭文不言王位传统之事，但又句句与此有关。铭文最末一句谓"㻬公曰：民唯克用兹德亡（无）悔"，表明此篇铭文是㻬公训导民众的话，只此一句是㻬公的原话，其前者都是史官总括提炼写成的㻬公之意，若用周代习语"王若曰"例之，似无不可。总之，这是一篇㻬公让史官拟写的寓有自己深意的铭文，是记载周孝王思想观念的一个非常珍贵的材料。

## 四 清华简《摄命》所见懿、夷父子情况

近年面世的清华简《摄命》篇为研究这个时期王室内部斗争提供了难能可贵的材料，值得重视。清华简《摄命》经马楠先生整理，辟荆启路，使此篇文字得以通读。[③]此篇虽是简帛文字，而非彝器铭文，但它属于册命文体，与西周彝器《师询簋》等册命文字多有相似之处。此篇文字应当源于西周史官册命时的记录文本。因此，本文将其列入反映这个时期王室情况的资料一并讨论。为简明计，本文不准备探讨《摄命》全篇，仅撮其要，对其重点进行如下的讨论。

其一，关于推断《摄命》简人物关系的关键言辞的分析。

《摄命》简是周王对于名摄者的诰教之辞，这一点是原注及专家尽皆肯定的认识，但这是哪一位周王呢？专家们却有不同的看法。简文开宗明义宣示王旨，谓：

---

① 关于《㻬公盨》性质的考定，对于西周中期后段铜器断代当有一定的参考价值。恭懿孝夷时期的铜器断代因在位王年较短，所以比较困难。然而，若从思想站队的角度来分析，似可作为一项参考标准。即这个时期的铭文称德而不言文武受命者，当为孝王时器；反之，若强调文武受命者，则非孝王时器。本文上面提到的多次言德而不提文武受命的《师𩛥鼎》应是孝王时器。再如《师克盨》铭文称"不（丕）显文武，膺受大命"（《集成》4467），此器就不当为孝王时器。这种"思想站队"的思路，是否合乎断代的情况，尚需更多的材料来证实或证伪。本文限于条件，不能对此多做分析，仅仅提出一个粗浅认识供专家参考。

② 按，《㻬公盨》若全为㻬公语，则"㻬公曰"当在全篇铭文最前，如今放在末尾，并且有其让民众拥戴明德之语，则"㻬公曰"以前的铭文当为史官所拟的㻬公之意。

③ 李学勤主编《清华大学藏战国竹简》（捌），中西书局，2018，第110~120页。下引《摄命》篇简及相关注释，皆出自此，不另注。

劫姪忿摄（燮），<sup>①</sup> 亡承朕乡（享）。（简 1）

这是一句据以判断简文人物关系的非常重要的话，要正确理解简文，必须要先探讨其意。

先说"姪"。原注释云："'姪'，如字，兄弟之子。"专家或可据此推断，既然王与名摄者是叔侄关系，那就只能是孝王与夷王的关系。这恐怕是有问题的，因为原注所言不够完备。《说文》诸本原作："姪，兄之女也。"段玉裁据《尔雅》等书改为："姪，女子谓兄弟之子也。"段注的改定是正确的，他所依据的理由是：

> 《释亲》曰："女子谓昆弟之子为姪。"《丧服》"大功"章曰"女子子适人者为众昆弟姪"，"丈夫妇人报"传曰："姪者何也？谓吾姑者，吾谓之姪。……今世俗男子谓兄弟之子为姪，是名之不正也。……从'至'者，谓虽适人而于母家情挚也，形声中有会意也。"<sup>②</sup>

从《尔雅》《仪礼·丧服传》等文献的说法看，在先秦至汉代，"姪"，是女子对于兄弟之子的称谓，而非男子对于兄弟之子的称谓。《国语·周语下》"我皇妣大姜之姪"，韦注："女子谓昆弟之子，男女皆曰姪。"<sup>③</sup>亦强调"姪"是女子对于兄弟之子（若女）的专称。清儒朱骏声特别强调：

> 受"姪"称者，男女皆可通，而称人姪者必妇人也。男子称兄弟之子曰"从子"。<sup>④</sup>

朱骏声的这个说法完全正确。先秦时期，男子称兄弟之子非谓"姪"，而称"从子"，如《左传》襄公十五年"芳子冯为大司马"，杜预注"子冯，叔敖从子"，孔颖达正义云"芳艾猎是孙叔敖之兄，冯是艾猎之子，则冯是叔敖兄之子"，<sup>⑤</sup>是为一证。宋儒朱熹解释"姪"字"本非兄弟之子所当称"的问题时，亦谓："据礼，兄弟之子当称'从子'为是。自曾祖而下三代称'从子'，自高祖四世而上称'族子'。"<sup>⑥</sup>清初顾炎武释唐代的《干禄字书》序的"姪"称时谓："今人谓兄弟之丈夫子亦曰'姪'，非也。古者兄弟之子皆曰'子'……疑当时未有

---

① 简文"劫"，李学勤读为嘉，虽不为误，但似不必通假转训，而直接训释可能更好。今试说如下："劫"，有慎、固意，《尚书·酒诰》"劫毖殷献臣"，伪孔传"用力戒谨殷之贤臣"。铭文"姪"，读若"至"，此句意即我的慎重告诫到达你燮那里。简文"摄"原整理者读为"燮"，指懿王太子燮，完全正确。

② 段玉裁：《说文解字注》十二篇下，上海古籍出版社影印本，1988，第 616 页上。

③ 《国语·周语下》，徐元诰：《国语集解》卷三，第 125 页。

④ 朱骏声：《说文通训定声》履部，中华书局，1984，第 620 页。

⑤ 《左传》襄公十五年，《春秋左传正义》卷三二，第 1959 页中。

⑥ 黎德清编《朱子语类》卷八五，中华书局，1985，第 2200~2201 页。

称'姪'者。"①总之，依照古训，唯女子对于兄弟的子女称"姪"。可以推测，清华简《摄命》篇的"姪"必不会是女子称其兄弟之子的用法。专家或据后世的"侄"字，以为是男子称兄弟之子者，似失于详察。

专家或再进一步推断称名摄者（即继位前的夷王）为侄者必当是孝王，并由此来确定《摄命》篇的人物关系。这也是难以成立的推断。原因在于，在那个时代，称别人为"姪"者，必当是女子，而非孝王之类的男人。再者，退一步说，即令孝王要称夷王为"姪"，那就要先证明《周本纪》谓孝王为恭王弟的记载为误。若不能证明，那么孝王则为夷王名摄者的叔祖，名摄者是他的"姪孙"，文献或其他材料中尚找不出称"姪孙"为"姪"的例证。由此看来，简文的这个"姪"字，不应当是"姑姪"之姪，而应当有其他的理解，方可说得通。愚以为，简文的"姪"，既然不可能作"姑姪"义，那么，以声类求之，便可直接读若"至"。

再来讨论简文"劼姪惢摄（燮）"。"摄"，原整理者以"摄、燮皆叶部，书母、心元音近可通"为据，说他是懿王太子夷王燮，正确可从。简文"劼"，原注认为李学勤说读为"嘉"，虽不为误，但直接训释可能更好，这也是正确的。"劼"，有慎、固之意，且文献有它与"惢"字连用之例，即《尚书·酒诰》所云"劼惢殷献臣"，伪孔传"固慎殷之善臣"。②曾运乾释其义为"严敕殷献臣"，③杨筠如认为"劼惢"，即"诰惢"之讹，亦为"诰教之意"。④"劼姪惢摄"，如果调整一下语序，那就是"劼惢姪摄"。如此调整词序，有一个旁证，那就是在此篇简文末尾处述王语有谓"余既明启劼惢汝"（简31），"劼惢"有本篇中连用之例，如此再加上《酒诰》篇这两个字连用之例，在《摄命》简文里将两个字连用就应当是比较合理的，可以说"劼惢"意即诰教。"劼惢姪摄"语意就应当是诰教至摄，正谓王之诰教到你摄（燮）那里。简文以下所言，就是王对于太子燮的诰教。

这里所说的"王"，是懿王抑或是孝王呢？若以"叔姪"关系而论，当为孝王。可是，如同我们前面所讨论"姪"之古义是女子对于兄弟之子女的称呼，这里不大可能是孝王，只能是懿王。简文屡称"摄（燮）"为"冲子"⑤"小子"，还说"汝唯子，今乃辟余"（简18），将这些理解为父教子之语，比之于理解为叔教侄的话，更合情理。

再讨论简文"亡承朕乡"之意。此处的"乡"字，宁镇疆、何有祖读为"享国"的享，

① 顾炎武：《文字金石记》卷四，文渊阁四库全书本，第683册，第778页上。
② 《尚书·酒诰》，《尚书正义》卷一四，第207页下。
③ 曾运乾：《尚书正读》卷四，中华书局，1964，第180页。
④ 杨筠如：《尚书覈诂》卷三，陕西人民出版社，2005，第288页。
⑤ 关于"冲子"，钱大昕从古音无舌头舌上之分的规律，指出定纽与澄纽字无异，所举之例即《尚书·金縢》"惟予冲人"，指出"冲子，犹童子也"。《十驾斋养新录》卷五"舌音隔类之说不可信"条，上海书店，1983，第111~112页。

并谓与《尚书·康诰》"无我殄享"义近，"亡承朕乡（享）"意谓"无以承受社稷之重"。① 这些都是正确的解释。简文"亡"字，意通"无""毋"，意谓不可。② 简文这句主旨言辞，意谓："我郑重地告诫燮，不可承继我的王位享国。"简文还说"乃隹德畐（享），畐（享）载不孛，是亦引休"（简 23），这是安慰太子燮的话，意思是说你要以德行自享，就算不在王位享国，也是长久的休美。简文此语也表明《摄命》篇发布命辞的"王"不可能是孝王，而应当是太子燮之父懿王。③

其二，简文透露出当时王朝形势严峻。

这种严峻的形势，依简文所示，首先是"今民不造不庚（康）"（简 1）、"今民不造不庚（康）……怨"（简 3~4），④ 言如今民众遭遇不幸，有抱怨。

其次是"四方小大邦，零御事，庶百又（有）告有嫌，⑤ 今是亡其奔告"（简 4），意指四方邦国和官员、百姓有诉讼有嫌疑，如今奔告无门。总之是怨气甚多，无法解决。

再次是懿王周围无可信任之人。"辟相隹（唯）卸（御）事，余厌既异厥心，厥德不之卑余，引（矧）汝隹（唯）子？"（简 17~18）意思是说，我之辅相者唯执事官员，我很讨厌他们与我异心，依他们的德行连我都瞧不起，何况你这年轻人呢？懿王嘱咐太子燮搜集言论并汇报，"自一话一言，汝亦母（毋）敢之泆"（简 13），意思是一言一语你都不可遗漏。从此可以看出懿王被王朝官员蔑视和孤立的情况。王朝官员对于懿王的异心异德有可能是他不能传位于其子，而由其叔攫取王位的重要因素。

最后是懿王忧心忡忡地告诫太子燮要勤于职事，不敢懒惰，"难（勤）祗乃事"（简 5）、"母（毋）敢惰在乃死（尸）服"（简 10）；用仪容、声望树立自己的权威，"威由表、由望"（简 7）；要哀怜鳏寡，施惠于小民，"恫矜（怜）寡矜（鳏），惠于少（小）民"（简 9），⑥ 争取民众的支持；还要自勉德行，"夙夕经德"（简 10）；不可受贿，"勿受币"（简

---

① 宁镇疆：《清华简〈摄命〉"亡承朕乡"句解：兼说师询簋相关文句的断读及理解问题》，《中华文化论坛》2019 年第 2 期。何有祖说见此文所引。
② 参见裴学海《古书虚字集释》卷一〇，中华书局，1954，第 898 页。
③ 另有《燮簋》，铭载"唯八月初吉庚午，王令燮缁皈、旗。对扬王休，用乍宫中念器"（《集成》4046），器作敛口鼓腹形，腹饰瓦沟纹，有衔环兽首双耳，圈足下有三个兽面扁足，器口和圈足均饰窃曲纹。此器形制和纹饰与西周中期后段的《师酉簋》《叔向父簋》相近，陈梦家先生定为懿世器（《西周铜器断代》下册，第 743 页），惜未深论。尽管如此，陈先生定为懿世器，还是可取的。此器铭文末尾言"用乍宫中念器"，与一般彝铭为某人作器之例亦迥异，"宫中"不当读作"宫仲"，意当为王宫之中，"念器"之语仅见于此器，意当为念念不忘之器。器铭所载王赐之物为缁皈，王赐之"缁皈"只是作为诸侯一命之黑色蔽膝，而非太子之服饰；所赐缁"旗"，亦当是诸侯级别的旗。若此名燮者即太子燮，则是时王不以其将来可继位者视之，或可与《摄命》简"亡承朕享"相印证。然此器的器主定为太子燮，尚需更多证据，所以仅将此器铭文附此，以待将来详考。
④ 简文"造"当通"遭"。《尚书·大诰》"造"，《汉书》引作"遭"，孙星衍说："造为遭者，《吕刑》'两造具备'，《史记》'造'作'遭'。"（《尚书今古文注疏》卷一四，中华书局，1986，第 344 页）简文"弗造"，犹今语之"不幸"。简文"民庚（康）"义当同《尚书·大诰》"迪民康"。
⑤ 简文"嫌"字，原作苫，其上部所从的"火"或作炎，《摄命》篇数见，过去多释为"舜"，意谓"慎"；李学勤先生《清华简〈摄命〉篇"舜"字质疑》（《文物》2018 年第 9 期）读为"嫌"，当是。
⑥ 简文"恫矜寡矜"的第一个"矜"字，专家或谓当读若"矜（怜）"，意当为"怜悯"（史大丰、王宁：《清华简八〈摄命〉"通矜寡矜"及相关问题》，《济南大学学报》2019 年第 4 期）。其说较优，可从。

22）。要之，《摄命》简文全篇处处透露出懿王对于太子燮的关爱及担心，他希冀在不可能继位的情况下，太子燮能有德行和能力自保平安。在《摄命》篇里，慈父之爱溢于言表。

总之，从《摄命》简文可以总结出以下三点认识。其一，懿王时期其叔，即《周本纪》所说的恭王子"辟方"，已拥有很大的影响和权势。懿王对于太子燮的册命之辞，多语焉不明或闪烁其词，当是对于辟方取畏慎态度的缘故。但又明谓不让太子燮继位，或许是让辟方放心，从而使懿王父子安全的一个策略。其二，懿王对于太子燮嘱咐谆谆，关爱有加，还是希望他有朝一日能够继统。其三，太子燮在懿王时期已经担负"出纳王命"之任务，并且有一定的政务历练，这为其将王位复归嫡系之统奠定了基础。

为说明此一问题，我们还应当提到《诗经·周颂》中的两篇诗作。因为它们似可以与《摄命》简相印证。

《诗经·周颂》诸篇多以黄钟大吕，尽情讴歌先祖所创辉煌业绩，所谓"无竞维烈"者是也；[①]再就是祈求上天和先祖祐佑，所谓"绥万邦，娄丰年"者是也。[②]颂祖与祈福是《周颂》绝大多数篇章的主题。然而，《周颂》里面却有两篇（即《访落》《小毖》）与绝大多数的诗篇迥异，就拿《访落》篇来说，此篇虽然也有祈福之句，主旨却不在这里，其主旨在于述说心志而抒发忧愁之情。但述说又呈欲言又止之状，用清儒姚际恒的话来说，即是"多少宛转曲折"[③]在于诗中。清儒方玉润说读此诗"忽觉焄蒿凄怆，若或见之"。[④]以哀怨为主调的《访落》篇与绝大多数《周颂》诗篇的格调迥然相异，只有《小毖》篇与它主旨相同，词气相侔，所以有学者认为两篇当是前后相贯之诗作。宋儒朱熹认为《小毖》之诗与《访落》篇意旨相贯，"亦《访落》之意"。[⑤]关于《访落》篇，清儒何玄子说："此诗虽对群臣而作，以延访发端，而意止属望昭考；至《小毖》篇始道其延访群臣之意耳。"姚际恒赞许何氏此说，谓："如此读《诗》，细甚。"[⑥]

《诗经·周颂·访落》一篇历来以为是成王时诗，唐兰先生说诗中"昭考"应当是穆王所称昭王，当即穆王诗。然周王朝对于昭王南征不返讳莫如深，乃闭口不谈之事，将《访落》诗中的"未堪家多难"附于昭王南征不返，并不妥当。若以历来的说法定为成王诗，当即唐兰先生所言，"不是开国时气象"。[⑦]愚以为盖当定为懿王诗。其主旨与清华简《摄命》篇相近，特附识于此，容他日详考。若此理解不误的话，亦可谓《摄命》简所言之事于史载并非孤证。

---

① "无竞维烈"句见《周颂·武》篇，意指空前不二的巨大功勋。

② "绥万邦，娄丰年"句见《周颂·桓》篇，意谓安定天下，屡获丰年。

③ 方玉润引姚际恒语，见方玉润《诗经原始》卷一七，中华书局，1986，第614页。

④ 方玉润：《诗经原始》卷一七，第614页。

⑤ 朱熹：《诗集传》卷一九，中华书局，1958，第233页。

⑥ 姚际恒：《诗经通论》卷一七，中华书局，1958，第344页。

⑦ 唐兰：《略论西周微史家族窖藏铜器群的重要意义》，《文物》1978年第3期。

## 五 《师询簋》所见夷王对于孝王的响应

我们从《幽公盨》看到了王子辟方任"幽公"时以"明德"而进行的自我标榜，又从《师龢鼎》看到，王子辟方继统后以"淑德"进行的自我吹嘘。那么，夷王继位以后对此是否有所反应呢？答案是肯定的。我们可从夷王元年的《师询簋》铭文看到一些影子，可以试作讨论。这篇铭文说：

王若曰：师询，丕显文武膺受天命，亦则于女（汝）乃圣祖考，克専右先王，乍厥肱股用夹召厥辟莫大命。簋龢（和）雩政。肆皇帝亡斁，临保我又（有）周，雩四方民亡不康静。王曰：师询，哀才（哉）！今日天疾畏（威）降丧，首德不克妻（义），古（故）亡承于先王绾。女（汝）彶屯恤周邦，妥立余小子龡（载）乃事，隹（唯）王身厚旨……（见图4）①

关于《师询簋》的时代，郭沫若先生定为宣王时器，他解释其原因是"本铭与《毛公鼎》如出一人手笔，文中时代背景亦大率相同，故以次于此"。②此说有一定道理，它和《毛公鼎》皆有"天疾畏（威）"之语，表示天怒而降灾。但此铭所言之灾与《毛公鼎》所言者是有区别的。此铭所言天之愤怒在于有一位德行不好的人为王［"首德不克妻（义）"］，而使四方之民不安。再者，所言天下形势，远不及《毛公鼎》

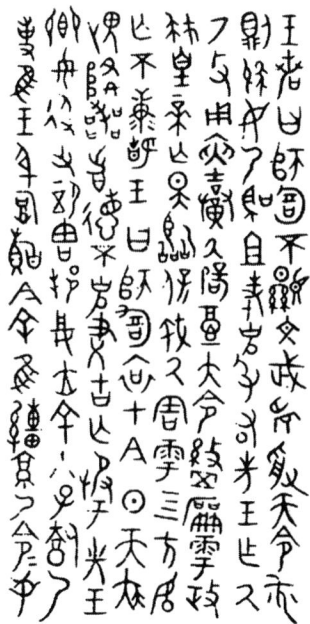

图4 《师询簋》摹本（局部）

所言"四方大纵不静"那样严重。若定此铭为夷王时器，似较妥当。关于这件器铭的性质，何景成先生指出："师询簋的年代是在夷王元年。铭文反映的历史背景，是孝夷时期西周王

---

① 《师询簋》，《集成》4342。按，铭文"询"字原作"⑤"形，或写作"旬"，不若郭沫若、于省吾、容庚、张日升诸家径释为"询"为优。关于《师询簋》的时代，刘启益定为夷王时器（《西周孝王时期铜器的初步清理》，胡厚宣等编著《出土文献研究》第3辑，中华书局，1998，第58页）。关于其断代问题，专家或有他说，为简明计，今暂不做讨论，只以刘先生说为据，敬请专家谅解。铭文的"妻"字，郭沫若释为"规"，虽然有据，但马承源先生读其为"义"（《商周青铜器铭文选》第3册，文物出版社，1990，第175页）更优。"义"训治，并且多指王朝的天下治理。《尚书·立政》"兹乃俾义"，伪孔传"此乃使天下治"，以"治"释"义"。《尚书·顾命》"保义王家"，伪孔传"安治王家"，亦以"治"训"义"。《逸周书·祭公》"保义王家"，潘振说："义，治也。"（黄怀信、张懋镕、田旭东：《逸周书汇校集注（修订本）》卷八，第993页）铭文"厚旨"的"旨"字原从皀从旨，郭沫若说："疑旨字繁文。旨，美也，善也。"（郭沫若：《两周金文辞大系图录考释》第3册，第141页）今从之。
② 郭沫若：《两周金文辞大系图录考释》第3册，第140页。

朝在王位继承上发生的一次重大变故。夷王的复立为王，除了文献所记载的有诸侯的帮助以外，还有师询簋铭文所体现的有朝臣的辅助。"① 其说颇有理据。然，师询生活的时代历夷、厉两世，《师询簋》的时代当以定为厉王世较妥。

《师询簋》记载夷王所说的两段话，每段话皆以"王曰"句式起始，并且都寓有深意。第一段话当是针对孝王所宣扬的周之天命自"禹"所作的正面响应，夷王强调周之"天命"还是自文武所受，将天命观又复归于王朝的正统理念。这段话是否特为响应夷王而写，只能是推测，而无实据。但提出了与孝王所言的不同论调，则是事实。第二段话所讲的"首"，实际上指的是孝王，铭文"首德不克夆（义）"，② 意即孝王之德不能治王家。职是之故，所以他"亡承于先王飨"，③ 意即孝王因此没有能够继承先王之位。显而易见，这个说法与孝王吹嘘自己的"明德""淑德"，是很不相同的。细绎铭文"天疾畏（威）降丧"之意，实蕴含着"天"对于孝王德行不佳的不满。《师询簋》铭文还透露出这样一个信息，即师询曾经有功于夷王继承王位，即铭文所谓"妥立余小子龢（载）乃事"。《史记·周本纪》言"孝王崩，诸侯复立懿王太子燮，是为夷王"，④ 师询或当是拥立太子燮的"诸侯"之一。⑤

总之，我们从《师询簋》铭文里面，看到了夷王针对孝王的自诩进行的响应。他的响应言辞虽然平和，但意思还是明确无误的。毕竟这个时期还是周代礼乐文明的高峰期，连吵架也这么彬彬有礼。还应当注意的一点是，王位继统本当是王室宗法之事，诸侯无权干预，但夷王继位则是"诸侯复立"的结果。从无权干预到复立夷王成功，诸侯势力增强，乃至于影响到王室继统。铭文所言"妥立余小子"的话，若联系到"诸侯复立"夷王这一背景，就不当是一句无足轻重的套话。如果说这是周王朝中期末段政治形势变化的一个反映，当不为过分。

## 六 从《蔡簋》铭文看夷王与姜氏之争

恭、懿、孝、夷四朝，共历四十多年。这段时间里，关于周王室继统的嫡庶之争，《蔡

---

① 何景成：《论师询簋的史实和年代》，《南方文物》2008 年第 4 期。
② 关于此铭的"首"字，郭沫若说："首谓元首，'首德'谓君德也。"《两周金文辞大系图录考释》第 3 册，第 141 页。其说甚是。
③ 关于铭文"飨"字的解释参见宁镇疆《清华简〈摄命〉"亡承朕乡"句解：兼说师询簋相关文句的断读及理解问题》（《中华文化论坛》2019 年第 2 期）一文的精见。若把"飨"读若"向"，释为以往，则语义扞格，不若宁先生读为"享"，指在位享国为妥。
④ 《史记·周本纪》，第 141 页。
⑤ 担任"师"职，以师为称而见诸彝铭者，西周中后期远多于西周早期。据吴镇烽先生《金文人名汇编》统计，属西周早期者只十余例，而西周中后期者多达五十余例（《金文人名汇编（修订本）》，中华书局，2006，第 259~266 页）。这些任"师"职者，有些是入朝廷为王臣，在居地则为诸侯，最著名的就是夷厉时期的"师龢父"，郭沫若先生说他就是共伯和，曾经入朝主政。要之，西周恭懿时期任师职者较多，这些拥兵之将，对于王朝政治格局，应当会有较大的影响。

篡》也提供了这方面的信息，亦是弥足珍贵的材料。为说明问题方便计，现将《蔡篡》铭文具引如下：

> 隹元年既望丁亥，王在减居。旦，王格庙，既位。宰智入右蔡立中廷。王呼史年册令蔡。王若曰："蔡，昔先王既令汝乍宰，嗣（司）王家。今余隹龖（申）京（就）乃令，令汝眔智龖疋（胥）对，恪嗣（司）王家外内，毋敢有不闻，嗣（司）百工出入姜氏令，厥有见有既令，厥非先告蔡，毋敢疾有入告。汝毋弗善效（教）姜氏人，勿使敢又疾，止纵狱。易（锡）汝玄衮衣、赤舄，敬夙夕勿废朕令。"蔡拜手稽首，敢对扬天子丕显鲁休，用乍宝尊篡。蔡其万年眉寿，子子孙孙永宝用。（见图5）[①]

图5 《蔡篡》铭文

要深入了解铭文意蕴，"姜氏"的身分是一个关键问题。关于周王后妃的情况，学术界一般认识如下。西周十二王（共十一世），从武王到厉王，每隔一代周王就娶一个姜姓女子为妻。而这一现象是昭穆制影响的结果。[②] 属穆系的周王皆以姜姓女为后，穆王之后即王姐

① 《蔡篡》，《集成》2854。铭文拓片亦采自此。按，铭文的个别字词需要说明如下。其一，"龖疋（胥）对"的龖字，在彝铭里多和"嗣（司）"连用。陈剑先生以为，龖字左上半所从的"韭"与简帛文字里的"籖"字上部相同，所以当读若与籖同音的"兼"，以之通读相关彝铭而无碍（《甲骨金文考释论集》，线装书局，2007，第177~233页）。其说甚是。然而尚可补充一个思路，那就是龖字不以左半而是以右半"刉"为声符，造本义盖即割（或拔）持田上之草，《说文》谓"刉，持也，象手所刉据也"，或可推测龖是刉的象形初文。刉为见纽锋部字，亟为见纽职部字。龖字疑读为与之音部相近而声纽相同的"亟"。"亟"，《说文》训谓"敏疾"，《广雅·释诂》谓"急也"。彝铭习见的"龖嗣（司）"，意即加紧管理、着重管理。
② 参见李衡眉《昭穆制度与周人早期婚姻形式》，《历史研究》1990年第2期。

姜。① 穆王时器《彧鼎》铭文载，为表彰名彧者搏击戎敌之功，"王姐姜使内史友员赐彧玄衣朱襮衿，彧拜稽首，对扬王姐姜休"。② 派内史前往赏赐大将，本为周王之权力中事，此铭表明王姐姜就有此权，并且名彧者所颂扬者非为周王，而是"王姐姜"，由此可见王姐姜权势已非一般。关于王姐姜的身分，唐兰先生说她是"穆王的后"，③ 应当是正确的。依辈分论，她是夷王的曾祖母，若在穆王晚年她当三十岁左右，而夷王初年则是六十多岁年纪，仍是可以有所作为的。关于王姐姜在懿孝时期的权势，还有一件《方簋盖》铭文可以作为旁证。此铭记载：

> 楷侯乍（作）姜氏宝鬶彝，方事姜氏，乍（作）宝簋，用方皇方身。用作文母楷妊宝簋，方其日受宝。④

楷侯即黎侯，黎国的始封君是周初伐黎的主将毕公高之子。此铭文的"楷侯"，据研究当是懿孝时期任职于王室者，楷侯名方者因事奉姜氏而得宠，希望能够由此而"方皇方身"，⑤ 即楷侯方之身常以得姜氏眷顾而休美。楷侯为其母"楷妊"制器，特意述说自己为"姜氏"制器之事，以志受宠之心情。由此可以窥见"姜氏"权势非同一般。若推测此"姜氏"是"王姐姜"，当不为无据。

从夷王时期的《蔡簋》铭文里也可以看到"姜氏"的权势甚大。铭文说其时臣工出入王宫传达姜氏命令（"百工出入姜氏令"），姜氏族人还有操纵刑狱之事（"纵狱"），应当是依仗"姜氏"权势所为。虽然推断这位姜氏就是夷王的曾祖母王姐姜，没有确凿证据，但从权势极炽这一点上看，也不能算是捕风捉影。

《蔡簋》铭文所载王命的主旨是限制"姜氏"的权势。这有两个方面，一是王命令名蔡者协助王宫之"宰"名"皙"者，加强管理王宫门禁，凡有出入王宫传达"姜氏令"的臣

---

① 参见刘启益《西周金文中所见的周王后妃》，《考古与文物》1980 年第 4 期。
② 《彧鼎》，《集成》2789。
③ 唐兰：《伯彧三器铭文的译文和考释》，《唐兰先生金文论集》，紫禁城出版社，1995，第 507 页。
④ 《方簋盖》，《集成》4139。按，过去多以为方簋盖是西周早期器，但盖面饰西周后期至春秋时期盛行的直棱纹（朱凤瀚：《中国青铜器综论》，上海古籍出版社，2009，第 600 页），盖的四周饰刀形夔纹，与西周中期的《同自簋》（《集成》3703）盖沿和器颈所饰的回首夔纹十分相似，所以方簋盖有西周中后期纹饰特征。楷侯器还有《楷侯盉》《楷侯鼎》《楷侯贞盨》等，皆为西周中后期器。并且从其铭文内容看，定于懿孝时期比较合适。然虽方形簋器例甚少，且皆集中于商和西周前期，但也不排除偶见于西周后期的可能。另有《菁簋》铭文载"楷仲"事，李学勤先生说此器是穆王前后时器，而楷侯要"比楷仲晚一辈"（《从清华简谈到周代黎国》，《出土文献》第 1 辑，中西书局，2010，第 3 页），则当在懿孝时期。由此来看，《方簋盖》的断代问题，还有再探讨的余地。今可暂定其为懿孝时器。
⑤ 铭文"方事""方皇"之"方"当训"常"，《逸周书·太子晋》"方德不改"，朱右曾说："方德，常德也。"《逸周书集训校释》卷九，商务印书馆，1937，第 143 页。《孟子·滕文公上》"周公方且膺之"，焦循说当以《礼记·内则》注"以常释方"（《孟子正义》卷一一，中华书局，1987，第 397 页）。"皇"当训"美"，"方皇"，意即常美。铭文"宝"字，当依郭沫若说释为"休字异文"（《两周金文辞大系图录考释》第 3 册，第 5 页）。

工，先要向名"蔡"者报告。百官若有见姜氏、待姜氏者，要先报告蔡，不能不先报告给蔡就急着进去报告姜氏。铭文所云"毋敢有不闻"，裘锡圭说"其意似谓王家内外之事皆须闻于蔡"，[①]所说甚是。而名蔡者是对周王负责的，名蔡者所见姜氏与臣工联系的情况亦皆闻于王。夷王此举无非是要知悉"姜氏"的动向。二是命令名"蔡"者约束姜氏族人，不要让他们依姜氏之权而操纵刑狱。

另有一件《宰兽簋》，也反映了夷王强化王宫管理的情况。这件簋，罗西章、张懋镕先生定为夷王六年器，铭云："今余唯或（又）踵就乃命，更（赓）乃且（祖）考事，釐嗣（司）康宫王家臣妾，奠庸外入（内），母（毋）敢无闻（知）。"[②]可见夷王对于王宫之事的重视。

比《宰兽簋》早一年，即夷王五年的《谏簋》载夷王册封名谏者云："先王既命女（汝）釐嗣（司）王宥，女（汝）某（无）不有闻，毋敢不善。"[③]也反映了夷王对于后宫管理的重视，名谏者管理王宥（囿），即管理后宫之园林。夷王特别表扬他所有事情皆告于王。此事是否针对"姜氏"，不可得知，但反映了夷王对于后宫的重视，则是肯定的。

现在的问题是，为什么夷王甫一即位就要对"姜氏"的权力加以限制呢？《蔡簋》和《宰兽簋》铭文强调后宫之事必须由王预知，这表明夷王特别忌惮后宫干政。略做一点推测，可以说夷王害怕王姐姜干政，害怕王子辟方攫取王位之事重演。从中也可推测窥知辟方继懿王而居大位可能是得到王姐姜支持的。然而，王姐姜毕竟是夷王的曾祖母，为了王家脸面，夷王并没有采取更严厉的措施约束姜氏的势力。《蔡簋》铭文反映了夷王为顾全大局而对"姜氏"即"王姐姜"的权势加以限制的努力。表面上看加强王宫的门禁，是在保护姜氏，实际上是限制其与朝臣的交往。任何一位周王加强后宫的管理，皆为正常之事，对于《蔡簋》《宰兽簋》《谏簋》等铭的相关记载，也应当作如是观。特别是限制先王后及其家族势力的记载更属罕见，若说夷王与姜氏和美无间，恐怕不会如此。据此，我们可以说，这类铭文集中出现于夷王时期，盖为王室内部斗争的一个反映。

## 简短的结语

通过对相关彝铭的讨论，可以总结出以下几点认识。

---

① 裘锡圭：《古文字论集》，中华书局，1992，第 362 页。
② 罗西章：《宰兽簋铭略考》，《文物》1998 年第 8 期。张懋镕：《宰兽簋王年试说》，《文博》2002 年第 1 期。《宰兽簋》拓片及释文见刘雨、严志斌《近出殷周金文集录》，第 378 页，第 490 号。
③ 《谏簋》，《集成》4285。彭裕商先生考此器属夷世（《西周金文所见夷厉二王在位年数及相关问题》，《历史研究》2002 年第 3 期，第 21 页），可信。铭文的"宥"字，疑当通"囿"。《吕氏春秋·去宥》"此有所宥也"，毕沅注"宥与囿同"，马叙伦、吴承仕等学者皆以为毕说是（见陈奇猷《吕氏春秋新校释》卷一六，上海古籍出版社，2002，第 1028 页）。郑玄注《周礼·天官》谓："囿，御苑也。"（《周礼注疏》卷一，《十三经注疏》，第 642 页下）

其一，《史记·周本纪》所载西周懿王以后，孝王以叔父身分继位。这种非正常的继位表明，其间当有嫡系与旁系争位的情况存在。

其二，恭懿时期的王朝重臣师华父，因为有"谏辥（乂）王家"、阻止王子辟方继统的不世之功，所以夷王大封其孙名克者。《大克鼎》铭文所见的此一情况，说明王位继统之争在恭懿时期已经开始，至夷王时方尘埃落定。

其三，穆王庶子辟方曾在恭懿时期任"幽公"，他另述一套天命系统，并且以"德"自诩，其目的皆是为攫取王位而造势。格式独特的《幽公盨》铭文在此一背景下，其性质和意蕴可以得到较为合理的解释。

其四，清华简的《摄命》篇是一篇接近彝铭格式的史官记录，它反映了懿王对于其太子燮安排及叮嘱的良苦用心。

其五，夷王甫一即位，就针对孝王所吹嘘的天命观念和自己的美善德行，提出符合周王朝传统的理念，这有可能是夷王有意无意地在与孝王对垒。《师询簋》的记载反映了夷王维护王朝正统理念的努力。夷王为王朝的稳定，对于曾经支持孝王的"姜氏"势力进行约束和限制。

其六，夷王得诸侯的拥戴而继位，从而使周王朝复归嫡系统绪。这表明宗法观念和制度仍是周王朝的立国之本，但在这个时期正走着下坡路。"风起于青蘋之末"，那些超乎常态的彝铭用语、十分罕见的铭文格式、别具一格的简文思想，皆不可等闲视之。恭懿孝夷时期的王位之争，虽未掀起滔天巨浪，但也算是数十年后强烈震撼周王朝的"共和行政"的一个预演。

〔本文原载《中华文史论丛》2020年第4期。作者晁福林，北京师范大学历史学院教授〕

# 春秋时期天命观念的演变

罗新慧

**摘　要**　西周晚期以来，传统的天与天命观念饱受质疑。然而，天的崇高性并未遭到根本性打击。春秋社会，混乱的现实刺激人们思考天命是否在周的问题，尽管人们已经看到周王不堪大命，但没有一人明确说明天命将转移至何方。春秋金文显示，诸侯们纷纷宣称膺受大命，传统天命观念至此发生重大变化。诸侯们所拥有的天命，与周王室的天命并行并存，这是春秋社会非常奇特的现象。考察春秋时期天命观的整体状况，可见敬天命、保人事的西周传统依然存留，战国时期的德政观念与之一脉相承，成为此后大一统王朝意识形态的直接来源之一。

**关键词**　春秋　天　天命观

西周时人创造的天命论，在中国古代历史进程中影响深远：周人"皇天无亲，惟德是辅"（《左传》僖公五年）、天命依人事而变动的思想，开启了中国古代人文主义先河；[1] 天与天命观念的确立，促进了"天下"概念的形成，开启了华夏民族天下国家[2]的信念；[3] 天与天命思想的设定，肇始了古代王朝政权合法性来源的理论。直至有清覆亡，"奉天承运"仍是统治者根深蒂固的政治观念。可以说，天命是大一统王朝正统思想的重要组成部分，支撑了王朝意识形态的核心内容。有关西周时期的天命思想，学者们已进行了深入研究。然而，说

---

[1]　参见傅斯年《性命古训辨证》，《民族与古代中国史》，河北教育出版社，2002，第 320 页；徐复观《中国人性论史（先秦篇）》，上海三联书店，2001，第 22 页。周人的天命观念产生于殷周之际，本质上是为周人取代殷商、获得统治权寻找最高依据。周人"天命"与"人事"之间关联的论述，参见王震中《商周之变与从帝向天帝同一性转变的缘由》，《历史研究》2017 年第 5 期。

[2]　"天下国家"语出《孟子·离娄上》："人有恒言，皆曰：'天下国家。'天下之本在国，国之本在家，家之本在身。"（赵岐注，孙奭疏《孟子注疏》，阮元校刻《十三经注疏》，中华书局，1980，第 2718 页）

[3]　参见许倬云《西周史》，三联书店，1994，第 104 页。

到春秋时期的天与天命，则研究者寥寥。

在一般观念中，春秋一代接续了西周晚期的光景：王权愈益削弱，天命急剧衰落。郭沫若先生的相关论析十分典型。他说："（在宣王时代）已经普遍而深刻地遭了动摇的天，有意志的人格神的天，再不能有从前的那样的效力了。一入春秋时代，天就和他的代理者周天子一样只是拥有一个虚名，信仰的人自然也还有，但毫不信仰的人却是特别的多……郑国的子产有一句话更说得透彻，便是'天道远，人道迩，非所及也'（《左传》昭公十八年）。这些都表示着春秋时代的为政者的思想是很有点程度地脱离了天的羁绊……"①据郭沫若所说，天命观念自西周晚期以来即已动摇，春秋时期，天的信仰在现实的困顿、人文主义思潮兴起的多重冲击下，越发凋零。

然而，问题在于，春秋一代的天命观念，可否用动摇、衰落一言以蔽之？在没落与凋敝之外，是否还有人们不曾注意的内容？并且，如若天的观念在春秋时期即已衰微，其势理当在此后的历史时段中进一步衰亡直至消失殆尽，可是现实却是，在两千多年的大一统王朝发展史中，天命始终占据王朝意识形态的中心地位。由此观之，天与天命观念的发展必当有曲折、复杂的历程。春秋时代是变革的时代，对这一时期的天命观念需要更加细致的缕析，以深入了解西周、春秋时期思想变化的基本线索，深刻考察春秋社会观念意识的复杂面貌。

## 一 传统天命观的至上性遭遇质疑

考察春秋时期的天与天命，须从西周晚期的社会动荡说起。

西周中期后段，王室始衰。西周晚期，情形日益恶化，幽王之时，三川皆震，岐山崩坏，一系列的天灾人祸，在人们的记忆中留下深刻印象。一时间，"天降丧"的说法颇为流行，师询簋记载周王告诫师询曰："哀哉，今日天疾威降丧。"②毛公鼎铭文谓："旻天疾威……四方大哗不静。"（《集成》2841）③上天降下灾祸，不再如往昔一般赐予周邦福祉了。不但如此，社会中出现大量疑天、责天之论，人们对于上天的神圣性产生怀疑，时人慨叹"不弔昊天""昊天不傭""昊天不惠，降此大戾""昊天不平"（《诗经·小雅·节南山》）、"天之扤我"（《小雅·正月》）、④"天命不彻"（《小雅·十月之交》），等等，埋怨天命无常，

---

① 郭沫若：《先秦天道观之进展》，《青铜时代》，科学出版社，1957，第29~30页。
② 中国社会科学院考古研究所编《殷周金文集成》（以下简称《集成》，铭文尽量以通行文字写出）4342，中华书局，2007。
③ 铭文中的"哗"，旧释"纵"，今据李守奎、王宁、陈剑等学者意见，释为"哗"。参见陈剑《据〈清华简（五）〉的"古文虞"字说毛公鼎和殷墟甲骨文的有关诸字》，李宗焜主编《古文字与古代史》第5辑，中研院历史语言研究所，2017，第261页。
④ 诗所言"扤"，毛传："动也。"（毛亨传，郑玄笺，孔颖达等正义《毛诗正义》，阮元校刻《十三经注疏》，第443页）马瑞辰据《说文》《方言》指出"扤"借作"掜""刖"，《广雅》："刖，危也。"（马瑞辰：《毛诗传笺通释》，中华书局，1989，第606页）

哀叹上天不再佑周。因此，以天的神圣性跌落来描述西周晚期的境况，并非没有依据。

可是还需要看到，尽管天的权威自西周晚期以来饱受质疑，但是社会中还存在其他的因素，支撑、维系着天的尊严。特别值得注意的有两点：一是春秋时人对于天灾与人祸的辨识，维护了上天的崇高性；二是春秋时期的礼制对于支撑信仰领域中上天的尊贵地位，起到了重要作用。

西周晚期以来，社会发生翻天覆地的变化。对于时人而言，需要回答的问题是：导致危机的因素是天灾，还是人事？倘若是天的失误，则天的至上性将彻底陨落；如若失误在人，则将无损于天的至高性。天抑或人，是需要时人辨析的问题。

两周之际的人们对这一问题的回答呈现出纠结状态。一方面，人们将乱政归咎于天，认为是天的失察导致灾难深重。例如，《诗经·小雅·巧言》谓："悠悠昊天，曰父母且。无罪无辜，乱如此帆。昊天已威，予慎无罪。昊天泰帆，予慎无辜。"[①] 诗篇据说为周幽王时代官吏所作，意谓上天是人之父母，本当护卫众生，但诗人抱怨自己无辜、无罪，天却暴虐无比，作威作福，降下灾咎。显而易见，上天素所代表的正义、权威受到人们的怀疑。此类诗作在"变风""变雅"中随处可见。

上天固然遭受人们的质疑，但是人们也意识到，人事才是造成西周晚期危局的主要因素。《诗经·大雅·瞻卬》是两周之际著名的责天之作，诗人责问："瞻卬昊天，则不我惠。孔填不宁，降此大厉。"批评上天不惠和民众，长久不宁，降下大祸。从诗篇表面看，灾难由天而来。但是诗人笔锋一转，云："懿厥哲妇，为枭为鸱。妇有长舌，维厉之阶。乱匪降自天，生自妇人。匪教匪诲，时维妇寺。"[②] 指责妇人褒姒为邪恶之枭、恶毒之鸱。褒姒之言，是灾祸的根源，乱非由天所生，而是褒姒作祟，这是将祸乱的根源直指统治阶层。又如《诗经·小雅·十月之交》，此诗为幽王时期的贵族所作，时人遭遇日食、地震、山崩、河沸等巨大灾异，真可谓天崩地裂，"高岸为谷，深谷为陵"，但是诗人坚持认为："下民之孽，匪降自天。噂沓背憎，职竞由人。"[③] 尽管灾难重重，但非从天降，而是由人所致，天灾的根源在于人祸。此类诗作甚多，不烦赘举。在这类诗篇中，不乏对于上天的

---

① 诗篇中的"曰"，犹维也；且，语气词；帆，《尔雅·释诂》："大也。"（参见郭璞注，邢昺疏《尔雅注疏》，阮元校刻《十三经注疏》，第2568页）威，犹虐。

② "孔填不宁"句之"填"，毛传："久。"懿，郑笺："有所痛伤之声也。"孔疏以为即"噫"（参见毛亨传，郑玄笺，孔颖达等正义《毛诗正义》，阮元校刻《十三经注疏》，第577页）。马瑞辰指出懿、抑相通（参见马瑞辰《毛诗传笺通释》，第1031~1032页）。哲，毛传："知也。"郑笺："哲谓多谋虑也。"意指妇人多谋略而事败。"时维妇寺"之"寺"，毛传："近也。"（参见毛亨传，郑玄笺，孔颖达等正义《毛诗正义》，阮元校刻《十三经注疏》，第577页）意谓非有人教幽王为乱，王为恶是由于近妇人而用其言。

③ "噂沓背憎，职竞由人"句，毛传："噂，犹噂噂；沓，犹沓沓；职，主也。"郑笺："噂噂沓沓相对谈语，背则相憎逐，为此者，由主人也。"（毛亨传，郑玄笺，孔颖达等正义《毛诗正义》，阮元校刻《十三经注疏》，第447页）马瑞辰引《说文》等证"噂"通"傅"，聚之义，并引朱彬之解："屈原《天问》：'天何所沓。'王逸注：'沓，合也。'诗言小人之情，聚则相合，背即相憎。"（马瑞辰《毛诗传笺通释》，第620页）王先谦曰："《说文》：'语多沓沓也。'是'傅沓'即聚语也。聚则笑语，背则相憎，小人之情状。其主竞逐为此态者，由人为之，非天降之孽也。"（王先谦《诗三家义集疏》，中华书局，1987，第681页）

指斥，但是无一脱开人事而言说灾难，全部认为是人事的混乱导致了西周晚期无可挽回的败局。①

因此，两周之交人们对于天灾与人事辨析的结果是：并非将社会的混乱、自然的灾难笼统地归罪于天，而是在人事的范畴中探寻原因，以人事的变化来解释世事的莫测，甚至相信尽力人事可以挽回天意。这一思路，正是因循周初人所开创的传统而来。《尚书·酒诰》记载周公告诫康叔语"天非虐，惟民自速辜"，周公早已指出天非暴虐，民自召罪，在人不在天。春秋智者依然是在这一思路中行进，将祸乱的根源归罪于人而非上天。

可以说，周人敬天的传统在时事剧变之际面临冲击和考验，但是，在思考天命与人事这样一组关系时，春秋时人依然保持了周初所开创的重人事的传统，由人事角度解释了西周晚期混乱局面的缘由，在观念上廓清了上天并非乱政之源，从而使得"天"在西周晚期经历跌宕起伏之后，其崇高性得以稳固，天的象征意义得以继续延展。

此外，春秋时期人们对礼制的维护也有效稳固了天的至尊地位。春秋社会虽然僭礼之事层出不穷，但社会对礼的需求依然存在。终春秋一世，对传统礼制的僭越与对西周礼乐的执着维护交织在一起，产生了一组强烈的矛盾运动。诚如学者所指出，春秋时期，礼的确在下移，其结果却是将更多的人纳入礼的轨道中来，人们对于礼的重要性并未否定。② 正是在这一背景之下，礼制当中的等级观念深刻地渗入信仰领域，信仰系统中的神灵有了严密的等级差别，不同的神灵位列不同的级别，不同等级的人群对应不同级别的神灵，神灵的上下尊卑变得极其森严。礼制与信仰系统的紧密结合，等级关系的固化，对于稳定天帝的尊贵地位起到了重要作用。

在礼的规定之下，天帝对应于最高统治者，这一点在春秋社会有明确的说法。《国语·周语中》载周襄王之语：

> 昔我先王之有天下也，规方千里以为甸服，以供上帝山川百神之祀，以备百姓兆民之用，以待不庭不虞之患。其余以均分公侯伯子男，使各有宁宇，以顺及天地，无逢其灾害，先王岂有赖焉。内官不过九御，外官不过九品，足以供给神祇而已，岂敢厌纵其耳目心腹以乱百度？

襄王追溯王朝制度创设之初，规划有甸服，以其职贡供周王祭祀天神、自然神、祖先神等，甸服以外之地则划归各类诸侯，使其各有宁居，"顺天地尊卑之义"，③ 奉献粢盛于神祇。周襄

---

① 关于西周末期的危局，《左传》昭公二十六年亦说："至于幽王，天不吊周，王昏不若，用愆厥位。"认为完全是由于幽王的昏庸，导致了王权衰弱。
② 参见晁福林《春秋时期礼的发展与社会观念的变迁》，《北京师范大学学报》1994年第5期。
③ 《国语·周语中》，韦昭注，上海古籍出版社，1988，第55页。

王搬出传统周制，强调王之祭祀与诸侯祭祀，规格完全不同，各个等级之人不得越级僭礼。在这个规矩当中，天帝只对应于天子，也只有天子才有权祭祀天帝，周王祭祀的对象与诸侯祭祀的对象有本质上的区别，天帝专属周王而位列最高等级。

春秋社会，祭祀中的尊卑等级屡屡为时人所强调，而天帝总是与人间权力最尊者相匹配。《国语·鲁语上》载曹刿谏鲁庄公如齐观社，也讲到天帝当由最高统治者天子祭祀："夫礼，所以正民也。是故先王制诸侯，使五年四王、一相朝……天子祀上帝，诸侯会之受命焉。诸侯祀先王、先公，卿大夫佐之受事焉。臣不闻诸侯相会祀也，祀又不法。"曹刿追溯周之古制，天子祭祀上帝，而诸侯只可助祭政命所规定的神灵。诸侯只能祭祀先王、先公，卿大夫辅助祭祀以受职事。按照曹刿所引先王之训，天帝对应于人王而在众神中享有尊贵地位，其崇高性在先王、先公之上，地位最尊。春秋时期大政治家子产也曾阐述祭祀之宜，将上帝与最崇高的天子列为对应等级。他说："是故天子祀上帝，公侯祀百辟，自卿以下不过其族。"[1]（《国语·晋语八》）子产明确指出，尊卑不同所祭神灵亦不同，天子祭祀上帝，公侯祭祀有功之人，卿大夫则只祭祀亲族祖先。[2]皇天上帝在神界中的地位与在人间的天子相当，最为神圣。

经过礼制的规划，天帝与最高统治者结合得至为严密，其尊崇地位得到彰显。学者曾就春秋时期祭祀中的等级与社会权力等级之间的关系进行论述，谓："这种祭祀制度就成为由天子、诸侯、卿大夫所组成的金字塔式的权力结构的合法性的依据和神圣的象征，而居于权力结构中的各个等级也都在服从神意的前提下各安其位，严守祭祀之礼，推行政教合一、礼仪不分的神权政治。"[3]祭祀制度体现出天子至卿大夫的社会等级差别，反过来，天子、诸侯、卿大夫的祭祀秩序也造成天帝与其他神灵之间存在金字塔式的等差关系，而占据金字塔顶端的，是皇天上帝。

故此，礼强调上下尊卑的功能在一定程度上维护了信仰系统中神灵地位的等级化。当然，西周社会即已存在着区别上下的祭祀规则，然而由文献可知，春秋时人进一步予以总结、归纳，这一套制度更加清晰，使得西周时期建立起来的神、人秩序能够在失序的社会中获得稳固。不仅如此，这一趋势在战国社会继续演进，其标志性成就就是"三礼"的编撰。简而言之，由于礼制的作用，天帝在神灵等级中高踞于上，与人间的至上权力紧密结合，其至尊地位无可动摇。

春秋时期习见皇天至高无上、天意不可违背之类的说法。例如，晋公子重耳流亡在外，

---

① 韦昭注"百辟"谓："以死勤事，功及民者。"（《国语·晋语八》，第479页）

② 楚国观射父有类似论述："古者先王日祭、月享、时类、岁祀。诸侯舍日，卿、大夫舍月，士、庶人舍时。天子遍祀群神品物，诸侯祀天地、三辰及其土之山川，卿、大夫祀其礼，士、庶人不过其祖。"（《国语·楚语下》）观射父以为，诸侯亦可祭祀天地，但是在天子、诸侯之间仍有等级方面的差别。

③ 余敦康：《春秋思想史论——哲学突破的历史进程（上篇）》，王中江主编《新哲学》第1辑，大象出版社，2003，第127页。

经过郑国，郑文公不予礼遇，大夫叔詹劝说郑公以礼对待，理由是重耳"天之所启，人弗及也"（《左传》僖公二十三年），"启"义为开，意指天为其扫清了道路，非人力所能阻止。重耳一行到达楚国，楚成王又说："天将兴之，谁能废之？违天必有大咎。"（《左传》僖公二十三年）意谓天将助力重耳，得到天的护佑，其势不可阻挡，违背天意将有大灾。再如，鲁宣公十五年（前594），晋大夫伯宗劝阻晋侯不与楚争胜，谓："天方授楚，未可与争。虽晋之强，能违天乎？"（《左传》宣公十五年）意指上天授予楚大命，楚国势力超群，不可争锋。在时人看来，君主或者诸侯国得到天的护佑，其势即蒸蒸日上，无可匹敌。皇天雄踞于上，象征最高旨意，人在天之下，天意不能违背。这一类的观念在春秋社会有一定普遍性，表明在人们的观念中，上天依旧庄严、崇高。

综之，西周晚期以来，王室衰微、霸主兴起，旧的秩序风雨飘摇，上天的神圣性受到怀疑。可是，春秋时人对于天灾与人祸有清醒的分辨，实质上未将乱局归咎于上天。加之周礼对于等级制度的维护，天帝与王权位列礼制金字塔的顶端，一系列的原因，[①] 使得天帝在人们的意识之中，仍保有尊贵地位。

## 二 "天命属周"观念的动摇

春秋时代，即便上天的地位得以维系，但现实状况却是与天命休戚与共的王室威严一落千丈，这种情况，又不得不使人们思考天命是否属周、是否专佑周天子一家的问题。

所谓"天命属周"，是指西周时期，周人以为上天将统治天下的大权授予周天子，而将他人排除在外，天命只为周天子所有，他人不得觊觎。西周时人认为，天命为王朝命脉所在，天命是国祚的象征、王权的终极依据，绝对不容他人染指。

然而入春秋以来，霸主迭兴，挑战王权之事时有发生，王室摇摇欲坠。现实的状况，必然会刺激人们思考天命是否在周这一现实问题。可以看到，人们的思考呈现出相反的两面。一方面，有人对于天命在周这一信念坚守不移，坚持天命专佑周天子，天命非周王室莫属。鲁宣公三年，周卿王孙满斥责不可一世的楚庄王在北上之际问鼎之轻重。王孙满说九鼎乃"承天休"（承奉天赐福佑）之重器，周有九鼎，是"天祚明德""天所命也"的结果，是"天命未改"的标识（《左传》宣公三年），[②] 宣称天命唯周所有，不可转移。这一番言辞使得勒兵成周城下的楚庄王不敢造次，只得撤兵退回，足见"天命属周"的信念仍具威慑力。再如王子朝被晋国支持的周敬王打败即将奔逃于楚之时，曾向各诸侯国发布文告，说道："若

---

① 上天至尊地位的维系由一系列原因构成，如春秋时期的王权等，本文暂不涉及。
② 对于这一记载，还可以有另外一方面的解读，即王孙满所谓的"天命未改"，其实还意味着天命有"改"之可能，只是现在还没有改。

我一二兄弟甥舅，奖顺天法，无助狡猾，以从先王之命。毋速天罚，赦图不谷，则所愿也。敢尽布其腹心，及先王之经，而诸侯实深图之。"（《左传》昭公二十六年）此时的王子朝已经处境窘迫，但依然试图以"天命"为说辞凝聚人心，并以"天罚"来威胁诸侯。"天命"成为王子朝最后一根救命稻草，在他的心目中，仍然相信天命在周。

上述周卿王孙满及王子朝所说，体现出传统的天命属周的观念。当然，他们身处王室，自当如此。可是，史载表明，在王室之外，各诸侯国间，天命属周的观念也为一些人所认可。《左传》昭公三十二年载，周王朝衰敝，穷得修不起城墙。晋人牵头为周筑城，晋卿魏献子主持各国代表开会，他南面而居于君位，这一做法遭到卫国大夫彪傒的非议。彪傒说："魏子必有大咎。干位以令大事，非其任也。诗曰：'敬天之怒，不敢戏豫。敬天之渝，不敢驰驱。'况敢干位，以作大事乎？"意谓魏献子以卿而居君位，颁命于诸侯，干犯周室之位而号令大事，必有大灾。彪傒所称引的诗句，见于《诗经·大雅·板》，诗篇劝告人们恭敬于天之怒谴，不敢轻慢安逸；恭敬于天之怒变，不敢驰驱享乐。彪傒引此诗是强调要恭敬于天的态度的转变，恭敬于天的震怒。其深层意思是说，魏献子等晋卿势力坐大，视晋君为虚位，在为周王城成周之时，竟敢南面无忌。[①]天所怒谴的，就是魏献子无视王室威严，僭越犯上。由此可以体悟到彪傒之意：上天仍是天子的象征，天命在周。

另一方面，人们怀疑天命是否依然归周，更进一步，认为天并非专佑周天子一家。西周晚期，天灾人祸，有识之士即已担心有周为天所抛弃。周宣王"料民"之举，受到抨击，周大夫仲山父认为这是"天之所恶"（《国语·周语上》）的表现。周幽王时王朝颓势明显，幽王二年（前780），三川地震，伯阳父论其事并论王朝命运，发出了"天之所弃，不过其纪"（《国语·周语上》）的警告。依《周语》所言，十年为"数之纪"。伯阳父预言不出十年，有周将为上天所摒弃。一旦意识到王朝不再为天所佑，这怎能不让周人担心呢？

春秋时期，"天命属周"这一传统观念的变化加快了步伐。时人以为天降丧、降灾于周家，意味着天或将抛弃周室，天命或将发生转移。春秋时期的周王不仅没有了文武时代膺受天命的豪迈、成康昭穆时代恢弘天命的壮志，甚至也没有了周厉王"我唯嗣配皇天"（默钟，《集成》260）那样的自信。春秋后期，单穆公谏周景王铸大钱，谓："周固羸国也，天未厌祸焉。"（《国语·周语下》）意思是说周王朝已经是一个羸弱之国，天不仅不再佑助，而且天将不停地降祸于周。又如，郑国庄公谓："王室而既卑矣，周之子孙日失其序……天而既厌周德矣！"（《左传》隐公十一年）意谓姬周日益削弱，"天厌周德"，上天放弃周室。晋大夫女叔宽也曾论周王朝不再为天佑助，犹如《周诗》所云："天之所坏，不可支也。"（《左传》定公元年，亦见《国语·周语下》）上天不断降灾于周，周已为天所弃，天命不再保佑周家，

---

① 关于彪傒之词的深意，日本学者竹添光鸿曾说："天降祸于周，王室大乱，因有是役。魏子为晋政卿，命事于诸侯，此宜怵惕儆戒以敬天之怒。"（竹添光鸿：《左氏会笺》，巴蜀书社，2008，第2118页）

这在春秋时期也是一个普遍的观念。

更加严重的是，有人认为春秋霸主代行王事，在事实上已经接续了三代正统，这意味着天命发生转移了。史载子产诊断晋平公久病不愈，是由于未继承夏商西周祭祀鲧的做法，他示意晋人如三代之王一般行祭祀。他说："昔者鲧违帝命，殛之于羽山，化为黄熊，以入于羽渊，实为夏郊，三代举之。夫鬼神之所及，非其族类，则绍其同位……今周室少卑，晋实继之，其或者未举夏郊邪？"（《国语·晋语八》，亦见《左传》昭公七年）在这里，子产明言晋国在实质上接替了周之统绪，天子所握有的最为重要的祭祀权，也当由晋君来承接。在子产的观念中，晋国在夏、商、西周之后，已经成为实际上的正统之所在，天命不再归周所有。

总而言之，春秋时期，"天命属周"的观念动摇了，社会中相当一部分人认为天命不再专属周王室所有，天命行将发生转移。但是，如果天命转移，将转移到哪里去呢？人们虽然看出周王室已经不堪大命，甚至智者如子产也已经挑明春秋霸主接替了周室正统，距离宣言天命转移到诸侯也只有一步之遥。然而，即便如此，春秋时期却没有一个人明确说出天命将转向何方、降于何人。毫无疑问，这种状况在意识领域留下了空白。可是，转向现实，则可见到，有人敢于冒天下之大不韪，宣称拥有大命。这是天命观在春秋时期的重大变化。

## 三　两种天命观的并行

春秋社会，诸侯纷起，敢于宣示获有大命者，主要是各路诸侯。由文献看，诸侯虽然从未明示自身接续周家天命，但并不怯于宣称自己拥有大命。那么，春秋诸侯所称的天命，其含义与西周人所发明的天命是否一致，春秋时期天命观念的特点是什么？以下试以春秋时期的有关青铜铭文予以申论。

目前所见彝铭中，屡见秦人宣称拥有大命，1978年出土于陕西省宝鸡市阳平镇杨家沟村太公庙春秋窖穴的春秋早期秦公镈铭文谓：

> 秦公曰：我先祖受天命，商宅受国，烈烈昭文公、静公、宪公，不象于上，昭合皇天，以虩事蛮方。公及王姬曰：余小子，余夙夕虔敬朕祀……秦公其畯龄在位，膺受大命，眉寿无疆，敷有四方，其康宝。（《集成》267）

器主为秦武公（前697~前678年在位），他称秦人先祖受天命，受土受国。众所周知，秦人建国始于两周之际的襄公，在周平王仓皇东迁之时，秦襄公率领军队也加入护送队伍，周平王因此封秦襄公为"诸侯"，秦由此从"大夫"上升为"侯"。铭文中的"先祖受天命"，当指秦襄公受封立国。器主又称颂先祖文公等"不象于上，昭合皇天"，即恭敬于上，合于皇天之意。史载秦文公时代，秦人实力开始提升，势力到达汧水、渭水汇合处，并建都邑以营之（前762），铭文遂以先祖所为合于天意褒扬之。器主不但夸美先祖，更是自期"秦公其畯懿在位，膺受大命"，他祈祷自身长久在位，身膺大命。由秦公镈铭文看，诸侯宣称先祖受天命，主要是颂扬先祖受封建国，以及祖先所为合于天意。同时，诸侯也自诩"膺受大命"，表明自己身当君位，得天之佑。

先祖受天命的说法亦见于传世的春秋早期秦公簋，其铭曰："丕显朕皇祖受天命，鼏宅禹迹，十又二公，在帝之坏，严恭夤天命，保业厥秦。"（《集成》4315）[1]意谓伟大的先祖承受了天命，定居于大禹所至之处，[2]诸位先祖在帝之所，恭敬天命，保佑秦国。铭文同样将秦人建国、受疆受土当作上天赐予大命的结果，并称众多先祖皆严恭大命。秦人热衷于宣扬天授大命，在1986年陕西凤翔南指挥村出土的秦公石磬残铭中，秦公亦宣扬这一观念，说道："……貘天命，曰：肇敷蛮夏，极（亟）事于秦，即服……"[3]铭文中残缺之"貘天命"，当为"龥貘天命"，西周金文常用语，龥貘即申固之意。铭文谓秦公稳固天命，广有蛮夷、华夏，各国疾事于秦，服其事。秦公所说，不免有夸张之嫌，但也可见，在秦人的观念中，称扬秦人获取天命，对于秦国至关重要。由几件秦器看，天命果然已不为周天子所独有，像秦国这样的诸侯先祖以及在位诸侯都可以获有大命了。

春秋时期晋国君主也颇醉心于称颂先祖有天命。传世晋公盆即有"我皇祖唐公，[膺]受大命"（《集成》10342）的说法，新近面世的晋公盘亦谓：

> 晋公曰：我皇祖唐公，膺受大命，左右武王，教威百蛮，广辟四方……我烈考宪公，克□亢猷，强武鲁宿，灵名不□，赫赫在［上］，严夤恭天命，以业朕身，孔静晋邦。[4]

此器是晋公女嫁与楚公子时所作，但具体年代学者们聚讼纷纭。[5]器主晋公甫一开始便称先祖唐公叔虞膺受大命，辅佐武王，开拓四方。文献记载，晋国建邦始于成王之封，但晋人却

---

① 从秦公簋铭文所说"十又二公"看，它的年代当晚于武公时期秦公镈一百年左右。

② "鼏宅禹迹"之"鼏"，读为"宓"，"安"之义。参见李零《春秋秦器试探——新出秦公钟、镈铭与过去著录秦公钟、簋铭的对读》，《考古》1979年第6期。

③ 参见王辉等《秦公大墓石磬残铭考释》，《中央研究院历史语言研究所集刊》第67本第2分，1996年。关于秦公大墓的墓主，王辉先生认为是秦景公。

④ 吴镇烽：《商周青铜器铭文暨图像集成续编》（以下简称《铭图续》）0952，上海古籍出版社，2016。

⑤ 器铭称："惟今小子，整辥尔家，宗妇楚邦，于昭万年，晋邦维翰。"晋公盘铭文与传世晋公盆铭文基本一致，关于晋公盆与晋公盘的年代，聚讼纷纭。唐兰、杨树达等以为是晋定公时（参见唐兰《晋公䍐考释》，故宫博物院编《唐兰先生金文论集》，紫禁城出版社，1995，第15~16页；杨树达《晋公䍐跋》《晋公䍐再跋》，《积微居金文说》，中华书局，1997，第55~57页）；李学勤先生以为是晋平公时（参见李学勤《晋公䍐的几个问题》，《出土文献研究》第1辑，文物出版社，1985，第134~137页）；彭裕商以为作器年代在公元前670~前600年间，为春秋早期到中期时段（参见彭裕商《晋公䍐年代再探》，陈伟武主编《古文字论坛》第1辑《曾宪通教授八十庆寿专号》，中山大学出版社，2015，第113~117页）。

称"皇祖唐公，膺受大命"，将晋的立国与天授大命联系起来，这一思路与前引秦公镈、秦公簋所述如出一辙。晋公盆铭文称颂祖先辅佐武王，大有四方。事实上，赞颂祖先辅佐文武王广有天下的内容在西周金文中并不鲜见，其典型者如逨盘所云："丕显朕皇高祖单公，桓桓克明哲厥德，夹召文王武王达殷，膺受天鲁命，敷有四方。"[1] 铭文先颂扬先祖德美行善，再褒扬祖先辅佐文武克定大命。在作器者看来，祖先最卓著的伟绩即是协助文武获赐天命。但至春秋时期，风气大变，晋公盘铭文绝口不提"文武膺受大命"，开门见山就歌颂先祖受命，再云祖先克弼武王开辟天下。在晋公的心目中，先祖的丰功主要是"膺受大命"，其次才是辅弼文武广有四方。文武王受命已然时过境迁，晋人先祖受命才具有现实意义。时人心态、观念的变迁于此可见一斑。不止于此，铭文中晋公还夸赞伟大的父考宪公恭敬天命，由这一点可以看出，人们盖以为，始封诸侯承受大命，后续君主严守大命，在上位者均与天命有关。

春秋时期的霸主，多有受上天青睐的自信，而对于齐、晋、楚这样的霸主，时人也认为他们受到上天的眷顾与支持："齐、晋亦唯天所授，岂必晋？"（《左传》成公二年）认为晋国、齐国齐头并进，均为天所护佑。当楚国势力崛起时，人们又屡称"天方授楚"（《左传》桓公六年、宣公十五年），"晋、楚唯天所授"（《左传》成公十六年），认为这些霸主的兴起都得到上天的首肯，都获得皇天的呵护。

晋、秦夙为春秋大国，有实力宣称当受大命。春秋晚期，吴国势力大盛，遂也号称恭敬天命。1955 年出土于安徽寿县蔡侯墓的吴王光残钟铭文谓："……余严天之命，入成（城）不赓。"（《集成》223）是器为吴王光嫁女于蔡的媵器。[2] 学者早已指出，此器的作器背景是吴王光攻破楚都郢城。《左传》定公四年记载，吴国率领蔡、唐伐楚，师陈于柏举，大败楚人，吴师"五战，及郢"，势如破竹，攻克楚都。[3] 器主称"严天之命"，即恭敬天命，言外之意是保有大命，这是他对打败楚人功绩的夸耀。事实上，吴国势力的上升早已得到人们的认可，春秋后期的吴、越两国不可一世，在当时人看来，亦是"唯天所授"（《国语·吴语》），获赐上天的大命。

由春秋金文观察，原本高高在上、专属周天子的天命，在春秋时期与众多诸侯都拉近了距离。2019 年发布的湖北随州文峰塔枣树林 M169 墓所出嬭加钟铭文也涉及天命，谓：

> 隹王正月初吉乙亥，曰："伯括受命，帅禹之绪，有此南洍。余文王之孙，穆之

---

① 陕西省考古研究所、宝鸡市考古工作队、眉县文化馆联合考古队：《陕西眉县杨家村西周青铜器窖藏》，《考古与文物》2003 年第 3 期。

② 参见郭若愚《从有关蔡侯的若干资料论寿县蔡墓蔡器的年代》，《上海博物馆集刊》第 2 期，上海古籍出版社，1983。

③ "入成（城）不赓"句，"赓"有续之义。李学勤先生读为"入城不赓（抗）"，指吴师入郢未遭抵抗。参见李学勤《由蔡侯墓青铜器看"初吉"和"吉日"》，《中国社会科学院研究生院学报》1998 年第 5 期。

元子，之邦于曾。余非敢乍瑰，楚既为忒，吾徕匹之。密臧我猷，大命毋改。余勉乃子。"①

器主嬭加为曾侯夫人，铭文中的"曰"当是以曾侯的口吻追述曾国受封建国、有此疆土。从铭文看，"伯括受命"之"受命"，与前引秦公镈、晋公盆铭文所称的先祖受命意义一致，指曾之先祖伯括受土立邦。至嬭加所处的春秋中期，曾为楚之仇匹。铭文中曾侯称其谋略安定壮大，大命不改。可以确定，铭文中的"受命"就是指曾人受封立国。淮上方国蔡国也称获有天命，安徽寿县出土的春秋晚期蔡侯申钟曰：

蔡侯申曰：余虽末少（小）子，余非敢宁荒，有虔不惕，佐佑楚王。懽懽为政，天命是逽（将），定均庶邦，休有成庆。(《集成》210)

春秋时期蔡国只是一个二等小国，受尽楚国欺凌。铭文中蔡侯自谓虽是年轻人，但不敢怠慢荒宁，他虔敬而不变易，佐佑楚王，勉力为政，②恭行天命，③安定众邦，美善而有大福。蔡侯申对楚王态度卑微，但他自诩不忘遵循天命，天命显然是他为政的必要条件和治国的依傍，须臾不可离。

上引诸例，皆为诸侯宣称先祖或其自身承受天命、严恭大命。春秋金文中，还可见若干贵族宣扬先祖身当大命。春秋晚期齐国叔夷钟铭谓："尸（夷）典其先旧及其高祖，虩虩成唐（汤），有严在帝所，溥受天命，剼伐夏司（后）……咸有九州，处禹之堵。"(《集成》285) 叔夷不见载于史籍，但由钟铭看，他在齐国灭莱之役中立有战功。在铭文里，他数典念祖，追溯至赫赫成汤，以显示他帝王之胄的显贵身份。他颂扬成汤在帝之所，大受天命，剿伐夏后，遍有九州，居于禹所奠定的土地上。钟铭所说，与《尚书·汤誓》汤之语"非台小子敢行称乱，有夏多罪，天命殛之"有类似之处，宣扬天授大命于成汤。叔夷钟铭追忆祖先有大命，但与西周时期人们追忆文武王有大命、克殷剿商相比，风格已大相径庭。

河南淅川下寺所出春秋后期佣戈，其铭文也涉及天命，铭云："新命楚王酓爼，膺受天命。佣其用燮厥不廷……"④意谓新继立的楚王，受赐天命。作器者佣，在同墓所出其他器铭中称"楚叔之孙佣"，学界认为即楚康王九年至十二年（前551~前548）任楚国令尹的

---

① 湖北省文物考古研究所、北京大学考古文博学院：《湖北随州枣树林墓地2019年发掘收获》，《江汉考古》2019年第3期；郭长江等：《嬭加编钟铭文的初步释读》，《江汉考古》2019年第3期。

② "懽懽"，从于省吾先生之释，读为"懃懃"，懽、懃叠韵。参见于省吾《寿县蔡侯墓铜器铭文考释》，中国古文字研究会、吉林大学古文字研究室编《古文字研究》第1辑，中华书局，1979。

③ "天命是逽"的逽，徐中舒先生读为"将"，行之义。参见徐中舒《金文嘏辞释例》，《徐中舒历史论文选辑》，中华书局，1998，第555页。

④ 河南省文物考古研究所、河南省丹江库区考古发掘队、淅川县博物馆：《淅川下寺春秋楚墓》上册，文物出版社，1991，第189页。

芎子冯，铭中楚王应即楚康王。<sup>①</sup>与前引所有铭文不同，俑戈中的器主俑与所膺受大命的楚王，为君臣关系，而非上述铭文中的先祖与子孙关系，俑完全是以"他者"的身份来赞颂君主的。事实上，春秋时期他人赞颂春秋霸主得天护佑的不在少数，如人们说晋公子重耳"天将兴之""天实置之"（《左传》僖公二十三、二十四年），事实上就是说上天赐予重耳大命。

湖北随州文峰塔近年出土的两件曾侯與钟铭文，涉及天命，内容特别，为了解春秋时期的天命观念提供了新的材料：

> 曾侯與曰：伯括上庸，左右文武。达（挞）殷之命，抚奠天下……周室之既卑，吾用燮就楚。吴恃有众庶，行乱，西征，南伐，乃加于楚。荆邦既刜，而天命将误。有严曾侯，业业厥圣，亲搏武功。楚命是静，复定楚王，曾侯之灵……余申固楚成，整复曾疆。择辞吉金，自作宗彝，和钟鸣皇，用孝以享于昭皇祖，以祈眉寿，大命之长，其纯德降余，万世是尚。
>
> 曾侯與曰：余稷之玄孙，穆詥敦敏，畏天之命，定均曾土。<sup>②</sup>

器主为曾国国君與，他说：先祖伯括，辅佐文武王，挞伐有殷，安定天下。王室衰微，曾侯因此协和、归就楚国。<sup>③</sup>吴国依仗人多势众，敢于作乱，攻打楚国，西进，又南下攻入楚都郢城。楚邦遭受剪伐，<sup>④</sup>而天命危在旦夕。庄严的曾侯，高大威武且睿智，亲自搏战，楚国之命方才平静。楚王复得安定，端赖曾侯之善。功勋卓著的曾侯，作铸享孝皇祖的彝器，祈求大命绵长不绝。铭文所述背景，与上引吴王光钟相同，为春秋晚期的吴楚之争。《左传》定公四年记载，楚自昭王即位，"无岁不有吴师"，公元前506年，吴楚柏举之战爆发，吴人攻克楚都。楚昭王仓皇逃奔，在下属的护卫下，"奔随"。吴人追至随国，向随人讨要楚昭王，但随人以与楚人世有盟誓而拒绝交出昭王，吴军终于退去，昭王躲过一劫。而在铭文中，则谓曾侯"亲搏武功"，为楚国避免灭顶之灾，立有汗马功劳。学者多以为铭文中的"曾"即文献中的"随"，铭文解决了聚讼已久的"曾随之谜"。

铭文中数次出现天命与命，其所指不尽相同，值得重视。首先，铭文清晰地说明天命为诸侯国所有。前引诸器或说先祖膺受天命，或说诸侯严恭大命，但均未明确地说天命的性

---

① 参见李零《再论淅川下寺楚墓——读〈淅川下寺楚墓〉》，《文物》1996年第1期。但也有学者认为是楚王樊（熊盘），参见李守奎《〈楚居〉中的樊字及出土楚文献中与樊相关文例的释读》，《文物》2011年第3期。

② 湖北省文物考古研究所、随州市博物馆：《随州文峰塔M1（曾侯與墓）、M2发掘简报》，《江汉考古》2014年第4期。"上"后一字，学者释为"庸"，认为意同《尚书·尧典》之"登庸"，为君上录用之义。参见李学勤《曾侯膡（與）编钟铭文前半释读》，《江汉考古》2014年第4期。

③ "就"字，从李天虹先生释。参见李天虹《曾侯膡（與）编钟铭文补说》，《江汉考古》2014年第4期。

④ "刜"，《集韵·僊韵》："刜，削也。"参见凡国栋《曾侯與编钟铭文柬释》，《江汉考古》2014年第4期。

质，因此学者会认为诸侯所称天命是由周王室转移而来。曾侯與钟不同，它记载楚荆岌岌可危，"天命将虞"，这里的"天命"，铭文说得十分清楚，是楚国的"命"，而不是周王朝的天命（同理，前述嬭加钟铭"大命毋改"之"大命"也是指曾国之命而非周天子大命）。铭文又云曾侯祈祷"大命之长，其纯德降余"，显然，这里祷请的是曾国天命永延，非楚国之命，亦非周室之命。"大命"所指发生了转换。至于第二件钟铭记载曾侯敬畏天命，其义是指以天命作为最高依托，曾侯兴国安邦。这里的天命，仍然是曾国之命。综合两件钟铭所记，可说铭文对于了解诸侯所称天命的性质，十分有益。曾侯與所说是春秋时期天命观的典型表现，即天命不再为周王室所独有，诸侯国、诸侯国君各有各的大命。其次，铭文表明天命变动不定。曾侯说楚人危如累卵之时，幸赖曾侯出手，转危为安，"楚命是静"，楚国的天命得以稳定。因而，天命是变化不居的，可以由安定转向动荡，又可以化险为夷、起死回生，天命的变化与政权的稳定程度、国运的盛衰联系在一起。

天命随着国势强弱而变化的观念，在春秋社会并不少见。《左传》昭公二十五年记载，鲁昭公不堪三桓揽权而奔逃于齐，鲁大夫子家子劝说昭公不要屈于齐臣之位，说道："天禄不再。天若胙君，不过周公，以鲁足矣。失鲁而以千社为臣，谁与之立（位）？"（《左传》昭公二十五年）意思是说天赐予鲁的禄命，不会再次赐予。言外之意，诸侯原本拥有天赐之禄，都获得了上天的保佑，但是如果国君不能保有天禄，则天命就可以丧失。鲁昭公意欲返鲁，子家子又预言必败，原因就在于"天命不慆久矣。……天既祸之，而自福也，不亦难乎？"（《左传》昭公二十七年）慆，《说文·心部》："说也。"即喜。子家子认为，上天早已不站在鲁昭公一边，没有天的看顾，昭公不可能取胜。子家子一言"天禄不再"，又言"天命不慆"，可见他认为天之禄、天之命处在变动状态，与国运、人事息息相通。总之，曾侯與钟铭文典型地反映了春秋时期的天命观念，即天命不再为周王室所独有，诸侯国、诸侯国君各自有各自的大命。

另外，值得关注的是，春秋时人所说的受命于天，包含有受天之赐的意义。这一义项相较西周时人所强调的与国祚休戚相关的天命，已是大有径庭。春秋时期，受天之命似乎开始向受天所赐之福祉的方向倾斜，与个人之命运联系起来。近年面世的春秋中晚期封子楚簠透露出这方面的信息：

> 惟正月初吉丁亥，封子楚，郑武公之孙，楚王之士，择其吉金，自作飤簠，用会嘉宾、大夫及我朋友。虩虩叔楚，剌（厉）之元子，受命于天，万世甸（朋—毋）改。其眉寿无期，子子孙孙永保用之。[①]

---

① 中国国家博物馆、中国书法家协会编《中国国家博物馆典藏甲骨文金文集粹》，安徽美术出版社，2015，第305页。

作器者封子楚，自称"郑武公之孙""楚王之士"，当系入仕于楚的郑国公族。[①] 他自夸赫赫威武，是厉之长子，受命于天，希冀万年不变。[②] 铭文中的封子楚，其身份与上引春秋铭文中称受天命者完全不同，他不是诸侯，也非一国之君，仅仅是楚王之士，但他也声称受命于天。显然，他所说的天命，无关国祚、国运，而更多的是个人之"命"，是上天所降的无期眉寿、无终禄位。铭文中的这层意思与春秋时期逐渐兴起的关注个人之命运的思潮相契合。

综合上述金文内容，可说春秋时期的天命观念发生了显著变化，值得注意之处，有如下几项。

首先，承当天命者出现显著变化。西周时期，唯有周天子才能膺受天命，神圣的天命是周人的立国依据。而在春秋时期，各路诸侯纷纷宣扬身当大命。见诸金文记载的，既有姬姓之晋、蔡，也有异姓之秦、楚等，表明天命已经不专属一家一姓，不唯周天子所独有，姬周以外的族属亦可获取天命，诸侯同样可以拥有大命。在这个意义上，可说天命的神圣性打了折扣。

其次，诸侯所具有的天命并非昔日文武王所膺受的大命，并非由周王室转移而来，也不是周王室天命"碎片化"的结果。由上引金文看，众多诸侯宣称保有天命，如此，天命并非文武王传递下来的唯一的天命，而是有相当数量的天命存在，晋国有晋的天命，秦国有秦的天命，各个诸侯国有各个诸侯国的天命。但是，这样的局面，不免造成棘手的问题和难以逾越的思想困境：原则上，溥天之下，天命只能有一个，而现实中，诸侯纷纷宣称天命。诸侯所拥有的天命，与周王室的天命，存在怎样的关系？春秋时人如何思考这一问题，已经不得而知了。或许诸侯们早已心存席卷天下、囊括四海之意，但他们就是不宣称所拥有的大命是由周王室转移而来；也或许颟顸的诸侯们对这一问题根本置之不理，只是一味宣扬自己拥有天命，获得天的佑助。无论怎样，春秋社会，实际的情形就是，天命不再只有一个，天命可以有多个，各个诸侯国的天命并行，诸侯的天命与周王室的天命并存，但没有一人敢于宣言其所有的大命由周天子转递而来。从这一方面说，王权的至上性仍然不容小视。

最后，天命的含义发生了变化。西周时人发明天命观念，意在强调周人取得政权，合于天意，其统治具有绝对的正当性。然而，春秋诸侯等宣扬的天命并非取代周王室而来，其所说天命并不意味着朝代更迭，政权转换。由春秋金文观察，诸侯所称的天命有三种情况：一是称扬始封诸侯受天命，这是表示诸侯国之建立得天之大命，其立国最高依据在天；二是

---

① 铭文参考田率《封子楚簠》，中国国家博物馆、中国书法家协会编《中国国家博物馆典藏甲骨文金文集粹》，第305页；谢明文《封子楚簠小考》，《出土文献综合研究集刊》第10辑，巴蜀书社，2019；吴镇烽《铭图续》0517。

② 铭文中的"匍改"，依据上下文意，应是毋改、不改。

颂扬先祖受命、恭敬大命，这主要用以颂美祖先，显示先祖功业；三是自诩恭敬天命，这是自夸功绩，同时显示天佑诸侯国的信心。总之，诸侯们宣称的天命，指获得上天的垂顾以昌盛国运，并非意在觊觎王权、改朝换姓，其意与周初人所称的文武受命、革除殷命，特指易姓换代，具有根本的不同。

值得思考的是，在霸主称雄的乱世中，春秋诸侯为何依然对于天命情有独钟，为何竞相宣称受命？由上引文献分析，可知天命仍然被视为诸侯国立国的依据、国祚最根本的保障，有了天命的支持，才能够"保业厥秦"（秦公簋）、"保辥王国"（晋公盆）、"定均庶邦"（蔡侯钟），这就意味着，天命依然是权力的来源，依旧是政权合法性的最终根据。天命赋予君权以神圣性，这应当是春秋诸侯热衷于称颂天命的根本原因。这一套原属周王朝的理念，已经被诸侯们娴熟地用作自己治国的根本法宝了。当大命在身时，君主的所作所为就有了合理性、正当性，甚至拥有了一种势不可当的力量，如人们所说"天方授楚，未可与争"，重耳"天将兴之，谁能废之"，有了天的庇护，诸侯国君们的兴起就顺理成章，带有了一种势所必然的意蕴。相反，若时运不济，则被看作"天祸之""天弃之"，也具有了一种不可抗拒、无法阻止的命定性。在政治领域中，天所具有的最高权威，天所代表的神圣力量，依然为人们所认可。这也正是周王室之大命与诸侯之天命，在春秋观念中能够并存的原因。可以说，终春秋一世，天命依然是社会中解释君权来源的最有效理论，无论是周王室，还是各路诸侯，仍然都需要天命的支持。新的学说，还没有成熟。

## 四　春秋天命观念的发展与变化

春秋社会，天、天命由周天子独揽转化为诸侯国国君、卿大夫皆可承天休命，天命观念发生明显变化。人所共知，西周时人发明的天命观念，为政权建立提供了最高依据，在此之外，天命包含的重要内容还有"敬天保民""明德慎罚"，是说有懿行善政之人，才能膺受大命、承接天休，这是受命的前提条件。将天命与德行相连，这是周人政治文化中高超的观念。但是，春秋时期，王权式微，天命的承受者已由周天子降为诸侯、卿大夫，在这种局面下，传统天命观念中所承载的德行方面的内容如何安置，如何最大限度地顺承、转化西周时人开创的高超政治观念？易言之，西周时期的天命传统是否已经断裂？

考诸春秋文献，可见春秋时人较少正面阐述天命与德行、善政之间的关联，但德行与上天相关的思路仍在。例如《左传》宣公三年记载王孙满应对北上的楚人问鼎之大小轻重，曰："在德不在鼎。昔夏之方有德……用能协于上下，以承天休。桀有昏德，鼎迁于商，载祀六百。商纣暴虐，鼎迁于周。德之休明，虽小，重也。其奸回昏乱，虽大，轻也。天祚明德，有所厎止。"①王孙满以德之盛衰解释三代更替，他说夏人有德之时，民无灾害，上下和而受天佑。德善而明，则有天助。上天赐福于明德之人，必有所固定，并非随时可变。王孙满强调德与天命的紧密关联，这是周人传统观念在春秋社会的回响。

此外，传统的天命故事在春秋社会也有流传，借助于讲述三代受命之事，传统的天命观继续传播。周人对于文武王受命印象极其深刻，因此，文武受命时时出现于春秋时人的记忆中，成为受命故事中光耀寰宇的内容。《尚书·文侯之命》篇是晋文侯受赐于平王后的作品，其中记录有平王册封之语，谓："丕显文武，克慎明德，昭升于上，敷闻在下，惟时上帝，集厥命于文王。"周平王被迫东迁之后，发布诰命，他一仍其旧，追溯文武王大受天命。他赞颂两位先祖注重德行，著见于上，布闻于下，威望所至，上帝降临大命。王室颁令，遵循西周旧制，史官著于书帛，传之于世，西周时期的天命观念在春秋社会继续传播。此外，《诗经·大雅》中的诸多诗篇，赞颂文王"令闻不已""有命自天"，反复讲诵文王明德与天集大命的道理；《逸周书》中的相关篇目，借追记周初故事，再三告诫后王恭德敬天，这些内容，皆是在传统思路中讲述天命与德行的关系，有益于西周天命观念的传诵。新近面世的清华简中，也有一些讲述文武受命、三代受命的内容，使人们对于周人天命观在春秋社会的流传有了更多的了解。《程寤》篇讲述文武并拜天命，《厚父》篇则讲述夏人大命。在《厚父》篇中，突出了夏后之德与天命的关系，谓："（禹）建夏邦。启惟后，帝亦弗巩启之经德，少命皋陶下为之卿事，兹咸有神，能格于上，知天之威哉，闻民之若否，惟天乃永保夏邑。在夏之哲王，乃严寅畏皇天上帝之命，朝夕肆祀……天则弗斁，永保夏邦。"②夏人敬畏上天，心存民之情实，因此上天长保夏邦。在这里，君王的德行与长保天命紧密相关。《厚父》篇还记载厚父之语，更加凸显了明德保教、注重民事的政治观念："天命不可漗，斯民心难测，民弋克共心敬畏，畏不祥，保教明德，慎肆祀……曰民心惟本，厥作惟叶。"③意谓天命难以测知，民心亦难测度。愿民众恭敬敬畏，畏惧不善之事，护卫效法明德，严敬祭祀。民心是为政的基础，在厚父的观念中，天命固然难测，但更根本的在于民心。其所说与《尚书·康诰》"天畏棐忱，民情大可见。小人难保，往尽乃心"异曲同工。

春秋时期，人们认为出类拔萃、获得大命的诸侯，也是由于德正行善才得到上天的庇护。例如春秋时人以为重耳得天之启，天降大命于重耳，究其实，是由于重耳"险阻艰难，

---

① "祚"，福之义；"厎"，杜预注："致也。"参见杜预注，孔颖达疏《春秋左传正义》，阮元校刻《十三经注疏》，第1868页。

② 李学勤主编《清华大学藏战国竹简》（伍），中西书局，2015，第110页。《厚父》篇为述古之作，文辞尽管有与金文相似之处（参见黄国辉《清华简〈厚父〉新探——兼谈用字和书写之于古书成篇与流传的重要性》，《清华大学学报》2016年第3期），但整体文意不古，应当成篇于西周后期、春秋时期。

③ 漗，注释者指出或为"法"之讹字，读为"废"，废替之义。参见李学勤主编《清华大学藏战国竹简》（伍），第114页。释文亦参考了诸家之说。"民心惟本"之"本"，整理者赵平安已指出与一般"本"字写法不同。参见赵平安《谈谈战国文字中值得注意的一些现象——以清华简〈厚父〉为例》，复旦大学出土文献与古文字研究中心编《出土文献与古文字研究》第6辑《复旦大学出土文献与古文字研究中心成立十周年纪念文集》（上），上海古籍出版社，2015，第308页。此字究竟当释为何字，待考。但此句基本意义是注重民心。

备尝之矣；民之情伪，尽知之矣"(《左传》僖公二十八年)，重耳自身有懿德，重视民情，因此才获得上天所赐。德行与天命，有其必然的联系。

春秋社会，人们进一步总结出"皇天无亲，惟德是辅"(《左传》僖公五年引《周书》逸书语)、"善之代不善，天命也"(《左传》襄公二十九年)的观念，深刻阐明上天无亲疏之别、只辅助有德之人和天助善而祸不善、政必归善者的道理，将天命与德行的关系扣得更紧。人们又说："畏天之威，于时保之。"(《左传》文公四年鲁大夫季文子引《诗经·周颂·我将》语)意为敬畏天威，方保福禄。春秋时人又常常引用西周之语以诫当下，云："惟命不于常。"(《左传》成公十六年晋大夫范文子引《周书·康诰》语)以天命变动不居、时人宜努力把握人事以敬天命而自勉。凡此种种，皆是在周初"天命靡常""敬天保民"的传统思想轨道中做进一步的论述，深化、升华了周初天授明德的政治理想。

总之，春秋社会，虽然天命观念发生了种种变化，但西周的传统遗俗、流风善政，犹有存者。周初所开创的敬人事、保天命的传统并未因春秋社会出现的变迁而断裂、崩溃。西周时人天命惟德是与的政治理念依然不绝若线，并在一定程度上得到新的诠释和发挥。

春秋时代，传统的天命观有其遗绪，但毋庸置疑，新的因素也在涌现。值得注意的是，这一时期，人们对周人何以获取天命，增添了新的解说。

周人称受天命，当然是一种政治宣传，但是，如何能够使民众信服，周人还需要有一套说解。[①] 揆诸文献，周人主要是从文德方面来说明文王膺受大命的道理。典型的说法即如《尚书·康诰》云"文王克明德慎罚"，其美行"闻于上帝"，而后天降大命。在此之外，不见周人宣言神异之事来增强天命的神圣性和可信性。可以说，天命惟德是赐，成为周人的信念，此乃不言自明之事。

西周时人的这一做法有其特殊性，区别于世界古代其他民族。人所共知，古代犹太民族宣扬"弥赛亚"的到来。他们所采用的方法主要是依靠先知讲述异象(vision)来向民众传播上帝的话语、意志。异象包括奇异的景象、梦境等，上帝通过异象将他的意图传递给先知，而后先知再向民众传布。异象常常光怪陆离、扑朔迷离，带有强烈的神秘性质，从而增强上帝话语的力量。异象暗示上帝在场，带来上帝的特殊启示，[②]因此异象具有不容置疑的权威性，增强了民众的认可度。例如，《旧约·出埃及记》记载上帝传递给先知摩西神谕，要他向民众传布：以色列民众已见到上帝创造的奇迹，将他们带出埃及，上帝需要

---

① 关于文王受命，近年来的研究成果可参见祝中熹《文王受命说新探》，《人文杂志》1988 年第 3 期；王和《文王"受命"传说与周初的年代》，《史林》1990 年第 2 期；孙斌来、孙凌安《西周开国于周文王》，《松辽学刊》1992 年第 2 期；王晖《周文王受命称王考》，《陕西师范大学学报》2002 年第 4 期；晁福林《从上博简〈诗论〉看文王"受命"及孔子的天道观》，《北京师范大学学报》2006 年第 2 期；晁福林《从清华简〈程寤〉篇看"文王受命"问题》，《北京师范大学学报》2016 年第 5 期；刘国忠《周文王称王史事辨》，《中国史研究》2009 年第 3 期；等等。

② 参见张若一《"以马内利的兆头"——希伯来圣经异象的形式特征、建构类型及拯救意义》，《国外文学》2016 年第 3 期。

民众服从他，服从誓约，从而成为上帝的选民。当上帝在西奈山降临时，雷电交加，浓云密布，号角震耳，西奈山为浓烟笼罩，上帝在火中降临，在山顶向摩西发话。这一异象产生之前，上帝已对摩西说："我将在云端降临，显现于你，众人可以听见我与你谈话，从而会始终将信任寄托于你了。"①上帝的话很清楚地说明了异象的功用，即加深了人们对上帝的敬畏，提升了上帝话语的崇高性。反观西周时人，当他们创造神圣的天命观念时，文武王"膺受大命"主要体现的是他们对于明德懿行的自信，以及获得上天佑助的信念，无须借助他证。

春秋时期，尽管距离文武王受命历时已久，但人们对于此事增添了新内容，以祥瑞、征兆等来言说天命，增加了天命的神秘色彩。这一现象值得瞩目。清华简《程寤》篇记载了以托梦预言天命的故事：

> 隹王元祀正月既生魄，太姒梦见商廷惟棘，乃小子发取周廷梓树于厥间，化为松柏械柞。寤惊，告王。王弗敢占，诏太子发，俾灵名凶，祓。祝忻祓王，巫率祓太姒，宗丁祓太子发。幣告宗祊社稷，祈于六末山川，攻于商神，望，烝，占于明堂。王及太子发并拜吉梦，受商命于皇上帝。②

意谓太姒梦见商庭长满荆棘，又梦见太子发将周庭中的梓树移入商庭，这些树遂变化为松柏等佳木。太姒惊醒后将梦告诉文王，文王召太子发，举行了占卜、祓除、祈祷、攻除、祭祀等一系列活动。然后，文王、太子发敬拜这一吉祥的佳梦，从皇上帝那里接受了大命。清华简《程寤》篇抄写于战国时代，从其所用"何……非"句式，以及托梦言事看，其成书时代应以春秋时期为宜。③

《程寤》篇写成的时代，距离周人受命早已久远，按道理，并不需要宣扬文武王受命的神异性，以此提升民众的信服度。而神秘说法的出现，可能提示，当时的社会中，出现了以神异性事件解说事物的思潮，并将之也用以"诠释"政权的代易，再进一步，附会于周人受命的场景当中。事实上，以神异之事来解说西周政权的建立，在东周社会并不罕见。《国语·周语上》记载周大夫内史过谓："周之兴也，鸑鷟鸣于岐山。"鸑鷟，即瑞鸟凤凰，周大夫所说是以瑞鸟的出现作为西周建立的先兆。《墨子·非攻下》也说："赤乌衔圭，降周之岐社，曰：'天命周文王伐殷有国。'"墨子所说以更加奇异的赤雀衔玉圭降落于西土之社，并

---

① "Exodus" 19, *Holy Bible*, New International Version, Grand Rapids, MI: Zondervan, 2011, p. 70.
② 李学勤主编《清华大学藏战国竹简》（壹），中西书局，2010，第136页。
③ 事实上，与《程寤》篇相关的以梦言说受命的记载多见于春秋时期的文献中。《逸周书·文儆》载："维文王告梦，惧后祀之无保。庚辰，诏太子发曰：汝敬之哉！"前人指出，这里的告梦，"即告《程寤》之梦"（陈逢衡说，参见黄怀信等《逸周书汇校集注》，上海古籍出版社，1995，第245页）。《逸周书·大开武》篇亦有类似的记录（参见黄怀信等《逸周书汇校集注》，第277页）。《文儆》《大开武》篇，一般认为是春秋时期文献。

且雀鸟发出人语，预告上天降命文王，来增加当时周人受命的神秘色彩。这一类的说法与纬书中以"受洛书""赤雀衔丹书入丰"等来象征文王受命①的说法非常近似。人们创造出神异事件，其目的无非以此来预言即将发生之事，为达成意图、目的制造舆论宣传，铺垫道路，扫清障碍。

春秋时人将神秘事件附会于文武王受命，不同于一般的谶纬，它是以神秘的手法解说朝代的更迭这样最为重大而敏感的事件，对于政治人物而言，其意义非凡。相较于传统的西周天命论，它是一种新的手法、一套新的体系，这种新因素的出现，预示了新的观念在酝酿，新的阐释王朝易代的理论在涌动。而当这些新的理论成熟之时，已经是战国时代了。

综上所述，传统的天与天命观念在春秋以来遭受质疑与挑战，但是并不能以没落、徒有虚名来完全概括当时的情形。春秋智者对于西周晚期之后的乱局是出于天灾还是人祸的辨析，从观念意识方面廓清了上天并非乱政之源，维护了天的崇高性。春秋礼制的系统化，又从等级制度方面对神灵的尊卑贵贱加以固化，一系列的因素，支撑起上天的尊贵地位。天的庄严性，无可撼动。

春秋时期，传统的天命观念受到的最大挑战来自诸侯宣称天赐大命。天命由周王独有下降为诸侯亦有。"天"被频繁地用于解释诸侯、卿大夫的兴衰，"天"与这一社会群体发生了更多的关联。天降贵纾尊，与诸侯、贵族群体产生了联系。春秋诸侯所说的天命，是诸侯国自己的天命，与周王室的天命并行并存，并非由周王室转移而来。在春秋霸主及诸侯们看来，他们各自的天命与周王室的天命皆是同根所生，都源自皇天之赐。承认周王室为天下共主，与宣示自己拥有天命，两者在春秋社会可以并行不悖。春秋时期的人们认同"天命靡常"的观念，在他们看来，天命的确是变动不居的，只是天命随诸侯国兴衰起伏，而不是在不同的王朝之间转移。诸侯们热衷称扬身有大命，是由于他们仍然需要天命的支持。天命仍然是政权合理性的最高来源，是诸侯立国、国君握有权力合法性的最终依据，是国运长盛不衰的保障。在政治领域内，天与天命的力量不可低估。诸侯心目中的天命，并非改朝换代的象征，它更多的是表示上天的庇护、佑助。从这一方面说，西周天命观念的含义发生了显著变化。

诸侯们竞相标榜天授大命的做法，以今天的角度言，存在着无法克服的逻辑上的矛盾，即诸侯们的天命、周王室的天命，在普天之下，何以并存？这是一个时人无法解决的问题。这种局面表明，以传统的天命观念解释春秋现实，已经无效了。新的形势，需要新的学说。西周时人所发明的天命观念，在春秋时期发生重大变化。但是，需要看到，传统的天命观虽并非社会主流，但不绝如缕，依然存留。传统天命论所推崇的天命无常、惟德是辅的政治意

---

① 《诗经·大雅·文王》孔疏"诗序"详列各种纬书之说，参见毛亨传，郑玄笺，孔颖达等正义《毛诗正义》，阮元校刻《十三经注疏》，第502页。

识，在春秋时期继续传播，它启迪了战国时期的德政观念，也成为此后大一统王朝思想意识的直接来源之一。

〔本文原载《中国社会科学》2020 年第 12 期。作者罗新慧，北京师范大学史学理论与史学史研究中心教授〕

# 试论战国秦汉城乡关系的新变化

马 新 王 越

**摘 要** 战国秦汉时期，城乡关系较之商周发生了全方位的变化。城市与乡村走出宗法
共同体，转化为中央集权体制下的行政组织关系，中央王朝以城市为节点对乡
村进行直接或间接的管理；以行政管理为主的城乡管理方式配合相对宽松的工
商政策，推动着城乡商贸关系的日渐丰富与城乡市场体系的形成；行政地缘体
系下的城市与乡村构成了相对完整的社会实体，由此实现了城乡双向的文化互
动与人员流动。战国秦汉城乡关系的新变化是中国上古国家向中古国家转变的
结果，奠定了此后两千年城乡关系发展的基础，在中国古代社会治理体系的构
建中起到了重要作用。

**关键词** 战国秦汉 城乡关系 城市 乡村 变化

"城乡关系"是一个基于现代概念的衍生范畴，其本质是探讨城乡之间的"关联"。自
城邑与村落从原始聚落中脱胎而出，中国古代城乡的"关联"便告产生。在此后的历史发展
中，城乡关系一直是中国古代社会进程中的重要方面。本文拟在前人研究基础上，进一步探
讨战国秦汉时期城乡关系发生的新变化，以深化对周秦国家形态演进与社会治理新格局的
认识。

## 一 城乡政治关系的变化

在城乡分立之前的聚落群时代，已有了中心聚落与普通聚落的区别，两者之间呈现为
主从关系。随着城乡二元结构的形成，城邑与村落分别取代中心聚落和普通聚落，二者之间

的主从关系更加明确。① 方国时代，城邑与村落共同组成方国共同体，宗法血缘组织是其基本组织形式，城邑与村落的政治关系具体表现为城邑对村落的全面与直接管理。至商周时期，城邑与村落的关系仍以宗法血缘关系为核心构造。殷商时期，宗长、大宗居于城邑，分族、小宗居于村落；西周时期，城乡关系在宗法制与分封制的助推下得以进一步发展。② 在春秋战国时代的社会大变革中，中央集权制逐步形成，城乡政治关系实现了从宗法血缘关系主导向地缘行政关系主导的跨越。随着分封制的瓦解，"郡县—乡里"编制出现并在秦汉之际全面落实。郡—县—乡—里是国家设置的层级式行政地缘组织，城乡之间完全脱离了宗法血缘关系。

随着国家治理体系由宗法血缘体系向地缘行政体系的变化，原有的城乡共同体被打破，城邑与村落的关系从城乡一体转变为城乡之间的相对独立。以往宗法血缘体系下的村落虽然是相对完整的聚居单位，却不具备相对独立的功能，在政治、经济、社会、祭祀等方面都从属于城邑。随着中央集权的形成与郡县制的确立，城市与乡村的关系演化为中央王朝各级政权机构与所辖区域的管理与被管理关系。城乡政治关系首先表现为地缘组织各级长官的设置和城乡次序分级。秦汉时期的城乡地缘组织长官，据《后汉书·百官志》可归纳为：郡一级，在京置尹，在外置守，王国置相，边境属国置都尉；县一级，大者置令，小者置长，侯国置相；乡一级，大者置有秩、小者置啬夫；里置里魁。③ 同时，国家依据长官禄秩建立起城乡次序。"万户以上为令，秩千石至六百石。减万户为长，秩五百石至三百石"。④ 由张家山汉墓出土竹简《二年律令·秩律》可知，栎阳等十六城千石，胡等数十城八百石，汾阴等上百余城六百石，阴平道等各道五百石，黄乡等采邑三百石。⑤ 在乡则分有秩与啬夫，虽然里魁无秩，但国家对基层地缘组织的政治管理并没有放松，对里的规模有着明确限制，甚至会进行拆分与合并。如《岳麓书院藏秦简》（肆）简文记载：

　　诸故同里里门而别为数里者，皆复同以为一里。一里过百而可隔垣益为门者，分以为二里。□ ☑ ⑥

通过设置地缘行政组织长官和城乡次序分级，各城乡长官主事一处，依据次序等级完成各自的城乡治理，履行各自的城乡职能，从而造就了秦汉时期城乡之间的相对独立与城乡

① 马新：《文明起源视野下的中国早期村落形态》，《中国社会科学》2019年第8期，第171页。
② 马新：《殷商村邑形态初探》，《东岳论丛》2010年第1期，第35~41页；马新：《乡遂之制与西周春秋之乡村形态》，《文史哲》2010年第3期，第58~66页。
③ 《后汉书》志二八《百官志五》，中华书局，1965，第3621~3625页。
④ 《汉书》卷一九《百官公卿表》，中华书局，1962，第742页。
⑤ 张家山二四七号汉墓整理小组编《张家山汉墓竹简〔二四七号墓〕》，简443~466，文物出版社，2001，第193~202页。
⑥ 陈松长主编《岳麓书院藏秦简》（肆），简0466，上海辞书出版社，2015，第192页。

共同体的终止。

随着城乡共同体的终结，战国秦汉时代乡村社会的治理主要由乡级政权承担。秦汉时代的乡政主要有四项职能，即行政职能、经济职能、治安职能与教化职能。以行政职能为例，乡部的行政职能包括了户籍与人口管理、诉讼受理以及乡举里选等事项，从制度到程序都有严格规定。关于户籍的登录、检核、迁徙，都须经由乡啬夫之手，这实际上是对人口的管理。如湘西里耶秦简记载：

> ［16］9正面：廿六年五月辛巳朔庚子，启陵乡□敢言之：都乡守嘉言：渚里□□劾等十七户徒都乡，皆不移年籍。令白移言，今问之劾等徒□书告都乡，曰：启陵乡未有枼（牒），毋以智（知）劾等初产至今年数□□□□谒令，都乡具问劾等年数。敢言之。
>
> ［16］9背面：□迁陵守丞敦狐告都乡主，以律令从事。建手。□⊠甲辰水十一刻［刻］下者十刻，不更戍里午以来。犎手。[①]

有两件居延文书也十分形象地反映出乡啬夫的这种职权与职责。其中，一件是汉成帝永始五年（前12）北乡啬夫为义成里崔自当申请关传的文书。其书曰：

> 永始五年闰月己巳朔丙子，北乡啬夫忠敢言之，义成里崔自当自言为家私市居延。谨案：自当毋官狱征事，当得取传，调移肩水金关、居延县索关……如律令。掾晏、令史建。[②]

另一件是汉哀帝建平五年（前2）广明乡啬夫与假佐联名为善居里丘张出行所上报的文书。书曰：

> 广明乡啬夫客、假佐玄敢言之：善居里男子丘张自言与家买客田居延都亭部，欲取□□□案：张等更赋皆给，当得取检，调移居延，如律令，敢言之。[③]

文书背面有"放行"二字，应当是县衙的批复。其他各项职能的执掌也大致如此。

需要说明的是，乡政的实施还要有里一级组织以及里吏的配合，以乡里组织为基点，构建起较为完整的乡村社会治理体系。当然，秦汉时代乡政的独立性是相对于以往的城乡共

---

① 湖南省文物考古研究所、湘西土家族苗族自治州文物处：《湘西里耶秦代简牍选释》，《中国历史文物》2003年第1期，第22、23页。
② 中国社会科学院考古研究所编《居延汉简甲乙编》，中华书局，1980，第10页。
③ 中国社会科学院考古研究所编《居延汉简甲乙编》，第259页。

同体而言的，它仍然是整个中央王朝中央集权体系的一个组成部分，处在中央王朝各级政权尤其是县级政权的管理之下。与城乡共同体时代城邑对村落的全面管理相比较，这一体系下的城乡治理方式已转化为以行政管理为主的新型治理模式。

在这一治理模式下，直接管理与间接管理并重，体现了自上而下的统一性与乡村社会的相对独立性的有机结合。县级政权对乡村的直接管理主要体现在对乡部行政与治安职能的统领上。首先，乡里官吏的行政任命权牢牢地掌握在郡县之手。郡署有秩，县置啬夫，亭长之设，承望都尉。① 里吏任命亦出于县。如里耶秦简记载：

> 卅二年正月戊寅朔甲午，启陵乡夫敢言之：成里典、启陵Ⅰ邮人缺。除士五（伍）成里匄、成，成为典，匄为邮人，谒令Ⅱ尉以从事。敢言之。Ⅲ 8-157
>
> 正月戊寅朔丁酉，迁陵丞昌却之启陵：廿七户已有一典，今有（又）除成为典，何律令Ⅰ应？尉已除成、匄为启陵邮人，其以律令。/气手。/正月戊戌日中，守府快行。Ⅱ正月丁酉旦食时，隶妾冉以来。/欣发。壬手。Ⅲ 8-157背 ②

由上可知，里吏的任免大致经过乡官举荐、县尉审核和县丞批复三道流程，县廷显然起着决定性作用。

岳麓书院所藏秦简记载：

> 尉卒律曰：里自卅户以上置典、老各一人。不盈卅户以下，便利，令与其旁里共典、老；其不便者，予之典而勿予老。公大夫以上擅启门者附其旁里，旁里典、老坐之。置典、老，必里相谁（推），以其里公卒、士五（伍）年长而毋（无）害者为典、老。毋（无）长者，令它里年长者。为它里典、老，毋以公士及毋敢以丁者。丁者为典、老，赀尉、尉史、士吏主。③

从该律文也可看出，里之典、老的设置也均在县尉的掌控之下，对于典、老的设置原则及对当选人的身份要求等都有明确规定。

其次，县廷在乡村重大案件以及治安问题上掌握决定权。游徼和亭长是乡里治安的主持者，但遇有重大案件，诸如涉及人员杀伤、逃亡等事件时，他们无权处理，需要上报县廷。如长沙五一广场东汉简牍 CWJ13：263-14A、B 载：

---

① 《后汉书》志二八《百官志五》，第3624页。
② 陈伟主编《里耶秦简牍校释》第1卷，武汉大学出版社，2012，第94页。
③ 陈松长主编《岳麓书院藏秦简》（肆），简1373、1405、1291，第115页。

永元十六年六月戊子朔廿八日乙卯，广亭长晖叩头……/ 杀桑乡男子黄，徼匿不觉，并同产兄肉复盗……/ 广亭长毛晖名印 / 六月　日邮人以来。/ 史白开。[①]

此简为广亭长毛晖上报县廷的刑事文书。这类重大案件的处理往往需要廷书批复，并由县廷指定官员主持执行。如五一广场东汉简牍 CWJ13：264-30 载：

辄部贼曹掾黄纳、游徼李临，逐召贤。贤辞：本临湘民，来客界中。丞为洞所杀后，贤举家还归 / 本县长赖亭部杆上丘，去县百五十余里。书到，亚部吏与纳力逐召贤等，必得以付纳。[②]

最后，县廷掌握着选举取仕的权力。汉代察举虽有"乡举里选"之名，但"察举诸科的举主至少是在县令以上"。[③] 乡里往往只有推荐基层小吏与考核名望之功用，并不能涉及选举之实质，因而，乡村民众谋求仕途必须求之于城市。

县级政权对乡村的间接管理主要体现在经济管理、社会管理等方面：一是户籍登记、授予田宅、收纳赋税等经济事务往往由乡部直接承担，县廷只是知情并监督而已。比如，张家山汉墓竹简《二年律令·户律》有关于乡吏为民众登录办理户籍手续，其户籍存放在乡，县廷藏副本，乡部以次授田的规定：

恒以八月令乡部啬夫、吏、令史相杂案户籍，副藏其廷。

民宅园户籍、年细籍、田比地籍、田命籍、田租籍，谨副上县廷，皆以筐若匣匮盛，缄闭，以令若丞、官啬夫印封，独别为府，封府户……

未受田宅者，乡部以其为户先后次次编之，久为右。久等，以爵先后。有籍县官田宅，上其廷，令辄以次行之。

民欲先令相分田宅、奴婢、财物，乡部啬夫身听其令，皆参辨券书之，辄上如户籍。有争者，以券书从事；毋券书，勿听。所分田宅，不为户，得有之，至八月书户，留难先令，弗为券书，罚金一两。

代户、贸卖田宅，乡部、田啬夫、吏留弗为定籍，盈一日，罚金各二两。[④]

又如江陵凤凰山十号汉墓出土简册中的赋税簿书，记载乡啬夫与乡佐每月都要多次逐

① 长沙市文物考古研究所等编《长沙五一广场东汉简牍选释》，中西书局，2015，第 50 页。
② 长沙市文物考古研究所等编《长沙五一广场东汉简牍选释》，第 54 页。
③ 卜宪群：《秦汉"乡举里选"考辨》，《社会科学战线》2008 年第 5 期，第 64 页。
④ 张家山二四七号汉墓整理小组编《张家山汉墓竹简〔二四七号墓〕》，简 328、331、332、318、334~336、322，第 177、176、178、177 页。

里征缴赋税：

> 市阳二月百一十二算，算卅五钱。三千九百廿，正偃付西乡偃、佐缠。吏奉尸。
> 受正忠二百卅八。
> 市阳二月百一十二算，算十钱。千一百廿，正偃付西乡佐赐。口钱尸。
> 郑里二月七十二算，算卅五钱。二千五百廿，正偃付西乡偃、佐缠。吏奉尸。
> 郑里二月七十二算，算十钱。七百廿，正偃付西乡佐赐。口钱尸。[①]

二是在教化、祭祀等社会事务上，县廷对乡村的管理比较宽松，往往会委托乡里长官管理，甚至出现民间力量代为行使职责的现象。如教化，秦汉王朝在一乡之内设三老，掌一乡之教化，里中也设里老掌一里之教化，各村落又有自立的"父老""长老"等。再如社祭，汉代乡里有官社，乡啬夫与里正主持社祭，父老也参与其中。《春秋繁露》记载："令县乡里皆扫社下……乡啬夫若吏三人以上，祝一人，里正父老三人以上，祝一人。"[②] 这种间接管理不可避免地造成了治理盲区，任民间力量自由生长，私社的产生与屡禁不绝也就在所难免。由于经济与社会事务十分贴近日常生活，如果乡官贤明有方，本分的乡民甚至可以与城市长期不联系。如爱延为乡啬夫，"仁化大行，人但闻啬夫，不知郡县"[③]；会稽"山民愿朴，乃有白首不入市井者"[④]。当然，这些案例只是城乡管理形式间接性的极端反映，村落终究还是处于城市的管理之下。

即便在行政管理中也体现了城乡管理形式的间接与直接并存。《汉书·百官公卿表》中乡啬夫有"听讼"之职任，五一广场简亦有"讼事在乡，当为治决"[⑤] 之言。民事烦琐，若非大案，乡啬夫可自行裁决。即使是乡官无权处置的大案也需要乡官手书"上其廷"，不可以完全忽视乡官的能动性。因此，在乡官"敢言之"与"廷书下移"乡官的往来中，城乡行政管理实现了间接性与直接性的并存与统一。

## 二 城乡经济关系的变化

战国之前的城乡经济关系主要是贡赋关系，其前提是宗主城邑对其所属村落的经济起着主导作用，城邑管理与调配着村落的土地与生产，通过实物或者力役方式征纳贡赋，如西

---

① 裘锡圭：《湖北江陵凤凰山十号汉墓出土简牍考释》，《文物》1974年第7期，第50页。
② 苏舆：《春秋繁露义证》卷一六《止雨》，钟哲点校，中华书局，1992，第437页。
③ 《后汉书》卷四八《爱延传》，第1618页。
④ 《后汉书》卷七六《刘宠传》，第2478页。
⑤ 长沙市文物考古研究所等编《长沙五一广场东汉简牍选释》，第21页。

周时代"国中用贡，于野用助""国用彻法，野用藉法"。① 随着战国时代土地关系与社会、经济、政治结构的变革，原有的贡赋关系演化为编户齐民无差别地向国家交纳田租、刍稿、口算、军赋，以及承担更卒、正卒、徭戍等各项赋役。除此之外，城乡之间又形成了日渐丰富的商贸关系。因而，城乡经济关系出现了一系列新变化。

宗法体制下的早期村落受到城邑的全面管理，往往只能与宗主城邑产生单一的贡赋关系，村落很难与其他城邑产生经济往来，即便是乡间商贸也极为少见，所谓"氓之蚩蚩，抱布贸丝"②，也已是春秋时期的事象。随着宗法血缘体系的解体，城市与村落间发展起多种多样的经济关系，城乡之间可以展开多向的经济往来。东汉京兆人第五伦久居乡间，仕途不畅，于是奔赴河东，"载盐往来太原、上党"③。东汉《僮约》所记商事更是此时城乡多向经济往来的代表。从绵亭小市，到资中、新都，再到犍为、益州，展现了一幅村与村、村与本郡县之城市、村与他郡县之城市的多向商贸画卷。

在这一历史时期，王朝政权还实施了相对宽松的工商政策，推动了城乡经济交往的活跃与繁荣。战国之前，在"工商食官"体制下，工商业者为官方所掌控，几近垄断于城邑，各种贸易活动受到严格限制。《兮甲盘》铭文曰："其佳我诸侯、百姓，厥贾（贮），母（毋）不即市，毋敢或入蛮宄贾（贮），则亦井（刑）。"④ 可见商人必须在规定城邑市场交易，进入乡野会受到处罚。战国以来，工商贸易之门洞开，各国实行了较为宽松的工商政策。汉王朝统一后，工商业更是迎来了发展的大好机遇。"汉兴，海内为一，开关梁，弛山泽之禁，是以富商大贾周流天下，交易之物莫不通"。⑤ 取消关税、符传，开放山泽之禁等政策，充分调动了工商业者的积极性。尤其自"复弛商贾之律"之后，工商业者的社会地位逐渐提升，以桑弘羊为代表的商人纷纷进入仕途。以致儒生对此感慨道："贤为上，毋以富。贾人百万，不足与计事。"⑥ 国家在经济问题上长期采取自由放任原则，"狱市为寄，慎勿扰"，⑦ 是两汉工商政策的缩影。

在相对宽松的市场环境下，城乡之间的商贸往来十分频繁，构建起了发达的经济关系。以《僮约》为例：

　　推访聋贩棕索。绵亭买席，往来都雒。当为妇女求脂泽，贩于小市，归都担枲，

---

① 金景芳：《论井田制度（续）》，《吉林大学社会科学学报》1981年第2期，第12~18页；田昌五：《解井田制之谜》，《历史研究》1985年第3期，第50~68页；田昌五、臧知非：《周秦社会结构研究》，西北大学出版社，1996，第80、81页。

② 《毛诗正义》卷三《卫风·氓》，北京大学出版社，2000，第228页。

③ 《后汉书》卷四一《第五伦传》，第1396页。

④ 陈连庆：《兮甲盘考释》，《东北师大学报》1978年第4期，第24页。

⑤ 《史记》卷一二九《货殖列传》，中华书局，1959，第3261页。

⑥ 《汉书》卷七六《王尊传》，第3228页。

⑦ 《史记》卷五四《曹相国世家》，第2029页。

转出旁蹉。牵犬贩鹅，武都买茶。杨氏担荷，往来市聚，慎护奸偷。入市不得夷蹲旁卧，恶言丑骂，多作刀矛，持入益州，货易羊牛……南安拾栗采橘，持车载辕。①

文中涉及的乡村市场有绵亭、小市、市聚，城市市场有新都、雒县、武阳、益州、南安。其中乡村市场在资中县，城市市场以犍为郡为中心，波及益州广汉郡和蜀郡。《僮约》展现了以逐利为目的的商业行为特性：首先是重视商品的市场需求，乡村市场商品以贴近生活需求的农副产品为主，如棕索、席、荷、鹅等；其次是直达产地采购产品，降低购入成本，如武阳茶叶、益州牛羊、南安栗橘等地域特产的购入；最后是遵守王朝规章制度，保障贸易正常进行，如进入市场时对仪态、言语的重视，从中可以清楚地看到城乡商贸关系之繁荣。

需要指出的是，在城乡经济关系的变动中，最大的动力来自城乡私营工商业的崛起，它促成了城乡市场体系的形成。西周工商业的特点是官方经营并局限于城邑。在"工商食官"体制下，西周时期的匠人百工各有职位或监工，市有司市，贾有贾师。②西周商品交易的参与者基本都是城邑中的贵族，比如亢鼎中买玉的公大保，卫盉中以土地换玉、裘的矩伯和裘卫，格伯簋中以土地易良马的格伯与倗生等。随着春秋战国经济社会的变化，私营工商业者大量出现，从事工商业蔚然成风。如《史记》载："周人之俗，治产业，力工商，逐什二以为务。"③除了贩货小民，此时也涌现出诸如白圭、弦高、子贡、吕不韦等大商人。至秦汉时代，城乡私营工商业者的数量日渐庞大。正如王符所言："今察洛阳，资末业者什于农夫，虚伪游手什于末业……天下百郡千县，市邑万数，类皆如此。"④"市邑万数"表明私营工商业的崛起推动了城乡市场体系的形成。汉代城市与乡村中广泛存在着市场。"城市"本意即是有市之城，如长安城有九市，邯郸、成都、临淄都是各自经济区域的中心"都会"，一般郡县也都有城中之市。乡村市场广泛分布于乡、聚、亭、里。⑤如《汉书》曾记载："成帝鸿嘉、永始之间，好为微行出游……出入市里郊野，远至旁县。"⑥"市里"与"郊野"的联用说明此处"市里"应当是乡村市场。成都郭外有谷仓，"百姓空市里往观之"。⑦由于谷仓在城外，此处"市里"也有可能是乡村市场。在山野之中，常有自发形成的乡村市场。张公超"隐居弘农山中，学者随之，所居成市，后华阴山南遂有公超市"。⑧"徐县北界有蒲

---

① 《全汉文》卷四二《王褒》，商务印书馆，1999，第434~435页。按，关于"都雒"有两说：一说为新都与雒县，一说为"都落"。按乡、聚、里、落本有规模大小之别，又涉及行政村与自然村的差异，是以"都落"比"都乡"当为不妥。本文从新都、雒县说。

② 《周礼正义》卷二七《地官·司市》、卷二八《地官·贾师》，中华书局，1987，第1054、1090页。

③ 《史记》卷六九《苏秦列传》，第2241页。

④ 《后汉书》卷四九《王符传》，第1633页。

⑤ 黄今言：《论两汉时期的农村集市贸易——以乡市、里市研究为中心》，《中国经济史研究》1994年第4期，第13页；高维刚：《秦汉市场研究》，四川大学出版社，2008，第109~110页。

⑥ 《汉书》卷二七中之上《五行志中之上》，第1368页。

⑦ 《后汉书》卷一三《公孙述传》，第541页。

⑧ 《后汉书》卷三六《张楷传》，第1243页。

阳坡，傍多良田，而埂废莫修，（张）禹为开水门，通引灌溉，遂成熟田数百顷。劝率吏民，假与种粮，亲自勉劳，遂大收谷实。邻郡贫者归之千余户，室庐相属，其下成市"。① 至此，汉代形成了从京师长安到地方都会再到一般郡县，继而深入乡、聚、亭、里，最终止于山川田野的城乡市场体系。城乡市场体系的形成既是城乡经济联系增强与发展的结果，同时又为城乡经济贸易往来提供了良好的平台与充分的空间。

## 三　城乡文化关系的变化

春秋之前，"学在官府"，政教不分，官师合一。西周官学以城邑为中心，以贵族子弟为教育对象。曾经有乡举选士、司徒举俊士等规定，但最后得入国学者是"王大子，王子，群后之大子，卿、大夫、元士之适子，国之俊选，皆造焉"。② 平民得入国学者凤毛麟角，野鄙之人更是基本丧失了受教育的机会。在宗法血缘体系影响下，礼乐文教被牢牢掌控在城邑贵族手中，村落只能单向地接受文化输出。春秋战国以来，随着政治与社会结构的变革，原来垄断于城邑贵族的教育文化功能被城乡地缘组织分割和继承，城乡文化呈现出双向互动关系。

战国秦汉时期城乡文化的互动，首先体现在村落文化对城市文化的反馈。如《诗》以《颂》《雅》为主，流传最广的《风》则稍晚通过采诗方式加入。③ 村野鄙人的诗作在西周晚期被收录，反映了城邑对文化垄断的减弱。随着官学废弛，春秋战国时代迎来了私学崛起。孔子兴私学，子路、冉耕等乡野之人得以治学成贤，甚至出任列国大夫。被称为"贱人"的墨子以私学独成一派，在百家争鸣中极具影响力。此时的村落虽然多是未化之地，却已逐渐可以输出文化，返之于城邑。随着秦汉社会重归稳定，村落渐渐成为相对完整的文化实体，实现了对城市多方面的文化反馈。譬如在教育方面，秦代焚书禁学，导致官学不振，私学禁而不绝，相当一部分私学设于乡村。汉初，"鲁中诸儒尚讲诵习礼，弦歌之音不绝"，④ 王朝重建官学体系，复置五经博士，难免要去乡村探访。其所寻贤士如申培、辕固生、伏生等人大多不可考其所居，但胡毋生"贱为布衣，贫为匹夫"，⑤ 应是乡野之人无误。钟皓在山泽教授刑律，杨厚在乡间传诵黄老，廖扶在田庐讲习天文，各传授弟子百千余人，正所谓："精庐暂建，赢粮动有千百，其著名高义开门受徒者，编牒不下万人。"⑥ 村落渐渐脱离愚昧无知的

---

① 《后汉书》卷四四《张禹传》，第 1497~1498 页。
② 《礼记集解》卷一三《王制》，中华书局，1989，第 364 页。
③ 晁福林：《从新出战国竹简资料看〈诗经〉成书的若干问题》，《中国史研究》2012 年第 3 期，第 19 页。
④ 《汉书》卷八八《儒林列传》，第 3592 页。
⑤ 许敬宗编《文馆词林》卷六九九《祀胡毋先生教》，商务印书馆，1936，第 177 页。
⑥ 《后汉书》卷七九下《儒林列传》，第 2588 页。

面貌，开始出现好学之风。如小黄"其民好学多贫，此其风也"。<sup>①</sup>再如在典籍方面，"建藏书之策，置写书之官，下及诸子传说，皆充秘府。至成帝时，以书颇散亡，使谒者陈农求遗书于天下"。<sup>②</sup>再如百家杂学，元始五年（5），"征天下通知逸经、古记、天文、历算、钟律、小学、《史篇》、方术、《本草》及以《五经》、《论语》、《孝经》、《尔雅》教授者，在所为驾一封轺传，遣诣京师。至者数千人"。<sup>③</sup>

战国秦汉时期城乡文化的互动，其次体现在城市文化下移及其对村落文化的引领。《左传》昭公十七年曰："天子失官，官学在四夷。"<sup>④</sup>春秋私学的崛起离不开文化下移之功。天子失威，文化不保于周室，文人典籍四散于诸侯，侯国文化更是流入乡野村落。正如孔子所言："鼓方叔入于河，播鼗武入于汉，少师阳、击磬襄入于海。"<sup>⑤</sup>即便是秦汉时代，村落文化基础仍然薄弱，离不开城市文化的引领。名士寇恂为汝南太守，"乃修乡校，教生徒，聘能为《左氏春秋》者，亲受学焉"；<sup>⑥</sup>尹珍首将学问引入南蛮，"从汝南许慎、应奉受经书图纬，学成，还乡里教授，于是南域始有学焉"；<sup>⑦</sup>名儒桓荣"抱其经书，与弟子逃匿山谷，虽常饥困，而讲论不辍"；<sup>⑧</sup>党锢、儒林等各传文士往往是时而入城仕宦，时而归乡教学，名臣贤士成为城乡文化互动的桥梁。

战国秦汉时期城乡文化的互动，最后体现在城市文化与村落文化的相互浸润。"齐威、宣王之时，聚天下贤士于稷下，尊宠之。"<sup>⑨</sup>在稷下学宫之中，上有贵族田骈，下有赘婿淳于髡，入城仕宦有韩相申不害，入乡闲游有齐人鲁连子。不论贵贱城乡，众人各抒己见，城乡文化得以激烈碰撞。秦汉时期，城乡文化的相互浸润表现得更加突出，部分优质的村落文化改变了城市文化生态，甚至成为城市的主流文化。以乐舞文化为例，雅乐是周代以来的官方音乐，彰显着礼乐时代的城市文化权威。汉代雅乐衰微，一度出现"民间祠尚有鼓舞乐，今郊祀而无乐"<sup>⑩</sup>的现象。汉武帝力图恢复周代采诗之风，"乃立乐府，采诗夜诵，有赵、代、秦、楚之讴"。<sup>⑪</sup>乐府的设置促使大量民间诗乐涌入城市。随着《郊祀歌》的问世，乐府民歌渐渐取代雅乐成为官方音乐，而《战城南》《陌上桑》等名篇的流传更让"汉乐府"成为中国历史上著名的文化符号。此外，蹴鞠、斗鸡之属本是民间娱乐活动，曾被戏谑为"穷巷

---

① 应劭撰，王利器校注《风俗通义校注·佚文》，中华书局，1981，第597页。
② 《汉书》卷三〇《艺文志》，第1701页。
③ 《汉书》卷一二《平帝纪》，第359页。
④ 杨伯峻：《春秋左传注》，中华书局，1990，第1389页。
⑤ 程树德：《论语集释》卷三七《微子》，程俊英、蒋见元点校，中华书局，1990，第1287页。
⑥ 《后汉书》卷一六《寇恂传》，第624页。
⑦ 《后汉书》卷八六《南蛮列传》，第2845页。
⑧ 《后汉书》卷三七《桓荣传》，第1249页。
⑨ 应劭撰，王利器校注《风俗通义校注》卷七《穷通》，第322页。
⑩ 《史记》卷二八《封禅书》，第1396页。
⑪ 《汉书》卷二二《礼乐志》，第1045页。

蹴鞠"①。汉初长安城没有"蹴鞠斗鸡",以致久居乡里的刘太公为此不乐。随着村落文化的浸润,民间娱乐在皇室、贵族中逐渐风靡。汉武帝时常"游戏北宫,驰逐平乐,观鸡鞠之会,角狗马之足";②"世家子弟富人或斗鸡走狗马,弋猎博戏,乱齐民"。③

# 四 城乡居民关系的变化

战国秦汉之前的城乡居民关系相对固化。城乡居民身份在宗法体制影响下差异分明,层层隶属,难以改易。个体家庭尚未成长为相对完整的社会单位,人们在宗法体制的维系下聚族而居,集体劳作,共同生活,进一步加强了城乡居民的稳定性,由此造就了城乡居民关系的相对固化。所谓"死徙无出乡",正是此时城乡居民关系的真实写照。战国秦汉时代,随着宗法血缘体系的瓦解,城乡居民的身份差异逐渐被打破,百姓从区域分明的封闭空间中解放出来。加之旧式家族的消解,个体家庭渐趋成熟,居住稳定性减弱,城乡之间的人口流动明显频繁起来。

在城乡居民的流动中,既有城市居民向乡村的流动,也有乡村居民向城市的流动。城市居民向乡村的流动往往起于致仕、罢官或经商、求学。贤臣良将年老致仕后往往不居于城中,而选择"归乡里"。李恂"步归乡里,潜居山泽,结草为庐";④龚胜、龚舍"既归乡里,郡二千石长吏初到官皆至其家,如师弟子之礼"。⑤高士名流常归居乡里。庄子本宋国公室,不受楚相之职,自愿居于乡野;"商山四皓"之一的夏黄公本为秦朝博士,后来长期归隐村落,被奉为高士。东汉隐逸成风,名士大儒以村居为荣,范晔遂著《逸民列传》以颂之。亦有仕途失利由城返乡的士人。"前太尉陈蕃、刘矩,忠谋高世,废在里巷";⑥"太后愍阴氏之罪废,赦其徙者归乡"。⑦此为出于政治原因的流动。乡野山泽中富饶的自然资源极易转化为经济利益,有眼光的人往往转入乡野以求宏利。名臣范蠡隐居乡野,"复约要父子耕畜,废居,候时转物,逐什一之利。居无何,则致赀累巨万"。⑧卓氏本赵国富姓,秦初远迁汶山之野,"即铁山鼓铸,运筹策,倾滇蜀之民,富至僮千人。田池射猎之乐,拟于人君"。⑨此为出于经济原因的流动。乡间私学的昌盛也吸引了诸多官宦子弟。李固"改易姓名,杖策

---

① 桓宽著,王利器校注《盐铁论校注》卷五《国疾》,中华书局,1992,第334页。
② 《汉书》卷六五《东方朔传》,第2855页。
③ 《汉书》卷二四下《食货志下》,第1171页。
④ 《后汉书》卷五一《李恂传》,第1684页。
⑤ 《汉书》卷七二《龚胜龚舍传》,第3084页。
⑥ 《后汉书》卷六五《皇甫规传》,第2136页。
⑦ 《后汉书》卷一〇上《皇后纪上》,第423页。
⑧ 《史记》卷四一《越王勾践世家》,第1753页。
⑨ 《史记》卷一二九《货殖列传》,第3277页。

驱驴，负笈追师三辅，学《五经》，积十余年"；<sup>①</sup>东汉中郎将何汤以精通《尚书》知名，其早年拜师隐士桓荣，村居求学十余年。<sup>②</sup>此为出于文化原因的流动。

村落居民向城市流动的情况较为复杂。既有求仕、求学者，也有从事工商末业者，还有避难避灾之流民。随着战国社会结构的变动，乡野之人也可入城仕宦。苏秦得势后自称："且使我有雒阳负郭田二顷，吾岂能佩六国相印乎？"<sup>③</sup>苏秦在城郭没有田产，早年应当是穷居于村落。随着秦汉仕进制度渐趋完善，乡人入城仕宦者更是不可胜数。朱邑、鲍宣、第五伦出身乡吏，公孙弘、窦广国、卜式在乡野从事贱业，之后纷纷跻身高位。此为出于政治原因的流动。贫寒庶民迫于生存压力，常有入城贩售从商之举。朱买臣"常艾薪樵，卖以给食"；刘梁"卖书于市以自资"；<sup>④</sup>王溥更是售卖学识，"挟竹简插笔于洛阳市佣书"。<sup>⑤</sup>此为出于经济原因的流动。太学和郡县学校皆在城市，乡人精进学业也需要入城。郑玄"少为乡啬夫，得休归，常诣学官，不乐为吏"；<sup>⑥</sup>仇览四十余岁方入太学；匡衡在太学射策多次中科，足见乡人求学之不易。<sup>⑦</sup>此为出于文化原因的流动。村落防御力有限，如遇战事，人们往往会集体涌入城郭。西汉田况有言："小国无城郭者，徙其老弱置大城中，积藏谷食，并力固守。"<sup>⑧</sup>马援在陇右时，"吏民惊言羌反，百姓奔入城郭"。<sup>⑨</sup>汉代流民问题严重，数量动辄十万、百万。国家的安抚措施往往是招还流民，赐授田土，使其重返村落，但也有安置于城市的案例："罢安定呼池苑，以为安民县，起官寺市里，募徙贫民，县次给食。至徙所，赐田宅什器，假与犁、牛、种、食。又起五里于长安城中，宅二百区，以居贫民。"<sup>⑩</sup>正是由于村落居民的大量涌入，才造就了汉代长安城"闾里一百六十"的繁荣盛况。

居民在城乡之间流动关系的形成，归根结底是由于城乡居民政治差异的淡化。一方面，城乡居民没有政治地位差异。自战国以来，国家实行将人口以户为单位统一编入行政控制体系之下的户籍制度，开启了村落民众地位的提升进程。至两汉时代，这一进程取得了明显成效，造成自天子以下皆为编户的局面。作为编户齐民，他们具有一定的政治地位，在某种程度上可以参政、议政，可以随时上书，尤其是景帝改"訾算十"为"訾算四"的做法，打破了早期村落宗法贵族世代承袭、村落百姓无缘政治的局面，为一部分农民进入仕途创造了条件。这方面的事例比比皆是，兹不赘述。另外值得一提的是，商鞅所采取的二十等爵制在秦

① 《后汉书》卷六三《李固传》，第2073页。
② 《后汉书》卷三七《桓荣传》，第1249页。
③ 《史记》卷六九《苏秦列传》，第2262页。
④ 《汉书》卷六四上《朱买臣传》，第2791页；《后汉书》卷八〇下《刘梁传》，第2635页。
⑤ 王嘉：《拾遗记》卷六《前汉下》，肖绮录，齐治平校注，中华书局，1981，第143页。
⑥ 《后汉书》卷三五《郑玄传》，第1207页。
⑦ 参见《后汉书》卷七六《循吏列传》，第2481页；《汉书》卷八一《匡衡传》，第3331页。
⑧ 《汉书》卷九九下《王莽传下》，第4172页。
⑨ 《后汉书》卷二四《马援传》，第837页。
⑩ 《汉书》卷一二《平帝纪》，第353页。

汉时期全面普及，自"公士"至"公乘"八等被视为民爵，足见当时人们广泛拥有爵位。[①]汉代的户籍登记方式一般是"名县爵里"，各类民爵的记载广见于汉简户籍资料。"赐天下民爵一级"[②]这种面向天下的无差别赐爵记载广见于两《汉书》，人们的政治地位差异体现在爵位而非城乡方面。所以即便有户籍管理的制约，人们仍可以相对自由、对等地往来于城乡之间。

另一方面，城乡环境与条件各具特色，没有明显的歧视。城市作为政治、经济与文化中心无需赘言，乡里同样是城市人口与上层社会的可选之地。居于乡村的致仕官员、富商大贾以及各种豪族大家比比皆是。两汉时期，闾里巷间甚至成为远离威势的清流的寓居之所或清流隐匿的代名词，如东汉宦者丁肃、徐衍等五人因不附权宦而被时人"称为清忠，皆在里巷，不争威权"。[③]在两汉之际至东汉时期，社会上形成了追求权势、为国效力者入城为官，避祸守节、淡泊名利者则还乡归隐的局面。村落不再是蛮荒未化之所，渐渐成为与城市交相辉映的高士、名士、经学世家及士子们隐逸蓄志、潜心学问的栖息之地，同时又是国家的官僚和人才储备基地。

综上所述，战国秦汉时期城乡关系的新变动是全方位的，无论是城乡政治关系、经济关系、文化关系，还是城乡居民关系，都发生了引人注目的变化。战国秦汉城乡关系的新变化既是中国上古国家向中古国家转变的结果，又是中古国家得以成立的重要要素，是新的社会治理模式的重要体现。战国秦汉新型的城乡关系，在中国古代社会治理体系的构建中起到了重要作用，它既保障了中央王朝统治由各节点城市向乡村的辐射，又促进了整个国家各阶层的商贸往来、人员流动与文化交流，从而维系了整个社会系统的畅达、有效。这些变化奠定了此后两千年城乡关系发展的基础，在中国古代社会发展中具有重要影响。这正是研究战国秦汉城乡关系新变化的意义所在。

〔本文原载《山东社会科学》2020 年第 8 期。作者马新，山东大学历史文化学院教授；王越，山东大学历史文化学院博士研究生〕

---

① 西嶋定生：《中国古代帝国的形成与结构——二十等爵制研究》，武尚清译，中华书局，2004，第 84~89 页。
② 《汉书》卷六《武帝纪》，第 191 页。
③ 《后汉书》卷七八《宦者列传》，第 2533 页。

# 西汉诸侯国相的"郡守化"趋势及其历史意义

陈　昆　李禹阶

**摘　要**　诸侯国相在西汉"郡国并行"制中具有特殊作用，其权力、职责的变化反映了西汉中央政权和地方诸侯国的博弈、分合趋势。诸侯国相职能演变经历了四个阶段：汉高祖时期侧重于辅助诸侯王国的巩固；惠帝至景帝中五年期间侧重对诸侯王国兵权的控制；景帝中五年至昭帝间，侧重于中央"汉法"在诸侯王国的推行；宣帝及以后，与汉郡太守职能渐趋一致。诸侯国相"郡守化"过程实际上是汉中央政府对诸侯王国的逐步控制过程，其控制的基本方法则是国相的"替代效应"。它对于西汉前、中期中央对诸侯国王的权力调控有重要意义。

**关键词**　西汉　诸侯国相　郡守化　历史意义

本文讨论的西汉诸侯国"相"，其称谓在西汉时期经历了三次变化：汉初称相国；惠帝元年（前194）"除诸侯相国法"改相国为丞相；景帝时期改称相。诸侯国相在"郡国并行"制中具有特殊地位，它的权力、职责、地位的变化趋势反映了西汉中央政权和地方诸侯国的博弈、分合关系。目前学界对诸侯国相的地位、职能演变等问题从不同角度展开了讨论，并取得了诸多成果。诸侯国相的"郡守化"问题亦为不少学者所注意。[①] 但是学界大多限于对诸侯国相在制度、职责等方面的探讨，对其在汉中央政权与各诸侯国间的博弈、分合动态过程中的角色、地位、作用的研究则相对薄弱。而这一问题对于我们深入了解在西汉中央集权强化过程中，汉朝廷与诸侯国纵横捭阖的政治关系及其变化过程有着重要意义。

---

[①]　如严耕望先生认为"郡国守相名异而职掌同"，并在讨论诸侯国相职责时将其与郡守（太守）合称"守相"进行讨论（《中国地方行政制度史·甲部·秦汉地方行政制度》，中研院历史语言研究所，1990，第73~74页）；白钢先生等认为"相实际上是王国事务的总管，与郡守差不多，因而守、相经常并称。所不同者，是中间多了一层与诸侯王的关系"（《中国政治制度通史》第3卷，人民出版社，1996，第249页）；李开元先生认为"特别是武帝以来，其王国相当等同于郡守"（《汉帝国的建立与刘邦集团：军功受益阶层研究》，三联书店，2000，第290页）。

# 一 "郡守化"问题

诸侯国相"郡守化"是指诸侯国相在西汉中前期依据西汉中央政府制度的安排，逐步接管原属诸侯王的王国兵权、行政权，以"汉法"取代诸侯国"王治"，从而逐步将诸侯王国转变为与西汉郡治单位在行政功能与属性上相差无几的演变历程。《汉书·百官公卿表》对诸侯国相职责变化的记载如下：

> 诸侯王，高帝初置，金玺盭绶，掌治其国。有太傅辅王，内史治国民，中尉掌武职，丞相统众官，群卿大夫都官如汉朝。景帝中五年令诸侯王不得复治国，天子为置吏，改丞相曰相，省御史大夫、廷尉、少府、宗正、博士官，大夫、谒者、郎诸官长丞皆损其员……成帝绥和元年省内史，更令相治民，如郡太守，中尉如郡都尉。[1]

从《百官公卿表》中，我们大致能够看到诸侯国相职能的演变过程，即由"丞相统众官，群卿大夫都官如汉朝"而"改丞相曰相，省御史大夫、廷尉、少府、宗正、博士官"等，并在成帝绥和元年（前8）"省内史，更令相治民，如郡太守"。该表所记载的，正是诸侯王国内部官职在职级及功能上的变化。据《汉书·高五王传赞》："以海内初定，子弟少，激秦孤立亡藩辅，故大封同姓，以填天下。"[2]汉初为了尽快建立藩辅制度，抬高了王国地位，使当时的王国职官制度与中央政府大致相同。地方诸侯国中"内史"掌握治民权，"中尉"掌武职，而"相"则统众官，如朝仪。景帝中五年（前145），随着中央与王国之间矛盾的激化，诸侯王不得复治国，天子为王国置吏，并改"丞相"曰"相"，省御史大夫等官职。成帝时进一步强化诸侯国相在王国领域内的权力，"更令相治民，如郡太守"，国相在王国"治民"的权力在制度上明确下来。而"如郡太守"四字，表明成帝及其后，诸侯国相与郡守虽在管辖对象、范围方面有异，但代表中央控制地方的职能则渐趋于同。

又据《汉书·百官公卿表》记载："郡守，秦官，掌治其郡，秩二千石。有丞，边郡又有长史，掌兵马，秩皆六百石。景帝中二年更名太守。"[3]从中可见郡守职责是对秦朝的继承，主要"掌治其郡""掌兵马"，即强调对地方（郡）行政权和兵权的掌控。学界对"郡守"（太守）的职责已有诸多研究。[4]总的来看，学者大都认为郡守有辟除、选举、司法、

---

① 《汉书》卷一九上《百官公卿表上》，中华书局，1962，第741页。
② 《汉书》卷三八《高五王传》，第2002页。
③ 《汉书》卷一九上《百官公卿表上》，第742页。
④ 例如安作璋先生、熊铁基先生就认为，郡守职责可以细分为：辟除权，选举权，自设条教，赏罚、司法和监察权，生杀予夺权，兵权，财权［《秦汉官制史稿》（下），齐鲁书社，1985，第52~76页］；白钢先生等则认为郡守"上承中央诏令，下督属县贯彻执行，举凡民政、财政、司法、教育、选举以及兵事等等，都由其管理执行"（《中国政治制度通史》第3卷，第215页）。

监察、兵、财等权力，其职能设定有着制度及功能上的稳定性特征。而诸侯国相则不同，由于汉中央政府与王国关系的变化，诸侯国相在履职过程中的职责重心随着这种变化而呈现时段性、变动性特点。依据《史记》《汉书》的记载，可以找到 69 位担任过刘姓诸侯王国相且有名字记载的官员，① 通过他们的传记材料，我们能大致找出其以"职责重心"变化为演变规律的"郡守化"发展趋势。这种趋势按时间大致可划分为四个阶段，即汉高祖阶段，汉惠帝至景帝中五年的阶段，景帝中五年至昭帝的阶段，宣帝及以后阶段。这四个阶段中，诸侯国相履职重心、职能呈现较大差异，即刘邦时期注重辅佐刘姓诸侯王国建立并巩固王国政权；文景时期偏重执掌王国兵权，削弱诸侯王势力；景、武（昭）时期在王国中实行汉法，实现中央对王国的全面管理；宣帝及其后则以地方郡守职能管辖王国，并由中央政府以其政绩决定其升迁等。因此，诸侯国相职责重心的演变，与汉朝大一统局面下君主专制强化和中央对地方控制加强的趋势相一致。

## 二　立强相以辅藩时期

汉高祖时期任命的刘姓诸侯国相地位普遍很高，基本都是最早加入刘邦集团的将领。故汉初有军功阶层全面支配汉帝国政治、军事、财政之说。它实际上表现了军功阶层与刘姓皇室的某种政治、经济的密切关系。当时，担任诸侯国相的大臣，大都是有功之文臣武将，与汉政权存在高度相关的共同利益关系。在刘邦制定"非刘氏不得王"的封王原则时，这类军功阶层出于维护刘姓政权的需求，极力维护建立于郡国并行制基础上的汉政权。②

汉初"掌治王国"权力在规制上是明确划归诸侯王，"金玺鏊绶，掌治其国"。其后"会孝惠、高后时，天下初定，郡国诸侯各务自拊循其民"。③ 此时期内诸侯国相得以掌权，大致同于贾谊在《新书》中的阐述："大国之王幼在怀祍，汉所置傅相方握其事。"④ 例如"（曹）参之相齐，齐七十城。天下初定，悼惠王富于春秋"。⑤ 此时所封刘氏诸王大多年幼不能执政，故由诸侯国相、傅代理掌治其国，帮助王国稳定。所以其时在"惩戒亡秦孤立之败"的

---

① 部分人士史料中只记载"姓"或"名"，或分别在两者前面加上任相前的官名或籍贯，如燕王刘旦相平，楚相郎中春，城阳相即墨成等。注：严耕望先生在《两汉太守刺史表》（中研院历史语言研究所，商务印书馆，1948）中收录了 81 位西汉同姓及异姓诸侯王相；李开元先生在《汉帝国的建立与刘邦集团：军功受益阶层研究》一书中统计了从汉高祖到武帝时期 66 位诸侯国相（第 278~281 页）。

② 异姓诸侯园的国相，虽都获得汉中央任命，但效忠对象则有分化。异姓王所自置并得到中央认可的国相更倾向效忠异姓王，如赵王张耳相贯高、赵午，燕王卢绾所置丞相偃等；而汉为异姓王所置相，例如检举燕王臧荼谋反的燕相温疥（其曾追随刘邦参与"楚汉战争"），则效忠汉朝。

③ 《史记》卷一〇六《吴王濞列传》，中华书局，1959，第 2822 页。

④ 贾谊：《新书》卷一《宗首事势》，阎振益等校，中华书局，2000，第 25 页。

⑤ 《史记》卷五四《曹相国世家》，第 2028~2029 页。

基础上,"剖裂疆土,立二等之爵",[1]诸侯国相、傅的地位是十分高的。刘邦在制定刘姓诸侯国建立和巩固战略时,做出的刘姓诸侯国相人事安排普遍存在立"强相"的规律,所谓"强相"即是刘邦手下最得力的能臣。

齐国是当时汉建立在关东区域最重要的王国。刘邦先后任命的齐相曹参、傅宽均是其手下的重要将领,功臣排名分别位于第二、第十,他们两人在辅佐齐王巩固齐国政权以及配合汉政权铲除异姓王过程中都起到十分重要的作用。此外,对于各自所辅佐的诸侯王的人身安全,诸侯国相也负有特定的保护责任。例如周昌为御史大夫时便被刘邦强行安排担任赵相,旨在保护赵王刘如意,后来在应对吕后族党的威胁中起到重要作用。

在汉初政治中,刘邦"大封同姓以填天下"的政策确实起到了巩固刘氏天下的作用。当时同皇帝间存有血缘关系的刘姓宗室诸侯王国,在汉初解除异姓诸侯国的威胁、制止分裂割据行动方面就起着维护中央政权的重要作用。而在王国内部,中央创置的诸侯国相与诸侯王两者在治理王国时也呈现出互补互益关系,不存在大的冲突与对立。这种中央政权与作为藩辅的王国间相互支持的协作,为汉初中央政府制定的旨在实现和维护国家统一局面的政令、举措均能够顺利推行奠定了基础。而在王国政治运行中,由于中央的扶助,王国亦能够不断发展壮大。如代王刘喜因匈奴攻击于高祖七年(前200)弃国南归;陈豨在同年随刘邦前往代地抗击匈奴后获任代相,后于高祖十年(前197)反叛;继任代王刘恒于高祖十一年(前196)被立为代王。在刘喜弃国至刘恒继任约四年时间中,代地只有相而无王,故而陈豨能完全执掌其国,在其叛乱前曾短暂而有效地维护代地的稳定。

## 三 执虎符掌兵时期

异姓诸侯王国的威胁在被解除之后,汉中央政府对王国的防范重点也开始转向同姓诸侯王国。汉初离周不远,其分封诸侯国常存在独立倾向。同姓诸侯王国虽然和汉郡名义上都归属于汉中央政权,且比异姓诸侯王国具备更强的向心力,但是"国"和"郡"两者除名称之外,各自功能上的属性差异及界限,在时人看来是比较明显的。依据传世文献和张家山汉墓出土的简牍材料可见,汉初对异姓和同姓诸侯王国都存在近乎敌对的防范措施,并据《二年律令》可见至少一直延续到吕后时期。汉朝对诸侯国的防范措施,旨在谋求己方在未来可能发生的军事斗争中处于有利战略地位,故在地理上力求占据优势,"所为建武关、函谷、临晋关者,大抵为备山东诸侯也"。[2]在郡县与诸侯国的接壤地区,则视如敌国边界而防守

---

[1] 《汉书》卷一四《诸侯王表》,第393页。
[2] 贾谊:《新书》卷三《一通》,第113页。

之。例如汉朝为预防诸侯国对汉属郡县的侵犯，以法律形式强调汉地方官员和民众在应对诸侯国叛乱及侵犯时必须担负守土卫国之责，"以城邑亭障反，降诸侯，及守乘城亭障，诸侯人来攻盗，不坚守而弃去之若降之，及谋反者，皆要（腰）斩"。① 同时汉朝对于汉界与诸侯国之间的人口及包括金银、马匹等在内的重要战略物资的流动，也有严格控制。《二年律令·奏谳书》中记录有高祖十年齐国狱史阑欲将身处汉地的故齐国籍女子带出关而被阻止的案例，"律所以禁从诸侯来诱者，令它国毋得取（娶）它国人也"。② 时齐王为刘邦庶长子刘肥，齐相为曹参，两人与皇帝都关系密切，尚且只能获得如此待遇，何况其他诸侯国。《二年律令·津关令》记载：

> 相国上长沙丞相书言，长沙地卑湿，不宜马，置缺不备一驷，未有传马，请得买马十，给置传，以为恒。·相国、御史以闻，请516许给买马。·制曰：可。517③

马匹是冷兵器时代重要的军事战略物资，从上述材料可见当时长沙国要向汉朝买马，必须经中央政府内部逐级上报并最终经由皇帝批准方能实施。长沙国只是被汉朝承认、实力弱小且无谋反企图的恭顺王国，由此可推测当时其他更为强盛的同姓王国要向中央买马，更应严格按照上述程序。这些措施表明了汉中央政府在异姓诸侯国被剪灭前后已在谋求对其余王国军事力量的控制，以及发挥国相在其中的重要作用，这种防范意识一直持续到后来中央政府对诸侯王兵权的剥夺。

从《史记》《汉书》中有姓名和明确生平记载的诸侯国相群体来看，可以发现一个有趣的现象：在武帝之前，担任诸侯国相的人士多有军旅背景；具有文学背景的人士多出任王国太傅，如清河王傅辕固、梁太傅贾谊等。当时，军功阶层不仅在汉朝廷中占有重要地位，而且多担任诸侯国相。据统计，史料中可明确在惠帝至景帝时期获任诸侯国相之人（汉置），大多担任过武将或有带兵经历（表1）。

**表 1 惠帝至景帝时期任职诸侯国相人士的身份背景**

| | 担任武将或有带兵经历 | 无武职或未有带兵经历 | 无明确记载 |
|---|---|---|---|
| 汉惠帝时期至吕后时期 | 吕更始（武将，楚相）；齐受（齐相）；朱进（吕相，师古曰："为吕王之相也。"）；王恬启［开］（梁相）；许厉（常山相）；醴陵侯越（长沙相） | | 吕胜（淮阳相）；召平（齐相） |
| 文帝时期 | 蔡兼（常山相）；窦婴（吴相）；袁盎（齐相、吴相、楚相）；苏意（楚相） | | |
| 景帝时期 | 冯唐（楚相）；栾布（燕相）；程嘉（江都相）；苏息（赵相）；灌夫（代相） | 田叔（鲁相）；张释之（淮南相） | 建德（赵相）；张尚（楚相） |

说明：表中人物依据《汉书·高惠高后文功臣表》《汉书·景武昭宣元成功臣表》及相关人物传记统计。省略了齐王自立齐相驷钧，梁王自立梁相轩丘豹，淮南王自立淮南相郎中春等。

---

① 《张家山汉墓竹简〔二四七号墓〕（释文修订本）》，文物出版社，2006，第7页。
② 《张家山汉墓竹简〔二四七号墓〕（释文修订本）》，第93页。
③ 《张家山汉墓竹简〔二四七号墓〕（释文修订本）》，第87页。

文、景时期，中央政权与王国间的冲突、诸侯王骄奢不法之事逐渐增加。而诸侯国相作为中央与王国之间周旋的中介，既要维护皇帝宗室内部的关系，同时也要担负以军镇国之任，其地位多处尴尬之境。因为从维护皇帝宗室内部的关系来看，皇权与王国之间天然的血缘宗法关系仍然不可逾越，国相只是辅助诸侯王治理军事、民政之属官。文献记袁盎赴任吴王刘濞相前，有人劝其："吴王骄日久，国多奸……毋何，时说王曰毋反而已。如此幸得脱。"①这折射出当时诸侯国相只能在中央皇权与诸侯国王之间居中调和、敷衍行事的尴尬境地。但袁盎这种做法并未受皇帝责罚，说明在"汉以孝治天下"的氛围中，皇权与王国之间天然的血缘宗法关系仍被较好地维护着。在这种情况下，国相既需要调和皇族宗室内部的亲和关系，也要预防诸侯王起兵反对中央政权。但是在诸侯国不断坐大的情况下，为了控制诸侯王可能的逆反，诸侯国相职能在这一时期内开始转换，即在中央命令下，从王国内部取得对王国兵权的控制。故在这一特殊阶段，诸侯国相的职能演变为以军权为职责重心，而国相大多为军功阶层，自然循例而行。

按汉初制度，王国兵权原属中央政府，但具体统领军队的是王国"中尉"。此前诸侯王"得自除内史以下，汉独为置丞相"，②中尉亦由诸侯王自置，③如此兵权也间接归属于诸侯王。其实，关于对王国军队的领导权问题，自高祖死后，一直是中央政府关注的焦点。在吕后逝世时，为防止诸吕暴乱，齐中尉魏勃曾给齐相召平："王欲发兵，非有汉虎符验也。而相君围王，固善。"④魏勃通过骗取召平信任得以指挥军队，说明王国凭虎符发兵的制度至少在吕后时期已被中央政府创立。又依据现存西汉虎符实物可见，脊处皆有铭文"与××（所属地区的地方最高行政长官官名，包括侯、郡守或太守）为虎符"。依此推断，汉初中央政府将虎符授予王国时也应同授予侯国、汉郡一般，将虎符授予作为王国最高统治者的诸侯王。⑤而到文帝三年（前177），"九月，初与郡国守相为铜虎符、竹使符"，⑥说明过去由诸侯王所掌握的虎符改由诸侯国相执掌，但仍保留诸侯王作为王国兵权名义上的授予主体。这样，除王国相以外，由诸侯王任命的官员军权尽削，而归国相控制的军队，实际上亦变相属中央控制。不以铜虎符调兵，则属叛乱之举。所以在文、景时期，随着中央与王国关系激化，往往出现诸侯王因未能执掌虎符而不以虎符和诏书调动军队的行为，从制度上被指称为

---

① 《史记》卷一〇一《袁盎晁错列传》，第2741页。
② 《史记》卷五九《五宗世家》，第2104页。
③ 王国中尉同内史皆为秩二千石，初由诸侯王自置。大约在汉文帝继位后，已开始改由汉中央政府任命，时薄昭说淮南王："汉法，二千石缺，辄言汉补，大王逐汉所置，而请自置相、二千石。"直到景帝时才有强制性命令"诸侯王不得复治其国，天子为置吏"。
④ 《史记》卷五二《齐悼惠王世家》，第2001页。
⑤ 目前西汉王国虎符实物存世者仅可见20世纪80年代咸阳博物馆征集所得的鲁王虎符（非出土，尚存争议），上有脊文（半字）和肋文，分别为"汉与鲁王为虎符""鲁左五"。刘晓华、李晶寰：《鲁王虎符与齐郡太守虎符小考》，《文物》2002年第4期。
⑥ 《史记》卷一〇《孝文本纪》，第424页。按，《汉书》记载则为"初与郡守为铜虎符、竹节符"（《汉书》卷四《文帝纪》，第118页），少"国""相"二字。按照史书时间顺序，本文从《史记》记载。

"擅发"军队的叛乱之举。如"七国之乱"时，汉将责备胶西王："未有诏虎符，擅发兵击义国。"①

虎符被授予诸侯国相，是当时汉文帝"削藩"的重要举措之一。这一制度设计削弱了诸侯王的调兵权力，或者说是为预防诸侯王发动叛乱而增设了一道新的制度障碍，并使今后中央政府能更加方便地调整王国军队隶属。同时，国相以武将担任，控制兵权，亦可以根据中央指令镇守王国，平定叛乱。根据史料，景帝时期栾布、程嘉、苏息、灌夫四人都以武职在平定"七国之乱"时立战功而获任诸侯国相，说明皇权对于王国存在戒备之心，故以军功阶层控制其军权。此时期诸侯王与诸侯国相的关系，文献记载阙如。但从此时期被诸侯王所杀的召平、建德、张尚三人事迹可见，一方面国相掌握虎符，具有震慑之作用；另一方面诸侯王亦需要以国相作为执掌军权之协助。例如"七国之乱"中，"淮南王欲发兵应之。其相曰：'大王必欲发兵应吴，臣愿为将。'王乃属相兵。淮南相已将兵，因城守，不听王而为汉"。②

国相执掌铜虎符拥有调兵权，诸侯王欲与中央对抗，必然会与国相在兵权争夺上发生冲突。这正是此时期西汉制度上将诸侯国相作为杜绝诸侯王离心力的第一重保障机制。史料中记载召平等三人因维护中央权力而身死，其后代则因功封侯。在"非刘氏不得王，非有功不得侯"③的局面下，说明中央政府对诸侯国相的行为高度认可。

在一些地接边疆的王国，国相还兼边防驻屯军统帅。汉初有部分诸侯国地接北部、南部边疆战略要地，而在这些重地，汉朝通常部署了大批驻屯军。由于此时诸侯国相多有军旅出身、战功显赫的身份背景，故而部分诸侯国相得以被汉朝加"将屯"头衔，掌握国家驻屯军，这使其掌管的军队数量远超过诸侯王国军力。例如高祖时期傅宽"一月，徙为代相国，将屯。二岁，为代丞相，将屯孔文祥云：边郡有屯兵，宽为代相国兼领屯兵，后因置将屯将军也"；④陈豨叛乱前也曾"以赵相国将监赵、代边兵，边兵皆属焉"。⑤这说明当时部分诸侯国相掌握军队之强，权力之大，并非仅仅局限于诸侯国内，而有代中央镇守一方之土的责任。为了稳固边防和防范诸侯王勾结外敌，"七国之乱"后，汉朝廷才逐渐在边疆设置汉郡，使王国不复接壤边地，"长沙、燕、代虽有旧名，皆亡南北边矣"⑥。

这一时期，国相尽管有掌军之权，但是中央政府的削藩政策也使国相常常处境尴尬。文帝时，贾谊主张削弱诸侯王势力，提出了改正朔、易服色、法制度、定官名、兴礼乐、改革汉初官僚政治制度的办法。杨振红通过对张家山汉简《二年律令·秩律》等文献的研究，

---

① 《史记》卷一〇六《吴王濞列传》，第 2836 页。
② 《史记》卷一一八《淮南衡山列传》，第 3081 页。
③ 《史记》卷五七《绛侯周勃世家》，第 2077 页。
④ 《史记》卷九八《傅靳蒯成列传》，第 2708 页。
⑤ 《史记》卷九三《韩信卢绾列传》，第 2639 页。
⑥ 《汉书》卷一四《诸侯王表》，第 395 页。

认为秦汉之际变化较大的是官僚体系的上层，即公、卿位及与秩的对应关系。而其中一个重要方面，即过去中央这些部门长官官秩与地方长官的官秩均为二千石，属于平级待遇。而通过在秩二千石之上增设秩中二千石一级，将御史大夫、廷尉等秩从二千石改变为秩中二千石，就把官秩提高了半级，使其超越地方行政长官的官秩。①这种提高中央政府官秩的做法，虽然与诸侯国相原品秩关系不大，但是由于御史大夫、廷尉等秩从二千石变为秩中二千石，而过去权同御史大夫等的、作为地方王国属官的国相，其"强相"地位变相降低，这就使国相在国家政治中处于一种有"强相"之名，而实际权力被削弱的局面。这种局面从制度上导致诸侯国相由"强相"向地方"郡守化"发展的趋势。

## 四 诸侯国相的"郡守化"及其微妙地位

"七国之乱"后，中央政府削弱诸侯国的力度进一步加强，按照对诸侯王权力剥夺的力度，大致可分为景、武两个时期。"自吴楚诛后，稍夺诸侯权，左官附益阿党之法设。其后诸侯唯得衣食租税，贫者或乘牛车。"②但是，这种对诸侯王政治、经济权力的削弱与剥夺并非一帆风顺。考虑到皇权与宗室血缘相交的兄弟叔伯关系，以及高祖刘邦所立之法，这种对王国权力的剥夺并不是由中央直接派出官吏接收，而是通过诸侯国相及相关汉吏来实行。所以，国相在此时成为中央夺取王国权力的重要人物。

"汉法"推行过程是逐步改变诸侯国权力结构的过程。在此过程中，过去辅助诸侯王掌握行政和军队事务的内史、中尉等改由汉中央政府任命，而许多权力也随着官员任命权的改变而收归中央。但在此过程中，诸侯王与汉吏之间的矛盾、冲突也发展起来。虽然汉置内史在此时获得制度上规定的王国治民权，"（七国之乱后）遂令诸王不得治民，令内史主治民"，③但是由于国相掌握着统领百官的权力，诸侯王争夺王国行政权力之时面对的主要对手仍是诸侯国相。

过去诸多研究中常引用胶西王刘端和赵王刘彭祖的案例，来论证汉置诸侯国相履职过程中易与诸侯王产生矛盾、冲突。这两个案例虽然表现出诸侯国相等汉官与诸侯王之间的关系冲突，但它实质上反映了中央权力在取代诸侯王自行"王治"过程中的矛盾激化。如胶西王刘端，"相、二千石往者，奉汉法以治，端辄求其罪告之，无罪者诈药杀之。所以设诈究变，强足以距谏，智足以饰非"；④赵王刘彭祖亦如此，"多设疑事以作动之，得二千石失言，

---

① 杨振红：《秦汉官僚体系中的公卿大夫士爵位系统及其意义——中国古代官僚政治社会构造研究之一》，《文史哲》2008 年第 5 期。
② 《汉书》卷三八《高五王传》，第 2002 页。
③ 《后汉书》志二八《百官五》，中华书局，1965，第 3627 页。
④ 《史记》卷五九《五宗世家》，第 2097 页。

中忌讳，辄书之。二千石欲治者，则以此迫劫"。① 刘端、刘彭祖与相、二千石的对立事件反映了代表中央权力的"汉法"与诸侯王对王国治理权的争夺。由于"汉法"在诸侯国内的执行主要是通过以诸侯国相为首的汉官来完成，极少数诸侯王在不能公开反对"汉法"时，便采取控制国相的手段来达到对王国权力的间接控制。

"汉法"推行过程激起的围绕权力的争端在汉武帝元狩二年（前121）后大体上消失。此后，如严耕望认为："故景、武以后之地方政治，名义上仍为郡国双轨制，而实际上国犹如郡，虽称为郡县单轨制可也。"② 诸侯国相于这一时期内曾短暂成为地方汉吏中尊贵而又比较赋闲的二线官职。由于传统爵级制度，国相地位在地方上高于汉郡太守，其秩也曾被武帝作为对地方太守的奖励。这一时期开始涌现具有文学身份背景的人士担任诸侯国相的现象，军功人士比例逐步降低。例如董仲舒以贤良进对，出为江都王相；梁相褚大"通五经为博士时，（儿）宽为弟子"；③ 今文易学大师田何弟子"齐即墨成为城阳相"；④ 边通"学短长，刚暴人也，官至济南相"。⑤

由于诸侯国所占据地理位置的重要性，尽管诸侯国相表面上似乎处于"赋闲"状态，但是他们在所辖地域推行"汉法"、强化汉王朝边域治理方面仍然起着重要作用。从汉初地理状况看，较之秦朝所辖地区急剧增大，除今之东北、甘青、云贵等地域外，已大致接近今之版图。从关中至各地，交通遥远，控制不易。如有战事发生，长途调兵遣将均不方便。因此这一时期，诸侯国相仍承担为汉理政、强化汉王朝边域治理的职责。当时，奉使方外，或为郡国守相有功而位至公卿者大有人在。例如武帝时期，"时方外事胡越，内兴制度，国家多事，自公孙弘以下至司马迁皆奉使方外，或为郡国守相至公卿"。⑥ 诸侯国相要想获得皇帝提拔，除少数如董仲舒、褚大等自身才智学识突出的人士外，大多只能通过将其对王国的间接掌治转化为紧跟皇帝意志，以博取帝王青睐。一般而言，诸侯国相的正常升迁顺序为："故事，选郡国守相高第为中二千石，选中二千石为御史大夫，任职者为丞相，位次有序。"⑦ 但是武帝时期诸侯国相则有直入"三公"例：建元元年（前140）齐相牛抵为御史大夫；元鼎六年（前111）齐相卜式为御史大夫。牛抵资料不详，卜式曾上书捐家财助边事，并协助地方救济贫民，被武帝称为"长者"。所以诸侯国相仍积极建功以获"上悦"，求取升迁。但是在这求取升迁的过程中，诸侯国相因武帝崇尚法令并重用酷吏的喜好，与汉郡太守一样，亦掀起一股效仿酷吏强行实行教化、重用刑治的风气："是时

---

① 《史记》卷五九《五宗世家》，第2098页。
② 严耕望：《中国地方行政制度史·甲部·秦汉地方行政制度》，第30页。
③ 《汉书》卷五八《公孙弘卜式兒宽传》，第2633页。
④ 《史记》卷一二一《儒林列传》，第3127页。
⑤ 《汉书》卷五九《张汤传》，第2645页。
⑥ 《汉书》卷六五《东方朔传》，第2863页。
⑦ 《汉书》卷八三《薛宣朱博传》，第3405页。

郡守尉诸侯相二千石欲为治者，大抵尽效王温舒等，而吏民益轻犯法，盗贼滋起。"①

　　随着皇权对诸侯国的控制加强，诸侯国相亦身受朝廷压力。这一时期，中央对地方进行考察时，也逐步将国与郡、诸侯国相与汉郡太守列为同等对象。例如武帝颁布的经济政策曾造成"犯者众，吏不能尽诛取，于是遣博士褚大、徐偃等分曹循行郡国，举兼并之徒守相为吏（利）者"；② 昭帝时魏相为扬州刺史，"考案郡国守相，多所贬退"。③ 这种情况，使诸侯王和以国相为首的官僚处在一种"捆绑"关系中，它使诸侯国相这个职位既成为中央遏制诸侯王权力的工具，亦成为敏感而颇具风险的职位。例如汉武帝为进一步削弱诸侯王而设立"左官""附益""阿党"，前两者对诸侯国相群体的冲击并不大，后者却为诸侯国相所畏惧，"诸侯有罪，傅相不举奏，为阿党"。④ 中央虽然赋予诸侯国相、太傅对王的监察权，但是并没有赋予诸侯国相必要的强制执行权，同时诸侯王也可采取合法方式上书控告诸侯国相。如主父偃治齐时，齐王畏罪自杀，"主父始为布衣时，尝游燕、赵，及其贵，发燕事。赵王恐其为国患，欲上书言其阴事，为偃居中，不敢发。及为齐相，出关，即使人上书，告言主父偃受诸侯金"；⑤ 王尊为胶东相时，严管胶东王的不法行为，亦被胶东王太后上书称其"为相倨慢不臣，王血气未定，不能忍"，王尊竟坐免为庶人。⑥ 在这种情况下，出于利害关系，傅、相能否尽职预防、劝谏、举报诸侯王潜在、未遂或已产生负面后果的犯法与违规行为，取决于其个人特质。例如昌邑王相安乐面对昌邑王刘贺的违规行为却不敢干涉，"使者以让相安乐。安乐告（龚）遂，遂入问贺"，⑦ 相比之下，龚遂作为秩千石的昌邑郎中令，却能"内谏争于王，外责傅相"。⑧

　　汉武帝削弱诸侯王的同时，为了彰显与诸侯王的血缘亲情并配合"推恩令"政策的施行，"于是上乃厚诸侯之礼，省有司所奏诸侯事，加亲亲之恩焉"。⑨ 诸侯王所犯罪行如果不是谋反、乱人伦等难以容忍的重罪，多能以"至亲故""上不忍"等缘故免罪或减小处罚，而傅、相则要承担严重后果。如昌邑王刘贺退位后，"昌邑群臣坐在国时不举奏王罪过，令汉朝不闻知，又不能辅道，陷王大恶，皆下狱诛"。⑩ 正是因为看透了王国官员的尴尬境地，幸免于难的昌邑官员王吉此后"戒子孙毋为王国吏"，并让他的儿子、已位居赵国内史高位的王骏"道病，免官归"。⑪ 在如此形势下，诸侯王与诸侯国相的人际交往也出现了微妙变

　　① 《汉书》卷九〇《酷吏传》，第3662页。
　　② 《史记》卷三〇《平准书》，第1433页。
　　③ 《汉书》卷七四《魏相丙吉传》，第3134页。
　　④ 《汉书》卷三八《高五王传》，第2002页。
　　⑤ 《史记》卷一一二《平津侯主父列传》，第2962页。
　　⑥ 《汉书》卷七六《赵尹韩张两王传》，第3230页。
　　⑦ 《汉书》卷六三《武五子传》，第2764页。
　　⑧ 《汉书》卷八九《循吏传》，第3637页。
　　⑨ 《汉书》卷五三《景十三王传》，第2425页。
　　⑩ 《汉书》卷七二《王贡两龚鲍传》，第3062页。
　　⑪ 《汉书》卷七二《王贡两龚鲍传》，第3066页。

化。由于中央政府的压力，诸侯王与诸侯国相要达到一种受其监控并和谐相处的关系并不容易：首先，作为皇帝宗室的诸侯王，有包括减轻犯罪惩罚等特权，甚至有继承皇位的可能性；其次，诸侯国相进行教导的方式只有劝谏等柔性手段而未被赋予强制管理的权力。在部分王国，如果诸侯国相个体的能力、特质不足以抑制诸侯王，或者迫于利害，诸侯国相往往容易敷衍了事，以无事相求，更甚者则产生一定的人身依附关系。前举昌邑王刘贺与昌邑相安乐的例子即如此。

所以，在这一时期，由于中央、诸侯王、国相三者之间的"捆绑"关系，一方面，国相在中央政权支持下，进一步剥夺了诸侯王的政治、经济、军事权力；另一方面，由于皇权与诸侯王之间的宗室情谊，两者的亲情与冲突，往往使国相左右为难，处在敏感、尴尬甚至颇具风险的位置上。因此，尽管这一时期国相的"郡守化"趋势进一步加强，但是，国相群体呈现首鼠两端或选边依附的两极化发展趋势。

汉武帝晚年至昭宣时期，西汉国家政策层面出现由进取转向"守文"的变化。尤其在宣帝及其后，诸侯国相的职能进一步与汉郡太守职能趋于一致。宣帝继位后，"是时选博士谏大夫通政事者补郡国守相"，[①]即重用"通经""明理"并熟悉政事的大臣为郡国守相，来循吏拊民。此时期诸侯国相在职责上除了监督、辅助诸侯王外，还有着提高地方治理政绩的责任。尤其汉宣帝明确将王国和汉郡高级官员的个人政治进取与皇帝意志紧密联系，使诸侯国相唯皇权意志为准，其职能与"郡守"无大差异。例如胶东相王成，"治甚有声。宣帝最先褒之……未及征用，会病卒官。后诏使丞相御史问郡国上计长吏守丞以政令得失，或对言前胶东相成伪自增加，以蒙显赏，是后俗吏多为虚名云"。[②]

元帝好儒学，即位后更为包括太守、诸侯国相在内的地方官员附加"宣明教化"地方人民的职责。成帝时期，督促更为严厉。"前山阳亡徒苏令等从横，吏士临难，莫肯伏节死义，以守相威权素夺也。孝成皇帝悔之，下诏书，二千石不为纵（孟康曰：二千石不以故纵为罪，所以忧也。）"[③]同时期，"（何）武为刺史，二千石有罪，应时举奏，其余贤与不肖敬之如一，是以郡国各重其守相，州中清平"。[④]后又与丞相翟方进共奏："往者诸侯王断狱治政，内史典狱事，相总纲纪辅王，中尉备盗贼。今王不断狱与政，中尉官罢，职并内史，郡国守相委任，所以一统信，安百姓也。今内史位卑而权重，威职相逾，不统尊者，难以为治。臣请相如太守，内史如都尉，以顺尊卑之序，平轻重之权。"[⑤]正式提出将相、内史与汉郡太守、都尉对等接轨，制度上规定相承担王国行政职责。

在诸侯国相"郡守化"过程中，内史一职颇显重要："成帝绥和元年省内史，更令相治

---

① 《汉书》卷七八《萧望之传》，第3274页。
② 《汉书》卷八九《循吏传》，第3627页。
③ 《汉书》卷八六《何武王嘉师丹传》，第3490~3491页。
④ 《汉书》卷八六《何武王嘉师丹传》，第3483页。
⑤ 《汉书》卷八六《何武王嘉师丹传》，第3485~3486页。

民，如郡太守，中尉如郡都尉。"[1] "内史"是王国除国相外的另一重要官职。从"内史"与国相的职能演变看，国相始终为汉置，而"内史"先由诸侯王置，其设立的初衷是辅助诸侯王"掌治其国"而分担"治民"职责。王国内史的人事任免权在景帝时期正式收归中央，职责仍然是"掌治其国"而"治民"。汉中央朝廷的内史更名后，王国"内史"名称未改，但职责与汉朝廷内史差异甚大。从王国"内史"职责来看，其更接近于汉郡郡守职责，具体职责有"治民""掌握户籍，并与县官有直接从属关系""典刑狱"。[2] 西汉中后期，王国"内史"与中尉职责合并，既有的诸侯王国内"仆""郎中令秩六百石""内史与傅、相、中尉"[3] 共存的制度设计在诸侯国相履行汉中央政令对王国掌控日益深入的情况下，"内史"职能也被逐渐削弱并处于从属地位。其原因有二。

第一，王国"内史"不存于西汉官制。王国"内史"并不为汉制所规定，而是对王国建立在故关东六国地域、"群卿大夫都官如汉朝"构建基础上的对先秦时期诸侯国的官制继承，这一点学界在研究中多有考证，故而其设立更多基于先秦的官僚体制。[4] 王国"内史"与汉中央政府设置的"内史"不同。汉制"内史"主要掌管京畿地区，景帝时分为左、右内史，武帝时分别改名"左冯翊""京兆尹"。而王国"内史"则侧重于辅助诸侯王治政。

第二，虽然规定诸侯国相不得与国政，但《汉旧仪》中有："当有为，移书告内史。"[5] 结合诸侯国相有统领王国官员的职责判断，国相虽不能直接插手行政事务，但可通过移书方式进行间接控制。内史虽然在王国主"治民"，但要接受王国最高掌控者诸侯国相的管辖。正是这种制度安排使诸侯国相得以逐步插手、接管王国行政权。而随着"汉法"在王国的推广，"内史"职责逐渐削弱，其后渐与国相职责重合。所以，在成帝绥和元年"省内史，更令相治民"，实际上正是汉朝完全改变原有的中央与诸侯国在政治、经济、军事权力掌控上的二元设置，合并为一，使国相"郡守化"最终完成。

诸侯国相向以治民为己任的"郡守化"转变趋势，也集中反映在诸侯国相进入中央高级官员队列的升迁次序中。武帝及之前时期都有诸侯王相直入"三公"的记载，自宣帝时期开始，诸侯国相调入中央担任的官职以"三辅"（京兆尹、左冯翊、右扶风）职位为多。根据《汉书·百官公卿表》统计武帝以后诸侯国相升迁入中央政府官职的明确记录如表2所示：

---

① 《汉书》卷一九上《百官公卿表上》，第741页。
② 吴荣曾：《西汉王国官制考实》，《北京大学学报》1990年第3期。
③ 孙星衍等辑《汉官六种》，周天游点校，中华书局，1990，第80页。
④ 参见吴荣曾《西汉王国官制考实》；杨振红《从秦"邦"、"内史"的演变看战国秦汉时期郡县制的发展》（《中国史研究》2013年第4期）等。
⑤ 孙星衍等辑《汉官六种》，第80页。

**表 2　宣帝至成帝时期诸侯国相晋升中央九卿情况**

| 宣帝时期 | 本始元年，守京兆尹广陵相成；<br>本始四年，六安相朱山拊为右扶风一年；<br>神爵元年，胶东相张敞为京兆尹；<br>甘露二年，守左冯翊广川相充郎；<br>甘露四年，中山相加守廷尉 |
|---|---|
| 元帝时期 | 初元三年，淮阳相郑弘为右扶风 |
| 成帝时期 | 建始四年，东平相巨鹿张忠子赣为少府；<br>河平二年，楚相齐宋登为京兆尹；<br>鸿嘉二年，泗水相茂陵满黔子桥为左冯翊；<br>绥和元年，京兆都尉甄丰长伯为水衡都尉，二年为泗水相；<br>绥和元年，长信少府薛宣为京兆尹，一年贬为淮阳相 |

另有以处置地方治安问题而闻名的萧育，传记显示其担任过右扶风，"并历刺史郡守相，及为九卿"，[①] 但是为官顺序并不明确。按《汉书·百官公卿表》记载，诸侯国相入"三辅"从宣帝本始元年（前 73）开始到成帝时期末。而三辅地区长官，是当时最能考验太守治理地方能力的官职之一。"京兆典京师，长安中浩穰，于三辅尤为剧。郡国二千石以高弟入守，及为真，久者不过二三年，近者数月一岁，辄毁伤失名，以罪过罢"。[②] 虽然在元帝时期诸侯国相已位于太守下，但成帝时期仍有以诸侯国相身份担任"三辅"长官的例子，再次反映了诸侯国相在"郡守化"进程完成后，其治理能力已成为其升迁的重要依据。

## 五　诸侯国相"郡守化"的历史意义

西汉前、中期中央集权制的发展，与诸侯国相的制度设置有着密切相关性。史载刘邦与群臣刑白马而盟，约定"非刘氏不得王，非有功不得侯。不如约，天下共击之"，[③] 这是刘邦鉴于周代分封制和秦代君主集权制的利弊得失而在官僚制度设置上的重要策略。大封刘氏诸侯国的一个重要目的，即在抑制其时朝廷中势力甚大、包括权倾一时的吕氏家族在内的军功阶层。但是在实封中，汉初诸侯国尽据汉国家之南北边鄙利害之地或工商饶富之土。因此，为防止此后诸侯强大而天子屡弱，汉又以军功阶层之"强相"作为诸侯国相而统领百官，随即又授予执虎符领军权，使出身军功阶层的"强相"在汉前期错综复杂的政治形势下，既能藩辅刘氏皇权并保卫汉边境平安，又能防止诸侯王坐大，危及汉中央政权。这样，在制度设置上就使皇族宗室与军功集团这两大政治势力在皇权支配下达到左右、上下相互制

---

① 《汉书》卷七八《萧望之传》，第 3291 页。<br>
② 《汉书》卷七六《赵尹韩张两王传》，第 3222 页。<br>
③ 《史记》卷五七《绛侯周勃世家》，第 2077 页。

约的平衡态势。西汉时代诸侯国相"郡守化"进程，正是这种复杂政治形势发展的结果，同时也推动了汉代中央集权不断发展，及在各个区域社会确立"汉法"的进程。

这个进程是以两条线索开展的。其一，汉初的"激秦孤立亡藩辅"而大封同姓为王是以中央对王国的分权、放权为特征的。在"非刘氏不得王"原则的主导下，王国的重要官属主要由诸侯王自己选取、任命，而中央对王国的控制则主要表现在设置国相而制约王国权力。所以，诸侯国相是以其代表中央政府而具有的"替代效应"为前提周旋于两者之间的，在权力分合和博弈中既代表中央执行相关权力，又有着守土镇国的职责。这种"替代效应"，可使汉中央"透过选任王国官员"，使"汉朝的人际网络获得超越直辖地范围、扩展至天下全体的可能性"。[①]其二，诸侯国相作为中央对王国的维护与制约力量，又是基于皇室血缘—宗法制政治秩序为纽带而开展的，是皇权平衡郡、国政治体制的中介点。在汉初中央对诸侯国的分权、放权中，国相既是皇族血缘纽带的联系者，又是西汉国家统一局面的坚定守护者。诸侯王虽然在自己封国内有众多特权，但是这些权力的获取、运用及权力范围等如何受中央政府的控制与制约，则与诸侯国相在其中的权力运用、智慧处置、上下周旋有着重要关系。由于诸侯王在汉代皇权政治的权力更替中有着合法继承皇位的资格，其宗室内部的权力斗争也仅是皇族内部血缘兄弟、叔伯间的争斗，而不能与割据一隅的异姓诸侯王比较，这样，诸侯国相在其中的地位可谓十分特殊，同时也在汉代大一统历程中发挥重要作用。

诸侯国相的设立及"郡守化"，也是汉中央政府不断弥合文化、风俗上的"东西异制"，推行"汉法"过程中的重要节点。在楚汉战争中，许多称王者如武臣、张耳、韩广等人，并非故国旧政权的王室显贵人物。但是他们大多能获得割据疆域内包括贵族、士人及地方宗族势力的支持，在旧王国的地域内建立起割据政权。其最合理的解释则是当时关东六国旧贵、士人、民众在精神上、文化上对自己长期生活其中的前代区域性政治共同体有依赖与认同。汉初刘邦通过在新征服地区或偏远地域设立由皇帝宗室直接掌管的诸侯国，既笼络、团结了原关东六国部分地区基层社会的民众力量，又通过诸侯国的王和相、内史等诸官吏的努力而加大了区域开发、经济发展与文化融合的力度。特别是在"汉法"推行过程中，诸侯国相的权力设置，既是对诸侯国幼王的一种辅佐，又是中央政府在王国官制设计中从内部对诸侯国进行掌控、制约的一种机制。在这种关系中，由中央政府任命的诸侯国相扮演了中央与诸侯国王在权力的分合、博弈中制约暨协调的特殊角色，他们通过保持与汉中央政府统辖下其他官僚一致的"流官"身份，在皇权政治的扩张中，逐步将王国的军事、行政、经济同中央直属郡县接轨，这就有力保证了"汉法"在诸侯国地区的推行与确立。特别是在一些特殊时期，国相除了统领诸侯国百官，还有以"将屯"名义统帅边疆驻屯军的例子，这不论在震慑怀有异心的诸侯王还是在巩固汉初边域中均起到了重要作用。

① 阿部幸信：《论汉朝的统治阶级——以西汉时期的变迁为中心》，王安泰译，《台大东亚文化研究》2013年第1期。

从当时"东西异制"的具体情形看，刘邦在创立"郡国并行制"、划分诸侯国疆域时，其国界划分基本上是以旧六国或各区域有关联的族群居住地等因素为划分标准，"齐王信习楚风俗，更立为楚王"①，"民能齐言者皆属齐"②等。而诸侯国相对"汉法"的大力推行，至汉中后期基本取得了各区域内民众对汉代国家的政治认同。汉初中央政府对诸侯国相的选择与派遣，大多考虑到不同风俗、民情、文化的地域因素。据《史记》《汉书》记载的武帝以前诸侯国相群体看，其原籍绝大多数属关东地区。这种生于斯、长于斯的经历与地域属性，使他们对关东六国的风俗、传统有深切的了解和认识。例如陈豨（齐人，赵相，代相）、傅宽（砀郡人，齐相、代相）、曹参（楚人，齐相）、周昌（楚人，赵相）、郦商（陈留人，受赵相国印）、吕更始（楚人，楚相）、窦婴（河北清河观津人，吴相）、袁盎（楚人，齐相、吴相、楚相）、冯唐（代人，楚相）、张释之（河南堵阳人，淮南王相）、灌夫（颍川郡人，代相、燕相）、栾布（梁人，燕相）等均是如此。由于诸侯国相的这种属性，他们在西汉前期治理国政时，能够从俗知化、因俗而治、因地制宜，使各地区的族群融合、区域整合达到较好效果。如齐相曹参，"其治要用黄老术，故相齐九年，齐国安集，大称贤相"；③栾布，"孝文时，为燕相，至将军……吴楚反时，以军功封俞侯，复为燕相。燕齐之间皆为栾布立社，号曰栾公社"。④诸侯国相通过结合当地民风民俗的历史、文化遗风行政，在赢得当地民众赞扬、支持的同时，也将汉中央政府的意志传导到原关东六国区域。

从政治机制看，汉初的王国内除太傅、相为中央指派外，其余官员皆由诸侯王自置："汉兴，诸侯王皆自治民聘贤。"⑤由于汉初中央政府对诸侯国在人才上的管控，诸侯王在任免官吏过程中，主要以本地士人为主。例如在中央政府对诸侯国人才流通的管控上，《二年律令·津关令》中明确无符、传不得出入汉关，严格控制了汉地人前往东方诸侯国："越塞阑关，论未有□，请阑（注：无符传出入为阑）出入塞之津关，黥为城旦舂。"⑥有研究表明当时汉朝不仅明令禁止汉朝士人私自到王国做官，还禁止王国士人到其他诸侯国做官，以防止诸侯国间相互的人才交流和串通。⑦这种封闭式的地域官员群体的存在，虽然防备了诸侯国坐大，但是也造成其官吏群体的封闭，久而久之，容易形成中央与地方、政府与各社会势力间错综复杂的关系，并使王国政治、经济不可避免地受到较为封闭的官吏体制和本地区习俗的影响。在这种情况下，汉初中央政府单靠法律、政策等手段直接管理王国政治、行政及官吏处置事务是不现实的，需要有代表中央政府意志的汉官对王国百官实行监督、统帅才能

---

① 《汉书》卷一下《高帝纪下》，第51页。
② 《史记》卷八《高祖本纪》，第384页。
③ 《史记》卷五四《曹相国世家》，第2029页。
④ 《史记》卷一〇〇《季布栾布列传》，第2734页。
⑤ 《汉书》卷五一《贾邹枚路传》，第2338页。
⑥ 《张家山汉墓竹简〔二四七号墓〕（释文修订本）》，第83页。
⑦ 陈苏镇：《汉初王国制度考述》，《中国史研究》2004年第3期；《〈春秋〉与"汉道"：两汉政治与政治文化研究》，中华书局，2011，第98~99页。

更有效。相比中央政府任命的专职辅王的王国太傅，诸侯国相作为肩负"统百官"职责的汉吏，是打破王国封闭政治权力系统、使王国政治从属于中央政府治下的最重要的中介体，其具体作用表现在两个方面：其一，诸侯国相为中央所任命的流官，决定了其不能脱离中央政府人事任免、调动，这样便杜绝了他们为培植个人势力需要而对王国人士拉拢及治理时的过分从俗倾向；其二，诸侯国相作为汉官辅助、掌管王国治理时，在中央政府与王国的双重监督下，不能完全凭着自己的意志、不受监管地行使其行政职能。在其后当诸侯国逐渐郡县化，而国相代表中央政府接管王国权力时，中央政府规定其必须将"汉法"带入王国，否则便要受到严厉惩罚。据景帝时期的史料记载："相、二千石从王治，则汉绳以法。"① 它防止了诸侯王与本地精英人士相勾结，通过"从俗"而使王国走向"独治"的道路。

过去在研究西汉时期大一统的形成及中央对诸侯国的统合时，往往偏重于汉中央政权以强制性措施对诸侯国进行的"自上而下"的外部调控过程。其实，这个过程是双向的。一方面，汉中央王朝对诸侯国所施加的外部压力是将诸侯国权力回收、统合的主导型因素；另一方面，也不可忽视汉中央王朝在逐步改变诸侯国的权力结构时，诸侯国相从内部对诸侯国在分权、监控、掌兵、治政方面所起到的制约作用。国相作为受中央政府任命而又隶属王国的高层官员，在诸侯国"郡县化"过程中大多能够贯彻中央政府的指示，从其内部牵制、分化诸侯王势力。而诸侯国相"郡守化"过程，实际上也就是按照皇权意图，逐渐由汉初向诸侯国的让权、分权转向集权，由郡、国分治过渡到权力集中到皇帝手里的过程。诸侯国相正是在这种国家大一统与权力整合中，承担了对王国内部监控、接管权力、推行"汉法"的重要工作。所以，诸侯国相作为汉政权代言人的"替代效应"，在"郡守化"趋势中，是与西汉的皇权政治和大一统趋势基本同步的。

〔本文原载《中国史研究》2021 年第 1 期。作者陈昆，四川大学历史文化学院博士研究生；李禹阶，四川大学历史文化学院教授〕

---

① 《史记》卷五九《五宗世家》，第 2097 页。

# 天下秩序、八王之乱与刘渊起兵：
# 一个"边缘人"的成长史

侯旭东

**摘　要**　跳脱学界长期关注的族属与血统问题，回到历史现场，可以为刘渊起兵提供新解释。南迁塞内的匈奴诸部成为西晋营造的天下秩序的一部分，南单于与贵族侍子留居洛阳，参与仪式活动，与其他朝贡的"蛮夷"共同参与这一秩序的构建与维持。刘渊亦是其中一员。通过分析他在洛阳的感受以及仕途上的坎坷经历，可见其复杂而矛盾的心态。如果没有八王之乱导致的西晋"王纲解纽"的契机以及匈奴贵族刘宣等的启发劝说，刘渊尽管心存不满，也不会走上起兵反晋的道路。刘宣等推举刘渊，主要看重的是他多年统领匈奴诸部所显示的才干与积累的声望，而非其血统与出身。这是对匈奴旧有的推举首领传统的回归。

**关键词**　西晋　匈奴　天下秩序　刘渊起兵　心灵史

永兴元年（304）十月，刘渊（？~310）在并州离石左国城称汉王，公开与晋廷决裂，此前他已被推举为大单于，四年后称帝。刘渊当皇帝不过两年便去世，他所建立的汉赵国自吕梁山中的离石转徙出击，给本已摇摇欲坠的西晋王朝以致命一击，开启了各方竞逐天下的惨烈历史。这段历史，前人做过相当多研究，或是从民族史的角度，或是从政治史的角度，亦有从国别史的角度完成的专史。更有将其置入十六国，乃至隋唐帝国形成的脉络中去认识的长程研究。不用说，这些研究对于我们认识汉赵国，乃至十六国北朝、隋唐的历史，均有重要价值。

如果我们能放宽视野，并沉潜其中，跳脱民族史、政治史甚至中外关系史的区隔与束缚，回到当时的历史现场，顺时而观，可以发现更多的历史现象，对刘渊起兵建国的经纬，获得更贴近历史的认识。在此基础上，前后观察，可以从这一个案中捕捉到对更长程与更宏观历史演进的理解，有助于认识中原王朝的性质、国家建立方式以及中原王朝与东亚世界演进之间的密切关系。当然，要重新探讨上述问题，并非一篇论文可以完成，本文仅集中在历史语境中分析刘渊起兵过程，为后续研究做个铺垫。

细绎刘渊起兵的过程，揭示其如何成为"大单于"，并成功地号令五部，走上反晋之路，进而推翻西晋统治，中外学界颇有讨论。但各家研究，多用心考证其族属，且对世系颇为看重，或基于此展开论证，或另立新说，或遵从《晋书》记述，[①] 未免偏离了问题的核心。早年的研究常纠缠于阶级属性与社会形态，更是距离史实过远。近来则多从民族融合角度立论。内田吟风在分析族属之外，对于南单于的处境多有讨论；谷川道雄致力于揭示人际结合上的特点以及前后赵国的矛盾性；[②] 陈勇对起兵过程进行过比较仔细的分析，更贴近了历史。

细读《晋书·刘元海载记》，不难发现，起兵并非源于刘渊自己的想法，主要出于刘宣等人的密议，并将刘渊推举为大单于，刘渊只是事后才获知此消息。当代学者多从此处及他处的记述来辨析其族属，确认其是否为南单于的直系后裔，忽略了对刘渊处境、经历与感受的仔细分析。族属问题看起来颇为自然，仔细考量，其实只是现代学者基于现代民族身份、民族史与儒家重血统的问题意识才关心的问题，[③] 并非时人的关切。需要回到刘渊生活的时

---

① 见内田吟风『北アジア史研究 匈奴篇』、1934 年初刊、京都：同朋舍、1975、263–305 页；Peter A. Boodberg, "Two Notes on the History of the Chinese Frontier," *Harvard Journal of Asiatic Studies*, 1. 3/4（Nov., 1936），pp.291–298；周一良《乞活考》，1949 年初刊，收入所著《魏晋南北朝史论集》，北京大学出版社，1997，第 27~32 页；唐长孺《晋代北境各族"变乱"的性质及五胡政权在中国的统治》《魏晋杂胡考》"一 屠各"，收入《魏晋南北朝史论丛》，1955 年初刊，再版，河北教育出版社，2000，第 122~184、368~388 页；马长寿《北狄与匈奴》，上海人民出版社，1962，第 81~121 页；東木政一「匈奴国家"漢"の成立とその発展–胡王国の一例–」『淑德短期大学研究紀要』第 10 号（1971）、73–84 页；林幹《匈奴史》，1977 年初刊，修订版，内蒙古人民出版社，2007，第 171~177 页；周伟洲《汉赵国史》，1985 年初刊，再版，广西师范大学出版社，2006，第 18~23 页；黄烈《中国古代民族史研究》上编第三章"南匈奴的变化和消失"，人民出版社，1987，第 161~219 页；片桐功「屠各胡考——劉淵挙兵前史」『名古屋大学東洋史研究報告』第 13 号、1988、1–30 页；陈序经《匈奴史稿》，1989 年初刊，增补版，北京联合出版公司，2018，第 330~339 页；David B. Honey, "Lineage as Legitimation in the Rise of Liu Yüan and Shih Le," *Journal of the American Oriental Society*, 110. 4（1990），pp. 616–621；罗新《从依傍汉室到自立门户》，1996 年初刊，收入所著《王化与山险：中古边裔论集》，北京大学出版社，2019，第 121~129 页；武沐《匈奴史研究》，民族出版社，2005，第 82~86 页；陈勇《汉赵史论稿——匈奴屠各建国的政治史考察》，商务印书馆，2009，第 61~129 页；陈琳国《中古北方民族史探》，商务印书馆，2010，第 20~110、308~327 页；齐小荣《屠各刘渊即匈奴大单于位探究》，内蒙古大学硕士学位论文，2011。

② 谷川道雄：《隋唐帝国形成史论》第一编第一章"南匈奴的自立及其国家"，1964 年初刊，李济沧译，上海古籍出版社，2004，第 22~50 页。

③ 关于 20 世纪初民族观念与民族史作为史学研究分支的建构过程，是另外一个相当重要且复杂的故事，这里无法展开。其产生与流行，与近代中国的遭遇、国家转型纠缠在一起，前人研究甚多，恕不赘述。要超越定居社会的文化偏好去理解游牧社会，也相当不易，这方面可参考巴菲尔德（Thomas Barfield）《危险的边疆：游牧帝国与中国》（*The Perilous Frontier: Nomadic Empires and China*），1989 年初刊，江苏人民出版社，2011；王明珂《游牧者的抉择：面对汉帝国的北亚游牧部族》第一至三章，广西师范大学出版社，2008，第 1~156 页。对种族所属问题重要性的怀疑，见童岭《从"我是谁"到"我认为我是谁"——公元 4 世纪初五胡十六国史之发端》，《文史知识》2012 年第 6 期，第 20 页。不过转而强调"认同"问题，亦需小心。"认同"作为一种近代出现的现象，是否普遍存在于古代世界？无法默认接受，可参安东尼·史密斯《民族认同》第一章，1991 年初刊，译林出版社，2018，第 5~26 页。曹魏到明帝时曾出现曹氏"四易其祖"，祖先认定上反复变化，分析见朱子彦、王光乾《曹魏代汉后的正统化运作》，《中国史研究》2011 年第 1 期，第 127~132 页，可见这种追认的工具性。
时人尽管不会有今人的民族区分与观念，但的确会有涉及族属的人群分类，体现在户籍的记载，以及朝廷政策（如《晋书·食货志》所见西晋平吴后颁布的"户调式"中对"夷人""远夷不课田者"之类的区分），乃至现实中人们的感知上。不过，时人的分类无法简单对应为今人所说的民族。后代的情况亦可提供反观西晋的启示，如温春来《从"异域"到"旧疆"：宋至清贵州西北部地区的制度、开发与认同》，2008 年初刊，再版，社会科学文献出版社，2019。

空重加思考，借助包容晋廷与匈奴、蛮夷的天下秩序、时局演变与时人的言行，展示多线的历史。内容牵涉面广，限于篇幅，难以对所有问题的学术史详加论列，祈请读者见谅。

涉及时人言行，就不能不考虑记述言行的文献性质。关于记述这段历史的文献，现存最完整的是《晋书·刘元海载记》，还有《晋书》其他纪传以及《通鉴》相关年份的记载，另外，辑录的《十六国春秋》也有一些逸出的资料。这些史料或晚出，或散佚，均带有作者各自的立场，尤其是暗中借用了不少中原王朝史书中的叙述手法或描述，今天要想一一辨别清楚，已几无可能；① 若全部抛弃，又将使这段历史陷入无米下炊的境地。只能谨慎地利用这些层累形成，并渗透着士人眼光的文献，补充其他途径保存至今的资料，相互参照并观。不妨先从南单于的处境说起。

## 一 释"单于之尊日疏，外土之威浸重"

曹魏齐王芳的嘉平三年（251），担任城阳太守的邓艾，注意到当时并州的匈奴右贤王刘豹"并为一部"，颇为忧虑，上言建议趁刘豹部下有人叛逃之机，将所部分为二国，重用有功于汉廷的去卑的后人，"使居雁门，离国弱寇"，削弱刘豹的影响。上言中邓艾描述了当时匈奴的情况，云"诱（单于）而致之，使来入侍，由是羌夷失统，合散无主。以单于在内，万里顺轨。今单于之尊日疏，外土之威浸重，则胡虏不可不深备也"。② 正如胡三省在《通鉴》注中所指出的，此句谓"南单于留邺，虽有尊名，日与部落疏；而左贤王豹居外，部族最强，其威日重也"，针对的乃是单于与匈奴各部之间的关系。外土之威，指的是单于之外，如刘豹一类留在内迁匈奴驻地的名王们影响在上升。

简言之，因单于入侍洛阳，在匈奴部众中的声望不断下降，而留在当地的名王的影响则在上升，成为未来的隐患。邓艾的观察，乃是我们认识当时匈奴领袖变动的钥匙。刘渊最后能脱颖而出，被推举为大单于，与其说是因为他乃刘豹之子③，不如说是此一升降态势创

---

① David B. Honey, "History and Historiography on the Sixteen States: Some T'ang 'Topoi' on the Nomads," *Journal of Asian History*, 24. 2（1990）, pp. 161–174. 作者关注的主要是载记的"史臣曰"。胡鸿亦做过一些分析，见《十六国的华夏化："史相"与"史实"之间》，2015年初刊，后收入所著《能夏则大与渐慕华风：政治体视角下的华夏与华夏化》，北京师范大学出版社，2017，第202~241页。关于《晋书·刘元海载记》开头部分的史料来源与不同文献中记述的比较，见町田隆吉「二・三世紀の南匈奴について—『晉書』卷101 劉元海載記解釈試論—」『社会文化史学』17号（1979）、66–87頁。

② 《三国志》卷二八《魏书·邓艾传》，中华书局，1982，第776页。具体年代据《通鉴》卷七五，中华书局，1956，第2391页。

③ 唐先生已证明刘渊与南匈奴单于的关系可疑，见唐长孺《魏晋杂胡考》，第381~388页；姚薇元亦持此说，见《北朝胡姓考》，1958年初刊，修订本，中华书局，2007，第46~48页；马长寿、林幹、陈勇亦赞同此说，见《北狄与匈奴》第97页，《匈奴史》171~174页，《汉赵史论稿》第104~110、114~118页。另外，值得注意的是，刘宣在鼓动刘渊起兵时，并没有提及其出身，对匈奴人而言，重血统的晋人式观念并不是关注的重点，详后。关于邓艾对南匈奴局势的分析，町田隆吉有类似看法，见所著「二・三世紀の南匈奴について—『晉書』卷101 劉元海載記解釈試論—」78–79頁。

造了机会。匈奴传统中，单于个人的军事领导能力是颇为重要的。①

　　时入西晋，这种状况得到延续。学者注意到呼厨泉以后的南单于不见于文献记载。一方面，这是源于史书体例上的问题。《后汉书·南匈奴传》的下限是东汉末，不可能记载曹魏以后的南单于，《三国志·魏书》卷三〇"序"中指出"秦汉以来，匈奴久为边害"，但自从东汉"保塞称藩，世以衰弱。建安中，呼厨泉南单于入朝，遂留内侍，使右贤王抚其国，而匈奴折节，过于汉旧"。这当是陈寿对匈奴的总体观感，故他在诸传中不时提到匈奴，但因其衰落，危害骤减，没有为匈奴立专传，做系统的记述。②《晋书》的《北狄传》记述方式亦与《后汉书》不同，这些都导致了曹魏以后南单于世系的阙载。另一方面，呼厨泉以下的南单于长期远离单于庭，居住在魏晋王朝的都城，导致了邓艾所说的声望低落，在五部中影响日小，同时，在魏晋朝中亦只是充当显示万方来朝的象征性符号。遍检文献，建安二十一年（216）南单于入朝以后，见不到南单于在五部活动的记载，更见不到起兵或率众跟随魏晋朝廷大军出征的记录，从侧面提供了证据。上述两方面相互勾连，文献中缺乏记录，与南单于日益边缘化的处境亦不无关联。

　　有学者认为最晚西晋武帝中期起南单于已不再以质任身份停留于洛阳，返回五部。③此前内田吟风对此已做过分析，并断定此条资料指的是《咸宁注》，亦论证了南单于在魏晋时期长期滞留在国都。④这里仅略做补充。上述新见所据是《北史·常景传》：

> 是年（正光元年，520）九月，蠕蠕主阿那瓌归阙，朝廷疑其位次。高阳王雍访（常）景，曰："昔咸宁中，南单于来朝，晋世处之王公、特进之下。今日为班，宜在蕃王、仪同三司之间。"雍从之。⑤

　　常景的回答，是针对阿那瓌归阙的朝位安排，故使用"来朝"，而他所据并非西晋时南单于某次入朝的安排，实是咸宁时（275~279）制定的"仪注"，所谓的"咸宁中"即指咸宁仪注。正如本传所指出的，北魏宣武帝时制定的"朝令"与"仪注"，常景均是重要的参与者，更是仪注的最终完成者，本传称"撰太和之后朝仪已施行者，凡五十余卷。时灵太后诏依汉世阴、邓二后故事，亲奉庙祀，与帝交献。景乃据正，以定仪注，朝廷是之"，史家概括指出"朝廷典章，疑而不决，则时访景而行"。⑥《旧唐书·经籍志上》乙部史录仪注类

① 见沢田勲『匈奴：古代遊牧国家の興亡』，1996 年初刊、新订版、東京：東方書店、2015、136-152、160-163 頁。
② 见《三国志》卷三〇《魏书·乌丸鲜卑东夷传》，第 858 页。
③ 见陈勇《刘渊的质任身份与五部的政治重组》，2008 年初刊，收入所著《汉赵史论稿》，第 119~120 页。
④ 内田吟風『北アジア史研究　匈奴篇』275-278 頁。
⑤ 《北史》卷四二《常景传》，中华书局，1974，第 1557 页。又见《魏书》卷八二《常景传》，中华书局，1974，第 1803 页。略见《洛阳伽蓝记》卷三"龙华寺"条，周祖谟校释，上海书店出版社，2000，第 131 页。
⑥ 《北史》卷四二《常景传》，第 1557 页。

尚收录了"《后魏仪注》三十二卷常景撰"。① 我们都清楚，各朝的仪注并非凭空草拟，均是在前朝仪注的基础上斟酌损益。修仪注者一定是精通前朝礼制的大儒，常景亦是如此。西晋一朝的仪注，至唐初还存留着至少两种，《隋书·经籍志二》"仪注"类收录的尚有"《晋新定仪注》四十卷，晋安成太守傅瑗撰，《晋杂仪注》十一卷"。② 而沈约（441~513）在萧梁时完成的《宋书》"志"中还引用过《咸宁注》，③ 与此年代相当的北朝，恐怕也应能看到此书。北魏统一北方后太武帝曾令崔浩大力搜集图书，孝文帝与宣武帝亦两度下诏征集天下遗书。当时南北方人员往来频繁，书籍上的互通有无亦不困难。④ 常景当是据《咸宁注》来回答丞相元雍的问询。若此说不误，此条无法证明当时南单于已不在洛阳质任，正好相反，乃是一条显示南单于要长期滞留洛阳的资料。

《宋书·礼志一》引述的《咸宁注》甚长，很多内容看似无关，但后文的分析中多有涉及。兹不避繁冗，转引如下：

> 晋武帝世，更定元会注，今有《咸宁注》是也。……《咸宁注》，先正月一日，守宫宿设王公卿校便坐于端门外，大乐鼓吹又宿设四厢乐及牛马帷阎于殿前。夜漏未尽十刻，群臣集到，庭燎起火。上贺谒报，又贺皇后。还从云龙东中华门入谒，诣东阁下便坐。漏未尽七刻，群司乘车与百官及受贽郎下至计吏，皆入，诣陛部立。其陛卫者，如临轩仪。漏未尽五刻，谒者仆射、大鸿胪各奏："群臣就位定。"漏尽，侍中奏："外办。"皇帝出。钟鼓作，百官皆拜伏。太常导皇帝升御座。钟鼓止。百官起。大鸿胪跪奏："请朝贺。"治礼郎赞："皇帝延王登。"大鸿胪跪赞："蕃王臣某等奉白璧各一，再拜贺。"太常报："王悉登。"谒者引上殿，当御座。皇帝兴，王再拜。皇帝坐，复再拜，跪置璧御座前，复再拜。成礼讫，谒者引下殿，还故位。治礼郎引公、特进、匈奴南单于[子]、金紫将军当大鸿胪西，中二千石、二千石、千石、六百石当大行令西，皆北面伏。大鸿胪跪赞："太尉、中二千石等奉璧皮帛羔雁雉，再拜贺。"太常赞："皇帝延君登。"治礼引公至金紫将军上殿，当御座。皇帝兴，皆再拜。皇帝坐，又再拜。跪置璧皮帛御座前，复再拜。成礼讫，赞者引下殿，还故位。王公置璧成礼时，大行令并赞，殿下中二千石以下同。成礼讫，以贽授受贽郎，郎以璧帛付谒者，羔雁雉付太官。太乐令跪请奏雅乐。以次作乐。乘黄令乃出车。皇帝罢入，百官皆坐。昼漏上水六刻，诸蛮夷胡客以次入，皆再拜讫，坐。御入三刻，又出。钟鼓作。谒者仆射跪奏：

---

① 《旧唐书》卷四六《经籍志上》，中华书局，1975，第2008页。
② 《隋书》卷三三《经籍志二》，中华书局，1973，第969页。
③ 《宋书》卷一四《礼志一》，中华书局，1974，第343~344页。
④ 《隋书》卷三三《经籍志二》"史部·霸史"云："后魏克平诸国，据有嵩、华，始命司徒崔浩，博采旧闻，缀述国史。诸国记注，尽集秘阁。"（第964页）《魏书》卷七《孝文帝纪下》"太和十九年"、卷八《宣武帝纪》"永平三年"（第177~178、209页）；蔡宗宪《中古前期的交聘与南北互动》，台北：稻乡出版社，2008，第323~343页。

"请群臣上。"谒者引王公至二千石上殿，千石、六百石停本位。谒者引王诣尊酌寿酒，跪授侍中。侍中跪置御座前。王还自酌，置位前。谒者跪奏："蕃王臣某等奉觞再拜，上千万岁寿。"侍中曰："觞已上。"百官伏称万岁。四厢乐作。百官再拜。已饮，又再拜。谒者引诸王等还本位。陛者传就席，群臣皆跪诺。侍中、中书令、尚书令各于殿上上寿酒，登歌乐升，太官令又行御酒。御酒升阶，太官令跪授侍郎，侍郎跪进御座前。乃行百官酒。太乐令跪奏："奏登歌。"三。终，乃降。太官令跪请御饭到陛，群臣皆起。太官令持羹跪授司徒；持饭跪授大司农；尚食持案并授侍郎，侍郎跪进御座前。群臣就席。太乐令跪奏："食。举乐。"太官行百官饭案遍。食毕，太乐令跪奏："请进傩。"傩以次作。鼓吹令又前跪奏："请以次进众伎。"乃召诸郡计吏前，授敕戒于阶下。宴乐毕，谒者一人跪奏："请罢退。"钟鼓作，群臣北面再拜出。江左更随事立位，大体亦无异也。宋有天下，多仍旧仪，所损益可知矣。[①]

这段引文，又见《晋书·礼志下》、《通典·礼三〇·嘉礼十五》"元会冬至受朝贺"条，文字与《宋志》大同小异。《晋书·礼志下》曰：《汉仪》有正会礼。正旦，夜漏未尽七刻，钟鸣受贺。公侯以下执贽夹庭；二千石以上升殿称万岁，然后作乐宴飨。魏武帝都邺，正会文昌殿，用汉仪。又设百华灯。晋氏受命，武帝更定元会仪，《咸宁注》是也。"[②]清楚交代了《咸宁注》产生的背景，十分重要，知其基础还是汉仪，特别是东汉的元会仪。西晋不过是在此基础上加以调整。

此处先需要做些辨析。《宋书》引做"匈奴南单于子"，今本《晋书》与《通典》则无"子"字。作为"仪注"，"子"当为旁边小注，指单于不在时，由入质的单于子来替代，《晋书》则删去了小字。正常情况下应由南单于本人出席正旦元会，特殊情况下则由其子代替。这说明南单于在洛阳应该是常态。

正旦的元会是每年均要举行的大典，每次都要从单于庭到洛阳参加，似乎有些过于麻烦了，平时，南单于亦应居住在洛阳的夷蛮邸中，并会参加朝廷的其他活动。《三国志·吴志·孙皓传》载甘露元年（265）三月孙皓派遣光禄大夫纪陟、五官中郎将弘璆随曹魏使者到洛阳，这条资料内田吟风已注意到，并用来论证南单于留居洛阳，还可再补充几句。《三国志·魏书·三少帝纪》："（咸熙二年，265）夏四月……吴遣使纪陟、弘璆请和。"[③]《晋书·文帝纪》云："（咸熙二年）夏四月，孙皓使纪陟来聘，且献方物。"[④]四月应该是到洛阳的时间。裴注引干宝《晋纪》对出使沿途见闻以及在洛阳的经历有详述。到洛阳后，吴使先

① 《宋书》卷一四《礼仪志上》，第343~344页。
② 分见《通典》卷七〇《礼三〇·嘉礼十五》，中华书局，1988，第1929~1930页；《晋书》卷二一《礼志下》，中华书局，1974，第649~651页，引文见第649页。
③ 《三国志》卷四《魏书·三少帝纪》，第153页。
④ 《晋书》卷二《文帝纪》，第44页。

后见到了魏元帝曹奂与晋文王司马昭。文云：

> 魏帝见之，使傧问曰："来时吴王何如？"陟对曰："来时皇帝临轩，百寮陪位，御膳无羞。"晋文王绘之，百寮毕会，使傧者告曰："某者安乐公也，某者匈奴单于也。"陟曰："西主失土，为君王所礼，位同三代，莫不感义，匈奴边塞难羁之国，君王怀之，亲在坐席，此诚威恩远著。"[①]

司马昭宴请两位吴使时，刚刚败降的蜀汉后主刘禅在场，同时在场的还有匈奴单于。司马昭特意让左右告知使者是哪两位，暗示魏国的赫赫武功。这也是外交场合常见的彼此折冲。纪陟夸赞魏国恩威远著，礼遇降敌，不失礼节。宴会上的交锋必在四月至八月间，因为八月辛卯，司马昭就去世了。此时南单于仍在洛阳，距离次年正旦，至少还有四个多月。可知单于并非仅每年年底前赶到洛阳，参加元会大典。

刘渊在洛阳质任的经历可为旁证。《晋书·刘元海载记》："咸熙中（264~265），为任子在洛阳，文帝深待之。"[②] 时间与上引单于在洛相当，可知在洛阳的并非单于一人。"任子"在后文及《晋书·王弥传》中称为"侍子"或"质子"，含义当同，就是先秦以来常见的"质任"，胡汉、胡族与胡族之间亦甚为通行。[③] 魏晋时期三国并立，朝廷担心将领叛亡，此做法又死灰复燃，直到西晋时才分两次加以废除，[④] 也只有身为匈奴贵族名王的子孙才可能成为质子，故无论刘渊是否为刘豹之子，刘豹是否为於夫罗之子，他一定出身匈奴名王无疑，地位尊贵。一旦成为质子，便难以随意离开洛阳，因此刘渊在九曲送别王弥时，流着眼泪对王弥说："'王浑、李熹以乡曲见知，每相称达，谗间因之而进，深非吾愿，适足为害。吾本无宦情，惟足下明之。恐死洛阳，永与子别。'因慷慨歔欷，纵酒长啸，声调亮然，坐者为之流涕。"前面一半表达了他对朝中一些大臣的不满，而"恐死洛阳"正是对其未来命运的哀叹，引得为王弥践行的一座众人为之动容。刘渊所言并非妄语，可知矣，背后恐怕有相关的制度在，尽管今天已无从知晓。质子尚且不能随意

---

① 《三国志》卷四八《吴志·孙皓传》及裴注引，第 1163~1165 页。

② 《晋书》卷一〇一《刘元海载记》，第 2646 页。亦见崔鸿《十六国春秋·前赵录》，《太平御览》卷一一九《偏霸部三》"前赵刘渊"引，影印本，中华书局，1960，第 574 页。涉及刘渊部分，《御览》所录与《晋书·刘元海载记》大体一致，下文不再一一出注。

③ 杨联陞：《国史上的人质》（"Hostages in Chinese History"），1952 年初刊，收入所著《国史探微》，辽宁教育出版社，1998，第 80~93 页；宋杰：《汉末三国时期的"质任"制度》，《北京师范学院学报》1984 年第 1 期，第 25~31 页，后收入所著《汉代监狱制度研究》，中华书局，2013，第 512~524 页；周士龙：《试论魏晋的质任制度》，《天津师大学报》1987 年第 3 期，第 81~87 页；成琳：《两汉时期民族关系中的"质子"现象》，《新疆大学学报》第 35 卷 1 期，第 77~84 页；陈金生、王希隆：《两汉边政中的质子述评》，《中国边疆史地研究》2008 年第 2 期，第 1~14 页；高二旺：《两汉魏晋南北朝人质现象研究》，河南大学出版社，2012；朱子彦：《汉晋之际质任现象综论》，《历史研究》2015 年第 6 期，第 43~60 页。最系统的分析见黎虎《汉代外交体制研究》上册，商务印书馆，2014，第 483~564 页。

④ 见《晋书》卷三《武帝纪》"泰始元年"条、"咸宁五年夏四月"条，第 53、70 页。

返乡，身为南单于者就更应如此。况且天下虽很快混一，类似咸熙二年的场面不再，但其他要显示晋朝恩威远被的场合依然存在，南单于以及匈奴质子们仍然需要时时到场作秀。

身为鲜卑拓跋部可汗力微长子的沙漠汗，彼时亦在洛阳做质子，或许认识刘渊，其经历亦是一证。据《魏书·序纪》，曹魏景元二年（261）"以国太子留洛阳，为魏宾之冠。……魏晋禅代，和好仍密。始祖（力微）春秋已迈，帝以父老求归，晋武帝具礼护送"，此时为晋武帝泰始三年，[1]沙漠汗在洛阳前后六年。八年后再次返回洛阳，又停留二年方返回塞外。沙漠汗两次返回部落，均需经过晋廷允许。

当然，质子们也并非不能临时返回故乡。惠帝永兴元年（304），刘宣等密谋推举刘渊为大单于，"乃使其党呼延攸诣邺，以谋告之。元海请归会葬，（司马）颖弗许。乃令攸先归，告宣等招集五部，引会宜阳诸胡"。[2]通常情况下，返乡参加至亲的葬礼一定是最能说得出口的理由。只是当时驻扎邺城的司马颖处境危急，两面临敌，南有西晋朝廷，惠帝先后在长沙王司马乂、东海王司马越控制之下，与颖对抗；北面又有王浚、司马腾的压力。刘渊此前已被司马颖上表任命为"行宁朔将军、监五部军事"，[3]看来其军事才能与领导才干已赢得司马颖的认可，情急时刻，正是将帅施展身手之时。所谓"招集五部"，应是他在发挥"监五部军事"的作用，亦是呼延攸得以顺利返回的正当理由。承平之时，会葬作为理由足以让质子返乡，对南单于而言，亦应如此。但显然，加上往返路程，会葬的时间也不会太久。洛阳应该是南单于长期居住之地，当无问题。

正因如此，南单于长期生活在洛阳，脱离匈奴部众，他对部众的号召力与影响力已逐渐下降，甚至已变得符号化了，为其他名王乃至刘渊的崛起创造了机会。单于的意义，反而对于魏晋王朝来说更显重要。这种重要性，主要体现在他参与的仪式活动所产生的象征意义。而在入塞南匈奴分布区控制局面的，则是诸部帅们。咸宁二年（276），胡奋在并州率军平定鲜卑时，就有匈奴四部帅率兵参与，[4]而未见南单于出场，可为"外土之威浸重"做个注脚。

前引《咸宁注》所记述的西晋元会仪，将匈奴南单于（或其子）参与元会大典的位置与举止变为一种常规化的活动，尽管只是每年正旦举办一次，却是年复一年的进行。首先是

---

[1] 《魏书》卷一《序纪》，第4页。《魏书·序纪》的内容历来受到学者质疑，相关研究颇多。近来越来越多学者注意到其中神元帝以前诸帝记载乃出自后世的虚构，对于神元帝统治的年限，亦从不同角度进行了辨析，认为存在后世的增加。有关研究，见姚大力《论拓跋鲜卑部的早期历史：读〈魏书·序纪〉》，2005年初刊，收入所著《追寻"我们"的根源：中国历史上的民族与国家意识》，三联书店，2018，第465~482页；吉本道雅《魏书序纪考证》，2010年初刊，收入《西北民族论丛》第21辑，2020，第311~337页。感谢魏斌兄提示此条资料。

[2] 《晋书》卷一〇一《刘元海载记》，第2647页。

[3] 《晋书》卷一〇一《刘元海载记》，第2647页。

[4] 详见山西定襄居士山胡奋碑的碑文，有关讨论见忻州市文物管理处等《山西定襄居士山摩崖碑为西晋胡奋重阳登高纪功碑》，《文物》2017年第5期，第85~96页；渠传福《〈山西定襄居士山摩崖碑为西晋胡奋重阳登高纪功碑〉补正》，《文物》2019年第5期，第94~96页。感谢魏斌兄提醒我注意匈奴诸部帅的作用。

藩王，单于排在诸公、特进之后，然后是金紫将军、高官，先按秩级向皇帝奉赞，然后上殿，面对皇帝跪拜行礼，皇帝还要起立回礼，然后下跪将各种赞放在御座前，随即下殿，返回原位。等所有参加大典的官员行礼结束，皇帝离开，官员归位并坐在席上，诸蛮夷胡客依次入廷，皆再拜，完毕，入座，此时蛮夷胡客面对的应该只是没有了皇帝本人的御座。三刻——约45分钟之后，皇帝复出，然后开始依次倒酒为皇帝上寿——当时没有个人过生日的习俗，正旦是大家共同的生日，二千石以上上殿，南单于亦随之一道上殿。同时奏乐颂歌，颂的应是"王公上寿歌"。最后开始吃饭，并"举乐"，这时应该是颂"食举乐东西厢歌"，食毕，则表演舞蹈与伎乐。最后一项任务是召集各郡的计吏来授戒敕。单于、蛮夷胡客和官员一道展示着王者无外的盛世场面。

臣下行礼的同时，还伴以奏乐和颂歌，歌辞也富于象征意义。《宋书·乐志二》、《晋书·乐志上》以及《乐府诗集》卷一三分别抄录了西晋元会不同阶段使用的歌辞，《乐府诗集》最为完整，由傅玄、荀勖、张华与成公绥四人所作，据《宋书·乐志一》，作于泰始五年（269），① 归入"晋四厢乐歌"，具体分为"正旦大会行礼歌"、"正旦大会王公上寿歌"以及"食举乐东西厢歌"三类。当时元会究竟使用的是四人中哪位的歌辞，已难推考。值得注意的是，三类歌辞中，均包含四夷归化一类的内容，详见表1。

**表 1　元会各阶段歌辞中涉及四夷内容汇总**

|  | 正旦大会行礼歌 | 王公上寿歌 | 食举乐东西厢歌 | 出处 |
|---|---|---|---|---|
| 傅玄 | 天鉴有晋，世祚圣皇。时齐七政，朝此万方。钟鼓斯震，九宾备礼。……仪刑圣皇，万邦惟则 |  | 上帝是祐，下民所安。天祐圣皇，万邦来贺。……声教所暨，无思不顺。教以化之，乐以和之。和而养之，时惟邕熙 | 《宋书》卷二〇《乐志二》，第581~582 页 |
| 荀勖 | 明明天子，临下有赫。四表宅心，惠浃荒貊。柔远能迩，孔淑不逆。来格祁祁，邦家是若 |  | 昔我三后，大业是维。今我圣皇，煜耀前晖。奕世重规，明照九畿。思辑用光，时罔有违。陟禹之迹，莫不来威。天被显禄，福履是绥……隆化洋洋，帝命溥将。登我晋道，越惟圣皇。龙飞革运，临奉八荒。睿哲钦明，配踪虞、唐。封建厥福，骏发其祥。三朝习吉，终然允臧。其臧惟何，总彼万方。元侯列辟，二岳蕃王。时见世享，率兹有常。旅揖在庭，嘉客在堂。宋、卫既臻，陈留、山阳。我有宾使，观国之光。贡贤纳计，献璧奉璋。保祐命之，申锡无疆。既戡庸、蜀，吴会是宾。肃慎率职，楛矢来陈。韩、濊进乐，均协清《钧》。西旅献獒，扶南效珍。蛮裔重译，玄齿文身。我皇抚之，景命惟新 | 《宋书》卷二〇《乐志二》，第583、584~586 页 |

---

① 《宋书》卷一九《乐志一》，第539页。

续表

| | 正旦大会行礼歌 | 王公上寿歌 | 食举乐东西厢歌 | 出处 |
|---|---|---|---|---|
| 张华 | | 称元庆，奉寿觞。后皇延遐祚，安乐抚万方 | 明明在上，丕显厥绪。翼翼三寿，蕃后惟休。群生渐德，六合承流。三正元辰，朝庆鳞萃。华夏奉职贡，八荒觐殊类。黻冕充广庭，鸣玉盈朝位。干戚舞阶庭，疏狄说遐荒。扶南假重译，肃慎袭衣裳。云覆雨施，德洽无疆。旁作穆穆，仁化翔 | 《宋书》卷二〇《乐志二》，第588、589页 |
| 成公绥 | 穆穆天子，光临万国。多士盈朝，莫匪俊德。流化罔极，王猷允塞。嘉会置酒，嘉宾充庭。羽旄曜辰极，钟鼓振泰清。百辟朝三朝，或或明仪刑。济济锵锵，玉振金声。承天位，统万国。受命应期，授圣德。奄有八荒，化育黎蒸。图书焕炳，金石有征。德光大，道熙隆。被四表，格皇穹。奕奕万嗣，明明显融，高朗令终。保兹永祚，与天比崇 | | | 《宋书》卷二〇《乐志二》，第591~593页 |

资料来源：郭茂倩《乐府诗集》卷一三，中华书局，1979，第183、185、186~187、188、189、190、191页。个别文字有出入。关于四位创作歌辞以及燕射礼乐的情况，可参王福利《六朝礼乐文化与礼乐歌辞研究》第六章第二、三节，凤凰出版社，2015，第222~255页。

通过上殿的先后次序、献赞的物品类别（白璧或璧皮帛羔雁雉）、斟酒的次序、站立的位置距离皇帝的远近、朝贺时能否见到皇帝本人等细节，元会活动展演着皇帝与臣下之间的统属关系，以及臣下之间的分类与等级差序，如张华所说"仪序既以时，礼文焕以彰"，来实现"介福御万邦"。当然，平时上下往来的文书亦在反复确认这种关系，元会的不同之处在于用一个共同在场的方式来确认与宣示。臣下之间的分类，除非是群臣集体上书，否则文书中难以呈现，只能体现在文书流转过程中，而一旦进入传递与处理过程，文书的发出者便无从知晓了。因此，文书上的统属仅仅通过载体的形制、用印、称呼、用语等来体现。元会场合则以众多臣下可见的方式集体展示出来，哪些人是皇帝身边的近臣与贵臣，哪些属于要礼见皇帝的臣下，其中又按照爵位、官秩加以区分，让参与者足以清晰了解自己的位置。单于与蛮夷胡客则嵌入其中。能否见到皇帝，体现了单于与蛮夷胡客的差等和蛮夷胡客与百官的差别。刘渊等质子应该属于蛮夷胡客之列，亦要参与大典。这不仅是内臣与皇帝行礼的场合，亦是体现外藩称臣纳贡的场合，单于与蛮夷胡客的在场正是后者的展现，两者结合，将晋王朝的统治秩序相当完整地再现出来。上下、内外、人神、时空交织在一起，配合着歌人的咏唱，以及不时响起的金石铿锵，元会参与者一身二任，既沉浸于四方来朝、流化无极的王朝秩序，又参与制造这一差别与混一兼具的秩序。①

这样一种盛世局面，是司马炎所追求，甚至是刻意营造的，自然也要用心加以维护。太康元年，虽有郭钦上疏提醒，希望将平阳、弘农、魏郡、京兆、上党诸郡杂胡外移，武帝未加采纳。② 这种外迁，从安全角度看，有益无害，但对渴望万国来朝、彰显晋廷德化的武帝而言，却违背其对盛世的理解，是其无法接受的。正如后来齐王攸建议除掉刘渊，为避免"示晋德不弘"而遭武帝拒绝一样。③ 当时能觉察到匈奴等胡人潜在威胁的晋臣，显属少数，尽管《晋书》记载了好几位，仿佛不少。这当是后代史家看到了"五胡乱华"的发生，而挑选编排形成的。当时若多数臣下担心胡人的危害，武帝一定不会置之不理。唐太宗认为晋武帝是"心屡移于众口，事不定于己图"，④ 实有所不查。

彼时的风尚是对胡人、胡物的热衷追求。生活在洛阳的魏晋高官们，喜好来自并州的胡奴胡婢当是时髦风气。曹魏正始年间（240~248），陈泰在并州刺史、护匈奴中郎将任上拒绝接受"京邑贵人"寄来的宝货帮他们买奴婢，⑤ 只是个罕见的异数，恰恰衬托出相反的常态。这些胡人奴婢基本不会用于耕织，而是来充当家内的侍奴。像名士阮籍的侄孙阮孚，生母便是一位胡婢，乃其父阮咸居母丧期间得于其姑家。⑥ 西晋时期以洛阳为中心及其他地区高等级墓葬中不时出土的胡人侍俑，⑦ 体现了墓主人对胡人的喜爱，甚至死后都渴望将他们带到地下世界。生前的情形，就更可想而知了。《宋书·五行志一》："晋武帝泰始后，中国相尚用胡床、貊盘，及为羌煮、貊炙。贵人富室，必置其器，吉享嘉会，皆此为先。太康中，天下又以毡为絔头及络带、衿口。"并借百姓之口称"中国必为胡所破也"，被后世史家归入"服妖"，⑧ 这当然是看到历史结果的后见之明，不足取。上流社会对来自殊俗的异物、烹调方式的追逐，可见一斑。贵族的生活方式是时代的风向标，这类风俗充斥洛阳，构成时人目见耳闻世界的一部分，塑造着他们对"胡"的感知。将胡人当作身边的侍从，对胡物的吸纳、模仿乃至其流行，种种喜好中暗含着居高临下般对殊俗的操控和支配，显示着优

---

① 渡边信一郎对西晋元会仪有分析，可参。他认为西晋元会仪的实质性构造与汉代一致，即明确君臣关系的更新，此说可酌，见所著《元会的建构——中国古代帝国的朝政与礼仪》，1996年初刊，收入沟口雄三、小岛毅主编《中国的思维世界》，孙歌等译，江苏人民出版社，2006，第379页。君臣关系亦时时通过文书上的称呼而反复确认，元会的作用在于集中展示，而非更新。

② 《晋书》卷九七《北狄·匈奴传》，第2549页。

③ 《晋书》卷一〇一《刘元海载记》，第2647页。武帝对待鲜卑可汗质子的态度亦如此，见《魏书》卷一《序纪》，第4页。

④ 《晋书》卷三《武帝纪》，第82页。

⑤ 《三国志》卷二二《陈群传附子泰传》，第638页。

⑥ 《晋书》卷四九《阮籍传附阮孚传》，第1362~1364页。

⑦ 参汪光荣《汉魏时期少数民族形象探析——以汉魏时期画像资料为中心》，西北师范大学硕士学位论文，2014；朱浒《魏晋北朝胡俑的图像学研究》，《艺术探索》2017年第1期，第58~62页。此风气东汉时期已出现，不赘述。远在南方的长沙郡临湘侯国，孙吴嘉禾年间购买生口的簿籍中也多次出现了"夷生口"，如《竹简》捌·5673、5676、5682、5892、5979和6030等。简上的买主籍贯除了临湘，便是南阳，后者与东汉发现的胡俑分布地区颇有契合，其间的关联值得挖掘。

⑧ 《宋书》卷三〇《五行志一》，第887页。

越感，内在地维持与再现着天下秩序。

上引元会歌辞所宣扬的晋朝皇帝德被四表，万方归化，重译称贡，亦与文人们无意的流露相互呼应。惠帝初，潘岳闲居洛阳南郊辟雍西侧，写下《闲居赋》，有云"教无常师，道在则是。故髦士投绂，名王怀玺，训若风行，应如草靡"，这些是在描写其住处毗邻太学与国子学，强调儒学教化的影响。髦士与名王有多重含义，前者在俊士之外也指西南夷，名王常指匈奴贵族。他们与两学中的"国胄"和"良逸"相对，在教化扩散中被吸引。[①]潘岳还引用《论语·颜渊》中君子、小人间风行草偃之喻来描述德教与髦士、名王的关系。[②]蛮夷与匈奴作为远方被教化的对象进入王朝秩序已深深烙印在文人头脑中，他们的状貌与众不同，[③]身着异域服饰的南单于与蛮夷胡客往来其间，所闻与所见交织，巩固着上述印象，并强化着盛世圣德的辉煌。当然，元会与歌辞相互衬托，印证与显现了西晋朝廷包括撰写歌辞的士人们的想法。为将此局面持续下去，单于只能持续留居洛阳，其结果则加剧了邓艾所揭示的单于脱离部众、声望下降，为其他名王崛起创造机会。

正如同刘禅被描述为乐不思蜀，以证明蜀亡乃天命所归，单于与蛮夷胡客的出场，也带有同样的使命。只是后来刘渊起兵，即便当时确有此心，也无法如此书写。他们自己的感受，千载之后不易揣测。但有一点或可推知，对单于与蛮夷胡客来说，他们觉察到的种种细微差别，应是其异类感得到强化的重要源头。

## 二 天下秩序的明暗：臣服、无所事事与失败的反叛

质子，或侍子，是一种各方维持稳定关系的重要机制。对周边的政治体而言，献质或遣子入侍，是表达臣服与效忠的重要手段；对中原王朝而言，质子既是显示自己德化的道具，同时让质子长期生活在都城，耳濡目染，期待其产生慕化之心，将来返国继任为首领，可以将双方的关系持续下去，进而维持天下秩序代代相传。两汉之际西域莎车王延便是一个明证。《后汉书·西域传》："唯莎车王延最强，不肯附属（匈奴）。元帝时，（延）尝为侍

① 这或与东汉明帝时的史实有关。《后汉书》卷七九《儒林传》"序"提到明帝时扩大太学生的范围，为功臣子孙等别立校舍，"匈奴亦遣子入学"（中华书局，1965，第2546页），又见卷三二《樊宏附樊准传》，第1125~1126页。林幹据《通鉴》将此事系于永平九年（66），见《匈奴史料汇编》上册，商务印书馆，2017，第341页。感谢刘兵兄示知此条史料。

② 《六臣注文选》卷一六，浙江古籍出版社，1999，第273页。董志广作赋时间推定为元康六年（296），见所著《潘岳集校注》附录四"潘岳年表"，修订版，天津古籍出版社，2005，第280页。感谢魏斌兄提示此资料，胡鸿兄提醒我两词的多重含义。

③ 匈奴人的外貌，比较可靠的图像是陪葬汉武帝茂陵的霍去病墓前马踏匈奴雕像中的胡人形象，感谢邢义田先生寄下照片。另，大致可据青海大通上孙家寨墓地出土的人骨来确认，同墓出土了"汉匈奴归义亲汉长"铜印，见潘其风、韩康信《内蒙古桃红巴拉古墓和青海大通匈奴人墓头骨的研究》，《考古》1984年第4期，第367~375页；综述可见赵欣、原海兵《匈奴、鲜卑的人种学研究综述》，《内蒙古文物考古》2008年第1期，第75~77页。

子，长于京师，慕乐中国，亦复参其典法。常救诸子，当世奉汉家，不可负也。"延死后，子康与贤先后继立，的确努力与内地维持贡献关系，渴望东汉复遣西域都护，后因故产生嫌隙。① 前述鲜卑拓跋可汗力微子沙漠汗，魏末晋初在洛阳，返国途中，迎接他的诸部大人认为其"风彩被服，同于南夏，兼奇术绝世，若继国统，变易旧俗，吾等必不得志，不若在国诸子，习本淳朴"，并说服了力微，将其害死，② 让晋廷的图谋落空。南匈奴已入塞，并被划分为五部受晋廷的监管，其质子同样带有双重意义。晋廷所期待的使命，能否变为现实，既取决于局势，亦与质子个人的经历、感受分不开。

对于参与元会大典的南单于与蛮夷胡客，尤其是长期居住在洛阳的南单于，以及如刘渊、沙漠汗之类的质子而言，他们通晓汉语，熟知儒家经典，对歌辞称颂的内容不会茫然无感。他们个人的想法未必一致，但对晋廷而言，他们类似于定时出场的演员，置身其中，重复着规定动作；重要的是特定场合下他们的到场，无人在乎他们自身的感受。他们反复参与并沉浸在这种气氛中，附和着对盛世的礼赞，心中却可能五味杂陈。

这样的场合不止是正旦元会。魏晋时期每逢年底的冬至，也遵循西汉传统，举行小会，如《晋书·礼志下》所述："魏晋则冬至日受方国及百僚称贺，因小会。其仪亚于献岁之旦。"③ 提到皇帝接受方国称贺，南单于与蛮夷胡客应该也要参与，只是仪式上没有元会大典那么隆重。

此外，还有更多的人造景观提供了传布类似观念的渠道，如今尚可看到的便有矗立在洛阳城南太学附近的《辟雍碑》。据《水经注·谷水注》，汉石经北，有晋辟雍行礼碑，太始二年立，"其碑中折"，"二年"当作"三年"，此碑早于现存的辟雍碑④，说明西晋时所立的碑不止一通。现存这方立于咸宁四年（278）十月廿日的丰碑碑文中写道：

> 至于文皇帝，方寇负固，犹未帅职，左提右挈，虔刘边垂，乃振威域外，荡定梁益。西戎既殄，遂眷东顾，文告江裔，为百姓请命，南蛮顺轨，革面款附。九服混同，声教无贰。彭濮肃慎，织皮卉服之夷，楛矢石砮、齿革大龟之献，莫不和会王庭，屈膝纳赞。戎夏既泰，九域无事，以儒术久替，古典未隆，乃兴道教，以熙帝载……
>
> 暨圣上践祚，崇光前轨……宇内承风，莫不景慕。于时方国贡使及款塞入献之戎，倍于海外者，盖以万数。若夫耆老讴叹于邑里，士女忭舞于郊畛，歌咏升平之谣，咨

---

① 《后汉书》卷八八《西域传》，第2923~2924页。
② 依《魏书·序纪》，其中有卫瓘挑拨，按常理思之，卫瓘当全力扶持沙漠汗承袭父位，而非构隙将其杀害，此中详情现已不可考（第4~5页）。
③ 《晋书》卷二一《礼志下》，第652页。
④ 参余嘉锡《晋辟雍碑考证》，收入《余嘉锡论学杂著》上册，中华书局，1963，第137页；施蛰存《水经注碑录》卷四，天津古籍出版社，1987，第156~157页。

嗟大同之庆。布濩流衍，充塞四崵。飞英声，腾茂实，足以盈天地而冒六合矣。[1]

再次称颂司马昭与武帝时期振威域外，万国款塞，屈膝纳赞，这些构成了碑文中所说的升平大同的重要证明。史载，曹魏景元三年（262）"夏四月，肃慎来献楛矢、石砮、弓甲、貂皮等，天子命归于大将军府"，"归于大将军府"之说，不见于《三国志·陈留王奂纪》，应是碑文中肃慎献物所指。[2] 碑文所谓武帝登基以后"方国贡使及款塞入献之戎，倍于海外者，盖以万数"，也非纯是夸张。《晋书·武帝纪》中记录的确有不少，《北狄匈奴传》中亦有个别逸出的资料。转录两处记载如下，出于后者的加"*"：

（泰始初年）塞外匈奴大水，塞泥、黑难等二万余落归化，帝复纳之，使居河西故宜阳城下。*

（泰始二年）十一月己卯，倭人来献方物。

（泰始四年）扶南、林邑各遣使来献。

（泰始六年）九月，大宛献汗血马，焉耆来贡方物。

（咸宁元年）六月，鲜卑力微遣子来献。

（二年）二月……东夷八国归化。

（二年）秋七月……东夷十七国内附。

（三年）是岁，西北杂虏及鲜卑、匈奴、五溪蛮夷、东夷三国前后十余辈，各帅种人部落内附。

（四年）三月……东夷六国来献。

（四年）是岁，东夷九国内附。

（五年）三月，匈奴都督拔弈虚帅部落归化。

冬十月戊寅，匈奴余渠都督独雍等帅部落归化。

十二月……肃慎来献楛矢石砮。

（太康元年）六月……甲申，东夷十国归化。

（太康元年）秋七月……东夷二十国朝献。

（二年）三月……东夷五国朝献。

夏六月，东夷五国内附。

（三年）九月，东夷二十九国归化，献其方物。

① 三国时代の出土文字資料班『魏晋石刻資料選注』，京都：京都大学人文科学研究所、2005、30~31頁。
② 《晋书》卷二《文帝纪》，第37页；《三国志》卷四《魏书·陈留王奂纪》，第149页。可参余嘉锡《晋辟雍碑考证》，《余嘉锡论学杂著》上册，第140~142页。关于肃慎对于中原王朝天下秩序建构的意义，可参程妮娜《汉至唐时期肃慎、挹娄、勿吉、靺鞨及其朝贡活动研究》，《中国边疆史地研究》2014年第2期，第20~24页。此文承刘兵兄示知，谨谢。

（四年）六月……牂柯獠二千余落内属。

八月，鄯善国遣子入侍，假其归义侯。

（五年）十二月……林邑、大秦国各遣使来献。

（五年）复有匈奴胡太阿厚率其部落二万九千三百人归化。*

（六年）夏四月，扶南等十国来献，参离四千余落内附。

冬十月……龟兹、焉耆国遣子入侍。

（七年）八月，东夷十一国内附。

七年，又有匈奴胡都大博及萎莎胡等各率种类大小凡十万余口，诣雍州刺史扶风王骏降附 *

是岁，扶南等二十一国、马韩等十一国遣使来献。

（八年）八月，东夷二国内附。

十二月……南夷扶南、西域康居国各遣使来献。

（八年）匈奴都督大豆得一育鞠等复率种落大小万一千五百口，牛二万二千头，羊十万五千口，车庐什物不可胜纪，来降，并贡其方物，帝并抚纳之。*

（九年）九月，东夷七国诣校尉内附。

（十年）五月，鲜卑慕容廆来降，东夷十一国内附。

是岁，东夷绝远三十余国、西南夷二十余国来献。虏奚轲男女十万口来降。

（太熙元年）二月辛丑，东夷七国朝贡。①

这些或称为"国"或否，西晋朝廷中，也一定会有所区分，但显然不会是今天的分法：中外交流的范畴或地方政权。这些的确是朝廷乐意看到的，甚至也会鼓励这些纳贡的诸国使者到洛阳参加朝廷的各种仪式，让更多的臣下亲眼看到四方宾服的盛况。② 元会仪中的"蛮夷胡客"除了长期停留洛阳的质子，恐怕不少就是这类临时朝贡的异国使者。这也是质子

---

① 以上据《晋书》卷三《武帝纪》，第55~80页，带"*"的均出自《晋书》卷九七《北狄·匈奴传》，第2549页。陈琳国亦搜集过上述资料，有所讨论，见《中古北方民族史探》第一章"匈奴内乱、南迁与杂胡化"，第69~70页。

② 《三国志》卷二四《魏书·崔林传》所记文帝时，林任大鸿胪"龟兹王遣侍子来朝，朝廷嘉其远至，褒赏其王甚厚。余国各遣子来朝，间使连属，林恐所遣或非真的，权取疏属贾胡，因通使命，利得印绶，而道路护送，所损滋多。劳所养之民，资无益之事，为夷狄所笑，此曩时之所患也。乃移书燉煌喻指，并录前世待遇诸国丰约故事，使有恒常"（第680页），虽是曹魏时情形，司马氏儒生出身，西晋一朝会更在意此，因而"利得印绶"而"因通使命"的会更多。近代以来发现的西晋时期颁受给"蛮夷"的印章颇有不少，可从侧面证明此现象，见叶其峰《古代越族与蛮族的官印》，收入王人聪、叶其峰《秦汉魏晋南北朝官印研究》，香港：香港中文大学文物馆，1990，第159~163页；孙慰祖《西晋官印考述》，《上海博物馆集刊》第7期，上海书画出版社，1996，第54~55、59~60页；周晓陆《二十世纪出土玺印集成》中册，编号四-GY-0124以下到编号四-GY-0163收集了40枚，中华书局，2010，第561~566页；庞文龙、王丽、王文耀《虽残犹珍的西晋官印》，《收藏》2012年第8期，第84~85页。三崎良章对此有分析，见所著《五胡十六国：中国史上的民族大迁徙》，2002年初刊，刘可维译，商务印书馆，2019，第19~22页。

与胡客共同在场，相互观摩，烘托大同盛况的场合。甘肃敦煌悬泉置遗址出土的汉简中，接待西域诸国贡献长安使者的记录颇多，可以了解贡献的细节。而这一机构魏晋时期依然在使用，[①] 此时类似的接待活动一定也不少，上引史料中就记录了多次。

其实，这只是历史的一个侧面。万方来朝的同时，西晋周围边境内外，不时也出现各种反叛、入侵与起兵。有匈奴五部发动的，也有其他部族，以及南方孙吴发起的。下面仍据《武帝纪》，按时序罗列如下：

（泰始四年）冬十月，吴将施绩入江夏，万郁寇襄阳。

十一月，吴将丁奉等出芍陂，安东将军汝阴王骏与义阳王望击走之。

（泰始六年）正月……吴将丁奉入涡口，扬州刺史牵弘击走之。

六月戊午，秦州刺史胡烈击叛虏于万斛堆，力战，死之。诏遣尚书石鉴行安西将军、都督秦州诸军事，与奋威护军田章讨之。

（泰始）七年春正月……匈奴帅刘猛叛出塞。

三月，孙皓帅众趋寿阳，遣大司马望屯淮北以距之。

夏四月，九真太守董元为吴将虞氾所攻，军败，死之。北地胡寇金城，凉州刺史牵弘讨之。群虏内叛，围弘于青山，弘军败，死之。

七月……吴将陶璜等围交趾，太守杨稷与郁林太守毛炅及日南等三郡降于吴。

（泰始九年）七月……吴将鲁淑围弋阳，征虏将军王浑击败之。……鲜卑寇广宁，杀略五千人。

（泰始十年）八月，凉州虏寇金城诸郡，镇西将军、汝阴王骏讨之，斩其帅乞文泥等。

（咸宁元年，二月）叛虏树机能送质请降。[②]

六月……吴人寇江夏。西域戊己校尉马循讨叛鲜卑，破之，斩其渠帅。

（咸宁二年）二月……并州虏犯塞，监并州诸军事胡奋击破之。

（咸宁二年）秋七月……鲜卑阿罗多等寇边，西域戊己校尉马循讨之，斩首四千余级，获生九千余人，于是来降。

（咸宁三年）十二月，吴将孙慎入江夏、汝南，略千余家而去。

（咸宁四年）六月……凉州刺史杨欣与虏若罗拔能等战于武威，败绩，死之。

（咸宁）五年春正月，虏帅树机能攻陷凉州。乙丑，使讨虏护军武威太守马隆击

---

① 该遗址西北角叠压有魏晋时期烽燧遗址，并出土纸文书1件，遗址东南山顶有魏晋时期烽火台，见甘肃省文物考古研究所《甘肃敦煌汉代悬泉置遗址发掘简报》，《文物》2000年第5期，第4~6页。魏文帝时与西域诸国的交往，见《三国志》卷二四《魏书·崔林传》，第680页，西晋情况当相去不远。

② 又据《晋书》卷三八《扶风王骏传》："咸宁初，羌虏树机能等叛，遣众讨之，斩三千余级。"（第1125页）

之。①

（太康元年）秋七月，虏轲成泥寇西平、浩亹，杀督将以下三百余人。

（太康二年）冬十月，鲜卑慕容廆寇昌黎。

（太康三年）九月……吴故将莞恭、帛奉举兵反，攻害建邺令，遂围扬州，徐州刺史嵇喜讨平之。

（太康七年）夏五月……鲜卑慕容廆寇辽东。

（太康八年）冬十月，南康平固县吏李丰反，聚众攻郡县，自号将军。

十一月，海安令萧辅聚众反。

十二月，吴兴人蒋迪聚党反，围阳羡县，州郡捕讨，皆伏诛。②

这些年境内外并不太平，战事屡起。持续时间最长的莫过于咸宁元年到五年的树机能在凉州的起兵，一度攻陷了凉州。据《晋书·刘元海载记》，武帝得知此消息后，考虑派遣谁去征讨，李憙提议假刘渊将军之号，率领匈奴五部之众，认为"可指期而定"，遭孔恂反对而未果。此前，因王济的多次美言，刘渊曾为武帝所召见，交谈中印象甚佳，认为胜过由余与金日磾。前者是秦缪公时戎王的使者，后入秦助缪公伐戎；后者是汉武帝时降汉的匈奴贵族，不仅发现刺客救过武帝，还被武帝任命为昭帝的辅政大臣。晋武帝言下之意，不无对刘渊加以重用的打算，但亦遭到孔恂、杨珧反对。这些或是当面发生，或是事后得知，对刘渊打击颇大，特别是当听到武帝称赞他胜过由余与金日磾时，建功立业、报效晋廷的热情更应高涨。但接踵而至的是"每相称达，谗间因之而进，深非吾愿，适足为害"，③其心情起伏如过山车，是以在送别王弥的集会上大倒苦水。《通鉴》将此事系于咸宁五年（279），④当有其根据。

不过，就时人而言，上述见于《武帝纪》的战事，几乎不会为绝大多数时人所知晓或接触，虽然今人通过史传能了解，但除战事发生地的官员之外，只有武帝及其身边的少数大臣能够掌握。彼时并无公开的传播渠道，如后世的"邸报"之类，只有官方的亭传驿之类来传递文书与信息，军情则用"檄"上报，⑤会以最快速度送达朝廷。沿途接力传递文书的

---

① 又见《晋书》卷五七《马隆传》，第1555页。

② 以上据《晋书》卷三《武帝纪》，第58~78页。

③ 《晋书》卷一〇一《刘元海载记》，第2646页。

④ 《资治通鉴》卷八〇，第2555页。

⑤ 由湖南郴州苏仙桥J10出土西晋惠帝时简中所见"邮"与"驿"，如简1-4、1-6、1-26、1-55、1-56、1-74可知，参湖南省文物研究所、郴州市文物处《湖南郴州苏仙桥遗址发掘简报》，《湖南考古辑刊》第8集，岳麓书社，2009，第99~101页。汉代的《行书律》规定以及西北汉简中文书传递情况，可知其运转的大概，见李均明《汉简所见"行书"文书述略》，原刊甘肃省文物考古研究所编《秦汉简牍论文集》，甘肃人民出版社，1989，后收入所著《简牍法制论稿》，广西师范大学出版社，2011，第215~216页；高荣《秦汉邮驿的管理系统》，《西北师大学报》2004年第4期，第35~40页；易桂花、刘俊男《从出土简牍看秦汉时期的行书制度》，《中国历史文物》2009年第4期，第72~79页；冨谷至《檄书考——视觉简牍的发展》，收入所著《文书行政的汉帝国》，2010年初刊，江苏人民出版社，2013，第43~88页；鷹取祐司『秦漢官文書の基礎の研究』，東京：汲古書院、2015、27-49、201-330頁。

官吏可能会因文书形制而略知有战事发生，除非"露布"，否则旁人难以知晓，只能从出征或凯旋的军队窥知一二。相较而言，"蛮夷"朝贡则会通过朝会等方式为参与的众臣所知晓。两类事务一显一隐，持续制造与维持四方来宾、歌舞升平的表象。

对刘渊来说，临时性的差遣都轮不上，长年无所事事，恐是其洛阳生活的常态，亦难以跻身洛下时尚的圈子。不同于西晋王朝的官吏，除了参加固定日期的盛典以及临时性的礼仪活动，刘渊既不临民，也不掌事，没有任何确定的官位和职掌。因出自匈奴，他几次想为朝廷建功立业，均碰壁而归，只能不断参与制造盛世，并为万方称贡的祥和局面所笼罩，难以找到实现抱负的途径，困居洛阳，常年游手好闲。他所擅长的不过是一般儒生都熟悉的经史著作，加上"武事"，跟不上洛阳城里的新风尚。高官名士中流行的谈玄，对他而言，恐怕过于深奥；石崇等的文人雅集，也超出他的爱好，无法跻身其中，虽然有几位并州的乡里为友①，但彼此在向往与追求上还是颇有隔阂。积在刘渊心中的愤懑不快，应该不少。

《辟雍碑》竖立在洛阳南郊太学西南，来自全国各地的太学生们不可能看不到，也不可能不被碑文的描述所鼓舞。长年生活在洛阳的刘渊与南单于应该也有机会看到。特别是晋武帝与太子曾多次到辟雍行礼，《辟雍碑》云："堂列不臣之客，庭延布衣之宾……仪形万国，作孚四方，盛德大业，于斯为美。"傅玄《辟雍乡饮酒赋》："定小会之常仪兮，飨殊俗而见远邦。揖让而升，有主有宾。礼虽旧制，其教惟新。若其俎豆有数，威仪翼翼，宾主百拜，贵贱修敍。酒清而不饮，肴干而不食。……四坐先迷而后悟，然后知礼教之弘普也。"②作为殊俗远邦的代表，两人也都该随从参加。尤其是永宁元年（301），成都王司马颖自邺城南攻洛阳，"颖营于太学"，从四月癸亥驻到六月乙卯齐王司马冏入洛。③刘渊此次当随司马颖攻入洛阳，且立下战功，不然不会返回邺城后上表授予官职。司马颖入洛阳前战事便已结束，剩下的工作只是处理朝中官员的去留。刘渊没有资格参与此事，有足够的时间离开营地四下活动。观摩附近矗立的辟雍碑，亦不奇怪。当然，若在此时，其感受便与承平时期大不相同了。

当时洛阳文人领袖石崇创作了歌舞《王明（昭）君辞》，并教其宠爱的侍妾绿珠来表演。歌词内容以第一人称口吻讲述昭君出塞的故事，基调是哀怨的。辞云："我本汉家子，将适单于庭……哀郁伤五内，泣泪沾珠缨。行行日已远，遂造匈奴城。延我于穹庐，加我阏氏名。殊类非所安，虽贵非所荣。……杀身良不易，默默以苟生。苟生亦何聊，积思常愤盈。……昔为匣中玉，今为粪上英。……传语后世人，远嫁难为情。"④最后落脚到对远

---

① 具体分析可参范兆飞《中古太原士族群体研究》，中华书局，2014，第77~79页。
② 《艺文类聚》卷三八"礼部上·辟雍"引，上海古籍出版社，1999，第690~691页。
③ 《晋书》卷五九《成都王颖传》，第1615~1616页；《通鉴》卷八四，第2658~2660页。
④ 《六臣注文选》卷二七《诗·乐府》，第498~499页，并参萧涤非《汉魏六朝乐府文学史》，人民文学出版社，1984，第182~187页；刘怀荣、宋亚莉《魏晋南北朝乐府制度与歌诗研究》，商务印书馆，2010，第230~232页。

嫁的不满，却是通过层层递进的关于"殊类"匈奴的负面形象来衬托和营造的。歌词说的虽是往事，但对于听众、观众来说，恐怕会联想到现实中的匈奴甚至身边的匈奴人，虽然他们已经入塞许久，生活上与晋人没有多少差别。更重要的是，石崇身为洛阳文人雅集的核心，以"豪侈相尚"，甚至敢于和晋武帝的舅舅王恺斗富，左右洛下风气，加上绿珠也声名远扬，[①]当时此事应轰动洛下，以至后代续作者甚多。二百年后梁代庾肩吾有《石崇金谷妓》专咏此事，诗云："兰堂上客至，绮席清弦抚。自作《明君辞》，还教绿珠舞。"[②]四下流传的歌辞不会不为同时留居洛阳的刘渊等所听闻，无疑也会令他们心里平添几分压抑与不快。

泰始七年（271），刘渊羁旅洛阳六七年后，匈奴五部中爆发了一场起兵，一年后以失败告终："正月……匈奴帅刘猛叛出塞，次年春正月，监军何桢讨匈奴刘猛，累破之，左部帅李恪杀猛而降。"除了何桢，西晋一方参战的还有路蕃、胡奋。反叛一度从并州波及河东、平阳，情势或比较严峻，武帝还专门诏因罪获赎在家的杜预"定计省闼"，[③]帮助谋划平叛方略。

刘猛的身份，纪传说法不一，有帅、中部帅、右贤王与单于之说，恐怕都不错。帅或中部帅当是晋廷授予刘猛的职位，右贤王乃是他在匈奴的名号，单于当是起兵后自立的名号。[④]《通鉴》"泰始七年十一月"条复云："刘猛寇并州，并州刺史刘钦击破之。"[⑤]最终在次年正月为监军何桢所破。何桢认为刘猛"众凶悍""非少兵所制"，采取擒贼擒王的策略，潜诱其帐下李恪杀掉刘猛，平定了反叛。[⑥]

这场反叛不成功，一是时机，二是目的。三十多年后，刘宣在鼓动刘渊起兵时说，刘猛起兵"属晋纲未弛，大事不遂"，的确看到了问题的核心。彼时情势一度危急，招杜预入宫商议，但晋廷核心安稳，可以从容调度，安排将领、兵力与物资来处理。此外，刘猛起兵的目的亦是导致其失败的原因。纪传中或称为"叛"或"举兵反"，《武帝纪》则做"叛出塞"，[⑦]"出塞"指逃离西晋控制区返回草原，当是实情，不然不会从七年正月到十一月间没有活动的记载。《通鉴》用"寇并州"，亦表示是从境外进犯，[⑧]这多半是塞外秋冬粮草匮乏所致。从史载匈奴人动向看，不时仍有部众叛逃，但返回塞外游牧生活，已非主流的选择。关于东汉南匈奴墓葬的研究也显示，墓葬形制、埋葬方式与随葬品组合上保留的匈奴风俗已经很少，与同期的汉人墓葬差别不大，贵族墓中更是如此，说明经过长期在内地的生活，其

---

① 见《晋书》卷三三《石苞附石崇传》，第1007~1008页。
② 徐陵编《玉台新咏》卷一〇，吴兆宜等笺注，中华书局，1985，第516页。
③ 分见《晋书》卷三《武帝纪》，第60、61页；卷五七《胡奋传》，第1557页；卷三四《杜预传》，第1027页。
④ 吕思勉有此推测，见《两晋南北朝史》，上海古籍出版社，1984，第23页自注。町田隆吉亦推测"单于"为刘猛起兵后的自称，见「二·三世紀の南匈奴について—『晉書』卷101劉元海載記解釋試論—」86页注40。
⑤ 此条仅见《资治通鉴》卷七九，第2518页。据陈勇《〈资治通鉴〉十六国资料释证：汉赵、后赵、前燕国部分》，中国社会科学出版社，2010，第32页。
⑥ 《晋书》卷九七《北狄·匈奴传》，第2549页。
⑦ 《晋书》卷三《武帝纪》，第60页。《通鉴》卷七九"泰始七年"条亦作"叛出塞"，第2514页。
⑧ 江统《徙戎论》中则云"刘猛内叛，连结外虏"，见《晋书》卷五六《江统传》，第1534页。

习俗与观念已逐渐与汉人趋同。宗教信仰与风俗相对于物质文化，往往更难以改变，[①] 这种趋同意味着匈奴在更深层次上接受了内地生活。这构成了随着时间推移，南匈奴人甚少叛出塞的现实基础。

刘猛反叛前后，《北狄传》记载了三次匈奴诸部内迁，不论原因为何。除偶见部人叛出塞外，其他人发动的反抗亦未见云"出塞"者。[②] 即便是三十多年后刘渊起兵，打着继承呼韩邪的旗帜，亦只是在中原地区征战，没有返回草原故地的举动。二百多年的入塞生活，匈奴人只不过是身份上的标识，他们出生在农耕区，早已惯于定居化的生活，很难重返游牧生活了，成为拉铁摩尔所说的中间地带的居民。这一缓慢却关键的变化，成为刘猛起兵难以赢得五部匈奴普遍支持的重要背景，即便他身为右贤王，自号单于。[③]

刘猛起兵旋起旋落，且身死兵败，史载过简。若他确为右贤王，年轻时也应在魏晋都城做质子，其父去世后才有机会回到五部任职。但洛阳的繁华、魏晋的天下并没有征服他，他更向往自己祖先的生活，不幸以悲剧告终。

刘猛起兵的目的，与三十多年后的刘宣实不相同。刘渊或许印象没那么深刻，刘宣则难以忘怀，借助右贤王的名号，将其与匈奴贵族昔日的辉煌联系起来，唤起刘渊的共鸣，挑起刘渊的斗志，抓住王纲解纽的机会，亦是基于对刘猛败亡的思考。刘猛虽死，他的经历在激起刘渊的叛心上却颇为关键。

## 三　佐晋与反晋：天厌晋德与刘渊起兵

刘渊最终踏上反晋的道路，有自身不得志而积在心中的郁结，但因其一度获朝廷委任，并深得成都王司马颖的重用，个人的不满得以释放，难说有多少反晋的想法。走上此路，一是源于刘宣等人的推举与诱导，二是混乱政局创造的机会。经由刘宣等借助天道的点拨，让刘渊突破观念上的束缚，意识到当时难得的契机，迈上起兵反晋的征程。

相较于南单于，刘渊作为质子也长期生活在洛阳，但他并非单于，最多只是和其他蛮

---

[①] 见杜林渊《南匈奴墓葬初步研究》，《考古》2007 年第 4 期，第 74~86 页；单月英《匈奴墓葬研究》，《考古学报》2009 年第 1 期，第 35~67 页，特别是第 64、66~67 页；蒋璐《北方地区"南匈奴"墓葬再探讨》，《边疆考古研究》第 10 辑，科学出版社，2011，第 244~253 页；马利清《南匈奴概念的界定及其文化遗存的辨析》，《北方民族考古》第 1 辑，科学出版社，2014，第 157~170 页；单月英《东汉至魏晋降汉匈奴人墓葬研究》，收入齐东方、沈睿文主编《两个世界的徘徊：中古时期丧葬观念风俗与礼仪制度学术研讨会论文集》，科学出版社，2016，第 439~472 页。在判断哪些墓属于南匈奴墓的问题上，各家观点有不同，这正体现了双方葬俗上的相互影响与趋同。

[②] 这些内迁的背景，或与《晋书·武帝纪》咸宁三年（277）卫瓘讨伐力微有关，分析见曹永年《拓跋力微卒后"诸部叛离，国内纷扰"考》，《内蒙古师范大学学报》（汉文版）1988 年第 2 期，第 19~22 页。

[③] 可参童岭《从"我是谁"到"我认为我是谁"——公元 4 世纪初五胡十六国史之发端》，第 18~19 页。刘兵从五部分化角度看待刘猛起兵失败，未注意"出塞"的意涵，见所著《匈奴五部中北部的分化与剥离》，《内蒙古社会科学》2020 年第 2 期，第 102~108 页。

夷胡客一道参加元会，不具备那么突出的象征意义，因而也有更大的自由空间，甚至也会被同乡的晋朝大臣们推荐给武帝，希望能委以重任，可惜数次均受到阻挠，太康之后方得担任左部帅，到了太康末才被委任为匈奴的北部都尉。干宝《晋武帝纪》认为后一任命发生在太康八年（287），①此时上距咸熙中刘渊作为质子到洛阳，已经二十多年了。这次授官的背景，文献无载，或是某种常规性的安排。三年后，武帝死，惠帝即位，杨骏辅政。以元海为建威将军、五部大都督，封汉光乡侯，②当与惠帝即位，各级官员普遍加号以示笼络有关。③不过，封为"乡侯"，一般会有千户的封户，较之亭侯、关中侯秩级要高，不无对匈奴贵族的优待。据《通典·职官十九》"秩品二"中的"晋官品"，建威将军与乡侯同属四品，与领兵的州刺史、护匈奴中郎将、护羌戎夷蛮越乌丸校尉同品，④也算颇为显赫。"五部大都督"或还是个临时性的职务，赋予了刘渊统御匈奴五部的责任，显示了晋廷对他的倚重与信任，应与他此前担任北部都尉的业绩分不开。

刘渊第一次离开洛阳，返回匈奴任职，直到元康（290~299）末，"坐部人叛出塞免官"，至少十年，史称"明刑法，禁奸邪，轻财好施，推诚接物，五部俊杰无不至者。幽冀名儒，后门秀士，不远千里，亦皆游焉"。⑤这段长达十年的任职经历，数十字轻描淡写，放在人生中实则颇为漫长，对刘渊来说亦十分重要。一方面，锻炼了他实际的管理能力，数年后，刘宣等之所以推举他为大单于，与部众在这几年中对他的了解分不开；另一方面，也让五部部众与首领熟悉并接受了他。若史书的记述可靠，更值得注意的是，其声望已越出了匈奴五部，远播幽州与冀州，两地的儒生秀异之士都不远千里，聚集刘渊帐下。此处容有夸张，若说全然无中生有，也走到另一极端。从后来刘渊起兵后左右亲信的来源看，赢得一些晋人的拥戴不假。

刘渊免官后如何进入成都王颖麾下，为其效命，不得而知。据《宋书·五行志一》，司马颖北上镇邺在惠帝元康年间，《晋书·惠帝纪》元康九年（299）正月，"成都王颖为镇北

---

① 见《六臣注文选》卷四九《史论·晋纪总论》"彼刘渊者，离石之将兵都尉；王弥者，青州之散吏也"句李善注引"干宝《晋武纪》曰太康八年，诏渊领北部都尉"，第909页；《通鉴》则将这一任命置于太康十年（289）。《晋书·刘元海载记》称"会豹卒，以元海代为左部帅。太康末，拜北部都尉"（第2647页），三崎良章认为时间是在3世纪70年代后半期（《五胡十六国》，第68页），恐过早。刘渊在洛阳九曲饯别王弥的时间，从齐王攸与王浑的经历推断，当发生在平吴后的太康初年，此时刘渊尚未离开洛阳，故有"恐死洛阳"之叹。林幹亦怀疑此条记载的可靠性，见《匈奴历史年表》，中华书局，1984，第130页。

② 《晋书》卷一〇一《刘元海载记》，第2647页。《通鉴》卷八二"永熙元年"条，未提及封侯，第2603页，恐怕此次封侯因杨骏旋即被杀而遭褫夺，下文云封为卢奴伯，正可为证。

③ 《晋书》卷三三《石崇传》云："元康初，杨骏辅政，大开封赏，多树党援。"（第1006页）石崇与何攀曾对惠帝建议不要搞恩泽之封，未果。该传所谓"元康初"，不确，改元"元康"是在杨骏被诛之后的永平元年（291）三月壬辰。此事又见卷四五《何攀传》"杨骏执政，多树亲属，大开封赏，欲以恩泽自卫。攀以为非，乃与石崇共立议奏之。语在崇传。帝不纳"（第1290~1291页），应该据《惠帝纪》"永熙元年五月"武帝下葬峻阳陵后"丙子，增天下位一等，预丧事者二等，复租调一年，二千石已上皆封关中侯"（第89页）。所谓"皆封关中侯"之说，恐不确，应该也是按照官品的高下区分封爵差等。《晋书》卷四四《华表传附峤传》太康末为侍中，"元康初，封宜昌亭侯。诛杨骏，改封乐乡侯，迁尚书"（第1264页）；《何攀传》"以豫诛骏功，封西城侯，邑万户，赐绢万匹，弟逢平乡侯，兄子逵关中侯"（第1291页）。

④ 杜佑：《通典》卷三七《职官十九》，第1004页。

⑤ 《晋书》卷一〇一《刘元海载记》，第2647页。

大将军，镇邺"，代替河间王颙，起因是得罪了贾谧。此前他应一直在京师，[1]刘渊与他结识应在洛阳。《刘元海载记》在"免官"后云"成都王颖镇邺，表元海行宁朔将军、监五部军事"，[2]未言时间，似乎是司马颖镇邺后不久所为。而《魏书·匈奴刘聪传》作"永宁初，成都王颖表渊行宁朔将军，监五部军事"，[3]"永宁初"当是上表的时间，此刻司马颖已今非昔比，不再被排挤，而是与齐王冏、河间王颙等起兵消灭了篡位的赵王伦，控制了朝局，声望正隆。此时上表再度起用刘渊，不会遭遇什么阻力。宁朔将军与建威将军同品，但向前了一位，尽管"行"并不是正式除授。监五部军事，恐怕是想借助刘渊在那里任职十年积累的名声人脉，来羽翼司马颖。但刘渊此时应该居住在邺。

此后三年，直到离开邺城，返回左国城，刘渊应在司马颖帐下效力，且时有功绩，将军号在上升，实际职务亦关键：

> 颖为皇太弟（永兴元年三月河间王颙表立），以元海为太弟屯骑校尉。[4]
> 惠帝伐颖，次于荡阴（七月己未），颖假元海辅国将军、督北城守事。[5]
> 及六军败绩，颖以元海为冠军将军，封卢奴伯。[6]

太弟屯骑校尉，当是模仿皇帝而来。据《续汉书·百官志四》，屯骑乃五校之一，负责宿卫的军队。西晋时的屯骑校尉还有营兵，[7]皇太弟司马颖的屯骑，当亦如此。而辅国将军，较之宁朔、建威又进了一级，属三品将军。"督北城守事"是个临时的差遣，但事关司马颖生死。当时王浚在幽州，与司马颖对峙，两人尚未公开兵戈相向，彼此却清楚立场不同。早在齐王冏、河间王颙与司马颖三王起兵讨伐赵王伦时，王浚"拥众挟两端，遏绝檄书，使其境内士庶不得赴义"，司马颖"欲讨之而未暇也"，后颖亦曾谋划杀王浚，并其众，未果，导致王浚联手并州刺史司马腾发兵攻邺。[8]司马颖能将正面抵御幽州兵马南下的邺城北部防守交予刘渊，对他的信任可想而知。荡阴之战，司马颖获胜，其间刘渊当亦参战并立功封伯，"冠军将军"不见《晋官品》，依《宋书·百官志上》，位在辅国将军前，[9]属于三品之列，西晋当亦如此。以上种种均表明，刘渊与司马颖关系甚笃，深得后者信任，他亦甘心为司马

① 《晋书》卷四《惠帝纪》，第95页。《南齐书》卷一五《州郡志下》"益州"条，中华书局，1972，第298页。
② 《晋书》卷一〇一《刘元海载记》，第2647页。
③ 《魏书》卷九五《匈奴刘聪传》，第2044页。《通鉴》"永兴元年"条作"初，太弟颖表匈奴左贤王刘渊为冠军将军，监五部军事，使将兵在邺"（第2698页）。当是混淆了不同时间的职务。周伟洲认为司马颖上表刘渊为行宁朔将军、监五部军事一事在到邺后不久，见所著《汉赵国史》，第49页。不确。
④ 《晋书》卷一〇一《刘元海载记》，第2647页。
⑤ 《晋书》卷一〇一《刘元海载记》，第2647~2648页；《资治通鉴》卷八五，第2696页。
⑥ 《晋书》卷一〇一《刘元海载记》，第2647~2648页。
⑦ 《宋书》卷四〇《百官志下》，第1248~1249页。
⑧ 《晋书》卷三九《王沈传附王浚传》，第1146~1147页，卷一〇一《刘元海载记》，第2647页；《资治通鉴》卷八五，第2697页。
⑨ 《宋书》卷三九《百官志上》，第1226页。

颖出力，与晋武帝时屡遭猜忌、怀才不遇的境遇颇为不同。刘渊终走上反晋的道路，并非出于自愿。此点尤需留意。

刘渊起兵于永兴元年（304）八月，即荡阴之战后一个月，实际是在刘宣等五部贵族的裹挟之下，被动起兵反晋的。《晋书·惠帝纪》："（永兴元年）八月戊辰，（司马）颖杀东安王繇。张方复入洛阳，废皇后羊氏及皇太子覃。匈奴左贤王刘元海反于离石，自号大单于。安北将军王浚遣乌丸骑攻成都王颖于邺，大败之。颖与帝单车走洛阳。"①《惠帝纪》所述刘渊起兵与王浚攻司马颖的时间先后有问题，应是攻邺在前，起兵在后。正因外敌压境，司马颖感到自身力量有限，危在旦夕，才同意刘渊返回五部，召集匈奴部众来助己挽救危局。或许《晋书》作者是将刘宣等密谋的时间定为造反之始，实际两者前后相联，本有不同。《刘元海载记》记其经纬云：

> 并州刺史东嬴公腾、安北将军王浚，起兵伐颖，元海说颖曰："今二镇跋扈，众余十万，恐非宿卫及近都士庶所能御之，请为殿下还说五部，以赴国难。"颖曰："五部之众可保发已不？纵能发之，鲜卑、乌丸劲速如风云，何易可当邪？吾欲奉乘舆还洛阳，避其锋锐，徐传檄天下，以逆顺制之。君意何如？"元海曰："殿下武皇帝之子，有殊勋于王室，威恩光洽，四海钦风，孰不思为殿下没命投躯者哉，何难发之有乎！王浚竖子，东嬴疏属，岂能与殿下争衡邪！殿下一发邺宫，示弱于人，洛阳可复至乎？纵达洛阳，威权不复在殿下也。纸檄尺书，谁为人奉之！且东胡之悍不逾五部，愿殿下勉抚士众，靖以镇之，当为殿下以二部摧东嬴，三部枭王浚，二竖之首可指日而悬矣。"颖悦，拜元海为北单于、参丞相军事。②

这段对话发生在司马腾与王浚已挥师南下，向邺城进军之后、且司马颖也了解到王浚调动了鲜卑兵马助战，锋锐难挡，颇为忧虑，甚至产生了放弃邺城、带惠帝南奔洛阳的想法。刘渊则劝司马颖固守邺城，不能南下，以免受制于人，建议发动匈奴五部之众，抗击外敌，解救司马颖。此说打动了司马颖，于是拜刘渊为北单于，参丞相军事。司马颖之所以拜刘渊为北单于，一方面在于当时南单于尚在；另一方面也是更为重要的，雄张蒙古高原的"北单于"名号重出，有震慑鲜卑之意。要知道，当初鲜卑被匈奴击败，"远窜辽东塞外"，只是因匈奴远遁，方开始在蒙古草原上称霸。③

正因如此，刘渊得以和刘聪一道名正言顺地返回五部。此前，刘宣等已密谋造反，推

---

① 《晋书》卷四《惠帝纪》，第103页。
② 《晋书》卷一〇一《刘元海载记》，第2647~2648页；《通鉴》卷八五"永兴元年"条，第2699~2700页。
③ 《三国志》卷三〇《乌丸鲜卑东夷传》及注引《魏书》，第831、836~837页；马长寿：《乌桓与鲜卑》，第3、10、24、168~170页。

举刘渊为大单于，并遣人赴邺，召刘渊返乡，未得司马颖同意。情急之下，为纾困局，司马颖基于对刘渊的信任，令其回乡发动部众。这一次，确如开启了潘多拉的盒子，历史走上了司马颖想象不到的异路。

《刘元海载记》记述完刘宣密谋与召唤刘渊，未成，刘渊让报信的呼延攸先行返回五部，发动部众时云："声言应颖，实背之也。"[1] 这包含了史家从后来历史走向中得来的认知，究竟有几分是当时的想法，不易判断。刘宣等在密议中说：

> 元海从祖故北部都尉、左贤王刘宣等窃议曰："昔我先人与汉约为兄弟，忧泰同之。自汉亡以来，魏晋代兴，我单于虽有虚号，无复尺土之业，自诸王侯，降同编户。今司马氏骨肉相残，四海鼎沸，兴邦复业，此其时矣。左贤王元海姿器绝人，干宇超世，天若不恢崇单于，终不虚生此人也。"于是密共推元海为大单于。[2]

前人花费相当多精力推考刘渊究竟出自匈奴南单于嫡系还是屠各，在当时五部贵族看来，其实并不重要。总之，无论其出身如何，他们并没有认为刘渊是外人，且认为其可以成为领导五部的首领。对刘宣等人而言，可以推举为大单于的候选者肯定不止一位，他们接触、了解到的匈奴以及屠各贵族肯定很多，刘渊能够被选中，有其超越他人的优势。对他们而言，看重的恐怕主要是刘渊在五部中深孚众望，这应源自他此前担任北部都尉以及五部都督十年的表现及所积累的声望，甚至也包括他在司马颖麾下取得的功业，相较而言，血统与出身并非关键。[3] 南单于或其子为何没有被选中，恐怕与他们长期停留在洛阳，脱离部众、大人已久，无从显示其才干，丧失了足够的号召力直接相联。

起兵中核心人物是刘宣，刘宣自己为何不挺身而出，自号大单于，文献语焉不详。以情理度之，当是刘宣感觉自己声望与能力有限，不足以服众。

《晋书·刘元海载记》："元海至左国城，刘宣等上大单于之号。"刘渊成为大单于，是基于刘宣等的推举。他能脱颖而出，依靠的是匈奴自身推举单于的传统，而非汉人晋人所看重的嫡子继承。[4] 我们知道，匈奴及其他蒙古草原上的部族首领，不止是依靠血统，还要依靠

---

[1] 《晋书》卷一〇一《刘元海载记》，第2647页。

[2] 《晋书》卷一〇一《刘元海载记》，第2647页。

[3] 王明珂指出"为了适应多变的生活情境，他们（游牧部落）可能通过改变祖先谱系记忆来接纳新族群成员，或脱离原来的群体。总之，不为历史记忆与族群认同所困是其生存原则"，见所著《游牧者的抉择：面对汉帝国的北亚游牧部族》，第104、48~55页。园田俊介据北魏墓志揭示了匈奴人祖先表述上的灵活性，见「南北朝時代における匈奴劉氏の祖先傳說とその形成」『中央大学大学院研究年報』第34号"文学研究科篇"（2004）、1031-1044页。

[4] 晋人这种观念更为强烈，司马氏尤甚，详见侯旭东《汉魏六朝父系意识的成长与"宗族"问题——从北朝百姓的聚居状况说起》，收入《北朝村民的生活世界》，商务印书馆，2005，第101~104页。这种承袭安排如何借助朝廷力量深入贵州西北的彝族政权，可参温春来《从"异域"到"旧疆"：宋至清贵州西北部地区的制度、开发与认同》，第155~173页。这虽发生在明代，亦可见不同政治体中君长传承上的不同，以及中原王朝的主流方式如何影响周边政治体。

个人的才干，背后有久远的部族大会的传统在。[①] 文献所见匈奴最后一次推举单于，是东汉末年。《后汉书·南匈奴传》记，单于羌渠被杀，"国人杀其父者遂畔，共立须卜骨都侯为单于，而（羌渠子）於扶罗诣阙自讼。会灵帝崩，天下大乱，单于将数千骑与白波贼合兵寇河内诸郡。时民皆保聚，钞掠无利，而兵遂挫伤。复欲归国，国人不受，乃止河东。须卜骨都侯为单于一年而死，南庭遂虚其位，以老王行国事。"此事发生在中平六年（189），这种情况持续了多年。[②]《后汉书》视此为国人反叛，恐怕主要是贵族内部的纠纷，不然不会仅仅是於扶罗诣阙自讼那么简单。恰好彼时东汉也陷入崩溃境地，完全无暇顾及。按《史记·匈奴列传》集解及《后汉书·南匈奴传》，须卜氏乃匈奴异姓贵种，常与单于联姻，（左右）骨都侯则是单于重要的辅佐大臣。[③] 须卜骨都侯担任单于虽不过短短一年，不难发现，血统并不是保证顺利继承单于位的前提，且国人的势力甚大，可以拒绝於扶罗入国。好在须卜骨都侯短命，不然匈奴的历史走向，难以逆料。此时上距建武二十五年（49）匈奴南下附塞已一百四十年，前后经历了近20位单于。[④] 此后百余年，恐怕南单于的废立，均要经过朝廷确认，因五部部落并未离散，诸部首领尚在，这一传统难以遽然消失，特定情况下还会被唤醒。永兴元年（304）十月，刘渊在即汉王位的文书中说"孤今猥为群公所推，绍修三祖之业"，[⑤] 前半句话，当是近实之辞。

刘宣商议中所言，对于西晋给予匈奴贵族待遇的看法，参照上文所引，不能说是据实之论，包含了不少片面之词。单于虽无尺土之封，但在朝中的地位相当高，物质供应上想必也会充足，《通鉴》"建安二十一年"条载，曹魏给单于相当于列侯的待遇，"单于岁给绵、

---

① 有关分析，见马长寿《北狄与匈奴》，第 56~57 页；Joseph Fletcher, "The Mongols: Ecological and Social Perspectives," *Harvard Journal of Asiatic Studies*.46.1（Jun., 1986），pp.17–18, 19, 22–32［感谢方诚峰兄示知此文。傅礼初特别提到亚洲史家常常忽略草原居民中部落以上首领继承上的"tanistry"（选举继承）原则，见第 17 页］；丹尼斯·塞诺（Denis Sinor）《大汗的选立》（"The Making of a Great Khan"），1993 年初刊，中译本收入北京大学历史学系民族史教研室译《丹尼斯·塞诺内亚研究文选》，中华书局，2006，第 167~188 页；黄盛璋《"汉匈奴破酶虏长"及其有关史实发覆》，《历史研究》1994 年第 2 期，第 10~20 页；李桂芝《契丹贵族大会钩沉》，《历史研究》1999 年第 6 期，第 68~88 页；胡小安《略论蒙古贵族大会议事制与选汗问题——蒙古贵族大会议事制研究之一》，《民族史研究》第 1 辑，民族出版社，1999，第 188~210 页；鲍金凤《明代蒙古"楚固拉干"述评》，《黑龙江民族丛刊》2004 年第 1 期，第 54~60 页。
谢剑认为单于名位继承主要基于血缘因素的世袭继承，而非操于各部大人之议立或选举，见所著《匈奴政治制度的研究》，《中央研究院历史语言研究所集刊》第 41 本第 2 分，1969，第 31~34 页，低估了大人议立传统的影响。黄烈认为此事表明"虚连题氏一宗独占单于位置的传统已被打破，旧有的统治系统也快临近末日了"，见《中国古代民族史研究》，第 175 页。沢田勲亦有类似看法，见『匈奴：古代遊牧国家の興亡』211–212 页，乃不解匈奴首领产生的传统而生的误解，实际是传统的复兴。
② 《后汉书》卷八九《南匈奴传》，第 2965 页。
③ 護雅夫曾对此有分析，见「匈奴の国家」、1950 年初刊、收入『古代トルコ民族史研究 III』、東京：山川出版社、1997，122–128 頁。他更强调血统与出生的作用。
④ 详见《后汉书》卷八九《南匈奴传》，可参林幹《匈奴史》附录一，第 231~232 页；陈勇《匈奴、屠各并举与屠各的豪贵地位》附表，收入《汉赵史论稿》，第 85~86 页。林表收录了族人拥立的须卜骨都侯单于，但未计入单于的序号，陈表则未收。
⑤ 《晋书》卷一〇一《刘元海载记》，第 2649~2650 页。

绢、钱、谷如列侯，子孙传袭其号"，<sup>①</sup>西晋恐怕只会延续曹魏的安排，因为司马氏更看重匈奴单于的象征意义，希望"表信殊俗，怀远以德"。<sup>②</sup>只是单于被晋廷用作元会一类场合上证明王朝德化的道具，既无法参与朝政，更没有建功立业的机会，无所事事，精神上的苦闷恐是免不了的，如刘渊对王弥所言。换个角度看，这正显示了刘渊对晋廷的认同，以及晋廷当初对他的戒心。随着他在太康中得到任用，不满逐步得以释放，而在司马颖麾下受到器重，更让他有感戴之心。其他名王贵族，待遇会有等差，但大致相去不远，若说是"降同编户"，实属夸大其词。这不过是为发动贵族起兵的曲意为说，用来激发众人反抗的决心。当时气氛下，此言一出，对于调动贵族们心底蓄积的不满，的确会产生极大的效果。

当然，这离不开当时的局势，即刘宣所说的"今司马氏骨肉相残，四海鼎沸，兴邦复业，此其时矣"。此前，发生过多次匈奴贵族领导的起兵，见于记载的有泰始七年到八年的刘猛、元康年间匈奴郝散兄弟的起兵等，均告失败。零星的反抗，一定也不少见，《北狄传》说平定刘猛后"匈奴震服，积年不敢复反"，<sup>③</sup>可见一斑，只是其少见于记载。朝廷稳定时，这些均不难荡平，即便鲜卑首领树机能这样的起兵，一度攻陷了凉州，声势颇大，也能平息。一旦朝廷失序，朝中执政者如走马灯，难以有效调动兵力和资源，才提供了"兴邦复业"的机会，刘宣等人正是敏锐地抓住了机会。

西晋末年混乱局面的出现，古往今来的解说甚多。若从时人角度观察，多半归于西晋王朝的内乱。封抽与韩矫等给陶侃上疏中所言"惠皇之末，后党构难，祸结京畿，衅成公族，遂使羯寇乘虚，倾覆诸夏，旧都沦灭"，<sup>④</sup>将西晋灭亡直接原因归于宫廷内斗蔓延到皇室，两人的上疏在东晋成帝时。东晋人干宝《晋纪总论》中亦指出晋末丧乱，南北起兵，二帝失尊，源于"树立失权，托付非才，四维不张，而苟且之政多也"，<sup>⑤</sup>唐初史臣亦承此说，具体则归于八王："西晋之政乱朝危，虽由时主，然而煽其风，速其祸者，咎在八王。"<sup>⑥</sup>陈寅恪更是直接将两者联系起来，指出"直接引起'戎狄乱华'的，还是由罢州郡武备、封建诸王而酿成的八王之乱"。<sup>⑦</sup>以上诸说，细析之，看法并不全同，无论如何，认为根源在于西晋朝廷自身，却无分歧。

---

① 《资治通鉴》卷六七，第 2146~2147 页。陈勇怀疑此条是《通鉴》手民误植，错抄《晋书·北狄匈奴传》所记西汉呼韩邪归汉事，见所著《〈资治通鉴〉汉赵国事迹考证》，收入《汉赵史论稿》，第 213 页。此疑恐不可从。单于与名王们若无稳定的收入，他们如何长年在洛阳生活？
② 《晋书》卷一〇一《刘元海载记》，第 2647 页。
③ 《晋书》卷九七《北狄·匈奴传》，第 2549 页。
④ 《晋书》卷一〇八《慕容廆载记》，第 2810 页。
⑤ 《晋书》卷五《怀帝愍帝纪》，第 134 页。
⑥ 《晋书》卷五九《八王传》史臣曰，第 1590 页。
⑦ 万绳楠：《陈寅恪魏晋南北朝史讲演录》，黄山书社，1987，第 81~82 页。冈崎文夫、劳榦、東木政一、林幹亦持类似看法，分见《魏晋南北朝通史》，1932 年初刊，中西书局，2020，第 66 页；劳榦云"五胡乱华由于八王之乱"，见所著《魏晋南北朝简史》，1954 年初刊，再版，中华书局，2018，第 51 页；東木政一『匈奴国家"漢"の成立とその発展－胡王国の一例－』77-78 页；林幹《匈奴史》，第 170~171 页。

仔细比较，刘渊与刘宣等起兵的目标本有不同。刘渊初返五部，确是欲发兵帮助司马颖，并没有想直接造西晋的反，经刘宣等人劝说，才走上了造反的道路。《刘元海载记》云，得知司马颖南下洛阳后，"元海曰：'颖不用吾言，逆自奔溃，真奴才也。然吾与其有言矣，不可不救。'于是命右於陆王刘景、左独鹿王刘延年等率步骑二万，将讨鲜卑"，准备履行诺言，救助司马颖。刘宣等固谏曰：

> 晋为无道，奴隶御我，是以右贤王猛不胜其忿。属晋纲未弛，大事不遂，右贤涂地，单于之耻也。今司马氏父子兄弟自相鱼肉，此天厌晋德，授之于我。单于积德在躬，为晋人所服，方当兴我邦族，复呼韩邪之业，鲜卑、乌丸可以为援，奈何距之而拯仇敌！今天假手于我，不可违也。违天不祥，逆众不济；天与不取，反受其咎。愿单于勿疑。①

"奴隶御我"之说，不能算平情之论。前人常用作阶级矛盾的证明，的确有卖身为奴的情况，但不能据此说晋廷将所有匈奴视为奴隶，还是区别对待。②对刘宣等想要反抗西晋者而言，这类极端的说法，亦是动员的一种手段。他举出了刘猛起兵失败，又举出司马氏父子兄弟相残来证明"天厌晋德"，从天的角度加以论证，这恐怕对刘渊改变想法，颇为重要。

---

① 《晋书》卷一〇一《刘元海载记》，第2648~2649页。

② 此处谷川道雄有详尽的分析，云："这一句应读为'如奴隶'，即好像奴隶一样。而且'我'与'晋'相对，所以应理解为匈奴族全体之意"，认为是"'奴隶'只不过是匈奴族固有的生活遭致解体，丧失了种族自立性的一个形容，也就是说，整个种族都在面临类似'奴隶'一样的命运。匈奴贵族的特权消失以及匈奴民众承受沦为奴婢与田客这样一种身份上、阶级上的苦痛，这就是整个种族命运所反映出来的一部分现象"，见《隋唐帝国形成史论》，第23、25~26页，依然基于胡汉并立的前提。童岭的理解类似，见所著《从"我是谁"到"我认为我是谁"——公元4世纪初五胡十六国史之发端》，第16页。这里说出此话，体现了对晋朝对待匈奴首领的"工具性的使用"的不满：一方面，待遇上、地位上显然是颇为可观的，但对晋廷而言，不过是个手中的玩物，用来装点门面，是显示其天下秩序的道具；另一方面，又无法表达自己真实的感受，形成的压抑与不满，积少成多。承平时期，没有机会，只好忍气吞声接受晋廷的摆布，王纲解纽，终于迎来了机会。

刘宣等人平时接触到的多半是高官显贵，看到的是家内服侍主人的奴仆苍头。奴隶恰恰就是如此，有些家内奴隶地位颇高，但依然不能摆脱被主人驱使与摆布的命运。可以说，对他们而言，生活上待遇优渥或尊贵的地位只能暂时冲淡他们现实中充当道具带来的屈辱与愤懑、失落，特别是如刘渊，尽管已经颇为认同晋朝，一心想为之效劳，却屡屡遭到个别大臣的阻拦，心中的异类感受只能不断积蓄，而无法平抑或消除，一旦有机会，就有可能爆发。这时，刘渊等人心目中的彼此划分也会发生变化，晋朝由此变为了彼，而鲜卑、乌丸则变为了可以携手的合作伙伴。

"我"这里是复数，没问题，所指应并非谷川所说的全体匈奴人，而仅限于刘宣、刘渊之类的匈奴贵族，所以后面举出的事例亦是以右贤王刘猛败亡来作为证据。汪维辉指出"上古汉语人称代词单复数同形，'我'等相等于I和we；在需要特别强调复数的场合，可以在'我'等后面加上'等、属、辈、侪、曹'等名词构成词组来表达"，见《汉语核心词的历史与现状研究》，商务印书馆，2018，第757页；黄树先《汉语核心词"我"研究》，《语言研究》2007年第3期，第86~91页。此处的"我"，若视为"匈奴族全体"，有泛化之嫌。从《三国志》数百处用例看，当时"我"字的使用上，几乎不见这种用法。《三国志》卷五四《吴书·周瑜传》"瑜部将黄盖曰：'今寇众我寡，难与持久。'"（第1262页），此处的"我"实指我们。《三国志》卷五六《吴书·朱治传》注引《江表传》载朱治说孙贲，其中有"岂能越长江与我争利哉？"（第1304页）大多数场合表示的是单数的"我"，仅个别场合代表"我们"，未见指代更一般性群体的用例。

祝总斌认为此举并非指广大匈奴劳动者之沦为奴隶，而是对匈奴贵族丧失昔日之权力和地盘，受到汉族制度之压抑的一句愤激之辞，见《评晋武帝的民族政策——兼论匈奴刘猛、鲜卑树机能反晋之性质》，1986年初刊，收入所著《材不材斋文集上：中国古代史研究》，三秦出版社，2006，第137页，是更为妥帖的理解。

以往研究，对此关注不够。天子承天御宇，号令天下，四方归化，为包括匈奴在内的周边部族建立了一个效法的榜样，而这个榜样却陷入了自相残杀的恶性循环，不能不让身处其中者怀疑其是否已经丧德。天乃是匈奴人笃信的神灵，[①]用天的命令来劝说刘渊，可帮助他打消顾虑。

刘宣的提醒不难勾起刘渊的回忆：从杨骏兄弟被诛（永平元年［291］三月辛卯）、杨太后被废（元康元年［291］三月壬辰）被杀（元康二年［292］二月己酉）到太子遹被废（元康九年［299］十二月壬戌）被害（永康元年［300］三月癸未），再到贾皇后被废（永康元年［300］四月癸巳）被害（四月己亥）、赵王伦篡位，惠帝被迁至金墉城（永宁元年［301］正月乙丑），齐王冏起兵讨赵王伦（永宁元年三月），惠帝反正（四月辛酉），赵王伦被诛（四月癸亥），[②]以及纷纷起兵的诸王，中箭伤颊、血溅衣衫的皇帝（永兴元年［304］七月己未），华夷瞩目的洛阳几度沦为战场，最高学府太学数次飘扬着军队的战旗[③]……最近一幕不过发生在一个月前。一系列刘渊耳闻或目睹的事变，让皇帝、天命所拥有的神圣光环荡然无存。

刘宣的点拨发生了革命性的效果，粉碎了西晋天命不可挑战的信念。刘渊长期生活在华夷秩序所构建的四方归心氛围下，头脑被西晋制造的盛世所束缚，对他来说，这段今天看来空洞无物的说辞，宛如划破夜空的闪电，照亮了刘渊的心，将其从天命有常、天命在晋的束缚中解放出来。刘渊对自身也突然有了全新的认识：

> 善。当为崇冈峻阜，何能为培塿乎！夫帝王岂有常哉，大禹出于西戎，文王生于东夷，顾惟德所授耳。今见众十余万，皆一当晋十，鼓行而摧乱晋，犹拉枯耳。上可成汉高之业，下不失为魏氏。虽然，晋人未必同我。汉有天下世长，恩德结于人心，是以昭烈崎岖于一州之地，而能抗衡于天下。吾又汉氏之甥，约为兄弟，兄亡弟绍，不亦可乎？且可称汉，追尊后主，以怀人望。[④]

这段话还是从历史讲起，不过是时人认知的惯性，内容却已颇具颠覆性，强调了帝王不一定出自中原，为自身获得天命做出了有力的证明，坚定了开始反晋斗争的决心。当然，

---

① 谢剑：《匈奴宗教信仰及其流变》，《中央研究院历史语言研究所集刊》第42本第4分，1972，第574~581页；林幹：《匈奴史》，第157~159页；陈序经：《匈奴史稿》，第70~72页；白凤岐：《匈奴人的原始信仰》，《黑龙江民族丛刊》1988年第1期，第42页；王文涛：《是"天降jiàng单于"，还是"天降xiáng单于"——天神观与汉匈政治关系的一个审视点》，《河北学刊》2013年第3期，第56~62页；郭大地：《匈奴的宗教与信仰体系》，《广播电视大学学报》2015年第1期，第94~96、100页。
② 以上均见《晋书》卷四《惠帝纪》，第90~103页。
③ 除了成都王颖进攻洛阳市曾在此驻扎外，还有永嘉初，东海王越自荥阳还洛阳，"以太学为府"（《晋书》卷五九《东海王越传》，第1624页）。
④ 《晋书》卷一〇一《刘元海载记》，第2649页。

此时，他还拖着个汉朝尾巴，打着继承刘禅的旗号。刘禅降魏后被封为安乐公，西晋泰始七年（271）死于洛阳，[①]他同南单于一样，一定也是各种仪式场合的常客。刘渊初到洛阳时应该见过刘禅，印象深刻，不敢直接竖起自己的旗帜。刘渊是在刘宣等人的启发下，半推半就地跨出了反晋的第一步。

刘渊起兵之初，只举起大单于的旗号，"二旬之间，众已五万，都于离石"，到了十月，才立坛南郊，称汉王，正式与晋朝决裂，[②]另起炉灶。上引刘渊的表态，应在称汉王之前。

三百多年后，唐太宗总结晋武帝一生的功过，说"世祖惑荀勖之奸谋，迷王浑之伪策，心屡移于众口，事不定于己图。元海当除而不除，卒令扰乱区夏；惠帝可废而不废，终使倾覆洪基"，[③]将晋朝社稷倾覆归罪于五个人，认为惠帝不废，仰仗的是荀勖的佑护，刘渊未除，得益于王浑的斡旋。太宗的分析不能说没有道理，皇帝个人的作用的确举足轻重，但刘渊能够起兵，如上所析，并非出自个人意愿，与局势、刘宣等人的开导密不可分。王纲失坠，则与宫廷内部的争斗，以及诸王领兵的格局直接相连。这些自然来自武帝的安排与设计，但这些并不能仅仅归于个人缺乏定见、耳根软，也与武帝吸取的历史经验、对骨肉关系的迷信分不开。

# 结　论

综上所述，跳脱族属与血统问题的误导，回到历史现场，也可以为刘渊起兵提供一种新的解释。当时因匈奴单于长期在晋朝都城洛阳生活，从曹魏时起便已在部众中声望不断下降，为其他领袖人物的崛起腾出了空间。匈奴单于与侍子们在晋廷营造万方来朝的天下盛世局面中成为不可或缺的道具，因而长年居住在洛阳。刘渊亦是侍子中的一员，尽管他多次想为晋廷效力，却屡遭阻挠，心中蓄积了不满。洛阳城中引领风气的石崇所组织的文人雅集上，歌舞《王明君辞》也不时为匈奴的异类形象推波助澜。尽管如此，若无外在机会，这些不满也无法转化为起兵撼动晋廷统治，如晋初刘猛起兵便似以卵击石。

刘渊在武帝末年方有机会回到匈奴旧部任职，这段将近十年的经历显示了他出色的才干，积累了声望，也足以让部众及贵族们了解刘渊。这一经历亦让他释放了积蓄多年的不满。刘渊自己回到洛阳，投身司马颖麾下，颇受重用，并无造反的动机，是在刘宣等的推举下走上起兵道路。刘宣们唤醒匈奴推举单于的旧传统，挑选了刘渊担任大单于，利用匈奴人

---

① 《三国志》卷三三《蜀书·后主传》，第901~902页。
② 《晋书》卷一〇一《刘元海载记》，第2648~2649页；《晋书》卷四《惠帝纪》系于"十一月"，云"李雄僭号成都王，刘元海僭号汉王"（第104页）。《通鉴》卷八五此处有《考异》，认为是在"十月"（第2702页）。
③ 《晋书》卷三《武帝纪》，第82页。

相信的天意鼓动他发兵反晋。血统与族属并非关键，重要的是刘渊的能力与声望，今人费心探究前两者，未免与时人的考虑颇有距离。尽管刘渊在晋廷长期不得志，推动他走上反晋道路的直接原因，乃是他所目睹的八王之乱带来的晋朝丧乱的现实，以及刘宣所说的这些现实所昭示的"天厌晋德"。

天下秩序不仅是晋朝皇帝与多数臣下思考与行为的依托，对刘渊父子而言，亦内化于心，成为左右言行的无形力量，用现在术语来说，乃是因沉浸其中而成为行动者难以逾越的结构关系。纵是起兵造反，也难以超越其规范，只是其中何为主、何为从，发生了颠倒。这一点，要到刘聪称帝后才能看得更清楚，对此，则需另文再论。

称刘渊为"边缘人"，只是强调了其经历与感受中的部分侧面。相对于晋廷所建立并维持的天下秩序，刘渊以配角身份参与其中；就洛阳流行的风气而言，他亦难以融入；仕途上，多年屡遭挫折，被个别晋臣视为异类，这些均使其产生"边缘人"的酸楚。若从匈奴角度看，无论是出身，还是起兵前在匈奴的任职及其治绩，自我的感受都会有所不同。相对于石勒，刘渊看似没有那么"边缘"。但他长期生活在西晋都城洛阳，边缘感与异类感占据内心的时间恐怕更久。两者胶着于心，外在局势的变化与旁人的点拨，会打破胶着，激发意想不到的想法与做法。

本文的讨论，将天下秩序及时代氛围、质子制度、八王之乱带来的局势和时机与人物感受、活动衔接起来，尝试对一段往事重加理解，既是对刘渊起兵这一开创了十六国局面的事件补充些解释，也希望能对结构关系、制度、局势与个人如何突破观念束缚发挥作用之间关系的一般性认识提供些帮助。

2020 年 11 月 19 日将本文提交清华大学历史系第 104 次读简班讨论，得到屈涛、祁萌、郭伟涛、吴天宇、周正、郭聪敏、万剑锋、曹天江、王偲、张欣毓、成鹏、王天骄、陈韵青、王振华、孙梓辛、吴贞银诸君的指教；日文论文的搜集得到曹天江与田熊敬之君的惠助，魏斌兄亦提示资料与卓见；12 月 29 日，将此文提交清华大学历史系第 62 次史学沙龙，得到与会的黎俊溢、常亮、孙正军、马楠、刘力耘、张欣毓、郭伟涛、祁萌、方诚峰与黄振萍诸君的指教；2021 年 1 月初，邢义田先生数次来信赐教并示下不少图像资料，6 月在浙大参加"走向盛唐"工作坊期间，童岭兄示知论著，胡鸿兄、窪添庆文先生与刘兵兄先后惠示高见，订正谬误，谨此一并致谢！

〔本文原载《史学月刊》2021 年第 8 期，收入本书时略有修订。作者侯旭东，清华大学人文学院历史系教授〕

# "唐朝系拓跋国家论"命题辨析：以中古民族史上"阴山贵种"问题的检讨为切入点

钟 焓

**摘 要** 自20世纪末以来，部分国外学者提出了一种相对新颖的唐朝属于"拓跋国家论"的观点，这种理论涉及唐朝历史上的若干重要问题，其背后蕴含的理念直接指涉唐朝的"内亚性"命题，值得我们重视与关注。通过对中古时期胡汉融合的贵族社会下"阴山贵种"和"陇西李氏"各自兴起背景的详细考察，可以确定这种观点颇有主题先行之嫌，实际上是一种经不起实证推敲的杜撰性假说。

**关键词** 唐朝 拓跋国家论 法琳 阴山贵种 陇西李氏

## 一 李唐政权系"拓跋王朝"说的破题及其反响

国外关于唐史的传统观点，倾向于承认唐朝是传统的中华帝国型王朝，试以魏复古（K.A. Wittfogel）在1949年出版的和中国学者冯家昇合著完成的《中国社会史：辽朝（907~1125）》为例，作者在全书的导言中，将中华帝国的王朝分为传统意义上由汉族建立的中国王朝和渗透—征服型北族王朝两大类，而唐朝则和秦、汉、宋、明等均被列入第一大类"典型的中华王朝"（Typically Chinese Dynasties），迥异于作为第二类的由北方民族建立的北朝、辽、金、元、清诸政权（Dynasties of Conquest and Infiltration）。[①] 唯从20世纪70年代起，国外学者也注意到隋唐王朝的形成基础与通常的汉族王朝又有所不同，在这种观念的指引下，日本学者开始倡导奠定隋唐帝国的政治基础来自所谓的"胡汉混合社会"的新提

---

[①] K.A. Wittfogel and Feng Chia-Sheng, *History of Chinese Society Liao (907–1125)*, New York: The Macmillan Company, 1949, p.24.

法。[①] 此后身为语言学家的长田夏树相继发表了一系列史学论文，从文化史的角度着力论证唐朝类似于北朝，也属于胡汉复合社会的该命题。[②] 类似的思考在北朝—隋唐政治史领域的延伸，则体现在朴汉济的"胡汉体制论"中。此后该研究思路继续发展为定性北朝—隋唐历史连续趋势的"胡汉融合"论。[③] 当然无论是稍早的"胡汉混合"论，还是随后的"胡汉融合"论，均重视隋唐帝国要素中的汉文明因子，故适宜看作对更早时期观点的修正，而非将其彻底推翻。

不过近来的一些观点已经不再以承认并阐发唐朝历史的"胡汉融合"特征为满足，转而在一种与中国史全然不同的"内亚史"视角的牵引下，一方面千方百计地发掘并强调唐朝统治中的北族因素，另一方面又竭力淡化实际存在于唐代的汉文化因素，最终构建起来的唐朝历史图像是一幅胡汉比例完全失调的画面，这和我们通常熟悉的中国中古史的历史叙事可谓格格不入。即以日本学界为例，除了有学者给唐朝的一些早已汉化的北族后裔依旧贴上"鲜卑族"的标签以外，[④] 专攻蒙元史的杉山正明在为新版《岩波世界历史》中的内亚分卷所写的长篇引言内，旗帜鲜明地将唐朝重新定义为凸显北族性质的"拓跋国家"，并以东突厥第二汗国的复兴时间（682 年以降）为节点，将此前和此后的唐朝分别描述为拓跋国家的"世界帝国"与"单纯的中华帝国"这两种不同的统治形态。[⑤] 随后又将"唐朝属于拓跋国家"论加以铺陈发挥，写进大量无须在此逐一征引的概论性或通俗性历史读物内，极力向本国知识界和公众传播、宣扬其新见。[⑥] 该观点在实质上已经迥别于此前通过"胡汉混合"或"胡汉融合"的论点来观察唐朝历史的考察路径，因为在后者倡导的叙事中，以混一南北的隋唐帝国的建立为契机，华夷一体的观念构造也就相应完成，此前充斥着北族（鲜卑）至上主义的拓跋时代即告终结，所以隋唐帝国自然也就不再是什么"拓跋国家"，尽管其历史谱系确实上接鲜卑系诸王朝。杉山氏鼓吹的上述观点甫出，便得到了的另一位日本学者森安孝夫的积极回应。后者同样也否认唐朝属于汉族建立的王朝，认

---

① 宇都宮清吉「中国古代中世史把握のための一視角」『中国古代中世史研究』創文社、1977、23–29 頁。

② 参见長田夏樹「百濟鎮将刘仁愿の出自について——胡漢复合文化論の二」、「戰国中山から隋唐に及ふ騎馬民族の系譜——胡漢复合文化論の三」、「唐昭陵をめぐる人們の出自——胡漢复合文化論の四」，均收入『長田夏樹論述集上：近代漢語の成立と胡漢复合文化』ナカニシヤ出版、2000。国内学者持类似观点的有邓文宽《关于唐代为胡汉混合型社会的思考》，唐研究国际学术会议论文，1997。

③ 参见朴汉济《北魏洛阳社会与胡汉体制》，朱亮译，《中原文物》1998 年第 4 期，第 95~108 页；川本芳昭「五胡十六国·北朝時代における華夷觀の變遷」『魏晋南北朝時代の民族問題』汲古書院、1998；会田大輔「北周天元皇帝考」『東方學』第 131 輯（2016）、17–33 頁。

④ 長部悦弘「元氏研究——北朝隋唐時代における鮮卑族の文人士大夫化の一軌跡」礪波護編『中國中世文物』京都大學人文科學研究所、1993、415–456 頁。

⑤ 杉山正明「中央ユーラシアの歴史構図——世界史をつないだもの——」『岩波講座·世界歴史』11『中央ユーラシアの統合』岩波書店、1997、42–44 頁。与其观点稍有不同的是，他的学生宫纪子则将拓跋系国家的下限界定在隋朝，参见氏著『モンゴル時代の「知」の東西』（上），名古屋大學出版會、2018、444 頁。

⑥ 例如杉山正明《疾驰的草原征服者：辽西夏金元》，乌兰等译，广西师范大学出版社，2014，第 228~229 页，等等。

为该政权的建立者由鲜卑化汉人和匈奴余部联合组成，在整体上依然属于拓跋国家或鲜卑系王朝的脉络。[1] 有意思的是，当阐述该观点的森安氏著作后来被译介到台湾时，其出版界特意将原来相对朴实的书名《丝绸之路与唐帝国》更换为全新的标题——《丝路、游牧民与唐帝国：从中央欧亚出发，骑马游牧民眼中的拓跋国家》。[2] 这种专门添加上原著所无的冗长副标题的极不寻常的做法，显然是为了更好地博取岛内读者对唐朝"内亚性"的特别关注。

与杉山氏的颠覆性看法差可比拟的观点，也见于20世纪90年代以降的英语学界。多年来始终致力于宣扬印欧文明对东亚历史有着根本性重大影响的梅维恒（他或许是当代欧美汉学界中沾染印欧文明优越论最为显著的一人），先后在相关书评和论文中表达了对中国古史中的"汉化"现象的不同理解，提出拓跋化（tabgatchization）、蒙古化（mongolization）、满洲化（manchuization）的概念以解说东亚历史的进程。因此，他不仅将唐朝看作鲜卑人或鲜卑化汉人建立的非汉系（Non-Sinic）国家，还将其间武后建立的昙花一现的周朝也确定为鲜卑人国家。[3] 而继以前拉铁摩尔提出唐朝是由一对敢于冒险的具有突厥血统的父子建立的大胆论断之后，[4] "新清史"学者濮德培也撰文认为，唐朝的统治集团与元、清相似，都来自中央欧亚（Central Eurasia），具有混合民族背景，其中部分是突厥人（part Turkish）。[5] 不过真正试图以实证研究的方法坐实唐朝的鲜卑国家性质的，还数定居北美的华裔学者陈三平。他先后发表了两篇专文详细论述自己的观点，所得出的最终结论则定型于其2012年推出的个人论文集内。[6] 陈氏的基本观点可概括为：其一，从根本上看，唐朝并非本土型（native）汉族王朝或者基本汉化型（basically sinified）王朝，而是鲜卑—中华联合型（Xianbei-Chinese）帝国。其二，李唐皇室在唐朝的大多数时间内，其家族内部依然流行通用一种和北亚的突厥—蒙古语有着密切亲缘关系的鲜卑语而非一般意义上的汉语。其三，唐朝历史中的许多重要现象或重大历史事件如皇位继承制等均体现了唐朝国家的鲜卑特征。我

---

① 参见森安孝夫『シルクロードと唐帝国』講談社、2007、138-145頁。对该说的简要评介，参见礪波護・岸本美緒・杉山正明『中国歴史研究入門』名古屋大學出版會、2006、101・159頁。

② 按，该书由台北八旗文化2019年出版。

③ V. Mair, "Review of James O. Caswell, *Written and Unwritten: A New History of the Buddhist Caves at Yungang*," *Harvard Journal of Asiatic Studies*, Vol. 52/1, 1992, pp.358–360; "The North（west）ern Peoples and the Recurrent Origins of the 'Chinese' State," in. Joshua A. Fogel ed., *The Teleology of the Modern Nation-State: Japan and China*, Univ. of Pennsylvania Press, 2005, pp.59, 75–77, 213 note 62.

④ 拉铁摩尔：《中国的亚洲内陆边疆》，唐晓峰译，江苏人民出版社，2005，第348页。

⑤ P. C.Perdue, "The Chinese," in.N.Standen ed., *Demystifying China: New Understandings of Chinese History*, Lanham:Rowman and Littlefield Publi. Inc, 2013, p.20.

⑥ Sanping Chen, "A-gan Revisited: The Tuoba's Cultural and Political Heritage," *Journal of Asia History*, Vol.30, 1996; "Succession Struggle and the Ethnic Identity of the Tang Imperial House," *Journal of the Royal Asiatic Society*, Ser.3, Vol.6, 1996；上述内容经过修订扩充后又收入其专著中，参见 *Multicultural China in the Early Middle Ages*, Univ. of Pennsylvania Press, 2012, pp.4–38. 该书的中文本《木兰与麒麟：中古中国的突厥—伊朗元素》也于2019年在台湾仍由专门出版此类读物的八旗文化推出。

们或可把这种唐朝的"鲜卑国家论"名之为"陈三平—杉山正明模式"。其中陈三平的观点得到现在台湾任教的著名唐史学家张广达的赞同，认为采用陈氏首创的"鲜卑—华夏体制"比起旧有的"关陇集团"更为妥帖地反映了隋唐兴起前后的政治局势，尽管他并不像陈氏那样用其来定性整个有唐一代。[①] 另一位台湾学者甘怀真注意到日本学者的观点，虽然不尽同意其说，却也表示将唐朝定位成拓跋国家，确可捕捉到若干历史史实。[②]

## 二 关于皇室用语到太宗自我认同的文献证据的再检讨

细审陈三平的有关论据，可知其中既有继承前人学说并予以发展的部分，又有自己首次提出的新颖见解。而在后者中，则以唐朝皇室的母语相当于准突厥—蒙古语的鲜卑语的提法最富原创性。然而仔细核检他的证据，不难发现其中存在明显的穿凿附会之处。他举出的例证之一是当贞观初年东突厥颉利可汗兵逼长安郊外时，唐太宗曾只身前往渭桥附近与前者单独会面以劝说其回师退兵。陈氏由此得出结论，太宗既然能够与突厥可汗进行当面沟通交流，那么他必然已经掌握了突厥语，因为突厥可汗不大可能会讲汉语，这又能够进一步推断出李世民本人的母语应该和突厥语高度接近，所以他才能并不费力地与可汗用对方的语言进行交谈。可是这一推论显然忽略了新出墓志中所透露出的关键性史实，即太宗其实是在有人陪伴、护卫的情况下才与突厥可汗会面的，只不过此重大细节失载于正史而已。该史料就是本为粟特人的武威安氏家族成员安元寿的墓志。[③] 根据墓志的记述，在渭桥之会时，李世民唯留安元寿随侍帐内。看来后者一定是怀有某项特殊本领，才会得到太宗如此的信任与看重。研究者已经指出，考虑到当时的中亚粟特人经常以娴熟掌握各种语言著称，从而频繁作为使者来往奔走于突厥汗国与其他各方之间，那么源出粟特的安元寿在这种高峰会晤中扮演的角色也应当是中介口译。[④] 该论断于当时的历史大背景和具体小环境皆无不合，宜可成立。故陈氏的这项证据自可取消。

陈氏举出的证据中还有的纯属牵强附会地误读史料。太宗的继承人、后来的高宗李治，小名雉奴，这本不足奇，可是陈氏却偏偏要把它解释为鲜卑语叱奴（"狼"之义，相当于

① 张广达：《从隋唐到宋元时期的胡汉互动兼及名分问题》，收入许倬云编《唐宋时期的名分秩序》，台北：台湾政治大学出版社，2015，第148页。
② 甘怀真：《拓跋国家与天可汗——唐代中国概念的再考察》，张崑将主编《东亚视域中的"中华"意识》，台湾大学人文社会科学高研院，2017，第41页。
③ 参见昭陵博物馆《唐安元寿夫妇墓发掘简报》，《文物》1988年第12期，第37~49页；陈志谦《安元寿及夫人翟氏墓志考述》，《文博》1989年第2期，第51~56页。
④ 参见程越《粟特人在突厥与中原交往中的作用》，《新疆大学学报》1994年第1期，第64页；福岛惠「武威安氏『安元寿墓志』（唐・光宅元年（六八四））」『東部ユーラシアのソグト人——漢文ソグト人墓志の研究』汲古書院、2017、155–156頁。

蒙古语的 Činu-a），理由是唐太宗出于担心李治的性格文弱，曾引用了如下一句民谚：生子如狼，犹恐如羊。在陈氏看来，这正是由于太宗给其子起小名为狼，才特意引用了这句与狼有关的谚语。上述推断可谓牵强至极，完全是把两件毫无关联的事凭空硬接在一起。若按照这种思路，即以同样用类似于雉奴的鸟名青雀作为小名的魏王李泰而论，他的乳名又该是哪个鲜卑词语的译音呢？陈氏文中还继续张大刘盼遂之说，后者注意到李唐皇室称呼父、兄皆为哥的现象，并推考其源自鲜卑语阿干（"兄"）。[①] 他又对此做了更多的论证，然而即使"哥哥"一词真是本自鲜卑语，也不能证明李唐皇室就用鲜卑语作为内部交流语言，因为正如刘盼遂所揭示的，"哥"的用法也见于当时的白居易家族中，这至多只是表明了白氏和李氏一样，均保留有个别特定的外族遗俗而已，我们总不能由此遽断连大诗人白居易在家中也使用鲜卑语作为母语。故陈三平的李唐皇室通用鲜卑语论其实并无充分有效的根据。

事实上有助于我们判断唐朝究竟是否为"拓跋国家"的最为直接、有力的铁证，当属发生于太宗与僧人法琳之间有关李氏源流是否出自代北鲜卑的一段辩论，全文即刘盼遂首次引用的僧人彦琮所撰的《唐护法沙门法琳别传》卷下的相关文字：

贞观十一年春，帝亲降问法师曰："朕本系老聃，东周隐德。末叶承嗣，起自陇西。何为诡刺师资，妄陈先后？无言即死，有说即生。"法师对曰："琳闻拓跋达阇，唐言李氏。陛下之李，斯即其苗。非柱下、陇西之流也。谨按老聃之李，牧母所生。若据陇西，乃皆仆裔。何者？《敦煌宝录》云：桓王三十九年，幸闲预廷，与群臣经夜论古今。王曰：'老聃父为何如人也？'天水太守彙绥对曰：'老聃父姓韩名虔，字元卑，癃跛下践，胎即无耳，一目不明，孤单乞贷。年七十二无妻，遂与邻人盖寿氏宅上老婢字曰精敷野合，怀胎而生老子。'又王俭《百家谱》云：'李姓者，始祖皋繇之后，为舜理官，因遂氏焉，乃称姓李。李氏之兴起于聃也。以李树下生，乃称李姓。至汉成帝时，有李隐抗烈毁上，被诛。徙其族于张掖，在路暴死。其奴隶等将其印绶，冒凉得仕。所谓陇西之李，自此兴焉。'又《老子》云：'吾不敢为天下先。'故述五千之文。又言不与物竞，处众人之所恶。既处物不竞，又不为先，恕己推人，守雌保弱。《老子西升经》又云：'乾竺有古皇先生者，是吾师也。绵绵常存，吾今逝矣。'又《苻子》云：'老氏之师号释迦文。'《尹喜内传》曰：'老子曰：吾欲出家，吾师好佛觉一切人也。'窃以拓跋元魏，北代神君。达阇达系，阴山贵种。经云以金易鍮石，以绢易缕褐，如舍宝女与婢交通，陛下即其人也。弃北代而认陇西，陛下即其事也。"帝时大

---

① 刘盼遂：《李唐为蕃姓考（二）》，聂石樵编校《刘盼遂文集》，北京师范大学出版社，2002，第651~655页。国内持类似观点的学者还有赵文工等人，参见赵文工《"哥哥"一词的来历》，《内蒙古大学学报》1998年第1期，第7~12页。

怒，竖目问法师曰："朕闻周之宗盟，异姓为后。尊祖重亲，实由先古。何为追逐其短，禽鼠两端？广引形似之言，备陈不逊之喻，爬毁朕之祖祢，谤黩朕之先人"……时宪司执奏曰："法不可废，国有常刑。诸指斥乘舆者，罪当大辟。"帝曰："法琳虽毁朕祖宗，非无典据。特可赦其极犯，徙在益部为僧。"①

刘盼遂抄引上文之后，并加按语："此事实足为李唐番姓之铁证，赖存于释氏书中，得未遭摧烧耳。陈师寅恪所云。"②张广达也认为这一记载表明太宗本人并不坚持李唐一定出自柱下、起于陇西的说法。③诚然陈寅恪在论李唐源流的初作《李唐氏族之推测》中肯定了法琳所言足以看作李氏源出陇西说的反证，并进一步推论达阇即拓跋鲜卑中的大野部。这种看法实较此前冯承钧仅从李渊祖上来历不明且其氏族多与鲜卑北人通婚即断言唐室不出于汉种的推测更推进了一步。④《李唐氏族之推测》发表后，曾引起朱希祖的商榷，后者虽然同意达阇即大野之说，但指出西魏时期的赐姓实对原非鲜卑的汉人而言，故这恰好印证了李虎一族原非鲜卑旧氏。朱氏甚至以彦琮所记多与史实不合进而怀疑法琳之语系后人伪托。⑤其实陈氏起初也曾考虑过李氏原非华夏世家的可能，疑其本出大野氏部曲，故晚至李虎一辈时，遂被西魏正式赐姓大野；但后来专就李氏的早期家世详加推考后，转而认为其出自河北赵郡李氏的没落族人的可能性最大，并在李虎之前，其家世与代北武川诸胡族尚无密切接触。⑥陈氏在这一问题上的最终结论见于《唐代政治史述论稿》中的下列表述：然则李唐血统其初本是华夏，其与胡夷混杂，乃一较晚之事实也。⑦值得注意的是，陈氏在《李唐氏族之推测》之后的论著中，再未征引过前引法琳一文，显然他已不再确信此文可以作为李唐番姓之佐证。对此赞成者有如《剑桥中国隋唐史》所评价的，他的论据非常有力，尚无人做出令人信服的反驳。⑧直到近期，还有学者搜集、分析证据，支持与加强李唐皇室祖先出自赵郡之说。⑨

① 《大正藏》卷五〇，No.2051，第210~211页。
② 刘盼遂：《李唐为蕃姓考（一）》，聂石樵编校《刘盼遂文集》，第646~648页。
③ 参见张广达《从隋唐到宋元时期的胡汉互动兼及名分问题》，许倬云编《唐宋时期的名分秩序》，第146页。
④ 参见冯承钧《唐代华化蕃胡考》，收入《冯承钧西北史地论集》，中国国际广播出版社，2013，第125~126页。该文初刊于1930年。
⑤ 参见朱希祖《驳李唐为胡姓说》，周文玖选编《朱希祖文存》，上海古籍出版社，2006，第225~252页。
⑥ 陈寅恪：《李唐氏族之推测》《李唐氏族之推测后记》《三论李唐氏族问题》《李唐武周先世事迹杂考》，均收入《陈寅恪先生论集》，中研院历史语言研究所，1971，第249~258、299~304、342~345、346~349页。按，这些论文发表于1933~1935年，略晚于刘氏主张李唐出自胡姓的系列论文的发表时间（1930~1934）。
⑦ 参见陈寅恪《唐代政治史述论稿》，上海古籍出版社，1997，第13页。按，该书初版于20世纪40年代，后在1956年改由三联书店出版。
⑧ 霍华德·韦克斯勒：《唐王朝的建立》，崔瑞德编《剑桥中国隋唐史》，中国社会科学院历史研究所译，中国社会科学出版社，1990，第151页注释①，对与陈氏认识有出入的见解的汇辑与简评，参见汪荣祖《史家陈寅恪传》，北京大学出版社，2005，第106~113页。
⑨ 参见张金龙《李唐出于赵郡李氏说》，《历史研究》1993年第5期，第183~186页；刘后滨《李唐皇室家世书写再议》，《国学学刊》2017年第1期，第97~109页。

　　诚然，除了他断然排除李家先世曾迁驻武川的论断略嫌有些绝对外，[①] 其论证的其他方面都大致可以自圆其说。[②] 相比之下，否定此说的学者主要是从学术以外的社会因素来审视这一研究成果，譬如认为 20 世纪 30 年代后期日本发动的全面侵华战争，导致陈氏在李唐氏族血统的问题上转胡为汉，以更加突出其在经历了世变的政治环境下秉持的民族本位理念。持这种观点的学者不仅限于原本即倾向于从六镇胡人改用汉姓的角度审视这一问题的部分日本学人[③]，还包括了像陈三平这样的海外华裔学者，后者甚至更为具体地将陈氏转变学术观点的原因揣测为受到其父对日本侵华战争的强烈抗议的触动。[④] 因此，这些异议实际上并未对陈氏文中关于李唐出自赵郡的文献证据的繁复分析做出同样绵密的批判，这等于在论述层面上仅是倒回到最初冯承钧的立论而已。同时陈氏关于李唐氏族出自赵郡的后三篇论考均发表在 1937 年七七事变和其父去世之前，因此从中日事变的角度解释其学术观点的变化全无时间上的根据。

　　然而让人感到困惑不解的是，尽管陈氏的续作力主李唐先祖本自汉裔，但一直都有学者误解为其结论坐实了李唐出身胡族一系，即如"书中（按即《唐代政治史述论稿》）有两处讲李唐王室的男系根子是出在胡族，女系早就知道，哪个皇后是胡族很清楚，就不用讲了……经过大量的资料分析，李唐男系也是来自胡"，竟至黄永年生前曾专门著文力图纠正这一误读。[⑤] 可惜这种以讹传讹之说已经到了纠不胜纠的地步，以致目前仍有学者重申，"至于李唐系出夷狄，今天已为人所熟知，显然，这是由于陈寅恪先生阐发的缘故"。[⑥] 情况与之类似的，还有甘怀真在前揭文中臆断姚薇元《北朝胡姓考》主张李唐族源可以上溯至河西走廊的中亚人士。

　　至于中文阅读水平有限的国外学者就更是极易对此发生误解，这恰如史怀梅（N.Standen）猜测的《唐代政治史述论稿》证明了李唐皇室在很大程度上具有突厥血统（a royal family of largely Turkic descent）。[⑦] 事实上，尽管公开进行辩论的陈、朱双方的最终看

---

① 比较持重的观点认为，应该从不晚于李虎的时代起，极可能源自赵郡的李氏该分支业已迁往武川，融入由代人集团构成的边地社会中，并获得武川镇人的身份，由此才能得到西魏、北周时崛起的宇文氏的重用（参见康乐《论李唐氏族》，《从西郊到南郊——国家祭典与北魏政治》，台北：稻禾出版社，1995，第 295~296 页）。最近研究者还指出，见于《魏书》卷七二《路特庆传附弟思令传》中的葛宏所遣清河太守季虎当从《册府元龟》有关此事记载中的李虎，并相信后者正是作为李唐先世的同名之人（参见王小甫《宇文泰"关中化"政策及其对华夏文化发展的影响》，《民族研究》2018 年第 5 期）。

② 至于 1935 年甘肃清水县出土的《李虎墓志》中的李氏是否即李唐氏族先祖的李虎，目前多数学者持否定或保留意见。对此问题的辨析，参见前岛佳孝『西魏・北周政権史の研究』汲古書院、2013、359–386 頁。

③ 石見清裕「唐王朝成立史研究をふりかえって」『唐代史研究』22 号、2019、113–126 頁。按，作者在相关的正文和注释中提及其他几位日本学者也持有类似的看法。

④ Sanping Chen, *Multicultural China in the Early Middle Ages*, pp.6–7.

⑤ 黄永年：《学苑与书林》，上海书店出版社，2006，第 228~229 页。

⑥ 张广达：《从隋唐到宋元时期的胡汉互动兼及名分问题》，许倬云编《唐宋时期的名分秩序》，第 144 页。

⑦ N.Standen, "Foreign Conquerors of China," in.N.Standen ed. *Demystifying China: New Understandings of Chinese History*, p.35. 陈氏享有的巨大学术声望甚至吸引了某些"新清史"的学者也将自己主张的"中国多元论"或者将中国视作一个不断变化的符号的观点上溯到陈氏的著述中，试图用之为其说背书，尽管深究中古民族问题的后者基于其固有的民族本位立场，其实从未有过如此激进的提法，同样被其引为同调的顾颉刚甚至后来还特地撰文论证"中华民族是一个"的学术命题，关于此类带有强烈主观倾向的学术史评论参见欧立德《关于"新清史"的几个问题》，刘凤云等编《清代政治与国家认同》（上），社会科学文献出版社，2012，第 4~5 页。

法确有差异，但在承认李氏本源于汉人这一点上却具有共识，相左之处仅在于前者倡导赵郡李氏说，而后者依然维护正史所载的陇西李氏说。与之形成鲜明对比的是，当时极力推论李唐氏族出自北族（叱李氏）一系的学者则为日本人金井之忠。[①] 应当承认，北朝后期确有不少同样自称出自陇西的李氏实为胡人后裔，但像陈三平文中那样，以属于此类情况的北周李贤为例，进而类比印证李虎一族也当出自鲜卑的研究思路则尤显不伦，因前者墓志中称其为汉将李陵之后，恰合正史中有关北人常伪托李陵之后的传世记载，同时志文中所追溯的其始祖名作俟地归，当时尚未有汉化姓氏，故知其始祖必为北族人士无疑。[②] 这和目前已知的李唐氏族较早的确切先祖李初古拔（陈寅恪疑其与李重耳或为一人）尚远在北魏孝文帝颁定汉姓之前既已冠有李姓自然完全不可相提并论。只是在未必掌握陈寅恪的研究成果，并且蔑视汉文史料所记史实虚假的可怕性在世界上无可比拟的杉山正明看来，李唐皇室出自血统纯粹的拓跋鲜卑人则是不容置疑的，因为这将直接关乎他以统治者的血统进行立论的"拓跋国家"论能否成立。

此外竭力论证李唐氏族起自代北鲜卑或与之渊源极深的，尚有海外学人卓鸿泽的新作。[③] 他具体从两个方面将李氏与鲜卑勾联起来。第一即论述前引法琳陈述中的"拓跋达阇，唐言李氏"之语反映了李虎即拓跋达阇的重要史实，因达阇可看作满语—女真语 tasha（"虎"）或其亲属语言中的近似名称的译音。然而此说断不可从，这不仅涉及鲜卑语与满语是否存在关联的语言学难题，而且单从审音上看也存在较为明显的障碍，因为"达阇"至多只能和类似于 taša 这样的读音勘合，而决不能和 tasha 勘同。当然更关键的还是我们对法琳原文内容本身的推敲与解读。如上文所引，法琳答语中明确提到事关李氏出身地位的"达阇达系，阴山贵种"，由此可知，达阇之名实为一"系"，而"系"字自当理解为氏族或家系方为妥当，这才配得上是"达阇达系"，相反，如果达阇真是满语—通古斯语中的"虎"的话，那后者只是在给家庭成员起名时适用的一个具体名字而已，可谓何"系"之有？因为其他姓氏的家庭同样也可以给其成员起名为"虎"，正如见于相关记载的北周人拓跋虎那样。倘若"达阇"真是鲜卑语老虎之义的话，那么由法琳口中道出的"拓跋达阇"一词岂不是"拓跋虎"的同义语？然而李虎本人只是被赐姓大野（疑系达阇），绝未在其名字（"虎"）之前再被冠以"拓跋"这一在当时经历了复旧风潮的、北朝后期尚仍由北魏皇族宗室后裔独享的姓氏。卓氏论证之粗疏难通，仅此可见一斑。至于卓氏论证的第二点则是在李虎的名字（"虎"）上大做文章，认为这反映了鲜卑萨满教流行老虎崇拜的风习，甚至还把李唐氏族攀附老子一事与杨雄《方言》中"虎，陈、魏、宋、楚之间，或谓之李父，江淮、南楚之间，

① 金井之忠「李唐源流出於夷狄考」『文化』第二卷第六号、1935。
② 参见赵超《汉魏南北朝墓志汇编》，天津古籍出版社，1992，第482~483页。
③ 参见卓鸿泽《塞种源流及李唐氏族问题与老子之瓜葛：汉文佛教文献所见中、北亚胡族族姓疑案》，氏著《历史语文学论丛初编》，上海古籍出版社，2012，第28~37页。

谓之李耳"的记载相联系，最后声称上述攀附反映了"五胡乱华"以后文化融合的结果，即鲜卑萨满旧俗与道教信仰两相结合。客观地说，鲜卑旧习与中土道教在北朝的融合并非不可能，但西汉《方言》中的代指虎名的李耳其实与老子的名字无实质性联系，两者同音实属巧合，根本不需在这一问题上过分深求，以之作为联结李唐氏族攀附老子的津梁。[①] 故卓氏充满求异思维的新说也因穿凿过度而不宜轻从。明乎此，则法琳之语的史料价值在于其透露了晚到初唐时期，社会上还流传着李姓源出鲜卑氏族的传闻，至于这种说法是否契合史实，其时已无书面文献作为确证（具体讨论详下）。

然而《唐护法沙门法琳别传》的有关文字最重要的价值，还是在于明确反映出唐太宗坚决否认其家世与作为"阴山贵种"的鲜卑氏族有渊源上的关联，故对担心皇帝偏祖道家的沙门法琳希望李氏放弃祖述陇西李氏与道家鼻祖李耳的建议予以回绝，并斥之为毁谤亵渎其先祖。他的这一宣明立场不啻李唐皇家无论其祖先是否出自代北鲜卑，待至唐朝建立以后，即主动与皇家血统所承载的旧有鲜卑政治遗产进行切割以回归塑造华夏正统的最好写照，再以此反观陈三平与杉山正明等津津乐道的"拓跋国家"论，那么该说的虚幻性就不言自明了。此处需要指出的是，相较杉山氏来说，陈三平则对《唐护法沙门法琳别传》这样关键的史料有所措意，不过他对其的诠释实有悖文意。以下试辨析之。

陈三平断言，在这场发生于两人之间的辩论的最后，太宗其实已经承认了法琳对皇室所坚持的李唐先世观点的驳议并非没有根据，故才减轻对法琳的处罚，进而声称太宗公开认可了其先世在血统上与拓跋贵族和其他北族大姓存在关联的说法，并且这一点在当时亦属世人共识。[②] 当然此前刘盼遂早已有过类似的解读。倘若他们的这一判断属实可信，或许我们还可以说"拓跋国家"论在立论上尚有挽回的余地。可是一旦复核彦琮原文，即知以上理解全然不得要领。彦琮原文最后说，太宗之所以对法琳采取宽大处理，是因为在其看来，"法琳虽毁朕祖宗，非无典据"。故我们必须究明这里的"非无典据"究竟对应的是前面文字中的哪些具体内容。幸而《唐护法沙门法琳别传》介绍得非常翔实而明白，绝不会让人产生任何歧异。那就是当法琳叙述自己获悉李唐祖先来源于鲜卑著姓时的信息来源时，使用的措辞仅是"琳闻拓跋达阇，唐言李氏"，全未举出任何记载这项说法的资料来源，而此处所选用的"闻"字尤见个中深意。据此，我们完全可以断定法琳的依据仅仅是不见于书册所载的在当时社会上流传的一种通俗说法，其属于广义上的耳食之谈。不妨设想，以法琳泛览经籍的知识程度而言，倘若他果真据有李唐家族出自阴山大姓的一手书证，在面临"无言即死"而性命攸关的紧要时刻，岂有装聋作哑、缄默不引之理？

---

① 根据王静如的构拟，李父和李耳的中古音值适近于土家语中"公虎"和"母虎"的读音，参见氏著《关于湘西土家语的初步意见》，《王静如民族研究文集》，民族出版社，1998，第330~331页。

② Sanping Chen, *Multicultural China in the Early Middle Ages*, p.5, 相关的讨论还可参见 T. Jülch, "In Defense of the Samgha: The Buddhist Apologetic Mission of the Early Tang Monk Falin ," in. T.Jülch ed., *The Middle Kingdom and the Dharma Wheel*, Leiden: Brill, 2016, pp.37–39.

与之形成鲜明对照的是，一旦转入对柱下李氏和陇西李氏的传承谱系的追溯梳理时，法琳立即侃侃而谈，出口成章地将其所掌握的相关著述的名称和内容和盘托出，予人以博览群书、熟稔经史的渊博之感，尽管事实上他举出的这些外典多系抑道扬佛之作，其中袒护释教、乖违史实之处比比皆是。两相对比，李世民所指的"非无典据"只能是指法琳辩论中征引的上述论及柱下李氏和陇西李氏来历的一干书证，因那种没有任何书证、不克引经据典的耳食传闻是万万配不上"非无典据"的学识评价的。故唐太宗最终对法琳的从轻发落大概只是缘于他觉得后者因谙熟外典、富有辩才而学问出众，害之未免可惜，且影响天子清誉，但这丝毫不意味着其已经在皇家血统这一重大原则问题上改弦易辙，转而认可李唐一门出自代北胡姓了。事实上，"非无典据"前面的"毁朕祖宗"等语已经再明晰不过地表明了皇帝矢志坚守李氏出自"柱下、陇西之流"的认同底线，决不容其受到挑战冒犯。要之，李唐皇室通过刻意强化其源自中土氏族的家世出身，实际上已经抹去了和以"阴山贵种"为代表的边塞北族的血脉联系。如果说民族归属与文化认同两问题是我们认识唐史的关键的话，那么即以前者而论，以太宗为首的李唐皇室做出的如上抉择无疑是昭示华夏本位的最突出标志。

这里不妨稍做延伸，因唐初对鲜卑政治遗产的扬弃还显现在文化政策上。即以隋唐之前的北周和北齐来说，均有过皇帝亲自祭祀胡天的非常之举，并在一定程度上带动了当时北方社会风气的胡化。而且上述行为皆被时人视如正常。[①] 然而降至唐初，由鲜卑于氏的后裔于志宁等重臣监修的《隋书·礼仪志》中就对此做了拨乱反正的负面评价，所谓"（北齐）后主末年，祭非其鬼，至于躬自鼓舞，以事胡天。邺中遂多淫祀，兹风至今不绝。后周欲招来西域，又有拜胡天制，皇帝亲焉。其议并从夷俗，淫僻不可纪也"。[②] 若文中说的"至今不绝"是指隋唐之际的话，那么可见北朝盛行的有关胡俗在初唐的某些地区仍有流行，不过唐朝官方已经将其贬低为惑乱民风的"淫祀"或者是不值得载入史册的"夷俗"。这种以华夏本位为中心的文化评价体系得以构建、完成的根本原因，自然无法归结为于志宁等北族贵胄后裔的数典忘祖、背弃传统，而是由唐朝前期社会的"华化"总趋势所决定的。[③] 因此不仅前述"拓跋国家"论毫无任何成立的余地，即使"胡汉复合社会"论或者"胡汉融合"论在解释唐初以降的总体历史演进方向时也会略感吃力，换言之，二者的理论说服力主要适用于胡汉文化尚大体维持均势甚至有时胡族文化呈现强势的北朝时期。而在"华化"堪称社会主导思想或者汉化凌越于胡化之上的历史大背景下，就连颇能凸显北族王朝政治传统的北魏、北周正统论在初唐之后都不免地位有所动摇，尤其是当作为隋唐两朝开国支柱的关陇集团在政治上的影响力渐渐衰退之后，这一变化就彰显得更加清楚。

---

① 毕波：《论北周时期的胡人与胡化》，《文史》2005 年第 4 辑，第 156~158 页。

② 《隋书》卷七《礼仪志二》，第 149 页。

③ 参见葛晓音《论唐前期文明华化的主导倾向——从各族文化的交流对初盛唐诗的影响谈起》，《中国社会科学》1997 年第 3 期，第 131~146 页。

这即如武周代唐后就实行了王通等重新建构的借以绕过或回避北朝正统说的唐承汉统论，同样内容的正统论在朝政系由与前一个时期有着密切人事关联的李武韦杨婚姻集团把持的唐玄宗时期也曾采用过。至于士林中人对于北朝正统观表示异议的现象就更是不可避免，较为典型的如生活在初唐与盛唐之间的著名史学家刘知几就曾宣称"魏本出于杂种，窃亦自号真君"，等于从统治者出身血统的层面彻底推翻了北朝正统论。[①] 这种今天看来因带有强烈华夏中心主义而缺乏包容开放心态的历史评价显然产生于胡汉一家观念已经从主流意识形态中悄然退出（尽管通婚融合等社会现象从始至终在唐代皆不罕见），而传统的华夷之辨思潮又重新抬头的社会背景下。

论述至此，或许有人还会觉得上述强调"华化"为社会主流的解释思路，在被运用于关陇本位政策尚属政权根本的唐初时期，未免有些大而化之，进而更多地着眼于对具体的历史问题发问，即如博学多识的法琳为何会采用"阴山贵种"和"陇西李氏"相互对比的辩护策略来试图打动明显带有偏袒道家动机的当今皇帝？支配李世民做出坚决摒弃李唐皇家出自"阴山贵种"血统论的真正原因究竟是什么？[②] 对此笔者认为，法琳的辩论思路恰恰为我们指明了一条认识从北朝直到唐代的相关统治集团与代北族人之间关系的重要线索。故有关的考察时段不宜局限于太宗与法琳间发生激辩的贞观前期，还应上追北朝，下及晚唐，方能全面合理地释疑作答。

## 三　北朝史视角下的"阴山贵种"问题发微

当法琳引用"阴山贵种"一语时，意在将其与李氏自诩的"柱下、陇西之流"的家世置于一种二元对立、不可兼有的对话语境中。表面上看，前者代表北族或者塞外本位，后者反映华夏或中原（汉地）本位，堪称两种在思想上根本对立的族系源流观。自然我们首先必须澄清，"阴山贵种"之说究竟起于何时，而其涵盖的大致范围又如何？故要回应这一议题，不能不先从阴山在北朝的战略地位说起。近来一直有学者强调阴山在汉族王朝与

---

① 参见刘浦江《南北朝的历史遗产与隋唐时代的正统论》，《文史》2013年第2辑，第127~151页。而梅维恒所持的武周王朝属于鲜卑人建立的非汉族国家的论调迄未经过严肃论证，这大概跟他一贯秉持的反汉化论的先入之见有关。有关武后家世背景属于山东寒门的考察，参见宋德熹《唐武士彟事迹辩证——兼论家世对武则天册立为后的影响》，《唐史识小》，台北：稻乡出版社，2009，第1~73页。另外对于海外学者柳存仁所持的武氏出自胡族后裔的新论，国内学者进行过有力的驳斥（参见杜文玉《武则天家族源流述略》，《陕西师范大学学报》2002年第2期，第61~73页），故前者之说并未得到学界认可。

② 以前曾有学者从法琳亲附太子李建成的政治倾向和后者优容佛教的态度来解释李世民与法琳之间的意见冲突，参见礪波護「法琳の事跡にみる唐初の仏教・道教と国家」吉川忠夫『中国古道教史研究』同朋舎、1992、243-273頁。关于对太宗与佛教界关系的分析，参见滋野井恬「唐の太宗李世民と仏教」仏教史学会編『仏教の歴史と文化』同朋舎、1980、216-235頁。

北方民族之间作为中间地带对双方皆有的地理重要性，[1]而这恰恰突出表现在北朝—隋唐时期的历史中。以拓跋鲜卑而论，根据对嘎仙洞遗址的定位，可知自443年北魏太武帝认可了乌洛侯使者的报告以后，今大兴安岭一带就初步与拓跋部的族源地建立起一种地望上的对应关联。[2]后又加上原本一直力主拓跋氏源于李陵后人的崔浩因修国史被下狱治罪，这更进一步排除了将拓跋祖先定位在此地的障碍——因李陵投降匈奴之后的活动并不在这一带，所以在450年崔浩狱事之后修成并保存于后来北齐《魏书·序纪》中描述拓跋先祖事迹的传说中，即有始祖出于黄帝后裔、起自大鲜卑山、后裔在尧舜时期又因为在北方的弱水建功而受命为田祖等内容。[3]在这一关于祖先活动地望叙事的建构中，北魏朝廷有意识地通过将乌洛侯部报告的"祖先石室"所在的区域正式定名为大鲜卑山，借以区别于原本在历史传承中更为知名、早已见于《后汉书》的东胡各部被匈奴击败后所退保的辽西鲜卑山。[4]

太武帝的这种授意颇有排挤其他鲜卑支系、转使拓跋独占鲜卑之美名的动机，正如其改称宇文鲜卑为匈奴、慕容鲜卑为徒何以及将与鲜卑素有渊源的柔然蔑称为蠕蠕一样。[5]考虑到东汉中后期以来一直到拓跋部兴起之前，鲜卑部落联盟主要系从辽西之地发展壮大而来的既往历史，[6]此番重新厘定大鲜卑山的名称与地望，其政治意义不啻将原来主要由起源于辽西的东部鲜卑各部造就的民族发展主流叙事转移到与东部鲜卑非出同源、起初地位尚相对边缘化的拓跋部的名下。因为拓跋部无论是起源于其追记的"祖先石室"所在的大兴安岭，还是发轫于蒙古高原的漠北之地，均与人们熟知的辽西鲜卑山在基本地理方位上有显著不同。[7]最近随着蒙古国境内所谓鲜卑遗迹的不断发现，尽管目前研究者还无法在拓跋部是否真正起源于"大鲜卑山"的问题上取得共识，但其部远自漠北辗转迁来漠南活动的可能性渐

① 参见唐晓峰《"边地"的主体性与多元性》，张志强主编《重新讲述蒙元史》，三联书店，2016，第36~40页。关于对中古以前阴山地望及其范围的考察，参见辛德勇《阴山高阙与阳山高阙辨析——并论秦始皇万里长城西段走向以及长城之起源诸问题》，《文史》2005年第3辑，第5~64页；黄晓芬「秦漢帝国北方辺境の歴史空間——内蒙古自治区陰山・河套地区を中心に」佐川英治等『大青山一帯の北魏城址の研究』（科研報告書）、2013、125–144頁。

② 关于对太武帝认可乌洛侯使者上报鲜卑石室一事的政治背景的分析解读，参见罗新《民族起源的想象与再想像——以嘎仙洞的两次发现为中心》，《文史》2013年第2辑，第15~21页。

③ 園田俊介「北魏・東西魏時代における鮮卑拓跋氏（元氏）の祖先伝説とその形成」『史滴』第27号、2005、63–80頁。

④ 关于对大鲜卑山与辽西鲜卑山的这种区别所具有的政治意义的分析，参见曹永年《关于拓跋鲜卑的发祥地问题——与李志敏先生商榷》，《中国史研究》2010年第3期，第166页。

⑤ 曹永年：《柔然源于杂胡考》，《历史研究》1981年第2期，第108页。

⑥ 石黒富男「鮮卑遊牧国家の領域」，北海道大學史學會編『北大史學』第4号（1957）、80–91頁。

⑦ 关于拓跋部的发祥地，目前国内学界形成了以认可嘎仙洞遗址为核心论据的大兴安岭说和认为其起源自漠北的两派彼此相左的观点，而以持前一说的学者居多，相关的学术史梳理参见倪润安《光宅中原：拓跋至北魏的墓葬文化与社会演进》，2017，第15~17页；此处仅补充一篇中国学者在国外发表的易被遗漏的相关主题的论文，即 Liu Yingsheng, "Zur Urheimat und Umsiedlung der Toba," Central Asiatic Journal, Vol. 33, 1989, pp.86–107.

渐又重新得到了学界的关注。① 总之，北魏的官方叙事并不承认阴山、辽西与拓跋氏的起源有关。

但是，降至 3 世纪中叶，随着拓跋部南迁到盛乐（今和林格尔）一带并将之作为新的政治中心，阴山以南的代北之地又与拓跋鲜卑发生了直接的关系。② 或可说北魏的前身拓跋鲜卑部落联盟即在广义的阴山南麓及其周边地域发展兴盛起来的，并在十六国时期初步发展为代国政权。然而从前揭法琳的答语来观察，却反映出他在此番陈言中并未提到北魏官方最终确认的拓跋鲜卑的起源地"大鲜卑山"，反倒以拓跋部较晚时候才迁至的阴山来概括其源流出身，这种做法更近似于当时的部分鲜卑系北族上层人士，置身中古时期贵族社会的环境下，自叙其始祖来历的某种"郡望"。那么产生这种认知观念的历史背景何在呢？

事实上，阴山成为对拓跋鲜卑来说至关重要的屏障要地，是在其直接面临柔然等蒙古高原上的民族军事威胁的北魏平城时代。确切地说，这时的阴山不仅是北魏构筑的凝聚六镇子弟的御边防线的核心所在，而且还被设定为安置陆续归附的自蒙古高原南下各族的处所。换言之，平城时代的广义上的阴山已经与拓跋鲜卑、归附北族这两大政治群体均发生了极为密切而特殊的关联。这一点恰好是此前时期的阴山未曾具备的全新时代特征。目前已经有几位学者就该时期的阴山地位的上述双重性做了细致的论述。何德章的《"阴山却霜"之俗解》，详细论析了平城时期北魏控制下的阴山特有的礼仪空间作用以及作为对抗北边柔然的前进基地的重要地位，从而凸显了阴山地带在拓跋北魏前期的政治生活中所具有的其他地区无以取代的战略价值。③ 最近考古工作者对现存于武川县大青山蜈蚣坝的北魏前期祭天遗址的揭露发掘，则从另一视角证实了阴山地区在北魏迁洛之前所具有的重要地位。

同时阴山一带还是北魏将其他北族改造为己方军事力量的地区。护雅夫论证过北魏前期曾系统地将北征虏获的大批原居漠北的高车部众留住于漠南地区，将其安置在东起濡源，西至五原、阴山的广大地区，继续以部落形态维持生计并向朝廷提供兵员，同时对于主动南下归附的高车（与更早被吸纳入拓跋宗室集团的那些高车系氏族不同）等部民众也采取了类似安排，逐渐将这些北边部民成功地转化成六镇所在的阴山一线的边防体制下的武装力量，这意味着这些善战的北族部民最终融入了北魏苦心打造的御边体系中。④

① 近期讨论参见吉本道雅「魏書序紀考証」『史林』93 卷 3 号、2010、418–446 页；片山章雄「鮮卑の祖先窟の伝達と突厥の祖先窟の伝承」『專修大學古代東ユーラシア研究センタ年報』2015 年第 1 号、9–17 页；吴松岩《鲜卑起源、发展的考古学研究》，上海古籍出版社，2018，第 133~134 页；奥德巴特尔《鄂尔浑省艾尔根敖包墓地进行的考古发掘与研究》，特尔巴依尔译，中国人民大学北方民族考古研究所编《北方民族考古》第 7 辑，科学出版社，2019，第 256~270 页。

② 曹永年：《关于拓跋鲜卑的发祥地问题——与李志敏先生商榷》，《中国史研究》2010 年第 3 期，第 158~159 页。

③ 参见何德章《"阴山却霜"之俗解》，《魏晋南北朝隋唐史资料》第 12 期，武汉大学出版社，1993，第 102~116 页。

④ 護雅夫「高車伝にみえる諸氏族名について——高車諸氏族の分布」「『度斤旧鎮』小考——北魏の北辺」氏著『古代トルコ民族史研究』Ⅲ、山川出版社、1997、279–297、298–333 页。

上述北魏前期分布于阴山一线的高车人基本上仍是处于一种由自己的首领统率的"附国"体制中，有别于其时已经逐渐经历了去部落化成为国家编户的鲜卑人。[①] 他们的生活环境具见于斛律金的北朝民歌所吟唱的"敕勒川，阴山下……风吹草低见牛羊"，诗歌形象地道出了内附的敕勒（高车）部民游牧繁衍于漠南阴山地带的史实。[②] 大概正是由于这些置于漠南阴山一带的军镇是位于黄河大拐弯以北，所以北朝以降的文献中曾直接称其地为"度河（斤）旧镇"。[③] 拓跋鲜卑对阴山一线及其附近的长期经营，使得该带状区域成为足以捍御华北等北魏统治核心区的名副其实的藩蔽地带，因其恰好直接拱卫被称为"畿内之田"的以平城为中心的北魏王朝的腹心地区。[④] 自此遂奠定了北魏背靠阴山、面向广袤内地发展的基本立国地缘态势。[⑤]

澄清了阴山地区对鲜卑人及北边归附外族的不同意义后，我们就容易解释其作为类似于"郡望"的地名符号为何会屡屡见于一部分北族人士的墓志及有关传记中。对于那些原非出自大鲜卑山，只是在后来拓跋鲜卑经略漠南阴山或者更晚的平城时代才逐渐被动或主动加入鲜卑国家并被安置于相应区域的非拓跋系北族的后人来说，称其家族与拓跋氏同出阴山，就成了他们通过纪念祖先功业，以在现实政治中塑造勋旧显贵身份的最佳途径，借以遮掩其无法将自己的始祖肇源地溯至太武帝所认定的东北乌洛侯部地域的政治缺陷。这对那些原先起源于漠北、后来因在漠南阴山生活了数代而渐渐培育起对其地域认同的归附民族的后裔来说，个中道理尤显明白。试以本出高车（敕勒）部族之一、后来才徙居入塞的贺拔氏为例，在北魏末期的六镇起事阶段崭露头角的贺拔岳家族即以"其先与魏氏同出于阴山"自诩。[⑥] 降至中唐，林宝《元和姓纂》仍有与之基本相同的表述："与后魏同出阴山，代为酋长。北人谓地为拔，谓其总有其地，时人相贺，因氏焉。"[⑦]

换言之，阴山已经成为像贺拔氏这样较晚时候才得以发迹的塞外来归部族后裔的地理认同符号，也正是凭借阴山作为津梁，这些无法名正言顺地宣称自己也起源于"大鲜

---

① 佐川英志「北魏道武帝の『部族解散』と高車部族に対する羁縻支配」宫宅潔編『多民族社会の軍事統合：出土史料が語る中国古代』京都大學出版社、2018、289–310 頁。

② 该诗歌的原文被认为是与古突厥语接近的高车语，参见小川環樹「敕勒の歌——その原語と文学史的意義」『東方學』第十八輯、1958、34–44 頁。

③ 对现存的北魏时期漠南阴山一带遗址的调查考察，参见苏哲《内蒙古土默川、大青山的北魏镇戍遗迹》，《国学研究》第 3 卷，北京大学出版社，1995，第 545~565 页；松下憲一「大青山南部北魏城址遺迹」、塩沢裕仁「大青山北麓の六镇关连遺迹」、佐川英治『大青山一带の北魏城址の研究』（科研报告书）、51–65、67–123 頁。

④ 勝畑冬実「北魏の郊甸と『畿上塞囲』——胡族政権による長城建設の意義」『東方學』第 90 輯、1995、33–47 頁。

⑤ 关于上述北边地带在北朝时期的地位重要性的概论，参见 S. Pearce, "The Land of Tai: The Origins, Evolution and Historical Significance of a Community of Inner Asian Frontier," in. E. H. Kaplan etc. eds., *Opuscula Altaica: Essays Presented in Honor of Henry Schwarz*, Bellingham. W.A., 1994, pp.465–498。

⑥ 《周书》卷一四《贺拔胜传》，中华书局，1971，第 215 页；《北史》卷四九《贺拔允传》，中华书局，1974，第 1795 页。关于贺拔氏的高车源流及其归魏的大致时代参见姚薇元《北朝胡姓考》，科学出版社，1958，第 116~117 页。该词被有的研究者复原为先突厥语的 qabat，表示"猪"之义，参见 L.Bazin, "Recherches sur les Parlers T'o-pa," *T'oung Pao*, Vol.39, 1950, p.254。

⑦ 林宝：《元和姓纂》，岑仲勉校记，郁贤皓、陶敏整理，孙望审订，中华书局，1994，第 1314~1316 页。

卑山"、早先尚与拓跋氏渊源不深的北边部族，才能在始祖上给人以与涵盖宗族十姓在内的拓跋鲜卑关系素来密切、同出一源，因此也不失为北族贵胄的高门印象，从而有助于这一异军突起的新兴势力在政治名分上更好地跻身北朝权力集团的核心位置。这正像当初极端仇视洛阳汉化鲜卑公卿的代北军阀契胡首领尔朱荣在一手导演了"河阴之变"屠杀事件后，立即又向朝廷上书悔过，并追赠遇害者的官爵。待到更晚的周隋禅让之际，滞留北方的南人庾信为其后裔族人彭城公夫人尔朱氏书写的墓志文中，开篇叙其家世出身即是"河南洛阳人也。若夫阴山表里，冲北斗之玑衡"，①既彰显了其源自阴山北族豪酋世家的先祖背景，又刻意凸显出这一家族业已具有了同流于曾被其先祖深切嫉恨的洛阳勋旧集团的时新身份。

与之不同的是，在六镇事变之前，对于真正出自拓跋鲜卑尤其是其中所谓的帝系诸姓的族人来说，他们或者看重拓跋焘时代确立的"大鲜卑山"这一作为族源发祥地的全新地理符号，或者在北魏迁都以后直接就以新都洛阳作为自己的籍贯，故阴山的象征地位既不如渺远的大鲜卑山，也不如中原的洛阳。因此，在北魏较早时期的相关墓志与传世文献中，尚不见拓跋族人标榜其源出阴山的自述。本为平城时代重要边防地理符号的阴山，是在较晚的时期才得以取代以拥有拓跋氏"祖先石室"而闻名的东北大鲜卑山，成为不少六镇代北氏族和早已南迁并汉化的元氏等十姓集团在认同层面的交集所在，成为喻示高门贵种的特殊地理符号。而产生这种政治认知的时代节点即始于上述催生出尔朱氏及其麾下贺拔岳兄弟等乘势崛起的北魏末期六镇起义，因此我们就不难解释为何目前能够检出的以阴山相自标榜的实例可谓尽数始自北朝后期。

学界较为熟知的个例，还可举出庾信《周骠骑大将军开府侯莫陈道生墓志铭》所记的"朔州武川人也，本系阴山，出自国族"。侯莫陈部直到道武帝统治时期，仍系魏军大举讨伐、以虏掠牛羊牲畜的作战劫获对象，可见其亦非拓跋氏元从集团的部落氏族。②然而这里的侯莫陈道生出自独孤部刘姓，晚至西魏大统年间才被宇文泰赐姓侯莫陈氏。只不过道生一系并非迁洛后趋于汉化的独孤氏望族，而是与北周独孤信类似，均属仍旧留守六镇一带的旁支集团，所以其在六镇事变之后也以阴山人自居是全然符合其成长背景的自然结果。③要之，他的个人际遇揭示出其家世在北魏时期尚不显要，降至武川代人军阀集团左右政局的西魏—北周时代方有机会脱颖而出。随着早已迁洛并陆续汉化的拓跋氏元从集团的相对衰落，较晚兴起的武川侯莫陈道生一支也终于实际取得了类似原来独孤刘氏中那些迁洛大族的"出自国族"的权贵身份，因该氏恰好是当初北魏汉化时朝廷确定的勋臣八姓之一，只是这种被赋予

---

① 倪璠：《庾子山集注》，中华书局，1980，第1076~1077页。
② 姚薇元：《北朝胡姓考》，第180~181页。
③ 对道生出自独孤（刘）氏的考证，参见姚薇元《北朝胡姓考》，第182~183页；关于独孤信家世背景的梳理，参见田余庆《拓跋史探》，三联书店，2003，第90页。

特权性质的优厚待遇起初未必泽被远在武川戍守从军的道生先人。[①] 而以阴山为认同根源的情况自不限于北周。北齐《库狄业墓志》即称墓主为"荫（阴）山人也"。[②] 库狄氏也是因部得名，其源流与贺拔氏相似，同属于漠北高车，先在前秦时被安置于代地桑乾川，后又在魏初被讨伐于大浑川一带，以后渐次转化为镇人。[③] 盖相关地域也可视作位于广义的阴山范围之内，故其后裔最终选择以阴山作为家族发祥地。

尽管北朝后期直接留下的代北人氏自称源于阴山的记载不多，但唐代的墓志提供了唐初以后部分北边氏族的后裔仍以阴山作为本支家族的"郡望"的例证。而这种追认的源头无疑正是在北朝后期，并被其家族后裔代代相承。陈恳学兄曾向笔者提供下列墓志史料，对于本问题的探讨起到了重要作用。

若干氏——《大唐故左领军丰润府左果毅永县男若干君墓志》："君讳，字志定，泾州安定人，其先盖阴山之北人也。祖麟，周使持节、车骑大将军、开府仪同三司、大都督、永寿县开国公。"[④]

念氏——景云元年（710）《唐念子（禄）墓志铭》言："惟公讳□子，始迹阴山，远归华壤，代居秦分，锡土为宗，今即高平人也。"[⑤]

匹娄氏——开元十二年（724）《唐故朝散大夫守吉州长史上柱国匹娄府君墓志》："公讳思，字本，河南洛阳人也，其先出自北裔，代居阴山，随魏文南迁，因为此土著姓。齐神武太后匹娄氏，即其族也。"[⑥]

吐突氏——会昌四年（844）《唐故通议大夫行内侍省内寺伯员外置同正员上柱国广平县开国男食邑三百户广陵焦府君墓志铭》："有女一人，适阴山吐突氏。"[⑦]

以上的若干氏、念氏、匹娄氏、吐突氏也均不属于和拓跋皇室渊源较深的宗族姓和勋臣八姓。若干氏属于漠北部落之名，以后入居武川。念氏疑属于原慕容鲜卑的分支吐谷浑

① 关于那些驻防北边、本与洛阳勋贵集团同出一源的鲜卑氏族成员，徒有国人血统，却在入仕和通婚上深受汉化集团歧视的情况，详见《北齐书》卷二三《魏兰根传》中的描述。当然激发六镇事变的原因还有其他深层的因素，参见潘国键《北魏与蠕蠕关系研究》，台北：台湾商务印书馆，1988，第212~214页。
② 罗新、叶炜：《新出魏晋南北朝墓志疏证》，中华书局，2005，第187页。按，库狄家族成员内与阴山人类似的自称还有"朔州部落人"，参见佐川英治「北魏六镇史の研究」『大青山一带の北魏城址の研究』（科研报告书）、4页。
③ 参见姚薇元《北朝胡姓考》，第184~186页；王仲荦《代北姓氏考》，氏著《𫘝华山馆丛稿》，山东大学出版社，1995，第125~126页。又唐长孺在与黄惠贤合著的《试论魏末北镇镇民暴动的性质》（《历史研究》1964年第1期，第97~114页）中则将库狄氏推定为鲜卑之分支。持后一观点的学者还有苏小华（参见氏著《北镇势力与北朝政治文化》，中国社会科学出版社，2012，第21页）。
④ 张安兴：《唐〈若干志定墓志〉考释》，《碑林集刊》总第15辑，三秦出版社，2009，第115页。按，若干一名被巴赞比定为蒙古语 na γ an（舅族），参见 L.Bazin, "Recherches sur les Parlers T'o-pa, "p.262；近来又被其他学者比定为接近于契丹语或中古蒙古语的"犬"，参见 A.Shimunek, Languages of Ancient Southern Mongolia and North China, Wiesbaden: Harrassowitz, 2017, p.356.
⑤ 马东海：《唐公士念公夫妇墓及墓志考释》，《考古与文物》2010年第1期，第84页。
⑥ 周绍良、赵超编《唐代墓志汇编》（下），上海古籍出版社，1992，第1302页。
⑦ 周绍良、赵超编《唐代墓志汇编续集》（下），上海古籍出版社，2001，第957页。

族系，[①] 有可能是在北魏与吐谷浑的冲突中被从金城一带强制迁徙到北边的，匹娄氏的情况可能类似。匹娄氏出自战败归降拓跋氏的原吐谷浑下属部落。[②] 吐突氏来历无考，似也属于武川等六镇下的北边氏族，故才以阴山为族源。当然念氏和匹娄氏两个氏族的后裔成员标榜其家世起源于阴山，还很有可能是缘于他们知道当吐谷浑带领着慕容鲜卑的分支七百户从辽东向西迁徙时，首先曾在阴山落脚过一个时期（3世纪末），即《宋书·吐谷浑传》所述的"遂西附阴山，遭晋乱，遂得上陇"，而且吐谷浑所属的东部鲜卑集团在起源地上如同高车等漠北民族一样，无法追溯至大鲜卑山，因此转而以阴山作为其"郡望"，借以掩盖其真正发祥地即政治地位早已式微的辽西一隅，终不失为在新的形势下可以光宗耀祖的明智之举。除此之外，武威博物馆收藏的垂拱年间的一方墓志中，主人之名为纥单端，志文对其家世的记述为："阴山人也，出自国族，拓拔归晋因而命氏。"纥单氏族即《魏书·官氏志》的阿单氏。[③] 该氏本为在拓跋力微时期才加入进来的"内入诸氏"，并不在宗族十姓之列。[④] 下面我们再简要地概括一下这些具有"阴山"出身标识的氏族在北魏政权中据有的相应地位。

如果将北魏时期北族各氏族的政治地位以同心圆作为譬喻的话，那么处在最内圈的无疑是皇族元氏（拓跋氏），处在第二圈的则是整个拓跋集团宗室群体中的其他九姓，两者构成了狭义的国人，随后排在第三圈的则是与拓跋集团关系密切、渊源较深的所谓勋臣八姓，相当于广义的国人。上述氏族均为北魏政权核心统治集团中的成员。[⑤] 这些核心集团的氏族大多追随孝文帝南迁中原，并陆续改为汉姓，故去世后的墓志与传记中多直接以中原的洛阳等落籍地为本贯，根本不会再将其家族的源流上追至阴山。这种现象越到后期越趋普遍，表明了降至北魏后期六镇起事之际，他们的后裔多数已经切断了与阴山等北边地带的精神与文化联系，因而像"阴山人"这类带有浓郁边地色彩的出身认同，其实并不适用于这些基本趋于汉化并在中原享受安逸生活的鲜卑贵胄子弟。然而，处在上述三圈以外，与拓跋集团亲缘关系相对疏远的六镇士众，则来源庞杂多元，甚至不少氏族还出自鲜卑以外的高车等漠北部族，却因长期戍守阴山六镇一线之故，并未像南迁的鲜卑大姓那样大步走向汉化，渐至形成与中土洛阳相对立隔阂的抵触汉化导向的又一庞大军政势力，其转而利用北

① 马东海：《唐公士念公夫妇墓及墓志考释》，《考古与文物》2010年第1期，第83~86页；李鸿宾：《唐念子（禄）墓志铭相关问题考释》，中国人民大学国学院主编《国学的传承与创新：冯其庸先生从事教学与科研六十周年庆贺学术文集》下册，上海古籍出版社，2013，第1206~1213页。此前陈连庆也持这种观点（参见陈连庆《中国古代少数民族姓氏研究》，吉林文史出版社，1993，第84页），唯周伟洲认为依附于吐谷浑的念氏可能原为氏族（参见周伟洲《吐谷浑史》，广西师范大学出版社，2006，第151~152页）。

② 姚薇元：《北朝胡姓考》，第58~59、90~93页。

③ 宿白：《武威行》，收入氏著《魏晋南北朝唐宋考古文稿辑丛》，文物出版社，2011，第86页。

④ 姚薇元：《北朝胡姓考》，第108~109页。关于对该名本义的尝试性比定，参见 L.Bazin, "Recherches sur les Parlers T'o-pa," pp. 241–242.

⑤ 毛汉光：《中古核心区域核心集团之转移》，《民国以来国史研究的回顾与展望研讨会论文集》，台湾大学，1992，第761页。

魏末期边境城民起义创造出的历史契机，一举转型为新贵利益集团，最终下启北齐北周政权的建立。[①]

正是在此催生促死的世变历程中，这些现已取得了统治地位而在北魏时期尚处于边缘处境的六镇集团氏族开始主动选取其生长于兹的阴山作为出身认同符号，从而既加强了内部的团结，又利用其为纽带以求名正言顺地承袭拓跋元魏留下的政治遗产，因而刻意制造出一种新贵与勋旧同出阴山的共同体表相，并且继续保持或重新恢复虏姓的名称。从这一点来看，尽管北周、北齐施行的政策已经与孝文帝以降的北魏政治演进方向有了明显差异，但它们仍然可以被视作拓跋王朝的继承者。阴山则随之成了这类难以精确追溯其更早起源地的新兴北族高门出身的某种"郡望"，久而久之，甚至那些因汉化较早而对阴山一类的认同符号并无兴趣的拓跋元氏等北魏皇室家族的某些后人也开始接受它。事实上，晚至建中元年（780）书写的《大唐故元府君墓志》，仍然将墓志主人元怀晖的家世起源追溯为"后魏始自阴山之胤，累世赫奕"。[②]由此可见，这种北朝后期方才趋于形成的地域认同观念流传之长久。尤其是考虑到北周、北齐时代，部分元氏又改回为拓跋氏的重新胡化的政治背景，虽然直接表明元姓成员以阴山人后裔自居的北朝后期的文献证据寥寥无几，但是实际上接受这种观念的拓跋氏后裔应当在那一时期并非少数。

总之，在北朝后期，新创出了将早先的以元氏（拓跋氏）为核心的旧有鲜卑高门著姓与所谓的"阴山贵种"武川新贵集团相整合的观念，其余波一直下延到隋唐之际。这正是贞观年间的沙门法琳将拓跋与达阇（大野）这种相辅相成的君臣、上下关系折解为新旧杂陈、共属一体的"拓跋元魏，北代神君。达阇达系，阴山贵种"的真正原因。其实此类将边鄙部落达阇（大野）提升到高居拓跋国族（"北代神君"）近侧，[③]不啻匹敌早先"勋臣八族"的说法，本不可能出现在六镇起义之前拓跋元氏秉政的时代。那么为何法琳宣扬的这套看似可以抬高李氏政治地位的说辞却丝毫不能打动太宗呢？

最重要的原因，还是法琳陈言中最后延伸出的批评性结论（"弃北代而认陇西，陛下即其事也"），无可避免地与宇文北周开启肇基并下延到贞观时期的关中本位政策发生了实质性的冲突。考虑到可能有人会以宇文泰赐汉人下属虏姓为由，进而认为法琳的陈述恰恰符合这种流行于北朝后期的胡化潮流，故还必须先就这一政策施行的具体原因略做说明。最早提出这一概念的陈寅恪指出，宇文泰进入关中之后，为了加强内部的凝聚力以抗衡势力更强的东部高氏集团，首先有必要将部下汉人的山东郡望改为关陇本地的郡望，所以李虎一支的郡望才由东部的赵郡转变为毗邻关中的陇西。其后又广赐胡姓以恢复从前的鲜卑部落体制，致使李

---

① 参见谷川道雄《隋唐帝国形成史论》，李济沧译，上海古籍出版社，2004，第273~299页。
② 周绍良、赵超编《唐代墓志汇编续集》（下），第724页。
③ 大野氏本为西魏后期众多赐姓内少数几个不见于《魏书·官氏志》中的冷僻胡人姓氏，由此可见其本非北魏时期在政坛上颇有地位影响的代北望族著姓。

虎之姓一度又改为大野（达阇）氏，直到北周末期杨坚执政才重新恢复本姓。[1]

与陈氏著作大致同时期问世的另一项研究成果则揭示出，宇文氏在西魏后期以来实施赐姓政策的初衷是为了提升作为自己亲信的一批出身低微的代北汉人的家族地位（以后推及的范围则在此基础上有所扩大），使之不至于在出身上被后来格于时势方归顺自己，故而对己忠诚程度有所逊色的中原名门和关西豪族人士完全压制，是以才推行了意在有助于拉平双方门第差距的大规模赐胡姓措施，并通过对不同的汉人大族皆赐以和自己同姓的宇文氏的看似优渥、笼络的做法，转而起到了限制他们内部以彼此通婚为纽带从而固化其门第壁垒的实质作用。[2] 所以宇文泰对追随其麾下的汉人部属赐以胡姓的政策决不能片面地被理解成为胡化而胡化，继而再被一厢情愿地看作是旨在强力推行以变汉为胡为目标的反汉化逆流。[3] 不过要完全澄清上述想当然的表面化认识带来的影响，还应将这一时期推行的对汉胡部众赐、复虏姓政策与整个该统治集团的组成多元性联合起来考察。

简言之，宇文氏入主关中之际，其部众系由三个互不相同的组成部分构成：首先是被其视作亲信的代北集团，其次是关中一带逐渐服从的本地势力集团，最后则是那些自东部的高氏控制地区前来投奔的从原北魏中央官僚群体中分化出来的一部分山东人士。故宇文氏对于具体应该如何推行赐胡姓政策有着周密、严整的统筹与安排。就其最为信任的代人集团而言，赐以胡姓的多为其郡望处在自己控制区域之外的汉人，正如像本为赵郡李氏庶出分支的李虎被赐姓大野那样；而就另外两个集团而言，被赐以虏姓的人则多需满足其对应郡望恰在控制区域内这个基本条件，以达到将代人集团的势力引入其他集团的成效。与之对应的结果，则是本为关中外来人的代人和山东人士的原先地域性均被一一消解，取而代之的是这两个集团的精英与关中土著势力整合形成了一个以关陇地区为立国本位的全新地域集团；唯在这个全新政治实体内，原来享有主人优势地位的关中土著则转降为依附势力，屈居于外来者之下，并与前山东集团一起结合成该实体的基础部分，至于它的上层部分则系由人数相对较少的旧有代人群体占据。[4]

这就是说，从西魏、北周延续到唐太宗时代的关中或关陇本位政策的核心实质，绝不是要将原来代北六镇的影响地位高置于西魏、北周赖以立国的关陇地区之上——后者正是法琳进言的核心论点，实际上，宇文泰采取该政策恰是要尽快推动代北武人集团的关陇本土化。这样做的直接原因，当然是因为他们原先出自的代北六镇之地后已基本处在政治对立面

---

[1] 参见陈寅恪《唐代政治史述论稿》，第14~16页。

[2] 浜口重國「西魏に於ける虜姓再行の事情」『秦漢隋唐史の研究』（下）、東京大学出版会、1966、744–750、752、753頁。

[3] 还有的研究者认为赐胡姓举措与宇文泰拟大力推行府兵制有直接的关联，参见李文才《试论西魏北周时期的赐、复胡姓》，《民族研究》2001年第3期，第40~47页。

[4] 吉岡真「北魏・隋唐支配層の推移」妹尾达彦編『岩波講座・世界歴史』9『中華の分裂と再生：3–13世紀』岩波書店、1997、267–280頁。

高氏秉政的东魏北齐政权的掌控之下。[①]为求缓解、弥合代北人士的固有出身地与宇文氏为了增强部众凝聚力而迫切期待部下将士转向以关陇为根本认同之间的矛盾，其采取的合理解决之道就是颁令促使本来相当于"阴山贵种"的代北人士纷纷将其族源出处与关陇郡望相对应，进而确立起以关陇为根本的全新地域认同。对此不妨举出几则具体的例证来稍加说明。

先看前述庾信关于本为独孤刘姓的侯莫陈道生家世的溯源性描写，其在述其"本系阴山，出自国族"后，即接"降及于魏，在秦作刘"之语。而姚薇元早就注意到作为唐代的《独孤府君墓表》中即出现了将独孤氏的族源上溯至汉朝刘邦后人的内容，而它后来又成为宋人编修的《新唐书》之"宰相世系表"中相关记载的来源，姚氏在揭穿其漏洞的基础上批评了此说的无稽。[②]不过唐代独孤氏后人的这种说法显然应该上溯到更早的时段。即以庾信的上文来看，清人倪璠在对其作注时已明确指出，"在秦作刘"等句出自刘向《高祖颂》中的"降及于周，在秦作刘"。[③]再考虑到整篇墓志最后的铭文中又再度出现"身胄汉祚，门承魏绪"与之前后呼应，那么可以肯定庾信的这番表述已不再仅是用典层面的溢美虚指，而是带有实质意义的指涉，意在将独孤刘氏的起源与在关中称帝的汉朝皇室相联接。因此，侯莫陈道生追随宇文泰进入关中，相当于从该家族参与拓跋氏王业缔造的隆兴之地阴山返回到其更早的祖居地关中，无异于其家族的"虚拟郡望"已经由原先在六镇起事时期追认的阴山移入现在的关陇，尽管后者其实并非汉代皇室的真正原籍地。

更为耐人寻味的则是北周李贤、李穆家族的案例。前面在批评陈三平的观点时已经论及这一李氏家族本为与李虎一门截然不同的北方胡人。姚薇元早就推断其为出身高车的胡人。[④]随着史实信息量更大的《李贤墓志》的出土，遂使我们可以将其溯及家世的内容与史传记载内的描述进行对比研究。比起《周书·李贤传》相对简略的族源叙述——"其先陇西成纪人也，汉骑都尉陵之后也。陵没匈奴，子孙因居北狄"，《墓志》则详记为"本姓李，汉将陵之后也。十世祖俟地归聪明仁智，有则哲之。监知魏圣帝齐圣广渊，奄有天下，乃率诸国定扶戴之义。凿山开路，南越阴山，竭手爪（一作爪牙）之功，成股肱之任。建国拓跋，因以为氏"。从中可知，李贤先人无疑属于北族，只是其是否为高车尚不能肯定。根据志文，其先祖应在拓跋氏先祖诘汾（圣武帝）、力微（神元帝）父子活动时期加入了拓跋部落联盟。前者主要活动在阴山北麓，时值2世纪下半期；后者则于3世纪中叶迁徙到阴山以南的盛乐，并略具政权雏形。[⑤]唯有关这一时期阴山地区的文献记载并未显示已有相当数量的高

---

① 朱大渭将整个代北集团进一步细分为武川、怀朔、代郡三个地域化亚群体，并揭示其各自具有的特征，但到北魏分裂之后，这三个地区大多均处在高氏控制下则属不争的事实。参见氏著《代北豪强酋帅崛起述论》，《文史》第31辑，1989年，第61~78页。
② 姚薇元：《北朝胡姓考》，第38~40页。
③ 倪璠：《庾子山集注》，第952页。
④ 姚薇元：《北朝胡姓考》，第299~300页。
⑤ 曹永年：《拓跋鲜卑南迁匈奴故地时间和契机考》，《内蒙古社会科学》1986年第4期，第81~84页；宿白：《鲜卑遗迹辑录之二：盛乐、平城一带的拓跋鲜卑》，《文物》1977年第11期，第38~46页。

车部族栖息于此，故姚氏首创并为陈仲安所补充的李氏祖先起于高车说尚无法得到确证。[①]墓志既然明确提到先祖俟地归（所谓的"十世"可能只是虚指）在拓跋鲜卑南越阴山中的贡献，可见待到北朝后期的李贤一代时，首先仍是承认其祖上与北魏先人同出阴山，也即跻身广义的阴山贵种之列。然后墓志在叙述了其祖先忠于拓跋氏的业绩后，即称"建国拓跋，因以为氏"，这是指随着拓跋政权的正式建立，由俟地归传承下来的这一支因其受到的特殊信任，直接被编入拓跋氏之中，相当于以其效忠的主人的部族之名作为自己的氏族名称。这符合鲜卑北人曾经有氏无姓的传统习俗，[②]同时也暗合了墓志中提到的李氏在拥有汉姓的同时还曾被赐以擒跋氏的记述。[③]然而，正是在以后的时期，随着崔浩在政治上的失势，朝廷已经完全摒弃了崔氏倡导的拓跋氏本为西汉降将李陵遗留在匈奴的后裔之说[④]，即《南齐书》卷五七《魏虏传》所言的"有云其是陵后者，则见杀"。在这种残酷的政治环境下，当然不可能出现早于李贤的其上代拓跋氏族人假托李陵为始祖的情况。

然而到了北魏统治终结以后的西魏、北周时期，随着宇文泰关中本位政策的推行及延续，李贤、李穆兄弟遂与李广之孙李陵建立了虚拟的祖裔联系。这与前面分析的侯莫陈道生生活时代的某些独孤刘氏开始将其先祖由阴山继续前溯到汉朝皇室的做法有着明显的共性，均属同一政策下的相近产物。总之，在北朝后期由宇文氏控制的关陇地区，社会上显然已经不再流行北族人士视自己被别人称为李陵之后感到奇耻大辱的旧时观念。这种意识变迁当然更有助于代北胡人与本地汉人之间更快地实现民族融合。而综合以上两例来看，侯莫陈道生家族和李贤家族的这种将各自始祖的源头一再前溯的做法，最终使得关陇一隅在其家族世系中具有了发祥地的突出地位，同时意味着如今这些家族的后人又跟随宇文泰的大军相继返回了原籍。这种以关陇为家族起源地的做法，使得其始祖其实并未涉足的此地区反而凌驾于其先人真正生活过的代北阴山之上，因其族人在阴山的事迹活动实际上已经被降等为在一个历史时期的特定履历而已，从而失去了像发祥地那样更为深远的意义。更何况就这批外来人士而言，此时宇文氏实际统治下的关陇各地对其展示的现实价值也远大于已落入其敌对方东魏、北齐之手的代北老家。

---

① 陈仲安：《〈李贤墓志〉申论》，国家文物局出土文献研究室编《出土文献研究续集》，文物出版社，1989，第301~303页。

② 按，《宋书》卷五九《张畅传》记："畅问虏姓氏，答曰'我是鲜卑，无姓……'"（参见《宋书》，中华书局，1974，第1600页）

③ 按，擒跋与拓跋仅属发音近似，并不等同，因为各自的第一个分别为收声不同的入声字，而在入声尚未消失的中古时期，这种差别不宜忽视。另外，出于观察到作为氏名的擒跋屡屡见于北周时期的石刻资料中，故陈仲安在《〈李贤墓志〉申论》中认为，包括李贤家族在内的这些擒跋氏实际上是与正宗的拓跋氏成员不同但又有某些关联的特定北族成员，尽管在唐初的《北齐书》中前者已经直接被改作后者（国家文物局出土文献研究室编《出土文献研究续集》，第302页）。考虑到上述两名在读音上的相似但并不等同，笔者大体接受这一观点。对该问题的进一步澄清，参见山下将司「西魏・北周における本貫の関隴化について」『早稲田大学教育学部学術研究（地理学・歴史学・社会科学編）』第49号、2001、15-17頁。

④ 此即刘知几在《史通·杂说中第八》所述的"又崔浩谀事狄君，曲为邪说，称拓跋之祖，本李陵之胄。当时众议抵斥，事遂不行"（浦起龙：《史通通释》，上海古籍出版社，1978，第491页）。

当然在这一新形成的关陇集团内部，像李贤兄弟大概是因为本身家世的胡人色彩比较显著，故在以原州平高（兹据《李贤墓志》）为落籍地的同时，还在先祖选择上刻意上溯至在匈奴度过余生且在中土绝无后裔留存的汉朝降将李陵，以更加契合自己家族渊源于北地的祖上背景。该集团内其他的两支著名李氏，即源出辽东徒何鲜卑而汉化程度又高于李贤的李密先祖李弼家族和祖上本为汉人、后来始流落代北地区的李虎一族，则在关中本位政策推行之时，郡望多被厘定在陇西狄道，借以将先祖上溯至时代偏晚的凉王李暠——此前代表陇西李氏大族的北魏李冲正是其直系后裔，这对该集团所希求的郡望身份当有直接影响。然而教化程度弥深的其人后裔为了进一步标榜自己家世的悠远绵长，又不约而同地将其先世溯至李广一代或者更早的秦将李信，由此对应的郡望又从陇西狄道调整为陇西成纪。[①] 所以后两个家族在对陇西成纪的追认确立的同时，也都排除了自己是李陵之后，以淡化各自家族与北方边地的渊源关系。至于在太宗与法琳对话之际，其时的李唐皇室为了凸显其家世的尊贵并表示对道教的笼络重视，业已将李氏的远祖溯至柱下史李耳那里。不仅如此，早在当初李渊起兵太原之际，就已经建立起专门供奉"老君尊容"的兴国玄坛，并使前来与唐军结盟的突厥使者礼拜之。[②] 这种新现象才可谓明显超出了关中本位政策固有的延伸辐射半径。只是这种将宗教考量植入家世背景的做法亦非对这一政策的背离，而更应理解为对其的补充与修饰。

可是一旦唐朝皇室将其谱系最终嫁接至老子，难免会使法琳所代表的佛教人士产生浓重的危机意识，毕竟之前北朝发生的扬道抑佛风波乃至皇帝公然灭佛的深刻教训让人记忆犹新；更何况这次迫使法琳出面、公开接受皇帝质问的具体缘由，按照《续高僧传》中其人传记的记载，实际上来自敌视佛教的道士秦士英的揭发，系指责法琳在维护佛教声誉与地位的《辨正论》中"谤讪皇宗，罪当罔上"，此事发生的时间其实是在贞观十三年（639）冬。[③] 对此法琳采取的辩护策略相当于釜底抽薪，即尽可能从文献中搜集对陇西李氏与老子的出身家世不利或者尊佛贬道的负面证据，期望彻底说服太宗放弃对陇西李氏与老子的家世认同，从而收到以攻为守的奇效。为此他不惜甘冒欺君之罪，在陈述的证据中刻意篡改文献原文，或者有意使原文引语与自己的评述杂糅相混。以其引用的《老子西升经》中的"乾竺有古皇先生者，是吾师也"来说，其实这部道经中的原文并无类似于"是吾师也"的语句，后者是

① 相关考察，参见汤开建《唐韩昱〈壶关录〉所载李密族属及其他》，《暨南学报》1992 年第 3 期，第 93~100 页；前岛佳孝「北周徒何綸墓誌銘と隋李椿墓誌銘」『西魏・北周政権史の研究』387~427 頁；李鸿宾《从隋李裕个案说"关陇集团"问题》，收入氏著《疆域・权力・人群：隋唐史诸题专论》，人民出版社，2020，第 5~15 页；林一骅《新出〈李宝艳墓志〉所见李唐皇室郡望、家世与婚姻集团考论》，《唐研究》第 23 卷，北京大学出版社，2017，第 179~192 页。按，此前有人因不明中古时期的郡望往往具有伪托性质，所以将李渊家族的郡望陇西狄道误解为其实际的祖上发祥地。参见拉铁摩尔《中国的亚洲内陆边疆》，第 354 页注释 21。
② 温大雅：《大唐创业起居注》，上海古籍出版社，1983，第 13 页。关于李唐皇室对道教的关注与李渊开国之初特殊时局存在紧密关系的考察，参见柏夷《屡现的预言：道教末世论和唐王朝的建立》，收入《道教研究论集》，孙齐等译，中西书局，2015，第 178~202 页。
③ 道宣：《续高僧传》（下），郭绍林点校，中华书局，2014，第 956~957 页。

佛教徒出于僧道论争的动机才捏造出来的。[①]其他如其征引的《敦煌宝录》（一般认为系《敦煌实录》）和《尹喜内传》中诋毁老子家世出身和老子主动尊崇佛法的文字是否符合原典，同样也显得十分可疑。在铺陈了这些未必忠实于原文的倾向性内容之后，他又援引了在当时尚有遗响的关陇集团显要人士大多出自"阴山贵种"的耳食之谈，试图说服太宗放弃这种建构家族谱系的努力。这种想法诚然符合佛教信徒的认知，但问题在于法琳随后展开的辩论思维却昧于对从北朝晚期以来直到李唐开国的政治演变大势的观察。他对"阴山贵种"和"陇西李氏"的理解皆仅得皮毛，毫不知晓这两个认同符号所基于的早晚时代差异及其匹配的不同现实功能，结果错误地将两者置于截然对立、非此即彼的僵化立场上，最终徒然给自己造成被动。如前所述，"阴山贵种"意识的萌生，发轫于六镇起义催化出的以尔朱氏为核心的代北军阀这一波次的北族豪强，而到了更晚的宇文泰入主关中至东、西魏相互对立前后，仅靠灌输以"阴山贵种"为中心的旧有集体认同感，已经无法确保进占关中的麾下部众具有持久的凝聚力和向心力。因此接下来主政者推行的关中本位政策，在实践中的重要一环，即是重新厘定代人部属的源流，这在前述侯莫陈道生、李弼、李虎、李贤兄弟等人对家世的追溯上体现得至为清晰。[②]

可以说，对于后面几个原本籍贯各异（辽东、赵郡、代北）、仅仅出于特定的时局变迁（共同追随投奔宇文氏）才最终发生交集以致在政治上仍留有不确定性的胡汉家族而言，新塑造出来的"陇西李氏"转而成了高居"阴山贵种"之上的又一政治符号，不啻一种象征虚拟血缘的联系纽带，而且不受在此前后方兴未艾的赐、复虏姓运动的冲击与影响。这类依托关陇本地郡望打造生成的认同身份，自然有助于宇文氏内部真正形成有凝聚力的军政复合体。随着关陇集团胡汉成员新获得的带有贵族身份标志的郡望业已趋于本地化、华夏化，不啻暗示中土汉族与代北胡族之间的第二次带有鲜明政策导向性的民族融合又一次悄然启动，并大致完成于北周末年杨氏主政擅权后恢复汉姓的前后。

此处还要强调的是，时值北朝后期的北周统治区域，对老子的祖先追认实际上早已超越了宗教信仰的范畴，而成为非汉人群主动融入中古华夏贵族社会的一个突出标志。即以下葬时间为564年，来自印度罽宾的"婆罗门种"（佛教徒）李诞的墓志为例，就出现了自称其家世乃"其先伯阳（老子）之后"的伪托。[③]再如，从李弼家族的成员徒何纥的字毗罗来

① 刘屹：《经典与历史——敦煌道经研究论集》，人民出版社，2011，第10~11页。

② 由于陈氏在著作中对这一政策施行的具体年份表述得有些含糊，以后又有研究者对此做了专门的补证，参见李万生《说"关中本位政策"》，《清华大学学报》2010年第4期，第19~32页。

③ 对李诞家族三通墓志的详细注释及分析，参见福岛惠「罽宾李氏一族攷──商人」『東部ユーラシアのソグド人──漢文ソグド人墓誌の研究』225-259页。作者怀疑其为与粟特人关系密切的大夏商人，而作为其证据的李诞的字陀婆属于大夏语中常见的用于人名的dasa（"奴仆"）一词却颇有疑问，因为该词实际上是大夏语借自梵语的词汇，其在梵语中的原意也是奴仆。再考虑到古代罽宾一地的地理范围常常还包括了佛教中心地犍陀罗，所以这里的婆罗门李氏属于印度系佛教徒的概率明显高于福岛氏主张的伊朗系非佛教徒。关于汉文文献中的罽宾的地望范围及其在佛教传播中的特殊地位，参见榎本文雄「罽宾──インド仏教の一中心地の所在」『知の邂逅──仏教と科学：塚本啓祥教授還暦記念論文集』佼成出版社、1993、259-269页。

看，该家族颇受佛教影响，但这并不妨碍其追述老子为先祖。根据前岛佳孝对于从北朝到初唐的所谓李氏墓志的信息汇总统计，不难发现像李贤和李弼这样的真正出自北族的家族，一般都是先为了光宗耀祖而攀附陇西李氏在历史上的名人为始祖，待到稍后一两代时，再将郡望也改成陇西成纪或狄道。即如李贤，其下葬时的墓志只是称其祖述李陵，同时仅书平高为落籍地；但是在较晚成书的《周书·李贤传》中，所根据的李氏后人提供的材料，已经明确将陇西成纪追记为其郡望。同样的现象也见于李弼一族，该家支的成员从李弼之子徒何纶的墓志中，就开始将老子、李信、李广等陇西李氏的祖上名人列为祖先，至于李弼的同辈李标的情况也与之相似，但是两人的志文中均尚未将其家族的郡望定为陇西，降至其后人时才纷纷将郡望移为陇西。与之相反，李虎家族后裔成员的志文则是首先将郡望改为陇西而非追叙老子为其祖。[1] 这也从一个侧面映照出本为汉人的李虎家族与其他两支非汉家族的不同。总之，在宇文氏"关中本位政策"的引导下，陇西李氏最终成为加入关陇统治集团的汉人和非汉人贵族都可以拥有的郡望身份。降至隋末，很可能正是缘于广义上的关陇新贵李氏的兴盛一时，社会上逐渐开始流行其将要取代杨隋政权的预言传闻，并出现了针对这一群体的相应谶语。[2]

因此，关中本位政策的始作俑者宇文泰固然不失为元魏拓跋国家的继承者，但从最终的结果层面上观察，也无异于北朝胡汉混合体制的终结人。从这一意义上评估，即使仅以北朝晚期到唐初这一虽然为时较短却极富认同变动性的历史区间而论，更能贴切描绘时局大势起伏走向的"关陇集团"一词远比前引学者推荐的、陈三平揭橥的"鲜卑—华夏体制"要准确合适得多。[3] 继而我们只要留意阴山贵种和陇西李氏流行的早晚时代差异，即不难审知为何入唐以后，那些在前述墓志中仅仅以阴山之后自居的墓主人均非唐朝统治集团的核心成员。

## 四　唐朝"阴山贵种"范围的辐射与扩大

除了前面分析的与"关中本位政策"相冲突之外，法琳规劝李世民认祖阴山的另一缺陷还在于这种观念已经不能适应初唐北边的具体形势。事实上，隋唐之交时，中原王朝对阴

---

[1] 前岛佳孝「墓誌銘の先世記事についての一考察——北朝～唐初の李氏を例として」『唐代史研究』第 22 号、2019、127–152 页。

[2] 参见毛汉光《李渊崛起之分析——论隋末"李氏当王"与三李》，《中央研究院历史语言研究所集刊》第 59 本第 4 分，1988，第 1037~1061 页；李锦绣《论"李氏将兴"——隋末唐初山东豪杰研究之一》，《山西师范大学学报》1997 年第 4 期，第 30~37 页。

[3] 关于中古时期民族融合与胡汉家世嫁接糅合的问题，当代学者一般多从胡族心态角度着手探析，提出了以攀附或寻根意识作为认知线索的解析思路，参见崔明德《李陵·拓跋氏·黠戛斯——兼论汉唐时期北方少数民族的寻根现象和认同心态》，《烟台大学学报》1995 年第 1 期，第 63~71 页；王明珂《论攀附：近代炎黄子孙国族建构的古代基础》，《中央研究院历史语言研究所集刊》第 73 本第 3 分，2002，第 583~624 页；温海清《北魏、北周、唐时期追祖李陵现象述论——以"拓跋鲜卑系李陵之后"为中心》，《民族研究》2007 年第 3 期，第 73~80 页。

山两侧控制的力度远较北魏时期有所减弱，而其面临的突厥汗国的威胁程度又远甚于此前的北魏劲敌柔然。尤其是在隋炀帝大业十一年（615）雁门之战以后，隋朝即只能满足于在阴山南侧进行防御作战，致使以后的战事长期胶着于山南地区，而无法主动进击山北的突厥目标。甚至即使在表面上系由隋朝占据军事主动权的文帝开皇年间，朝廷仍然不得不听任此前战败的东突厥部众重又入主、盘踞阴山，终使这一地区再度为其所控制。[①]降至隋末乱世之际，东突厥汗国更是强化了对漠南阴山的经略，以之作为掠夺中原的前进跳板。幸而开国伊始的唐朝在贞观初年成功实施了对东突厥的反击战，随之又在漠南阴山南麓设立定襄与云中二都督府，既管控投诚归附的突厥降部，又监视继起于漠北的薛延陀汗国，相当于收拾重建了北魏一朝的"外阴山而内中夏"的边防战略。[②]而这些归顺唐朝的突厥降部的地位颇似于北魏时期在此地区安置的高车等部，故唐初魏王李泰组织、编竣于贞观十六年（642）的《括地志》即云："阴山在朔州北塞外突厥界。"[③]尽管是书编撰之时，唐朝已经完全剪除了东突厥势力对自己的威胁，唐军自由出入阴山两侧亦无任何问题，但是后者仍旧被唐人视作与突厥密切有关的地理符号。这正像《旧唐书·突厥传》概括因隋末天下大乱，始毕可汗统治下的东突厥汗国国力重回鼎盛的这段历史时，相关的文字表述也是"北狄之盛，未之有也，高视阴山，有轻中夏之志"。[④]虽然《旧唐书》成书于较晚的五代时期，但这段以阴山与中夏相互对立的点睛之笔应属典型的唐人修辞用语，适可作为时人以阴山指代阿史那突厥的恰当佐证。隋唐之际北边形势的反复多变，促使双方来回争夺的阴山之地，在汉文化的语境下被重新改造成指代突厥等当代北族群体的政治符号，而以中夏正统自居的李唐皇室与"阴山贵种"的分道扬镳也就势在必行。故太宗对法琳极力表彰的"阴山贵种"之说已无认同，乃理所固然。在太宗以后的高宗时期，唐朝两度重新调整了北边都护府的建制，但改组后的相应都护府机构，仍以漠南阴山一隅为府城治所，所监管区域也涵盖了漠北地区。这可说是继承并强化了贞观年间实施的"外阴山而内中夏"，兼以漠南遥制漠北的边防基本布局。[⑤]

这样我们就不难理解为何武周年间的狄仁杰在上奏文内会将突厥首领阿史那斛瑟罗的出身界定为与法琳用语近乎相同的"阴山贵种，代雄沙漠"。[⑥]可以作为进一步证据的是，自东突厥第一汗国在贞观初年崩溃之后，确有不少归顺唐朝的突厥—铁勒人的墓志惯以阴山自述其家世出身（详后）。这说明阴山类似"郡望"的特定用法已由北朝后期的六镇代人集

① 参见何世同《中国中古时期之阴山战争及其对北边战略环境变动与历史发展影响》，台北：花木兰文化出版公司，2010，上册第66~68页、下册第243页。
② 参见刘统《唐代羁縻府州研究》，西北大学出版社，1998，第14页；王世丽《安北与单于都护府：唐代北部边疆民族问题研究》，云南人民出版社，2006，第23~25页。关于阴山一线防线的基本概述和分析，参见李鸿宾《唐朝三受降城与北部防务问题》，《隋唐五代诸问题研究》，中央民族大学出版社，2006，第110~129页。
③ 贺次君：《括地志辑校》，中华书局，1980，第70页。
④ 《旧唐书》卷一九四上《突厥传》，中华书局，1974，第5153页。
⑤ 参见石见清裕「單于都護府と土城子遺跡」唐代史研究会編『中國の都市と農村』汲古書院、1992、391–424頁；斎藤茂雄「唐代單于都護府考——その所在地と成立背景について」『東方学』第118輯、2009、22–39頁。
⑥ 《旧唐书》卷八九《狄仁杰传》，第2891页。

团转移到了归化入仕唐朝的新一轮北族移民群体中。[①] 其间的区别在于当初六镇集团下的有关氏族是出于政治考量主动选取"阴山"一名作为认同符号，而如今效力唐室的这些北番子弟则是在接受汉文化的洗礼影响之后，起初多少有些被动地接受了这个具有特殊象征含义的特定名称，故多见于当其身故后汉人为他们撰写的褒扬性墓志等中。这样在唐初以降的汉族士人眼中，除了那些像若干、贺拔之类的尚未改成单姓的虏姓氏族以外，塞外归附的突厥显贵等与历史上那些镇守六镇的北族集团一样，共有了"阴山贵种"的家世身份，借以表现朝廷布局的"外阴山而内中夏"战略的时效性。所以，"阴山贵种"群体实际上承担起华夏屏障的角色，以执行为天子"守在四夷"的光荣使命。正因为如此，所以当这些番将去世以后，公私出面撰写的表彰性墓志中，不乏此类凸显其出自阴山这一地理认同符号的表述。

事实上唐代墓志中反复出现的"阴山认同"业已引起学界的注意并引发了以下讨论。白玉冬专门搜集了唐代前中期的多通将墓主人拟为阴山人士的北族墓志。[②] 其年代即始自前述东突厥汗国灭亡之后，诸如《执失奉节墓志》称："公讳奉节，字履贞，漠北阴山人也。"《契苾夫人墓志》言："夫人讳□，姓契苾氏，其先阴山人也。"《阿史那思摩墓志》记："公讳思摩，本姓阿史那氏，阴山人也。"《统毗伽可贺敦延陁墓志》[③] 亦言："夫人姓延陁，阴山人也。"《阿史那感德墓志》云："可汗讳感德，字尚山，长城阴山人也。"他认为这些墓志中的阴山不仅是指传统漠南意义上的阴山，而且其中的《执失奉节墓志》和《契苾夫人墓志》皆实指漠北郁督军山，进而认为五代时期李克用深相接纳的阴山鞑靼或阴山部落，同样系指当时尚在漠北郁督军山活动的九姓鞑靼。此文对阴山问题的关注可谓敏锐，然而这种说法将阴山彻底写实化，全然忽视这一用语的渊源可以上溯至北朝时期的历史传统。像出于汉人文士之手的《执失奉节墓志》所见的"漠北阴山人"，不妨解释为：具有显赫家世背景的墓主人的家族发源于北族高门历来辈出的阴山之地，然后又迁至漠北成为东突厥汗国统治核心圈的成员，再到其父执失思力这一代，最终选择南下归唐。故"漠北阴山人"的表述同时兼顾了阴山"郡望"和突厥汗国最重要的根据地漠北地区。[④] 而与"漠北阴山"构成对照的《阿史那感德墓志》中的"长城阴山"则让人联系起当初庾信在北周长孙（拓跋）俭的神道碑中所写的"长城拔本，十族分源"。[⑤] 白氏之文以契苾部兴起于漠北为据，进而断定 706 年去世的浑大寿之妻契苾夫人墓志中的阴山也是郁督军山的论证也存在同样的问题。出自同一家

① 与中原士族的郡望多为一姓对应一地相比（参见李德辉《中古姓氏佚书辑校》，凤凰出版社，2020），阴山则在北朝与唐朝时期先后成为诸多北族氏族的共享性假象祖源地。

② 白玉冬「沙陀后唐・九姓タタル関係考」『東洋学報』第 97 卷，2016、360–384 頁。

③ 该方刊葬于贞观二十一年（647）的墓志后来有学者进行了专门研究，墓主人系同样被视为阴山人的突厥大首领李思摩之妻，出自薛延陁部，参见杨富学、胡蓉《长安出土〈统毗伽可贺敦延陁墓志〉》，《纪念岑仲勉先生诞辰130 周年国际学术研讨会论文集》，中山大学出版社，2019，第 629~641 页。

④ 那些仍居在漠北羁縻都督府下的北族人士是否也流行"阴山人"这一认同，尚缺乏史料印证，唯据最近出土的铁勒首领仆固乙突的汉文墓志，其以金山人自居（参见杨富学《蒙古国新出土仆固墓志研究》，《文物》2014 年第 5 期，第 77~82 页）。

⑤ 倪璠：《庾子山集注》，第 812 页。

族女性的另一方书写于开元九年（721）的墓志，其文作"本阴山贵族，今为凉州姑臧人也。地则二凉继轨，人则十族分源"。①其中的"十族分源"系明显借用元魏拓跋鲜卑宗族十姓的典故，故前面的阴山贵族也应相当于北朝后期屡见的与鲜卑等北族有关的"阴山贵种"。这反映出从北朝到唐代对北族人士历史书写的延续性。又如开元四年（716）入唐的突厥卑失部大首领俾失十囊在开元二十六年（738）去世后，志文也称其为阴山人。②这同样是在昭示其具有"阴山贵种"这一番部首领的特殊身份。③

唐朝贯彻"外阴山而内中夏"战略的另一表征是阴山名称的辐射性传播。这体现在初唐之后今新疆北部靠近伊犁河流域的西部天山山脉也开始在汉文文献中被名为"阴山"，并一直延续到金元时期。④二者的同名，以前曾简单地被视作巧合。然而，新出的吐鲁番文书《唐龙朔二、三年西州都督府案卷为安稽哥逻禄部落事》却证实了直至662~663年，在天山北麓与金山之南活动的葛逻禄部实际上是由远在西域以东的燕然都护府统辖治理，具体来说，当时针对三姓葛逻禄设立的大漠都督府等三府均系燕然都护府的下属机构。⑤恰恰贞观后期设置的燕然都护府的治所即位于阴山西段的故单于台。⑥因此，阴山的名称由河套以北的漠南西移到葛逻禄部定居的西部天山就不足为奇。⑦只是这个三姓葛逻禄之一的谋落部所对应的阴山都督府的地望，并不真正处于被称为阴山的西部天山附近。

与之类似的还有原位于阴山西部的狼山之名在永徽元年（650）又被移用到依托金山东侧的葛逻禄右厢部落而成立的狼山州。因此，在太宗、高宗之际，甚至连天山北路都曾处在"外阴山而内中夏"战略的延伸线上。这样我们对于某些归附唐朝的葛逻禄部落酋长的墓志中也出现阴山这一"郡望"就能够理解了。例如《三姓葛逻禄炽俟弘福墓志》介绍神龙二年（706）去世的墓主人的家世时，作"公讳弘福，字延庆，阴山人也，其先夏（后）氏之苗

---

① 周绍良、赵超编《唐代墓志汇编续集》，第478页。
② 参见李域铮《西安西郊唐俾失十囊墓清理简报》，《文博》1985年第4期，第1~4页；吴玉贵《古代突厥汉文碑志叙录》，中国社会科学院历史研究所马克思主义史学理论与史学史研究室主编《理论与史学》第1辑，中国社会科学出版社，2015，第154页。关于卑失部的讨论，参见陈恳《突厥铁勒史探微》，台北：花木兰文化出版社，2017，第25~34页。
③ 贞观十六年（642）去世的突厥首领史善应的墓志中记有突厥"本起突厥山，因以为号"，目前尚难以将这里的突厥山勘同为金山或郁督军山，参见汤燕《新出唐史善应、史崇礼父子墓志及突厥早期世系》，荣新江主编《唐研究》第19卷，北京大学出版社，2013，第570页。
④ 林梅村：《西域地理札记》，收入氏著《古道西风——考古新发现所见中西文化交流》，三联书店，2000，第278~279页；邓锐龄：《〈中国历史地图集〉南宋、元时期西北边疆图幅地理考释》，中国藏学出版社，2016，第22~23页。
⑤ 荣新江：《新出吐鲁番文书所见唐龙朔年间哥逻禄部落破散问题》，沈卫荣主编《西域历史语言研究所集刊》第1辑，科学出版社，2007，第13~44页；刘子凡：《瀚海天山：唐代伊、西、庭三州军政体制研究》，中西书局，2016，第147~153页。
⑥ 王世丽：《安北与单于都护府：唐代北部边疆民族问题研究》，第48页；谭其骧主编《中国历史地图集》第5册《隋、唐、五代十国时期》，中国地图出版社，1982，图幅42~43。
⑦ 此前根本诚已经提出了"两个阴山"（他将河套以北的阴山称为"近的阴山"，将天山北路的阴山称为"远的阴山"）彼此存在联系的假说，参见氏著「新樂府にみる唐回鹘关系」『内陸アジア史論集』第1辑、國書刊行会、1964，100-101頁。

裔"，墓志还叙及其先祖曾相继担任大漠州都督及本郡太守等羁縻州长官。[①] 而其长子炽俟迦（754 年卒）的墓志中不仅同样出现了"阴山人也"的源流追溯，而且随后就是"发源本于夏后，奕叶联于魏朝"，最后还在全篇的结尾记有如下赞词："玄冥封域，乌丸苗裔。"[②] 这里的魏朝和乌丸分别代指鲜卑及乌桓，而后者与鲜卑一样也都是汉晋时期活动于阴山的重要部族。[③] 因此，墓志作者将此类族称表述与"阴山人"的身份一同作为重要元素书写于志文内宜属自然。[④] 最近同一家族的又一成员炽俟思敬（715 年卒）的墓志又被发现收藏，志文照样也有"阴山人也"的表述。刊布者已指出这一名称当与阴山都督府有关。[⑤]

另外在铁勒系的投诚贵族中也有接受阴山之名作为世系出自的情况。以其中的阿跌（跌跌）为例，早在开元三年（715）秋，降唐之跌跌思太即有"阴山宠裔"之称，唐宪宗时期的名臣李光颜的碑文中介绍其先世时言，"其先出轩辕，因部为姓，号阿跌氏，阴山贵种，奕代勋华"。陈恳认为光颜即出自思太部落，故均有以出自阴山表示突厥本藩正宗嫡系的含义，而从《李光颜碑》等所记则反映出光颜之妻及母皆出自阿史那氏，故其家族或与突厥可汗家族存在长期通婚的密切关系。[⑥] 如此则该支阿跌家族可能是通过突厥阿史那氏接受了以阴山作为出身郡望的观念。又据陈恳转告，类似的铁勒系入华贵族接受该出身观念的至少还有疑出回纥王族的中唐时期的回纥琼。[⑦] 与中唐回鹘人有关的另一方墓志《唐故回鹘白夫人墓志》内也将卒于元和十年（815）的墓主人称为"爰自阴山贵族"及"曾祖可汗，地列阴山"。刊布者将这里的阴山及若干前引突厥人墓志中的阴山均理解为金山，并断定其为东突厥汗国君主毗伽可汗的后人。[⑧] 对阴山的这一机械化理解自然忽略了该地名在中古历史上的特殊喻义，而且白氏也很难被直接勘同为突厥可汗之后（详后）。

降至唐末，西突厥别部沙陀首领李克用也被称作"代漠强宗，阴山贵胤"。[⑨] 其墓志中还称"曾祖思葛，统国袭爵，霸有阴山，祖执仪皇任阴山府大都督"。[⑩] 这里的"阴山"当

---

① 葛承雍：《西安出土西突厥三姓葛逻禄炽俟弘福墓志释正》，《唐韵胡音与外来文明》，中华书局，2006，第 130~139 页。

② 荣新江：《新出吐鲁番文书所见唐龙朔年间哥逻禄部落破散问题》，沈卫荣主编《西域历史语言研究所集刊》第 1 辑，第 13~44 页。

③ 乌桓人在阴山南麓的活动可以从相当于今和林格尔所出的东汉末年壁画中的护乌桓校尉出行图等文物中窥知。

④ 陈玮在对该篇墓志的考察中，也已联系其他用例指出，唐代北族人士墓志铭中屡屡将阴山作为其主人之地望，说明原来作为游牧民族与农耕民族传统分界线的阴山已经成为中古时期北族之血缘及文化符号。参见氏著《唐炽俟迦墓志所见入唐葛逻禄人研究》，《中国边疆史地研究》2018 年第 2 期，第 56~57 页。

⑤ 王庆昱、杨富学：《洛阳新见唐葛逻禄〈炽俟思敬墓志〉研究》，《文献》2019 年第 2 期，第 50~51 页。

⑥ 陈恳：《突厥铁勒史探微》，第 96~97 页。

⑦ 参见濮仲远《瀚海都督伏帝难考论——回纥琼墓志再探》，《阴山学刊》2015 年第 5 期，第 71~73 页。

⑧ 郑旭东、杨富学：《西安新出〈唐故回鹘白夫人墓志〉疏证》，《敦煌研究》2020 年第 4 期，第 82~84 页。

⑨ 《旧唐书》卷二〇《昭帝纪》，第 743 页。

⑩ 森部豊・石见清裕「唐末沙陀『李克用墓誌』訳注・考察」『内陸アジア言語の研究』第 18 辑、2003、31-39 页。译注者指出思葛之名尚不见于传世文献，执仪即《旧五代史》等所见的执宜，所谓的阴山府在河套南缘的盐州一带。关于执宜是否从一开始即担任阴山府都督职务问题的讨论，参见王彬《沙陀李氏祖先记忆的重塑及其历史背景》，《纪念岑仲勉先生诞辰 130 周年国际学术研讨会论文集》，第 495~496 页。

实指沙陀在随范希朝东迁河东之前所定居的关内道北部河西地区，后来的阴山府则依托盐州而设置，故不可拘泥于通常意义上的漠南阴山。可见阴山的概念，已经从史念海概括的以阴山南端的三受降城为枢纽的唐朝边防地带第一线朝南辐射到了以盐州、夏州等为核心的边防地带第二线。[①] 这给实际上并不活动在地理意义上的阴山南部的沙陀李氏使用类似于"阴山贵种"的贵胄身份符号创造了有利条件。要之，"阴山贵种"之类的出身认同先是流行于东突厥降唐贵胄，以后又通过婚姻或其他关系相继扩展到一部分入唐的西突厥与铁勒等群体中，最后则延及唐末相继在河西代北活动的沙陀贵族中。

无论是东突厥，还是西突厥，抑或铁勒系统，从语言文化背景上看，均属突厥语族。这很容易使人觉得，唐代新获得"阴山贵种"身份标志的群体均是突厥语族归化族群中的上层集团。其实来自蒙古语族的部族成员获得这一身份的案例也时有发现。较著名的是吐谷浑王族慕容氏的一通志文。此即反映圣历元年（698）去世的吐谷浑可汗慕容忠生平事迹的《大周故青海王墓志铭》，文中称："周故镇军大将军，行左豹韬卫大将军，青海国王乌地也拔勤豆可汗墓志铭并序。王讳忠，阴山人也。"[②] 既然当初吐谷浑部在西迁青海之前，曾在阴山驻留过一个时期，那么其后人同样认同以阴山作为其发祥地自然也可以理解，其具体理由大体与我们之前分析的吐谷浑系的念氏和匹娄氏成员自称为阴山人士的原因相似。此外还有一位同样属于蒙古语族的契丹部族的显贵也拥有祖源出自阴山的"郡望"符号，此即开元二十三年（735）死于部族内讧的生前积极报效朝廷的契丹首领李过折，其因杀死了与唐朝为敌的副相可突于，而被玄宗封为北平郡王、松漠州（府）都督、同幽州节度副使。唯其墓志是在他去世多年之后的唐代宗时期，由现已汉化并立有战功的儿子李忠诚委托汉族士人撰书的，志文直书"其先阴山王之种，即虏族也"。[③] 志文以"阴山王之种"来强化其血统高贵的王族出身，流露出与前述"阴山贵种"相近的门第意识，虽然李过折的先人仅为部落首领，实际上并未被朝廷册封王爵。而在李过折受封为北平郡王之前，契丹的其他首领还曾被朝廷封为松漠郡王、广化郡王等。是否这些王爵也与墓志中的"阴山王"相关？惜因缺乏确凿史料无从深究，只能断定特指契丹大首领家世谱系的"阴山王"之号本属发生于唐朝与契丹之间的这种朝廷与边部互动过程中的具体产物，其或许就是上述郡王中的某某郡王，但也不排除是朝廷在授予了这些具体化王号的同时，又将被封首领的先人追赠为相对虚化的"阴山王"。唯阴山王之名与契丹王族家世的联系建立之后，最终促成后来契丹社会中出现了下列传说。

宋人武珪《燕北杂录》在介绍辽主前往木叶山祖庙礼拜先祖时，受拜对象中有一个身份非常特殊的赤娘子，其来历如下："赤娘子者，番语谓之掠胡奥，俗传是阴山七骑所得黄

---

① 参见史念海《陕西省在我国历史上的战略地位》，《文史集林》第 1 辑，陕西省社会科学院，1985，第 22~23 页。

② 周绍良主编《唐代墓志汇编》（上），第 945 页。

③ 葛承雍：《考古新发现唐长安一方契丹王墓志的解读》，《唐韵胡音与外来文明》，第 149 页。

河中流下一妇人，因生其族类。"[①] 这段文字中的黄河相当于《辽史》等所载的契丹青牛白马祖源故事的发生地点潢河，恰是历史上契丹部族的早期活动中心地区。文中出现的"阴山七骑"则被推测为契丹旧部在可突于兵败后北逃的蒙难祖先形象。[②] 虽然这一判断尚待进一步证实，但阴山七骑出现于潢河的故事似乎反映了晚期契丹君主依旧看重"阴山王之种"这一起初源自唐代北族观念的政治遗产，故它才与表面上最受契丹人尊崇的青牛白马祖先故事平行不悖地流传至宋使造访辽朝的 11 世纪中叶。这实际上也可看作是作为特定地理符号的"阴山"在唐代向东北方向辐射的最终结果。

# 余　论

　　阴山的敏感战略位置及其曾经象征北族高门的"郡望"寓意，使得它依然不失为唐朝政治生活中一个颇富认同色彩的专名。正如地理上的阴山山脉成为屏蔽中夏、隔绝南北的天然界限一样，大批前来投奔唐朝的归附北族，凭借其军功表现，也在客观上为朝廷构筑了一道抵御外族入侵的番将长城。这应是李唐皇室在自身拒受"阴山贵种"身份的同时，却又有意识地给上述归附人群制造了一个类似郡望那样的"阴山认同"的文化心理的原因。相比之下，对于在漠南复兴之后、时常挑战唐朝权威的东突厥第二汗国而言，阴山一地又具有何等象征意义？从第二汗国晚期所立的古突厥卢尼文《阙特勤碑》看，当时的突厥统治者竭力赞扬汗国在漠北的以郁督军山（杭爱山）为中心的根据地，声称对于突厥人来说没有任何地方好于此地，相反若突厥人前往南方的 Čoɣay 山，在那里则容易受到汉人以珍贵财物相引诱而被杀害。[③] 这里的地理位置靠近汉人的 Čoɣay 山，历来有将其比定为阴山或总材山（或总管材山）的不同意见；若从突厥语词义上考虑，它是阴山的可能性更高。[④] 最近李锦绣通过对一方武周墓志记载的分析，考证出总材山实际上是在河东道岚州境内，方位远比阴山更加偏南，不过她同时仍倾向于将 Čoɣay 勘同为汉语"总材"的音译名称。[⑤] 唯这里触及的语音勘合的难点不易解决，首先"突厥语中以字母 Č 为词首的单词多为外来语借词"这一论断无法得到证实，试检相关的古突厥语词汇表，可见这类词汇中非借词的比例尚高于借词（尤

---

① 《燕北杂录》一书过去曾被误题为王易《燕北录》，参见苗润博《〈说郛〉本王易〈燕北录〉名实问题发覆》，《文史》2017 年第 3 辑，第 150~151 页。
② 苗润博：《契丹建国前史发覆——政治体视野下北族王朝的历史记忆》，《历史研究》2020 年第 3 期，第 61 页。
③ 芮传明：《古突厥碑铭研究》，上海古籍出版社，1998，第 218 页。
④ K. Czeglédy, "Čoɣay-quzï, Qara-qum, Kök-öng," *Acta Orientalia Academiae Scientiarum Hungaricae*, Vol.15, 1962, pp.57–58.
⑤ 李锦绣：《总材山考》，《姜伯勤教授八秩华诞颂寿史学论文集》，广东人民出版社，2019，第 150~178 页。

其是事关本项勘同的汉语借词）。[1] 其次也是更重要的，"总"字的声母是以 ts– 开首的塞擦音（精母字），如果古突厥语要音译一个属于精母字的汉语借词，应当不会选择字母 Č–。对此的旁证可以参照与古突厥语较为接近的古回鹘语。后者转写精母字时采用的回鹘语字母是 Ts 或 S。[2] 当然考虑到古突厥语卢尼文中没有字母 Ts，那么可以认为合适的音写方案是选择字母 S 来译写"总"字。因此，笔者仍倾向于接受 Čoɣay 山即是阴山而与总材山无关的结论。

事实上李锦绣考证后突厥汗国兴起于总材山所在的岚州一带尚有其他重要价值。它有助于澄清前述《唐故回鹘白夫人墓志》之墓主人的身份来历。刊布该墓志的前揭文已经把白氏合并入活跃于开元、天宝年间的突厥归唐番降白道生、白元光家族。首先白姓正是稽胡中的大姓（不论其是否最终源于西域），其部族酋帅多有出自该姓者，从 5 世纪前期的白亚栗斯、白龙到 6 世纪下半叶的白郁久同、白郎等。[3] 而自西晋以来，后来设置的岚州所在的汾水西岸吕梁山区就是这些山胡（稽胡）的集中分布区域。[4] 北魏时期为了加强对其的管制，还在这一带设置过秀容护军。[5] 北朝时期的著名稽胡僧人刘慧达（即刘萨诃）在山胡信众中传播佛教，所涉及的地域就包括石、隰、丹、延、绥、威、岚这七州。[6] 降至唐朝前期，岚州及其临近的石州等仍是山胡的主要分布地带。[7] 因此，起初以总材山为复兴基地，并在此地兴盛、活跃过一个时期的后突厥势力，完全可能裹挟若干像白氏这样的当地稽胡民众并最终北上，使之归化为突厥人。以后这部分稽胡裔突厥族人中又有人南下投唐。同时又缘于稽胡的起源可以被追溯到非单于嫡系的南匈奴（"盖匈奴别部刘元海五部之苗裔"）那里，所以归唐的白氏成员除了自称突厥以外，还自夸家世乃"其先呼韩之宗，谷蠡之允，代居南部"，[8] 以此暗示了其族并非真正起源于漠北的突厥人。同样，自称为阴山贵族之后的白夫人的家世渊源亦当如此，而无论其是否出自白道生一族。

对于上述《阙特勤碑》中那段史料应该如何理解呢？魏义天和铃木弘节各自给出了不同的回答。前者认为，碑文中的规劝突厥人远离阴山的内容并不符合突厥汗国真实的战略意图，后者实际上是设法长久地据有阴山之地，以便将其作为攻击唐朝的前进基地，可是自

---

① T.Tekin, *A Grammar of Orkhon Turkic*, Bloomington: Indiana Univ., 1997, pp.322–324；A. 冯·加班：《古代突厥语语法》，耿世民译，内蒙古教育出版社，2004，第 315~316 页。

② 高田时雄：《回鹘字音考》，收入氏著《敦煌·民族·语言》，钟翀等译，中华书局，2005，第 171 页。此点承聂鸿音师指教，特此致谢。

③ 对稽胡白氏人物的搜集参见北村一仁「『山胡』世界の形成とその背景」『東洋史苑』第 77 号、2011、1–38 页。

④ 参见唐长孺《魏晋杂胡考》，《魏晋南北朝史论丛》，河北教育出版社，2000，第 423 页。

⑤ 唐长孺、黄惠贤：《北魏末期的山胡敕勒起义》，《武汉大学学报》1964 年第 4 期，第 60~78 页。

⑥ E.G.Pulleyblank, "Ji Hu: Indigenous Inhabitants of Shaanbei and Western Shanxi," in. E.H.Kaplan etc. eds., *Opuscula Altiaca: Essays Presented in Honour of Henry Schwarz*, p.508. 作者此文还认为，白姓即来自稽胡的另一名称步落稽，故白姓可能并非起源于龟兹的西域胡人。

⑦ 唐代僧人慧琳曾记述岚州一带的地名颇有来自北朝时期的当地胡语，考虑到其时突厥尚未直接影响到这一地区，应该指的就是那里的稽胡土著所操的语言。参见宿白《汉文佛籍目录》，文物出版社，2009，第 92~93 页。

⑧ 于益：《白道生神道碑》，董诰等编《全唐文》卷三七一，中华书局，1983，第 3765 页。

从 8 世纪初，唐朝在黄河河套以北修筑三受降城后，朝廷加大了在漠南方向对突厥的军事反制，逐步迫使后者不得不渐渐撤出阴山。故突厥汗国放弃此地诚属迫不得已，但作为意在处处表彰突厥首领英武事迹的纪念碑文则必须隐讳这一失败真相，故以在那里容易受到汉人诱惑为由掩盖其被迫离开阴山的事实。[①] 铃木弘节相继发表两篇论文，详细论证漠南地区对于东突厥第二汗国的经济与政治的重要性，从而对以前学者关于古突厥语碑文中的解读成果提出修正，认为其内容反映的应是突厥汗国必须保持对阴山的据有和占领，并具体结合阴山地带现存的相关突厥文铭记以证其说。他最终认为，突厥汗国同时据有两个大的游牧中心区，分别以漠北的杭爱山和漠南的阴山为核心。总之，漠南阴山对保障其现实生存显得至关重要，突厥人绝不会在碑文中轻言舍弃此地。[②]

而就目前的各家解读成果综合来看，恐怕还是以维持旧说为宜，因为《暾欲谷碑》中曾述及东突厥第二汗国是因为在 Čoγay 山活动时期，容易陷入四面受敌的窘境，方才渡漠北回归郁督军山。[③] 尤其是考虑到在开元年间默啜可汗身亡后导致的汗国内讧中，以其诸婿为首的突厥诸多王公贵族及部落首领纷纷入唐归附，结果酿成了自唐朝与后突厥汗国对抗以来的一次较大规模的集体降唐事件，他们入唐后多能享受优越的物质待遇，并且封官拜爵，终至成为捍卫朝廷的忠诚力量。[④] 史料中虽未细述这些显贵南下投唐的具体行程路线，但揆诸唐突边界，其中大多数人当是沿阴山一线、经漠南投奔唐朝，因为那里有唐朝设置的三受降城等完备的军政设施，足以发挥相应的庇护功能，既能保障此类南下归附人员的安全，又能在必要的时候予以接应周济。[⑤] 一个堪为旁证的例据是安史之乱后，漠南的唐朝与漠北的回鹘之间为了完成绢马贸易，即选择了所谓的"阴山道"，它当如贾耽《皇化四达记》所描述的，从阴山南麓的中受降城北上，相继经呼延谷、鸊鹈泉北上沙漠，最终驰抵回鹘可汗牙帐的交通干线。[⑥] 该路线在很大程度上也和唐初设置的横贯大漠南北并遍布驿站的"参天可汗道"重合。而且默啜显贵集团投唐的代表人物如俾失十囊等徙居长安之后，恰恰正以阴山人的认同自居，故书写于默啜可汗去世以后多年的以上突厥语碑文中仍然对突厥人前往阴山愤恨、警告乃至切齿诅咒，正是上述历史背景的客观折射和如实写照。

---

① É. De la Vaissière, "Away from the Ötüken: A Geopolitical Approach to the Seventh Century Eastern Türks," in J. Bemmann etc. eds., *Complexity on Interaction along the Eurasian Steppe Zone in the First Millennium CE*, Rheinische Friedrich–Wilhelms–Univ.Bonn, 2015, pp.457–459.

② 铃木宏節「唐代漠南における突厥可汗國の復興と展開」『東洋史研究』第 70 巻 1 期、2011、35~66 頁、「内モンゴル自治区発現の突厥文字銘文と陰山山脈の遊牧中原」『内陸アジア言語の研究』第 28 輯、2013、67~99 頁。中国学者的相关观点参见罗新《汉唐时期漠北诸游牧政权中心地域之选择》，《舆地、考古与史学新说：李孝聪教授荣休纪念论文集》，中华书局，2012，第 641~649 页。

③ G.Clauson, "Some Notes on the Inscription of Toñuquq," in. L.Ligeti ed., *Studia Turcica*, Budapest, 1971, pp.127–128; T.Tekin, *A Grammar of Orkhon Turkic*, pp.283–285.

④ 陈恳：《突厥铁勒史探微》，第 35~41 页。

⑤ 森安孝夫曾在多处指出后突厥汗国的默啜突厥十二部一直活动在河套及其附近的漠南地区（参见森安孝夫《丝绸之路与唐帝国》，第 328 页），这种推测无法得到史料印证，也不符合该地区在唐代的历史背景。

⑥ 参见《新唐书》卷四三下《地理志七下》，中华书局，1975，第 1148 页。

总之，唐朝通过对突厥等北族移民的善为接纳，并施以华化为主导的文化战略，促使其中的不少上层分子也接受了原来只适用于部分深具北朝背景的虏姓家族的"阴山贵种"之类的认同符号，这实际上体现了经过多个世纪的民族整合和文化碰撞以后，新形成的汉文化在当时所独有的强大输出能力以及对于其他文化的涵化和消化能力。故从北朝后期的代北虏姓直到唐末五代的沙陀李姓，均凭借着"阴山贵种"这类身份标志，相继汇入这场持续时间长达五个多世纪的民族大融合中。[①] 通过捕捉"阴山贵种"在中古贵族社会内盛衰变迁、起伏显隐的历史线索，继而展开破中有立的论证，我们始对前述"唐朝拓跋国家论"命题的谬误性和非历史性有了更为深刻的认识。

〔本文原载《史学月刊》2021年第7期。作者钟焓，中央民族大学历史文化学院教授〕

---

[①] 从8世纪初期开始，归附唐朝的部分蕃姓酋长也开始被允许升入士族，终在玄宗时期修订的《姓族系录》中，蕃姓得以入谱。参见王春红《北朝隋唐代北虏姓士族研究》，浙江大学博士学位论文，2009，第181页。这里不妨指出，中古时期的民族融合与晚期发生的类似融合的本质性差异，恰恰根源于时代环境的不同，即当时的北族统治精英入主华北中原以后，直接遭逢的乃是发育成熟多时的贵族主导下的社会体制，所以其成员有必要借助像"阴山贵种"和"陇西李氏"这样先后打造的看似对立有别实则相辅相成的认同身份，以更好地跻身于主流社会中。

# 乡里与两京之间：唐前期江南士人家族<sup>*</sup>

周　鼎

## 一　"失落"的江南百年史

在江南区域发展历程中，唐前期的百年历史显得颇为黯淡。随着江左政权的终结，原本作为王畿腹地的江南地区经历了由中心而边缘的蜕变，政治地位急遽坠落；至于后世经济重心南移的进程，此时则远未告成，江南在全国经济版图中也不占显著优势。<sup>①</sup>

相比前后时代丰硕的研究积淀，对唐初江南社会的研究也显得相对沉寂，某些重要议题，或未得到充分关注，或尚存误解。例如，对以南朝士族后裔为代表的江南士人，唐史研究中虽有关注，但多侧重其迁徙北方后的动向，尤其是其在两京一带的仕宦、联姻与交游。<sup>②</sup> 相反，对其在乡里的活动，多语焉不详，或径认为江南士族，无论侨姓、吴姓，在江南已基本不复存在。此间轩轾，固然受制于史料存佚之多寡，但深层次原因恐怕还在于"南朝化"、士族"中央化"等解释框架下研究焦点的迁移。

中心地位的失落，并不意味着此间发生的历史也无足轻重。作为衔接江南区域发展脉络中古与近世间的一环，唐前期江南百年史，自有其独立的历史意义，值得探究。此外，频经王朝鼎革与政区置废，区域社会内部究竟发生了怎样的秩序变动？地方人群如何因应时代

\* 本文为国家社科基金青年项目"唐宋之际仕宦阶层的迁徙与地方士绅的形成研究"（20CZS023）成果之一；在修改过程中承陆帅、汪华龙、徐成等先生惠赐宝贵意见，特此致谢！

① 参孟昭庚、张学锋《论江南在唐帝国时期的地位演变》，邹劲风《城市与社会经济——六朝至五代十国时期的金陵》，均收入胡阿祥主编《江南社会经济研究·六朝隋唐卷》，中国农业出版社，2006。
② 相关概况，参唐长孺《魏晋南北朝隋唐史三论》，中华书局，2011，第356~359页。实证研究如毛汉光《从士族籍贯迁移看唐代士族之中央化》《隋唐政权中的兰陵萧氏》，均收入《中国中古社会史论》，上海书店出版社，2002；顾向明《关于唐代江南士族兴衰问题的考察》，《文史哲》2005年第4期；吴书萍《七、八世纪唐代江南地域的士人研究：特论其政治与社会背景》，台湾大学硕士学位论文，2009；刘子凡《唐代徐氏家族及其文学家传》，《唐研究》第17卷，北京大学出版社，2011；周晓薇、王其祎《流寓周隋的南朝士人交往图卷——新出隋开皇八年〈朱干墓志〉》，《陕西师范大学学报》2014年第4期；小林聪「北朝·隋唐における南朝系人士についての基礎的な考察：理論的な枠組みの提示を中心に」『埼玉大学紀要·教育学部』66、2017。

变局？作为独立的地理单元，江南足以构成观察南北朝到隋唐社会转型的一个样本，据此也可检视、修正既有宏观认知框架。

问题是，如何运用有限的史料，聚焦有效议题？如所周知，正史与出土墓志构成了中古史研究的常规史料。但涉及江南地区，以上两类史料所能提供的信息都是非常有限的，以至学者在执笔撰写相关省域通史时感叹："在这近百年的时间内……历史记载几乎是空白。"[①]文献存佚之多寡，直接制约了我们对研究对象的认知深度。

常规史料匮乏，便要求我们拓宽视野，努力开掘更多类型的文献，尤其是在地性史料。笔者此前通过现存镇江焦山的《唐润州仁静观魏法师碑》，考察了唐初润州境内南朝侨姓士族后裔的活动，可视为一项初步尝试。[②]本文拟接续这一思路，将考察的面拓展到其他地域与人群。具体而言，将侧重观察以下两点：其一，江南士人家族在乡里的活动轨迹；其二，定居两京后，士人与乡里的关系。

在史料运用上，除了出土碑志，本文还拟将视野向后延伸，转向宋元以降方志、族谱等地方文献中载录的唐代碑刻。与出土碑志不同，地方文献中载录的早期史料往往来源不明，真伪难辨，即便可信渊源有自，经辗转传钞，甚至蓄意点窜，久已不复旧貌。或许正因此，长期以来，中古史研究者对这类文献的态度是颇为犹疑的。然而近年来的研究实践表明，近世地方文献之于中古史研究的价值值得重估。围绕其中收录的官告、谱牒等，经由细致的文本分析，剥离晚近羼入的内容，一批珍贵的唐代文献得以重见天日，相关研究续有创获。[③]因此，这有望成为突破现阶段研究困境的一条有效路径。

最后想对考察涉及的地域略做说明。思考唐初江南社会的相关问题，自然绕不开六朝江南形成的历史传统。综合居民结构、区位功能等方面的特征，研究表明，六朝江南主要呈以下地缘结构：吴郡、会稽等三吴地区是江左政权的经济腹地，也是作为土著势力的吴姓士族聚居地；侨姓高级士族则萃居首都建康及其周边；而人数更为庞大的侨姓低级士族与普通流民，多定居建康以东的广陵—京口—晋陵一线。东晋南朝政府在上述地区相应设置了一系列侨州郡县。[④]以上地缘格局大体延续到陈朝灭亡前夕，也构成了我们认知唐代江南社会的

① 张学锋、王亮功主编《江苏通史·隋唐五代卷》，凤凰出版社，2012，第65页。
② 周鼎：《家族、地域与信仰：〈唐润州仁静观魏法师碑〉所见唐初江南社会》，《史林》2019年第1期。
③ 代表性研究如：刘安志《关于唐代钟绍京五通告身的初步研究》，收入《新资料与中古文史论稿》，上海古籍出版社，2014；李军《清抄本〈京兆翁氏族谱〉与晚唐河西历史》，《历史研究》2014年第3期；顾成瑞《〈新安文献志〉收录唐户部蠲牒考析》，《安徽史学》2015年第3期；堀井裕之「唐朝政権の形成と太宗の氏族政策：金劉若虚撰『裴氏相公家譜之碑』所引の唐裴滔撰『裴氏家譜』を手掛かりに」『史林』95（4）、2012；刘丽《〈裴氏家谱〉的复原及相关问题研究》，《唐研究》第25卷，北京大学出版社，2020。
④ 参谭其骧《晋永嘉丧乱后之民族迁徙》，收入《长水集》，人民出版社，2009；田余庆《东晋门阀政治》，北京大学出版社，2005，第61~82页；中村圭爾『六朝江南地域史研究』汲古書院、2006、69-156、271-322頁；胡阿祥《东晋南朝侨州郡县与侨流人口研究》，江苏教育出版社，2008，第312~330页；刘新光《永嘉乱后北方移民的地域选择——以江南为例》，收入胡阿祥主编《江南社会经济研究·六朝隋唐卷》；胡宝国《从会稽到建康——江左士人与皇权》，《文史》2013年第2辑。

起点。

有鉴于此，下文的考察将聚焦以下两个区域：唐代润州以及宣州的部分区域，对应原建康都城圈及其周边；常州、苏州、湖州、杭州、越州等地，对应原三吴腹地。在唐前期行政区划中，上述区域大多属于江南东道。

## 二　润州等地士人家族与乡里

唐代东南衣冠人物凋敝，这一认识并不始于今人，据留心乡邦文献的宋人谈钥观察：

> （湖州）三百年间人物见于史册者，反不逮昔。盖唐都长安，东南人物之仕显者率迁迻焉，岁久而为土著。……宜其人物之寥落也。[1]

具体到本节所讨论的唐代润州等地，上述现象尤为明显。唐代润州治所设于丹徒县，即京口故地，而作为六朝旧都的建康，也长期隶属润州。因此，润州一地实际涵盖了建康与京口两大士族聚居地，"旧京所在，人物本盛"。[2] 陈朝灭亡后，建康城被隋朝统治者"平荡耕垦"，昔日王都，沦为"江南一邑"，原先定居建康周边的侨姓高门，多被强制迁徙关中。作为高度官僚化的外来精英人群，侨姓高门在江南原本便缺乏乡里根基，历经鼎革之际的兵燹摧残，及至唐初，在润州境内的确已难见其踪影。

至于为数众多的侨姓低级士族（寒门），则久已在侨居地完成土著化；而江南土著家族（寒人），原本便拥有深厚的乡里根基。唐初百年，他们与江南社会的关系呈现出何种样态呢？此前的研究中，笔者以《魏法师碑》及其碑阴题名为线索，发现东晋以降定居京口的任城魏氏、乐安任氏等，在唐初以信仰、婚媾为媒介，形成了一个盘根错节的人际网络。[3] 然而上述考察毕竟是静态的，所得认知囿于一时一地。本节再选取丹徒马氏、溧阳史氏两则案例加以探讨，期能更为立体地呈现这一群体的生存样态。

### （一）丹徒马氏

《唐故银青光禄大夫秘书监昭文馆学士侍读上柱国常山县开国公赠润州刺史马公墓志铭并序》：

---

[1]　《嘉泰吴兴志》卷一六，《宋元方志丛刊》第 5 册，中华书局，1990，第 4822 页。
[2]　《隋书》卷三一《地理志》，中华书局，1973，第 889 页。
[3]　周鼎：《家族、地域与信仰：〈唐润州仁静观魏法师碑〉所见唐初江南社会》，《史林》2019 年第 1 期。

公讳怀素，字贞规，本原扶风。……十一代祖机……晋御史中丞，扈元帝渡江，家南徐州丹徒县，故今为郡人也。代以学闻。高祖涓，博综坟典，仕陈为奉朝请；曾祖法雄……陈横野将军；祖果……即学士枢之从父兄也。少为尚书毛喜所知，陈本州文学从事；父文超……贞观中，以有事辽溟，策名勋府；龙朔初，黜陟使举检校江州寻阳丞，弃官从好，遂寓居广陵，与学士孟文意、魏令谟，专为讨论，具有撰著。①

志主马怀素，两《唐书》均有传，以文学进身，显达于武后、玄宗之际。②值得注意的是其家世背景。据上引志文，马氏祖籍扶风，十一代祖马机两晋之际随元帝南渡，"家南徐州丹徒县"。此后虽然位望不显，但代沾宦绪，从所任官职来看，应属于典型的侨姓低级士族（寒门）。

除了墓志所载，马氏在丹徒一带的活动也有往迹可循。志文称其祖父为"学士枢之从父兄"，所谓"学士枢"，即梁陈之际的大儒马枢，同时也是唐代润州籍诗人马挺的高祖父。据《陈书》本传：

马枢，字要理，扶风郿人也。祖灵庆，齐竟陵王录事参军。……梁邵陵王纶为南徐州刺史，素闻其名，引为学士。……寻遇侯景之乱，纶举兵援台，乃留书二万卷以付枢。枢肆志寻览，殆将周遍……乃隐乎茅山，有终焉之志。天嘉元年，文帝征为度支尚书，辞不应命。时枢亲故并居京口，每秋冬之际，时往游焉。……枢少属乱离，每所居之处，盗贼不入，依托者常数百家。③

据此，马枢祖籍扶风，世仕江左，本人生平出处多在南徐州境内。而从"亲故并居京口"来看，马氏应是举族定居于此。又据《魏法师碑》碑阴题名，唐初丹徒境内有马墅村，或即其家族聚居地。这些与《马怀素墓志》均可相印证。

入唐后，马枢嫡系子孙虽宦游四方，但似乎并未放弃丹徒一带的旧业。④而马怀素一支，则在贞观年间"寓居广陵"，此后便落籍于此。马怀素本人"善属文，举进士，又应制举，登文学优赡科"，⑤属于典型的科举官僚。唐初扬州是"《文选》学"重镇，曹宪、李

---

① 周绍良主编《唐代墓志汇编》开元〇七四，上海古籍出版社，1992，第1205~1206页。
② 见《旧唐书》卷一〇二（中华书局，1975）、《新唐书》卷一九九（中华书局，1975）本传。
③ 《陈书》卷一九《马枢传》，中华书局，1972，第264~265页。
④ 《马挺墓志》叙马枢事迹后，称"其后枝叶盛于金陵"（《秦晋豫新出墓志搜佚》，国家图书馆出版社，2011，第661页），暗示这一家族在隋末唐初依然生活在润州。另，马挺虽卒，葬于洛阳，但能入选《丹阳集》一书，似乎也说明他与本籍地关系密切；相反，马怀素虽然也以文学著称，且仕宦更为显达，却未入选其中，应与其家久已迁离故土有关。参杨琼、胡可先《新出墓志与〈丹阳集〉诗人考辨》，《陕西师范大学学报》2014年第3期。
⑤ 《旧唐书》卷一〇二《马怀素传》，第3163页。按，墓志记其明经及第，与本传不同。据考，马怀素当先后以明经、制举文学优赡、进士三科及第，参徐松撰，孟二冬补正《登科记考补正》卷二，北京燕山出版社，2003，第70、76、83~84页。

善等选学大师均为扬州籍，而《文选》又是新兴进士科的敲门砖。志文称马文超寓居扬州期间，"与学士孟文意、魏令谟，专为讨论，具有撰著"，魏令谟据考应即魏模，为曹宪弟子，也是唐初选学名家。[1] 至于马怀素，则直接师从李善，这一求学经历自然为其科场扬名奠定了基础。从这些迹象看来，马怀素之父举家迁居扬州显然是深思熟虑后的举动，虽然只是一江之隔，扬州作为新兴都市的区位优势、优越的人文环境，是江南故里不能比拟的。

丹徒马氏在唐初的经历表明，侨姓低级士族因先世官位不显，缺乏声望与人脉，并未直接迁居两京，他们或盘桓故里，或迁居邻近的新兴城市。他们中央化的进程，要比世家大族缓慢、曲折得多。

### （二）溧阳史氏

溧阳是唐代江南西道宣州辖县，而在历史上则长期统属于丹阳郡，是六朝政权的京辇之地。从历史传统来看，唐初溧阳的社会生态应与润州更为接近。

唐前期政坛上，溧阳史氏短暂崛起，又转瞬陨落，是个并不引人注目的官僚家族。其代表人物史务滋，两《唐书》有传，但都极为简短，对其家世背景不着一词。据载，史务滋活跃于高宗、武后之际，天授元年（690）九月拜相，次年正月获罪自杀。[2] 此后，溧阳史氏几乎在史传中失去踪影。当然，关于其家世背景，谱牒文献中还存留了少量信息。《元和姓纂》卷六"宣城史氏"条：

> （史）丹孙均。均子崇，自杜陵受封溧阳侯，遂为郡人。崇裔孙宋乐乡令瓛。瓛九代孙务滋，唐纳言、溧阳子；孙翙，御史大夫。又江州刺史史元道，亦云崇之后也。[3]

以上所本应为唐代史氏家状一类文献。其中称其先世源出西汉外戚杜陵史氏，后因受封溧阳侯，徙家江南。类似的世系攀附与伪托，在讲究门第的中古社会本不足为奇，但起码透露出他们很早便在溧阳定居，是典型的江南土著。

值得注意的是清人所编《全唐文》中收录的两通墓碑，为考索溧阳史氏家族史提供了重要线索。《全唐文》例不注出处，这两通碑不见于传世总集、别集，且原石、拓片俱佚，因此首先要对其史源做一番梳理。

先来看题史仲谟所撰《后汉溧阳侯史崇墓碑颂》（简称《史崇碑》），收录于《全唐文》

---

① 参饶宗颐《唐代文选学略述》，《唐研究》第 4 卷，北京大学出版社，1998，第 55~56 页。
② 《旧唐书》卷九〇本传，第 2923 页。
③ 《元和姓纂（附四校记）》卷六"宣城史氏"条，中华书局，1994，第 823 页；另参《新唐书》卷七四上《宰相世系表》，第 3155~3156 页。

卷一六二。据作者小传，史仲谟贞观十四年（640）官越王府东阁祭酒、常州长史。碑文称：
"隋末大乱，避地闽越，碑坏再立。其颂曰：（后略）。"其后为四字一句的韵文，知所录仅为
碑末铭文，并非全篇。《史崇碑》在宋代文献中多有著录，其中《景定建康志》卷四三著录
信息最为完备："后汉史君崇墓在溧阳县北三十里。……有神道碑，在墓所，晋永和八年立，
唐贞观十四年十八代孙越王府东阁祭酒、常州长史仲谟题云：'隋末大乱，避地闽越，碑坏
再立，其颂曰（后略）。'"① 当是《全唐文》所本。

宋元以降，虽然唐碑原石不存，但碑文内容并未亡佚，据嘉庆《溧阳县志》卷三《碑》
"东汉骠骑将军溧阳侯赠司空史崇神道碑"条：

> 案原碑，顺帝时尚书令左雄撰，至晋已泐，永和八年十三世孙宁朔将军中郎将援
> 重立，石具列汉、吴、晋三朝史氏累叶勋爵。隋末大乱，子孙避地闽越，祠坏碑破，
> 唐贞观十四年，十八世孙东阁祭酒仲谟率诸院弟侄，仿旧镌题。久之，唐碑又废，至
> 明嘉靖二十二年……又重立石，文盖贞观之旧也。碑今存史侯祠。

据此，明嘉靖年间因唐碑久废，曾重新刻石树立，文字一仍其旧。明碑在清代修志时
尚存，嘉庆《溧阳县志》卷四据此节录了部分文字，正是《全唐文》中缺失的碑序部分。至
于完整的录文，其实也尚存于世。管见所及，江苏地区的史氏族谱中，起码光绪三十四年
（1908）刊刻的九福堂本《史氏宗谱》便完整载录了碑序与碑铭。

与《姓纂》的相同，《史氏宗谱》所载碑文首先也将族源追溯到杜陵史氏，次叙史崇生
平及迁居溧阳始末，进而详细开列史崇以下"汉、吴、晋三朝史氏累叶勋爵"，计二十余
人。② 这其中不乏仕宦显贵者，却无一见于史传。不过拟构这样一份首尾完备的谱系绝非易
事，碑中所记官爵名号，如孙吴史嵩任平越中郎将及苍梧、郁林二郡守，史爽为五兵尚书，
两晋时期史隐为本国大中正，史韶任交州属国都尉，史辉为积射将军，史晃任轻车将军、南
蛮校尉、长沙太守，这些职官名号颇具时代特征，与汉晋典制大体相符，不似晚近族谱所能
杜撰者。或许正如县志编者所言，"碑文即非尽东晋，亦必贞观之旧也"。

对此，出土墓志提供了更为关键的证据。据近年西安所出《唐故大理司直杜陵史公墓
志铭并序》：

> （前略）公 讳 承式，字遵度，其先本居杜陵。远祖崇，佐汉世祖有功，封于溧阳，

① 《景定建康志》卷四三《风土志·诸墓》，《宋元方志丛刊》第2册，第2022~2023页。参见《宝刻丛编》卷一五
"唐再立后汉史公神道碑"条，中华书局，2012，第969页；《舆地纪胜》卷一七《江南东路·建康府》，中华书
局，1992，第792页。
② 《史氏宗谱》卷二《汉司空溧阳侯史公庙碑》，光绪三十四年刊本。据卷首谱序，系明洪武至清光绪年间递修本。

子孙因家焉，今为宣城溧阳人也。后代历晋、齐、梁、陈，皆为大官，备于史书。至唐越王府东阁祭酒仲謩，即公之高祖。仲謩生务本，务本道高行高，不羁于时。务本之弟曰务滋，实为纳言，夤亮于天后之朝。务本生公烈祖曰处场，任寿州唐山县尉。处场生公烈考曰俊，任监察御史。……公……春秋卅九，以贞元十二年九月廿八日终于京兆招国里之私第。……以贞元十四年八月十三日葬于京兆府万年县义善乡凤栖原，祔先茔也。（后略）①

碑、志对照，可以确认以下几点：其一，史仲谟（謩）确有其人，他是史务滋之父，据此可补《元和姓纂》《新唐书·宰相世系表》之阙；其二，史务滋活跃于武后时期，据此逆推，其父当为太宗、高宗时人，墓志载史仲谟官越王府东阁祭酒，与碑文贞观十四年题衔若合符契，《史崇碑》确应为"贞观之旧"；其三，墓志称史氏"历晋、齐、梁、陈，皆为大官，备于史书"。而如前所述，溧阳史氏不见于前代史传，此句所指向的显然是仅见于《史崇碑》的"累叶勋爵"。这也能从侧面印证，史氏早期谱系在唐代已经完成建构。作为家族记忆与地方性知识，他们透过碑铭、家状、谱牒等，在子孙中代际传承。

《全唐文》还收录了溧阳地区的另一通碑，即卷二七六《晋山阴侯史府君神道碑》（简称《史宪碑》）。作者史嶷，小传称其溧阳人，事迹不详。碑文叙东晋史宪生平仕履，兼及高祖史光以下名讳、官爵，皆见于前揭《史崇碑》。此碑在宋代文献中同样有著录，《宝刻丛编》卷一五据《复斋碑录》："晋建安太守山阴侯史公神道碑，从孙嶷（嶷）撰，从孙处权正书，景龙四年二月立，在溧阳。"②此外，《景定建康志》卷四三亦有著录，并据原石摘录碑末铭文。③是知迄南宋末，碑石尚存。此后虽未见正式著录，但明清方志多有称引。其中，嘉庆十八年编修的嘉庆《溧阳县志》对碑文有节录，并载其存佚始末：

案碑旧在土山乾原诸吕村西侯墓侧，明宣德己酉，裔孙建宁知府常洗得完具者三百九十三字，至嘉靖庚子，裔孙文选司主事际始从居民购得此碑，移立始祖庙。今存，额有丽牲之窍者是也。④

据此，宋元之际，《史宪碑》似曾一度亡佚，至明代宣德年间重新发现，清人修志所据，或为唐碑原物。因此，《史宪碑》原石今虽不存，但从历代著录情况来看，在地方文献中传

① 《西安碑林博物馆新藏墓志汇编》，线装书局，2007，第575页。
② 《宝刻丛编》卷一五"唐立晋建安太守史宪神道碑"条，第972页。参见《舆地纪胜》卷一七《江南东路·建康府》。
③ 《景定建康志》卷四三《风土志·诸墓》，《宋元方志丛刊》第2册，第2028页。
④ 嘉庆《溧阳县志》卷三《碑》，光绪二十二年刊本。

承有序，《全唐文》所据史源虽不能确知，<sup>①</sup> 但应可信渊源有自。

其次，从内容来看，碑文中的前代人物虽属无稽，但立碑之际的唐代人物则有迹可循。其中参与其事的"中散大夫、太子洗马、宏文馆学士、江州刺史元（玄）道"，名见于上引《元和姓纂》，事迹散见于唐代文献。史玄道以学识著称，活跃于高宗年间，历任弘文馆学士、太子洗马、江州刺史等职，经李义府举荐，预修《显庆姓氏录》，又奉诏与许敬宗、上官仪、李善等人为太子李弘侍讲《孝经》。<sup>②</sup>值得注意的是，史玄道在两《唐书》中并无专传，碑文所记官职与文献基本相符，可以印证碑文的可信度。

通过以上文献梳理，我们大体可以勾勒出溧阳史氏的基本面貌。史氏一族世代定居溧阳，六朝时期事迹无闻，仅见唐代撰述的碑状、谱牒类文献。入唐后，史仲谟在贞观年间官至越王府东阁祭酒、常州长史（从五品上），其子史务滋进而在武后时期官至司宾卿、纳言（正三品），其孙史惟肖官至清河县令（从六品上）。其他房支中，史玄道历任弘文馆学士、太子洗马、江州刺史（从三品）等职<sup>③</sup>，史叔豪散官文林郎（从九品上），史嶷散官宣义（议）郎（从七品下），史处权曾任润州江宁县尉（从九品上）<sup>④</sup>，都已进入品官序列。学者曾对唐前期地方州县中官僚人口比例做过大致估算，户数过万的县域政区中，九品以上流内官平均不过数十人。<sup>⑤</sup>就此而言，史氏应该算溧阳境内首屈一指的官僚家族。作为先世不显，且在中央官界缺乏根基的江南土著，史氏何以能取得如此不俗的仕宦业绩呢？原因应该在于他们自身的儒学素养，这从史仲谟、史玄道等人的仕途不难看出。<sup>⑥</sup>溧阳史氏先世虽未必像他们自己宣称的那样显赫，但绝非一般百姓，在南朝社会，起码应该属于土著居民中的有力者。

唐前期，溧阳史氏的部分成员应已迁离原籍，如史务滋便在长安道德坊置有宅第，<sup>⑦</sup>但他们与宗族乡里的关系并未疏远。贞观十四年（640），因先祖史崇"殿宇崩摧，旧碑压

---

① 夏婧认为《全唐文》此篇系辑自嘉庆《溧阳县志》（《清编全唐文研究》，复旦大学出版社，2019，第134页）。今检原书，称"唐景龙四年史嶷撰神道碑，文繁，铭辞不载。节录碑记如后"云云（嘉庆《溧阳县志》卷四《舆地志·墓》）。两相比照，《全唐文》所录更为完整，且字句间有异同，知别有所据。

② 参《旧唐书》卷八二《李义府传》，第2769页；《册府元龟》卷二六〇《储宫部·讲学》，中华书局，1960，第3094页。

③ 嘉庆《溧阳县志》卷一一据《史氏宗谱》，称玄道为仲谟之子。参以《元和姓纂》所载，似不足信。

④ 史嶷、史处权结衔，见嘉庆《溧阳县志》卷四所引碑文；史惟肖，据《新唐书·宰相世系表》。按，嘉庆《溧阳县志》卷一一据旧志、族谱还载录了朝议大夫、轻车都尉史净滋，朝散大夫、上柱国、新州司马史大熹，朝散大夫、上骑都尉、国子博士史璨，朝请大夫、上柱国、汝州新城令史处寿，集贤院待制兼直学士史惟则，御史中丞史子珉，国子祭酒史拱，等等。从职衔看，或有所本，姑附识于此。

⑤ 参爱宕元「唐代前半期の華北村落の一類型——河南修武県周村の場合」『唐代地域社会史研究』同朋舎，1997、259—260頁。

⑥ 史玄道曾任国子博士、弘文馆学士，参与典籍编撰与朝堂礼仪活动，这无疑需具备较高的儒学修养。史仲谟所任亲王府东阁祭酒，品阶虽不高，却是文儒之士常见的起家官，不失为仕宦清途，如唐初大儒马嘉运，"贞观初，累除越王东阁祭酒"（《旧唐书》卷七三本传，第2603页）；韦陟"始十岁，拜温王府东阁祭酒，加朝散大夫"（《旧唐书》卷九二本传，第2952页）。

⑦ 徐松撰，李建超增订《最新增订唐两京城坊考》，三秦出版社，2019，第404页。

破"，在外为官的史仲谟"率诸院子孙"修葺旧茔，并重新刻石立碑。景龙四年（710），史氏一族又为西晋史宪立碑，碑文载其缘起：

> 从孙中散大夫、太子洗马、宏文馆学士江州刺史元道，文林郎叔豪，参训质疑，遵仪克选，忠临畏道，业擅长衢。嗣孙义谦、宝俊、君逸等，价重南金，美逾东箭，敦行不怠，在家必闻。未能州县之劳，深体邱园之逸，以为家声世业，若被于管弦，相质披文，未宣于金石。畴资故实，爰命小人，虽仁不让师，而意非称物。潘黄门之藻思，敬述源流；谢康乐之才华，恭陈祖德。①

史义谦、史宝俊、史君逸等人应为史宪嫡系子孙（嗣孙），也是活动的发起者。碑文称其"未能州县之劳，深体邱园之逸"，看来久居乡里，没有官职。参与者则有史玄道、史叔豪，以及碑文作者史嵓、书丹史处权等人，他们都拥有官僚身份，应不在原籍居住，此时应约襄赞其事。

值得注意的是，溧阳史氏在乡里的树碑活动应该不止以上两次。据宋元方志记载，溧阳东北方位集中分布着史氏汉晋以降的多处墓茔建筑。其修建时间虽不能一一确考，但就宋人所见，梁兖州刺史史府君神道碑，其中有武周新字，②晋冠军将军史爽墓，有唐代所立墓碑。③结合史崇、史宪两碑的情况，不难推想，其中很大一部分可能都不是汉晋之旧，而是唐代前期陆续营建（重建）的。我们看到，在崇祀祖先的活动中，史氏乡居与宦游的宗族成员间形成了密切协作，而史仲谟等在外为官者卒后也归葬乡里。④

相比同期举家迁居两京的官僚家族，溧阳史氏始终维系着深厚的宗族乡里根基，虽然不乏外出仕宦、定居者，但直至晚唐五代，还是能看到他们在乡里的活动。⑤

## 三 三吴地区的士人与乡里

### （一）唐前期的三吴旧姓

六朝时期，以吴四姓、会稽四姓为代表的吴姓高门士族群体在历史舞台上一度非常活

---

① 《全唐文》卷二七六《晋山阴侯史府君神道碑》，中华书局，1983，第2803页。
② 《宝刻丛编》卷一五"梁史府君（此字为武周新字——引者注）神道"条："梁故假节散骑常侍兖州刺史建昌县开国侯史府君（此字为武周新字——引者注）之神道，正书，二十四字。有武后时字，恐武后时立。"（第966页）
③ 《至正金陵新志》卷一二下《碑碣》"冠军将军史爽石柱"条，《宋元方志丛刊》第6册，第5757页。
④ 《宝刻丛编》卷一五"唐史祭酒碑"条："唐贾曾撰，徐浩书，李阳冰篆额，代宗时立，在溧阳。"（第982页）参见《景定建康志》卷四三《风土志·诸墓》，第2032页。
⑤ 参《全唐文》卷七九一《重建司空溧阳侯庙记》，第8282页；卷一二八《举史实牒》，第1277页。

跃。一般认为，入唐后，他们或迁离故土，或沉寂乡间、同于庶民，普遍已趋于没落。[①]但就唐前期而言，情况可能不尽如此。

首先来看会稽虞氏的例子。如所周知，虞氏是两汉以来的江东大族，同时也是会稽四姓之一。作为这一家族的代表人物，虞世基、虞世南兄弟在隋代即已迁徙关中，隋、唐两代均仕宦显贵，很快实现了"中央化"。但其他房支则不尽然。《大唐故安州云梦县令虞府君墓志》：

> 君讳照乘，字宾辉，余姚人也。高门景族，历史昭备。祖荷，银青光禄大夫、绵州刺史。父哲，通议大夫、醴陵县令。……君……解褐台州司法，转长城丞，历滑州司户、云梦令。……天长代短，委运奚言，以景龙三年十二月九日终于里第，春秋六十有二。夫人河间刘氏，武州刺史玄悻之女。……粤以景云元年岁次庚戌十一月戊申朔十九日景寅，同迁窆于此山，礼也。……嗣子希庄、光寓等，茕茕靡托。（后略）[②]

《虞君墓记》：

> 君讳希乔，□□□□□□刺史。祖哲，醴陵□□□□惟绪，玉食锦衣。……夔州长史谯□□□□息女……以证圣元年六月……亡。（后略）[③]

以上两方墓志分别藏于绍兴市古越阁与浙江省博物馆，虽然具体出土时、地不详，但从材质（均为瓷质）与造型特征来看，基本可以判定为余姚、慈溪等地所出。[④]墓志中的虞荷，据《隋书·炀帝纪》，大业年间曾任上谷太守，[⑤]其子哲，孙照乘，曾孙希乔、希庄、光寓等，均不见于史籍。据《嘉泰会稽志》卷一六《碑刻》："《虞荷碑》，永兴公世南撰，释某书。贞观六年大□（太中）大夫致仕，其年卒于会稽县。"[⑥]可知虞荷与虞世南关系匪浅，世南父名荔，二人或为兄弟行。虞荷一支子孙虽然也世代为官，但祖孙四代人似乎都选择终老或归葬乡里，直至睿宗景云年间，会稽故土仍是其家族根基所系。另外，虞世南与乡里的关系也值得注意，除为族人虞荷撰写碑文外，他还为与会稽虞氏渊源颇深的越州龙泉寺撰写过

---

① 冻国栋：《六朝至唐吴郡大姓的演变》，收入《中国中古经济与社会史论稿》，湖北教育出版社，2005。
② 章国庆：《宁波历代碑碣墓志汇编（唐五代宋元卷）》，上海古籍出版社，2012，第1页。
③ 厉祖浩：《越窑瓷墓志》，上海古籍出版社，2013，第46页。按原石损泐严重，今人修复时臆补若干文字，今据厉祖浩意见删去，阙字处以"□"表示。
④ 近年余姚、慈溪一带陆续出土了不少唐代瓷质墓志，从造型与材质上看，均带有浓厚的地域特征，较易判别。详参前揭厉祖浩《越窑瓷墓志》，第5~20页。
⑤ 《隋书》卷四《炀帝纪下》"大业九年九月"条，中华书局，1973，第85页。
⑥ 《嘉泰会稽志》卷一六《碑刻》，《宋元方志丛刊》第7册，第7019页。

碑铭。<sup>①</sup>综合这些迹象看来，虞世南一支虽然久已迁居长安，并最终陪葬昭陵，但在日常生活中与远在江南的乡里宗族仍不乏互动。

三吴地区其他旧族中也存在类似情形，如吴郡顾氏的顾胤，太宗、高宗两朝久宦京师，乾封二年（667）归葬苏州昆山县。<sup>②</sup>吴郡陆氏的陆象先、陆景倩兄弟，父子两代仕宦显达，卒后皆归葬乡里；<sup>③</sup>陆元感，景云二年（711）葬于苏州昆山县；<sup>④</sup>陆齐望一支，虽久居京中，但在苏州嘉兴县一直保有宅第，家眷亦有留居江南者。<sup>⑤</sup>会稽贺氏的贺知章，进士及第后，生平大半时光游宦京师，晚年"上疏请度为道士，求还乡里……至乡无几寿终"。另外，从史料记载来看，贺知章家族在山阴一直保有旧宅。<sup>⑥</sup>吴兴沈氏的沈待援、沈缙，<sup>⑦</sup>从墓志出土地来看，起码在中唐以前，卒后都是葬于故土。

甚至到了晚唐，还是能看到个别栖迟乡里的吴地旧族。如顾谦，其家"汉魏以降，蔚为茂族"，但父、祖辈担任的都是中下级州县官员。他本人早年以明经出身，因仕进无门，一度宦游河北，后归乡，咸通十三年（872）卒于苏州华亭县私第。这一家族应该自唐初以来一直居住在苏州故里，并未迁徙。值得注意的是顾谦的内外姻亲，据墓志，其母为吴郡陆氏，长女适吴郡张氏，次女适吴兴姚氏，<sup>⑧</sup>似乎还维系着江南旧士族间的联姻传统。当然，此类事例应该并不普遍。

### （二）三吴地区的"新兴"家族：以会稽康氏、义兴蒋氏为例

唐高宗、武后以降，朝堂上还涌现出一批"以文藻盛名"、依托科举起家的江南士人，前文提到的马怀素便是其中的代表人物。从姓氏来看，他们大多不是此前的吴地著姓，时人多以"寒俊"目之，学者也多将其归入"新兴阶层"行列。<sup>⑨</sup>他们何以能脱颖而出，显达于朝堂？此前又是以何种面貌活跃于江南社会呢？下面想重点围绕两则个案做一些讨论。

首先来看康希铣家族的事例。据大历十一年（776）颜真卿所撰《银青光禄大夫海濮饶

---

① 《会稽掇英总集》卷一六载虞世南《大龙泉寺碑》："龙泉寺者，晋咸康二年县民王汤及、虞宏实等之所建立。二人以宿植之良因，修未来之胜果。爰舍净财，兴斯福事。"（《景印文渊阁四库全书》第1345册，台北：台湾商务印书馆，1986，第120页）知龙泉寺为东晋虞弘实等人捐资所建，虞世南此时为其撰写碑铭或寓有缅怀先人旧业之意。按，此碑《全唐文》卷九八九亦有收录，题阙名，当据此移正。

② 金文明校证《金石录校证》卷二四，广西师范大学出版社，2005，第416页。另参《旧唐书》卷七三本传。

③ 《宝刻丛编》卷一四，第868页；《吴郡志》卷三九《冢墓》，《宋元方志丛刊》第1册，第971页。另参《旧唐书》卷八八本传。

④ 《至元嘉禾志》卷二一《唐朝散大夫护军行黄州司马陆府君墓志铭》，《宋元方志丛刊》第5册，第4571页。另参《旧唐书》卷一八八《陆南金传》。

⑤ 《宝刻丛编》卷一四"唐宝花寺碑"条，第944页；《集古录跋尾》卷八"唐贺兰夫人墓志"条，《石刻史料新编》第1辑第24册，台北：新文丰出版公司，1982，第17902页。

⑥ 《旧唐书》卷一九〇《文苑·贺知章传》，第5034页；《全唐文》卷三〇七《送贺秘监归会稽歌序》，第3121页。

⑦ 《宝刻丛编》卷一四"唐吏部常选沈待瑗墓志""唐宣州博士沈潘墓志"条，第896~897页。

⑧ 《唐代墓志汇编》咸通一〇九，上海古籍出版社，1992，第2462~2463页。

⑨ 吴书萍：《七、八世纪唐代江南地域的士人研究：特论其政治与社会背景》，第52~57页。

房睦台六州刺史上柱国汲郡开国公康使君神道碑铭》：

> 　　君讳希铣，字南金。……《史记》云："成王长，用事，举康叔为周司寇，赐卫宝祭器，以彰有德。"封子康伯，支庶有食邑于康者，遂以为氏。周代为卫大夫，至汉有东郡太守超，始居汲郡。超之裔孙魏强弩将军权，权生晋虎贲中郎将泰，泰生（中阙）太守威，威生兰陵令、奋节将军翼，随晋元帝过江，为吴兴郡丞，因居乌程，事见山谦之《吴兴记》。翼生豫章太守镇，镇生征房司马、建武将军钦信，钦信生宋晋熙王兵曹参军黯，黯生南台郎高，高生齐骠骑大将军孟真，孟真生梁散骑侍郎僧朗，僧朗生陈给事中、五兵尚书宗谔，为山阴令，子孙始居会稽，遂为郡人焉。曾祖孝范，江夏王府法曹、临海县令。祖英，隋齐王府骑曹、江宁县令，皇朝随郡王行军仓曹。父国安，明经高第，以硕学掌国子监，领三馆进士教之，策授右典戎卫录事参军，直崇文馆、太学助教，迁博士、白兽门内供奉、崇文馆学士，赠杭州长史。[①]

对于康希铣家族迁徙经历，南宋邓名世《古今姓氏书辩证》中的记述大体相近，或系节引今已散佚的《元和姓纂》会稽康氏条而成，与碑文同本于谱牒、家状类文献。根据这一记载，康氏先祖在汉代"居汲郡"，及至西晋末，康翼任兰陵令，随元帝南渡，"因居（吴兴）乌程"，[②]南朝又因官迁居会稽，此后便着籍于此。如所周知，康姓是西域粟特人常见姓氏，汉魏时期的汉人中鲜有此姓，因此学者多将康希铣家族视为粟特人后裔。[③]

仅从姓氏来看，康氏确有粟特人之嫌。但碑文所载其先世迁徙与仕宦履历应非向壁虚构，文中称其家南渡经历"见山谦之《吴兴记》"，其书唐代尚存，所载故实应为时人所知。[④]更重要的是，颜真卿先祖颜含也是此时扈从元帝渡江，他熟谙这段家族历史。康氏在吴兴的定居史也有迹可循。颜真卿在湖州刺史任内撰有《湖州石柱记》，条列境内山川名胜，其中乌程县有梁司空康绚缋墓、陈五兵尚书康宗墓，据《嘉泰吴兴志》，又有陈黄门侍郎康旦墓。[⑤]康氏世仕江左，冠冕不绝，起码可跻身侨姓低级士族的行列，迥异于当时一般从事商业贸易或在南北边境领兵作战的粟特人。另外，从敦煌出土姓氏书来看，及至唐代，康氏

---

① 《颜鲁公文集》卷一〇，《丛书集成续编》第123册，台北：新文丰出版公司，1989，第337页。
② 《古今姓氏书辩证》称康氏"远祖过江，居丹阳，又徙会稽"（王力平点校，江西人民出版社，2006，第221页），与碑文略有不同。
③ 参程越《从石刻史料看入华粟特人的汉化》，《史学月刊》1994年第1期；陈海涛、刘慧琴《来自文明十字路口的民族——唐代入华粟特人研究》，商务印书馆，2006，第270页；荣新江《北朝隋唐粟特人之迁徙及其聚落》，收入《中古中国与外来文明（修订本）》，三联书店，2014，第57~58页；龙成松《唐代粟特族裔会稽康氏家族考论》，《新疆大学学报》2017年第3期。
④ 参姚振宗《隋书经籍志考证》，《二十五史补编》第4册，中华书局，1955，第5389页。
⑤ 《颜鲁公文集》卷五，《丛书集成续编》第123册，第272页；《宋元方志丛刊》第5册，第4735页。按，康宗盖即康希铣高祖父陈给事中、五兵尚书康宗谔。参前揭龙成松《唐代粟特族裔会稽康氏家族考论》。

确已成为越州会稽郡郡姓之一。①

入唐后，康氏在学术文化与仕宦上均有不俗业绩，颜真卿在碑文中称：

> 君之四代祖至于大父，为诸王掾属者七人，历尚书郎、给事中、侍御史者二人。君之先君崇文学士府君（国安）有文集十卷，《注驳文选异义》二十卷、《汉书□》十卷，自述文集二十卷。元昆修书学士显府君文集十卷，撰《词苑丽则》二十卷、《海藏连珠》三十卷、《累璧》十卷，任秘书监、集贤院侍讲学士子②元撰《周易异义》二十卷，秀州长史元瓛著《干禄宝典》三十卷，任刑部员外郎璀、男美原尉南华撰《代耕心镜》十卷……君之先君至南华四代，进士登甲科者七人，举明经者一十三人。③

可见他们的进身之阶与唐前期其他江南士人无异，都是凭借自身文学政术之才，依托科举，致身通显。另外，在婚姻方面，康希铣本人娶南朝侨姓高门陈郡殷氏，其侄康珽娶高阳许氏，为宰相许敬宗孙女。④因此，抛开种族因素，就婚、宦、学等社会身份标识而言，康希铣家族都算得上典型的士人家族。

康希铣本人明经出身，又应制举，历任秘书省校书郎、太府寺主簿、洛州河清令、国子司业等京朝官，又转任海、濮、房、睦、台州等州刺史，可谓累居中外。在仕途迁转中，康希铣兄弟与乡里并未疏离，《碑文》载："赴海州时，君兄德言为右台侍御史，弟为偃师令，俱以词学擅名，时同请归乡拜扫，朝野荣之。"在此期间，他还为越州名刹香严寺撰写过碑铭。⑤

按照当时官僚家族的一般做法，康希铣也在两京置有宅第，碑文中提到其妻殷氏"殁于东都章善坊私第"，可为明证。但是康希铣本人并无意终老京洛，据碑文记载："开元初入计至京，抗表请致仕，元（玄）宗不许。仍留三年，请归乡，敕书褒美……仍给传驿至本州。冬十月二十有二日，不幸遘疾薨于会稽觉允里第。"天宝四载，与其妻殷氏合葬于山阴县篱渚村之先茔。除康希铣本人，其兄密州司马康遂诚及妻柳氏、太子率更令康德言、其侄大理少卿康珽及妻许氏等家族成员，皆葬于乡里旧茔。⑥康希铣家族在会稽一直保有宅第、田产，他们作为地方大族的地位起码维持到了唐中期以前。

---

① 王仲荦：《〈新集天下姓望氏族谱〉考释》，收入《巤华山馆丛稿》，中华书局，1987，第438页。

② 原文空阙，据《新唐书》卷二二〇《儒学下·康子元传》补。

③ 《颜鲁公文集》卷一〇，《丛书集成续编》第123册，第338页；另参《新唐书》卷六〇《艺文志》，第1602、1603、1622页。

④ 参《嘉泰会稽志》卷一六《碑刻》"大理少卿康公夫人河间郡君许氏墓志"条，《宋元方志丛刊》第7册，第7019页。

⑤ 《宝刻丛编》卷一三"唐香严寺碑"条："唐银青光禄大夫康希铣撰，赵州刺史东海徐峤之书。香严寺者，本梁贾恩旧宅，其妻舍充梵宇，旧名同惠。神龙中请而署焉。"（第792~793页）

⑥ 《嘉泰会稽志》卷一六《碑刻》"周密州司马康遂诚墓志"条、"康府君碑并阴"条、"太子率更令康君碑"条，《宋元方志丛刊》第7册，第7020页。另参《宝刻丛编》卷一三"密州司马康遂诚墓志"条，第791页。

　　下面重点来看义兴蒋氏。义兴蒋氏是唐代兴起的科举官僚家族，在唐、宋两代均名宦辈出，学者不乏专门研究。[①]这里特予关注的是其早期发展轨迹，尤其是与江南地域的关系。

　　义兴地处太湖流域西部，是唐代常州属县，在汉魏六朝时期，或隶吴兴，或单独置郡。在地理位置与社会文化上，义兴都更接近三吴地区，而与北面的丹阳、晋陵有异。两晋之际，义兴周氏等本地著姓，以武力强宗的面貌活跃于历史舞台，义兴郡也是因其军功而得名。这些都是人所熟知的史实。

　　义兴蒋氏在六朝历史上则显得籍籍无名。但关于其基本社会面貌，史料中还是有迹可循的。《太平寰宇记》卷九二宜兴县"𨙇山亭"条引《风土记》："汉蒋澄封𨙇山亭侯。"[②]按蒋澄其人于史无征，仅见于唐宋以降义兴蒋氏家族文献与方志（详后），是其家族始迁祖之一。而这里的《风土记》，结合前后数条引文来看，应指周处《（阳羡）风土记》。[③]周处是孙吴、西晋时人，若非《寰宇记》误记，则可以判定，义兴蒋氏的祖先记忆，在魏晋时期便已成为一种地方性知识。蒋氏在义兴（阳羡）的定居史起码可以追溯至汉代，及至六朝，他们应该早已土著化，并成为本县著姓之一。

　　蒋氏在乡里应具有一定的宗族根基，属于地方有力阶层，但这似乎并未能顺利转换成政治地位。《南齐书》卷五五《孝义传》：

> 义兴蒋儁之妻黄氏，夫亡不重嫁，逼之，欲赴水自杀，乃止。建元三年，诏蠲租赋，表门闾。[④]

　　因黄氏义行，蒋氏被特诏蠲除租赋。由此也可见，义兴蒋氏并不具备蠲免赋役的士族身份，应属于典型的江南寒人。但在南朝后期，蒋氏的地位似乎得到了提升，这期间，流行于句容茅山附近的道教信仰扮演了重要角色。在南朝梁普通三年（522）立于句容茅山的《九锡真人三茅君碑》题名中，有一位"陪真馆主义兴蒋负刍"，他在齐梁之际"来去茅山，有志栖托"，与陶弘景交好，多次参与当地道教活动，并应齐武帝之请，"于崇阳馆行道"。[⑤]学者研究表明，"南朝后期的宗教领域中，可以看到越来越多江南寒门、寒人的身影，宗教

① 杨军凯、陈昊：《新出蒋少卿夫妇墓志与唐前期的蒋氏医官家族》，《唐研究》第17卷，北京大学出版社，2011；刘冰莉：《唐宋义兴蒋氏家族及其文学研究》，山东大学博士学位论文，2016；李秀敏：《新出唐代诗人蒋洌墓志考释》，《古典文献研究》第22辑下卷，凤凰出版社，2020。

② 《太平寰宇记》卷九二《江南东道·常州》，中华书局，2007，第1849页。

③ 参《晋书》卷五八《周处传》，中华书局，1974，第1571页。按《风土记》，又作《阳羡风土记》，成书于孙吴时期，《隋书·经籍志》、两《唐志》皆有著录，宋初应尚存于世。详参姚振宗《隋书经籍志考证》，《二十五史补编》第4册，第5389页。

④ 《南齐书》卷五五，中华书局，1972，第959页。

⑤ 陈国符：《道学传辑佚》"蒋负刍"条，收入《道藏源流考》，中华书局，2012，第467页。详参杨军凯、陈昊《新出蒋少卿夫妇墓志与唐前期的蒋氏医官家族》，《唐研究》第17卷，第264页；魏斌《句容茅山的兴起与南朝社会》，收入《"山中"的六朝史》，三联书店，2019，第105、124页。

领域已经成为一种特殊的社会流动途径"。<sup>①</sup>联系到寒人的社会身份，义兴蒋氏的奉道举动似乎也暗含着类似动机。不难想见，这种借由宗教修行而实现的社会流动，必然也伴随着知识学养的习得，这构成了蒋氏跻身官僚家族的文化资本（详后）。

关于义兴蒋氏的早期历史，后世方志、族谱中还存留了三通唐代所立墓碑，即：（1）天宝十五载蒋洌《蒋氏大宗碑》（简称《大宗碑》）；（2）天宝十五载蒋涣《云阳亭侯（蒋默）碑》（又作《湖东枝墓茔叙》，简称《蒋默碑》）；（3）代宗年间齐光乂所撰《后汉囗亭乡侯蒋澄碑》（简称《蒋澄碑》）。这三篇文献在《宜兴风土旧记》《咸淳毗陵志》《大德毗陵志》等宋元旧志中有著录或节引，清编《全唐文》亦收录其中一篇。<sup>②</sup>而明清以降的多种蒋氏族谱中则存有全文，取以与宋元旧志引文对校，前者字句往往优长，<sup>③</sup>可信应有更为久远的文献来源。

关于上述文献的真实性，这里仅以《大宗碑》为例，做几点检证。其一，《锡山蒋氏宗谱》所载碑末题记作"唐天宝十五年丙申三月二十五日正议大夫文部侍郎上柱国尚书左丞汝阳县开国男赐紫金鱼袋裔孙洌撰并书"。<sup>④</sup>按，文部即吏部，历史上仅在天宝十一载至至德二载（752~757）数年间短暂更名，<sup>⑤</sup>碑立于天宝十五载，所书与之正相符。其二，蒋洌生平仕履，《旧唐书》本传仅记"历礼、吏、户部三侍郎，尚书左丞"，具体时间不明，且迁转次第有误。据近年洛阳新出《蒋洌墓志》，始知其天宝末先后任户、吏二侍郎，后因安史之乱中出仕"伪廷"，一度贬为饶州刺史，代宗年间方官至礼部侍郎、尚书左丞。<sup>⑥</sup>两相对照，《大宗碑》中天宝十五载的结衔是基本准确的，<sup>⑦</sup>若系后人据史传伪托，很难做到这一点。其三，蒋洌封爵"汝阳县开国男"，史传不载，目力所及，仅见于《大宗碑》与新出《墓志》，可知碑文必有所本。总体而言，这三方唐碑虽然原石久佚，拓本不传，但文本在地方文献中是流传有序的，个别文字或经后人窜改，主体应为唐碑之旧。

综合三碑所记，蒋澄、蒋默兄弟是宗族始迁祖，东汉初年渡江，定居义兴，并受封囗

---

① 魏斌：《"山中"的六朝史》，第 416 页。
② 《宝刻丛编》卷一四"唐立东汉囗亭侯蒋澄碑"条，第 936 页；《咸淳毗陵志》卷二六《陵墓》、卷二九《碑碣》，《宋元方志丛刊》第 3 册，第 3190、3206 页；《宜兴风土旧记》《大德毗陵志》全书已佚，但其中涉及蒋氏诸碑的条文保存于《永乐大典》中，见王继宗《〈永乐大典·常州府〉清抄本校注》，中华书局，2016，第 494、1281~1282 页；《全唐文》卷三五四《后汉囗亭乡侯蒋澄碑》，第 3585 页。
③ 参王继宗《〈永乐大典·常州府〉清抄本校注》中相关校记，第 559~587 页。
④ 《大宗碑记》，《锡山蒋氏宗谱》不分卷，一梅堂，道光二十四年刊本。按，本文所引《蒋默碑》，据《茗岭蒋氏宗谱》卷四（永思堂，宣统元年刊本）、《义兴风土旧记》引文（王继宗《〈永乐大典·常州府〉清抄本校注》，第 494 页）；《蒋澄碑》，据《全唐文》卷三五四。以下引文皆据此，文字歧异处择善而从，不另出注。
⑤ 参《旧唐书》卷九《玄宗本纪》"天宝十一载三月"条，第 225 页；卷一〇《肃宗本纪》"至德二载十二月"条，第 250 页。
⑥ 《大唐故银青光禄大夫行尚书左丞赠太常卿上柱国汝阳郡开国男蒋君墓志铭并序》，《洛阳流散唐代墓志汇编续集》，国家图书馆出版社，2018，第 419 页。相关考订详参李秀敏《新出唐代诗人蒋洌墓志考释》。
⑦ 但其中"尚书左丞"四字，疑系后人据《旧唐书》本传添改。按唐人碑志所见结衔格式，鲜见"职事官＋勋官＋职事官"的排列次序，这显然有违常例。其他几种族谱，如《茗岭蒋氏宗谱》所录碑文无此四字，知尚存其旧。另外，诸谱所载碑文，天宝纪年皆不作"载"，也是后世点窜的痕迹。

亭乡侯、云阳亭侯，其后子孙冠冕不绝，碑文详细罗列出汉晋以降历代名讳、官爵。值得注意的是，碑中所载汉晋时期的蒋氏先人不乏高官显爵，而宋齐以降则多为中下级官员，如蒋默十一代孙徽之，齐某王府记室参军；十三代孙嗣宗，梁义兴主簿；十四代孙元聪，陈衡（山）王府录事参军；十五代孙洪，陈长沙王国侍郎。结合前文对蒋氏社会地位的考察，可以看出，这份谱系中时代越往前越不足信，而齐梁以降的仕宦情况应更近其实。这一时期恰是江南寒人阶层在政治上崛起的时代，依靠自身经济实力与一定的文化素养，蒋氏得以出仕乡里，或任诸王府佐、国官。而义兴蒋氏以官僚身份进入史传则要到南朝末年，《蒋澄碑》称："及将军元逊，列于《陈史》。"按，蒋元逊陈末任左卫将军，隋师渡江，他曾率军抵挡，后兵败而降，这段经历确见于《陈书》。[①]

以上我们大体勾勒出入唐前义兴蒋氏在江南的发展轨迹，简言之，他们世居义兴，拥有一定宗族乡里根基；在社会面貌上，他们属于典型的江南寒人阶层，政治上崛起于齐梁之际。

入唐后，义兴蒋氏诸房支中代有人物，又以云阳亭侯、𡖖山亭侯两支发展最为兴盛。对此，文献与出土墓志均有集中反映，学者也有专门研究。[②] 值得重点分析的是如下记载，《旧唐书》卷一八五上《高智周传》：

> （高）智周少与乡人蒋子慎善，同诣善相者，曰："明公位极人臣，而胤嗣微弱；蒋侯官禄至薄，而子孙转盛。"子慎后累年为建安尉卒。其子绘来谒智周，智周已贵矣，曰："吾与子父有故，子复有才。"因以女妻之。永淳中，为缑氏尉、郑州司兵卒。绘子捷［挺］，举进士。开元中，历台省，仕至湖、延二州刺史。子贵，赠扬州大都督。捷［挺］子冽［洌］、涣，并进士及第。冽［洌］，历礼、吏、户部三侍郎，尚书左丞；涣，天宝末给事中，永泰初右散骑常侍。高氏殄灭已久，果符相者之言。[③]

高智周为常州晋陵人，也是蒋氏的乡里姻亲之家，史称其"寒俊"出身，"以文藻知名"。应该说，两家在唐初境况相似，都属于江南新兴官僚家族。此后的际遇却颇具戏剧性：高氏较早显达，高智周高宗年间便官至宰相，但"胤嗣微弱"，及至中唐，"殄灭已久"；蒋氏早年"官禄至薄，而子孙转盛"，成为唐中期以降冠冕不绝的官僚世家。对两家的兴衰沉浮，相者虽是从命理层面做出的预言，恐怕也是基于对两家乡里根基与宗族形态的观察。

关于高智周家世背景，《新唐书·宰相世系表》载："晋陵高氏，本出吴丹杨太守高瑞。初居广陵，四世孙悝，徙秣陵，十三世孙子长。"[④] 这一迁徙经历当是据高氏谱牒、家状。

---

① 《陈书》卷一四《南康愍王昙朗附子方泰传》，第212~213页。
② 参刘冰莉《唐宋义兴蒋氏家族及其文学研究》，第34~40页。
③ 《旧唐书》卷一八五上，第4792~4793页。按，蒋挺、蒋洌父子名讳，上引史料作"捷""冽"，误，当据墓志、族谱更正，参李秀敏《新出唐代诗人蒋洌墓志考释》。
④ 《新唐书》卷七一下《宰相世系表》，第2397页。

按，广陵高氏是东晋南朝时期的侨姓士族，高悝、高崧父子《晋书》有传，近年南京地区有墓葬出土。[①] 据小尾孝夫推测，高悝应是在永嘉之乱后随广陵流民南渡，侨居晋陵郡，后长期活跃于东晋政权中。[②]《新唐书·宰相世系表》所载正可与之相印证，高智周家族应属侨姓士族后裔。及至唐初，高氏虽然早已着籍晋陵，实现土著化，但就文献所见，他们在当地似乎并未形成深厚的宗族根基，高智周后嗣湮灭无闻，正史与地方文献中均鲜见其踪迹。

相形之下，蒋氏的宗族乡里根基则要深厚得多。据《蒋澄碑》记载："今之后嗣，夹湖千室，秀异于是乎出，礼乐于是乎生。"这里的"湖"，应即《蒋默碑》中提到的滆湖，据《太平寰宇记》：

> 滆湖，在（常州武进）县西南，去州三十里，东接官河，西连芜蒲港，南通义兴县，北通白鹤溪。湖内多白鱼，水路通泾溪，出润州金坛、延陵、溧阳。[③]

滆湖位于今江苏宜兴西北、武进西南，周边水网密布，交通便捷，物产富足。蒋氏两房子孙，夹滆湖筑室而居，蒋默一支居湖东，蒋澄后裔居湖西。这应该是六朝以迄唐初，渐次形成的宗族分布格局。经累代繁衍生息，及至中唐，[④] 滆湖周边已形成了一个庞大的同姓聚落。碑文称其"千室"之众，或有夸饰，但规模也可见一斑。

与宗族势力相表里的，是雄厚的财力。蒋洌所撰《大宗碑》称："属隋主遽幸维扬，百司艰食，公（蒋洪，蒋洌高祖父）献米万石，用廪千官，手诏优宠，谦让而退，以全乎高也。"蒋洪在隋末"献米万石"的经历不见于正史，但从隋炀帝当时困守江都的窘迫情形来看，应属可信。作为南朝寒人中的有力家族，蒋氏在乡里积聚了雄厚的财富资源，这构成了他们政治、文化上崛起的经济基础，所谓"秀异于是乎出，礼乐于是乎生"，当是就此而言。

从出土墓志来看，唐代义兴蒋氏湖东、湖西两房定居两京者不在少数，或可视为部分成员"中央化"的取向。但在唐初，他们应该还是归葬义兴祖茔居多，[⑤] 据《蒋默碑》中蒋涣自述："自祖缯［绘］以上，皆葬滆湖之东，自考挺而下，多归葬洛阳。"蒋挺应卒于开元

---

① 参《晋书》卷七一《高崧传》，第1894~1896页；南京市博物馆《江苏南京仙鹤观东晋墓》，《文物》2001年第3期。
② 参小尾孝夫《广陵高崧及其周边——六朝南人的一个侧面》，杨洪俊译，《南京晓庄学院学报》2015年第1期。
③ 《太平寰宇记》卷九二《江南东道·常州》"武进县"条，第1842页。
④ 关于《蒋澄碑》的撰写时间，王继宗据《新安蒋氏宗谱》卷四，认为是天宝十三载（754）齐光义应裔孙监察御史蒋晁之约而撰写（《〈永乐大典·常州府〉清抄本校注》，第528页）。今按，《锡山蒋氏宗谱》所载碑文前有题署"江淮观察处置使兼淮南节度使杨府长史御史大夫崔圆题额"，崔圆于上元二年至大历三年（761~768）在淮南节度任上（《唐刺史考全编》，安徽大学出版社，2000，第1675页）；而据岑仲勉考证，蒋晁此期正入幕淮南使府，监察御史等职衔，应是在崔圆幕中所获宪衔（《元和姓纂（附四校记）》，第1046页）。两相比照，《蒋晁碑》必定是此时所立。
⑤ 需要指出的是，义兴蒋氏还有一个世为医官的房支，他们在陈亡后即被迁徙关中，落籍京兆，此后一直出仕隋唐政权。详参前揭杨军凯、陈昊《新出蒋少卿夫妇墓志与唐前期的蒋氏医官家族》。这一房支的情况较为特殊，姑置不论。

十五年之后，① 由此可知蒋洌、蒋涣一支（蒋默后裔，即湖东支）迁徙洛阳的时间应该在开元年间。而从天宝十五载蒋洌、蒋涣兄弟先后两次组织立碑的举动来看，他们与族人的关系并未疏离，乡里与两京之间频有互动与往来。

中唐以后，蒋洌同宗近属中仍不乏留居乡里者，据宜兴本地出土的一方唐代墓志：

> （前阙）字伯伦。其先周文公之（中阙十余字）。汉代济江，居于阳羡，今为义兴人也。廿一代无违德。唐建安令子慎，慎生续，续生标，标生大理正湛，君即大理正第三子也。高祖以还，休有令闻，逮乎群从，赫奕中朝者矣。夫人扶风窦氏，晝哭合礼，天崩靡依，赋柏舟以明心，期同穴以自誓。有子四人：印、丑、阮、谏。或岐或嶷，载呱载号。有兄钰、兄镇、弟钉、弟锴，志恤孤茕，情恸友于。见托斯文，多惭不敏。（后略）②

志主字伯伦，名讳不详，但从墓志所载谱系，以及兄弟辈命名偏旁来看，应为蒋洌再从兄弟之子无疑，当为中晚唐时人。志文称"逮乎群从，赫奕中朝者矣"，显然是指蒋洌、蒋涣一系子孙。蒋洌等人仕宦显达后，随之定居、营葬洛阳的应该仅限其兄弟、子侄。志主之父蒋湛官至大理正，也应具备定居京师的契机，但从墓志出土地来看，他们还是选择终老乡里。由此可以推测，直至晚唐，乡里对在外为官的蒋氏成员而言，依然展现出强大的向心力。有唐一代，以迄两宋，义兴蒋氏得以长盛不衰，以地方士绅的面貌蝉联科第。

武后至玄宗年间，还有一些与康氏、蒋氏背景相类似的士人家族，他们对乡里的眷恋也如出一辙。如褚无量，出身钱塘褚氏，明经及第，为玄宗侍读，官至国子祭酒，其母久居乡里，他本人卒后也"归祔于钱塘临平山之旧城［域］"③。徐峤之，先世应为侨姓低级士族，累代定居会稽，他本人历赵、豫、湖、洺等州刺史，与其子徐浩在任官期间多次"归乡拜扫"，重建先人墓茔，并树立碑碣。④ 这些家族的发展历程与存续样态还不甚清晰，今后随着新史料的刊布，或可再做考察。

---

① 参李秀敏《新出唐代诗人蒋洌墓志考释》，《古典文献研究》第 22 辑下卷，第 297 页。
② 《光宣宜荆续志》卷一一《碑刻》，民国 10 年（1921）刊本。又见陈尚君《全唐文补编》卷一五五（中华书局，2005，第 1901~1902 页），系据复旦大学图书馆藏拓片录文，较《县志》所载缺若干字。
③ 《全唐文》卷二五八《赠礼部尚书褚公神道碑》，第 2611~2612 页；《旧唐书》卷一○二《褚无量传》。按《全唐文》卷三○五《唐元（玄）览法师碑》："师姓褚氏，名览。兄无量，舒公也，为开元侍讲。归观乡国，太夫人年迫期颐，法师昆季，晨昏之地，说法而已。"（第 3098 页）是知褚无量之母久居乡里。
④ 徐峤之父子生平事迹参《旧唐书》卷一三七《徐浩传》，第 3759~3760 页；《元和姓纂（附四校记）》卷二"徐氏"条，第 209~210 页；《宝刻丛编》卷一三"唐高行先生徐师道碣"条，第 792 页；《唐徐氏山口碣石题记》，《古刻丛钞》，《石刻史料新编》第 1 辑第 10 册，第 7606~7607 页。按，徐氏父子郡望俱称东海，《全唐文》卷三三五《法华寺戒坛院碑》："律师俗姓徐氏，晋室南迁，因官诸暨，遂为县族。……故洺州刺史徐峤之……以宗室设道友之敬。"（第 3392~3393 页）据此，其先世似应为侨姓低级士族。

# 结　语

囿于史料，研究唐前期江南社会，尤其涉及士人与乡里关系等议题时，考察的深度与广度均受到很大制约，现阶段恐怕还无法得出令人信服的整体性结论。但基于部分地域与家族个案，本文还是勾画出一些既往研究中常被忽略的历史侧面，试总结如下，并稍做申论。

其一，整体而言，六朝高门士族后裔在唐前期江南社会中的确已难觅踪影，这符合唐人所言"里闾无豪族，井邑无衣冠"的时代观感，也部分印证了学者所勾勒的士族"中央化"的历史图景。然而本文也揭示出，侨姓低级士族与三吴土著中，栖迟乡里者不在少数，即便在外宦游，日常生活中与居乡亲族仍不乏互动；卒后归葬乡里祖茔的现象，在唐前期江南并不罕见，某些区域内可能还颇为普遍。部分南朝寒人家族，如溧阳史氏、义兴蒋氏，以祖先祭祀活动为媒介，家族成员彼此间维系着深厚的宗族血缘纽带。总之，上述人群的活动整体呈现出浓厚的地域与宗族特征，明显有别于同期正在经历"中央化""个体家庭化"的旧士族。

前辈学者揭橥的士族"中央化"等命题，构成了我们理解南北朝至隋唐社会秩序变迁的重要线索，也是今天研究再出发的起点。但亟待反思的一个倾向是，将其视为单一的解释框架，进而遮蔽了更为复杂、多歧的历史面向。实际上，以开元、天宝之际为下限的"中央化"进程，有足足百余年之久。在此期间，不同地域、不同阶层背景的士人家族，在乡里与两京之间做出的选择不尽相同，迁离乡里、定居两京的契机也并不一致。这是我们观察唐代江南社会时不应忽视的背景。另外，同期华北的情况与江南有何异同？而随着中唐以降新一轮的人口迁徙潮，原本定居两京的北方官僚家族纷纷南下，江南地方社会秩序又出现了怎样的变动？[①] 这些问题已经溢出了士族"中央化""郡县空虚"等既有的解释框架与论断，是今后唐代地域社会研究中值得探究的方向。

其二，一般认为，高宗、武后之际出现了一个依托科举体制，以文学进身的新兴社会阶层，而部分江南士人在其中尤为引人瞩目。若以出身地域与仕宦门径而言，本文讨论所涉马怀素家族、康希铣家族、高智周家族、蒋洌、蒋涣兄弟、徐峤之、徐浩父子等，无疑都可归入这一行列。相比关陇勋贵、山东旧族，以及隋唐之际北迁的侨、吴高门，他们大多先世不显，在两京政治舞台上确属"新面孔"。然而细绎相关史料，其先世或为历仕江左的侨姓低级士族，或为乡里根基深厚的南朝寒人家族，相较一般百姓，终究属于拥有一定经济实力与文化素养的有力人群。在六朝江南的门阀体制下，他们大多无法崭露头角，隋唐之际，同样

---

[①]　关于这个问题，笔者尝试做过初步探讨，参周鼎《"邑客"论——侨寓士人与中晚唐地方社会》，《中国史研究》2020 年第 4 期。

仕宦无门，多沉寂乡里。及至高宗、武后以降，他们终于得以依靠科举，拾级而上。总之，这类"新兴"家族和通常理解的新兴庶民阶层毕竟不能等同。

最后还想附带讨论一个与之相关的问题。如所周知，以《文选》为代表的南朝学术文化北传，并在全国范围内流行，是唐代社会"南朝化"倾向的重要表征。[①]但常被忽略的一点是，《文选》虽然成书于萧梁，代表了南朝士族的文学趣尚，但从接受史的角度看，其真正流行并出现专门研治的风尚，则始于隋唐之际。[②]因此，在唐初，"《文选》学"实际是门新兴学问，不在旧士族所传承的家学谱系内，唐初研治《文选》的代表性学者中，鲜见侨、吴高门后裔，即为明证。

唐初"《文选》学"主要通过聚徒讲学的方式，在师、弟间传授。其奠基者如曹宪、李善、公孙罗、许淹等人，多活跃于扬州、润州等南朝士人萃居之地；而他们先世多事迹不显，围绕其郡望与谱系，历来聚讼纷纭。综合这些迹象看，曹宪、李善等人，很可能与马怀素、康希铣、蒋氏兄弟等背景相近，先世或为侨姓低级士族，或为江南寒人。他们是最早一批诵习、研治《文选》，并以之作为进身之阶的知识群体，"《文选》学"的形成和早期传播，与其密不可分。[③]当然，以上看法还有待更多实证研究，但这或许能从阶层与地域维度，为理解"《文选》学"兴起的时代背景提供一条更为清晰的线索。

〔本文原载《唐研究》第26卷，北京大学出版社，2021。作者周鼎，扬州大学社会发展学院讲师〕

---

[①] 唐长孺：《论南朝文学的北传》，收入《山居存稿续编》，中华书局，2011。

[②] 最早的《文选》注释专书当推萧该《文选音义》，成书于隋代，在此以前，南北士人著述中极少提及《文选》。参汪习波《隋唐文选学研究》，上海古籍出版社，2005，第36~50页。

[③] 马怀素早年在扬州师从李善，后进士及第；其父与魏令谟等人多有往还，也应深受选学熏陶，已见上述。康希铣家族"进士登甲科者七人"，其父撰有《注驳文选异义》二十卷（见《康希铣神道碑》），以康希铣生卒年推算，其父应与李善等人为同辈，研治《文选》当在唐初。此外，康希铣之兄康显贞撰有《词苑丽则》二十卷，据考，成书于中宗神龙元年至睿宗景云二年（705~711），是一部"类似《文选》广收众体的诗文选集"，其文学主张与《文选》有明显的批判继承关系。参张固也《康显贞〈词苑丽则序〉考实》《康显贞〈词苑丽则序〉释论》，均收入《唐代文献研究》，中州古籍出版社，2014。总之，康氏一门应具有相当程度的"《文选》学"素养。

# 从"以官存司"到"以司存官"

## ——《百官志》体例与汉唐行政体制变迁研究

楼　劲

**摘　要**　正史《百官志》所代表的官制记载体例的变迁，根本原因在于规范官制的法令及整套行政体制的演化。《汉书·百官公卿表》《续汉书·百官志》记官而不及机构，以长、佐、属官代表其各自的府署，可称是"以官存司"；两唐书《百官志》则皆"以司存官"，即在各机构名下记其长官、佐贰及所属官吏，将之一概视为机构的成员。这是因为汉代官制记载的依据，是以官员管理为中心而不及机构状态的"官簿""秩律"等文档、法令；而唐代官制记载取本的，则主要是规范各机构官吏设置的"职员令"。汉唐官制记载体例及其所据文档的不同，体现了魏晋以来官制和对之加以规范的法令形态的变迁，其转折点约在南北朝后期，背后则存在着长、佐、属官关系演变等一系列进程，由此达成的机构行政一体化状态，乃是汉唐间行政秩序为加强统一控制和防止首长独裁而不断整合的结果。

**关键词**　汉唐　行政体制　百官志　官簿　职员令

正史《百官志》（或名《职官志》，以下概称《百官志》）是今人研究秦汉以来行政体制的基本资料，其记一代官制的原始依据，不外乎是朝廷关于设官员额、职掌秩品等方面的文档、法令，故其记载之式亦与这些文档、法令的状态密切相关。在不同时期，这些文档、法令是随行政需要和法律体系发展而不断损益的，其构成及内容和形态也随之调整，这都不能不影响到据此所做的记载。可以认为，《百官志》记载体例的变迁，除其他可能的原因以外，在根本上乃是规范官制的法令随整套行政体制发展变化的体现。

近年以来，学界同仁对汉唐间《百官志》体例续有研究，在其名称、叙次及其所反映的制度发展问题上多有创获。① 现在已可明确，汉晋至唐宋正史官制记载方式的变化，包括了变"表"为"志"，要官任免记录从志文中退出，其叙述方式亦相应改变等面上的区别，也包括了直接体现制度本身变化发展的若干不同。从《汉书·百官公卿表》（以下简称前表）、《续汉书·百官志》（以下简称续汉志）和两唐书《职（百）官志》（以下简称两唐志，凡径称某志者皆指该书百官志）所示体例来看，这种不同主要有三：一是前表和续汉志皆"以官存司"，而两唐志皆"以司存官"，所载主体从官员变为机构；二是前者所记多有官无吏，后者所记则兼及官吏，可说是从"有纲无目"发展为"纲目俱全"；三是对存在不同行政关系的诸官，其记载从"以官相属"变成了"以职相从"，即从尤重人事管理上的从属关系转为尤重职务从属关系。这类变化首先是因其所据文档、法令的不同导致的，而其他那些面上的差异，最终也可归因于此。由于《百官志》取本的文档、法令最为直接、全面地体现了当时官制的基本状态，故其取据于此而来的体例之异，反映的正是相应时期官制的变迁脉络。以下即拟先论其中的"以官存司"到"以司存官"之变，以为《百官志》体例与汉唐行政体制变迁研究之一"。至于对其他两大不同的讨论，则待诸之二、之三。

## 一　前表、续汉志与两唐志记官之异

两唐志载众官，例以官署为纲。如新志开头述随宜任命的宰相、学士及三师三公，以下所载设官常制，皆先列省、台、寺、监、卫、府之名，下各系其长官、佐贰及其所属官吏；若其下有二级机构亦先各列官署之名，再分别叙其官吏构成。如先列"尚书省"，下系令、仆、丞、郎及都事、主事、令史等官吏；继而分列"吏部""户部""礼部""兵部""刑部""工部"，再各述其尚书、侍郎及诸司郎中、员外郎以下官吏。其载各地设官则先述元帅、节度使、观察使等随宜任命的方面大员，其下所载常制亦依次列出府、州、县之类，各

① 如中村圭尔《六朝官僚制的叙述》揭示了汉至六朝正史官制叙述从表到志的转变，以及官制单行著作出现、流行的相关问题（付晨晨译，魏斌校，《魏晋南北朝隋唐史资料》第26辑，武汉大学文科学报编辑部，2010）。徐冲《〈续汉书·百官志〉与汉晋间的官制撰述：以"郡太守"条的辨证为中心》阐释了续汉志体例及其正文和"本注"的史源问题（《中华文史论丛》2013年第4期）。在2017年举行的中国魏晋南北朝史学会第十二届年会上，孙正军递交的《从〈百官志〉到〈职官志〉：中国古代官制叙述模式转变之一瞥》一文，围绕汉以来正史记官之篇多称"百官志"，至唐以来则多称"职官志"的现象，分析了其所记从以官为纲到以官署为纲的不同及相关问题。赵立新《〈南齐书·百官志·序〉所见中古职官文献及其官制史意义》讨论了此序所述官制书之要况，以及东汉以来官制书写方式的演变（《台大历史学报》第62期，2018）。笔者亦曾指出汉唐《百官志》记载体例的若干变化，后又论其从以官为纲到以官署为纲的转折点应在北魏太和十七年《职员令》（见楼劲、刘光华《中国古代文官制度》，甘肃人民出版社，1992，第50页；楼劲《几条北魏官制材料的考绎——太和年间官制整改与官制诸令的若干问题》，《中国社会科学院历史研究所学刊》第1集，社会科学文献出版社，2001，第121~155页）。

系其长官、佐贰及司、曹官吏。旧志系官于署之式与此大同小异。①

这种先列官署，下系其长官、佐贰及所属官吏的记载方式，即所谓 "以司存官"。也就是把长官、佐贰及以下官吏一概视为其所在机构的组成部分，从而突出了机构整体的职能和地位。而其取本的则是唐令中的《职员令》，此令文式今犹可见于敦煌文书中的《永徽东宫诸府职员令残卷》，如其所存第2~6行的东宫司经局职员（分行以 / 隔开，括号内为原注）：

> 司经局 / 洗马二人（掌经史图籍，判局事），书令史二人（掌行署文案，余局书令史准此），书 / 史四人（掌同书令史），校书四人（掌雠校经籍），正字二人（掌刊正文字）/ 典书二人（掌四部经籍，行署校写功程料度文案），装书生四人（掌装潢经 / 籍），楷书令史卅人（掌写经籍），掌固四人。②

其首 "司经局" 三字单列一行，即直观地说明了机构为纲、官吏为目的建制原则。以此对照新志所载东宫司经局官吏之况（括号内为原注）：

> 司经局　洗马二人，从五品下。掌经籍，出入侍从。图书上东宫者，皆受而藏之。文学三人，正六品下。分知经籍，侍奉文章。校书四人，正九品下；正字二人，从九品上；掌校刊经史（唐改太子正书曰正字……咸亨元年，复隶左春坊，省录事。有书令史二人，书吏二人，典书四人，楷书二十五人，掌固六人，装潢匠二人，熟纸匠、笔匠各一人）。③

其 "司经局" 三字从前文跳出后平阙，寓义与《职员令》将之单列一行相类，以下所载显然是据《职员令》记其设官员额、职掌，又据《官品令》标出各官品阶。旧志之体大致亦然。④ 以两唐志记东宫诸府、坊、局、寺、署、率府及亲王、国公等府建置与敦煌文书此卷所载对照，其况略皆如此。由此即可推定，两唐志所载官制，皆主要取本于《职员令》，唯

---

① 旧志一总论唐代官制沿革和品阶勋爵及其授受管理，志二、三述三师三公以下百官常制，亦皆以署系官。记二级机构亦然。唯尚书省先列 "尚书都省" 系其诸官，再分记六部尚书及二十四司官吏，其式与新志不同。盖因其仿照《唐六典》，而《唐六典》都省、六部各分一卷，旧志则不分卷所致。
② 录文据刘俊文《敦煌吐鲁番唐代法制文书考释》一七《P.4634、4634C1、4634C2 及 S.1880、3375、11446 永徽东宫诸府职员令残卷》，中华书局，1989，第181页。
③ 《新唐书》卷四九上《百官志四上》，中华书局，1975，第1294~1295页。
④ 两唐志所载与敦煌文书此卷的差异，如司经局设 "文学三人" 及 "典书" 员额等不同，则因两唐志所据为《开元令》之故。以主体部分由开元《职员令》构成的《唐六典》所载与两唐志相校，其文式及内容略同，诸官职掌则志文所载较简。至于旧志与新志在注文处理及叙次上的差异，亦属对《职员令》内容的改写之异。见《唐六典》，陈仲夫点校，中华书局，1992，第666页。

百官品阶另据《官品令》，<sup>①</sup>故其所以"以司存官"，是因为当时法律就是如此规范设官建制的。

综记西汉官制的前表则迥异其趣，其体例可说是"以官存司"。如其载太常及其属官建置：

> 奉常，秦官，掌宗庙礼仪，有丞。景帝中六年更名太常，属官有太乐、太祝、太宰、太史、太卜、太医六令、丞，又均官、都水两长、丞，又诸庙寝园食官令长、丞，有雍太宰、太祝令、丞，五畤各一尉。又博士及诸陵县，皆属焉。<sup>②</sup>

所述"某官，掌某某，有丞，属官有某某"云云，为其记载设官之况的常式。要即述官而不言其署，以长、佐、属官的设置之况隐寓其各有府署及掾属书佐之类，这就多少遮掩了其机构的状态。续汉志记东汉官制大略也是如此，如其记太常及所属诸官：

> 太常，卿一人，中二千石。本注曰：掌礼仪祭祀……丞一人，比千石。本注曰：掌凡行礼及祭祀小事，总署曹事。其署曹掾史，随事为员，诸卿皆然……太史令一人，六百石。本注曰：掌天时星历……丞一人，明堂及灵台丞一人，二百石。本注曰：二丞，掌守明堂、灵台……右属太常。本注曰：有祠祀令一人，后转属少府。有太卜令，六百石，后省并太史。中兴以来，省前凡十官。<sup>③</sup>

除员额、秩位及职掌的记载方式稍有不同外，<sup>④</sup>其"以官存司"之体与前表基本一致。上引文正文之末的"右属太常"一语，义同前表所记的"属官有某某"，意即太史令以下诸官皆属太常。从其"本注"述太常丞"总署曹事"云云，则可体会到"以官存司"不是说诸官并无府署司存，或当时没有机构概念，而是强调官员甚于机构，尤其是突出了长官对本机构的主宰地位或代表性。

前表、续汉志所示的"以官存司"之式，同样是由其史源决定的。前表序言虽未交代其记载所本，但无论其上卷述百官职秩的文字部分，还是下卷的公卿要官在职表，明显都有朝廷设官及任免管理的簿册文档可据。类似簿档在汉简中多有踪迹，其相对完整的形态，

---

① 《通典》卷四〇《职官二十二》列有"大唐官品"，其原注已明此为"开元二十五年制定"，盖即此年所定之《官品令》（中华书局，1984年影印版，典二二七上栏）。其下所示"流内""视流内""流外""视流外"四个品阶序列，为今存唐《官品令》形态最为完整者。
② 《汉书》，中华书局，1962，第726页。
③ 《后汉书》，中华书局，1965，第3571页。
④ 如前表记职掌为正文，而续汉志记此皆在"本注"。前表记员额，如中尉条述其"有两丞、候、司马、千人"，是其凡非特明员数则皆仅一人；其记秩次则在同秩官员之末一并说明，如"中尉"条下载"自太常至执金吾，秩皆中二千石，丞皆千石"（《汉书》，第732~733页）。

则可见于 1993 年尹湾出土的西汉成帝后期东海郡几种吏簿木牍。以下即是被整理者命名为"东海郡吏员簿"的第 2、3 两行：

> 大守吏员廿七人。大守一人，秩□□□□。大守丞一人，秩六百石。卒史九人，属五人，书佐九人，用算佐一人，小府啬夫一人。凡廿七人
>
> 都尉吏员十二人，都尉一人，秩真二千石。都尉丞一人，秩六百石，卒史二人，属三人，书佐四人，用算佐一人。凡十二人。①

此簿及其所记太守、都尉"吏员"的性质，包括其所列员额可以在多大程度上反映西汉成帝时期东海太守府和都尉府的设吏之况，都还不无疑问。②不过其以长官为纲叙其下官吏，尤其先记"大守一人，秩□□□□；③大守丞一人，秩六百石"，以下再录其他吏员构成的叙次，显然与前表和续汉志"以官存司"之体相同。故其虽是成帝后期东海郡的某种吏簿，却可据以推知朝廷所存同类簿册大致也是如此。

由此再看续汉志序述其取据及体例之要：

> 班固著《百官公卿表》，记汉承秦置官本末，讫于王莽，差有条贯。然皆孝武奢广之事，又职分未悉。世祖节约之制，宜为常宪，故依其官簿，粗注职分，以为《百官志》。④

从中可见续汉志有鉴前表得失做了两点调整。一是其正文所载诸官员额、秩次，取本于光武帝建武六年省官后的"官簿"，所针对的是前表"皆孝武奢广之事"。因而可推班固修此表取本的是武帝增广其制后某个时期的官簿，其式当如上引汉简吏簿之文所示。二是续汉志"本注"所述职掌、掾属等项，则属司马彪"粗注职分"之文，⑤这是要补充前表的"职分未悉"，却因其所据官簿不记诸官职掌和掾属，故司马彪只能别据他种性质不一而权威性较低的文献资料，以作注的方式略为补述。⑥由此看来，前表以寥寥数字概括的诸官沿革和职掌，亦非来自其所取本的官簿，而是别有所据。

---

① 连云港市博物馆、东海县博物馆、中国社会科学院简帛研究中心、中国文物研究所编《尹湾汉墓简牍》，中华书局，1997，第 79 页。
② 参谢桂华《尹湾汉简牍和西汉地方行政制度》，《文物》1997 年第 1 期；周群《尹湾汉简所载东海郡吏员总额考》，《南都学坛》2011 年第 5 期。
③ 学界释此有中二千石、真二千石及比二千石之说。参朱绍候《〈尹湾汉墓简牍〉是东海郡非常时期的档案资料》，《史学月刊》1999 年第 3 期；卜宪群《也谈〈尹湾汉墓简牍〉的性质》，《史学月刊》2000 年第 5 期。
④ 《后汉书》，第 3555 页。
⑤ 《后汉书》，第 3555~3556 页。
⑥ 如续汉志"太尉"条本注引《汉旧注》之说并引"或曰"云云（《后汉书》，第 3558~3559 页）。可见其"本注"所引多私家记注之作而说法不一，其性质自难与时期明确而所记可靠的"官簿"相比。

要之，前表和续汉志的原始依据是"官簿"，即朝廷所存关于设官员额、秩次的簿录，前表下卷还取本了公卿任免的档册；而其所以皆"以官存司"，直接原因在于其所取本的这类簿档均仅记官而不及其署。尽管班固和司马彪编撰之时还依据了其他一些官制文献再做订补，但其记载框架无疑仍是由所取本的簿档所载事项决定的。

## 二 "以官存司"为两汉官制记载的通例

前表、续汉志所示"以官存司"之体，实为汉魏以来史家记载两汉官制的通例。当时不仅诸官私所修两汉断代史是如此，包括其他各种单行官制书、故事书、仪制书等，凡综记西汉或东汉官制者，殆无不如此。是为各处所载两汉官制在史源上高度一致的体现。

如东汉末荀悦改编《汉书》而成的编年体《汉纪》，此书卷五惠帝六年十月记"周勃为太尉"，继述"太尉，秦官，掌武事"，以下综述西汉官制。其文即据前表上卷改写，且也是从伏羲名官之况一直说到了"汉因循而不革"，再叙西汉朝廷众官至各地郡县官设置，叙次上同样是"以官存司"。不过荀悦对之亦有所订补，如其在太尉以下记丞相至御史大夫之文：

> 丞相，金印紫绶。有左、右丞相，佐天子助治万机。高帝更名相国，绿绶，复为丞相。御史大夫，位上卿，副丞相，银印青绶。太尉有长史，丞相置两长史。御史大夫置两丞，一曰中丞，外督部刺史；一曰内史，掌秘书，受公卿奏事，举掌劾章。秩皆千石。①

所述丞相之制简于前表，述御史大夫两丞职能则与前表殊异，荀悦参据的文献今已不知，②但可看出其所据之文的记载体式，显然也像前表述西汉官制一样叙官而不及其署。

东汉明帝、安帝以来陆续修撰而具国史性质，成书在献帝时期的《东观汉记》设有《百官表》，盖仿前表记东汉官制及公卿要官在任之况。其书早佚而有清人辑本，其所辑此表唯余文字综述部分的若干佚文，姑举其中一条：

> 大鸿胪，汉旧官，建武元年复置。属官大行丞一人，大行丞有治礼员三十七人，主斋祠傧赞九宾之礼。又有公室，主调中都官斗食以下，功次相补。③

---

① 《两汉纪上·汉纪》，张烈点校，中华书局，2017，第70页。
② 《汉纪》此处述加官有"其后侍中或特绍诸曹吏""左右有给事中、黄门侍郎"等文，亦前表所无。
③ 吴树平校注《东观汉记校注》，中华书局，2008，第142页。

其文或因辑自诸书摘引而有讹脱，[1]但其叙次显然与前表所载多述"某官，秦官，有丞，属官有某某"之式相类。其述大鸿胪职能在大行丞及治礼郎之后，内容与续汉志大鸿胪条有所不同，是其别有他种文献为据，后来遂为刘昭续汉志补注所引。[2]此外，辑本此表佚文过半的篇幅，辑自《续汉书·舆服志下》刘昭补注所引，内容为建武元年以后制定的百官秩次。[3]若其确为此表原文，即可解释上引文述大鸿胪及其属官之所以不一一记其秩次，是因其诸官秩次一并总叙之故。这一点似反映此表还采据了别种官方簿档，据张家山汉简《二年律令·秩律》之文，[4]汉律中确有总列百官秩次之篇，《东观汉记·百官表》若一并总叙秩次，应即取本于东汉修订的《秩律》。[5]无论如何，由于《秩律》只规范了各类官员的秩次位序而不及员额、职掌，此表所记必同时取本了记有设官员额的官簿，因而亦必"以官存司"，并据其他文献所载述其职掌之类，这大概不会有什么问题。

魏晋以来诸家所修《后汉书》中，孙吴谢承书设有《百官志》，为纪传体史书记载官制改表为志之始，则公卿要官在任表应已不在其中。此志似无佚文存世，不过唐代史家刘知几曾论及谢承书创立《百官》《舆服》二志，概括其为"拾孟坚之遗"。[6]是其记官体式似亦当循前表"以官存司"，具体内容则理应取自此前有关东汉官制的撰述。[7]又刘宋孝武帝孝建二年正月议南郊太常是否亚献之事，太常丞朱膺之引据了东晋袁山松《后汉书·百官志》文：

> 又寻袁山松《汉百官志》云："郊祀之事，太尉掌亚献，光禄掌三献。太常每祭祀，先奏其礼仪及行事，掌赞天子。"无掌献事。[8]

此为诸家《后汉书》辑本所存唯一明言出自《百官志》的佚文片断，[9]其文在续汉志中

① 吴树平校注述上引文中的"大行丞一人"云云，四库馆臣所辑聚珍本作"属官有丞一人，大行丞一人"，似皆脱"大行令"之文；"治礼员三十七人"，聚珍本作"四十七人"，与续汉志大鸿胪条述"治礼郎四十七人"相合。
② 见《后汉书》，第3583页。
③ 《后汉书》，第3675~3676页。其中述治书侍御史、廷尉正、平秩千石与续汉志所载六百石不同，太子家令、仆等官亦异。是《东观汉记》此条所载非如续汉志据建武六年省官的官簿，而是此前或其后经过调整的秩次。
④ 见彭浩、陈伟、工藤元男主编《二年律令与奏谳书：张家山二四七号汉墓出土法律文献释读》，上海古籍出版社，2007，第257~294页。
⑤ 续汉志刘昭补注屡引应劭《汉官名秩》述某官秩次以及选用，《续汉书·礼仪志中》刘昭补注引此又叙诸官赐给钱帛数额之等，其所本即应以《秩律》为主。又前表常一并记同级诸官的秩次，上引荀悦《汉纪》述丞相、太尉长史和御史大夫之丞亦然，这也隐隐透露其参据了《秩律》。
⑥ 浦起龙通释《史通通释》卷三《内篇·书志第八》，王煦华整理，上海古籍出版社，2009，第52页。
⑦ 前引中村圭尔《六朝官僚制的叙述》一文，已指出其所述东汉官制大抵当承《东观汉记·百官表》而来，然则其体亦当如上引《东观汉记》佚文所示。
⑧ 《宋书》卷一六《礼志三》，中华书局，1974，第428页。
⑨ 周天游辑注《八家后汉书辑注》之袁山松《后汉书》卷二《百官志》（上海古籍出版社，1986，第654页）。其余如华峤《后汉书》以"典"称志，张璠《后汉纪》则称"录"，二书及其他诸家东汉史中有无官制专篇今已不得而知。参谢宝成《中国史学史》，商务印书馆，2006，第291~304页。

分在"太尉"、"光禄勋"及"太常"条"本注"，① 今已难断其究竟是朱膺之所做概括还是袁书《百官志》原文，但仍可见东晋以来所修《后汉书》凡设《百官志》者，其内容大多取自续汉志等前此诸书而陈陈相因，似无可能一反常态忽变其体。

再看两汉断代史以外的其他官制文献之况，此类今可追溯的，多是东汉后期以来形成的官制或仪制等故事书，集中于清人孙星衍等辑校的《汉官六种》。② 其中不知撰人之《汉官》记有公卿至州县长官的员吏数额及种类，赖此方知东汉各级长官属吏设置之梗概；胡广《汉官解诂》述众官名义、沿革及职掌等事，其文不少与前表略同；卫宏《汉旧仪》、应劭《汉官仪》杂记官制及朝仪典章，其中有些增补了前表内容，有些则被司马彪采为续汉志本注；蔡质《汉官典职仪式选用》述设官沿革及其选用、仪制等故事，丁孚《汉仪》记诸官员秩、印绶及皇后诸制，二书内容不少皆可与续汉志本注相证。总体看来，这些佚书皆以较多篇幅记载官制，均被续汉志刘昭补注采据，今存其佚文则因辑自各处摘引而失原有叙次，但从那些形态相对完整的佚文中，仍可看出其所记殆皆"以官存司"。

具体如孙辑卫宏《汉旧仪》卷上述御史之况：

> 御史，员四十五人，皆六百石。其十五人衣绛，给事殿中，为侍御史。宿庐在石渠门外，二人尚玺，四人持书给事，二人侍前，中丞一人领。余三十人留寺，理百官事也，皆冠法冠。③

这段佚文补充了前表及《汉纪》述西汉御史大夫属官未及的内容，并与前表所载一样只及"中丞"而未及另一丞，④ 而不像前引《汉纪》之文交代了两丞一曰"中丞"，一曰"内史"。三处皆述御史大夫"有两丞"云云，尤其《汉旧仪》所述众御史中有十五人为侍御史而"余三十人留寺"，均体现了御史大夫府署的存在，然其记载之式却仍循官簿，记作：御史大夫"有两丞，秩千石"；"御史，员四十五人，皆六百石"。这也可见当时并非没有官寺府署或机构概念，而只是强调官员甚于机构而已。由于《汉官六种》诸书所辑相对完整的记官之条，大都如上引文先明其员额、秩次，再叙其相关故事，遂可断定其史源实与前表和续汉志一样，来自记录设官员额及秩次的官簿。至于其下所述的各官职掌、府署、仪制、沿革

---

① 《后汉书》，第3557、3574、3571页。
② 《隋书》卷三三《经籍志二》史部职官类著录及其后叙所述汉以来单行官制书之况，最早也只追溯到建武时王隆的《小学·汉官》篇（中华书局，1973，第967~968页）。王隆此书记官之体，犹可于《汉官六种》所辑胡广为之作注的《解诂》见其仿佛（《汉官六种》，周天游点校，中华书局，1990，第11~24页）。
③ 《汉官六种》，第63页。
④ 上引文中侍御史"二人侍前"以下，原作"二人侍中，丞一人领，余三十人留寺"。其"前"字为孙星衍据《通典》卷二四原注及《太平御览》卷二二七所引《汉旧仪》文补，故周天游点校时已调整其标点。四库馆臣所辑卫宏《汉官旧仪》卷上御史条所述与之略同，亦无"前"字（见《汉官六种》，第32页）。然则《汉旧仪》此处只记载了御史大夫两丞中的"御史丞"，与前表只记"中丞"之况不同。

之类，则如上举前表、《汉纪》《汉旧仪》记西汉御史大夫二丞及御史构成的不同，显然各有所见、所据，因其俱为一时故事而不无出入，是故诸家取舍有所不同，其性质大略皆类司马彪撰续汉志时的"本注"。

据上所述，凡综记一代官制而"以官存司"，乃是两汉普遍如此的通例。这是因为当时列叙百官的原始依据，均是只记设官员额和秩次的官簿，或又参据了规范官员秩次的《秩律》。据张家山汉简《秩律》备列百官秩次而无员额之况，可以推知当时律令中应无既列员额又列秩次的专门篇章；[1] 从前表述百官沿革提及景帝、武帝和成、哀时期的官制变更，以及续汉志序强调的武帝奢广而光武省官之举，又可见各时期设官及员额等事是由诏令随宜调整的。故朝廷所存备录设官员额和秩次的官簿，必是综据《秩律》和有关诏令编列而成，其性质与有司编纂的专项法令及施行故事相类。此即当时各种官制叙述所以皆以官簿所载为其纲领，再取其他簿档、文献为之补充，注其职分、沿革的原因。质言之，所谓"以官存司"之体，不仅来自诸书所据官簿的状态，更是由汉代律令规范官制的方式决定的，其突出官员尤其是各级长官而非机构的状态，体现的正是当时官吏建制和整套行政秩序的基本精神。

## 三 魏晋以来官制记载及其史源之变

综记魏晋以来官制的史志及其他著述，也有一段时期因循了"以官存司"之体。此期正史《百官志》足为代表的，如通行于今的令狐德棻等撰《晋书·职官志》、沈约《宋书·百官志》、萧子显《南齐书·百官志》等所示，其"以官存司"之式既一目了然，兹不再赘。这里仅就晋及南朝前期官制记载的相关问题略为考释，以明其虽承东汉以来官制记载的上述传统，却在记载内容及史源上有了若干值得注意的变化。

唐以前所修诸家纪传体《晋书》设志之况不一，清人汤球所辑的《九家旧晋书辑本》中，尚存《百官志》佚文的只有谢灵运《晋书·百官志》、何法盛《晋中兴书·百官公卿志注》、臧荣绪《晋书·职官志》三种，[2] 其记载重心亦在官员而非机构。据汤辑其佚文之况，可见谢、臧二志多述秦汉以来诸官沿革，这与沈约宋志备述周汉以来诸官沿革之况相类，说明《百官志》重视记录诸官沿革实为当时流行之习。何注则多记某人授某官爵，间有两晋职官设置之事，这是《晋中兴书》改表为注，其体介乎表、志之间的缘故。需要一提的是，臧

---

① 迄今所见秦汉律令简牍中，并无备列百官员额及职掌者，诸如"除吏律""置吏律"之类皆为选补官吏的具体规定。其他官文书简牍如里耶秦简 7-67+9-631 原题"迁陵吏志"，其性质实同尹湾汉简中的吏员簿，其以"志"为名，上承《左传》《国语》所称志书之源，下启班固以来修志之流。"迁陵吏志"之文，见陈伟主编《里耶秦简牍校释》第 2 卷，武汉大学出版社，2018，第 167~168 页。

② 汤球辑，杨朝明校补《九家旧晋书辑本》，中州古籍出版社，1991，第 317~318、346~347、15 页。其列臧志为《职官志》，而汤球未及辑录的《群书治要》作《百官志》，当以《群书治要》为是。

书为唐修《晋书》所本，足见其在诸家《晋书》中有其代表性，同时也表明唐修晋志的"以官存司"及多叙沿革，大抵应袭臧志而来。

晋以来《百官志》所记沿革部分的分量骤增，为其所载内容已更大程度地逸出了官簿范围的一个信号。在记载百官时——明其前代至本朝的沿革概要，对提供治鉴和记存一代之制的来龙去脉极有必要，但前表述此仅寥寥数语，续汉志则多付阙如，偶提一笔亦入于本注，盖因诸官历代沿革并无现成簿档可据，有关著述则所说不一，缺乏权威性之故。作为私家之作，省略其文尚不失为审慎的做法，但对旨在载录本朝继往开来设官之要的国史《百官志》来说，所记沿革过于简略就是一种缺憾。由此看来，两晋以降正史《百官志》有关诸官沿革之文的大幅增加，当是西晋修撰国史诸志以来的新动向。史载晋武帝时议修国史，至惠帝时贾谧主其事，"请从泰始为断"。① 八王之乱前后已由史官束晳撰成十志，② 其中或即包括了《百官志》。此志虽亡于西晋末，但过江以前即承父志欲撰晋史，又谙究"西都旧事"的王隐，在其撰述《晋书·百官记》时理应取鉴了束志义例。③ 由此再考虑王隐书为后此诸家《晋书》共同采据的事实，即可推想《百官志》多载设官沿革的做法，很有可能是定型于束志，经由王记再为上面所述的谢志、何注、臧志及沈约宋志、萧子显南齐志等继承损益的。

此外，晋以来《百官志》记载的其他官制事项也已大为扩充。如汤辑臧志佚文有光禄大夫"驺六人"条，④ 这是配给百官田驺力役的数额规定，为前表、续汉志绝不涉及的内容。据唐修晋志"光禄大夫"条所载，此官至太康二年始赐春秋绢、绵，惠帝时"始给菜田六顷，田驺六人"，前后且述其冠服佩饰及主簿、功曹等属吏设置之况，⑤ 其他如公卿等诸官所记类皆如此。这透露臧志记官至少应包括了唐修晋志所载此类内容的一部分。⑥ 再据沈约宋志溯述晋官多及属吏、选用及相见礼仪，汤辑何注佚文述散骑常侍"比于侍中，貂珰插右"，⑦ 萧子显南齐志虽为文极简，却仍记有要官选用资地等事，即可明确：从臧志到唐修晋志所记官制事项的明显增加，当可代表晋以来诸家《百官志》记载的共同趋势。具体则从前

① 《晋书》卷四〇《贾充传》附《贾谧传》，中华书局，1974，第1173~1174页。
② 《史通》卷一二《外篇·古今正史》述西晋"著作郎陆机始撰三祖纪，佐著作郎束晳又撰十志。会中朝丧乱，其书不存"（《史通义证》，第324页）。《晋书》卷五一《束晳传》载其太康时由张华司空府贼曹掾"转著作佐郎，撰《晋书》帝纪、《十志》，迁转博士，著作如故"（第1432页）。
③ 《晋书》卷八二《王隐传》，第2142~2143页。王隐书改志为记，参章宗源《隋书经籍志考证》卷一《正史类》王隐《晋书》八十六卷"条（《二十五史补编》第4册，中华书局，1955，第4948页中下栏）。汤辑王隐书列有《地道记》《礼乐记》《瑞异记》《刑法记》等，似其亦当有《百官记》。
④ 《文选》卷四三《书下·北山移文》"及其鸣驺入谷"句李善注："臧荣绪《晋书》曰：'驺六人。'"（中华书局，1977年影印本，第613下栏）李善所引未明其出于《百官志》，而汤球辑之入志，且据唐修晋志加"光禄大夫"四字。
⑤ 《晋书》，第728页。
⑥ 唐志对臧志多有删减，如《群书治要》卷二九《晋书上·百官志》摘抄的臧志之文，有李重、裴頠论内外设官选用之论（商务印书馆，1937，第489~491页）。但其下所列何曾、羊祜、秦秀、李憙事迹，疑本属《群书治要》卷三〇《晋书下》摘抄的臧书列传之文，在后世传抄、分帙时窜入志末。这些内容至唐志皆被删除，另又简化了臧志述诸官沿革的部分。
⑦ 《九家旧晋书辑本》之何法盛《晋中兴书》卷五《百官公卿志注》，第346页。

表只记百官印绶，到晋以来诸志兼记服饰等级、出行相见之类的规定；从续汉志只载"百官受奉例"，到后来及于诸官廪赐及田、役数额；从前表、续汉志不及官员选用之况，发展到交代其选用条件和故事；从续汉志仅以"本注"补述有关规定，到改以正文对之叙述。这类直接反映一代官制要况的记载事项之增，当然不是说晋以前并不存在有关规定，而是晋以来官制记载史源发生变化的标志，是规范官制的律令、故事业已调整的结果。

关于汉魏及西晋以来官制记载之要及其史源之变，南齐志序有一段重要的综述（括号内为原注）：

> 若夫胡广《旧仪》，事惟简撮；应劭《官典》，殆无遗恨。王朗奏议，属霸国之初基；陈矫增曹，由军事而补阙。今则有《魏氏官仪》、鱼豢《中外官》也。山涛以意辩人，不□□□；荀勖欲去事烦，唯论并省。定制成文，本之《晋令》，后代承业，案为前准。肇域官品，区别阶资，蔚宗选簿梗概，钦明阶次详悉，虞通、刘寅因荀氏之作，矫旧增新，今古相校。齐受宋禅，事遵常典，既有司存，无所偏废。其余散在史注，多已筌拾，览者易知，不重述也。（诸台府郎、令史、职吏以下，具见长水校尉王珪之《职仪》。）[1]

这里提到了以往十二种具有代表性的官制述作，前引中村圭尔及赵立新之文已一一明其可考之迹。其中王朗、陈矫、山涛、荀勖所著，皆属奏论一时设官选用之要；胡广、应劭之作，当与前述《汉官仪》《汉旧仪》体式相仿。其余诸书，《魏氏官仪》或为《隋书·经籍志》所录的荀攸《魏官仪》，鱼豢《中外官》盖即其所撰《魏略》的百官志，"蔚宗选簿"当指范晔所撰刘宋的《百官阶次》，"钦明阶次"乃荀钦明续撰的《宋百官阶次》，虞通、刘寅二人则循荀书加以损益。故就大体而言，这些官制书或为《汉官仪》之类的续作，或记百官阶次及其沿革，其记载方式总的仍在前表、续汉志"以官存司"的轨道之内。[2]而南齐志序举此诸书，述其史源及本志编纂之要，有两点是特别值得注意的。

一是其述"定制成文，本之《晋令》，后代承业，案为前准"云云，明确交代了西晋以来规定官制的法令及史官据此"成文"以叙官制的基本史源，已从以往的官簿、《秩律》之类，变为有关官制的令篇及其后续的补充规定。

西晋泰始四年所颁《律》《令》《故事》并行之制，标志了秦汉以来法律体系的重大转

---

① 《南齐书》卷一六《百官志》序，中华书局，1972，第311页。
② 《隋书》卷三三《经籍志二》史部职官类著录晋以来官制书通计亡书共三十二部，大略可将之分为两类：一是《百官阶次》《梁选簿》《晋百官名》《陈百官簿状》等官名阶次及官簿、选簿等书十五部，二是《晋公卿礼秩故事》《齐职仪》《职官要录》《百官春秋》等职仪记注及诸故事等书十七部。不难看出其分别源出汉《秩律》、官簿及官仪、旧仪之类，故必以官为纲，这也可见南齐志序所列诸书确有其代表性。

折，亦继曹魏进一步明确了"律以正罪名，令以存事制"的格局。① 正由于此，汉代规定百官秩次的《秩律》，已被《晋令》四十篇中的《官品令》取代，② 其内容亦有扩展，即除规定百官品位以外，还包括了冠服、职事之类。③ 设官员额自此则由《吏员令》《军吏员》等篇加以规范，其内容似兼含官员和吏员；④ 至于百官禄廪、选用等项，亦已分别有《俸廪》《选吏》等篇加以规范。⑤ 由此考虑南北朝律令大体均在西晋基础上损益演化，此期官制的因循之态又相当突出，⑥ 即可推知今存晋志、宋志、南齐志及同期其他官制书所以皆先列设官名目，再记其品位、员额等相关制度，正是其所记首先取本于《官品》《吏员令》及其后续规定的体现；而其所记职事、属吏、服饰、选用、禄廪等事项的扩展，则是因其所据之令及其后续规定已包含了这些内容。至于《百官志》所载沿革部分的明显增加，除以此提供治鉴的必要性外，很大程度上也是晋以来相关令篇及其后续规定既各有专档记录，在令未修订而其制续有调整的前提下，各朝官制记载已不能不在以往相关令篇规定的基础上详其补充损益部分的结果。此即南齐志序称一段时期以来，官制皆在《晋令》基础上随宜损益，官制记载亦皆据此成文的背景，也解释了此期《百官志》所载制度事项所以较之前表和续汉志大为扩充的由来。要之，晋以来《百官志》及其他官制书史源已变，也就导致了当时官制记载的一系列变化，而其"以官存司"之体所以未变，则是决定其记载框架的《官品》《吏员》诸令唯载官吏而不及其署所致，从而说明以往重视官员甚于机构的建制精神大体仍延续了下来。

二是南齐志序末原注："诸台府郎、令史、职吏以下，具见长水校尉王珪之《职仪》。"这表明随着史源之变，"以官存司"的记载方式愈难涵盖不断增多又相互联系的官制事项，尤其是官吏所在府署机构的实际存在和发展内容。也正是这样的事态和官制法令本身的进一

---

① 《艺文类聚》卷五四《刑法部·刑法》引杜预《律序》，上海古籍出版社，1999，第 980 页。

② 《晋令》篇目俱存于《唐六典》卷六《尚书刑部》原注，以下《官品令》《吏员令》等名皆出此（第 184 页）。

③ 晋《官品令》所定一至九品官爵位序之况，今犹可见于《通典》卷三七《职官十九·晋官品》。程树德《九朝律考》卷三《晋律考下·晋令》所辑明确引为晋《官品令》的佚文，有"（大）司马官品第一，武冠、绛朝服，佩山玄玉"；又有侍中"职掌摈威仪，尽献纳，纠正补过。书表章奏，皆得驳除。书表章奏，皆掌署也"等条（中华书局，1963，第 278~299 页）。张鹏一《晋令辑存·官品令第四》辑有晋令佚文九条，内容亦包括品秩及职事等项（《晋令辑存》，徐清廉校补，三秦出版社，1989，第 52~53 页）。但程、张所辑《官品令》皆有数条恐属《吏员令》等其他令篇。

④ 《九朝律考·晋律考》所辑《吏员令》佚文共有六条，皆为属吏设置（第 299 页）。《晋令辑存·吏员令第五》所辑《唐六典》等处引《晋令》佚文，有"卫尉主簿二人""大鸿胪置主簿录事""导官令置主簿、录事、酒吏、鼓吏"等令节文（第 69~70 页）。这都说明《吏员令》内容兼含官、吏。又《后汉书》卷五七《栾巴传》李贤注引《晋令》"诸郡国不满五千以下，置干吏二人"（第 1841 页）。《晋令辑存》据此以为，唐修晋志郡太守条下载郡国职吏、散吏人数"悉《晋令》文也"（第 71 页）。然则晋志所载公卿以下诸官属吏人数，皆为《吏员令》所定。

⑤ 见《唐六典》卷六《尚书刑部》原注所载《晋令》篇目，其中关于官员选用者，除《选吏》外还有《选将》《选杂士》两篇。

⑥ 《宋书》卷一一《志序》述其《百官志》撰作缘由："百官置省，备有前说，寻源讨流，于事为易。"（第 205 页）意即两汉魏晋以来官皆承前损益，官志述其源流甚易。《隋书》卷二六《百官志》序述魏晋以来官制沿革，多"大抵略同""不失旧物"等语（第 720 页）。此亦当时官制较重因循之写照。

步调整，酝酿了《百官志》记载方式的又一轮变化。

《齐职仪》一书五十卷，大体是以宋、齐为中心编录历代设官、职制、选用、仪制等方面的故事，其中确实是包括了"诸台府"机构设员建制等内容的。[①]除时期较早的外，这些故事大部分皆散见于《晋令》各篇及其后续的补充诏令，需要取准、参考时翻检为难，也就有了统一编集的必要。故其书初由宋文帝敕命王珪之撰集，至齐武帝时又下旨催督，珪之卒时尚刊定未毕，后由其子王颢奏上，诏付秘阁。可见《齐职仪》并非私家记注之作，而是具有官修政书性质，是要适应更为完整具体的规范官制和指导行政的实际需要。当然这也衬出了西晋所定官制诸《令》设置不够合理，又因久未修订而已滞后于现实发展等问题，也就意味了相关法令的进一步调整。即从南齐志所示之况来看，其所载虽仍以官为纲，却已有多处文字记其机构之况。如记诸卿官属，每书"府置丞一人，领官如左"；又记"中书省职，置主书、令史、正书以下"；"兰台置诸曹内外督令以下"；"谒者台，掌朝觐宾飨"。[②]这类史笔绝不见于以往的《百官志》，所反映的显然是《晋令》以后续补的法令已更为重视机构地位的状态，故足视为《百官志》记载从"以官存司"向"以司存官"之体过渡的前声。


# 四　唐代官制记载"以司存官"之式溯源

以上讨论表明，晋以来官制的各项内容已由《官品》《吏员》等令加以规范，因而综记其制的《百官志》及其他官制之书的史源，已从主要依据官簿转为有关《令》篇及后续诏令的补充规定。也正是这种因法律体系转折而发生的史源变化，构成了当时官制记载内容、体式相应调整的原因。两唐志所示"以司存官"之体的出现，便须放到这样的发展过程中来认识。

在追溯两唐志"以司存官"之体的由来时，先应看到其不仅承自唐修国史的百官志，亦为《唐六典》《通典》《唐会要》等书记载本朝官制的通例，这自然是其皆取本了《职员令》的体现。再由此向前追溯，唐初所修《隋书·百官志》对北齐及隋制的记载，即已全面呈现了两唐志所示的"以司存官"之体。如隋志中载北齐光禄寺之制（括号内为原注）：

> 光禄寺，掌诸膳食，帐幕器物，宫殿门户等事。统守宫（掌凡张设等事）、太官

---

[①] 《齐职仪》一书编纂过程及内容概要，见《南齐书》卷五二《文学王逡之传附王珪之传》，第 903 页。又《唐六典》卷一〇《秘书省》"典书"条原注引《齐职仪》云："宋孝武大明年开府仪同三司及三公府、皇子府，皆有典书、书吏。"（第 298 页）南齐志载司徒府之况，述"晋世王导为司徒，右长史干宝撰立《官府》，《职仪》已具"（第 312~313 页）。此皆《齐职仪》记及府署建制故事之证。

[②] 《南齐书》，第 315~318、324~325 页。

（掌食膳事）、宫门（主诸门籥事）、供府（掌供御衣服玩弄之事）、肴藏（掌器物鲑味等事）、清漳（主酒，岁二万石，春秋中半）、华林（掌禁御林木等事）等署。宫门署，置仆射六人，以司其事。余各有令、丞。又领东园局丞员（掌诸凶具）。

隋志下则载隋开皇时光禄寺之制：

> 光禄寺统太官、肴藏、良酝、掌醢等署。各置令（太官三人，肴藏、良酝各二人，掌醢一人）、丞（太官八人，肴藏、掌醢各二人，良酝四人）。太官又有监膳（十二人），良酝有掌酝（五十人），掌醢有掌醢（十人）等员。[1]

隋志载北齐、隋官制的叙次，是先以机构为纲记其职掌及设官员额，[2] 其后再一并总记百官品阶与俸禄；其记太常、光禄等九寺的设官建制，则先一并综述每寺各置卿、少卿、丞及主簿、录事等员，再分记各寺特有之制。故上引文记北齐、隋光禄寺便不再复述寺卿、少卿等设置，也不及官员的品阶，整个行文则直观地突出了机构包括其所属二级机构的地位，明确了长官以下各官俱为承担特定职能的机构一员。由于隋志载梁、陈诸卿等建制仍多"以官存司"，则其载北齐、隋制皆以机构为纲，显然不是唐人按今制改编的结果，而是南、北有关法令的形态使然。这也表明唐代官制法令及官制记载的"以司存官"之体，是承北朝一脉发展而来的。

隋志载北齐行台之制曰："行台，在《令》无文，其官置令、仆射。其尚书丞、郎，皆随权制而置员焉，其文未详。"[3] 这说明其前后所载常制皆据《令》文，行台则因"权制"不入于《令》，故史臣称其具体设置"未详"。此《令》自然就是《河清令》，因为北齐一朝只有河清三年曾统一定《令》。又隋志先载隋初的设官建制及百官品阶、俸禄，继叙开皇三年四月以来对之的调整、补充，直至"炀帝即位，多所改革，三年定《令》"云云。[4] 这也表明其载隋初官制，依据的是开皇元年颁行的《开皇令》，炀帝时期之制则依据了大业三年颁行的《大业令》。至于其具体篇名，据隋志载北齐行台称"在《令》无文"，载隋之"行台省"则备记其建制员额，[5] 可见行台职员至隋已有《令》文规定。再据《唐六典》卷六

---

① 两处引文分见《隋书》，第 755~756、776 页。
② 上引隋光禄寺文不及职掌，是因隋文帝废除周官"还依汉魏"时，大体是在北齐《河清令》基础上损益，而隋志作为"五代史志"，又是接着上卷所记的北齐官制再记隋制，故其所记隋官凡职掌与北齐相同者皆省文，只有隋代做了改变的才记其新职掌。如其载北齐领军府"掌禁卫宫掖"，左右卫府"掌左右厢"；载隋左右卫"掌宫掖禁御，督摄仗卫"，左右领军府"各掌十二军籍帐、差科辞讼之事"。分见《隋书》，第 758、778~779 页。
③ 《隋书》，第 759 页。
④ 《隋书》，第 793 页。
⑤ 《隋书》，第 779 页。

《尚书刑部》原注所存《开皇令》目中有《行台诸监职员》之篇,[①]是隋志所载隋初的设官建制部分,取本的正是开皇《职员令》诸篇,则隋志于其后一并总记的百官品阶和俸禄规定,亦必分别取据了《官品令》和《封爵俸廪令》。考虑到隋志载北齐与隋官制内容、次序和文式基本一致,凡隋官职掌同于北齐且省其文等情况,其记北齐官制的史源,应当也是河清所定的《职员令》《官品令》等篇。[②] 也就是说,隋志载北齐和隋代设官建制所以会 "以司存官",是因其取本的皆为《职员令》,是《职员令》以机构为纲来规范百官职掌和员额的形态使然。

因此,要继续向前推溯《百官志》记载 "以司存官" 的源头,就要考察北齐以前的定令之况,尤其是北魏孝文帝创立《职员令》的相关问题。《魏书·高祖纪》载太和十七年六月诏:

> 六职备于周经,九列炳乎汉、晋,务必有恒,人守其职。比百秩虽陈,事典未叙。自八元树位,躬加省览,远依往籍,近采时宜,作《职员令》二十一卷。事迫戎期,未善周悉。虽不足纲范万度,永垂不朽,且可释滞目前,厘整时务。须待军回,更论所阙,权可付外施行。其有当局所疑而《令》文不载者,随事以闻,当更附之。[③]

据此可知,晋及梁、陈《令》所无,却在北齐至隋唐官制法令和官制记载中充当基干的《职员令》,是在孝文帝迁都前夕创立和施行的。由于其事关重大又影响深远,笔者曾对之做过较详考证,[④] 这里再着眼于此《令》形态及其后续修订说明几点。

一是其在太和十六年《官品令》颁行后制定,所要解决的是 "百秩虽陈,事典未叙" 的问题。所谓 "事典",当指职司之制,包括百官的定职设员和统属关系。看来太和十七年新创的《职员令》,大体是对《晋令》分属《官品》《吏员》等篇的百官职掌、员额等规定作了归并、扩充,并因归并、扩充以后明其统属关系的必要,突出了各地各部门机构的地位。其二十一卷的篇帙,以隋唐《职员令》分为省台、诸寺等六、七卷之况衡之,也确应考虑其是否已以不同机构和设官类型分其篇卷的问题。而其一定要在迁都前夕付外施行以 "释

---

① 《唐六典》卷六《尚书刑部》原注载隋《开皇令》篇目,有《官品上》《官品下》《诸省台职员》《诸寺职员》《诸卫职员》《东宫职员》《行台诸监职员》《诸州郡县镇戍职员》《命妇品员》《封爵俸廪》等篇(第 184 页)。此即隋志所载隋开皇官制之所据,由此亦可推知,隋志载北齐与隋诸寺建制所以先综述每寺各置卿、少卿等官,是因其综据《诸寺职员》篇改写之故。
② 《唐六典》卷六《尚书刑部》原注载 "北齐令赵郡王叡等撰《令》五十卷,取尚书二十八曹为其篇名"(第 184 页)。其文必有错夺,北齐令亦当以事类立篇,与正始及开皇定令一致。见楼劲《北齐令篇目疑》,《文史》2000 年第 4 辑。
③ 《魏书》,中华书局,1974,第 172 页。
④ 见前引楼劲《几条北魏官制材料的考绎——太和年间官制整改与官制诸令的若干问题》一文。

滞目前"，除可能与次年孝文帝考课京官须先明其职掌相关外，[①] 似也是因新都营构须据省、台、府、寺等机构的性质与设置之况，一一定其官廨位置、规模之故。

二是孝文帝亲政后所定官制诸令，先有太和十六年与新令各篇一并颁行的《官品令》，要在规范官品序列；继为十七年施行的《职员令》，要在规范百官职司；续以十九年所颁《品令》，要在规范官职清浊及其选用办法。这三个《令》篇加上太和十八年仅部分施行，至宣武帝所颁《正始令》中方成完帙的《考察令》，[②] 集中体现了太和年间对晋以来官制诸《令》分篇格局的改造，也直接构成了隋唐《官品》《职员》《选举》《考课令》的前身。而继承孝文帝改制成果的《正始令》到北齐《河清令》及隋代《开皇令》，又向被公认为一脉相承递嬗而来。据此推断，北齐及隋《职员令》以机构为纲的形态，很可能就是由太和十七年至正始元年续加修订完善的《职员令》所开启的。[③]

三是上引诏文述当时所定《职员令》"未善周悉"，并命有司随事奏其疑阙，"当更附之"，这都意味了正始元年定令对之的进一步修订。其总的方向，除删定附于各卷的奏请制可之文，完善其内容而简化其篇帙外，亦应强调了机构地位，明确了其长官与佐、属官皆为机构一员的法意。这在《正始令》颁行后的行政过程中亦有体现。如正始三年太常寺、司徒府议上源怀的谥号，诏曰"府、寺所执，并不克允"。[④] 延昌二年领军元珍判偏将军乙龙居丧求仕，当五岁刑，尚书三公郎中崔鸿驳论其于理未允，谓之"府判"，珍又上言，称"省依王、杜，禫祥同月，全乖郑义"。[⑤] 诸如此类以"府""寺""省"等机构为行政主体的诏旨奏疏，当可表明正始元年修订的《职员令》中，机构近乎行政法人的地位确已空前凸显了出来。

据上所述，关于省、台、府、寺等机构地位在北朝有关官制法令中的体现，目前可以追溯的明确起点似应定在太和十七年《职员令》，保守一点则应不晚于正始元年所颁的《职员令》。不过，北齐魏收所撰的《魏书·官氏志》却未取本于此，其记官制的部分，除魏初至东魏的建制沿革外，约有四分之三的篇幅为太和十六年及二十三年修订的两个官品序列，意即分别以此反映北魏迁都前后的官制概貌，也就仍应将之归入汉晋以来官制记载的"以官

---

① 《魏书·高祖纪下》载太和十八年九月壬申，帝在平城宫诏考课百官；壬午，"帝临朝堂，亲加黜陟"（第174~175页）。事详同书卷二一上《献文六王传上·广陵王羽传》，其中提到十七年迁都以前《考课令》已制订过半，又载孝文帝亲考尚书左丞公孙良、右丞乞伏义受之语："二丞之任，所以协赞尚书，光宣出纳。而卿等不能正心直言，规佐尚书，论卿之罪，应合大辟……"（第549页）所述尚书左右丞之任，当即十七年《职员令》的规定，可见此令与来年的考核实相关联。

② 关于这四个令篇在太和、正始时期的修订颁行之况，详见楼劲《魏晋南北朝隋唐立法与法律体系：敕例、法典与唐法系源流》，中国社会科学出版社，2014，第209~217页。

③ 《通典》卷二五《职官七·诸卿上》"总论诸卿"条原注："九卿称寺久矣，然通异名，不连官号。其官寺连称自北齐始也。"（典一四七上、中栏）北齐始以"某某寺卿"为诸卿正称，似正是其上承正始《职员令》以机构为纲在官称上的反映。

④ 《魏书》卷四一《源贺传附源怀传》，第928页。

⑤ 《魏书》卷一〇八《礼志四》，第2796~2797页。

存司"之列。这大概是因为太和十七年《职员令》既"未善周悉"而续有补充，其中的设官名目至太和二十三年更有大幅调整，正始《职员令》则仅行三十年而北魏实亡。故魏志之所以因循以往官制记载以官为纲的旧例，应是综合考虑北魏一代官制及其所存文档之况的结果，可以视为官制法令已变而记载暂未跟上的一种过渡状态。

在以上所论基础上，若再进而考虑太和十七年至正始元年《职员令》何以强调机构地位的背景，则有两个方面的渊源可以在此一提。

一方面是南朝制度的影响。前已指出南齐志对府署建制已着笔较多，为不同于以往《百官志》和当时法令开始突出机构地位的新现象。[①] 至隋志载萧梁官制，凡记省、台及王府官皆以机构为纲，即先列尚书省、御史台、皇子府等机构名称，下系其设官员额及其职掌；其余如诸卿、六军、东宫及郡国官等的记载，则仍"以官存司"。这些现象表明：从宋、齐对《晋令》的后续补充到萧梁定《令》，应已持续出现了突出机构地位的趋向，并集中体现于省、台等近要部门的建制。[②] 基于这样的事实，再考虑北魏迁都以后的改制、定制确有进一步向魏晋、南朝制度靠拢之势，加之宋齐士人北渡避乱时，其代表人物如刘昶、王肃又曾直接参与定制活动，则太和十七年及正始元年所定《职员令》取鉴、发扬了南朝强调机构地位的趋向，正可视为长期以来南北制度交流互渗的一个片断，是推溯官制法令和相关记载"以司存官"之式源头时的重要线索。

另一方面是北魏自身的建制传统。拓跋代以来的设官分职大体有两个模式：一是从源出部落、王帐的组织管理体系，到脱胎于此的南北分部、左右近侍、外朝大人、八部大夫等建制，基本上属于草原模式，所谓"近侍""外朝"等称，当为鲜卑语的汉语意译而经润饰；二是取本儒经和依仿晋及南朝改制，可以说是中原模式，像昭成帝即代王位后，道武帝皇始、天兴之时，直至太武帝及孝文帝时，皆循此模式大幅改制。这两个模式之间的关系错综复杂，却都存在着有利于机构概念发育的一面。草原模式下的部落、部门行事，往往具有较强的整体性，其主事者和下属成员相对平等，其间的合议或协同行事亦属部落传统。在经常以中原模式为表而以草原模式为里的北魏前期，这是促使机构地位凸显出来，同时得以冲淡、改变汉魏以来行政权力过于集中于长官局面的一个因素。当然中原模式本来就是包含着机构府署内涵的，在北魏循此大幅改制之时，如拓跋珪"皇始元年，始建曹

---

① 《宋书》卷一八《礼志五》载元徽四年王俭议公府长史应服朝服，其末有曰："若署诸卿寺位兼府职者，虽三品，而卿寺为卑，则宜依公认地玄衣之制。服章事重，礼仪所先，请台详服。"（第511页）所述"卿寺"、"府职"及"请台详服"，可与同书卷一五《礼志二》所载元嘉时有司所奏皇太子监国仪注中的"符仪""关事仪"文式相证（第381~382页）。是南齐志突出机构地位的趋向乃承刘宋而来。

② 《唐六典》卷六《尚书刑部》原注载《晋令》《梁令》皆有《门下散骑中书》《尚书》《三台秘书》《王公侯》四篇（第184页）。以此对照唐修晋志载省、台、王府设官建制亦皆"以官存司"，隋志载梁朝同类建制则改为"以司存官"的变化，似可推断《梁令》这四篇内容确已突出了诸省、台及王公侯府的地位，但其《官品》《吏员》等篇仍旧不变，故其载诸卿等其他建制仍皆"以官存司"。《梁令》的这一变化显然源于南齐志所示宋齐有关法令较多着笔于府署建制的状态，至于南齐志载诸卿皆有"府置丞一人"云云之文，则是萧齐曾下诏规范诸卿府署设员之故，至梁重定十二卿之制而如隋志所载。

省，备置百官"；天兴二年，"分尚书三十六曹及诸外署，凡置三百六十曹，令大夫主之，大夫各有属官"。[①] 这种先定机构府署，再为之配备相应官职的大幅建制，显然也有助于突出机构地位，包括机构成员协调行事的必要性。太和十七年《职员令》的制定，实际上正重现了这样的定制改革路径，即在取仿《周礼》六官分职框架和损益汉、晋府署官职名称的同时，借鉴、扩展了南朝法令突出省、台等机构地位的做法，全面明确了省、台、府、寺等机构的法律地位。

综合上面追溯的这些情况，关于两唐志及同样取本于《职员令》的其他唐代官制书皆采"以司存官"之式，突出机构地位的源头，首先可以断定，这是直承隋及北齐《职员令》及相关记载而来的现象，然后又可将之推至太和十七年《职员令》的创立及其在正始元年的修订。而其所以要以机构为纲来规范百官的职掌、员额，则受到了北魏自身建制传统和南朝有关法令的双重影响，从属于当时对南北朝官制发展实际和晋以来官制诸令分篇格局的总结与改造。当然从根本上说，南北朝时期官制记载从"以官存司"向"以司存官"的过渡，还是机构在行政过程中的地位已趋突出，机构在规范官制时的作用已甚明显，遂致官制法令形态演化和官制记载方式相应调整的结果。

## 五 机构地位的凸显与行政体制变迁

讨论至此，足见汉唐间《百官志》体例所以从"以官存司"转为"以司存官"，实是魏晋以来官制记载改以相关《令》篇和后续诏令为基本史源，至南北朝规范官制的法令渐已突出机构作用和地位的结果。而法令的这种变化，归根到底还是实际行政发展趋势的体现，从突出官员尤其是各级长官的建制状态，到强调机构成员在行政过程中的整体作用，明确机构的法律地位，反映的是当时整套行政体制的深刻变迁。以下就此略述二端，以见其要。

一是长官与佐官关系变化，长官权力缩减，佐官则权位上升，其间的牵制、协调逐渐明确了起来。这是长官不再能独自主宰所管政务的标志性现象，也是汉唐间机构行政一体化进程的首要环节。

处于大一统帝国初期的汉代行政体制，仍是以强调各级长官权力和责任为基点而建立、运行的。长官主宰其府其务实为常态，必要的牵制、协调关系，一般只存在于不同长官或府署之间，如丞相与御史大夫、郡守与郡尉，而很少出现于同一部门的上、下级中。

---

① 《魏书》卷一一三《官氏志》，第2972页。

故当时的"长史""丞"等佐官，秩位上先与长官相去悬远，[1] 职能上则限于协理长官府署中的诸曹之务并分管长官治下的实务。[2] 而分管实务自须听命于长官，长官府署的诸曹属吏又由长官依法辟署，对之有较强的依附关系，[3] 也就总是在协助长官履职理务时起着更为直接和重要的作用，这都使当时的佐官虽有协助长官之责，却无足以牵制长官行事的制度保障。[4]

这种状态至汉末、魏晋已在蜕变，但佐官品秩与长官相差不大，并得切实牵制长官的明朗化，则是在南北朝时期。如魏晋诸公一品而公府长史、司马六品，郡守五品而丞八品，仍沿袭了两汉长官与佐官级差较大的状态。[5] 其况在南朝宋、齐有所调整，[6] 至梁所定百官班次，司徒为最高的十八班，其左长史已与侍中、卫将军等同为十二班，郡守及郡丞则同为十班。[7] 北魏太和中所定官品，诸公一品而公府长史、司马皆四品，司州刺史二品而别驾四品。[8] 北齐司徒第一品而左长史从三品，中州刺史从三品而长史、司马皆第五品。[9] 是南北朝后期佐官品秩接近长官之势已成定局。

与之相应，佐官对长官的牵制也已突出了起来。如刘宋时，刘道济为益州刺史，欲"以五城人帛氏奴、梁显为参军督护"，其长史费谦"固执不与"。[10] 萧齐时，庾荜为荆州别

---

[1] 《张家山汉简·秩律》中，佐官秩次多为长官之半或以下，但低级长官与丞秩差较小，如太祝长、万年邑长等秩三百石，"有丞、尉者二百石"（《二年律令与奏谳书：张家山二四七号汉墓出土法律文献释读》，第 290 页）。前表所载长、佐官秩差大体亦然，续汉志则载中二千石长官之丞多减至比千石，太史、太祝等令六百石者，丞减至二百石（《后汉书》，第 3571~3572 页）。可见东汉长官与佐官秩差有所加大。

[2] 续汉志"太常"条本注述其丞"掌凡行礼及祭祀小事，总署曹事"（《后汉书》，第 3558、3571 页）。可见丞官除总署曹事外亦分管实务，尹湾汉简今题"东海郡下辖长吏不在署未到官者名籍"中，县邑之丞常远出"输钱都内"、"送罚戍"、"送徒民"或上计，亦然（《尹湾汉墓简牍》，第 96~99 页）。

[3] 续汉志"太尉"条本注："或曰，汉初掾史辟，皆上言之，故有秩比命士。其所不言，则为百石属。其后皆自辟除，故通为百石云。"（《后汉书》，第 3558~3559 页）是汉初以后公府属吏的任用权已从朝廷下移至府主，其他长官府署亦当有相应变化。但即便汉初公府辟除掾史"皆上言之"，由于其毕竟为府主所署用，也就还是与之保有特定依附关系，如孙辑卫宏《汉旧仪》卷上载掾史见丞相"礼如师弟子，白录不拜朝，示不臣也"（《汉官六种》，第 39 页）。西汉后期朝廷各部门及地方属吏存在着某种以功次统一调补的制度，但其与长官的依附关系仍极明显，亦因其实际署用权在长官之故。

[4] 严耕望《中国地方行政制度史·秦汉地方行政制度》即指出郡级佐官"多无实权"，是因"守相于郡国政务有绝对自由处理权，丞、长史为中央所任命，不为守相所亲信，故见任反远不如功曹、督邮、主簿等属吏"（上海古籍出版社，2007，第 104~105 页）。

[5] 《通典》卷三六《职官十八·魏官品》、卷三九《职官十九·晋官品》，典二〇五至二〇九。同处载诸佐官品秩，大略皆类于两汉高级长官的佐官级别减半或以上，低级长官的佐官级差不到一半的状态。

[6] 宋志明述其所载官品为西晋所定，"凡新置不见此诸条者，随秩位所视"（《宋书》，第 1265 页）。南齐志则不载百官品阶。可见萧齐官品随时调整者愈多，其中自应包括了部分佐官的品秩。

[7] 《隋书》卷二六《百官志上》，第 729~730、736 页。萧梁所定班序着眼于官职选任，郡守与丞同为十班，即两者的选用资地相同而排序在前的郡守略高。

[8] 《魏书》卷一一三《官氏志》，第 2977~2982 页。同处又载郡守中地位最高的代尹第三品上而丞第五品中。其时佐官地位上升最快的是增少卿为九卿之佐，太和中官品定九卿从一品下至第二品上不等，少卿皆第三品上，比于魏晋诸卿四品而丞仅七品堪称巨变。至隋志载北齐九卿第三品而少卿第四品，上郡太守从三品而丞第六品，皆承续了北魏后期佐官地位上升之势。

[9] 《隋书》卷二七《百官志中》，第 765~766 页。

[10] 《宋书》卷四五《刘粹传附刘道济传》，第 1381 页。

驾，刺史萧憺命其立籍，证明憺之旧部邓元起曾为荆州从事，莘不从，"憺不能折，遂止"。①这类事例，恐怕只能在制度规定长官必须与佐官协同行事的前提下才会发生。北魏后期之况似更有过之，如宣武帝景明时，辛琛"为扬州征南府长史，刺史李崇多事产业，琛每谏折，崇不从。遂相纠举，诏并不问"。②孝明帝神龟时议于忠的谥号，太常少卿元端以为"宜谥武丑公"，正卿元脩义以为应谥武敬公，遂一并申上尚书奏请听旨，灵太后令依正卿。③正是这种可相纠举并可就理务意见不同上奏听旨的状态，构成了佐官不再唯长官之命是从的切实保障。这当然是有助于突出机构地位的重要变化，并与长官在人事、司法等方面权力的缩减一起，体现了对整套行政秩序基点的调整。

二是与长、佐官的关系变化相伴，两者与其下主管诸务的属官和从事相关案牍文书的属吏之间，亦渐强化了协同行事的一面。结果则是机构承担的政务常须由其上下成员合作完成，长官与佐官往往都只是其中的一环。

这种状态在《唐律疏议》中已有明确而完整的规定，④其况——可证于今存唐代公文连署的实例。要即唐代的内外诸司，常由四等官职协同理务连署其名，若其处理有误，从裁定其务的"长官"，到同须裁核的"通判官"即佐官，再到"判官"即实际处断其务的主管属官，⑤以及整理其务文案的"主典"吏员，各须承担相应责任。具体则以初致误者为首犯，未能识正其误的其他各等依次以从犯连坐治罪，只有通判官、长官不同意判官的处理意见而裁决有误，才不向下连坐。若机构因阙官及建制不足四等，或跨机构处理同一政务时，亦皆准此连坐治罪。着眼于机构而言，须由四等官职协同处理的，显然都是直接体现机构职能的常务，故这些规定的基本精神，是在确认长、佐官节制属官、吏员并可纠正其误的同时，强调机构政务须按既定层级、程序协同处理，所有参与官吏皆有维护其过程正当合法的既定义务，且不总是由长官对之负首要责任。这表明机构地位的突出化，无非是其成员协同行事的一面明确起来，使其上下各级皆为机构行政必要一环的结果。

与此相比，秦汉时期虽有职务连坐的某些法律规定，却远未形成唐代这种长、佐、属官和属吏协同行事、连署相坐的严密制度。这在汉代各机构发文之式中同样有着清晰的体现。

首先，发文主体一般皆书于公文开头，或由长官与佐官连名，或各自发文。其式常作

---

① 《南史》卷四九《庾杲之传附庾莘传》，中华书局，1975，第1211页。
② 《北史》卷五〇《辛雄传附辛琛传》，第1821页。
③ 《魏书》卷三一《于栗磾传附忠传》，第746页。
④ 详见《唐律疏议》卷五《名例篇》"诸同职犯公坐"条，刘俊文点校，中华书局，1983，第110~114页。此条又有"若同职有私，连坐之官不知情者，以失论"之文，故其中也包括了同职犯私罪的连坐规定。
⑤ 敦煌文书P.2819号所存唐开元《公式令》中的《移式》，规定"长官无则次官通判者署"，可见次于长官的佐官即为"通判官"；又规定"判官皆准郎中"，则其他机构分管诸务的属官亦如尚书诸司郎中为"判官"。参楼劲《伯2819号残卷所载公式令对于研究唐代政制的价值》，《敦煌学辑刊》1987年第2期。

“某年月日某长某、丞某敢言之”，或“某年月日某长（丞）某敢言之”。① 这说明长官恒须对其参与处理之务负首要责任。而其与佐官连名发文，结合当时佐官的弱势来看，所意味的或是佐官为某些政务发文必由长官签署，而非长官发文非经佐官副署即不得生效。②

其次，辅助发文者起草公文的属吏，常署名于文末或简背，不书日期。③ 这就直观地表明了其与发文者性质有别，明确了其并非与发文者一体承担连带责任的行政主体，署名是为计其劳绩、过失，所要承担的是其辅助发文者的间接责任。④ 这当然是与汉代属吏多由长官依法辟署，实际只对长官负责的状态相适应的。

最后，今存秦汉官印封泥中甚多诸卿及郡、县属官之印，⑤证明其皆可独立发文，⑥尤其是汉简中并无长官与属官连名发文之例。⑦因而汉代的长官与属官不仅各由朝廷所命，而且多为自行其政的两级主官，其间的从属关系大致相当于郡守与县令。这与唐代各机构属官发文常须佐官通判而长官裁定的连署之况是殊为不同的。

要之，与唐代各机构长、佐、属官及吏员协同行政的状态相比，汉代的长官、属官往往自行其政各有府署，很难视为同一机构的成员，而若把这些府署看作机构，其成员就只有长、佐官、属吏而无属官。由于属吏皆由长官辟署而依附之，佐官则权轻势弱，长官作为府主一头独大，也就谈不上三者连署理务一体担责的制度安排了。这也可见机构行政的一体化，除有待佐官权位上升外，也是与汉唐间各地各部门长官府署及属官状态的变化联系在一起的。而其基本方向，一方面是朝廷各部门长官府署被改组为协助长、佐官总判诸务的办公机构，其属官则从自行其政的一级主官变成了协助长、佐官分判诸务的曹司局署之长；另一方面则是地方各级长官的重要僚属渐由朝廷任命，从原来的“属吏”变成了协助长官分

---

① “敢言之”亦作“告”“下”“移”等。又汉简多有佐官发文之式，如居延汉简15·19是永始五年闰月鳞得县丞为北乡义成里崔自当前往居延私市出具的传书，其式为：“闰月丙子鳞得丞彭移肩水金关、居延县索关，书到如律令。/掾晏令史建。”见谢桂华、李均明、朱国炤《居延汉简释文合校》（简称《合校》），文物出版社，1987，第24~25页。

② 居延新简E.P.T59·160：“四月己丑，张掖库宰崇以近秩次行大尹文书事、长史丞下部大尉官县，承书从事下当用/者，有犯者辄言如诏书，书到言。”见马怡、张荣强主编《居延新简释校》（简称《释校》），天津古籍出版社，2013，第581页。以“行大尹文书事”的库宰领衔发文，正说明了太守例须签署某些公文的职责。

③ 其式如上引居延新简E.P.T59·160之末，署有“兼掾义、兼史曲、书吏迁金”。署于简背的如悬泉I0210①：54：“狱所遣一牒：河平四年四月癸未朔甲辰，效谷长增谓县泉啬夫、吏，书到，捕此牒人，毋令漏泄，先阅知，得遣吏送……（A）掾赏、狱史庆（B）。”见胡平生、张德芳《敦煌悬泉汉简释粹》，上海古籍出版社，2001，第20页。另有掾、属、书佐，掾、卒史、助佐令史，掾、令史、尉史等组合，有时仅署其中一、二，或同一层级署有二人。

④ 汉简中也有属吏发文之例，盖因事细由其负责之故。如居延新简E.P.T68·1-2：“建武五年五月乙亥朔丁丑主官令史谭敢言之/谨移劾状一编敢言之。”（《释校》，第722页）

⑤ 参杨武站《汉阳陵出土封泥考》，《考古与文物》2011年第4期。

⑥ 如居延汉简18·5载“永光四年闰月丙子朔乙酉大医令遂、丞褒下少府中常方”云云，是为太常属官太医令发文之例。19·34载“元凤元年十一月己巳乙未骍马农令宜王/丞安世敢言之，谨速移卒名籍一编敢言之”。应是张掖郡所属牧官骍马农令、丞发文之例（见《合校》第27、31页）。

⑦ 传达诏书等跨机构协同的场合除外。参李均明、刘军《简牍文书学》第五章“通行文种之体式”第三节“发文者”（广西教育出版社，1999，第148~151页）。

判诸务的"属官"，<sup>①</sup>其性质亦与朝廷省、台、府、寺所属的曹司之长相类。这才为各地各部门长、佐、属官连署理务之制的发展提供了基础。<sup>②</sup>《唐律疏议》的四等首从连坐之法，正是在这种机构形态趋于完整、合理的变化过程中形成的，<sup>③</sup>其趋于定型的关键也是在南北朝时期。

由上二端不难看出，机构法律地位的明确化，乃是其成员渐在行政过程中结成不可或缺的一体化关系的结果。自南北朝至隋唐，各地各部门长官及其佐、属官渐一起被规范官制的法令明确为机构的一员，这就意味了其职能、员额均为实现本机构功能而核定、设置，所强调的是其所属各官既须层级节制，并由长官最终负责，又须相互牵制和协调，才能完成同一政务的处理，共同对赋予其权力的朝廷负责。这样的发展过程，其牵涉面至广且深是不言而喻的。除上已提到的外，另如汉代朝廷各部门多有职能与长官不类的属官，魏晋以来这种属官若非撤建即被划属同类长官；又如长官府署中直属长官的门下属吏，则从类同内朝的庞杂班子简化为录事司等检录一府公文和督办诸务的行政枢纽。诸如此类的事态虽限篇幅不能在此详述，却与上述二端同属汉唐间机构形态变迁及其行政一体化进程的组成部分，其结果则都极大地改变了以往"长官""佐官""属官""属吏"及所谓"机构"的面貌和行政状态，使之更为适应专制集权体制下的行政规律和基本要求。其要害则是朝廷权力进一步向长官之下或机构内部渗透，以兼重层级节制和上下协同来加强统一控制和防止首长独裁，也就集中体现了汉唐间整套行政体制、行政秩序和集权控制格局的变迁。

〔本文原载《历史研究》2021年第1期。作者楼劲，湖南大学岳麓书院教授〕

---

① 参严耕望《中国地方行政制度史·魏晋南北朝地方行政制度》卷上所列的梁代州佐吏班品表、卷下所列的北魏及齐、周州郡官佐品阶表（上海古籍出版社，2007，第407~410、886~892页）。

② 《宋书》卷一五《礼志二》载元嘉时皇太子监国的"符仪"文式："太常主者，寺押某署令某甲辞，言某事云云，求告报如所称。详检相应，今听如所上，处事诺。明详旨申勒依承，不得有亏，符到奉行。年月日，起尚书某曹。"（第381页，其标点已经笔者调整）可见太常主者已须押署所属署令的奏请之文。南齐志载有尚书令、仆、丞及都令史连署黄、白案之制，又载令、仆以下五尚书八座二十曹郎中，令史以下，"应须命议相值者，皆郎先立意，应奏黄案及关事，以立意官为议主"（第319~321页）。是为尚书省理务须同职连署首从相坐的雏形。《魏书》卷五九《萧宝夤传》载其孝明帝时建议考功奏案须"列上尚书，覆其合否"，经奏之后别抄一通，由"本曹尚书与令、仆印署，留于门下"。诏付外议而未果（第1320页）。《北史》卷三九《羊祉传附羊灵引传》载其子羊敦，孝明帝时"以父死王事，除给事中。出为本州别驾，公平正直，见非法，终不判署"（第1434页）。《北齐书》卷四六《循吏传》序述东魏多以军将为各地守令，"乃至始学'依判''付曹'"（中华书局，1972，第637页）。是北朝各机构官员连署理务之制亦在陆续发展。

③ 《周书》卷二三《苏绰传》载其甚为宇文泰所重，"始制文案程式，朱出墨入，及计帐、户籍之法"（中华书局，1971，第382页）。绰所制"文案程式"自应包括了同职连署之法，唐人以不经宰臣等官连署的"墨敕"为不合程式，即自周隋相承而来。隋志载开皇中定诸寺"署令为判首，取二卿判"，丞唯知勾检，令阙，丞判"，后又加丞为从五品（第797页）。是同职连署之式在隋仍有损益。

# 从唐宋宰相概念论君主支配模式[*]

方诚峰

**摘　要**　中国古代官制中本无"宰相"称号，故对宰相概念的讨论应先于实在的宰相制度。唐代杜佑《通典》、北宋《册府元龟》之"宰辅部"所展现的唐宋宰相概念的基本要素有二：一是"枢机"，即"近要之官"；二是"总统"，即统摄百官百司。二者之中，又以"枢机"为基础。实际上，唐与北宋君主的"枢机"不限于宰相，还包括学士、宦官、佞幸等，他们共同构成君主支配天下的关键设置。枢机制与委托制，可谓中国古代君主支配的两种基本模式。

**关键词**　唐宋时期　宰相　内职　枢机制　委托制

"宰相制度"是中国古代制度史研究的一个核心议题，然而在中国古代史上，"宰相"从未作为一个正式的官称出现。即使辽朝使用了"宰相"之名，也只是对契丹语瞉的汉语意译，而不是借自汉语的词语。[①] 正因如此，针对"宰相概念"的讨论应先于实在的"宰相制度"。

前辈学者在论及中国古代的"宰相"时，形成了一种广为接受的认识：宰相往往来自"内朝"，即君主的私臣，完成"外朝化"后成为"百僚之首"，即是宰相。[②] 宰相作为"外朝

---

  * 　基金项目：2020 年度国家社科基金项目（20BZS044）、清华大学自主科研项目"宋王朝形态研究"。

  ① 　契丹语中另有借自汉语的"相"字。见清格尔泰等《契丹小字研究》，中国社会科学出版社，2018，第 123 页。此承康鹏先生见教。

  ② 　关于私臣向宰执之转化，章太炎于辛亥革命后所作《检论·官统》中已有辨析（见章太炎《检论》卷七《官统上》，《章太炎全集》第 1 辑，上海人民出版社，2014，第 564~565 页）。和田清又提出"波纹的循环发生"一说（见和田清编著《支那官制发达史·序说》，东京：中央大学出版部，1942，第 4 页）。对两说的述评，见余英时《君尊臣卑下的君权与相权——"反智论与中国传统政治"余论》（《历史与思想》，台北：联经出版事业公司，1987，第 53~55 页）。劳榦较早对汉代的内外朝问题做了分析（见劳榦《论汉代的内朝与外朝》，《中央研究院历史语言研究所集刊》第 13 本，1948，第 227~267 页；后收入《劳榦学术论文集甲编》，台北：艺文印书馆，1976，第 547~587 页）。两汉魏晋南北朝的中朝官、尚书、门下、中书的情况，参见祝总斌《两汉魏晋南北朝宰相制度研究》（中国社会科学出版社，1998，第 71~360 页）；总结与新近讨论见渡边将智《後漢政治制度の研究》（东京：早稻田大学出版部，2014）。

化"后的"百僚之首"，其所托身的"官僚制"多被认为是对君权的一种限制。[①] 或者，学者在决策、行政之分的框架下理解中国古代的宰相，认为宰辅乃"中央行政体制"之首，同时又是"中央决策体制"的一部分。[②] 也正是在这一框架下，祝总斌认为：中国古代宰相的两个必要条件，是议政权、监督百官执行权，且后者更为根本；君主与宰相之间的关系，类似于现代最高国家权力机关与最高国家行政机关的关系。[③] 与上述认识有所不同，日本"唐宋变革论"者参照欧洲近代史，认为从唐到宋的政治体制已由中世贵族合议政体演变为君主独裁政体，宋以后的宰相成为君主之顾问、秘书官，[④] 强调了宰相之于独裁君主的依附性。

上述对中国古代宰相概念、君相关系的经典理解，依托于官僚制、决策－行政之分、绝对王权等近现代国家、政治概念。这固然有助于深入解析中国古代政治体制，但不免将古代王朝视为近现代国家的初级版本，亦会带来遮蔽。

与此不同，本文试图从唐宋时代的文献与制度、政治出发，探索的核心问题是：唐宋"宰相"这一概念最基本的要素是什么？在此基础上，进一步讨论唐宋君主支配王朝的基本模式是什么。[⑤] 文章首先分析唐宋时代两篇关于宰相的论述，一是唐代杜佑（734~812）《通典》的"宰相"条，二是北宋大中祥符六年（1013）成书的《册府元龟》之"宰辅部"总序。这些文本所展现的唐宋宰相概念的基本要素有二：一是"枢机"，即"近要之官"；二是"总统"，即统摄百官百司。二者之中，又以"枢机"为基础。其次，本文将上述文本分析的结论置于《通典》与《册府元龟》所在的唐宋历史之中，以理解"枢机"在王朝结构中的角色。最后试图说明，包括宰相在内的诸种"枢机"，是唐宋君主支配天下的关键设置。

---

① 余英时：《君尊臣卑下的君权与相权》，《历史与思想》，第 59~62 页。

② 关于这一问题的系统阐述，见白钢《中国政治制度通史》第 1 卷《总论》，人民出版社，1996，第 189~353 页。

③ 祝总斌：《两汉魏晋南北朝宰相制度研究》，第 4、12、361~363 页。按，民国时期，李俊采议政、行政之分，认为秦汉宰相职权一为"谏净"与被"咨询"（议政），二为以百官之长的身份主监督与考课（执行）。至宋朝，宰相议政权衰微，明清则宰相仅为君主之顾问、咨询、侍从，不具有"行政官署"之地位。李俊认为，中国古代的宰相"乃系君主之幕僚长，完全对君主负其责任"。见李俊《中国宰相制度》，《民国丛书》第 5 编第 24 册，上海书店影印本，1996，第 1、27、36、75、150、223~224、239 页。张帆亦指出，中国古代宰相的职权一是议政，二是施政（见张帆《元代宰相制度研究》，北京大学出版社，1997，第 106 页）。

④ 内藤湖南：《概括的唐宋时代观》，刘俊文主编《日本学者研究中国史论著选译》第 1 卷，黄约瑟译，中华书局，1992，第 13 页；宫崎市定：《东洋的近世》，《日本学者研究中国史论著选译》第 1 卷，第 190~191 页；宫崎市定：《宋代官制序说——宋史职官志的读法》，于志嘉译，《大陆杂志》第 78 卷第 1 期，第 2 页。按，"唐宋变革论"中关于"君主独裁"的概念，源自欧洲历史中的绝对主义王权。参见葭森健介《唐宋变革论于日本成立的背景》，马彪译，《史学月刊》2005 年第 5 期，第 21~23 页；平田茂树《日本宋代政治研究的现状与课题》，《宋代政治结构研究》，上海古籍出版社，2010，第 25 页；李华瑞《唐宋史研究应当翻过这一页——从多视角看"宋代近世说（唐宋变革论）"》，《古代文明》2008 年第 1 期，第 16 页。

⑤ 关于"支配"一词，本文是在马克斯·韦伯"支配"（Herrschafts）的意义上使用的。在韦伯的"支配社会学"中，该词有时候可与"权威"（Autorität）互换，也可理解为"统治"（rule/domination），中文学界多译为"支配"，参见马克斯·韦伯《支配的类型》，康乐等译，广西师范大学出版社，2010，第 291~292 页注释 2。Herrschafts 有时也译为"统治"，参见苏国勋《理性化及其限制——韦伯思想引论》，上海人民出版社，1988，第 188~210 页。

# 一 《通典》与《册府元龟》论"宰相"

如前所述，官制中本无"宰相"，而在中国历代的官制撰述中，唐代杜佑于德宗贞元十七年（801）所进的《通典》中第一次为"宰相"专设条目，分别见于其书卷一九"要略·宰相"、卷二一"宰相"条，记事自传说时代至唐德宗贞元十年（794）。[①]"要略"部分是总述，"宰相"条则有更具体的解释。

"要略·宰相"开篇云：

> 黄帝置六相。尧有十六相。殷汤有左右相。周成王有左右相。[②]

先秦时代六相、十六相、左右相的具体所指，杜佑在"宰相"条引经据典做了解释：

> 黄帝得六相而天地治，神明至。（黄帝得蚩尤而明天道，得太常而察地理，得苍龙而辨东方，得祝融而辨南方，得风后而辨西方，得后土而辨北方，谓之六相。）虞舜臣尧，举八恺，使主后土，（后土，地官也。）以揆百事，莫不时叙，地平天成。（揆，度。成，平也。）举八元，使布五教于四方，内平外成，（内，诸夏。外，夷狄。）谓之十六相。（亦曰十六族。）
>
> 及成汤居亳，初置二相，以伊尹、仲虺为之。武丁得傅说，爰立作相，王置诸其左右。（武丁，殷之高宗也。得贤相傅说，于是礼命立以为佐相，使在左右也。）
>
> 周时，召公为保，周公为师，相成王，为左右，亦其任也。[③]

不必追踪记事的可靠性，对上引杜佑所述先秦时代的"宰相"略做梳理，就如表1所示。

表 1　杜佑论先秦"宰相"的特点

| 时代与名称 | 特点 |
| --- | --- |
| 黄帝，六相 | 明天道、察地理、辨东南西北四方 |
| 尧，十六相 | 主后土、揆百事、布教于四方 |
| 商，左右相 | 在左右 |
| 周，左右相 | |

---

① 杜佑：《通典》卷一九《职官一·要略·宰相》，王文锦等点校，中华书局，1988，第489~490页；卷二一《职官三·宰相》，第533~542页。

② 《通典》卷一九《职官一·要略·宰相》，第489页。

③ 《通典》卷二一《职官三·宰相》，第533~534页。

可以看到杜佑所述先秦之"宰相"大抵分为两种：一种是黄帝、尧时之"相"，主四方之事；另一种是商周之"相"，仅云其在左右，虽所指不明，但未提及以四方、夏夷事为职任。

如果说这种内外区分在杜佑论及先秦时还只是隐约存在，那么在论及秦汉魏晋南北朝时就非常明确了。在杜佑看来，秦汉魏晋南北朝的"宰相"有两种：一种是丞相、相国、三公，另一种是掌机要之中书监令、侍中等，区分非常清晰。

关于丞相、相国、三公，杜佑云：

> 金印紫绶，掌丞天子，助理万机。……《春秋》之义，尊上公谓之宰，言海内无不统焉。故丞相进，天子御座为起，在舆为下。丞相有病，皇帝法驾亲至问疾，从西门入。……后汉废丞相及御史大夫，而以三公综理众务，则三公复为宰相矣。①

秦汉丞相、三公作为"宰相"的主要特色是"海内无不统焉""综理众务"。而且此种宰相在礼制上有极为特殊的地位，虽不能与天子抗礼，亦超绝百僚。

至于魏晋南北朝时代掌机要之中书监令、侍中等，《通典》云：

> （后汉）至于中年以后，事归台阁，则尚书官为机衡之任。至献帝建安十三年，复置丞相，而以曹公居之。又有相国。……（曹魏）而文帝复置中书监、令，并掌机密，自是中书多为枢机之任。……（晋）其后或有相国，或有丞相，省置无恒，而中书监、令常管机要，多为宰相之任。自魏晋以来，相国、丞相多非寻常人臣之职……
>
> 　　按：自魏晋以来，宰相但以他官参掌机密或委知政事者则是矣，无有常官。其相国、丞相，或为赠官，或则不置，自为尊崇之位，多非人臣之职。其真为宰相者，不必居此官……
>
> 　　（后魏）尤重门下官，多以侍中辅政，则侍中为枢密之任。……（北齐）为宰相秉持朝政者，亦多为侍中。②

概言之，东汉以降至南北朝，无论是何种官，只要参掌机密、委知政事者皆是"宰相"。此种"枢机""枢密"之官，又多为中书、门下给事君主左右之侍从官员。这里的"枢机"是比附北斗七星星名（第一天枢、第二璇、第三机），即君主"近要之官"的意思，③强调的是

---

① 《通典》卷二一《职官三·宰相》，第534~537页。

② 《通典》卷二一《职官三·宰相》，第537~540页。

③ 《后汉书》卷一〇上《皇后纪》载，汉明帝"防慎舅氏，不令在枢机之位"。唐李贤注引《春秋运斗枢》云："枢机，近要之官也。"（中华书局，1965，第411页）又，《汉书》卷九三《石显传》引萧望之语云："尚书百官之本，国家枢机，宜以通明公正处之。武帝游宴后庭，故用宦者，非古制也。宜罢中书宦官，应古不近刑人。"（中华书局，1962，第3727页）此处"国家"指皇帝，"国家枢机"即指君主近要。

其君主侍从而非百官之首、综理众务的角色。

杜佑关于魏晋南北朝宰相的论述，在学界颇有争议，如祝总斌指出，"依此类推，不但南北朝许多宰相桂冠将归诸恩幸、阉宦，而且连两汉三公的宰相地位也保不住了"，"此说贯彻到底，则举凡皇帝身旁大小臣工、佞幸、宦官、小吏，都有可能随时转化为宰相"。故祝总斌认为杜佑的说法"不具备普遍性，含孕着内在矛盾，因而也就没有太大价值，不足为据"；他进而认为，上述中书监令、门下侍中，因其仅一时参与机密，权力又不稳定，故不能视作宰相。①

杜佑当然没有否定秦汉丞相、三公的宰相之位，只是在他看来，有一部分宰相并不以总统海内、综理众务为特色，"枢机"之任即是。而且从秦汉到南北朝，总统与枢机两种宰相的区分是较为清楚的。

但是，这两条分立的线索进入隋唐时代就难以区分了，"要略·宰相"云：

> 隋有内史、纳言，是真宰相。（柳述为兵部尚书，参军机密；又杨素为右仆射，与高颎专掌朝政。）
>
> 大唐侍中、中书令为真宰相，中间尝改为左右相。他官参者无定员，但加同中书门下三品及平章事、知政事、知机务、参与政事及平章国重事之名者，并为宰相，亦汉行丞相事之例也。（其同中书门下三品，自贞观中以兵部尚书李勣始。）②

内史、纳言即唐之中书令、侍中，如此则隋唐时代的宰相为三种官职：中书令、门下侍中、他官参掌者。而所谓他官参掌，既指掌机密、机务，与魏晋南北朝的枢机之官一脉相承，又可能泛指掌政务，类似汉代总统海内之丞相，即"汉行丞相事之例也"。在杜佑的叙述中，隋唐之前并行不相掺杂的总统、枢机两种概念的"宰相"，在隋唐融为一体了。

《通典》撰进200多年以后，北宋大中祥符六年，枢密使王钦若等上"君臣事迹"一千卷，宋真宗御制序，赐名《册府元龟》。③《册府元龟》"宰辅部·总序"开篇云：

> 夫辅相之职，所以左右天子，总领庶尹，弥纶机务，宣翼统纪，燮调元化，甄叙流品，亲附百姓，镇抚四夷，裁决庶政，班布王度，乃其任也。是故公台之任，无所不总。④

---

① 祝总斌：《两汉魏晋南北朝宰相制度研究》，第3~4、11~12页。
② 《通典》卷一九《职官一·要略·宰相》，第490页。
③ 李焘：《续资治通鉴长编》（简称《长编》）卷八一，大中祥符六年八月壬申，上海师范大学古籍整理研究所、华东师范大学古籍整理研究所点校，中华书局，2004，第1845页。
④ 王钦若等编《册府元龟》卷三〇八《宰辅部一·总序》，周勋初等校订，凤凰出版社，2006，第3476页。

这段话以宰辅为"左右天子，总领庶尹，弥纶机务"之角色，即前所述枢机与总统之合一。"总序"接下来对于历代宰辅的叙述大体与《通典》仿佛，也可分为"总统"与"枢机"两个方面。最后说：

> 唐氏中叶，有枢密之任，宣传制命，掌以内侍。（宋）[朱]梁而降，大建官署，崇署使号，并分吏局，兵戎之政，邦国之务，多所参掌，均于宰府。迹其行事，咸用编述。凡宰辅部四十二门。[①]

与唐不同的是，枢密院长贰在宋代亦是"执政"的组成部分，故《册府元龟》及之。当然，唐中后期宦官掌"枢密之任"，毫无疑问亦可归于"枢机"角色，只不过不被视为"宰相"。

综上所述，《通典》《册府元龟》所论宰相概念有两个要素——枢机与总统，且在唐宋时代，宰相被认为是统合了这两个要素的一种身份。而且，《通典》《册府元龟》之论与今人最大的区别是，二书认为宰相可以仅为"枢机"（近要之官），而今人认为宰相必有监督百官执行权，即必是外朝百僚之首（总统），特殊情况下可以不必参掌机密。

《通典》进于唐德宗贞元十七年，此前的编纂过程有三十余年，[②]此后杜佑又任德宗、顺宗、宪宗三朝的宰相。按照学界通行的理解，杜佑写作时，唐代的"宰相制度"已从"三省制"演变为"中书门下体制"，一直到北宋元丰改制（1080~1082）皆如此；宋代又有枢密院与中书门下构成"二府"。而且一般认为，唐中后期佞幸活跃，宦官掌权。那么，如何在唐宋时代的制度、政治中理解构成宰相概念的"枢机"与"总统"这两个元素呢？

## 二 隋与唐前期的"知政事官"

《通典》虽然撰进于唐德宗末年，但杜佑实是把隋唐作为一体来看待的。故而仍须从所谓的"三省制"时代谈起。

### 1. 三省制下的宰相与"枢机"

唐代的宰相被称为"知政事官"，这没有争议。[③]那么何谓"知政事"？先从一个具体的制度问题谈起，即尚书省长贰是否为当然的知政事官。

在杜佑的时代，唐代的宰相衔的确不包括尚书省长贰，而是门下侍中、中书令以及他

---

① 《册府元龟》卷三〇八《宰辅部一·总序》，第3477页。
② 《旧唐书》卷一四七《杜佑传》，中华书局，1975，第3982~3983页。李翰：《通典序》，《通典·卷首》，第2页。
③ 雷家骥：《隋唐中央权力结构及其演进》，台北：东大图书公司，1995，第191~192页。吴宗国：《隋与唐前期的宰相制度》，吴宗国主编《盛唐政治制度研究》，上海辞书出版社，2003，第13页。

官"同中书门下平章事"者。五代、北宋前期的宰相衔中也不包括尚书令，一直到北宋元丰改制前，宰相名号都不涉及尚书省。① 但学者多认为，唐前期的尚书仆射为宰相、尚书省为宰相兼行政机关；只是神龙（705~706）以后仆射才被排除在宰相名号之外，尚书省成为单纯的行政机构。② 有学者对此提出异议，③ 但即被反驳。④ 不过，这一认识仍有重新讨论的必要。

前引《通典》卷一九《要略》论隋唐宰相云：

> 隋有内史、纳言，是真宰相。
>
> 大唐侍中、中书令为真宰相，中间尝改为左右相。他官参者无定员，但加同中书门下三品及平章事、知政事、知机务、参与政事及平章国重事之名者，并为宰相，亦汉行丞相事之例也。

如此，隋唐所谓"真宰相"就是门下侍中（纳言）、中书令（内史），此外其他官员带知政事名义者亦为宰相，但不是"真宰相"。杜佑未提及尚书省长贰。

但到了卷二一《宰相》条，杜佑的叙述就有所不同，他在"大唐侍中、中书令是真宰相"下附注云：

> 尚书左右仆射亦尝为宰相……其仆射贞观末始加平章事方为宰相，具《仆射》篇。⑤

则唐朝前期左右仆射亦是宰相。相应地，《仆射》篇云：

> 大唐左右二仆射因前代，本副尚书令。自尚书令废阙，二仆射则为宰相……及贞观末，除拜仆射必加"同中书门下平章事"及"参知机务"等名，方为宰相，不然则否。然为仆射者，亦无不加焉。至开元以来，则罕有加者。⑥

如此，左右仆射本为宰相，贞观以后则例加"同中书门下平章事"及"参知机务"等名为宰

---

① 陈振：《关于北宋前期的宰相制度》，《中州学刊》1985 年第 6 期，第 97~99 页。张祎：《关于北宋的"大敕系衔"》，《首都师范大学学报》2015 年第 6 期，第 26~29 页。

② 严耕望：《论唐代尚书省之职权与地位》，原刊《中央研究院历史语言研究所集刊》第 24 本，1953，第 1~68 页。增补稿收入《严耕望史学论文集》，上海古籍出版社，2009，第 261~267 页。后续讨论多承其说。参见雷闻《隋与唐前期的尚书省》，吴宗国主编《盛唐政治制度研究》，第 68、78~80 页。仆射不为宰相、尚书省不为宰相机关的时间，诸说有不同。

③ 李湜：《论唐代宰相中书门下二省制》，《中国史研究》1996 年第 1 期，第 73~83 页。

④ 韩国磐：《唐初三省长官皆宰相——〈论唐代宰相中书门下二省制〉读后》，《厦门大学学报》1997 年第 4 期，第 7~13 页。刘后滨：《唐代中书门下体制研究——公文形态·政务运行与制度变迁》，齐鲁书社，2004，第 42 页。

⑤ 《通典》卷二一《职官三·宰相》，第 540 页。

⑥ 《通典》卷二二《职官四·尚书上》，第 596~597 页。

相，开元以后方与宰相彻底脱离关系。就此看来，《通典》关于隋与唐前期宰相的叙述前后不一致。①

此处有一点需要特别留意：《通典》始终认为，隋唐所谓的"真宰相"只有门下侍中和中书令，其他包括尚书省长贰在内的宰相并不属于"真宰相"。这种区分，前引《通典》已经清楚地说明了："他官参者无定员，但加同中书门下三品及平章事、知政事、知机务、参与政事及平章国重事之名者，并为宰相。"即非侍中、中书令者，必须得到某种名义的授权，方为宰相。那么，所谓"真宰相"即是当然之宰相，其他宰相则是特别授权之宰相。尚书省长贰正是后一种，即任尚书省左右仆射者（官员）为宰相，并不等于左右仆射（官衔）为当然的宰相衔。

学者已指出，"尚书省"并不能被视为"宰相机关"，其长贰尚书令、仆射的"宰相职"是因为入内参与政事堂会议和入阁朝议，不是因为其总领尚书省，②甚是。学者也已指出，在隋开皇（581~600）初，尚书省左右仆射任宰相者，须兼任纳言、内史令之官；之后兼任之例逐渐减少，逐渐发展起来的则是他官参政，多为"参豫朝政"或"参掌朝政"。③

尚书令在隋朝就已经相当虚化，至唐朝更是非寻常人臣之职。唐高祖李渊在隋末义宁元年（617）曾任尚书令，④李渊称帝开国后又以李世民为尚书令，⑤故史言唐太宗曾任尚书令导致此后阙而不置。⑥

尚书省左右仆射是实际上的尚书省长贰。《唐会要》卷一《帝号上》载唐高祖朝宰相16人。⑦其中，高士廉、房玄龄玄武门之变后方为宰相，长孙无忌、杜如晦则未有在高祖朝任相的记载。其余12位高祖朝宰相新任时，多为中书令、门下侍中，唯有李世民与裴寂为尚书省长贰："赵国公世民为尚书令，相国长史裴寂拜尚书右仆射、知政事。"⑧可知至少裴寂（或亦包括李世民）明确有"知政事"之授权，此学界所熟知。学者据此认为，至少唐朝一开始就没有把仆射视为当然宰相。⑨唐前期，裴寂之后所有出任仆射者应例皆"知政事"，⑩但史料中并没有明确提及。其原因恐在于学者已经指出的，唐前期各种名义的"知政事"乃

① 吴宗国认为，《通典》没有把尚书仆射列为隋朝宰相，这是唐开元以后的附会之说。见吴宗国主编《盛唐政治制度研究》，第11页。
② 袁刚：《隋唐中枢体制的发展演变》，台北：文津出版社，1994，第33页。
③ 赵和平：《隋代宰相制度》，《历史教学》1985年第3期，第8页。雷家骥：《隋唐中央权力结构及其演进》，第181~187页。
④ 司马光编著《资治通鉴》卷一八四，隋恭帝义宁元年十一月壬戌、甲子条，中华书局，1956，第5765页。
⑤ 《新唐书》卷一《高祖纪》，中华书局，1975，第6页。
⑥ 李林甫等：《唐六典》卷一《尚书都省》，陈仲夫点校，中华书局，1992，第6页。《通典》卷二二《职官四·尚书令》，第594页。
⑦ 王溥：《唐会要》卷一《帝号上》，上海古籍出版社，2006，第2页。
⑧ 《新唐书》卷六一《宰相表上》，第1627页。
⑨ 吴宗国主编《盛唐政治制度研究》，第14页。
⑩ 雷家骥：《隋唐中央权力结构及其演进》，第239页。

动宾词组，并未成为固定的系衔。[1]

那么，为何门下侍中、中书令为"真宰相"即当然的知政事官，而其他宰相则要额外授权呢？这正与宰相的"枢机"特性直接相关。

案，"中书、门下，机要之司"，[2] 其长官中书令、侍中就是当然的"枢密"之任——"丝纶枢秘，寄任帷扆，功当纳献，职惟显要"。[3] 将侍中（左相）、中书令（右相）视为"枢要之职""知机密""枢密之任"的例子很多，不赘举。相比之下，包括尚书省在内其他官司则不在枢机之位，故尚书仆射等官必须有"知政事"的授权才能具备这一性质。

由此引发的问题就是，唐代所谓的"知政事"，并不能泛指掌各种政务，而是特指掌知机要、枢密。《隋书·百官志》在论及南朝陈之制时说，"国之政事，并由中书省……总国内机要，而尚书唯听受而已"。[4]《唐六典》述及尚书省时说："国政枢密皆委中书，八座之官但受其成事而已。"[5] "政事""国政"须理解为"机要""枢密"，而不能泛指。另，王应麟《困学纪闻》卷一三《考史》云："汉政归尚书，魏、晋政归中书，后魏政归门下，于是三省分矣。"袁刚指出，此处"政"指出纳诏命，典掌机密，[6] 甚是。此种用例，恐与"政"字一义为君之命令有关。[7]

下面的例子更可说明唐代所谓"知政事"指参掌枢机。贞观十九年（645），唐太宗征辽东：

> 时诸宰相并在定州留辅皇太子，唯有褚遂良、许敬宗及（杨）弘礼在行在所，掌知机务。[8]

这其中，杨弘礼为"兵部侍郎、专典兵机之务"。其余褚遂良本为黄门侍郎、参综朝政，[9] 或

---

① 吴宗国主编《盛唐政治制度研究》，第 15~16 页。
② 吴兢撰，谢保成集校《贞观政要集校》卷一，中华书局，2009，第 30 页。孙国栋已指出，唐代三省中，中书省、门下省是"枢机"。见《唐代三省制之发展研究》，《唐宋史论丛》，中华书局，2010，第 158 页。
③ 宋敏求编《唐大诏令集》卷三五《秦王等兼中书令制》，中华书局，2008，第 149 页。
④ 《隋书》卷二六《百官上》，中华书局，1973，第 742 页。
⑤ 《唐六典》卷一《尚书都省·尚书令》，第 6 页。
⑥ 袁刚：《隋唐中枢体制的发展演变》，第 10 页。
⑦ 《礼记·檀弓》载惠伯语："政也，不可以叔父之私，不将公事。"郑玄注："政，君命所为。"孔颖达又引《论语注》："君之教令为政，臣之教令为事也。"见郑玄注，孔颖达疏《礼记正义》卷一〇《檀弓下》，中华书局，2009，第 2840 页。又，扬雄《法言》论民之所苦有三，第三为"政、吏骈恶"，晋李轨注："政，君也。骈，并也。"见扬雄撰，李轨等注《纂图分门类题五臣注扬子法言》卷六《先知篇》，北京图书馆出版社影印宋刻本，2003，叶 12b。可知"政"一训为君令。汉代所谓"辅政"，亦多以中朝官为之，指辅助皇帝行使君权，非泛指。参见祝总斌《两汉魏晋南北朝宰相制度研究》，第 73 页。中国古代的"行政"一词，亦指行（或代行）君权。参见侯旭东《什么是日常统治史》，三联书店，2020，第 220 页。
⑧ 《旧唐书》卷七七《杨弘礼传》，第 2674 页。
⑨ 《旧唐书》卷八〇《褚遂良传》，第 2735 页。

作参豫朝政。① 许敬宗先以权检校黄门侍郎、太子右庶子在定州与他人"共知机要"，后因中书令岑文本卒，被调到军前任检校中书侍郎，曾"立于马前受旨草诏书"。② 太子所在的定州方面：

> 诏皇太子留定州监国；开府仪同三司、申国公高士廉摄太子太傅，与侍中刘洎、中书令马周、太子少詹事张行成、太子右庶子高季辅五人同掌机务；以吏部尚书、安德郡公杨师道为中书令。③

与行营一样，监国太子的宰相亦以"掌机务"为名。但据《旧唐书·高士廉传》，士廉乃"摄太子太傅，仍典朝政"，④ 可知"典朝政"即"掌机务"。另外，张行成本官刑部侍郎，⑤ 高季辅本官吏部侍郎，⑥ 皆非中书、门下省官。因此，李世民亲征高丽时，无论皇帝行营还是太子留守的定州，"宰相"皆以"掌（知）机务"为名，且与参朝政、典朝政同义。

以上讨论试图说明：杜佑以中书、门下省长官为"真宰相"，是因其为机要之司的长官；至于尚书省长贰在内的其他官员，因本身不在枢机之位，故需要各种名义的"知政事"授权方为宰相——经过了此种授权方为"枢机"。因此，各种宰相的共性乃"枢机"，区别在于是否须额外授权。雷家骥区分了"参政授权"与"机务授权"；⑦ 吴宗国则认为，知政事官的任务和职掌被限定为"掌机务"是贞观后期的新提法。⑧ 二说的共同问题是限于机、密字面立论，而未考"政"即指机务，如此则参政授权与机务授权没有区别，掌机务也不是贞观后期才有的新说法。

如此再看《旧唐书·职官志》关于"知政事官"的记载：

> 武德、贞观故事，以尚书省左右仆射各一人及侍中、中书令各二人，为知政事官。其时以他官预议国政者，云与宰相参议朝政，或云平章国计，或云专典机密，或参议政事。⑨

案《旧唐书·职官二》皆本《唐六典》。⑩ 这种说法与《通典》相比，最大的不同是未区分

① 《新唐书》卷二《太宗纪》，第43页；卷六一《宰相表上》，第1635页。
② 《旧唐书》卷八二《许敬宗传》，第2761~2762页。
③ 《旧唐书》卷三《太宗纪下》，第57页。
④ 《旧唐书》卷六五《高士廉传》，第2444页。
⑤ 《旧唐书》卷七八《张行成传》，第2704页。
⑥ 《旧唐书》卷七八《高季辅传》，第2703页。
⑦ 雷家骥：《隋唐中央权力结构及其演进》，第177~181页。
⑧ 吴宗国主编《盛唐政治制度研究》，第16~17页。
⑨ 《旧唐书》卷四三《职官二》，第1849页。
⑩ 马志立：《读〈旧唐书·职官志〉札记》，《魏晋南北朝隋唐史资料》第24辑，武汉大学文科学报编辑部，2008，第241页。

是否"真宰相",即未明言知政事者有当然与授权之别。但到了宋代的《新唐书》中,叙述一变为隋唐"以三省长官为宰相",[①] 则是将宰相与"知政事"概念脱钩而与三省机构相连,可谓误导。

既然知政事官实为君主"枢机",即近要之臣,故常以亲信之人担任。雷家骥已指出,隋朝最高权力结构由宗亲、姻戚、元勋心腹结合而成;唐高祖亦重用姻戚为宰相。[②] 赖瑞和亦指出,唐代宰相的委任和权力都建立在一种很强烈的"私"关系上,最亲密的是血亲,其次是姻亲,再次是有恩于皇帝的旧臣(或甚至宦官),最后是皇帝信任或合意的其他人。[③] 此仅举一例:李勣本受李世民信任,"将属以幼孤",但贞观二十三年(649)李世民临终之际对李治说:"汝于李勣无恩,我今将责出之。我死后,汝当授以仆射,即荷汝恩,必致其死力。"[④] 于是,李勣出为叠州都督,而李治即位当月,李勣即加开府仪同三司、同中书门下参掌机密,很快任左仆射、同中书门下三品。[⑤] 李勣从太宗之相到高宗之相的沉浮,说明结成某种形式的"信—任型君臣关系"成为君主之"枢机"不可或缺的前提。[⑥]

那么,作为枢机之任的宰相,又何以具备杜佑宰相概念的另一元——"总统"呢?

2. 三省制下的宰相与"总统"

如前所述,但凡不为中书、门下省长贰者,经"知政事"的授权才能成为宰相,且中书省、门下省长贰亦有判他事者。如此,则三省制下的宰相多是"兼职宰相"。[⑦]《通典》说:

> 开元以前,诸司之官兼知政事者,午前议政于朝堂,午后理务于本司。[⑧]

所谓诸司之官,即中书、门下两省之外的官员,其中就包括了尚书省长贰。他们在政事堂(在门下省或中书省)时方为宰相,回到本司后即是本司官。那些兼任他司的两省长官也是如此。

---

① 《新唐书》卷六一《宰相表上》,第 1627 页。又见《新唐书》卷四六《百官一》,第 1182 页。
② 雷家骥:《隋唐中央权力结构及其演进》,第 26~32 页。关于武德时期的亲贵政治,最新讨论见张耐冬《太原功臣与唐初政治》,中国社会科学出版社,2018,第 133~166 页。
③ 赖瑞和:《从使职的角度论唐代宰相的权力与下场》,《唐史论丛》第 20 辑,三秦出版社,2015,第 85 页。
④ 《旧唐书》卷六七《李世勣传》,第 2487 页。
⑤ 《新唐书》卷六一《宰相表上》,第 1637~1638 页。
⑥ "信—任型君臣关系"概念,见侯旭东《宠:信—任型君臣关系与西汉历史的展开》,北京师范大学出版社,2018。官职出于君之恩惠与宠信,也是韦伯所论家产制国家中君臣关系的典型特点。
⑦ "兼职宰相"的说法,见张国刚《唐代官制》,三秦出版社,1987,第 10 页。亦参见刘希为《唐朝宰相制度初探》,《中国史研究》1984 年第 3 期,第 112~114 页。另有学者指出,唐代以某些特定的人为"宰相",实有使职差遣的性质(王素:《三省制略论》,齐鲁书社,1986,第 197 页;陈仲安、王素:《汉唐职官制度研究(增订本)》,中西书局,2018,第 107~111 页;赖瑞和:《唐代宰相的使职特征和名号》,《中华文史论丛》2014 年第 3 期,第 229~254 页)。比较诸说,就唐前期而言,"兼职宰相"实为最精当之概括。
⑧ 《通典》卷二三《职官五·尚书下》,第 632 页。

各种兼职中，尚书省长贰官最为特殊。因尚书省居于"天下纲维"的崇高地位，①总领庶务，故"总统"之任就落实在这些尚书左右仆射知政事者身上。后唐清泰二年（935），有人提议要对宰相进行考绩，议者云：

> 魏、晋之后，政在中书，左右仆射知政事，午前视禁中，午后视省中，三台百职，无不统摄。以是论之，宰辅凭何较考。②

此对仆射午前、午后的区分可与前引《通典》语印证。仆射"午前视禁中"（议政于朝堂）即充枢机之职，为宰相；"午后视省中"（理务于本司）则为尚书省长官，总百司百职。

高祖朝萧瑀于武德元年（618）为内史令（中书令），六年（623）任右仆射。其角色的前后变化，《旧唐书》本传有清晰的描绘：萧瑀任内史令时，被委以心腹，"凡诸政务，莫不关掌"，实指参与所有机要之事，故有勘旨、宣敕之责；而任仆射之后，又总庶务、内外考绩，方有"总统"之实。③

此后，太宗贞观三年（629）二月，房玄龄自中书令为尚书左仆射，杜如晦自检校侍中为右仆射，④角色皆从仅为枢机一变而枢机兼总统。史言，房玄龄为仆射后，"既任总百司，虔恭夙夜，尽心竭节，不欲一物失所"，至十三年（639）加太子少师时请解仆射之职，李世民言："虽恭教谕之职，乃辞机衡之务，岂所谓弼予一人，共安四海者也？"⑤这里以"机衡之务"指代仆射，语有双关。

案"机衡"典出《尚书·舜典》："正月上日，受终于文祖。在璇玑玉衡，以齐七政。"唐以前人在解释其中的"璇玑玉衡"时，或解释为北斗中的三星，或解释为浑天仪之类的天文器。⑥以"机衡"为北斗之天机（天玑，第三星）、玉衡（第五星）二星者，强调的是其近密的"喉舌"之位，故《后汉书·郎颛传》云："尚书职在机衡，宫禁严密。"⑦但唐太宗这里说"弼予一人，共安四海"，更是以机衡为观天之器的引申。⑧即把仆射比附为观天之器，据其判断君主施政之当否，将庶务得失系于宰相房玄龄。

因此，在唐初的三省制下，并非所有的宰相皆可谓之"总统"，只有那些以左右仆射知政事的宰相才能符合此种定性。正是这些宰相身上，"枢机"（知政事）与"总统"（仆射）

---

① 《唐会要》卷五八《尚书省诸司中》，第1169页。
② 《旧五代史》卷一四九《职官志》，中华书局，1976，第1999页。
③ 《旧唐书》卷六三《萧瑀传》，第2400~2401页。
④ 《新唐书》卷六一《宰相表上》，第1631页。
⑤ 《旧唐书》卷六六《房玄龄传》，第2461~2462页。
⑥ 诸家解释见皮锡瑞《今文尚书考证》卷一，盛冬铃、陈抗点校，中华书局，1989，第46~48页。
⑦ 《后汉书》卷三〇下《郎颛传》，第1067~1068页。
⑧ "玑衡"（机衡）本是观天之器，"汉世以来，谓之浑天仪者是也"，孔颖达以为，舜受尧之命后，"犹不自安，又以璇为玑，以玉为衡者"，以察天象而判断施政是否恰当。见孔安国传，孔颖达正义《尚书正义》卷三，黄怀信整理，上海古籍出版社，2007，第76页。

集于一身，在一定程度上才符合"议政权""监督百官执行权"二要件。

但是，二者之中，枢机才是宰相身份的基础、不可或缺的要素，而总统为额外加成。如高士廉自太宗贞观十二年（638）为右仆射，至贞观十七年罢为开府仪同三司、同中书门下三品。[①]贞观二十二年，长孙无忌检校中书令，又知尚书、门下二省事，高宗即位以后，"无忌固辞知尚书省事，许之，仍令以太尉同中书门下三品"。[②]于志宁于显庆四年（659）"表请致仕，听解尚书左仆射，拜太子太师，仍同中书门下三品"。[③]他们三人，皆是保留了"枢机"之任，但解除了"总统"之责，不妨碍其为宰相。

集"枢机"与"总统"于一身者是宰相中的少数，且并非时时备官。贞观十七年六月高士廉罢仆射后，一直到二十二年正月长孙无忌知三省事，四年多的时间中，唐朝无人身兼枢、总。唐高宗朝，超过18年的时间仆射阙而不补。[④]这些少数的、特殊的"宰相"，实乃君主亲信中的亲信。如高祖朝的李世民、裴寂，太宗朝的房玄龄、高士廉等，皆君主创业元从，最为腹心之人，此不赘述。因此，左右仆射知政事这种宰相，实是因为其更为彻底的"近要"身份，从而获得了"总统"之职。学界注意到仆射实际为唐初最重要宰相，如此方能合理解释。

在唐高祖、太宗时代，多数时候都有枢机兼总统之相在位，故君主支配天下的结构大致是：以君主为核心，其外第一层是具有枢机身份的宰相，其中个别最近要者任尚书省长贰，总领有司庶务，代表了君主通过枢机之臣对天下的指挥。再外层，就是京内外诸官司。在这种结构中，君主对天下的支配，通过与其具有不同程度信任关系的"枢机"团体而实现。该枢机团体中，哪怕部分人看起来是有着"百官之首"的角色，仍然只是代表了君主的支配性，而非官僚制对于君权的制衡。

到了唐高宗、武则天统治时期，身兼枢机与总统的仆射越来越少，其首要原因是君主极端信任的"腹心之臣"日益难得。如武承嗣为文昌左相（左仆射）、同凤阁鸾台（中书门下）三品，合枢机与总统于一身，武则天亦言"吾侄也，故委以腹心"，但李昭德提醒她"承嗣既陛下之侄，为亲王，又为宰相，权侔人主，臣恐陛下不得久安天位也"，于是武承嗣罢政事。[⑤]总之，"总统宰相"虽代表君主的强力支配，但这种支配要求持久的君臣"信－任关系"——恰恰"信—任型君臣关系"不容易稳固持久。

再者，因为"午前议政于朝堂，午后理务于本司"，导致宰相的枢机、总统两个角色是有冲突的。萧瑀任仆射后，"内外考绩皆委之司会，为群僚指南，庶务繁总"。[⑥]贞观三年

① 《新唐书》卷六一《宰相表上》，第1634~1635页。
② 《旧唐书》卷六五《长孙无忌传》，第2454页。
③ 《旧唐书》卷七八《于志宁传》，第2700页。
④ 参见孙国栋《唐代三省制之发展研究》，《唐宋史论丛》，第179页。
⑤ 《资治通鉴》卷二〇五，则天后长寿元年，第6483~6484页。
⑥ 《旧唐书》卷六三《萧瑀传》，第2401页。

（629），李世民对房玄龄、杜如晦说，仆射当为君主"求访贤哲"，而现实是"听受辞讼，日不暇给"，[①]精力疲于尚书省细务。史言，右仆射张行成为高宗所留任，"卒于尚书省"。[②]这都说明，在枢机、总统两重身份之间，因庶务之繁，总统之责会占据宰相最主要的时间、精力。在高祖、太宗朝，因为有着亲信的创业元从，此种合枢机与总统于一身的宰相仍可长期存在。高宗、武后朝就不然了，前引武承嗣即是例子。

而如果宰相中无总统者，那么君主指挥政事的结构就有所区别：君主与其枢机所面对的就不再是一个统辖庶务的尚书省，而是诸多不同性质的官司、事务。中书门下的形成，与这种结构有直接关系。

### 3."中书门下"的成立

关于中书门下体制的形成，陈仲安、王素认为这是宰相制度使职化的结果。[③]罗永生强调了中书省地位的提高，开元间中书、门下两省长官兼主行政事务的意义。[④]刘后滨除了重视中书省地位的提高，还将其和宇文融括户联系起来。[⑤]本文试图从宰相的枢机特性出发，对中书门下的形成略加补说。

一般认为中书门下的形成有两个重要的时间点。一是武则天临朝称制的第一年，即光宅元年（684），政事堂从门下省迁到中书省。[⑥]第二个重要的节点是唐玄宗开元十一年（723），张说奏改政事堂为中书门下，其政事印改为中书门下之印。[⑦]袁刚已指出，开元十一年张说改政事堂为中书门下只是最后的改名，中书门下实际是在光宅元年至开元十一年间逐渐形成的。[⑧]

"中书门下"形成的大致时间，或许可以从其组成略加推测。案《新唐书·百官志》：

> 开元中，张说为相，又改政事堂号"中书门下"，列五房于其后：一曰吏房，二曰枢机房，三曰兵房，四曰户房，五曰刑礼房，分曹以主众务焉。[⑨]

司马光《资治通鉴》所记五房与此同。不过，唐代中书门下似又有"孔目房""枢密房"，[⑩]恐与枢机房所指为一。从这五房来看，所谓"中书门下"结合了中书省、门下省、尚书省三省的职能。即枢机房对应中书省、门下省两个"机要之司"，其余四房对应了尚书诸部。因

① 《册府元龟》卷一五七《帝王部·诫励二》，第1750页。

② 《旧唐书》卷七八《张行成传》，第2705页。

③ 陈仲安、王素：《汉唐职官制度研究（增订本）》，第107~111页。

④ 罗永生：《唐前期三省地位的变化》，《历史研究》1992年第2期，第105~109页。

⑤ 刘后滨：《唐代中书门下体制研究——公文形态·政务运行与制度变迁》，第168~181页。

⑥ 李华：《中书政事堂记》，《全唐文》卷三一六，中华书局，1983，第3202页。

⑦ 《唐会要》卷五一《官号·中书令》，第1036页。

⑧ 袁刚：《隋唐中枢体制的发展演变》，第67~68页。

⑨ 《新唐书》卷四六《百官一》，第1183页。

⑩ 刘后滨：《唐代中书门下体制研究——公文形态·政务运行与制度变迁》，第188~189页。

此，"中书门下"是对三省核心职能的整合，剩余的事务则继续保留在三省之中，一直到北宋元丰改制。

既然如此，"中书门下"的成立有一个前提，即原属诸官司的事务被带入政事堂。这种情况，必然是随着知政事官兼任诸司官而来的。前已提及，唐前期的知政事官"午前议政于朝堂，午后理务于本司"，枢机兼任有司，时有因有司事而罢枢机者。如卢承庆，高宗显庆四年（659）"代杜正伦为度支尚书，仍同中书门下三品。寻坐度支失所，出为润州刺史"。[①]即卢承庆之罢相，是因其度支尚书（即户部尚书）任上之过。又骞味道于垂拱四年（688）第二次任相，以左肃政台御史大夫同平章事，屡言殿中侍御史周矩"不能了事"，[②]说明骞味道任相期间过问御史台事。

不但额外授权的知政事官是如此，"真宰相"中书令与侍中有时也领有司事。如高祖朝封德彝，本以中书令为相，武德六年（623）"以本官检校吏部尚书，晓习吏职，甚获当时之誉"。[③]又太宗贞观十九年（645），门下侍中刘洎"辅皇太子于定州，仍兼左庶子、检校民部尚书，总吏、礼、户部三尚书事"；"中书令马周摄吏部尚书，以四时选为劳，请复以十一月选，至三月毕"。[④]

诸司官兼任枢机的情况愈演愈烈。到武则天称制时，诸司官员，尤其是尚书省属官（而非仆射）参政比例大幅提高，乃至超过了门下、中书两省官员。[⑤]与之相应的，诸司事务被带入了政事堂，使得宰相们不再于午后返回本司。这个过程可能在武则天称帝的时候就大致完成了，不必等到开元时期。以崔元综为例：

> 元综天授中累转秋官侍郎，长寿元年迁鸾台侍郎、同凤阁鸾台平章事。元综勤于政事，每在中书，必束带至晚，未尝休偃。[⑥]

此时政事堂已移到中书省多年，故史料称"在中书"。又称"每在中书，必束带至晚，未尝休偃"者，说明崔元综已不再午后返回鸾台（门下省）治事。如此，在政事堂形成所谓的"五房"以助知政事官处理有司之事，就是非常自然的安排了。由此推测，至晚在武则天长寿元年（692）前后，"中书门下"恐实际已经存在了。

长寿元年酷吏恣横，相位更迭频繁，人数共有 14 人之多。八月，武承嗣、武攸宁、杨

① 《旧唐书》卷八一《卢承庆传》，第 2749 页。
② 《资治通鉴》卷二〇四，则天后垂拱四年十二月乙亥条，第 6454 页。
③ 《旧唐书》卷六三《封伦传》，第 2397 页。《新唐书》卷六一《宰相表上》作武德四年判吏部尚书。
④ 《资治通鉴》卷一九八，唐太宗贞观十九年十二月庚申条，第 6233、6234 页。
⑤ 雷家骥：《隋唐中央权力结构及其演进》，第 390 页。
⑥ 《旧唐书》卷九〇《崔元综传》，第 2923~2924 页。《新唐书·宰相表》记长寿元年崔元综以秋官侍郎（刑部侍郎）同平章事，漏记迁鸾台侍郎（门下侍郎）事。

执柔罢相，新晋宰相除了鸾台侍郎（门下侍郎）崔元综、凤阁侍郎（中书侍郎）李昭德外，其余皆省部寺监官：文昌左丞（尚书左丞）姚璹、文昌右丞（尚书右丞）李元素、司宾卿（鸿胪卿）崔神基、夏官尚书（兵部尚书）王璿。[①]此外，当年初任命还在位的同平章事尚有：冬官尚书（工部尚书）李游道、秋官尚书（刑部尚书）袁智弘。如此，长寿元年八月在位的宰相，除了崔元综、李昭德为门下、中书省官外，其余皆为诸司官，分别属于尚书都省、兵部、刑部、鸿胪。恐怕正是在这样的情势之下，"中书门下"分房的雏形才出现，一直到开元年间正式以"中书门下"之名、之印承认了这种局面。

"中书门下"体制与三省制下的宰相，相同的地方是皆为枢机之臣。[②]所不同的是，中书门下的宰相为全职宰相，中书门下也是专设的宰相机构。即原来兼为君主枢机的知政事官，因为"中书门下"的形成而变为君主的专职枢机。在此之后，"宰相"才是固定的职位、机构所确定的一群臣僚，叙述时就不必再纠结"真宰相"与否的问题。枢机与有司的联系，也不再通过互兼来实现，而是以君主枢机的身份直接指挥有司，且宰相机构对于日常事务的指挥亦是奉敕、奉圣旨而下。[③]君主在王朝中的存在感大为增加。

## 三 中唐以来的"内职"与王朝结构变化

如果唐宋宰相概念最为基本的要素是"枢机"，则随之而来的问题是："枢机"作为"近要之官"，并不限于宰相。前引祝总斌所担心的——"举凡皇帝身旁大小臣工、佞幸、宦官、小吏，都有可能随时转化为宰相"——也不是没有道理。宋代二府之中，"中书门下"与唐代的继承性比较直接、明显。至于枢密院，学界详细讨论过唐代的宦官"内枢密使"如何"外朝化"演变为宋代枢密院，[④]某种程度上印证了祝总斌所担心的转化。

不过，宋代二府皆是"枢机"，[⑤]且枢密院在五代、北宋前期仍然是"内职"之一。唐代史籍中所见的"内职"皆指翰林学士。五代、宋初的"内职"范围则已扩展。《旧五代

① 《资治通鉴》卷二〇五，则天后长寿元年，第6483~6484页。
② 用例见李全德《唐宋变革期枢密院研究》，国家图书馆出版社，2009，第84~85页。
③ 刘后滨：《唐代中书门下体制研究——公文形态·政务运行与制度变迁》，第341~354页。李全德：《从堂帖到省札——略论唐宋时期宰相处理政务的文书之演变》，《北京大学学报》2012年第2期，第106~116页。张祎：《中书、尚书省劄子与宋代皇权运作》，《历史研究》2013年第5期，第50~66页。
④ 梁天锡：《宋枢密院制度》，台北：黎明文化事业公司，1981，第1~4页。邓小南：《近臣与外官：试析北宋初期的枢密院及其长官人选》，漆侠主编《宋史研究论文集——国际宋史研讨会暨中国宋史研究会第九届年会编刊》，河北大学出版社，2002，第1~26页。李全德：《从宦官到文臣：唐宋时期枢密院职能演变与长官人选》，《唐研究》第11卷，北京大学出版社，2005，第423~457页。李全德：《唐宋变革期枢密院研究》，第41~188、237~327页。
⑤ 用例甚多，不赘举。如景德四年（1007），中书门下、枢密院上言："伏睹近诏，宰执近臣咸令旌别淑慝，其如中书、枢密院接待宾客，屡经条约，未得允当。盖枢机之任，诚务谨严，而政事之间，亦资询访。若早暮接纳，虑机务因兹滞留，如或延见艰难，亦利害无由启露……"见《长编》卷六五，景德四年六月丙申，第1461~1462页。

史·职官志》所言"内职"包括：枢密使（崇政院使、宣徽使）、建昌宫使·三司使（国计使、内勾、租庸使）、金銮殿大学士·端明殿学士·翰林学士。①宋代的"内职"概念见《宋史·职官志总序》："枢密、宣徽、三司使副、学士、诸司而下，谓之'内职'。"②可见，从唐到宋，"内职"大抵包括了学士、诸司使（原为唐代宦官担任的内诸司使）、财政使职三个部分。③最终成为宋代宰辅机构之一的"枢密院"源自唐代的内诸司使，"内职"中的财政使职则发展为"位亚执政"的"计相"三司使，亦可计入广义的辅政群体，学士的角色则变化不大。

既然宋代二府为枢机，亦为内职，则二府中枢密院的形成，不能仅仅理解为内朝外朝化的结果，而更应理解为唐宋君主复杂多样的"枢机"创生、演化的产物。

1."佞幸"与学士

所谓"佞幸"是相当重要的君主枢机，不过其成分比较复杂。史称唐德宗晚年"尤不任宰相，自御史、刺史、县令以上皆自选用，中书行文书而已"，又有一批佞幸如裴延龄、李齐运、王绍、李实、韦执谊、韦渠牟"权倾宰相，趋附盈门"，④而这些人不可一概而论。

裴延龄、王绍、李实皆为当时的财政大员。王绍贞元中历任仓部员外郎、户部侍郎判度支、又迁户部尚书，表现出不凡的理财之能，"德宗以绍谨密，恩遇特异，凡主重务八年，政之大小，多所访决"。⑤陆贽劾裴延龄则说："国家府库，出纳有常，延龄险猾售奸，诡谲求媚，遂于左藏之内，分建六库之名，意在别贮赢余，以奉人主私欲。"⑥李实则在贞元二十年（804）春夏旱欠之际，不顾民生，"方务聚敛征求，以给进奉"。⑦可知裴延龄与李实皆因为天子聚敛而深得唐德宗的欣赏、信赖。这些人，与唐前期以诸司官员身份知政事者，本质上没有什么不同。

相比之下，韦执谊与韦渠牟、李齐运更为亲近，是朝夕侍从皇帝之角色。韦执谊"以文章与上唱和，年二十余，自右拾遗召入翰林"。⑧他于贞元元年（785）为翰林学士，至贞元十二年（796）前后出院，此后仍时被德宗召入禁中。⑨韦渠牟在贞元十二年四月德宗生日的儒释道三教论辩会上"枝词游说，捷口水注"，因口才、诗文深得德宗的赏识，德宗在

① 《旧五代史》卷一四九《职官志》，第2320~2324页。
② 《宋史》卷一一四《职官一》，中华书局，1985，第3769页。
③ 五代宋初的"内职"问题，参见赵冬梅《文武之间：北宋武选官研究》，北京大学出版社，2010，第81~116页，该部分讨论诸司使；陈文龙《五代时期的内职与王朝权力结构》，未刊稿。建昌宫、三司使等的相关研究，见闫建飞《唐末五代宋初北方藩镇州郡化研究（874~997）》，北京大学博士学位论文，2017；张亦冰《唐宋之际财政三司职掌范围及分工演进考述》，《唐史论丛》第28辑，三秦出版社，2019，第1~26页。
④ 《资治通鉴》卷二三五，唐德宗贞元十二年十一月，第7575页。
⑤ 《旧唐书》卷一二三《王绍传》，第3521页。
⑥ 《旧唐书》卷一三五《裴延龄传》，第3723页。
⑦ 韩愈：《顺宗实录》卷一，《韩昌黎文外集》卷下，《韩昌黎文集校注》，马其昶校注，上海古籍出版社，1986，第699页。《旧唐书》卷一三五《李实传》，第3731页。
⑧ 《资治通鉴》卷二三五，唐德宗贞元十二年十一月乙未条，第7575页。
⑨ 傅璇琮：《唐翰林学士传论》，辽海出版社，2018，第339~344页。

延英对宰相之后，常常又召韦渠牟论事。① 史称"渠牟形神恍躁，尤为上所亲狎，上每对执政，漏不过三刻，渠牟奏事率至六刻，语笑款狎往往闻外；所荐引咸不次迁擢，率皆庸鄙之士"。②

李齐运则是德宗游赏之侍从：

> 改宗正卿，兼御史大夫、闲厩宫苑使。改检校礼部尚书，兼殿中监。寻正拜礼部尚书，兼殿中监使如故。其后十余岁，宰臣内殿对后，齐运常次进，贡其计虑，以决群议。③

李齐运当是先任闲厩宫苑使，任殿中监、监使后仍兼闲厩宫苑使。案殿中省本为服务皇帝生活的机构，"总尚食、尚药、尚衣、尚乘、尚舍、尚辇六局之官属"，理论上是随时侍从皇帝的人员。④ 闲厩使则始置于武则天时期，"以殿中监承恩遇者为之"，后兼宫苑之职，掌御马、押"五坊"。⑤ 可知李齐运在德宗时掌领暴横之"五坊小儿"，实乃德宗田猎享乐之第一助手。

可见，同为佞幸，裴延龄、王绍、李实是以君主枢机兼行有司之事，韦执谊、韦渠牟、李齐运则是近侍，一般不能直接指挥有司，而多数翰林学士与韦执谊一样属此类。

"翰林为枢机宥密之地"，⑥ 但因其下无有司，故可谓单纯的"枢机"，真正的"内职"。毛蕾指出，翰林学士可在决策的审核、撰制阶段发挥作用。⑦ 叶炜指出，唐后期翰林学士与宰相议政方式不同，翰林学士主要是回答皇帝咨访、充当顾问，而宰相则是主动提议。⑧ 正因为翰林学士无施行庶事之权，故他们的活动往往与宦官、宰相等人密不可分。观唐代诸学士院记、承旨学士记、院使记，可知在学士院内，宦官翰林院使、学士使与学士乃一合作、不可分离之团体，⑨ 学士与宦官多有合作。⑩ 且翰林学士与中书门下宰相亦不得不合作，具体见下面案例分析。

---

① 《旧唐书》卷一三五《韦渠牟传》，第3728~3729页。
② 《资治通鉴》卷二三五，唐德宗贞元十二年十一月乙未条，第7575页。
③ 《旧唐书》卷一三五《李齐运传》，第3730页。
④ 《唐六典》卷一一《殿中省》，323页。
⑤ 宁志新：《唐朝的闲厩使》，《中国社会经济史研究》1997年第2期，第1~13、36页。《唐会要》卷六五《闲厩使》，第1333~1335页；卷七八《诸使中·五坊宫苑使》，第1682页。《新唐书》卷四七《百官二·殿中省》，第1217~1218页。
⑥ 李肇：《翰林志序》，《全唐文》卷七二一，第7415页。
⑦ 毛蕾：《唐代翰林学士》，社会科学文献出版社，2000，第114页。
⑧ 叶炜：《信息与权力：从〈陆宣公奏议〉看唐后期皇帝、宰相与翰林学士的政治角色》，《中国史研究》2014年第1期，第49~67页。
⑨ 宦官所充之翰林院使在皇帝与翰林学士之间任传达之职，也能介入军国大事。见唐长孺《唐代的内诸司使及其演变》，《山居存稿》，中华书局，2011，第267~268页。学士使驻于院中起着监院的作用，实际也参与诏敕议定。见杜文玉《唐代内诸司使考略》，《陕西师范大学学报》1999年第3期，第35页；亦参考王静《唐大明宫内侍省及内诸司的位置与宦官专权》，《燕京学报》新16期，北京大学出版社，2004，第95页。
⑩ 谢元鲁：《唐代中央政权决策研究》，台北：文津出版社，1992，第24~30页。毛蕾：《唐代翰林学士》，第153页。

德宗去世后，顺宗即位，随之发生的"二王八司马"事件，正好说明翰林学士为代表的君主侍从在运转庶事方面的困难。此时韦执谊已经由翰林学士升为宰相，但顺宗不能视事，故而只有宦官李忠言、美人牛昭容能贴身服侍皇帝。① 王伾、王叔文则稍在外：

> （王）伾以侍书幸，寝陋，吴语，上所褒狎。而（王）叔文颇任事自许，微知文义，好言事，上以故稍敬之，不得如伾出入无阻。叔文入至翰林，而伾入至柿林院，见李忠言、牛昭容等。②

可知以顺宗为核心，其外第一层是李忠言、牛昭容，李忠言当是宦官集团的少数派，否则不至于依赖王伾以结王叔文。③ 第二层是可入柿林院的王伾、可入翰林院的王叔文，二人皆是侍从。

但王叔文仍然只是翰林学士，不足以运转南衙，故而引韦执谊为宰相，"事下翰林，叔文定可否，宣于中书，俾执谊承奏于外"。④ 没有宰相的配合，作为学士的王叔文就会陷入窘境。《旧唐书·韦执谊传》云：

> 执谊既为叔文引用，不敢负情，然迫于公议，时时立异……叔文诟怒，遂成仇怨；执谊既因之得位，亦欲矛盾掩其迹。⑤

例如，羊士谔公开批评王叔文等人，王叔文欲杀之，但韦执谊终以为不可，遂贬。⑥ 除了韦执谊，宰相高郢、郑珣瑜亦不配合。⑦

作为补救措施，王叔文有两个重要的举措。其一是担任财政使职：

> 叔文初入翰林，自苏州司功为起居郎，俄兼充度支、盐铁副使，以杜佑领使，其实成于叔文。数月，转尚书户部侍郎，领使、学士如故。⑧

因此，王叔文的身份有两重，一是身为翰林学士这一"内职"，二是户部侍郎、充度支·盐铁副使，即为财政大臣。故而他其实相当于以盐铁副使知政事者，亦可谓"宰相"。此时的

---

① 《旧唐书》卷一三五《王叔文传》，第3734页。
② 韩愈：《顺宗实录》卷五，《韩昌黎文外集》卷下，《韩昌黎文集校注》，第721~722页。
③ 黄楼推测，李忠言之角色相当于学士使。见黄楼《神策军与中晚唐宦官政治》，中华书局，2019，第233页。
④ 《旧唐书》卷一三五《王叔文传》，第3734页。
⑤ 《旧唐书》卷一三五《韦执谊传》，第3733页。
⑥ 韩愈：《顺宗实录》卷四，《韩昌黎文外集》卷下，《韩昌黎文集校注》，第711页。
⑦ 《旧唐书》卷一四七《高郢传》，第3976页；《新唐书》卷一六五《郑珣瑜传》，第5065页。
⑧ 《旧唐书》卷一三五《王叔文传》，第3734页。

盐铁使是宰相杜佑，"不亲事，叔文遂专权"，王叔文败局已定之后，杜佑方与之立异。①

其二，王叔文冒险欲夺神策军的领导权。②正是这一步激怒了一批宦官领袖，永贞元年（805）八月，他们尊顺宗为太上皇，以李纯即皇帝位，是为宪宗。这次政变的核心人物是宦官刘贞亮，即俱文珍：

> 知其朋徒炽，虑黩朝政，乃与中官刘光琦、薛文珍、尚衍、解玉等谋，奏请立广陵王为皇太子，勾当军国大事，顺宗可之。贞亮遂召学士卫次公、郑絪、李程、王涯入金銮殿，草立储君诏。及太子受内禅，尽逐叔文之党，政事悉委旧臣，时议嘉贞亮之忠荩。累迁至右卫大将军，知内侍省事。③

贞元（785~804）年间，刘贞亮（俱文珍）、薛文珍（《顺宗实录》作"薛盈珍"）皆曾为监军，④故在永贞元年时必已是地位极高之宦官领袖。其中，薛盈珍于贞元十六年（800）入朝"掌机密"，⑤"贞元末为内侍省内侍，知省事，充右神策军护军中尉副使"，⑥为掌神策军之宦官首领之一。此时的左右神策军中尉为杨志廉、孙荣义，大概他们没有主动挺身拥立宪宗，故元和初很快提出了致仕之请。⑦要注意，宦官领袖招来的是与王叔文身份相同的卫次公、郑絪、李程、王涯诸翰林学士。这些人并非临时与宦官合作，而是早就与其联合，抵制王叔文等人。⑧

可见，"二王八司马"是一个由宦官·美人、侍从·学士、宰相组成的集团，这个集团既有枢机，也可施行庶事，已然构成一个较完整的朝政运营系统。"二王八司马"的对手在组成上是类似的，但由于宦官首领、多数翰林学士和中书门下宰相的支持，他们显然比"二王八司马"更为强大、完整。最终，随着韦执谊的反水、王叔文因母丧去位又起复不成，仅为"枢机"的李忠言、王伾就毫无所用了。

因此，"二王八司马"事件所反映的，正是唐后期皇帝以"枢机"支配天下的政治结构：君主—枢机—有司。这其中的关键是，下领有司、能处置庶事的"枢机"成为君主持久的、结构性的支配工具。正是这一点，把翰林学士、纯近侍佞幸与宦官首领、中书门下宰相区别

---

① 《新唐书》卷一六六《杜佑传》，第5088页。
② 韩愈：《顺宗实录》卷五，《韩昌黎文外集》卷下，《韩昌黎文集校注》，第722页。
③ 《旧唐书》卷一八四《俱文珍传》，第4767页。
④ 牛志平：《唐宦官年表》，《唐史论丛》第2辑，陕西人民出版社，1987，第318~322页。
⑤ 《资治通鉴》卷二三五，唐德宗贞元十六年四月，第7587页。
⑥ 《册府元龟》卷六六七《内臣部三·将兵》，第7688页。
⑦ 《杨志廉墓志》，陕西省社会科学院、陕西省文物局编《陕西碑石精华》，三秦出版社，2006，第163页；《孙荣义墓志》，《全唐文》卷四九八，第5075~5076页。
⑧ 《旧唐书》卷一五九《卫次公传》，第4179页；卷一五九《郑絪传》，第4182页；卷一六七《李程传》，第4372页。参考傅璇琮《唐翰林学士传论》，第374页。

开来。①

2. 南衙与北司

相对于佞幸与学士，宰相、宦官首领是更为重要的枢机成员。但学者在论及唐后期政治时，往往会使用内、外朝的概念，内朝为宦官、翰林学士，外朝是宰相为首的南衙官僚集团。甚至有学者认为，唐后期内朝的翰林、枢密与外朝的中书门下形成了"新三头"，与旧三省类似，分担了草诏、出纳、奉行的职能。②但是，诸多研究已经使内外朝之分的框架无法成立了。

首先，中书门下并不是单纯的"外朝"之首。其理由已见本文上一部分——中书门下是君主之枢机，且宰相虽不能时时至禁中，但仍可频繁与君主接触、议论政事。在唐后期，保证此种君相沟通的机制就是"延英奏对"，它作为"国家最高决策会议"一般间日（只日）举行，除宰相外，宦官枢密使、神策军中尉也可参与议事。③如前述韦渠牟、李齐运事，德宗既对宰相之后才召侍从，正说明宰臣仍是当仁不让的"枢机"成员。

其次，更重要的是，宦官绝不等于内朝。学者常引宋人王旦语："唐设内诸司使，悉拟尚书省：如京，仓部也；庄宅，屯田也；皇城，司门也；礼宾，主客也。"④唐末翰林学士郑璘于唐昭宗光化二年（899）撰《大唐重修内侍省之碑》称：

> 而况内侍华省，弥纶列曹，庶务政化之源，四方取则之地。制度素广，标式甚崇，厅宇宏多，梁栋斯盛，建茸必归于允当，周旋暗合于规程。⑤

"弥纶列曹，庶务政化之源，四方取则之地"这样的描述，如无语境，会让人误以为是在谈论宰相机构。

近几十年来，以唐长孺、赵雨乐、李锦绣等人的系统梳理为基础，学者们对唐内诸司使的认识有了长足的进步。目前所知宦官为主的内诸司使名有一百五十余种，涉及机要、军

---

① 袁刚认为，"二王八司马"事件反映的是翰林学士的作用。见《隋唐中枢体制的发展演变》，第154~156页。而如本文所述，该事件恰恰反映了翰林学士作为"内相"的限制。黄楼则将"二王八司马"定义为"文人近幸集团"，行为方式乃"多揣阖智诈之术"，见《神策军与中晚唐宦官政治》，第157页。

② 袁刚：《隋唐中枢体制的发展演变》，《社会科学家》1989年第3期，第18~20页。袁刚：《隋唐中枢体制的发展演变》，第140页。

③ 张国刚：《唐代官制》，第15~16页。谢元鲁：《唐代御前决策会议初探》，《中国史研究》1988年第4期，第128~136页。谢元鲁：《唐代中央政权决策研究》，第58~72页。袁刚：《延英奏对制度初探》，《北京大学学报》1989年第5期，第80~88页。袁刚：《隋唐中枢体制的发展演变》，第165~180页。松本保宣：《唐王朝の宫城と御前会議：唐代聽政制度の展開》第一部第一章，京都：晃洋书房，2006，第21~69页。杜文玉：《论唐大明宫延英殿的功能与地位——以中枢决策及国家政治为中心》，《山西大学学报》2012年第3期，第196~205页。叶炜：《论唐代皇帝与高级官员政务沟通方式的制度性调整》，《唐宋历史评论》第3辑，社会科学文献出版社，2017，第58~70页。

④ 《宋史》卷一六八《职官八》，第4003页。

⑤ 陈尚君辑校《全唐文补编》卷九二，中华书局，2005，第1120页。

事、财政、礼仪、供御、修造、通进、皇子诸王等各项事务，触角不限于京城，影庇大量民户。简而言之，唐后期的宦官已经发展出了一套完整的谋议、军事、财政、行政系统，极大侵夺了原有机构的事权。至唐末，枢密使、宣徽使、神策军左右中尉为该系统之首，其组织化的程度为宦官干政突出的汉、明两朝所没有。① 所以有学者认为，唐后期宦官机构遵循了某种"特殊的官僚化道路"在演进。②

如此，宦官系统已不仅是居于深宫的枢机，也是一个可以达于四方、处置庶事的完备系统。故宦官所构成的"枢机—有司"系统是唐后期新出现的君主支配的一大支柱，不仅仅是其神策军力而已。它与南衙一起支持着唐后期的君权不坠，其中任一方面崩溃，都将使李唐的统治终结。正因如此，诛杀宦官对于唐皇帝而言亦是自毁长城的行为。所谓：

> 虽快一时之忿而国随以亡。是犹恶衣之垢而焚之，患木之蠹而伐之，其为害岂不益多哉！③

唐朝的灭亡有很复杂的原因，但唐朝统治瓦解的一个重要制度原因是：唐中后期所形成的新的"枢机—有司"系统，即宦官系统的毁灭。

诛宦官可分为两种，一种针对个别宦官，另一种针对宦官群体。一般来说，前者不会带来重大的政治动荡，而后者往往演变成巨大的灾难。

比如唐文宗，一开始与翰林学士宋申锡谋诛宦官，宋的建议是"渐除其逼"，④剑指神策军右军中尉王守澄。宋申锡任宰相后，其谋泄露，但结局仅是被贬，事在大和五年（831）。四年之后，大和九年（835），唐文宗再谋诛杀宦官，遂成"甘露之变"。⑤此事第一阶段，文宗与因王守澄而进的李训、郑注合作，在其他宦官的配合下鸩杀王守澄，没有引起反弹。

---

① 对唐内诸司使名的总结见黄楼《神策军与中晚唐宦官政治》附录四"唐代宦官诸司诸使表"，第525~561页。前人的综合性研究如唐长孺《唐代的内诸司使及其演变》，《山居存稿》，第252~282页；王寿南《唐代宦官权势之研究》，台北：正中书局，1971；牛志平《唐代宦官》，《唐史论丛》第5辑，三秦出版社，1990，第50~96页；赵雨乐《唐宋变革期之军政制度——官僚机构与等级之编成》，台北：文史哲出版社，1994，第11~111页；贾艳红《试谈唐中后期的内诸司使》，《齐鲁学刊》1997年第4期；杜文玉《唐代内诸司使考略》，《陕西师大学报》1999年第3期，第37~35页；李锦绣《唐代财政史稿》下卷第四章"理财的内诸司"，北京大学出版社，2001，第437~512页；王静《唐大明宫内侍省及内诸司的位置与宦官专权》，《燕京学报》新16期，第93~110页；赵冬梅《文武之间：北宋武选官研究》，第32~71页；尚民杰《唐墓志中所见宦官诸使及相关问题的探讨》，《唐研究》第17卷，北京大学出版社，2011，第399~440页。

② 陆扬：《9世纪唐朝政治中的宦官领袖——以梁守谦和刘弘规为例》，《清流文化与唐帝国》，北京大学出版社，2016，第87页。

③ 《资治通鉴》卷二六三，唐昭宗天复三年正月庚午条"臣光曰"，第8599页。

④ 《资治通鉴》卷二四四，唐文宗大和四年七月叙事条，第7872页。

⑤ 事件性质与经过参考贾宪保《"甘露之变"剖析》，《唐史论丛》第3辑，陕西人民出版社，1987，第138~158页；牛志平《唐代宦官》，第75~79页；黄楼《神策军与中晚唐宦官政治》，第278~304页。

但下一步，李训（或许还有文宗本人）意图诛杀宦官群体，失败之后，包括宰相在内的官僚、吏卒、百姓死者千余人，"横尸流血，狼藉涂地，诸司印及图籍、帷幕、器皿俱尽"。[①]从宦官的立场说，除了"魁首"李训、郑注，"其余躁竞进取之徒，枝连叶著之党……莫不尽苞恢网，同抵国章"。[②]

李训兼为宰相、学士，郑注以医术进，亦至翰林侍讲学士，"二人相洽，日侍君侧"，[③]亦多结外朝臣僚。[④]因此，他们与宦官之间的争斗，不可视为内外朝之争，而是两个"枢机—有司"系统之间的矛盾。"甘露之变"之所以后果严重，就是因为双方欲除对方而后快。

在整个唐后期，北司与南衙这两个"枢机—有司"系统之间仍能维持较好的平衡，直至最终唐昭宗、崔胤联合朱全忠屠尽宦官。唐昭宗即位（888）后，费尽心机于乾宁元年（894）除掉了"定策国老"、大宦官杨复恭，既损坏了禁军的实力，也给了凤翔节度使李茂贞可乘之机，吞并了山南西道节度。[⑤]李茂贞跋扈异常，致使多位宰相、宦官首领被杀。乾宁二年（895）李茂贞与邠宁节度使王行瑜、镇国节度使韩建兴兵入朝，杀宰相韦昭度、李谿，又引来河东李克用的问罪之师，以致京城大乱，破坏严重，昭宗出奔。前引郑璘作于光化二年（899）六月的重修内侍省碑即述此次乱后重建之事。内侍省重建之后，恢复了往昔宏壮，"克叶旧规"。碑文还高度表彰了内枢密使宋道弼、景务修二人"再造庙朝"，左右神策军观军容使刘季述、严遵美"宣力公家，倾心事主"，呈现了在当时君主、部分士大夫眼中宦官机构、宦官首领在支撑唐皇帝统治上不可替代的甚至崇高的地位。也说明了对数位宦官首领的杀伐不足以伤害北司系统之根本。

好景不长，一年以后，即光化三年（900）六月，唐昭宗又在宰相崔胤的劝说下杀了宋道弼、景务修二人及另一宰相王抟。此时的唐昭宗精神状况已不正常，"忽忽不乐，多纵酒，喜怒不常，左右尤自危"；十一月某日，昭宗猎后醉酒而归，夜中"手杀黄门、侍女数人。明旦，日加辰巳，宫门不开"。在这种情况下，左军中尉刘季述、右军中尉王仲先、枢密使王彦范、薛齐偓等以宫内有变为由，发动政变，逼迫昭宗退位。[⑥]

虽然昭宗得以复辟，但他与宦官之间的信任关系已被破坏殆尽。一方面是昭宗认为"敕使中为恶者如林"，崔胤请昭宗"尽诛宦官，但以宫人掌内诸司事"，另一方面是宦官因惧怕被诛杀而"谋以兵制上"；故而昭宗虽此时欲与宦官和解，已不能实现，史称："既而宦

① 《资治通鉴》卷二四五，唐文宗大和九年十一月，第 7913 页。
② 郑薰：《内侍省监楚国公仇士良神道碑》，《全唐文》卷七九〇，第 8272 页。
③ 《旧唐书》卷一六九《郑注传》，第 4400 页。
④ 黄楼：《神策军与中晚唐宦官政治》，第 280~285 页。
⑤ 参见刘永强《大厦将倾：杨复光、杨复恭与唐末政局研究》，《唐史论丛》第 27 辑，三秦出版社，2018，第 261~265 页。
⑥ 《资治通鉴》卷二六二，唐昭宗光化三年十一月，第 8538 页。

官自恃党援已成，稍不遵敕旨；上或出之使监军，或黜守诸陵，皆不行，上无如之何。"[1] 因此，在朱全忠于天复三年（903）尽诛宦官之前，因为唐昭宗与宦官关系的恶化，支持唐后期皇帝支配的两大支柱已废其一，大厦将倾。

崔胤（以及有时候的唐昭宗）欲尽除宦官，但绝非群臣的志向。宰相徐彦若、王抟谏杀宋道弼、景务修，建议"俟多难渐平，以道消息之"。[2] 给事中韩偓也劝昭宗与崔胤：

> 事禁太甚。此辈亦不可全无，恐其党迫切，更生他变……
>
> 陛下不若择其尤无良者数人，明示其罪，置之于法，然后抚谕其余曰："吾恐尔曹谓吾心有所贮，自今可无疑矣。"乃择其忠厚者使为之长。其徒有善则奖之，有罪则惩之，咸自安矣。今此曹在公私者以万数，岂可尽诛邪！[3]

韩偓的意见，只是针对其中的个别宦官领袖有所处置，而不是从根本上铲除宦官系统。"今此曹在公私者以万数"，意味宦官乃君主枢机与官司不可或缺的组成部分。

最终，宰相崔胤联结节度使朱全忠诛尽宦官，唐昭宗为朱全忠俘虏之后，连身边的"内园小儿"都被杀尽，"上之左右职掌使令，皆全忠之人"；朱全忠还废除了唐朝的宦官系统，近要亦代之以朱全忠之腹心。[4] 随着这一翻更迭，唐朝君主的枢机成为朱全忠的枢机，朱梁随之也就取代了李唐。

以上梳理主要是为了揭示唐后期君主支配的基本结构：君主之外的第一层是包括学士、宦官领袖、宰相、佞幸在内的"枢机"群体，[5] 诸枢机近要程度有所不同。之外一层则是包括宦官诸司、南衙京内外诸司诸使在内的处置庶事的机构，其中南衙系统自更为完善。皇帝—枢机—有司构成一个不规则的同心圆结构，如图1所示。从中可见，唐代北司与南衙之争，与其说是内朝与外朝之争，更应该理解为两个不同的枢机—有司系统的并立与矛盾。虽然从唐代的内诸司使到宋代的枢密院之间仍有相当的距离，但宋代二府的基本格局已经在唐后期的君主支配结构中确立了。从唐后期到五代、宋，在中书门下之外，一个新的枢机—有司系统创生、演化、固化。

---

① 《资治通鉴》卷二六二，唐昭宗天复元年六月至八月，第8554~8557页。
② 《旧唐书》卷一八四《杨复恭传》，第4776页。
③ 《资治通鉴》卷二六二，唐昭宗天复元年六月，第8554页。
④ 《资治通鉴》卷二六四，唐昭宗天祐元年四月，第8631页。
⑤ 谢元鲁认为，唐中后期的中央决策核心集团包括宰相、翰林学士、宦官。见《唐代中央政权决策研究》，第19~32页。贾宪保认为，唐后期的"新中枢体制或曰新内阁"包括了皇帝、宰相、翰林承旨学士、中尉、枢密使五大员。见贾宪保《神策中尉与神策军》，《唐史论丛》第5辑，三秦出版社，1990，第151~152页。戴显群亦指出，唐后期宰相、枢密使、翰林学士构成新的政治中枢。见戴显群《唐代的枢密使》，《中国史研究》1998年第3期，第88~89页；戴显群《唐五代政治中枢研究》，厦门大学出版社，2001，第134~137页。诸说皆有洞见，不妥之处是，或将皇帝与臣僚并列为"内阁"，或是宰相之外的"中枢"限于学士、宦官。

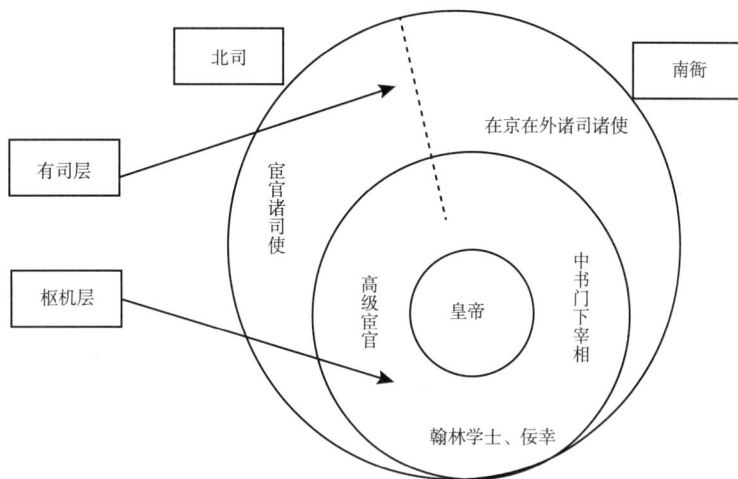

图 1　唐后期君主—枢机—有司结构示意

由此回到本部分开头提到的问题，即皇帝身旁大小臣工、佞幸、宦官、小吏，是否都有可能随时转化为宰相？这一问题基于强烈的士大夫立场，即把宰相之外的角色视为皇权寄生物，但就君主—枢机—有司这一支配结构而言，宰相并非超越其他的独特角色，而是与宦官、佞幸等共同作为君主的枢机。那些具备较为持续、完整的指挥庶事之权限、能力的"枢机"，如唐后期的宦官、部分佞幸，与宰相一道构成了君主支配的支柱。

## 结语："委托制"与"枢机制"

传统君主制或许都面临一个共同的挑战：如何以一人独运天下。在中国古代，除了罕见的君主亲力亲为之外，基本的模式有两种。

西汉时代所见的一种典型方式是"君相委托制"，即天下政务总于丞相，为日常统治的中枢。[①] 在这种结构下，君、相之间略有某种"平等"的色彩，此已见于本文前引《通典》的叙述。作为百官之首、礼绝百僚的汉代"丞相"，亦成为今人认识中国古代"宰相"的基础。虽然皇帝—丞相制度在西汉武帝以后即逐渐变异，[②] 但"委任责成"作为一种理想的君臣关系模式仍长期存在于中国古代的政治文化之中。故无论就实践还是理想而言，"委托制"仍可谓中国古代皇帝支配天下的基本模式之一。

经过了东汉魏晋南北朝的演进，隋唐至北宋前期所见则是另一种模式，可谓之"枢机

---

① 学术史与新近讨论见侯旭东《西汉"君相委托制度"说剩义：兼论刺史的奏事对象》，《中国中古史研究》第 7 卷，中西书局，2019，第 1~29 页。
② 西汉在武帝以后制度虽有变化，但丞相依然是朝政的核心、统治的枢纽，君相委托制并无多大变化。见侯旭东《西汉"君相委托制度"说剩义：兼论刺史的奏事对象》，《中国中古史研究》第 7 卷，第 5~19 页。

制"：君主通过其枢机支配天下，这些枢机之臣的第一份身份为君主近要之官，第二身份是有司之首领。在君主—枢机—有司的支配结构下，所谓"宰相"，正是唐宋君主的多种枢机之一，此外还有宠臣、学士、宦官等。从唐到宋，不但宰相从兼职枢机变为专职，而且还有北司这一新的枢机—有司系统的创生、演化。

在"委托"与"枢机"制下，不但君相关系不同，君主直接支配的范围也不同。委托制下，君主个人的支配范围有限，故所表现出来的政治问题往往是内朝干政。不过，这种"内朝""中朝"，固然为一些皇帝介入朝政提供了可以依靠的力量，[①]但实际多被丞相隔绝于内，没有运转天下庶事的权限与能力。但在"枢机制"之下，君主通过枢机群体将整个王朝系于自身周围，其中的变化是有新的枢机系统加入其中，进一步完善了君主支配天下的能力。至于内朝，则不再是枢机制下的政治问题了。

无论是"委托制"还是"枢机制"，并非通常意义上的"官制"，而应视为中国古代王朝君主支配的基本模式，皆可谓"理想类型"，实际政治体制皆为这些类型的混合或者变异。即使在宋代，在"枢机制"底色之上，亦可能呈现浓厚的"委托制"色彩。尤其是到了南宋，权相政治带来了相当程度"委托制"的复兴。

如南宋末权相贾似道在位，学者认为，其宅第已经成为"最高决策机构"。[②]哪怕边事紧急，但理宗、度宗皆不许贾似道行边，[③]因他被理宗、度宗委以大政，"师相不可一日离左右"。[④]时人以"独运"称贾似道之专权。[⑤]贾似道之前，史弥远长期把持朝政。绍定五年（1232），袁甫批评宋理宗"高拱无营，自暇自逸，而独使宰辅以有限之筋力，当无穷之忧责"，"自处于无为，乃朝夕督责大臣以有为"。[⑥]魏了翁提到在尚未得到君主旨意的时候，宰相的命令（省札）已经发出，且其他执政已先于空省札上签字，以方便史弥远之出令：

> 呜呼，宇宙大物也，非一人所能控搏，虽尧舜犹舍己以从众，虽皋夔稷契犹举贤而逊能。而后世庸贪之相，何等才分？乃欲深居独运，以机务之夥而付之二三阿谀顺指之人。[⑦]

如此，理宗身为君主而"无为"，却委任权相史弥远"独运""有为"。

更之前，南宋前期秦桧的专权、高宗为太上皇帝而禅位孝宗的本质，据刘子健的分析

① 侯旭东：《宠：信—任型君臣关系与西汉历史的展开》，第208~218页。
② 朱瑞熙：《中国政治制度通史》第6卷《宋代》，人民出版社，1996，第186页。
③ 刘一清撰，王瑞来校笺《钱塘遗事校笺考原》卷七《贾相出师》，中华书局，2016，第226~227页。
④ 《钱塘遗事校笺考原》卷六《勉留贾相》，第207页。
⑤ 周密：《癸辛杂志》后集《贾相制外戚抑北司戢学校》，中华书局，1988，第68页。
⑥ 袁甫：《应诏封事》，《蒙斋集》卷三，《景印文渊阁四库全书》第1175册，台北：台湾商务印书馆影印本，1986，第368、369页。
⑦ 魏了翁：《应诏封事》，《鹤山集》卷一八，《宋集珍本丛刊》第76册，线装书局影印本，2004，第752页。

就是：宋高宗赵构最大的需要是有一个人帮他决策和议，同时负责去执行、镇压其他的臣僚、担当不利的批评，这人便是秦桧，而高宗所付出的代价就是权势；至于高宗禅位为太上皇帝，实际等于他用孝宗做丞相。[1] 因此，由于特殊的立国方式，南宋前期就已经建立起了君相（或太上皇帝—皇帝）的"委托制"。或许，北宋神宗朝、哲宗朝、徽宗朝，在王安石、司马光、吕公著、蔡京等人身上也都能看到"委托制"的影子。[2]

当下认识中国古代王朝最基本的方式是以现代国家结构反观古代，故"委托"与"枢机"这一组提炼自史料的概念有其意义。如在内藤湖南、宫崎市定以来的"唐宋变革论"中，从唐到宋意味着国家体制从"中世国家"的贵族寡头制向"近世国家"的君主独裁制转变。在前引祝总斌的界定中，中国古代的君相组合又类似于现代的"最高权力机构"加"最高行政机构"。这些认识固然有其洞见，但皆不可避免地将古代王朝视为近现代国家的低配版。而如果按照本文的分析，唐宋王朝君主—枢机—有司的基本支配结构、其前后的变化，都无法指向近现代国家。

马克斯·韦伯曾指出，帝制中国属于"家产官僚制"，并且深刻地揭示了中央集权与疏放性行政共生的形态。[3] 但是，对于"家产制君主"本身的支配如何展开的问题，韦伯却并未充分讨论，中国的"宰相"被他置于"合议制"这一概念下以说明君主支配所受的限制。[4] 而如果按照本文所论，唐宋君主通过"枢机"支配天下，那么唐宋时代担负王朝运转的最高级臣僚（宰辅），因为其"枢机"的性质，确实就以外家产制的选拔而进入了君主的"家产制支配"之中。[5] 因而，以君主—枢机—有司结构理解唐宋时代的君主支配，对于在"家产官僚制"基础上进一步探讨中国古代王朝形态的独特性，也不无意义。

〔本文原载《史学月刊》2021 年第 3 期。作者方诚峰，清华大学人文学院历史系副教授〕

---

① 刘子健：《包容政治的特点》，《两宋史研究汇编》，台北：联经出版事业公司，1987，第49~54 页。
② 参见拙著《北宋晚期的政治体制与政治文化》，北京大学出版社，2015，第38~58、145~163、281 页。
③ 综合性的梳理见简惠美《韦伯论中国——〈中国的宗教〉初探》，台北：台大出版委员会，1988，第32~48、127 页。
④ 简惠美：《韦伯论中国——〈中国的宗教〉初探》，第41~42 页。关于合议制，见马克斯·韦伯《支配的类型》，第405~424 页。
⑤ 家产制（patrimonial rekrutiert）与外家产制（extrapatrimonial）拔举的异同，见马克斯·韦伯《支配社会学》，康乐、简惠美译，广西师范大学出版社，2010，第115、120~121、128 页。

# 《金史·宗室表》抉原

陈晓伟

**摘　要**　本文针对《金史·宗室表》取资金朝谱牒说提出质疑，指出该表是以皇帝诸子传序文为蓝本再辅之列传正文补充成篇，其性质不过是拼织而成的二手文献。元人纂修《金史》，增损《祖宗实录》和《太祖实录》相关内容，在今本《世纪》中将两种祖先传说内容杂糅到一起，各种文本叠加造成"阿古乃""保活里"属于金朝宗室，遂将攀附者编入《宗室表》。在既定历史认知的前提下，元朝史官通过史料的摘录、编织、整合而成的文献，结果被后世奉为"经典"。我们需要破除对元修《宗室表》的迷信，回归金朝官修文献本身讨论金朝宗室问题才是正途。

**关键词**　《金史·宗室表》《世纪》　始祖函普　阿古乃　保活里

## 一　被奉为"经典"的《金史·宗室表》

《金史·宗室表》（本文简称《宗室表》）一向被视为研究金朝统治家族及其世系问题的最核心文献。由于《金史》在金朝文献系统中具有经典的、权威的独特地位，传统做法无不是广泛搜集史料补苴此表。[①]之所以赓续不坠，乃根源于学者对《宗室表》性质及其学术价

---

① 参见钱大昕《廿二史考异》卷八五《金史二·宗室表》，方诗铭、周殿杰校点，上海古籍出版社，2004，下册，第1176~1177页；施国祁《金史详校》卷五，陈晓伟点校，中华书局，2021，第309~315页；陈述《金史氏族表初稿》，原刊《中央研究院历史语言研究所集刊》第5本第3分，1935，第331~374页，后收入陈述《金史拾补五种》，科学出版社，1960，第4~45页；《金史》卷五九《宗室表》卷末"校勘记"，中华书局，1975，第1379~1384页（拙稿中的《金史》引文皆据此版本）；李玉君《金代宗室研究》，科学出版社，2016，第261~268页。

值的判断。王明荪认为"此据金之谱牒得见者而成",[①] 邱靖嘉、李玉君均持此说。[②] 以上论者一致认为《宗室表》据金朝宗室谱牒修成,其实不外乎以下两个原因。

其一,金源一代确实纂修过皇族玉牒。据《金史》记载,金初"始未有文字,祖宗族属时事并能默记,(阿离合懑)与斜葛同修本朝谱牒"。[③] 大定十六年(1176)正月甲子,"诏宗属未附玉牒者并与编次"。[④] 承安五年(1200)三月庚申,"大睦亲府进重修玉牒",九月己未,"修玉牒成"。[⑤] 不过这至多表明,金朝各时期不断编纂宗室家族谱系。然而晚至元至正初年这类资料是否仍流传在世可供纂修《金史》参考,则成悬疑。其二,元修《宗室表》序文谓:"贞祐以后,谱牒散失,大概仅存,不可殚悉,今掇其可次第者著于篇。其上无所系、下无所承者,不能尽录也。"[⑥] 这句话颇具迷惑性。揆诸文义,元朝史官宣称金朝"谱牒散失"云云,"掇其可次第者",语义乃承上文,似乎暗示他们根据残存者编成《宗室表》。要之,以上《金史》相关史文和《宗室表》序文即构成学者立论的全部证据。[⑦]

根据主流观点,《宗室表》具有相当重要的史料价值无疑。然而,论证《宗室表》文献价值成立与否的一大前提,是必须做好探源工作,尤其对元朝史官新设"表"文内容的性质持审慎态度。基于此,本文针对《宗室表》源自金源谱牒的传统观点提出批判,试图揭示其史源及编纂问题。

## 二　元修《宗室表》史源索隐

下文将详细解析《宗室表》全文内容,逐条核查与本表内容相对应的同源文献,从各项典型案例中检讨元朝史官的编纂思路以及相关问题。兹考证如下。

《宗室表》的整体结构,横向以始祖、德帝、安帝、献祖、昭祖、景祖、世祖、肃宗、穆宗、康宗、太祖、太宗、景宣、熙宗、海陵、睿宗、世宗、显宗、章宗、卫绍王、宣宗共二十一帝及始祖兄弟阿古乃、保活里为纲,[⑧] 纵向则记述他们五世子孙仕官,同时每位皇帝栏附录有元朝史官按语。笔者检到卷六五《始祖以下诸子传》提纲中有相关记载:[⑨]

---

① 王明荪:《金修国史及金史源流》,《书目季刊》第 22 卷第 1 期,1988,第 47~60 页。
② 邱靖嘉:《〈金史〉纂修考》,中华书局,2017,第 176~177 页;李玉君:《金代宗室研究》,第 46~50 页。
③ 《金史》卷七三《阿离合懑传》,第 1672 页。
④ 《金史》卷七《世宗纪中》,第 163 页。
⑤ 《金史》卷一一《章宗纪三》,第 253、254 页。
⑥ 《金史》卷五九《宗室表》,第 1359 页。
⑦ 参见邱靖嘉《〈金史〉纂修考》,第 176~177 页。
⑧ 《金史》卷五九《宗室表》,第 1360~1379 页。本节引《宗室表》不再出注。
⑨ 《金史》卷六五《始祖以下诸子传》,第 1537~1554 页。本节引卷六五《始祖以下诸子传》不再出注。

始祖明懿皇后生德帝乌鲁，季曰斡鲁，女曰注思版，皆福寿之语也。

德帝思皇后生安帝，季曰辈鲁。

安帝节皇后生献祖，次曰信德，次曰谢库德，次曰谢夷保，次曰谢里忽。

献祖恭靖皇后生昭祖，次曰朴都，次曰阿保寒，次曰敌酷，次曰敌古乃，次曰撒里辇，次曰撒葛周。

昭祖威顺皇后生景祖，次曰乌古出。次室达胡末，乌萨扎部人，生跋黑、仆里黑、斡里安。次室高丽人，生胡失答。

景祖昭肃皇后生韩国公劾者，次世祖，次沂国公劾孙，次肃宗，次穆宗。次室注思灰，契丹人，生代国公劾真保。次室温迪痕氏，名敌本，生虞国公麻颇、隋国公阿离合懑、郑国公谩都诃。

世祖翼简皇后生康宗，次太祖，次魏王斡带，次太宗，次辽王斜也。次室徒单氏生卫王斡赛，次鲁王斡者。次室仆散氏生汉王乌故乃。次室术虎氏生鲁王阇母。次室术虎氏生沂王查剌。次室乌古论氏生郓王昂。

卷六六《始祖以下诸子传》云：

康宗敬僖皇后生楚王谋良虎。次室温都氏生昭武大将军同刮苗。次室仆散氏坐事早死，生龙虎卫上将军限可。[1]

卷六九《太祖诸子传》云：

太祖圣穆皇后生景宣帝、丰王乌烈、赵王宗杰。光懿皇后生辽王宗干。钦宪皇后生宋王宗望、陈王宗隽、沈王讹鲁。宣献皇后生睿宗、豳王讹鲁朵。元妃乌古论氏生梁王宗弼、卫王宗强、蜀王宗敏。崇妃萧氏生纪王习泥烈、息王宁吉、莒王燕孙。娘子独奴可生邺王斡忽。[2]

卷七六《太宗诸子传》云：

太宗子十四人：蒲鲁虎、胡鲁、斛鲁补、阿鲁带、阿鲁补、斛沙虎、阿邻、阿鲁、鹘懒、胡里甲、神土门、斛孛束、斡烈、鹘沙。

---

① 《金史》卷六六《始祖以下诸子传》，第1561页。
② 《金史》卷六九《太祖诸子传》，第1603页。

本传正文更为详细：

> 宗固本名胡鲁。天会十五年为燕京留守，封豳王。宗雅本名斜鲁补，封代王。宗伟本名阿鲁补，封虞王。宗英本名斜沙虎，封滕王。宗懿本名阿邻，封薛王。宗本本名阿鲁，封原王。鹘懒封翼王。宗美本名胡里甲，封丰王。神土门封郓王。斜宇束封霍王。斡烈封蔡王。宗哲本名鹘沙，封毕王。皆天眷元年受封。宗顺本名阿鲁带，天会二年薨，皇统五年赠金紫光禄大夫，后封徐王。①

卷六九《太祖诸子传》最后一篇列传云：

> 胙王元，景宣皇帝宗峻子也，本名常胜，为北京留守。弟查剌为安武军节度使。②

卷八〇《熙宗诸子传》曰：

> 熙宗诸子：悼平皇后生太子济安，贤妃生魏王道济。③

卷八二《海陵诸子传》云：

> 海陵后徒单氏生太子光英，元妃大氏生崇王元寿，柔妃唐括氏生宿王矧思阿补，才人南氏生滕王广阳。④

据卷八五《世宗诸子传》云：

> 世宗昭德皇后生显宗、赵王孰辇、越王斜鲁。元妃张氏生鄗王允中、越王允功。元妃李氏生郑王允蹈、卫绍王允济、潞王允德。昭仪梁氏生豫王允成。才人石抹氏生夔王允升。孰辇、斜鲁皆早卒。⑤

按卷九三《显宗诸子传》曰：

---

① 《金史》卷七六《太宗诸子传》，第 1729~1731 页。
② 《金史》卷六九《太祖诸子传》，第 1609 页。
③ 《金史》卷八〇《熙宗诸子传》，第 1797 页。
④ 《金史》卷八二《海陵诸子传》，第 1852 页。
⑤ 《金史》卷八五《世宗诸子传》，第 1897 页。

显宗孝懿皇后生章宗，昭圣皇后生宣宗，诸姬田氏生郓王琮、瀛王璀、霍王从彝，刘氏生瀛王从宪，王氏生温王玠。①

卷九三《章宗诸子传》谓：

章宗钦怀皇后生绛王洪裕，资明夫人林氏生荆王洪靖，诸姬生荣王洪熙、英王洪衍、寿王洪辉。元妃李氏生葛王忒邻。②

卷九三《卫绍王诸子传》云：

卫绍王六子，大定二十六年，赐名猛安曰琚，按出曰瑄，按辰曰璪。""大安元年，封子六人为王，从恪胙王，有任王、巩王，余弗传。
二年八月，立从恪为皇太子。③
……

卷九三《宣宗诸子传》谓：

庄献太子名守忠，宣宗长子也。
玄龄，或曰庄献太子母弟，早卒，未封爵。或曰丽妃史氏所生。
荆王守纯本名盘都，宣宗第二子也。母曰真妃庞氏。……守纯三子，长曰讹可，封肃国公，天兴元年三月进封曹王，出质于军前。次曰某，封戴王。次曰孛德，封巩王。④

通过考证可见，除肃宗、穆宗、睿宗外，其他诸帝所叙诸皇子总体履历与《宗室表》相合。具体详情如下。

首先，经过一番对比分析，知《宗室表》始祖至宣宗诸子的排序，⑤与其相应的诸子列传序文所载诸子出身正室、侧室的嫡庶次序完全一致，唯有太祖、世宗则稍显混乱（具体原因说详下文），但与上述结论并不相悖。其次，诸帝栏及其附录按语所叙皇子总数，乃与其

---

① 《金史》卷九三《显宗诸子传》，第2056页。
② 《金史》卷九三《章宗诸子传》，第2058页。
③ 《金史》卷九三《卫绍王诸子传》，第2060页。
④ 《金史》卷九三《宣宗诸子传》，第2061~2063页。
⑤ 按太宗诸子排序稍有不同，《宗室表》最后列"徐王宗顺"，此据卷七六《太宗诸子传》最后叙述"宗顺本名阿鲁带，天会二年薨，皇统五年赠金紫光禄大夫，后封徐王"。

诸子列传序文一一吻合。最后,《宗室表》所附按语,如康宗栏与《宗雄传》内容相同,[①] 太宗栏"史载北京留守卞、平阳尹禀皆太宗孙,不称谁子,不可以世"。详见今本《宗本传》:

> 海陵遣使杀东京留守宗懿、北京留守卞。及迁益都尹毕王宗哲、平阳尹禀、左宣徽使京等,家属分置别所,止听各以奴婢五人自随。既而使人要之于路,并其子男无少长皆杀之。而中京留守宗雅喜事佛,世称"善大王",海陵知其无能,将存之以奉太宗。后召至阙,不数日,竟杀之。太宗子孙死者七十余人,太宗后遂绝。[②]

据此可知所谓"史载"的指称对象。这样看来,《宗室表》主体框架与今本《金史》诸王列传内容一致,表明两者史料同源。循着上述探源思路,我们可考察《宗室表》历朝皇帝五世子孙诸条仕履的材料来源。根据取材方式的不同,可总结为两种类型。

**第一种是《宗室表》人物在今本《金史》中设有独立本传或附传,叙述个人仕官及子孙情况。**

该表始祖子"斡鲁"栏下一格"匡":"本名撒速。八世孙。太师、尚书令。"按卷九八《匡传》有谓"始祖九世孙"以及上述官职。[③]

德帝子辈鲁子"胡率"栏,子"劾者特进"。《始祖以下诸子传》云:"辈鲁之孙胡率。胡率之子劾者……天会十五年赠特进。"

安帝子谢库德栏孙"拔达开府仪同三司"、第三子谢夷保栏子"盆纳仪同三司"。《始祖以下诸子传》曰:"谢库德之孙拔达,谢夷保之子盆纳……天会十五年,拔达赠仪同三司,盆纳赠开府仪同三司。"

昭祖子乌骨出栏"辞不失",孙"宗亨""宗贤"。卷七〇《习不失传》谓"昭祖之孙,乌骨出之次子也";收国元年(1115)七月,"习不失为阿买勃极烈云";"子挞不也"。宗亨(挞不也),"坐是,降为宁州刺史。""宗贤本名赛里,习不失之孙也。"

昭祖子跋黑栏"昂",子"宗浩"。据卷八四《昂传》云:"本名奔睹,景祖弟字黑之孙,斜斡之子。"卷九三《宗浩传》云:"昭祖四世孙,太保兼都元帅汉国公昂之子也。"

景祖子劾者栏"撒改",子"宗翰""宗宪"。卷七〇《撒改传》云:"撒改者,景祖孙,韩国公劾者之长子。……子宗翰、宗宪。"卷七四《宗翰传》曰:"本名粘没喝,汉语讹为粘罕,国相撒改之长子也。"卷七〇《宗宪附传》谓大定五年"进拜右丞相"。宗翰孙"秉德""斜哥",卷七四《宗翰传》云:"孙秉德、斜哥。秉德别有传。"卷一三二《秉德传》谓

---

① 《金史》卷七三《宗雄传》,第 1678、1681 页。
② 《金史》卷七六《宗本传》,第 1733 页。再检《海陵纪》天德二年四月戊午条有相关记载(第 94 页),说明《宗本传》实际摘取《海陵实录》。
③ 按《宗室表》共有两"斡鲁":始祖子斡鲁、景祖长子劾者第三子斡鲁。《完颜匡传》"始祖九世孙"盖据传文"显宗曰撒速始祖九世孙"总结,元朝史官将此人系于始祖子斡鲁栏。

海陵既立"以秉德为左丞相"。斡鲁子"撒八"、孙"赛里"。卷七一《斡鲁传》云："劾者第三子。……子撒八，银青光禄大夫。子赛里。"

景祖子劾孙栏"昱"。按《始祖以下诸子传》谓劾孙"子蒲家奴又名昱……天会间，为司空，封王"。

景祖子麻颇栏"谩都本"。《始祖以下诸子传》载麻颇"长子谩都本……天眷中，赠金紫光禄大夫"；"谩覩"，该传谓"蛮覩，袭父麻颇猛安"。

景祖子阿离合懑栏列二子。[①]"赛也"一系，卷七三《阿离合懑传》云："景祖第八子也。……子赛也、斡论。赛也子宗尹。"同卷《宗尹附传》载：大定中，"即日拜平章政事"。《宗宁附传》云："太尉阿离合懑之孙。""晏"一系，同卷《晏附传》曰："晏本名斡论，景祖之孙，阿离合懑次子也。"以及《宗道附传》云："太尉讹论之少子也。""讹论"即斡论。

世祖子杲栏，卷七六《杲传》叙述履历：本名斜也，世祖第五子。太宗即位，杲为谙班勃极烈。正隆例封辽王。子孛吉。子"宗义"，同卷《宗义附传》云："本名孛吉，斜也之第九子。天德间，为平章政事。"

世祖子斡赛栏"宗永"。《始祖以下诸子传》称："宗永，本名挑挞，斡赛子。"

世祖子斡者栏"神土懑"。《始祖以下诸子传》谓斡者"子神土懑，骠骑卫上将军。……子璋本名胡麻愈"。璋，卷六五有附传。

世祖子阇母栏"宗叙"。卷七一《阇母传》谓"世祖第十一子。……子宗叙"；《宗叙附传》载"本名德寿，阇母第四子也。……（大定）十年，召至京师，拜参知政事"。

世祖子昂栏"郑家""鹤寿"。按《始祖以下诸子传》云："郓王昂，本名吾都补，世祖最幼子也。……子郑家、鹤寿。"郑家子"承晖"，卷一〇一《承晖传》有云："袭父益都尹郑家塔割剌讹没谋克。"

世祖子勖栏，卷六六《始祖以下诸子传》谓"勖，字勉道，本名乌野，穆宗第五子"；子"宗秀"，"入为刑部尚书"。

穆宗子挞懒栏，卷七七《挞懒传》"昌本名挞懒，穆宗子"。

康宗子谋良虎栏，卷七三《宗雄传》"本名谋良虎，康宗长子。……子蒲鲁虎、按苔海、阿邻。……初，蒲鲁虎袭猛安。蒲鲁虎卒，赠金紫光禄大夫，子桓端袭之，官至金吾卫上将军。桓端卒，子袅频未袭而死。章宗命宗雄孙蒲带袭之"。"蒲带"，同卷附传云："章宗即位，初置九路提刑司，蒲带为北京临潢提刑使。""按苔海"，《按苔海附传》"宗雄次子也"。"阿邻"，《阿邻附传》"迁兵部尚书"。以上是《宗室表》始祖至康宗诸子史料来源情况。

---

① 该卷校勘记一〇考证"阿离合懑"当在前二栏"赛也"之上（第1380页），即赛也系阿离合懑子。

　　下文继续分析《宗室表》太祖至宣宗栏内史文与列传的文献关系。太祖子宗幹栏，卷七六《宗幹传》记载说："子充、亮、兖、襄、衮。"充有附传，"子檀奴、元奴、耶补儿、阿里白"，"元奴"即永元，永元、檀奴均有附传。兖有附传，子阿合，"大定中为符宝祗候，俄迁同知定武军节度使"。襄有附传，子和尚"封应国公"。衮有附传，谓"本名蒲甲……及迁中都，道中以蒲家为西京留守"。

　　太祖子宗望栏，卷七四《宗望传》谓"子齐、京、文"。三人皆有附传。

　　太祖子宗弼栏，卷七七《宗弼传》"子孛迭"。按孛迭汉名亨，《亨附传》记载"改广宁尹"，"大定初，追复亨官爵，封韩王"。

　　太祖子宗杰栏，卷六九《宗杰传》"以其长子奭为会宁牧，封邓王。……子阿楞、挞楞"。

　　太祖子宗隽栏，详参卷六九《宗隽传》。

　　太祖子宗强栏，卷六九《宗强传》"子阿邻、可喜、阿琐"。三人皆有附传。

　　太祖子宗敏栏，卷六九《宗敏传》"封子撒合辇舒国公，赐名褒，进封王"。

　　太宗栏"宗磐""宗固""宗本"，卷七六《太宗诸子传》中皆设有本传。

　　景宣栏"元""查剌"。卷六九《元传》"胙王元，景宣皇帝宗峻子也，本名常胜，为北京留守。弟查剌为安武军节度使"。

　　世宗子永中栏，卷八五《永中传》谓大定二十六年"世宗赐诸孙名。石古乃曰瑜，神土门曰璋，阿思懑曰玘，阿离合懑曰璬"。永功栏，按卷八五《永功传》曰："子福孙、寿孙、粘没曷。大定二十六年，诏赐福孙名璐，寿孙名璹，粘没曷名琳。是年，璐加奉国上将军。"同卷《璹附传》云："正大初，进封密国公。"永蹈栏，卷八五《永蹈传》"二子按春、阿辛"。永德栏，卷八五《永德传》"子斡论，赐名琰"。

　　显宗栏，诸子"琮""璪""瓒""琦""玠"，卷九三中皆有传。

　　章宗栏，六子"洪裕""洪靖""洪熙""洪衍""洪辉""忒邻"，卷九三皆设列传。

　　除金朝历代诸帝子孙外，《宗室表》最后收录始祖兄弟阿古乃、保活里以及始祖以下世次无考者。阿古乃栏，"挞不也""胡十门""钩室"，此为祖孙三代。按卷六六《胡十门传》谓："父挞不野，事辽为太尉。"胡十门"天辅二年卒。赠监门卫上将军，再赠骠骑卫上将军。子钩空"。[①] "合住"，卷六六《合住传》云"仕辽，领辰、复二州汉人、渤海"；子蒲速越"袭父职，再迁静江中正军节度使"；子余里也"后从宗望伐宋，以功迁真定府路安抚使兼曹州防御使"；长子布辉"累迁顺天军节度使"。

　　保活里栏，卷七〇《石土门传》"父直离海，始祖弟保活里四世孙"，石土门"正隆二年，封金源郡王。子习失、思敬"。本卷均附有传。石土门弟二人"阿斯懑"，"迪古乃"，

---

① 《金史》卷六六《胡十门传》，第1561～1562页。按"钩空"，点校本据《宗室表》改作"钩室"，欠妥。

同卷《完颜忠传》"完颜忠本名迪古乃，字阿思魁，石土门之弟"。

婆卢火栏，卷七一《婆卢火传》载"婆卢火，安帝五代孙"，"天辅五年，摘取诸路猛安中万余家，屯田于泰州，婆卢火为都统"。"婆速，官特进，子吾扎忽。"

胡特孛山栏"杲"、子"宗安"。卷八四《杲传》"本名撒离喝，安帝六代孙，泰州婆卢火之族，胡鲁补山之子"，"称御史大夫宗安于宫门外遗下此书"。"胡特孛山"即"胡鲁补山"。

什古栏"阿鲁带"、子"襄"。按卷九四《襄传》曰："本名唵，昭祖五世孙也。祖什古乃从太祖平辽，以功授上京世袭猛安，历东京留守。父阿鲁带，皇统初北伐有功，拜参知政事。"

崇成栏，卷六五《始祖以下诸子传》"昭祖玄孙也"，"累迁武卫军都指挥使"。

冶诃栏，卷六八《冶诃传》记载："冶诃系出景祖"，"冶诃子阿鲁补、骨赧、讹古乃、散苔。散苔子蒲查"。以上诸人均有附传。

阿离补栏，卷八〇《阿离补传》谓"宗室子，系出景祖"，"子言、方，言别有传"。"方"，本卷有附传。"言"，卷一三二《言传》"本名乌带，行台左丞相阿鲁补子也"。

胡八鲁栏"齐"。卷六六《齐传》"穆宗曾孙。父胡八鲁，宁州刺史"。

拔离速栏，卷七二《拔离速传》"银术可弟"。"银术可"，卷七二《银术可传》"宗室子""子彀英"，同卷有《彀英附传》。"麻吉"，卷七二《麻吉传》"银术可之母弟也"，"子沃侧"。

宗贤栏谓"太祖从侄"。卷六六《宗贤传》未详所出，根据"宗"字排行，可推知此人与太祖的关系，最终仕官"起为婆速路兵马都总管"。

综上所见，我们以《宗室表》为主线从今本《金史》中检索所涉人物的列传，结果发现表、传所叙宗室成员仕履中的任官、封册、血缘关系等内容高度一致，从而揭示出一条重要的同源线索。这种情况又和上文《宗室表》主体框架与诸王列传序文所见文献关系极其相似。

**第二种取材手段，摘录各类列传的片段史文加以改编、填充。**

今检出十例。第一，《宗室表》撒改栏子三人：宗翰、宗宪、"扎保迪特进"。今本《金史》卷七〇《撒改传》仅书"子宗翰、宗宪"，此二人均有列传，并无扎保迪事可资参考。按卷七四《宗翰传》叙述宗翰伐辽事谓"宗翰弟扎保迪没于阵。天眷中，赠扎保迪特进云"。第二，劾孙栏，昱曾孙"阿鲁"。今检《始祖以下诸子传》所载昱附传并未提及，此事见于卷七三《宗尹附传》："宗尹对曰：'奉国斡准之子按出虎、豫国公昱之曾孙阿鲁可任使'。"第三，阿离合懑栏，宗宁子"亘"。卷七三《宗宁附传》卷末不循体例未书子嗣，本传正文记述宗宁事曰："宗宁多病，世宗欲以凉地处之，俾知咸平，诏以其子符宝郎亘为韩州刺史，以便养。无几，入授同判大睦亲府事，拜平章政事。明昌二年，薨。"第四，同栏晏子"恶里乃"，按卷七三《晏附传》谓："海陵南伐，世宗为东京留守，将士皆自淮南来归，晏之子恶里乃亦自军前率众来归世宗。"第五，谩都诃栏，子"工部尚书谋里也"，《始祖以下诸子传》谩都诃小传不载此事，今检卷七六《宗义附传》谓海陵"杀斜也子孙百余人，谋里野子孙二十余人。谋里野，景祖孙，谩都诃次子"。第六，杲（斜也）栏，宗义弟"蒲马"等五人。卷七六《杲传》止云"子字吉"，即宗义。按《宗义附传》云："大定初，追复宗义官爵，赠特进。弟蒲马、字论出、阿鲁、隈喝并赠龙虎卫上将军。""斜也有幼子阿虎里……后封为王，授世袭千户。"第七，谋良虎栏，与按苔海同行者"燕京"。本人无传，父宗雄本传亦无此人，此见卷七三《按苔海附传》有云"世宗即位于东京，赦令至广宁，弟燕京劝按苔海拒弗受。按苔海受之"。第八，宗望栏，齐子"咬住"，卷七四《齐附传》"弟京、弟文皆以谋反诛。世宗尽以其家财产与齐之子咬住。……俄袭叔父京山东西路徒毋坚猛安"。第九，宗弼栏，亨子"羊蹄"，卷七七《亨附传》"正隆六年，海陵遣使杀诸宗室，于是杀亨妃徒单氏、次妃大氏及子羊蹄等三人"。第十，宗本栏，子"阿里虎"，卷七六《宗本传》云"长子锁里虎当大贵，因是不令见主上"。"锁里虎"盖即阿里虎。[①]综上，扎保迪、阿鲁、亯、恶里乃、谋里也、蒲马、字论出、阿鲁、隈喝、阿虎里、燕京、咬住、羊蹄、阿里虎十四人在《金史》中无专门列传，其父的本传中并未专门提及，而是相关列传正文有所涉及，即通过节取史文提炼到《宗室表》中。

以上长篇考证，是我们从今本《金史》中钩沉《宗室表》同源文献的详细经过，笔者相信元朝史官最初编纂《宗室表》时同样也经历了这道"考索"环节。将《宗室表》与今本《金史》列传通盘比勘，最终确认前者整体范围绝不会溢出后者内容，不过两者并非构成直接的传抄关系。这是因为，《宗室表》仍有六条材料在今本《金史》中无线索：肃宗子二人"耨酷款温国公""蒲鲁虎崇国公"；穆宗三子"蒲察齐国公""蒲里迭崇国公""撒枳银青光禄大夫"；谋良虎子"余里也"；睿宗子"吾里补齐王"；永成二子"玮（仁寿）""璠（仁安）"；永升子"琔（欢睹）"。其中肃宗、穆宗两条很值得注意，今本《金史》卷六五、六六《始祖以下诸子传》并没有与其相对应的诸子传序文，所幸有迹可循。按，今本《金史》卷六五以记述世祖诸子列传结尾，而卷六六篇首径直接续穆宗第五子勖的列传，中间缺少"肃宗""穆宗"序文总结诸子情况，盖因史官钞撮之疏漏或省却内容。以上两类文本相同内容、彼此参差截然不同的对比结果表明，《宗室表》并非直接抄撮今本《金史》诸列传，两者存在着相同的取材文本。论证至此，我们可以明确一点，元人纂修《宗室表》恐非根据金朝谱牒那种原始文献，实乃与《金史》列传具有渊源，其中大宗资料取材于诸王子列传，根源在于《实录》。今举证相关线索。

第一，按卷六五《始祖以下诸子传》曰："始祖明懿皇后生德帝乌鲁，季曰斡鲁，女

---

① 《金史》卷五九《宗室表》，第1382页。

曰注思版，皆福寿之语也。以六十后生子，异之，故皆以嘉名名之焉。"今检到卷一《世纪·始祖》有云："后生二男，长曰乌鲁，次曰斡鲁，一女曰注思板，遂为完颜部人。"① 可知《始祖以下诸子传上》上文与《世纪》记载始祖二子一女内容一致，这就很容易判断其史源了：② 均改编自完颜勖所修《祖宗实录》。

第二，景祖后妃及诸子嫡庶长幼情况，《始祖以下诸子传》"景祖"序文有谓"景祖昭肃皇后生韩国公劾者，次世祖，次沂国公劾孙，次肃宗，次穆宗"云云，今本《世纪·世祖》亦载："景祖九子，元配唐括氏生劾者，次世祖，次劾孙，次肃宗，次穆宗。"③ 昭肃皇后即唐括氏，证明以上两条同样均取资《祖宗实录》。

第三，前引卷六九《太祖诸子传》序文叙述太祖圣穆皇后、光懿皇后、钦宪皇后、宣献皇后、元妃乌古论氏、崇妃萧氏及娘子独奴可，以及诸后妃所生十六子，《三朝北盟会编》引《金国太祖实录》有云"三后、三妃，十有六子"，④ 按《太祖实录》于皇统八年（1148）八月进呈，仆散氏身份此时为"德妃"，大定元年追谥宣献皇后。⑤ 那么《太祖诸子传》所叙后妃情况与实录佚文相合。

第四，《宗室表》谩都诃栏子谋里也"工部尚书"，同源文献《宗义附传》谓海陵"杀斜也子孙百余人，谋里野子孙二十余人。谋里野，景祖孙，谩都诃次子"。但没有提及谋里也的官职。按卷五《海陵纪》天德二年十月辛未云："使使杀行台左丞相、左副元帅撒离喝于汴，并杀平章政事宗义、前工部尚书谋里野、御史大夫宗安，皆夷其族。"⑥ 以上两者所记为同一事，按理均取资《海陵实录》，原本写作"前工部尚书谋里野"，后来史官删削官职。

论证元修《宗室表》非取资谱牒，当要厘清同源者诸王列传编纂与史源问题。一种是直接从实录中剪辑人物附传。例如，海陵子矧思阿补的本传云："正隆三年正月五日，矧思阿补薨。海陵杀太医副使谢友正、医者安宗义及其乳母，杖东胜一百，除名。"以及详述杨伯雄"既决杖至四十"。⑦ 结合《海陵纪》正隆三年（1158）正月丙寅"子矧思阿不死，杀太医副使谢友正及其乳母等"，已卯"杖右谏议大夫杨伯雄"，可知《矧思阿补传》采据《海陵实录》正隆三年正月条所载小传。

一种是逐条史料拼合，这点颇具说服力。以《忒隣传》为例，⑧ 见下表：

① 《金史》卷一《世纪》，第2~3页。
② 参见赵翼著，王树民校证《廿二史札记校证》卷二七"金史"条，中华书局，1984，下册，第597~599页。
③ 《金史》卷一《世纪》，第6~7页。
④ 徐梦莘：《三朝北盟会编》卷一八，上海古籍出版社影印许涵度刻本，2008，上册，第128页。
⑤ 《金史》卷六三《后妃传上》，第1502页。
⑥ 《金史》卷五《海陵纪》，第95页。
⑦ 《金史》卷八二《矧思阿补传》，第1855页。
⑧ 《金史》卷九三，第2059~2060页。

| 《忒隣传》 | 《章宗纪》 | 《后妃传》元妃李氏条[1] |
|---|---|---|
| 泰和二年八月生 | 泰和二年八月丁酉，还宫。皇子生 | 泰和二年八月丁酉，元妃生皇子忒隣，群臣上表称贺。宴五品以上于神龙殿，六品以下宴于东庑下 |
| 上久无皇嗣，祈祷于郊、庙、衍庆宫、亳州太清宫，至是喜甚 | 九月癸亥，以皇子生，亲谢南北郊。十月戊寅，报谢于太庙及山陵。十一月甲子，幸玉虚观，遣使报谢于太清宫 | 诏平章政事徒单镒报谢太庙，右丞完颜匡报谢山陵，使使亳州报谢太清宫 |
| 弥月，将加封，三等国号无惬上意者，念世宗在位最久，年最高，初封葛王，遂封为葛王 | 九月庚午，封皇子为葛王 | 既弥月，诏赐名，封为葛王。葛王，世宗初封，大定后不以封臣下，由是三等国号无葛。尚书省奏，请于瀛王下附葛国号，上从之 |
| 十二月癸酉，生满百日，放僧道度牒三千道，设醮玄真观 | 十二月癸酉，以皇子晬日，放僧道戒牒三千 | 十二月癸酉，忒隣生满三月，敕放僧道度牒三千道，设醮于玄真观，为忒隣祈福 |
| 宴于庆和殿。百官用天寿节礼仪，进酒称贺，三品以上进礼物 | | 丁丑，御庆和殿，浴皇子。诏百官用元旦礼仪进酒称贺，五品以上进礼物 |
| 泰和三年，薨 | 三年五月辛卯，皇子葛王薨 | 生凡二岁而薨 |

据上表对比可知，《忒隣传》实际由六条史料构成，其中有五条与《章宗纪》若合符契，而且全部见于《后妃传》，从而证明三者具有同源关系，共同改编自《章宗实录》无疑。循此线索，我们再分析《守忠传》之来源。

> 庄献太子名守忠，宣宗长子也。其母未详，说在《王后传》。胡沙虎既废卫王，时上未至，即迎守忠入居东宫。贞祐元年闰九月甲申，立为皇太子，诏曰："朕以眇躬，嗣服景命，念祖宗之遗统，方夙夜以靡遑，将上以承九庙之灵，而下以系多方之望。皇太子守忠性秉温良，地居长嫡，以次第言之，则宜升储嗣，以典礼质之，则足惬群情，其立为皇太子。"十月己未，以镇国上将军、太子少保阿鲁罕为太子少师。庚申，上遣谕曰："朕宫中每事裁减，汝亦宜知时难，斟酌撙节也。"又谓曰："时方多艰，每事当从贬损，吾已放宫人百余矣，东宫无用者亦宜出之。汝读书人，必能知此也。"
>
> 二年四月，宣宗迁汴，留守中京。七月，召至汴。三年正月，薨。上临奠殡所凡四次。四月，葬迎朔门外五里。谥庄献。五月，立其子铿为皇太孙，始二岁。十二月薨，四年正月，赐谥冲怀太孙。[2]

检《宣宗纪》，贞祐元年（1213）闰九月甲申"立子守忠为皇太子"，十月癸亥"放宫女百三十人"，二年七月"车驾至南京"，三年四月丁未"故皇太子启攒，赐谥曰庄献"，戊申

---

① 《金史》卷六四《后妃传下》，第 1528~1529 页。
② 《金史》卷九三，第 2061 页。

"权葬迎朔门外"，五月辛未"立皇孙铿为皇太孙"，十二月癸丑"皇太孙薨，以殇，无祭享之制，戒勿劳民"，四年正月癸酉"诏赐故皇太孙谥曰冲怀"。可证《守忠传》与《宣宗纪》整体相合，说明都取材于《宣宗实录》。此外，宣宗第二子守纯于哀宗天兴二年（1233）五月被蒙古军俘获，《宣宗实录》当无此人附传。经查，《守纯传》与《宣宗纪》诸条相同，其余内容与《哀宗纪》同源，末段"天兴初，守纯府第产肉芝一株"，[1]则抄自元初王恽《纪肉芝等事》。[2]知《守纯传》杂钞诸书而成。

根据以上分析，我们能对元修《宗室表》与诸王列传的同源关系做出较为合理的解释：元朝史官编修《金史》，首先要从诸帝实录中摘取和拼凑宗室人物列传，然后再按照每位皇帝归类成诸王列传，其中最原始文本应记述皇子的母系及嫡庶、长幼排行，今本《金史》诸王子列传序文盖据此写成，这样形成一部底稿。元朝史官编纂《宗室表》从列传底稿中节录人物名讳、世系及封官三项信息，为图便捷干脆以序文为蓝本再辅之列传正文补充；而诸王列传的底稿再稍经删削、加工即形成现在的面目。上述诸案例可证此说。这也就是《宗室表》整体内容在今本《金史》中有据可查、唯有六条史文不明出处及某些译名歧异的真正原因。

## 三 《宗室表》编纂诸问题之检讨

根据上文论证，重审《宗室表》序文"今掇其可次第者"一语，恐非指谱牒，而是最初从实录中整合出的列传资料有明确世次者。或许有人会提出这样的假设：金朝宗室谱牒亦载人物列传，故而《宗室表》与今本《金史》诸传重和。本节的分析则会彻底否定这种设想。纂修体例上，《金史》模仿《新唐书》。按《新唐书》卷七〇设置《宗室世系表》上下卷，卷七八《宗室传》太祖、世祖诸子传，元修《金史·宗室表》《始祖以下诸子传》与此对应；《新唐书》卷七九至八二分别为高祖诸子、太宗诸子、三宗诸子及十一宗诸子列传，《金史》亦有太祖以下诸子列传等。至正初年，元修三史新创设表，于是应体例之需，史官靠网罗、改造与主题对应的史料填充表格。[3]本文考察《金史·宗室表》的史源，结果证明也是遵循这种思路，并且在改编旧本列传的过程中漏洞百出。对此，笔者归纳为三种类型。

首先，摘录史料有失。须知《宗室表》旨在以表的形式呈现金源宗室的整体面貌，但

---

① 《金史》卷九三，第 2061~2062 页。
② 王恽《秋涧先生大全文集》卷四四，《元人文集珍本丛刊》，台北：新文丰出版公司，1985，第 2 册，第 37 页下栏。
③ 参见苗润博《契丹国舅别部世系再检讨》，《史学月刊》2014 年第 4 期；苗润博《〈辽史〉探源》，中华书局，2020，第 50~54 页。

由于失检史文致使有诸多宗室人物被遗漏，最说不过去的则是从所网罗到的文献中剪辑仍然阙失中间人物。目前发现两例：

| 乌骨出 | 辞不失　阿买勃极烈 | | 宗亨　宁州刺史 | |

按今本卷七〇《习不失传》叙述子嗣及仕履云："子鹘沙虎，国初有功，天会间，为真定留守。子挞不也。""挞不也"汉名宗亨，《宗亨附传》"坐是，降为宁州刺史"。《宗室表》与《习不失传》《宗亨附传》同源，知中间第三行脱掉"鹘沙虎"。

| 跋黑 | | 昂　本名奔睨。太保、兼都元帅 | 宗浩　右丞相、兼都元帅 |

卷八四《昂传》谓："本名奔睨，景祖弟孛黑之孙，斜斡之子。"《宗室表》据此，然而第二行阙"斜斡"。[①] 以上乌骨出条、跋黑条，元朝史官在有史文可据的情况仍遗漏"鹘沙虎"和"斜斡"，可谓失之眉睫。

其次，误读史文，导致人物简历讹误。兹举二例。其一《宗室表》谋良虎栏，蒲鲁虎子"桓端金紫光禄大夫"，今本《宗雄传》有谓："初，蒲鲁虎袭猛安。蒲鲁虎卒，赠金紫光禄大夫，子桓端袭之，官至金吾卫上将军。"经对比可知，该表编纂者未审上下文义，竟把蒲鲁虎死后赠官金紫光禄大夫当作桓端的官职。[②] 其二《宗室表》按语云："什古称昭祖曾孙，崇成称昭祖玄孙，不称谁子，不可以世，置之卷末。"表中正文谓："什古昭祖曾孙，东京留守。"考今本《襄传》云："丞相襄本名唵，昭祖五世孙也。祖什古乃从太祖平辽，以功授上京世袭猛安，历东京留守。"上文所见表、传人名歧异。"什古乃"一名准确无疑，据考证，此人盖即《金史》卷七二习古乃，亦作"实古乃"，他有从太祖伐辽及作为东南路都统司都统"移治东京，镇高丽"的经历。[③] 细审《襄传》"祖什古乃从太祖平辽"，应该是《宗室表》将人名中的"乃"字从属下文理解为"乃从太祖平辽"，故误认为此人名作"什古"。[④]

再次，表中人物的栏行发生错置，造成血缘关系紊乱。点校本《金史》虽已指出并纠正了这种错误，但可惜对《宗室表》史源问题认识不到位，并未抓住问题的症结所在。此为全面了解元修《宗室表》编纂过程的重要环节，今胪列如下。第一条，景祖子"麻颇""阿离合懑"两栏：

① 参见《金史》卷五九《宗室表》，第 1379~1380 页。
② 参见《金史》卷五九《宗室表》，第 1381 页。
③ 《金史》卷七二《习古乃传》，第 1666~1667 页。参见宋卿《中华书局点校本〈金史·宗室表〉考证》，《北方文物》2015 年第 3 期。
④ 参见陈晓伟《〈金史〉丛考》第二章"新本献疑"，中华书局，2022。

| 麻颇　虞国公 | 谩都本　金紫光禄大夫 | | | |
| --- | --- | --- | --- | --- |
| | 谩睹 | | | |
| | 赛也 | 宗尹　平章政事 | | |
| | | 宗宁　平章政事 | 韩州刺史 | |
| 阿离合懑 | 晏　本名斡论。太尉、左丞相 | 恶里乃 | | |
| | | 宗道　河南路统军使 | | |

上文指出，卷六五《始祖以下诸子传》载麻颇子"谩都本""蛮觊"。然赛也非麻颇子，按卷七三《阿离合懑传》记载"子赛也、斡论"，斡论即晏，可知赛也乃阿离合懑之子。据此，"阿离合懑""当在前二栏'赛也'之上"。第二条，宗弼栏子"羊蹄"，此与"亨"并列，意谓两人为兄弟。据《亨附传》记载："正隆六年，海陵遣使杀诸宗室，于是杀亨妃徒单氏、次妃大氏及子羊蹄等三人。"[①] 羊蹄实为亨子，"是其当在前一行亨下一格"。第三条，根据《宗室表》所见，阿古乃栏"合住"有四子：胡十门、蒲速越、余里也、布辉。然而从《合住传》"子蒲速越""子余里也""长子布辉"的记载中，证明三者乃祖孙关系。第四条，宗室子"拔离速"下措置一格"银术可""麻吉"，谓后二者与前者为叔侄关系。考证该条史源，今本《拔离速传》谓"银术可弟"，[②]《麻吉传》"银术可之母弟也"。[③] 那么，此三人实为兄弟关系。[④]

饶有趣味的是，元朝史官编纂《宗室表》并非机械照搬史料，往往进行改造，其中一项工作就是试图厘正诸皇子的排行顺序。今本《始祖以下诸子传》、《太祖诸子传》、《熙宗诸子传》、《海陵诸子传》、《世宗诸子传》、《显宗诸子传》及《章宗诸子传》序文所载诸子都是按嫡庶排序，元修《宗室表》在无列传史文可据的情况下即遵照旧有顺序，凡有参考者则改变为序齿原则。改动最大者，当数太祖诸子。按《宗室表》具列太祖十四子顺序：宗幹、宗望（斡里不）、宗弼（兀术）、乌烈、宗杰、宗隽、讹鲁、讹鲁朵、宗强、宗敏、习泥烈、宁吉、燕孙、斡忽。按卷六九《太祖诸子传》提纲记述嫡庶关系：

> 太祖圣穆皇后生景宣帝、丰王乌烈、赵王宗杰。光懿皇后生辽王宗幹。钦宪皇后生宋王宗望、陈王宗隽、沈王讹鲁。宣献皇后生睿宗、豳王讹鲁朵。元妃乌古论氏生梁王宗弼、卫王宗强、蜀王宗敏。崇妃萧氏生纪王习泥烈、息王宁吉、莒王燕孙。娘子独奴可生邺王斡忽。

---

① 《金史》卷七七《亨附传》，第1758页。
② 《金史》卷七二《拔离速传》，第1665页。
③ 《金史》卷七二《麻吉传》，第1664页。
④ 参见《金史》卷五九《宗室表》，第1380、1382、1384页。

经比较，知表、传中诸子排行龃龉不合，不过仍有规律可循。按卷七六《宗幹传》"太祖庶长子"，[①]《宗室表》据此将序文居第四者宗幹调整为第一；卷七四《宗望传》"太祖第二子也"，故将宗望表列为第二。此外，卷七七《宗弼传》谓"太祖第四子也"，[②] 除去单列一栏的嫡长子景宣帝，《宗室表》遂将宗弼排在第三位。其余太祖诸子列传中由于未提及传主长幼，《宗室表》则根据序文从乌烈重新排起直到斡忽。

又一例，《宗室表》记述世宗八子：永中、孰辇、斜鲁、永功、永成、永升、永蹈、永德。据卷八五《世宗诸子传》序文云：

> 世宗昭德皇后生显宗、赵王孰辇、越王斜鲁。元妃张氏生郱王允中、越王允功。元妃李氏生郑王允蹈、卫绍王允济、潞王允德。昭仪梁氏生豫王允成。才人石抹氏生夔王允升。孰辇、斜鲁皆早卒。

表、传排行有所不同。其中有一条有线索可循，即《宗室表》将庶子永中排在第一位的原因。今检卷八五《永中传》无果，据卷六四《后妃传下》元妃张氏条云"永中于诸子最长"，[③] 卷九二《徒单克宁传》亦载"世宗诸子中赵王永中最长"。[④]

通过分析太祖和世宗诸子的排序情况，可见《宗室表》序齿和嫡庶两种排序方式混杂，实际则是毫无章法。我们能够洞察其中之真相，最关键一步是做探源工作。通过揭示《宗室表》之史源，以及分析编纂过程中的诸项细节，证明它并无独立的史料来源，乃是元朝史官拼织而成的二手文献，所谓金朝宗室族谱一说无从谈起。可以说，自从钱大昕以来，各种补苴《宗室表》论著成果，实际不过是为元朝史官捉刀代笔，即便再全面，恐怕也不能反映金朝宗室集团的原本面貌。

## 四 元朝史官对金源宗室的认识与编造

《宗室表》载始祖兄弟阿古乃、保活里及其子孙。由此便产生一个疑问，金初统治者是否认可他们为宗室？松浦茂对此持肯定态度，认为这两支完颜氏与始祖同族一体。[⑤] 张博泉

---

① 《金史》卷七六《宗幹传》，第 1741 页。
② 《金史》卷七七《宗弼传》，第 1751 页。
③ 《金史》卷六四《后妃传下》，第 1522 页。
④ 《金史》卷九二《徒单克宁传》，第 2049 页。
⑤ 松浦茂：《金代女真氏族の构成について——〈金史〉百官志にみえる封号の规定をめぐって》第 36 卷第 4 号，1978 年 3 月。邢玉林中译本，《民族史译文集》第 10 集，中国社会科学院民族研究所历史研究资料组编印，1981，第 69~95 页。

亦持此说。① 李玉君承袭上述观点，故将三支均纳入金代宗室研究之中。② 然而以上论述之史料和理论根据当为元修《宗室表》。该表序文谓"有同姓完颜，盖疏族，若石土门、迪古乃是也"，③ 按二人系保活里后裔。这代表着元朝史官对金朝宗室问题的理解，其实并不是金朝官修文献自身的历史叙述。

要真正解决这一问题，我们需将不同时代叠压在一起的文献诸层剥离，通过文本比较，解读《世纪》始祖三兄弟的传说，探寻其背后的政治意义。

> 金之始祖讳函普，初从高丽来，年已六十余矣。兄阿古乃好佛，留高丽不肯从，曰："后世子孙必有能相聚者，吾不能去也。"独与弟保活里俱。始祖居完颜部仆干水之涯，保活里居耶懒。其后胡十门以曷苏馆归太祖，自言其祖兄弟三人相别而去，盖自谓阿古乃之后。石土门、迪古乃，保活里之裔也。及太祖败辽兵于境上，获耶律谢十，乃使梁福、斡答剌招谕渤海人曰："女直、渤海本同一家。"盖其初皆勿吉之七部也。④

揆诸文义，《世纪》叙事内容有拼织之嫌，其实可以离析出两部分：一是函普三兄弟各自分离的故事，一是金初胡十门、石土门与阿骨打复聚而应征先祖预言，这正说明《世纪》取材于两部不同的文献。从史料来源角度分析，笔者检到今本《胡十门传》云：

> 胡十门者，曷苏馆人也。……高永昌据东京，招曷苏馆人，众畏高永昌兵强，且欲归之。胡十门不肯从，召其族人谋曰："吾远祖兄弟三人，同出高丽。今大圣皇帝之祖入女直，吾祖留高丽，自高丽归于辽。吾与皇帝皆三祖之后。皇帝受命即大位，辽之败亡有征，吾岂能为永昌之臣哉！"始祖兄阿古乃留高丽中，胡十门自言如此，盖自谓阿古乃之后云。于是率其族属部众诣撒改，乌蠢降，营于驼回山之下。永昌攻之，胡十门力战不能敌，奔于撒改。⑤

本传"胡十门自言如此"之表述，意谓此人根据传说上溯先祖为阿古乃，《世纪》"盖自谓阿古乃之后"根据即在此，传、纪所述"三人相别"内容相同。再看耶懒部保活里一系，按《石土门传》云："父直离海，始祖弟保活里四世孙，虽同宗属，不相通问久矣。"⑥《世纪》"石土门、迪古乃，保活里之裔也"一说当取资于此。按胡十门、石土门皆卒于太祖时期，

---

① 张博泉：《金代黑龙江"宰执"探赜》，《学习与探索》1991年第1期。
② 李玉君：《金代宗室研究》，第25~26页。
③ 《金史》卷五九《宗室表》，第1359页。
④ 《金史》卷一《世纪》，第2页。
⑤ 《金史》卷六六《胡十门传》，第1561~1562页。
⑥ 《金史》卷七〇《石土门传》，第1621页。

两人小传当附录于皇统八年《太祖实录》。

《胡十门传》所载祖先兄弟传说的最初文本，《松漠记闻》是这么记述的："女真酋长乃新罗人，号完颜氏。完颜，犹汉言王也。女真以其练事，后随以首领让之。兄弟三人，一为熟女真酋长，号万户，其一适他国。完颜年六十余，女真妻之以女，亦六十余。"[①] 看来女真社会确实流传着始祖三兄弟传说，那么《世纪》所记即此传说。[②] 然而胡十门等攀附之举，则发生在金初。不妨试从女真建国前后诸部落间的政治军事同盟关系中简略分析。[③] 谨以诸部归附完颜统治者的时间顺序而论。首先，从《石土门传》记载看，该家族世袭耶懒部长权力，是长久掌控耶懒水流域的地域性集团，势力非常大。孙昊分析指出，世祖时期，耶懒部完颜与按出虎完颜双方通过拟制的共祖关系而结成政治上的紧密关系，这等于在按出虎核心部军事势力相对薄弱的速频路附近，赢得了一支重要的威慑力量。阿骨打计划反辽时，曾征求石土门与其弟迪古乃的支持，耶懒完颜部在随后的对辽战争中发挥了重要作用。[④] 其次，曷苏馆部原本活动在辽朝东京路境内，[⑤]《金史》称其作"系辽籍女直"，收国二年，渤海高永昌叛辽，"杀其东京留守萧保先，自称大渤海国皇帝，据辽东五十余州"。[⑥] 这也给阿骨打统一整个辽东地区乃至讨伐契丹制造了巨大障碍，双方由此发生尖锐的冲突。从《胡十门传》及相关记载进行分析，军事交战过程中曷苏馆女真的归属成为胜败之关津。结果最终是，胡十门率曷苏馆人协助阿骨打战胜高永昌，从而奠定了金朝统一的基业。[⑦] 毫无疑问，耶懒部（约今俄罗斯滨海边疆区塔乌黑河流域）和曷苏馆（约在辽宁省辽阳迤南）两部的加盟至为关键，极大地增强了阿骨打集团的军事实力，战略上扩大了疆域版图。[⑧]《金史·太祖纪》谓阿骨打进军宁江州，招谕渤海人曰："女直、渤海本同一家。"可见女真建国创业初期，阿骨打不断与周边部落结成军事联盟，辅之以族群同源的政治宣传，试图建构一个新的民族共同体。在这一背景下，祖先三兄弟传说被金初统治者发掘再利用，这种"历史根据"成为统治集团维系胡十门、石土门两大家族关系的精神纽带。[⑨] 以上出自金朝官修文献本身

① 洪皓：《松漠记闻》卷上，第 2 页 a。
② 参见都兴智《关于金始祖函普的几个问题——族属、迁徙、婚姻及兄弟后裔》，《黑龙江社会科学》2017 年第 4 期；邱靖嘉《说"完颜"——关于女真族的历史记忆与姓氏辨说》，刘迎胜、姚大力主编《清华元史》第 6 辑，商务印书馆，2020，第 42~74 页。
③ 参见三上次男《金室完颜家の始祖說話について》，原刊《史学杂志》52 编 11 号，1941；后收入氏著《金史研究》第 3 卷《金代政治社会研究》，中央公论美术出版，1973，第 17~28 页。
④ 孙昊：《辽代女真族群与社会研究》，兰州大学出版社，2014，第 105~112 页。
⑤ 参见都兴智《曷苏馆女真考略》，《辽宁师范大学学报》1986 年第 1 期。
⑥ 陈均编《皇朝编年纲目备要》卷二八《徽宗皇帝》政和六年十二月条，许沛藻、金圆、顾吉辰、孙菊园点校，中华书局，2006，下册，第 717 页。
⑦ 参见三上次男《金代女真研究》，金启孮译，黑龙江人民出版社，1984，第 87~101 页。
⑧ 相关地理位置考证参见余蔚《中国行政区划通史·辽金卷》，复旦大学出版社，2012，第 554、558~561 页。
⑨ 历史上不乏这样的案例，如北魏太武帝时期嘎仙洞及其刻铭的发现。罗新教授分析指出，首先，这个说法可以非常好地服务于北魏此时此刻在东北亚地区的战略利益。其次，这个说法有利于加强拓跋出自鲜卑，并且是鲜卑正宗的观点。最后，嘎仙洞的出现，是太武帝进行拓跋集团历史建构的一部分。参见罗新《民族起源的想象与再想象——以嘎仙洞的两次发现为中心》，原刊《文史》2013 年第 2 辑。后收入罗新《王化与山险——中古边裔论集》，北京大学出版社，2019，第 171~197 页。

的记述，乃是金朝统治者构建历史的结果。

元朝史官则将原有不同性质的故事内容整合为一条叙事线索，今本《世纪》即以《祖宗实录》为蓝本，将《太祖实录》所载胡十门、石土门归附事迹加入其中，是为最原始的始祖三兄弟传说做注解。此外，《世纪》"乃使梁福、斡答剌招谕渤海人曰：'女直、渤海本同一家'"一句，参酌今本《太祖纪》甲午年（1114）九月条有云："召渤海梁福、斡苔剌使之伪亡去，招谕其乡人曰：'女直、渤海本同一家，我兴师伐罪，不滥及无辜也。'"①两者同源，即取资《太祖实录》。此系《世纪》摘录《太祖实录》又一证据。

《宗室表》列函普、阿古乃、保活里三支系，与《世纪》祖先传说密切相关。元朝史官将金初"同根同源"的统治家族史构建提升至族群溯源，《世纪》"盖其初皆勿吉之七部也"是最明确的编纂意图。此句实系元朝史官按语，意在解释女真民族起源问题，这与《世纪》开篇"金之先出靺鞨氏"至"所谓白山黑水是也"三百余字叙述主旨一脉相承。②检讨史料来源："金之先"至"元魏时"改编自《新唐书·黑水靺鞨传》；③隋靺鞨七部抄自《隋书·靺鞨传》；④"粟末靺鞨始附高丽"云云记述渤海事，照搬《新唐书·渤海传》；⑤"黑水靺鞨居肃慎地"至"朝贡遂绝"，复取资《新唐书·黑水靺鞨传》；⑥"五代时契丹尽取渤海地"至文末乃根据《松漠记闻》钞录成篇。⑦元朝史官认为女真源出黑水靺鞨，并以此作为叙事主线抄撮诸书，汇编出一部女真发源史。⑧

在元朝史官这种叙述模式下，我们不难理解《宗室表》及其编纂原则。上文指出，元修《宗室表》无独立史源。具体而言，表中"阿古乃"栏取资旧本《胡十门传》，"合住"条摘录旧稿《合住传》；"保活里"栏诸条，改编自《石土门传》、《思敬传》及《完颜忠传》底稿。其中，《金史》卷六六元朝史官特别注明："始祖兄弟三人，保活里之后为神土懑、迪古乃，别有传。"本卷卷目有云"宗室胡十门"，收录有胡十门、合住列传，本卷由此与上篇卷六五共同组成《始祖以下诸子传》。⑨其实该传与《宗室表》的编纂思路是一致的。实际上，元人把阿古乃、保活里编入《始祖以下诸子传》和《宗室表》，其理论基础当为始祖三

---

① 《金史》卷二《太祖纪》，第 25 页。
② 《金史》卷一《世纪》，第 1~17 页。
③ 《新唐书》卷二一九《黑水靺鞨传》，中华书局，1975，第 6177~6178 页。
④ 《隋书》卷八一《靺鞨传》，中华书局，1973，第 1821 页。
⑤ 《新唐书》卷二一九《渤海传》，第 6179、6182 页。
⑥ 《新唐书》卷二一九《黑水靺鞨传》，第 6177~6179 页。
⑦ 洪皓：《松漠记闻》卷上，第 1 页 a~b。
⑧ 参见孙昊《辽代女真族群与社会研究》，第 26~51 页。
⑨ 《金史》卷六六，第 1557~1570 页。该卷目名称涉及编纂体例，存在一大疑点需要澄清。点校本《金史》卷六六卷首将传主分成两大类：一是"始祖以下诸子"，有穆宗子勖、康宗子踝可二人，此承卷六五始祖诸裔；一是"宗室"，包括胡十门、合住及始祖子孙不详世次者捆保、衷、齐、术鲁、胡石改、宗贤、挞懒、卞、膏、弈、阿喜。今复核至正初刻本《金史目录》及分卷目录，实作"宗室胡十门"，然而点校者将"宗室"二字擅自单独摘出，据此便理解为《宗室传》，从而与同卷《始祖以下诸子传》相并列。据此，点校本卷六六卷目当恢复底本作《始祖以下诸子传》。

兄传说。

元朝史官纂修《金史》，在既定历史认知的前提下，增损《祖宗实录》和《太祖实录》相关内容，今本《世纪》最终将函普传说和祖先三兄弟传说两种内容杂糅到一起，上述各种文本叠加造成"阿古乃""保活里"属于金朝宗室，遂将这两支攀附者编入《宗室表》。尽管元人编纂《金史目录》及分卷目录谓"宗室胡十门"，但从金初实际状况看，这些攀附者恐怕并不在金初统治者所认可的宗室范围之内。熙宗即位初正式确定家族谱系，天会十四年（1136）八月追尊十帝谥号，与此并举推出的一项措施就是"大封宗室"。今粗略统计如下。德帝四世孙劾者，天会十五年赠特进。安帝孙盆纳赠开府仪同三司，曾孙拔达赠仪同三司。景祖子：劾孙"追封王爵"，即沂国王；麻颇"天会十五年封王"，即虞国王；谩都诃"追封王"，即郑国王；阿离合懑追封隋国王。<sup>①</sup>其余劾者韩国王、劾真保代国王。<sup>②</sup>劾者长子撒改，"天会十五年，追封燕国王"。<sup>③</sup>世祖子：斡带，"天会十五年，追封仪同三司、魏王"；斡者，"天会十五年大封宗室，追封鲁王"；阇母，"追封吴国王"；<sup>④</sup>乌故乃汉王、查剌沂王。<sup>⑤</sup>天会封赠宗室以景祖作为区分，所谓远亲者赠散官，而近亲者封国王或一字王，整个范围涵盖从德帝至世祖子孙。值得注意的是，根据《金史》记载看，始祖兄弟后裔挞不野、胡十门、合住、蒲速越、石土门、直离海、阿斯懑等故去者，均不在此次封赠之列，显然不享有宗室待遇。即便这些人中功劳卓著者，如"完颜忠本名迪古乃，字阿思魁"，<sup>⑥</sup>他的汉语名"忠"，与宗室排行用字及偏旁更是无涉。总之，亦如上文所论，他们是联盟者。

本文的结论是：前人指出《宗室表》"失载""错栏"等诸问题的根源在于，该表并非根据谱牒，而是元朝史官首先从诸帝实录中摘取史料然后加工成宗室人物本传，从列传底稿中节录核心仕履编纂成篇，难免疏漏种种。经过史源探索，我们区分清楚哪些是经元人整理改编后的文献，哪些是真正属于金朝官方文献的历史叙述。我们应摆脱《宗室表》的束缚，走出元人制造的技术陷阱，重新发掘完颜宗室的起源、构建及其政治意义。

〔本文原载《民族研究》2021年第1期，原题"《金史·宗室表》再探"，此为修订稿。作者陈晓伟，复旦大学历史学系青年研究员〕

---

① 《金史》卷七三《阿离合懑传》，第1671页。
② 《金史》卷六五《始祖以下诸子传》，第1542~1545页。按海陵正隆二年均例降为国公，《始祖以下诸子传》序文封号据此时为准。
③ 《金史》卷七○《撒改传》，第1615页。
④ 《金史》卷七一《阇母传》，第1643页。
⑤ 《金史》卷六五《始祖以下诸子传》，第1545~1554页。
⑥ 《金史》卷七○《完颜忠传》，第1622页。

# 元代蒙古人的祖源故事与"家史"书写

张晓慧

**摘 要** 围绕着元代蒙古人的祖源故事，研究者对官方史料中记载的蒙古起源与世系多加关注。蒙古人个体对于自身家族的起源是怎样追溯的，则较少为研究者所措意。实际上，蒙古人家族中口耳相承的祖先历史，与广为流传的"国史"中的祖先世系和部族血缘观念，颇有差异。"国史"中的蒙古祖先与起源地，并不普遍地在蒙古社会中流传。在具有一定独立性的同时，个体蒙古人的"家史"书写，也受到了权力话语与知识话语的双重影响。"国史"中的祖先传说，以及汉文典籍所传边裔历史，都参与塑造了蒙古人的"家史"样貌。这使得一些蒙古人的家族记忆，嫁接进蒙古开国历史，或嵌入到汉籍所传边裔历史中。

**关键词** 元代 蒙古人 祖源 家史

关于蒙元时期蒙古人的祖先记忆，苍狼白鹿、感光生子等传说故事，广为流传，历来为研究者所重视。韩儒林、亦邻真等学者都曾专门撰文分析传说背后的北族传统、考辨族源。[①] 姚大力、钟焓等学者在综合多语种文献记载的基础上，拆解、追溯传说的不同要素，阐释出蒙古人如何利用这些要素重塑族源观念。[②] 近年来，在族群角度对于集体记忆的研究，越来越注重探讨"族群认同如何借由成员对该族群起源的共同信念来凝聚，以及认同变迁如

---

① 韩儒林：《突厥蒙古之祖先传说》，原载《北平研究院史学研究所集刊》1940 年第 4 卷，后收入《穹庐集》，河北教育出版社，2000，第 325~350 页；亦邻真：《中国北方民族与蒙古族族源》，原载《内蒙古大学学报》1979 年第 2 期，第 1~23 页，后收入《亦邻真蒙古学文集》，内蒙古人民出版社，2001，第 544~582 页。
② 姚大力：《"狼生"传说与早期蒙古部族的构成——与突厥先世史的比较》，《元史论丛》第 5 辑，第 257~272 页，后收入《北方民族史十论》，广西师范大学出版社，2007，第 141~163 页；钟焓：《中古时期蒙古人的另一种祖先蒙难叙事——"七位幸免于难的脱险者"传说解析》，《历史研究》2016 年第 3 期，第 59~76 页。

何借由历史失忆来达成"等问题。[①] 在蒙古人的祖先记忆方面，见载于《元朝秘史》《元史》等史籍中的前述传说故事，围绕蒙古人何所从来的问题，以成吉思汗家族为中心视角，提供了官方性质的解释。成吉思汗家族之外，一般的蒙古人对于自身祖先有着怎样的历史记忆，却很少受到关注。这些"个体之声"，常被"集团之声"埋没，在史料里仅留下零星记载。将这些珍贵的片段搜集起来，与见载于"国史"的祖先传说进行对比，可以揭示出不同于现有认知的历史记忆面貌。在自身何所从来的问题上，具有官方性质的史料中体现的族群历史记忆，与更具民间性质的碑传谱牒中的祖源书写，呈现出怎样的关系？这是本文试图回答的问题。

## 一 "家史"中祖源故事的相对独立性

蒙古人的家族历史记忆中，祖源传说和起源地是两大要素。无论是祖源传说，还是起源地，元代蒙古人个体的祖先记忆，和为人熟悉的见载于《秘史》等史籍的起源传说，并不总是一致的。广义上讲，为元代蒙古人所熟悉的蒙古开国历史，都可以纳入"国史"的范畴。相对于所谓"国史"而言，"家史"具有相对的独立性，反映出蒙古人祖先记忆的复杂面貌。

根据《元史》等史料记载，成吉思汗的十世祖名曰孛端察儿。这一人名也见于蒙古阿儿剌部博尔朮家族的传记资料。《太师广平贞宪王碑》记载这一家族"始祖孛端察儿，以才武雄朔方。曾祖纳忽阿儿阑，所居与烈祖神元皇帝接境，素敦仁里之好。"[②] 博尔朮家族尽管将始祖上溯至孛端察儿身上，但是并未提及孛端察儿同时也是成吉思汗的祖先。这一家族回顾其与成吉思汗的关系，最早起始于曾祖纳忽阿儿阑与成吉思汗之父也速该（即碑文中的烈祖神元皇帝）相邻而居。如果说博尔朮家族知晓其与成吉思汗有着共同的祖先，恐怕不会丝毫不提他们与天潢同宗的荣耀。对于这种反常的"沉默"，合理的解释是，在博尔朮家族中，的确流传着先祖是孛端察儿的传说，但是他们并不知晓，孛端察儿的祖先传说也为成吉思汗家族所采纳。

回溯部族起源的真实情况，在蒙古帝国建立之前，阿儿剌部等蒙古各部，有着相对独立的祖源传说，这些传说无疑是以自身先祖为核心的，而不可能以当时尚籍籍无名的成吉思汗家族为叙述中心。我们现在看到的黄金家族的绵长世系，应当是成吉思汗家族确立统治地位以后，从流传于草原的某些祖源传说中，吸收了种种传说原型，并将传说中的祖

---

① 参见王明珂《反思史学与史学反思：文本与表征分析》第二章，上海人民出版社，2016，第 95 页。
② 阎复《太师广平贞宪王碑》，《国朝文类》卷二三，《四部丛刊初编》影印上海涵芬楼藏元刻本，第 3 页 a。

先纳入黄金家族先祖序列之中。建构出来的绵长世系，即使到了元代，也并不为蒙古人全部知晓。在博尔术家族的知识范围之内，孛端察儿仍只是传说中的自家始祖。普通蒙古人并不知晓，在"国史"构筑出的成吉思汗家族绵长世系中，他们可能与成吉思汗家族"共享"某位先祖。

除祖源故事之外，"国史"中的蒙古起源传说，还包含有另一要素，那就是祖先起源地。共同祖先起源观念认为，族群的共同祖先发源于某一特定地点，进而这一特定地点具有了祖源之地的神圣意味。[①] 较为知名的例子是，清朝的统治家族自称起源于长白山，受此影响，清代满洲人普遍地将自己的籍贯标注为"长白"。[②] 在蒙元时代，是否也存在类似的情况？《元朝秘史》开篇记载，苍狼白鹿来到不儿罕山，成吉思汗先祖在此繁衍。《史集》则记载蒙古人的祖先，都是在额儿古涅昆避难的两男两女的后代。那么，普通蒙古人观念中的祖源地，与不儿罕山或额儿古涅昆有无关系？

在提及自身籍贯之时，蒙古人多使用北方或北方某一地区的泛称，包括朔方、龙沙、云中等。[③] 只在极少数情况下，蒙古人会具体地提及自己的祖源地。如木华黎家族自称世居阿难水东，阿难水即斡难河。[④]《忽失歹神道碑》提到忽失歹家族世居龙池河。[⑤]《爱不哥察儿神道碑》称："若达德履台氏者，在和林之外千余里，以畜牧为富，以力勇为雄，世有都剌合之地，自推其豪为部长。"[⑥]《关关神道碑》记载："若乃蛮氏，其先有国在安台，今阴山也。"[⑦] 这些具体的祖源地，都与我们熟知的蒙古起源传说中的祖源地额尔古纳河，或者是成吉思汗家族的龙兴之地不儿罕山，并无关联。

上述事例表明，蒙古人祖源故事的书写，"国史"层面与"家史"层面并不总是同步的。"国史"所记祖源传说，其影响力是有限的。国家层面的祖先世系和部族血缘观念，与流行于蒙古社会、具有草根性质的家族起源观念，并不一致。这体现了社会对"宏大叙事"的接受限度。从书写到接受、从塑造到认同，蒙古人个体的祖先记忆，与国家层面对族群共同起源的追溯，并不是步调一致的。

① 史密斯：《民族的种族起源》，转引自姚大力、孙静《"满洲"如何演变为民族：论清中叶前"满洲"认同的历史变迁》，载《追寻"我们"的根源：中国历史上的民族与国家意识》，三联书店，2018，第460页。
② 参见孙静《"满洲"民族共同体形成历程》，辽宁民族出版社，2008，第152、186~189页。
③ 参见萧启庆《元代进士辑考》，中研院历史语言研究所，2012，第311页。
④ 《元史》卷一一九《木华黎传》，中华书局，1976，第2929页。
⑤ 《大元赠朝列大夫龙兴路富州达鲁花赤□都尉追封陇西郡伯忽失歹公神道碑并铭》，山西省考古研究所编《山西碑碣》，山西人民出版社，1997，第310~312页。
⑥ 《申斋集》卷八《大元宣武将军韶州路达鲁花赤爱不哥察儿公神道碑》，国家图书馆藏陆香圃三间草堂丛书本，善本书号06199，第14页b。都剌合，《元代珍本文集汇刊》影印明抄本作"都陕合"，此抄本中"剌"字多误作"陕"。
⑦ 顺治《温县志》卷上《元功臣关关墓碑铭》，《国家图书馆藏清代孤本方志选》第2辑第7册，线装书局，2001，第48~52页。

## 二 "国史"对"家史"的影响

本文所谓"国史",在狭义上讲,指的是《元朝秘史》《史集》以及部分反映在明修《元史》中的元朝"国史"等,这些都是蒙元时期具有官方性质的史书。元朝官修史书"脱卜赤颜"深藏宫廷、秘不示人,"国史"所记祖源故事,能够在多大程度上影响普通蒙古人的历史记忆?

首先,蒙古人的祖源故事,直接受到政治社会因素的影响而变迁。

《元朝秘史》《元史》等史料均记载成吉思汗的祖先中有名为"纳臣"者(此据《秘史》,《元史》译作"纳真")。此人也是蒙古兀鲁兀部、忙兀部的祖先。[①]元代较为知名的兀鲁兀家族之一是术赤台家族。《元史·术赤台传》称:"其先刺真八都,以材武雄诸部。生子曰兀鲁兀台,曰忙兀,与扎剌儿、弘吉剌、亦乞列思等五人。当开创之先,协赞大业。厥后太祖即位,命其子孙各因其名为氏,号五投下。"[②]刺真,是纳臣的异译。《传》中提到的元代历史上著名的"五投下",指的是归附成吉思汗、分入木华黎麾下的五个蒙古部族。根据《秘史》《史集》等史料所记祖源传说,兀鲁兀部与扎剌儿部、弘吉剌部有着相对独立的起源,远早于成吉思汗时代。所谓刺真八都的子孙曰五投下,这一认识显然是受到蒙古开国历史的影响,将五投下的历史附会到兀鲁兀部的起源上。

元末云南有一兀鲁兀家族,其祖源故事的书写,可以与上述术赤台家族做一对照。大理五华楼所出《大光明寺住持瑞岩长老智照灵塔铭》,记载瑞岩长老"本怯薛官兀鲁氏子。其先北庭察罕脑儿人。……父完者,袭嵩盟州达鲁花赤,娶贡驾剌氏女,生瑞岩"。[③]这里的北庭,不是元代史料中对西域的一般性称呼,理解成广义的北方草原地区更为合适。察罕脑儿这一地名,根据周清澍的研究,常见于元代史料,所指有二,一是位于大都通往上都路上的察罕脑儿,一是鄂尔多斯的察罕脑儿。[④]从兀鲁兀的驻牧地来看,《塔铭》中的察罕脑儿指前者的可能性更大,这与大蒙古国时期形成的五投下的驻牧地较为接近。[⑤]《塔铭》作于宣光年间,反映的已是明初的兀鲁兀部人对祖先起源的认识。从起源地的记载,能够看出五投下的历史已经成为家族记忆中的模糊影子。至于"国史"记载的兀鲁兀部与成吉思汗先祖

---

① 乌兰校勘《〈元朝秘史〉校勘本》,中华书局,2012,第45节,第13~14页;《元史》卷一〇七《宗室世系表》,第2706页。
② 《元史》卷一二〇《术赤台传》,第2962页。
③ 方龄贵、王云选录《大理五华楼新出元碑选录并考释》,云南大学出版社,2000,第64~65页。
④ 周清澍:《从察罕脑儿看元代的伊克昭盟地区》,收入《元蒙史札》,内蒙古大学出版社,2001,第271~289页。
⑤ 方龄贵考释云:"察罕脑儿译言白色湖,元人诗文中多称为白海。为元代两京往来必经之地。"(《大理五华楼新出元碑选录并考释》,第67页)

的亲缘关系，则完全不被远在云南的这一兀鲁兀家族所知。

元代蒙古人在讲述祖源故事之时，不乏利用"国史"对"家史"进行改造之事。元代有一著名的忙兀部家族：畏答儿家族。这一家族的传记主要有《元史·畏答儿传》，以及姚燧为畏答儿的子孙博罗骦所撰《神道碑》等。① 《博罗骦神道碑》的撰写基础，应是这一家族后裔提供的材料。根据此碑文，这一家族的明确世系始于畏答儿，畏答儿以上的祖先全无记载。很可能畏答儿的后人已经遗忘了畏答儿之前的先祖世系。但《元史·畏答儿传》则记载了不见于家族碑传的祖先世系："其先剌真八都儿，有二子，次名忙兀儿，始别为忙兀氏。畏答儿其六世孙也。"② 《元史》这条记载的史源为何？可能合理的解释是，元朝史官在修撰功臣列传之时，除畏答儿家族自身的传记材料外，还参考了其他史料。我们发现在《秘史》和《元史·宗室世系表》中，从纳真（即剌真八都儿）到成吉思汗之间，恰有六代。③ 考虑到畏答儿是成吉思汗同时代人，那么《秘史》等记载的代际层级就与《元史·畏答儿传》"六世孙"的说法相一致。

《元史·畏答儿传》提供的另一信息，是忙兀部之祖忙兀儿为剌真八都儿的次子。对照蒙元时期其他史料，《元史·宗室世系表》仅记纳真一子兀察兀秃（当即兀鲁兀秃），并无忙兀儿。④ 《史集》记那牙勤、兀鲁兀、忙兀部出自土屯蔑年之子札黑速的三个儿子，以那牙勤居长，兀鲁兀次之，忙兀最幼。⑤ 《元史·宗室世系表》和《史集》的说法，均与《元史·畏答儿传》不同。唯《秘史》记纳臣二子，名为兀鲁兀歹、忙忽台，此说与《元史·畏答儿传》相合。⑥ 可见《元史·畏答儿传》中的祖先信息，与《秘史》最为吻合。这当是元朝史官利用与《秘史》同源的"国史"资料对"家史"所做的补充和修正。

元代利用"国史"对"家史"进行改造的例子，还见于兀良合部速不台家族。速不台家族主要由两大分支构成，一是速不台的后裔，二是速不台之兄忽鲁浑的后裔。王恽《兀良氏先庙碑》和黄溍《安庆武襄王神道碑》，分别记载了这两支的情况。⑦ 两碑所记祖先世系

---

① 姚燧《博罗骦神道碑》收录于文集类和金石、方志类著作，《牧庵集》卷一四（影印文渊阁《四库全书》第1201册，第1页a）和《国朝文类》卷五九（第10页a）题作《平章政事忙兀公神道碑》，《山左金石志》卷二三题作《太师泰安武穆王神道碑》（《历代碑志丛书》第15册影印清嘉庆二年仪征阮氏小琅嬛仙馆刊本，第265页），《岱览》卷一六题作《圣元故光禄大夫上柱国江浙等处行中书省平章政事忙兀公彰德表勋碑铭（并序）》（清果克山房刻本，第2页b）。文集所录碑文与《山左金石志》所录碑文存在差异。与文集所收神道碑相比，《山左金石志》等所载碑文中有关博罗欢家族成员的信息更丰富，从官衔上看，上石的碑文要比文集所收晚出，译名也不一致。本文主要参考《山左金石志》所录碑文。

② 《元史》卷一二一《畏答儿传》，第2987页。

③ 乌兰校勘《〈元朝秘史〉校勘本》，第45节，第13~14页；《元史》卷一〇七《宗室世系表》，第2706页。

④ 《元史》卷一〇七《宗室世系表》，第2706页；陶宗仪《南村辍耕录》卷一《大元宗室世系》，中华书局，1959，第1页。

⑤ 拉施特主编《史集》，余大钧、周建奇译，商务印书馆，2014，第1卷第1分册，第309页。

⑥ 乌兰校勘《〈元朝秘史〉校勘本》，第46节，第14页。

⑦ 王恽《秋涧先生大全集》卷五〇《大元光禄大夫平章政事兀良氏先庙碑铭》，《四部丛刊初编》影印弘治翻元本，叶1a~b；黄溍《金华黄先生文集》卷二四《江浙行中书省平章政事赠太傅安庆武襄王神道碑》，《中华再造善本》影印上海图书馆藏元刻本，北京图书馆出版社，2005，叶8a~b。

信息大体一致：（捏里必一）折里麻—合赤温—哈班—忽鲁浑、速不台，上溯到速不台的四、五代先祖。《元史·速不台传》所记世系，则比两碑多出以下内容："其先世猎于斡难河上，遇敦必乃皇帝，因相结纳，至太祖时，已五世矣。"[①]这一信息不见于速不台家族的其他传记材料。敦必乃是成吉思汗五世祖之说，见《元史·宗室世系表》《史集》《秘史》等"国史"资料。[②]根据《秘史》记载，速不台是在成吉思汗的征战过程中归附的，并没有材料显示其家族与成吉思汗家族在历史上有特殊关系[③]。因此，《元史·速不台传》的"五世"说，很可能比附自黄金家族的系谱数据。

在蒙元时代蒙古人的"家史"书写中，我们看到了"宏大叙事"对社会层面的渗透。"家史"反映出的祖先记忆，与"国史"共享祖先传说中的若干要素，这反映了后者的影响力和渗透性。上述畏答儿家族和速不台家族的例子，反映了史官利用"国史"所载黄金家族世系，对"家史"进行了改造。改造的结果，是将功臣先祖与成吉思汗先祖的事迹相关联，进而塑造出成吉思汗家族世代统治、众臣辅佐的天命地位。

## 三　知识的获取与记忆的塑造

蒙古人"家史"中书写的祖源故事，除受到"国史"不同程度的影响之外，还与历史知识的获得密不可分。在政治因素形成的权力话语之外，文化因素，尤其是诉诸文字的知识体系，也可称得上是另一套强势的话语。知识权力话语，同样也在潜移默化地影响着蒙古人的祖源记忆。

蒙古捏古思部的祖源传说，为观察祖先记忆的层累形成提供了一个比较典型的个案。元代的捏古思部人中，有名"笃列图"者，是文宗朝的蒙古进士[④]。在虞集为其父所撰《墓志铭》中，这一家族追溯其祖源如下：

> 太祖皇帝龙兴，初一旅之众，尝遇侵暴，夜与从者七人，至于大石之崖，解束带加诸领以为礼而祷曰："天生我而受之命，必有来助之兆焉。"俄有十九人者，鼓行以前，请自效，是为捏古台氏。捏古台之人，其族四：曰播而祝吾，曰厄知吾，曰脱和剌吾，曰撒哈儿秃。[⑤]

① 《元史》卷一二一《速不台传》，第2975页。
② 《元史》卷一〇七《宗室世系表》，第2707~2708页；乌兰校勘《〈元朝秘史〉校勘本》，第48~50节，第15~16页；《史集》汉译本，第1卷第2分册，第36~63页。
③ 乌兰校勘《〈元朝秘史〉校勘本》，第120节，第99~101页。
④ 笃列图生平参见萧启庆《元代进士辑考》，第262页。
⑤ 虞集《雍虞先生道园类稿》卷四六《靖州路总管捏古台公墓志铭》，《中华再造善本》影印中国国家图书馆藏元刻本，北京图书馆出版社，2006，叶14a~b。

《墓志铭》提及捏古台部有四个分支。伯希和分析了这四分支之名，其中的播而祝吾（Borǰu'un/Borǰu'ut），可能与孛儿只斤有词源上的关系；脱和剌吾即《秘史》《史集》中的札剌亦儿分部脱忽剌温。伯希和推测这两个部名可能流行于草原，并不为某一部所独有①。除《墓志铭》之外，《史集》也对捏古思部的起源有所记载②。这些材料都表明捏古思部的形成，绝对不会晚至成吉思汗建国之后。

但是，在讲述捏古思部的四个分支之前，《墓志铭》首先描绘了成吉思汗遇险的故事。故事的内容，捏合了蒙元时代广为流传的若干传说要素。一是，成吉思汗遇险，以十九人追随，这一故事原型应该是成吉思汗与十九功臣饮浑水这一著名历史事件。③ 成吉思汗的这段经历，为时人所熟知乐道并演绎。二是，成吉思汗在大石之崖解带告天的情节，脱胎于成吉思汗的个人经历。根据《秘史》的记载，成吉思汗被三姓篾儿乞人追杀逃至不儿罕山，"向日将系腰挂在项上，将帽子挂在手上，捶胸跪了几跪，将马妳子洒奠了"。④ 三是，成吉思汗与从者七人逃难的情节，可以隐约看出与七位逃难者的祖先起源故事有同源关系，体现了数字"七"的象征性意味。⑤

可以看出，这一祖先起源故事，体现了政治社会因素对蒙古人祖先记忆的影响。尽管事实上捏古思部的形成远早于成吉思汗时代，但是《墓志铭》将捏古思部的由来与成吉思汗的经历相挂钩。这明显是将捏古思部四分支的祖源传说，生硬地嫁接进了蒙古开国历史中。

祖源传说与开国历史的嫁接，离不开笃列图的知识背景。据《墓志铭》记载，从笃列图的高祖开始，这一家族一直做东道诸王的投下官。笃列图对当朝史的了解，可能来自父祖的口授或书面文献。王逢《故内御史捏古氏笃公挽词》称笃列图"年甫冠，及第，上亲览策曰：必世臣佳子弟也，何以知吾家事若是其详耶？授集贤修撰"。⑥ 笃列图对于蒙元"国史"的熟悉程度，受到了文宗的赞许，得任集贤修撰之职。正是因为笃列图对成吉思汗家族为中心的蒙元"国史"十分熟悉，才能将成吉思汗遇险故事的细节栩栩如生地描绘出来，并将其嵌入部族起源传说之中。

文士塑造和书写祖源记忆，依赖的是其掌握的文化资源。在上述例子中，我们看到，蒙古文士如何结合其所知的蒙古历史文化知识，改造和书写祖源故事。与此同时，汉地的历

---

① Paul Pelliot et Louis Hambis, *Histoire des Campagnes de Gengis Khan*, Leiden: Brill, 1951, p.139.
② 《史集》汉译本，第1卷第1分册，第308~309页。
③ 钱大昕、贾敬颜、柯立夫、袁国藩、杨志玖等都曾讨论过饮浑河水这一著名政治事件，见杨志玖《蒙古初期饮浑水功臣十九人考》对诸说的总结，收入《内陆亚洲历史文化研究——韩儒林先生纪念文集》，南京大学出版社，1996，第1~13页。
④ 乌兰校勘《〈元朝秘史〉校勘本》，第103节，第65~66页。
⑤ 钟焓：《中古时期蒙古人的另一种祖先蒙难叙事——"七位幸免于难的脱险者"传说解析》，第69~71页。
⑥ 王逢《梧溪集》卷三《故内御史捏古氏笃公挽词并序》，李军点校，《元代古籍集成》第2辑，北京师范大学出版社，2016，第156页。

史知识，也是重塑祖先记忆时可以利用的资源。①

《元史·速哥传》称速哥为"蒙古怯烈氏，世传李唐外族"。②怯烈，即克烈部，至晚到元代中后期，克烈人已普遍地被元人视作蒙古人。③白玉冬分析，这种后世追述，反映了九姓达靼曾经与沙陀突厥保持密切关系，所谓"李唐外族"指的是沙陀后唐。④"李唐外族"的说法，体现了蒙古人记忆中的部族历史与中原历史知识的连接。

除怯烈速哥家族外，汪古部阿剌兀思剔吉忽里家族亦将其祖先追溯至沙陀。尽管在元代一般被视作色目，但汪古人的个案，也有助于分析流传于中原的靼靼起源说的广泛影响。《驸马高唐忠献王碑》称这一家族"谨按家传，系出沙陀雁门节度之后"。⑤周清澍注意到，《柏林寺晋王影堂碑》提及，历代汪古部主将李克用当作远祖崇敬："皇元启祚朔庭，太祖皇帝天兵南征，王□□阿剌忽□剔吉思里主□□□□□□，敬阅谱牒，知王□□□祖，遂□□祭祀□□□功德主焉。"⑥白玉冬分析，所谓谱牒应指李克用的家系资料，阿剌兀思在此之前并不了解沙陀与汪古之关系。⑦汪古出自沙陀之说，来自何处？《蒙靼备录》提供了宋人对于蒙古族源的一种解释："靼靼始起，地处契丹之西北，族出于沙陀别种，故于历代无闻焉。其种有三：曰黑、曰白、曰生。"⑧白靼靼，是汉人对汪古部的称呼，汪古部被视作靼靼（蒙古）的一种。白靼靼（汪古部）出于沙陀别种之说源自汉文文献，反过来又影响、塑造了汪古部人的祖源观念。可见，谱牒不仅是对现实中代际传承的真实记录，而且受到代际传承背后的文化与认同理念的无形影响。⑨

不仅蒙古人会利用汉地的历史知识来重塑祖先记忆，汉人文士在面对陌生的蒙古部族信息之时，也会不自觉地将其纳入自身熟悉的知识体系来理解。

《元史·按札儿传》称成吉思汗的大将按札儿为拓跋氏。⑩这一"拓跋"何指？前人提

---

① 艾骛德用"antiquarian revolution"的概念来描述蒙古帝国利用历史文献来阐释自身历史的现象，见 Christopher P. Atwood, "Historiography and Transformation of Ethnic Identity in the Mongol Empire: the Öng'üt Case," *Asian Ethnicity*, 2014（15：4），p.527.

② 《元史》卷一二四《速哥传》，第3051页。

③ 元人直接将克烈人称作蒙古人的例子，见程巨夫《雪楼集》卷二二《故炮手军总管克烈君碑铭》（《元代珍本文集汇刊》影印洪武本，第836页）等。

④ 白玉冬：《九姓达靼游牧王国史研究（8~11世纪）》，中国社会科学出版社，2017，第185~186页。

⑤ 阎复《附马高唐忠献王碑》《国朝文类》卷二三，第19页 b。

⑥ 参见周清澍《汪古的族源——汪古部事辑之二》，收入《元蒙史札》，第91~92页。曹金成师兄惠示，碑文以（光绪）《代州志》卷六《金石志》所录为佳（《中国地方志集成·山西府县志辑》第11册，凤凰出版社，2005，第370~371页）。

⑦ 白玉冬：《九姓达靼游牧王国史研究（8~11世纪）》，第236页。

⑧ 王国维：《蒙靼备录笺证》，胡逢祥点校，姚景安复校，《王国维全集》第11卷，浙江教育出版社、广东教育出版社，2010，第335页。

⑨ 将祖源追溯至李克用后，这一汪古家族"自称晋王克用裔孙，为置守冢数十户于雁门，禁民樵牧"。见姚燧《河内李氏先德碣铭》，《国朝文类》卷五五，第6页 a。

⑩ 《元史》卷一二二《按札儿传》，第3006页。《元史》卷一一九《木华黎传》作"拓拔按察儿"（第2932页）。

出两种观点。屠寄、柯劭忞、贾敬颜都将拓跋氏勘同于秃别干。[①] 秃别干，元代有秃伯、土别燕等译法（蒙古语 Tübegen），是克烈部分支之一。[②] 伯希和认为，拓跋也可能指西夏之拓跋氏[③]。涂逸珊承此说，认为克烈之分支秃别干与西夏之拓跋有密切的联系。[④] 汤开建所持看法与此相似。[⑤] 白玉冬认为，两者的居地相距甚远，难以赞同涂逸珊之说。[⑥]

这一问题包含两个层面：一是在元人的语境中，"拓跋"所指究竟是何部；二是"拓跋"用法的背后，反映了怎样的观念。按札儿家族的情况，除见于《元史》外，亦见虞集《蒙古拓拔氏先茔碑铭》。《先茔碑》称这一家族为蒙古拓拔氏。这一家族的后裔为御史台通事阔阔出。[⑦]《南村辍耕录》"传国玺"条记有"御史台通事臣阔阔朮"[⑧]，阔阔出与阔阔朮是同一人。据《辍耕录》，阔阔朮系"蒙古人，不晓文字"，为"拓跋氏"。这两条材料均言"蒙古拓拔（跋）"，可见拓拔（跋）实属蒙古诸部，应是"秃伯"的异译，与西夏之拓跋并无关系。元人以"拓跋"译"秃伯"的例子，还见于元人苏若思撰《乐善公墓碑》[⑨]。碑主骚马，出自阿里马里，所娶夫人中有"生于望族"的拓跋氏。"拓跋"译法是如何产生的？就元代汉族士人的知识体系而言，"拓跋"之名由鲜卑拓跋而来的可能性更高。

"拓跋"这样的译法，反映了汉人文士在面对陌生的蒙古部族名时，在自身熟悉的历史知识中寻找勘同的可能性。比如1219年"成吉思皇帝赐神仙手诏"云："南连蛮宋，北接回纥，东夏西夷，悉称臣佐。念我单于国，千载百世已来，未之有也。"[⑩] 其中称蒙古为"单于国"，反映了汉人文士用草原政权的历史称呼来指代新兴的蒙古政权，这一做法亦为蒙古人所接受。

来源于不同知识体系的历史信息，与现实中的部族情况相联系，结果是蒙元时代草原诸部人的身份意识发生了微妙的变化，甚至何所从来的渊源得到重新定义。除了强势的权力话语之外，知识话语也在改变着蒙古人家族记忆的样貌。

---

① 屠寄：《蒙兀儿史记》卷五七《按札儿传》，第434页；柯劭忞：《新元史》卷一三○《按札儿传》，第564页，收入《元史二种》，上海古籍出版社，1989；贾敬颜校注，陈晓伟整理《圣武亲征录（新校本）》，中华书局，2020，第16页。

② 见周良霄《元史北方部族表》，《中华文史论丛》2010年第1期，第109页。《史集》译作土别兀惕（波斯文 Tūbāvūt），见《史集》汉译本，第1卷第1分册，第214页。

③ Paul Pelliot et Louis Hambis, *Histoire des Campagnes de Gengis Khan*, p. 57.

④ Isenbike Togan, *Flexibility and Limitation in Steppe Formations: the Kerait Khanate and Chinggis Khan*, Leiden: Brill, 1998, pp.64, 77.

⑤ 汤开建：《党项西夏史探微》，商务印书馆，2013，第12页。

⑥ 白玉冬：《九姓达鞑游牧王国史研究（8~11世纪）》，第73页。

⑦ 虞集《道园类稿》卷四五《蒙古拓拔氏先茔碑铭》，第8页a。阔阔出，《元史·按札儿传》作"阔阔朮"。

⑧ 陶宗仪《南村辍耕录》卷二六《传国玺》，第317、321页。

⑨ 道光《巨野县志》卷二○，《中国地方志集成·山东府县志辑》，凤凰出版社，2004。

⑩ 蔡美彪：《元代白话碑集录》，科学出版社，1955，第115页。《南村辍耕录》卷一○"丘真人条"收入此碑文（第120页）。

# 总　结

本文从国家与社会互动的层面，探讨了有哪些因素影响了元代蒙古人祖源故事的形成与书写。需要指出的是，从总体上看，去今已远的祖源故事，在蒙古人的家史记忆中仅占有很小一部分。作为蒙古人家史记忆主流的，是家族归附成吉思汗及其后人建功立业的经历，也就是家族"根脚"的由来。几乎所有传记中提及的蒙古人的家史记忆，都会对国初的从龙经历有所涉及。这从一个角度体现了政治权力话语对家史记忆的影响。限于篇幅，本文对此并未展开论述，而是将讨论的重点放在政治权力话语对祖源故事的影响上。"国史"层面的共同血缘起源与族群间的亲缘关系观念，在一定程度上改写了蒙古人祖源故事的面貌。不过，"国史"与"家史"中的祖先记忆，并不总是一致的，"国史"对"家史"书写的影响是有限的。除了政治权力话语之外，"家史"书写也受到知识体系的影响。无论是蒙古文士还是汉人文士，都从自身的知识体系出发，有意或无意地改造家族记忆的面貌。蒙古人"家史"中写下的祖源故事，受到上述因素的综合影响。剥离这些影响因素，我们依然可以从史料之中，探索独立于黄金家族之外、更具个体色彩的记忆片段。这些记忆片段，与主流的血缘起源观念有很大不同，反映了蒙古人讲述自身历史的独特路径。

〔本文原载《文史》2021 年第 1 辑。作者张晓慧，中国社会科学院古代史研究所助理研究员〕

# 关于明代勘合形制的再探讨

伍　跃

**摘　要**　勘合是明清时期证明使节身分的一种官方文书。明代成化六年（1470）发行的工部班匠勘合是迄今为止已知的年代最为久远的明代勘合，万历三十五年（1607）的兵部驿递勘合除了需要填写的部分之外，还可识读多种官印和戳记。前者呈正方形，后者的主体部分为长方形，在它的上面有一个梯形。从保留在勘合上的各种官印和戳记，我们可以了解勘合的发行和使用的流程。这些勘合文书的发现，使我们可以根据实物研究明代的勘合制度。

**关键词**　勘合　官文书　日明关系　传统中国

明朝政府从洪武十六年（1383）起，将国内的勘合制度推广到对国家间往来使节的管理。关于勘合制度，尤其是勘合的形制，目前的研究多集中于对《大明会典》等史料中相关记载的诠释。[①] 对于这一问题，鉴于日本学者对明代朝贡勘合形制的误认，我曾经撰文论述。[②] 由于当时未能见到任何一种明代勘合的原件，故论述始终局限于推论。尔后，虽然学界就明代勘合问题有过很多论述，但鲜有述及明朝对外关系，尤其是明日关系中使用的勘合形制，也有人对我本人推论的根据之一——清代勘合提出了质疑。[③] 虽然我坚信自己的推论

---

① 左书谔：《明代勘合制论》，《求是学刊》1991 年第 3 期，第 78~82 页；罗冬阳：《勘合制度与明代中央集权》，《东北师大学报》1997 年第 1 期，第 35~40 页；万明：《中国融入世界的步履——明与清前期海外政策比较研究》，社会科学文献出版社，2000，第 89~93 页；李云泉：《朝贡制度史论——中国古代对外关系体制研究》，新华出版社，2004，第 87~92 页；李庆新：《明代海外贸易制度》，社会科学文献出版社，2007，第 81~85 页；胡光明：《明代勘合制度考》，西南大学硕士学位论文，2009，第 39~40 页。
② 伍跃「日明関係における"勘合"—とくにその形状について」『史林』第 84 卷 1 號、2001、124~143 頁。以下简称为"旧稿"。
③ 刘诤云、王健美：《寻找大清"精微批文"》，《古今论衡》第 16 期，中研院历史语言研究所，2007，第 77~92 页。该文后收入刘诤云《档案中的历史：清代政治与社会》，北京师范大学出版社，2017，第 477~495 页，有调整。

接近史实，但因缺乏足够的史料，故一直没有做出回应。随着近年来明代档案的公布，我觉得有必要再次审视勘合的形制问题。

# 一　明朝朝贡勘合制度的基本情况

为了更好地理解勘合形制的问题，首先概述一下明朝朝贡勘合制度的基本架构，以及关于这一问题的研究概要。

## （一）朝贡勘合制度的基本架构

《（万历）大明会典》对这一制度有如下的扼要说明：

> 凡勘合号簿。洪武十六年始给暹罗国，以后渐及诸国。每国勘合二百道，号簿四扇。如暹罗国暹字号勘合一百道，及暹、罗字号底簿各一扇，俱送内府。罗字号勘合一百道及暹字号底簿一扇发本国收填。罗字号底簿一扇发广东布政司收比。余国亦如之。每改元，则更造换给。[①]

由于包括上述《（万历）大明会典》在内的文献记述过于简单，后人难以窥见朝贡勘合制度的全貌。幸好在日本史籍《戊子入明记》中收录有未见于明朝史籍的宣德八年（永享五年，1443）六月的明朝礼部咨文，我们据此可以比较全面地了解勘合制度的全貌。兹全文引用如下：

> 行在礼部为关防事。该钦依照例编置日本国勘合。查得洪武十六年间，钦奉太祖皇帝圣旨，南海诸番国地方远近不等，每年多有番船往来。进贡及做买卖的□□的人多有假名托姓，事甚不实，难以稽考，致使外国不能尽其诚款。又怕有去的人诈称朝廷差使，到那里生事需索，扰害他不便。恁礼部家置立半印勘合文簿，但是朝廷差去的人及他那里老（伍案：疑应作"差"）来的，都要将文书比对，朱墨字（伍案：据前后文义，当作"字"）号相同，方可听信。若比对不同，或是无文书的，便是假的，都拿将来。钦此。除钦遵外，今置日字一号至一百号勘合一百道，底簿二扇，本字一号至一百号勘合一百道，底簿二扇。内将日字号勘合并日、本二号底簿二扇，收留在及

---

[①] 《（万历）大明会典》卷一〇八《礼部·朝贡四》，广陵书社影印明万历年间内府刊本，2007，第1620页。根据该书记载，明朝向下述15国颁发了勘合，即暹罗、日本、占城、爪哇、满剌加、真腊、苏禄国东王、古麻剌、苏禄国西王、苏禄国峒王、柯支、渤泥、锡兰山、古里、苏门答剌。

（伍案：疑应为"此"），将本字号勘合并日字号底簿一扇，差人赍赴日本国收受；将本字号底簿一扇，发福建布政司收贮。今后但有进贡及一应客商卖买来者，须于本国开填勘合内，开写进贡方物件数、本国并差来人附搭物件及客商物货、乘坐海船几只、船上人口数目，逐一于勘合上开写明白。若朝廷差使臣到本国，须要比对朱墨字号，相同方可遵行。使臣回还，本国如有赠送物件，亦须于勘合内逐一报来，庶知远方礼意。如无勘合及比对不同者，即系诈伪，将本人解送赴京施行。今将日字号底簿一扇、本字号勘合一百道，发去日本国收受，书填比对施行。右置讫。宣德八年六月　日。①

据此，我们可以大致勾勒出朝贡勘合制度的基本概要。第一，双方外来人员必须持有证明身分的勘合，明朝政府负责管理；第二，明朝礼部制作字号为"日"字号和"本"字号的一至一百号勘合各100道、"日"字号和"本"字号的勘合底簿各2册；第三，明朝礼部保管"日"字号勘合100道和"日""本"字号勘合底簿各1册，当向日本派遣使节时依次填发"日"字号勘合，并且在"日"字号勘合底簿上登记，而当日本贡使前来时则根据所保管的"本"字号勘合底簿核对他们所持的"本"字号勘合；第四，将"本"字号勘合100道以及"日""本"字号底簿各1册颁给日本，当日本派遣贡使前往明朝时依次填发"本"字号勘合，并且在"本"字号勘合底簿上登记，而当明朝使节到来时则根据所保管的"日"字号勘合底簿核对他们所持的"日"字号勘合；第五，另将"本"字号勘合底簿1册发给福建布政司（史称"日本贡道，本从浙福二省"②），当持"本"字号勘合的日本贡使到来时，由该布政司负责根据所保管的"本"字号勘合底簿核对他们所持的"本"字号勘合；第六，日本在填发勘合时，须于勘合内写明进贡方物的名称件数、附搭货物、同行船只以及乘船人数，为了防止有人"假名托姓"，还要写明使者的姓名；第七，明朝使节出使日本归国时，须将日本赠送的礼物详细登记在勘合内。

此外，明朝政府还规定当有新皇登基时，朝贡各国须将没有用完的前朝勘合交回，同时领取新的勘合。明朝政府最初向日本交付勘合是在永乐二年（应永十一年，1404）。宣德、景泰、成化、弘治、正德历朝也向日本颁布了勘合。日本学者习惯依勘合颁布的年代将勘合分别称作"永乐勘合"或"宣德勘合"。

---

① 参见策彦周良「戊子入明記」『続史籍集覧』叢書第1册、近藤出版部、1930、479-480页；汤谷稔『日明勘合貿易史料』国书刊行会、1973、206-207页。栢原昌三、小叶田淳和郑樑生将该文书称为"礼部制书"。田中健夫认为，因明朝礼部和日本国王属同级官衙，故上述文书应为咨文。参见栢原昌三「日明勘合の組織と使行」『史学雑誌』第31編第9號（1920年9月）、60-103页；小叶田淳『中世日支通交貿易史の研究』刀江書房、1969年复刻本、355-365页；郑樑生『明・日関係史の研究』雄山閣、1985、58-65页；田中健夫「勘合符・勘合印・勘合貿易」『対外関係と文化交流』思文閣出版、1991、77-105页。根据明代的文书制度，"制书"属于皇帝发出的诏敕文书，礼部发行的公文无论如何也不可能是"制书"，今从田中健夫说。
② 沈德符：《万历野获编》卷一七，中华书局，1959，第436~437页。

### （二）学界对勘合形制的误认

到 20 世纪末为止，学界对勘合形制的认识大致如下。

第一，勘合的尺寸。田中健夫认为，勘合是长 2 尺 7 寸（82 厘米）、宽 1 尺 2 寸（36 厘米）的"纸片"。第二，勘合正面有半印和字号。中村荣孝认为，在勘合上有两处"本字□号"的朱色半印，其"字"与"号"之间的空白处依次填有"墨书"的"一"至"一百"的字号。田中健夫称这一观点"最具有说服力"。第三，勘合背面的"别幅"为批文。栢原昌三认为，勘合就是《明实录》中所谓"批文勘合"。但是，栢原昌三将史料出典的"正统元年四月壬寅"误作"景泰元年四月之条"。①

我在旧稿中认为，勘合既然是明朝政府制作颁发的正式文书，因此在考虑勘合形制时必须考虑到中国传统的文书制度，具体说来，有以下几点。

首先，官印的使用问题。在正式文书上钤盖官印是中国传统文书行政的重要特征之一，勘合自不例外。如果没有官印，文书不会发生任何效力，而且将被问以"漏使印信"之罪。②实际上，前述明朝礼部咨文中的"半印勘合"云云就已指明必须钤有官印。因此，《戊子入明记》中"勘合料纸印形"所示"本字一号"不过是勘合上的"半印字号"（详后）部分，而不是勘合文书本身。同样，《戊子入明记》中"勘合料纸印形"用 ⌐ 表示的不是勘合本身的边缘部分，而是钤盖在"本字一号"上的"礼部之印"的左半部。这一点完全符合明初对"半印勘合"的规定，即印的左半部钤于勘合之上，而右半部则留于勘合底簿之上。③

其次，勘合字号的问题。田中健夫注意到在一枚勘合之上有两处字号，并对勘合记号的编写问题提出了自己的见解，但因昧于明清时代文书字号制度，故推测失实。④明清时代公文书上的"半印字号"既表示公文的种类和序号，也具有防伪功能。在这里，"字"表示类别，各发文衙门必须使用规定的汉字，如通政司使用的"通"字、兵部使用的"温"字和日明之间勘合使用的"日"字或"本"字之类。"号"表示该文书在某类中的顺序号。所谓"半印字号"指发行文书时，在文书和发文底簿的接缝处，用草书体或行书体骑缝墨书字号，

---

① 参见栢原昌三「日明勘合の組織と使行」『史学雑誌』第 31 編第 9 號（1920 年 9 月）、60–103 頁；小叶田淳『中世日支通交貿易史の研究』、355–365 頁；田中健夫「勘合符・勘合印・勘合貿易」『対外関係と文化交流』、77–105 頁；佐久間重男『日明関係史の研究』吉川弘文館、1992、4–6 頁；林呈蓉《明代勘合之形状与制法》，《华冈文科学报》第 21 期，1997 年，第 263~280 页；郑樑生《再论明代勘合》，《淡江史学》第 10 期，1999 年，第 1~18 页。

② 荻生徂徠『明律国字解』創文社、1989、166・771 頁。

③ "以簿册合空纸之半而编写字号，用内府关防印识之。右之半在册，左半纸、册付天下布政使司、都指挥使司及提刑按察司、直隶府州、卫所收之。"参见《明太祖实录》卷一四一，洪武十五年正月甲申条，中研院历史语言研究所，1962，第 2222~2223 页。

④ 田中健夫「"勘合"の称呼と形態」『東アジア通交圏と国際認識』吉川弘文館、1997、89–101 頁；雷荣广、姚乐野：《清代文书纲要》，四川大学出版社，1990，第 107~109 页。

然后在墨书的字号上钤盖发文衙门的官印。由于官印与字号在骑缝处被分为左右，故云"半印字号"。

最后，勘合背面的使用问题。在《明实录》、《大明会典》和《礼部志稿》中，都没有提到"批文"书于勘合背面，"别幅"则更非明代公文的正式用语。中国传统的行政文书制度虽然没有关于文书背面使用的相关规定，但在发行时通常是不使用的。唐代的"过所"和"公验"[①]直到近代的任命状和委任状均可以证明这一点。况且，勘合做为证明使节身分的重要外交文书，类似于今日外交中之国书，很难想象其背面写有明朝礼部与"日本国王"之间的往来咨文。

除了上述基于传统中国文书制度以及明朝文献的论述之外，由于旧稿执笔的2001年时尚未发现明代勘合的实物，甚至尚未得知明代勘合的前身——元代勘合的情况，故本人只好使用宋元时代的"公凭"和"公验"、清代的"勘合"以及琉球王国在对外关系中使用的"符文"，对明代勘合形制做出过如下推论。

第一，明代勘合应该是尺寸较大的文书。第二，勘合是以稽核为目的的符信文书。具体做法是对比"半印字号"或"朱墨字号"，即比对在勘合和勘合底簿的骑缝处钤盖的官印和书写的字号。"朱墨字号"指官印的"朱"色和"墨"书的字号。在"半印字号"或"朱墨字号"之上往往有墨书的圆圈。[②]第三，勘合上记载的内容可以分为前后两个部分，即事先印刷的相关规定和使用时"开填"的相关内容，其背面在原则上是不使用的。以《戊子入明记》记载的明日间勘合为例，前述礼部咨文应该就是事先印刷的相关规定，亦即勘合的发行依据。其中规定了"开填"的内容，即"进贡方物件数、本国并差来人附搭物件及客商物货、乘坐海船几只、船上人口数目"等。应该说明的是，我本人在旧稿中虽然不同意栉原昌三关于"批文"书于勘合背面的主张，但基本接受了他所说的批文为使用时"开填"内容的见解，认为"批文勘合"就是记载了出差命令的使节身分证明书。第四，在勘合的"半印字号"和发行年月的部分，应该钤有勘合发行衙门即礼部的"礼部之印"。

## 二　关于明代勘合问题研究的新进展

以上在概述明朝朝贡勘合制度基本架构的基础上，简单地叙述了学界对勘合形制问题的研究，并且扼要地介绍了我在旧稿中对这一问题的认识。自从旧稿在2001年发表之后，学界对勘合形制问题的研究有了很大进展，兹略述如下。

---

① 砺波护「唐代の過所と公験」『中国中世の文物』京都大学人文科学研究所、1993、661-720頁。
② "朱墨"亦指以朱砂为主要原料制成的墨色，主要用于标朱和填写公文的发文日期等。

### （一）来自学界的批评

本人的这一研究引起了一些台湾学者的关注和批评，刘铮云等更撰文指出，本人作为推论根据使用的清顺治年间都察院勘合实为"精微批文"（以下简称"刘文"）。[①] 或许是受到刘文的影响，中研院史语所明清档案工作室将原本著录的"勘合"悉数改为"精微批文"。刘文认为不应根据文书中"须至某者"的套语，简单地认为标明"所有勘合须至出给者"或"须至出给勘合者"的文书就是勘合文书。但是，刘文始终未能令人信服地说明，既然当时人明知是"精微批文"，为什么没有直接使用"须至某者"的套语，表述为"须至精微批文者"呢？由于本人的研究重点不在清代的勘合和"精微批文"，而且该文也认为清代的"精微批文"中"保持着"明代半印勘合的特征，即中央上方有半印，半印之下有一字号；半印的下方还有 2~3 个部院的半印与批文字号。这一点恰恰是本人在参考"清顺治年间都察院勘合"推测明代勘合时所注意并强调的。在这一点上，刘文的见解支持了本人的推测。

而且，本人通过该文得到启发，首次见到了清末乡试考官用勘合，即《国家图书馆藏清代孤本内阁六部档案》中收录的光绪十九年（1893）七月某日兵部为给驿事发给河南乡试正考官王懿荣的勘合。该满汉合璧勘合在形制方面值得注意的有如下两点：其一，勘合边缘为双栏，栏中填以火焰飞虎花纹；其二，勘合本体呈长方形，其上方有一梯形框，框内以满汉文字刻有标明文书性质的"勘合"字样（伍案：以下简称"清光绪兵部驿递勘合"）。即便如此，我依然难以苟同该文试图用一清末来历不明的文书说明清代早期勘合文书的做法。[②]

### （二）日本学者的复原作业

日本学者桥本雄除表示同意本人对明代勘合形制的推论之外，还根据他本人对清代文书的调查，尝试性地复原了日明关系中使用的勘合。[③] 尤其难能可贵的是，桥本雄不仅尽最大可能复原了勘合的形制，而且还推测了明朝礼部交付给日本的"本"字号勘合的制作过程和日本方面派遣使节使用该勘合时的准备过程，甚至包括了勘合的折叠方法。这些复原有助

---

① 他们的主要根据是清代内阁大库档案第 095869 号和 167250 号。前者为乾隆十一年（1746）二月户部移会内阁典籍厅的文书，其中提到精微批文"印板被焚无存"，请典籍厅"将旧存精微批文检发过部，以便照式刊板刷发"。后者为满文《顺治七年正月分汉敕、精微批档》，其中收录了 2 件精微批文，格式与中研院史语所原本著录为"勘合"的文书完全相同。据此，他们认为昔日著录为"勘合"的文书实为"精微批文"。详见刘铮云、王健美《寻找大清"精微批文"》，《古今论衡》第 16 期，中研院历史语言研究所，2007，第 77~92 页。
② 《河南正考官勘合印文》，孙学雷、刘家平主编《国家图书馆藏清代孤本内阁六部档案》第 4 册，全国图书馆文献缩微复制中心，2003，第 1805 页。该组资料来历不清，其中收录的若干名为"印结"的文书上并无钤印的痕迹，因印刷质量所限很难确认该勘合本身是否钤有发行衙门——兵部——的官印以及发行时的标朱。
③ https://www.let.hokudai.ac.jp/staff/hashimoto-yu。桥本雄「日明勘合再考」九州史学研究会編『境界からみた内と外』岩田書院、2008、327-363 頁；桥本雄『室町"日本国王"と勘合貿易——なぜ、足利将軍家は中華皇帝に"朝貢"したのか』NHK 出版、2013、26-35 頁。另参见齐藤诚等「日明関係史研究の最前線と教科書記述：2016 年度大阪大学歴史教育研究会院生グループ報告（1）」『大阪大学歴史教育研究会成果報告書シリーズ 14』大阪大学、2017、5-10 頁。

于我们理解勘合的制作和使用过程。

桥本雄在复原明代勘合时主要参考的是编号为103894的清代内阁大库档案。他先后将该文书称为"清朝户部勘合"（2013）和"清朝户部精微批文勘合"（2015、2017）。[①]这种名称的细微变化应该基于持续的研究。我们自后者可以看出，"清朝户部精微批文勘合"的称呼在实际上继承并发展了刘文的主张，即清代初年的"精微批文"实为"勘合"与"批文"二类文种之结合。桥本雄认为，此类文书是由事先印刷的勘合文书以及发行时在该勘合文书空白处填写的相关内容构成的一种"混合文书"。当然，"精微批文勘合"是桥本雄本人对该类文书的一种概括，恐非严格的史料用语。

### （三）明代精微批文研究的突破

2017年，张金奎发表了《明代的驾帖与精微批》，首次详细地分析了明代的精微批文。他认为，"精微批"即精微批文，主要是南北两京衙门中品级较低官员"出京办差的凭证"。[②]张金奎在文中介绍了《南京都察院志》中收录的"请精微批"和"缴精微批"两种"格式文书"，兹转录于下：

> 请精微批
>
> 为议定差以责实效事。照得本院奏差巡按直隶监察御史某巡视某等处，所有本官出巡精微批文，例应填给。为此，合用手本，前去内府、南京兵／礼／刑科填给施行。计给应字批文道。
>
> 缴精微批
>
> 为议定差以责实效事。据巡按某差御史某呈缴精微批文前来，例应转缴。为此，合用手本，前去内府、南京兵／礼／刑科销缴施行。计总（伍案：疑应作"缴"）应字批文道。[③]

在他的启发下，我又在该书中找到了"请给勘合咨"的"格式文书"，即：

> 为某事。照得本院今差某官某赍捧某题／某奏本赴京，所有差役、脚力、口粮，系隶南京兵部掌行。为此合咨贵部，烦为查照，起给勘合／火牌一道／面、陆路马几

① 桥本雄「勘合・咨文」村井章介編『日明関係史研究入門——アジアのなかの遣明船』勉誠出版、2015、483–491頁；桥本雄「清代戸部精微批文勘合小考」汤山賢一郎編『古文書料紙論叢』勉誠出版、2017、685–705頁；桥本雄「日明勘合底簿の手がかりを発見」松方冬子編『国書がむすぶ外交』東京大学出版会、2019、321–328頁。
② 张金奎：《明代的驾帖与精微批》，《社会科学辑刊》2017年第4期，第139~147页。
③ 施沛：《南京都察院志》卷三五《公移·移内府各科手本》，《四库全书存目丛书补编》第74册，齐鲁书社影印明天启年间刊本，2001，第304页。

四、口粮几分，往回应付施行。①

结合《皇明条法事类纂》和《明实录》中的史料，②我觉得有必要修正旧稿中的观点。由上述史料可以确认，批文即精微批文与勘合在明代实际上是两种文书，精微批文是官员出差时用于证明公务内容的文书，编有字号。如在出差时需要使用驿递，则会另外交付编有字号的勘合文书。因此，《明实录》中所说"批文勘合"应该理解为"批文"（"精微批文"）与"勘合"，并不是"混合文书"，也不是"精微批文勘合"。③

再者，根据传统中国的行政文书制度，批文是长官对部下的命令或指示，通常写在部下上呈的文书上，即"正官于来文批写"。④但是，朝贡勘合是用于平行衙门，即明朝礼部与"日本国王"之间的往来文书，故明朝礼部发给出使官员和外国使节的勘合不可能是源自部下的"来文"，"批文"云云根本无从谈起。

以上就是近年在涉及明代勘合问题研究中的一些进展，值得我们在思考明代勘合时认真参考。

## 三　明代勘合的发现

包括本人的旧稿在内，以上论述和复原作业均是在尚未发现明代勘合的情况下进行的，尽管推论的依据是传统中国的文书制度，基本上未出臆断之域。但是，这种情况在近年随着明代文书档案的陆续公布，迎来了革命性的变化。以下着重介绍、分析成化年间的工部班匠勘合与万历年间的兵部驿递勘合。

### （一）明成化工部班匠勘合

该勘合见《中国社会科学院经济研究所藏徽州文书类编·散件文书》，著录名称为"明成化六年某月至弘治十五年正月工部给付祁门县竹匠方省宗等轮班勘合依样抄写式"。[1] 该勘合虽为抄本，但是目前已知发行时间最早的明代勘合。遗憾的是原书在编辑出版时没有注明该抄本勘合的尺寸，但从保存的勘合本体和周围钤有的 7 枚戳记来看，应该是尺寸较大的文书。

该文书是发给轮班人匠服役时往返的身分证明。该文书分成以下几个部分。

1. 颁发班匠勘合的法律规定

这一部分是工部颁发勘合的公文：

> 工部为轮班人匠事。奏准遵依洪武年间旧制，编置勘合，给付本匠为照。如遇该班，依期赍执赴京上工，沿途官司凭此照行。如不系当班时月，不许指作路引，借人影射出入。本身事故，仍令户丁应役。过期不到者，罚工。如果户绝无丁，即赴有司陈告，缴回本部销注，不许雇倩并不堪工作户丁搪塞。如违，定发化外充军，仍提正身问罪，拘役终身。须至出给者。[2]

此段公文应为事先刊印，包括如下几项内容：第一，本勘合是班匠赴京上工的证明，沿途有司检验放行；第二，不当班者不得随意使用本勘合；第三，本人因故无法上工，由户内其他人丁代役，误期者要接受处罚；第四，户绝者申报后缴回勘合，不得随意雇用他人代役。如有违反，除将受雇代役者发化外充军外，正身之人将被处以终身拘役。

2. 颁发本勘合的事由

在颁发班匠勘合的法律规定的左侧有颁发本勘合的说明：

> 徽州府祁门县竹匠方省宗、今腾宗该成化九年冬季，四年一班，又轮该成化十三年冬季。以后照依年限扣算，轮班上工。[3]

此段文字应为颁发时书写。由此段文字可知，徽州府祁门县的竹匠方省宗和今腾宗轮当成化九年（1473）冬季的班匠之役，该役四年一轮，下一次服役应在四年后的成化十三年（1477）冬季，以后照此类推。勘合上钤有的 7 枚戳记可以证明这一点。根据戳记中填写的内容可知，该勘合持有人方省宗等在成化九年、十三年、十七年（1481）和二十一年（1485）的冬季，以及弘治二年（1489）、六年（1493）和十年（1497）的冬季分别赴

① 中国社会科学院经济研究所编《中国社会科学院经济研究所藏徽州文书类编·散件文书》第 4 册，社会科学文献出版社，2017，第 111 页。
② 中国社会科学院经济研究所编《中国社会科学院经济研究所藏徽州文书类编·散件文书》第 4 册，第 111 页。
③ 中国社会科学院经济研究所编《中国社会科学院经济研究所藏徽州文书类编·散件文书》第 4 册，第 111 页。

"外厂""营缮所""文思院""本部厂""本作""内官监"轮充"正工"，另在弘治十四年
（1501）冬季赴"本部厂"充"正罚工"，服役时间均为三个月。戳记上载明了到工、工满
和满放日的日期以及负责人的姓名。

在颁发班匠勘合的法律规定中所说的"洪武年间旧制"当指洪武十九年（1386）四月
初一日颁布的"工匠轮班"制，即：

> 初工部籍诸工匠，验其丁力，定以三年为班，更番赴京，轮作三月，如期交代，
> 名曰轮班匠。议而未行。至是，工部侍郎秦逵复议举行，量地远近，以为班次，且置
> 籍。为勘合，付之，至期赍至工部听拨，免其家他役。著为令，于是诸工匠便之。①

具体来说，就是根据工部侍郎秦逵的建议，将已经议定的班匠制度和勘合制度结合在一起，
也就是将勘合制度的适用范围扩大到对班匠的管理。

3. 发行记录

在上述颁发本勘合的事由的左侧，亦即该勘合中央部分的上、下各有一处"半印字
号"。字号分别为"徽字竹匠三百三十五号"（上）和"徽字三百三十五号"（下）。在字号
左侧均书有"半印"字样。② 目前虽然无法得知勘合字号部分钤盖的是哪个衙门的官印，根
据该勘合发行年月左侧大书的"部"字，我估计应该是负责班匠事务的工部的官印。

在上述"半印字号"的左侧记载着本勘合的发行年月："成化六年　月　日给。"在"六"
字的位置书有"全印"字样。由此可知，在年月部分钤有发行衙门即工部的官印。在官印的
右侧有一个较大的"部"字，下面有两个"号"字。③

4. 注意事项

在勘合的左下方有一疑似戳记的部分，其内容如下：

> 仰所在并把截官司，辨验该班，方许放行。若是工满，亦验批工半印，明白放回。
> 如将轮过季分批工半印影射或诈伪批工者，就便解部问罪。把截去处辨验不明，一体
> 治罪。迷失者，发遣充军。④

由此可见，这一部分是在上述颁发班匠勘合的法律规定的基础上进一步强化了班匠勘合的管
理规定，再次强调班匠勘合是证明轮班人匠在"该班"和"工满"时往返途中的身分，并且

---

① 《明太祖实录》卷一七七，洪武十九年四月丙戌条，第 2684 页。
② 中国社会科学院经济研究所编《中国社会科学院经济研究所藏徽州文书类编·散件文书》第 4 册，第 111 页。
③ 中国社会科学院经济研究所编《中国社会科学院经济研究所藏徽州文书类编·散件文书》第 4 册，第 111 页。
④ 中国社会科学院经济研究所编《中国社会科学院经济研究所藏徽州文书类编·散件文书》第 4 册，第 111 页。

对相关衙门实施"辨验"做出了规定。

5.边栏

该勘合既称"依样抄写"，故除上述内容之外，还描绘了勘合四周的水波花纹。

以上就是成化年间工部班匠勘合的概要。从形制的角度上说，该勘合的正文本体部分由事先刊印的工部公文和发行时填发的内容（即发行记录和注意事项）组成。在勘合本体的四周围有边栏。

### （二）明万历兵部驿递勘合

我们透过上述成化年间的工部班匠勘合，可以大致把握明代前期的勘合形制。以下将要介绍的万历年间兵部发行的驿递勘合则是明代后期勘合的代表。

2018年出版的《孔子博物馆藏孔府档案汇编·明代卷》中收录了4纸明代兵部勘合（见表1）。

表1 孔子博物馆藏孔府档案汇编·明代卷中收录明代兵部勘合

| 编号 | 题名 | 发文日期 | 尺寸 |
| --- | --- | --- | --- |
| 0053-01 | 衍圣公孔尚贤为赴京进奉表文回还事领用兵部勘合 | 万历三十五年五月十五日 | 86.6厘米×79.3厘米 |
| 0053-02 | 衍圣公府舍人刘显祖、庙丁成爵等为奉差赴京进贡马匹及表文回还事领用兵部小勘合 | 万历三十五年五月十五日 | 69.8厘米×56.0厘米 |
| 0053-03 | 衍圣公府舍人刘显祖、庙丁成爵等为奉差赴京进贡马匹回还事领用兵部小勘合 | 万历三十五年十月初九日 | 71.2厘米×58.1厘米 |
| 0061-01 | 衍圣公府领存备用兵部小勘合 | 崇祯元年正月某日 | 72.8厘米×57.7厘米 |

资料来源：《孔子博物馆藏孔府档案汇编》编纂委员会编《孔子博物馆藏孔府档案汇编·明代卷》第3册，国家图书馆出版社，2018，第313~315、561页。

根据《大明会典》记载，"大小勘合"之制作为张居正推行的驿站改革的一环，始于万历三年（1575）。"照旧填用"的"大勘合"发放给"公差官员"，其他出差者只能领取"小勘合"（伍案：如上表中发给衍圣公府舍人刘显祖、庙丁成爵的小勘合）。衍圣公与六部尚书同属正二品，故有资格使用大勘合。这样，上述0053-01的兵部勘合应该属于尺寸照旧之"大勘合"。以下约略述之。

1.勘合的外观和尺寸

该勘合为版刻印刷，其本体部分由长方形及其上方的一梯形部分组成，四周的外缘有宽约1.6厘米的双栏，中间填有花纹。在长方形部分之上的梯形部分由右至左书有表明文书种类的"兵部勘合"字样。此种形制与前述刘文介绍的清朝光绪年间兵部驿递勘合十分相似。

原书注明该勘合长86.6厘米，宽79.3厘米，即约长2尺8寸，宽2尺6寸。但原编者没有说明测量时起迄的基准。本人利用该勘合中钤盖的兵部、兵部车驾清吏司、兵科给事中和会同馆的官印，根据明代官印制度，按照比例再次测量。结果得知该数据为勘合用纸的尺寸，而勘合本身（以边框外缘起迄）长83.4厘米（约2尺7寸），宽55厘米（约1尺8寸）。虽然小于桥本雄推定的108厘米×81厘米，但依然属于比较大的文书。

2. 勘合本体右半部的构成

该勘合以中央的"计开"2字为界，可以分为左右两个部分。以下先看右半部。该部分为版刻印刷而成，计17行，行约29字，合计375字。该部分是关于发行和使用勘合的法律规定。内容如下（原件残破处缺字据0053-02号小勘合补入，并用【】表示）：

> 兵部为传奉圣谕事。本部奏准事例，编置半印勘合，给发各衙门，听各公差官员查照填用，遵行已久。迩缘假借冒滥，络绎于途，擅用夫马有一二十倍原额者，驿递疲困不支。复该本部题奉钦依议，于勘合之外，另置长单，稽查夫马，随同给发。经由州县驿递衙门，照依勘合坐去地方、廪粮等项，与单开格眼内夫马实数，查对明白，方准应付。沿途仍赴各该衙门挂号，查考真伪。如勘合印信可疑，及无长单者，俱不准应付。敢有诈冒及违例擅用，生事害人，洗改字迹，多索枉道等项情弊，各该抚按衙门遵照明旨，从实参究；经过有司、驿递亦许径自指实具奏处治。所领勘合长单，自内出外者，回日赴部投收；到彼住起者，赴彼处抚按衙门投收；自外入京者，赴部投收，出京之日换给勘合长单，回还【亦赴】彼处抚按衙门投收。每季终，类缴本部，以凭奏缴。如有领过勘合【不行投】缴，及季终不行类缴者，查出定行参治。其历事监生、吏舍承差、天文生及远方官，另给有小勘合应付，并无人夫长单。若仍擅用公差官员勘合与长单者，即系诈冒，不许应付，仍行拿问。须至勘合者。①

这一段文字是兵部关于驿递勘合的发行根据和使用说明。其中包括了如下几点内容。

第一，半印勘合制度的实施由来已久，无奈违规使用者较多，甚至有超过规定十倍乃至二十倍使用夫马者。第二，为了杜绝违规使用夫马的现象，特编置用于稽查夫马的长单，相关州县衙门须对比勘合中记载的应支廪粮与长单中记载的实支夫马，无误方准支给；如发现勘合上钤盖的印信有可疑之处，或没有长单，甚至任意涂改，超额索取，乃至违反规定驿路者，必须具奏参究。第三，公差人员领取的勘合和长单必须按照规定缴销，违者参治。第四，历事监生、吏舍承差、天文及远方官等须按规定使用小勘合，该小勘合没有长单；如擅用公差官员的勘合与长单，以诈冒之罪拿问。

上述内容是万历三年张居正改革驿递制度时的规定。其中最主要的就是将勘合根据使

---

① 《孔子博物馆藏孔府档案汇编》编纂委员会编《孔子博物馆藏孔府档案汇编·明代卷》第3册，第313、314页。

用者身分的不同分为"大小勘合"，并将"勘合长单"与大勘合配合使用。[①] 其目的在于由途中经过衙门、利用驿递之人和发出勘合的兵部衙门等共同监督勘合的使用过程，防止弊端的发生。最后的"须至勘合者"明确地表明了该文书的类别为勘合文书。

3. 勘合本体左半部的构成

与事先印刷的右半部相比，勘合左半部的内容相对复杂，主要是在发行勘合和使用勘合的过程中填写的。以下，从勘合中央的"计开"二字由右向左依次说明。

（1）使用驿递的相关事项

"计开"的左侧是有栏线的墨色戳记，其中用墨笔填写了勘合所持者、利用驿递的目的和使用范围、勘合字号以及应支廪给、口粮、船、马、车辆和驿夫的数量。填写者应该是负责驿递事务的兵部车驾清吏司官员。该戳记的详细内容如下（〔〕中为发行时填入者）：

〔衍圣公孔〕奉　前往〔北京〕处〔进表文回还〕公干，赍兵部〔温〕字〔三百三十七〕号勘合，支廪给〔壹〕分、口粮〔壹拾〕分、水路〔站／红〕舡〔肆〕只、陆路〔上〕马〔捌〕匹、驴〔壹拾〕头、〔大〕车〔伍〕辆、人夫〔柒拾〕名，到〔彼住止〕。合行一体遵照。以上或例有，或例无，或往回，或到彼住止投收。俱明白查填格内。[②]

由此可知以下数点：从"衍圣公"至"遵照"为填写部分，证明来京进表的衍圣公获发温字三百三十七号勘合的目的是返回曲阜，可以凭该勘合在北京至曲阜之间的各驿站享受规定数目的廪给、口粮、船、马、驴、车辆和人夫；"以上或例有"以后为印刷部分，字体上稍小于前者，主要是要求负责官员明确填写使用勘合时的各有关项目。

这里值得注意的是，为防止作伪，该戳记全体被由上至下钤盖的5枚官印完全覆盖，虽然印文漫漶难以准确识读，从尺寸来看，估计是负责填发勘合的兵部车驾清吏司的官印。

（2）半印字号

上述使用驿递的相关事项的左侧有墨书"内温字三百三十七号"的左半部，其上有向左斜钤的1枚官印的左半部，在字号和官印之上有一墨书圆圈的左半部。明代规定，衍圣公往来京师时发给"温"字勘合。[③] "温"字前的"内"字代表"内号"，表明该勘合是由作为内官的北京兵部发出的。相比之下，由作为外官的"南京兵部"发行的"温"勘合则会被加

---

① "凡勘合长单。万历三年议准，大勘合外另置长单，随同给发。自起程至公干地方，各经过官司填注供应数目于各项之下，用印钤盖，送使客亲注对同二字。俟类缴之日，兵部委主事同兵科查对，有违例者，指名参奏。"《（万历）大明会典》卷一四九《兵部·驿传·勘合》，第2083页。
② 《孔子博物馆藏孔府档案汇编》编纂委员会编《孔子博物馆藏孔府档案汇编·明代卷》第3册，第313页。
③ 《（万历）大明会典》卷一四八《兵部·驿传·应付通例》，第2066页。

以"外"字，以示区别。① 虽然难以识读字号上官印的文字，但从尺寸和该勘合为兵部发行这两点来看，所钤之印当为兵部的官印。

　　围绕字号与官印上的墨书圆圈只留有左半部。笔者曾根据前人的研究认为，在勘合用纸和勘合底簿之间，墨书字号后钤盖官印，然后围绕两者墨书一个圆圈。这就是说，墨书圆圈是"半印字号"的组成部分之一。中研院历史语言研究所的王健美资深助理则认为，该圆圈是缴还时的记号。从本勘合来看，虽然制度上规定使用后必须通过山东省地方衙门缴还给中央兵部，因勘合上并没有被缴还的文书上通常可见的"缴"或"销"字样，填写缴还年月日的栏目依然空白，故可知并未缴还。再者，这张本应缴还给兵部的勘合留在孔府档案中一事本身，也足以证明该墨书圆圈不可能是缴还时的标记。此外，孔府自兵部领取的、尚未使用的"温字二百五十三号"小勘合上（0061–01）的字号与官印部分也有墨书圆圈。由此可见，明代勘合上围绕字号和官印的墨书圆圈不是缴还时的标记，而是与字号和官印一起组成的防伪措施的一部分。②

　　（3）兵科戳记

　　在半印字号的左侧有兵科给事中的戳记。该戳记无栏线，其中有如下的填写内容：

　　　　兵科验过〔衍圣公孔〕差往〔山东〕、应支廪给〔壹〕分、口粮〔拾〕分、舡〔肆〕只、马〔捌〕匹、驴〔拾〕头、车〔伍〕辆、夫〔柒拾〕名。除本科填定此印，务照数目，如有外加夫马等项者，俱一切不准应付。③

　　将这一戳记与前述使用驿递的相关事项对比之后可知，兵科给事中在使用驿递的相关事项的基础上再次确认核实了使用驿递时可以享受的廪给数目。在此戳记之上钤有 2 枚兵科给事中官印。估计本戳记是在兵科给事中履行"挂号"手续时盖上并填写的。

　　（4）山东抚按戳记

　　在兵科戳记的下方钤有山东抚按的戳记，该戳记同样没有栏线，内容如下："山东抚／按委官挂号讫。万历〔三十五〕年〔陆〕月〔十三〕日〔上水〕。"④"三十五"、"陆"和"上水"字样为墨书，"十三"为朱笔所书。戳记中的"上水"指溯运河而上，即逆水行舟。衍圣公从北京返回曲阜途中，从临清开始要进入鲁运河。鲁运河作为大运河在山东省境内的一

① 《（万历）大明会典》卷一四九《兵部·驿传·勘合》，第 2082 页。

② 雷荣广、姚乐野：《清代文书纲要》，四川大学出版社，1990，第 108~109 页。中研院历史语言研究所的于志嘉研究员在"第 10 回海洋史国际学术研讨会"（台北，2001）的评议发言时，就本人关于墨书圆圈是半印字号的组成部分的观点，介绍了王健美的见解，即墨书圆圈为缴还文书时的注记。《孔子博物馆藏孔府档案汇编》编纂委员会编《孔子博物馆藏孔府档案汇编·明代卷》第 3 册，第 561 页。

③ 《孔子博物馆藏孔府档案汇编》编纂委员会编《孔子博物馆藏孔府档案汇编·明代卷》第 3 册，第 313 页。

④ 《孔子博物馆藏孔府档案汇编》编纂委员会编《孔子博物馆藏孔府档案汇编·明代卷》第 3 册，第 313 页。

段，受山东省地势的影响，水流方向是自南向北，故需要"上水"。明代对于"上水"的驿船，在勘合的规定之外，可以临时支给"人夫"。正德九年（1514）规定对"上水"的"公差官船"支给 12 名人夫。嘉靖七年（1528）改为对"上水"的"文武大臣"等支给 20 名，其他的"公差人员"支给 10 名。[①] 本戳记是山东省地方官员在办理衍圣公一行进入鲁运河时"挂号"的记录，至于是否另外支给了"人夫"，目前难以判断。

（5）发行记录

在兵科戳记和山东抚按戳记的左侧记载着该兵部勘合的发行年月日："万历〔叁拾伍〕年〔伍〕月〔十五〕日给。"[②] 朱书的"十五"二字大于墨书的"叁拾伍"和"伍"字。在"历～伍"字之上钤有发行勘合的兵部衙门官印。这里体现着被称为"齐年盖月"的中国传统官印使用制度的规定。[③]

在发行年月日的左侧有事前印刷的一个较大的"部"字，其下有一花押。明清时期的公文，尤其是下行公文通常在发行年月日之右刊有表明发行衙门的"部""府""院"等汉字字样。

（6）会同馆戳记

在发行记录的下方钤有会同馆戳记。目前很难详细判读，从勉强可以看清的戳记上刊刻的"马""匹""驴""头""验"字和填写的"温""壹""拾""站""红""肆""上""捌""拾""伍""柒拾"等字判断，该戳记是根据上述使用驿递的相关事项中"使用勘合的相关规定"中的记载，在会同馆领取廪给等时钤盖的。整个戳记上覆盖有 2 枚会同馆的官印。

在该戳记左侧，即勘合本体部分内侧的左下方刊有如下文字："自会同馆起。照依坐去地方，定限　年　月　日投收候缴。"[④] 这是从会同馆开始使用驿递以及缴还日期的规定。该兵部勘合的缴还日期处没有填写任何字样，故可以推测该勘合在出发时并没有指定缴还的日期。

在明代的驿递制度中，会同馆是北京开始使用驿递的起算基点。明代对从北京出"公差"之人有"会同馆起关应付"的规定。[⑤] 这就是说，会同馆作为全国驿递网络的基点，负责支给最初的廪给。该勘合上钤盖了会同馆官印的这一戳记，表明衍圣公一行在会同馆领取了规定的廪给。

以上可见，勘合本体的右半部为事先印刷的兵部关于发行和使用勘合的相关规定，在左半部则钤有用于发行和使用时填写必要事项的各种戳记。

4. 栏外的戳记

该兵部勘合上方栏外有三个戳记，由右开始依次是：

① 《（万历）大明会典》卷一四八《兵部·驿传·驿递事例》，第 2064 页。
② 《孔子博物馆藏孔府档案汇编》编纂委员会编《孔子博物馆藏孔府档案汇编·明代卷》第 3 册，第 313 页。
③ 雷荣广、姚乐野：《清代文书纲要》，第 25~26 页。
④ 《孔子博物馆藏孔府档案汇编》编纂委员会编《孔子博物馆藏孔府档案汇编·明代卷》第 3 册，第 313 页。
⑤ 《（万历）大明会典》卷一四九《兵部·驿传·勘合》，第 2082 页。

（1）兵部戳记

该戳记的文字为，"万历〔叁〕拾〔伍〕年〔伍〕月　日兵部堂上用印钤验过，仰经过驿递查验应付。如无本部印信验号，即系诈伪。所在官司径送该道究问，具由报部查考"。[①]我推测这是兵部堂上，即兵部尚书或侍郎在发行勘合用印时钤盖的。其内容主要是提醒如果没有兵部官印，则必为欺诈，要求相关衙门立即送往"该道"问罪。此处的"该道"当指各省按察使司下属的驿传道。[②]然后，由"该道"将诈伪情况以书面向兵部报告。在这个戳记之上钤有兵部官印。

（2）兵部车驾清吏司方形戳记

本戳记位于兵部戳记之左："车驾清吏司照得，勘合夫马俱有定数，本司概不外加。如有外加字面，即系诈冒，沿途不许应付。"[③]这很有可能是车驾清吏司负责官员在办理使用驿递的相关事项时，即填写兵部车驾清吏司条形戳记时钤盖的。其内容是，在使用驿递的相关事项的记载内容之外绝无追加，倘有追加"字面"，即为假冒，一律不许支给。本戳记之上有车驾清吏司印。

（3）兵科给事中戳记

本戳记位于车驾清吏司戳记之左："万历〔卅五〕年〔五〕月〔十六〕日　兵科挂号讫。"[④]"十六"为朱笔所书，"卅五"与"五"为墨书。这个应该是在勘合发行之后，由兵科给事中履行挂号手续时盖上的。

万历三年（1575）改革勘合制度时，决定在发行大勘合和小勘合之后要进行"挂号"："俱付兵科，及经由衙门挂号。"[⑤]具体到本勘合，它的发行日期是万历三十五年五月十五日，第二天即十六日在兵科给事中衙门履行了"挂号"手续。在该戳记右侧中央，可见斜钤的兵科给事中官印的左半印，还有无法判读的墨书汉字的左半部，以及围绕印和汉字的墨书圆圈的左半部。这些一起构成了兵科给事中的"挂号"手续。

我认为，勘合上方栏外的这些戳记与勘合本体左半部的诸戳记之间，应该存在着下记的相关关系和手续处理上的顺序，即：

第一步，车驾清吏司填写勘合的使用规定和应支廪给（万历三十五年五月十五日以前）；第二步，兵部钤印、书写字号等，正式发行该勘合（万历三十五年五月十五日）；第三步，兵科给事中对上述的勘合履行挂号手续（万历三十五年五月十六日）；第四步，会同馆支给最初的廪给（万历三十五年五月十六日以后）；第五步，山东抚按委官挂号（万历三十五年六月十三日）。

以上分别介绍了成化年间的工部班匠勘合与万历年间的兵部驿递勘合，尤其是两者在

---

① 《孔子博物馆藏孔府档案汇编》编纂委员会编《孔子博物馆藏孔府档案汇编·明代卷》第3册，第313页。
② 王天有：《明代国家机构研究》，北京大学出版社，1992，第221页。
③ 《孔子博物馆藏孔府档案汇编》编纂委员会编《孔子博物馆藏孔府档案汇编·明代卷》第3册，第313页。
④ 《孔子博物馆藏孔府档案汇编》编纂委员会编《孔子博物馆藏孔府档案汇编·明代卷》第3册，第313页。
⑤ 《（万历）大明会典》卷一四九《兵部·驿传·勘合》，第2082页。

形制上的特点。透过分别代表明代前期和后期的这两种勘合，我们可以更好地把握勘合制度在实际运用中的情况。

根据本文的分析，我有如下知见。第一，明代勘合实物的发现，证明了我本人在多年前对明日交往中使用勘合的形制所做的如下推论是基本正确的，即其一，明代勘合应该是尺寸较大的文书。其二，勘合上有"半印字号"。其三，勘合本体由使用规定和出差时"开填"两部分构成，前者为事先印刷而成，后者在发行时填写；需要更正的是，填写的部分为使用勘合时的相关内容，而且不是所谓的"批文"；进而言之，细嚼宣德八年六月明朝礼部咨文可知，明日之间在使用勘合时并无与"批文"相关的规定。其四，勘合的"半印字号"之"印"当为发行衙门即礼部的官印，在发行日期部分也应钤有礼部的官印。

第二，明代勘合实物的发现，又使我们获得了关于勘合外观的新知见。即勘合有边栏者，亦有无边栏者。其中前者为双边，填以花纹。勘合本身为方形或长方形＋梯形，后者在梯形框内刻有标明文书性质的"某部勘合"字样。

边栏在明代文书中使用得比较广泛，如目前所能见到的洪武四年（1371）直隶徽州府祁门县十四都汪寄佛户帖就是一例（伍案：以下简称"明洪武户帖"）。根据介绍，该户帖"长宽各36公分"，"四周细线双边，外层边栏长宽各34公分，内层边栏长宽各30公分，两层边栏之间印有梅花图案"。[①] 这一基于实物的描述恰恰印证了明人李诩在《戒庵老人漫笔》中对所见户帖的描述，即"周围梅花阑（栏）"。[②]

我们在元代的税票以及明清时期的户帖、税票、札符、牌照、火票等公文书中都可以看到边框中填有花纹的情况。[③] 胡光明认为，"勘合是在古代公文及其他文书基础上采用的技术手段"，故推断上述"周围梅花阑（栏）"者，"应为勘合的装饰"。他举出文献史料中"花栏字号勘合"和"半印花栏勘合"为证。[④] 此次明朝实物的发现，印证了他的推断是正确的。

第三，通过对比观察明代勘合和清代勘合（伍案：包括前述清顺治都察院勘合与清光绪兵部驿递勘合。前者的著录被中研院历史语言研究所从"勘合"修改为"精微批文"）的内容可以看出，先行研究中对勘合的分类虽然各有不同，但针对不同的目的发给不同勘合的这一见解不仅在文献史料中得到证明，而且在目前所见勘合实物中的文字部分也得到印证。如明万历兵部驿递勘合和清光绪兵部驿递勘合的使用目的相同，故在勘合上均填注应支廪给

---

① 吴展：《明代户帖的史料价值与版本价值》，《中国史研究动态》2006年第9期，第20~22页；王钰欣、周绍泉主编《徽州千年契约文书·宋元明编》第1卷，花山文艺出版社，1993，第25页。

② 李诩：《戒庵老人漫笔》卷一《半印勘合户帖》，中华书局，1982，第34~35页。

③ 塔拉等主编《中国藏黑水城汉文文献》第6册，国家图书馆出版社，2008，第1220页；王钰欣、周绍泉主编《徽州千年契约文书·宋元明编》第1卷，第257、288、319页；第2卷，第40、76、192、290、314、319、448页；中国国家博物馆编《中国国家博物馆藏文物研究丛书·明清档案卷·清代》，上海古籍出版社，2007，第268~283页；四川省档案馆编《巴蜀撷影：四川省档案馆藏清史图片集》，中国人民大学出版社，2009，第9~11、16、24~27、38~39、43、66~70页。

④ 胡光明：《明代勘合制度考》，第39~40页。

和夫马车船。相比之下，前述明成化工部班匠勘合和清顺治都察院勘合则是用于证明公务内容的文书，在性质上接近于证明使节身分的朝贡勘合。

与此相关，勘合不仅因使用目的彼此互异，在形制上也各有特点。前述明成化工部班匠勘合不仅与明洪武户帖十分相似，也非常接近清代顺治年间都察院勘合，但又各有特点。以下简称"甲系列"。此外，同样是用于驿递的明万历兵部驿递勘合和清光绪兵部驿递勘合则十分相似。以下简称"乙系列"。两系列在官印、半印字号、发行根据以及相关戳记等方面有很多共同点，至于外观方面则各有不同，兹摄取两系列在形制上的要点，汇为下表（见表2）。

**表 2　甲系列与乙系列对比情况**

| | 甲系列 | | 乙系列 |
| --- | --- | --- | --- |
| | 甲系列 A | 甲系列 B | |
| 代表 | 明成化工部班匠勘合<br>附：明洪武户帖 | 清顺治都察院勘合 | 明万历兵部驿递勘合<br>清光绪兵部驿递勘合 |
| 形状 | 正方形 | | 长方形（下）+ 梯形（上） |
| 边栏 | 双栏花纹 | 无边栏 | 双栏花纹 |
| 梯形上栏 | 无 | 无 | 梯形上栏内有"勘合"字样 |

因此，我认为，清顺治都察院勘合继承了明洪武户帖、明成化工部班匠勘合在形制上的特点，而清光绪兵部驿递勘合则是自明万历兵部驿递勘合发展而来。如果大胆推论的话，我认为证明使节身分的朝贡勘合在形制上应该接近证明工匠身分的明成化工部班匠勘合。

当年，于志嘉在点评本人"小题大作"的文章时，曾有如下感叹："包括我个人在内，相信在座应该有不少人都有同样痛苦的经验，由于缺乏原始物件可以参考，绞尽脑汁花费无数心力解读的结果，最后可能只是误会一场。"（大意如此）应该说，到目前为止，尽管我们尚未能发现明朝在对外关系中使用过的勘合文书原件，但是在结合文献史料的基础上对新近发现的明代成化工部勘合和万历兵部勘合的分析研究，使我们对明代勘合制度的认知有了进一步的提升，也证明我在旧稿中对勘合形制的推测大体无误。所以，我认为自己还是比较幸运的，至少并没有完全是"误会一场"。虽然目前所见明代勘合原物均非朝贡勘合，相信用于证明使节身分的礼部勘合在形制上应该十分接近明成化年间工部班匠勘合。

本文最初完成于 2006 年，2019 年做了大幅增删后，在第 20 届明史国际学术研讨会和徽州文书与明代中国国际学术研讨会上报告，承蒙南炳文先生和栾成显先生赐教鞭策，谨向两位先生表示感谢。

〔本文原载《史学集刊》2021 年第 2 期。作者伍跃，日本大阪经济法科大学国际学部教授〕

# 撒马儿罕的礼物：周全《狮子图》研究[*]

赵 晶

**摘 要** 周全《狮子图》呈现了真实狮子的样貌，代表了古代写实狮子绘画的最高水平。此图属于明代瑞应图之一种，反映了成化时期撒马儿罕向明朝进献狮子的历史，是明代中国和"一带一路"沿线国家贸易及友好往来的重要见证。通过考察中国狮子艺术的发展，可以发现此图实际上是对幅《狮子图》中的一件，《狻猊图》及田义墓牌坊狮子浮雕则为我们分析丢失的对幅以及周全《狮子图》的原始状况提供了重要参考。

**关键词** 《狮子图》 周全 撒马儿罕 《狻猊图》

周全《狮子图》（图1），绢本设色，纵123厘米，横198厘米，现为挂轴形式，今藏东京国立博物馆。描绘了一只成年雄狮与三只小狮子玩耍嬉闹之景，背景为溪流、古松以及修竹数竿。狮身朝向画面左侧，狮首左转正视观者，神情不怒自威。图中的狮子高度写实，狮身上的毛发均以细笔一丝不苟地描绘出来。背景的河流、岸石以及松竹、藤蔓则颇带写意笔法，属于明代浙派风格，全图富于装饰性。图左上角有作者署款"直文华殿锦衣都指挥周全写"，下钤"日近清光"印（图2），表明这是一件明代宫廷绘画作品。与传统艺术中已完全中国化的狮子形象不同，周全《狮子图》呈现了狮子真实的样貌，这在中国古代的狮子绘画或雕塑中十分少见。

* 本文为浙江省哲学社会科学规划重点课题（19NDJC020Z）成果。

**图 1 （明）周全《狮子图》**

纵 123 厘米，横 198 厘米，东京国立博物馆藏

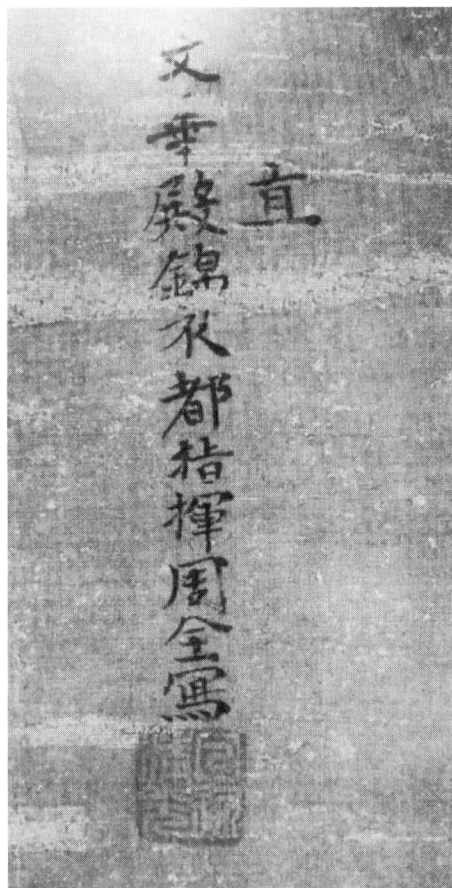

**图 2 （明）周全《狮子图》署款**

# 一 中国写实狮子图像的历史渊源

作为一种珍稀的大型猛兽，狮子往往和勇猛、力量、威严、胜利联系在一起，深受众多国家和地区人民的喜爱，具有很强的文化象征意义。汉代以后，随着丝绸之路的开通，伴随真狮的引进以及西域国家狮子图像、文化的传入，特别是受佛教的影响，狮子的形象得以在中国广泛传播，逐渐和中国本土的猛兽虎一样，成为中国传统文化中具有特殊吉祥意义的动物，被中国人喜爱。在中国传统艺术中，无论在建筑、雕塑、绘画、墓葬还是各类工艺品中，狮子的形象无处不在。

传统的中国狮子形象自汉代以来经历了一个长期发展变化的过程，早期的狮子形象往往接近虎，如西安碑林所藏咸阳沈家村出土的一对东汉石狮以及河南博物院藏许昌石庄村出土东汉石狮等，南北朝时许多佛教造像中的狮子则受到西域国家的影响。唐代以后，中国传统的狮子形象大体固定，这可以唐乾陵的蹲狮和天安门前的两对明代汉白玉石狮为代表。两者共有的突出特点是头部较大，圆颅、阔嘴、大眼，鬃毛呈螺旋状卷曲。乾陵石狮更显粗犷，但两者一脉相承，总体变化不大，体现了很大的稳定性。

中国化的狮子形象虽然体现了狮子的诸多特点，但与真狮形象相比还是有着显著的差别。主要还是因为中国并非狮子的产地，绝大多数中国人从未见过真狮，艺术家的创作受既有狮子图像的影响很大，具有很大的历史惯性。此外，狮子在中国文化中是一种能食虎豹、辟邪镇恶的神兽，具有特殊意义，其形象在不断演变过程中吸收了很多中国本土文化中的因素，特别是受到虎、豹、麒麟等中国传统动物元素的影响，经历了再创造的过程，体现了古人对这一神兽的美好想象。

类似周全《狮子图》那样呈现真实狮子形象的艺术作品在近代以前比较少见，往往出现在有西域国家进贡狮子的时代。如早期雕塑中较接近真狮形象的刘汉造石狮以及武氏祠孙宗造石狮，两者造型接近，时代应相差不远，后者作于东汉建和元年（147）。东汉时期见于记载的西域贡狮至少有四次，刘汉是当时的洛阳名匠，很可能见过狮子。

其他接近真狮形象的雕塑作品多集中在北朝至隋唐时期的佛教造像中。比较突出的是龙门石窟六狮洞中北魏造护法狮子（图3），以及西安碑林藏北魏交脚弥勒造像碑中两只浮雕护法狮子中的一只（图4），十分逼真，一般认为这是受到外来西域造型艺术影响的结果。值得注意的是，北魏时亦有西域国家贡狮的记载，一在太武帝太平真君十一年（450），颁盾国献狮子，一在孝庄帝永安三年（530），嚈哒国献狮子。六狮洞开凿于北魏末年，一般定在孝明帝时期（516~528），[①] 这与嚈哒国所献狮子到洛阳的时间非常接近，六狮洞的雕工

---

① 王其钧编《中国工艺美术雕塑器物图解词典》，机械工业出版社，2014，第169页。

图 3　北魏龙门石窟六狮洞护法狮子

图 4　北魏交脚弥勒造像碑石狮浮雕
西安碑林博物馆藏

应是皇家工匠，有可能看过真狮，因此上述作品中的狮子形象可能并非单纯是受西域艺术影响的结果。顺便提一下，嚈盾国学者多不解其具体情况，笔者以为嚈盾当即嚈哒，乃不同音译，此为嚈哒与中国发生联系的最早记载，早于一般所认为的太安二年（456）。

另外，国家博物馆藏唐狮纹金花银盘正中有一浮雕狮子，活灵活现，与真狮样貌无二（图5）。此盘1956年出土于西安八府庄东北，位于大明宫东侧，应为唐代宫中用物。唐代自高祖武德、太宗贞观到高宗显庆、玄宗开元间，西域各国贡狮不绝，盘中的浮雕狮子应是以唐代皇家苑囿中的真狮为本，故能肖似。其他如西魏大统二年（536）高子路造像中的一只护法狮子、襄阳贾家冲南朝画像砖中狮子等也比较近似于真狮，但不及前述几例。

至于绘画作品，文献中画狮的记载可以追溯到六朝时期。苏轼曾在镇江甘露寺见过一幅陆探微画的狮子屏风，所画为一狮二菩萨。此护法狮"奋鬣吐舌，威见齿舞"，苏轼称其"笔法奇古，决不类近世"，[①] 不由让人怀疑是否是因其与传统中国狮子形象不同。除陆探微外，东晋至刘宋时期的画家王廙、戴逵、宗炳也都画过狮子题材的作品，宗炳是根据当时去西域求法僧人叙述所画，戴、王所画不知是否以真狮为蓝本。这些狮子绘画也和北朝石刻一样，多和佛教有关，体现了佛教对狮子艺术的深刻影响。

古代绘画中近于真狮样貌的写实性绘画为数不多，以致见到此类作品时古人往往会产生诧异，甚至误狮为獒。贞观中，阎立本奉命图绘西域康国贡狮，其《职贡狮子图》著录于《宣和画谱》。周密《云烟过眼录》载此图绘"大狮二，小狮子数枚，皆虎首而熊身，色黄而褐，神采粲然。与世所画狮子不同。胡王倨坐甚武，傍有女伎数人，各执胡琴之类，并执

---

① 苏轼：《苏轼文集》卷二一，中华书局，1986，第609页。

图5 唐狮纹金花银盘

中国国家博物馆藏

事十余，皆沉着痛快"。①《云烟过眼录》还著录了阎立本另一件《西旅贡狮子图》，"狮子墨色，类熊而猴貌，大尾"。②周密称两图中所绘狮子"殊与世俗所谓狮子不同，闻近者外国所贡正此类也"。③

　　阎立本所绘应较接近于真狮，与传统中国狮子形象不同，这使周密感到诧异。现存传为钱选所作《西旅献獒图》（图6）绘西域使者献狮之景，图后题跋称系摹自阎立本之图，对比周密所述，此图较接近《西旅贡狮子图》。图中狮子虽与真狮形象有较大区别，但从其头部、肩部鬃毛密布来看，亦能辨认出所绘为一雄狮，此图可能摹自一个较早的古本。

图6 传（元）钱选《西旅献獒图》

纵26.5厘米，横97厘米，藏处不明

采自《中国绘画总合图录》第2卷，东京大学出版会，1982，第114页

---

① 周密：《云烟过眼录》卷下，《丛书集成初编》本，中华书局，1985，第50页。
② 周密：《云烟过眼录》卷上，第30页。
③ 周密：《云烟过眼录》卷上，第30页。

阎立本之作虽已不存，不过唐人所绘写实狮子的绘画作品在唐高祖曾孙李道坚墓中还能见到（图7），称得上是惟妙惟肖。李道坚卒于开元二十六年（738），开元中拂菻、吐火罗、波斯、米国等均曾遣使贡狮，画家显然见过当时宫中饲养的真狮。

宋元时期也都有外国进贡狮子的记载，当时的画家必定也创作过一些较写实的狮子绘画，如文献中记载李公麟曾画过白描的《于阗国贡狮子图》，可惜此图未能保存下来。清宫旧藏有一件《元人画贡獒图》（图8），虽名为贡獒，实系贡狮。此图可能为明人摹本，除鬃毛有些失真，已十分接近真狮的形象，其祖本有早至宋元的可能。

现存古代绘画中，反映真狮形象的绘画主要集中于明清时期的宫廷绘画中，但水平亦有高下之分。从清代宫廷画家刘九德、张为邦及部分佚名画家所绘狮子图来看，虽然已十分接近真狮，但水平不高（图9），较为呆板，精致程度远不及周全《狮子图》。这些较为写实的狮子绘画部分作于康熙年间，有些则是雍、乾时期的仿本。康熙十七年（1678）八月，葡萄牙人曾将一只狮子运抵北京献给康熙皇帝，可惜的是此狮到京后只存活了不到三个月，为时甚短。此后直到20世纪初，未再有真狮入华。由于接触时

图7 陕西富平唐李道坚墓狮子图

图8 （元）佚名《元人画贡獒图》
纵71.7厘米，横86.8厘米，台北故宫博物院藏
采自《故宫书画图录》第5册，台北故宫博物院，1990，第257页

图9 （清）张为邦《狻猊图》
纵175.1厘米，横238.2厘米，台北故宫博物院藏
采自《故宫书画图录》第14册，台北故宫博物院，1994，第175页

间甚短，未能细致观察，又迭经转摹，导致清宫写实性狮子绘画水平普遍不高，细节多有缺失。

故宫博物院还藏有一件郎世宁（Giuseppe Castiglione）所绘《太师少师图》巨幅油画，绘大小狮若干。此图原应系某处宫殿墙上的贴落，后被揭下卷起存放，保存状况不佳，从公布的黑白照片看，整体比较写实，水平亦较高（图10）。但所绘狮子眼睛过大，头部细节与真狮有差异，以郎氏技艺之高，如见过真狮当不至于如此失真。郎氏在欧洲时有可能接触过一些西方的狮子艺术作品，此图或是凭记忆进行的创作，或就是以清宫所藏的一些狮子画为蓝本创作的，故不免存在错误。

相较而言，现存明代宫廷写实性狮子绘画的水平则要高得多，这与明代宫廷长期豢养狮子密切相关。在早期的法海寺壁画中，护法狮就摈弃了传统的中国狮子形象，采用了真狮的样子，十分传神（图11）。壁画系由正统前期的宫廷画家所绘，此时距宣德末年西域国家进贡狮子才短短数年，该狮很可能还在宫中，画家应当见过真狮。

周全《狮子图》中的狮子更是高度写实，表现了更多此前写实性狮子雕塑及绘画作品所不具备的细节，特别是在眼睑及眉斑部位，包括躯干上的短细毛、前肢肘部的长毛及位于头、颈、胸腹部位的鬣毛也均刻画入微，代表了古代写实性狮子绘画的最高水平，完全可以据此来判断狮子的品种。该狮头部鬣毛较短，耳朵能够完整外露而不被鬣毛遮盖，眼睛上部的眉斑清晰，前肢肘部鬣毛较发达，腹部有一明显褶皱，尾端的茸毛大而明显，这都接近亚洲狮的体貌特征，所绘应为亚洲狮。图中狮子腹部的鬣毛一直延伸至身体后侧，表明该狮可能是地理分布较靠北的中亚地区的狮子。

图 10  郎世宁《太师少师图》（局部）    图 11  北京法海寺大雄宝殿明代壁画中的狮子

纵 301 厘米，横 492 厘米，故宫博物院藏

## 二 明代宫廷画家周全其人

《狮子图》的种种细节表明，画家本人应见过真狮，甚至有可能就是对着真狮写生的结果，那么周全是否有机会见到真狮呢？画史对周全的记载简略，最早提及周全的是成书于正德时期的《图绘宝鉴续编》，仅有五字："周全，工画马。"① 知他以画马闻名。明末清初的几种画史著作如《画史会要》《明画录》记载也完全相同，当均抄录自《图绘宝鉴续编》。周全之马在明代颇有影响，嘉靖时李开先《中麓画品》将周全马与李鳌猫犬、刘节鱼、刘俊人物以及倪端、谢环、王谔、王世昌等人山水列在第六等中。② 隆庆时王勣所编《类编古今画史》亦记载："李鳌猫犬，周全马咸有名于时。"③ 另外，万历时的《画法大成》记载周全"善马牛"。④ 则他除善画马外，亦善画牛。其存世作品除《狮子图》外，尚有一件《射雉图》，今藏台北"故宫博物院"。

画史对他的记载虽然简略，不过在《明实录》中尚保留了一些与其相关的记载，可以丰富我们对他的认识。《明英宗实录》景泰七年（1456）六月庚子载：

> 命张靖为正千户，倪端、周全为百户，靖等俱以匠役供绘事于御用监，至是官之，供事如故。⑤

知此年他以画艺被授予锦衣卫百户之职。又，《明宪宗实录》成化二十三年（1487）七月庚子载：

> 命故锦衣卫带俸都指挥佥事周全侄广袭为指挥佥事。全，故司礼太监金英养子，初以军功升锦衣卫百户，以事降小旗调边卫。后屡奉内旨历升至都指挥佥事。至是全殁，广为之后，求袭职。兵部言，都指挥流官，例不当袭，自指挥而下非军功升授者亦不得袭，今广揆之例宜令补小旗。奏上，特旨授指挥佥事。⑥

此处记载不仅涉及其卒年，还涉及其家庭出身、早年情况以及去世后其侄袭替其官职事宜，并提到他是正统、景泰间大太监金英的养子。根据这一记载，宋后楣最早指出周全卒

---

① 韩昂：《图绘宝鉴续编》，《中国书画全书》第 3 册，上海书画出版社，2000，第 838 页。
② 李开先：《中麓画品》，《中国书画全书》第 3 册，第 915 页。
③ 王勣：《类编古今画史》卷一一，清抄本，北京大学藏。
④ 朱寿镛、朱颐厓：《画法大成》卷六，明万历刊本，国家图书馆藏。
⑤ 《明英宗实录》卷二六七，台北：中研院历史语言研究所，1962。
⑥ 《明宪宗实录》卷二九二。

于成化二十三年。① 其去世的准确时间应在成化二十三年五、六月间，至多再早一两个月。除以上两处记载外，《明实录》中还有几处提及他，特别是提到他成化二十一年（1485）正月因"星变"被降半俸，此时官职为都指挥佥事，② 则他晋升为都指挥佥事当不会晚于成化二十（1484）年底。不过《明实录》虽然记载了周全的卒年和其出身情况，但并未提及其生年和籍贯。

笔者曾根据明代兵部《武职选簿》所载周全档案，指出其系顺天府遵化县人，生于宣德元年（1426），成化二十三年去世时62岁。③《武职选簿》的记载可以和《明实录》相互印证，并有所补充。根据两书记载，可以大致还原周全从景泰末至成化间的官职升迁情况，笔者已有专文讨论，④ 现将其景泰七年以后官职升迁情况整理为下表如下（见表1）。

**表1 景泰七年以后周全官职升迁情况**

| 时间 | 年龄 | 官职晋升及相关情况 |
|---|---|---|
| 景泰七年（1456） | 31岁 | 以画艺授锦衣卫百户（正六品） |
| 天顺年间（1457~1464） | 32岁至39岁 | 约此期间升为锦衣卫副千户（从五品） |
| 成化十六年（1480） | 55岁 | 十月二十日，由正千户（正五品）晋升为锦衣卫指挥佥事（正四品） |
| 成化十七年（1481） | 56岁 | 八月十五日，由锦衣卫指挥佥事（正四品）升一级至指挥同知（从三品） |
| 成化十八年（1482） | 57岁 | 约是年升锦衣卫指挥使（正三品） |
| 成化十九年（1483） | 58岁 | 约是年由锦衣卫指挥使升锦衣卫都指挥佥事（正三品） |
| 成化二十一年（1485） | 60岁 | 在锦衣卫都指挥佥事任上。正月，因"星变"被降半俸，同年闰四月恢复全俸 |
| 成化二十二年（1486） | 61岁 | 二月十七日，被允许世袭官职 |
| 成化二十三年（1487） | 62岁 | 卒于此年上半年。七月初三，宪宗下诏授其侄周广锦衣卫指挥佥事 |

根据《狮子图》上"直文华殿锦衣都指挥周全写"的署款，结合周全的官职履历，可以判断出此图大致的创作时间。绘此图时他已官至锦衣卫都指挥（佥事），周全成化十七年八月才升至锦衣卫指挥同知，尚需升迁两次方到都指挥佥事，而其至少在成化二十年底已具有都指挥佥事一职。其由指挥佥事升指挥同知时距上次升迁尚不及十个月，以此推算周全升至都指挥佥事应在成化十九年至成化二十年间，甚至可能会早至成化十八年底。此后直至成化二十三年去世，官职未有变动，故《狮子图》的绘制时间应在成化十九年至成化二十三年上半年这个范围内。

① 宋后楣：《日近清光》，台北：文史哲出版社，2006，第46页。
② 《明宪宗实录》卷二六五。
③ 赵晶：《〈武职选簿〉所载部分明代宫廷画家史料辑考》，《故宫博物院院刊》2017年第5期。
④ 赵晶：《明代宫廷画家周全考略》，《美术观察》2018年第12期。

## 三 《狮子图》的创作背景

作为远道而来的珍稀动物，狮子和麒麟、驺虞一样被视作神兽，在中国文化中有着特殊的祥瑞之意以及特定的政治含义。贡狮的到来具有天下太平、政治清明以及国力强盛、远人宾服的象征意义，因此多作为重要的历史事件被记载下来，历史上甚至有因获得狮子而改元的记载。文臣因此创作诗赋赞颂王朝的统治，画家亦会奉命图绘其形。贞观中，西域康国献狮子，唐太宗即命虞世南作《狮子赋》，并由阎立本绘图。开元中西域贡狮尤频，张九龄曾作《狮子赞》，[①] 画家韦无忝亦奉命画狮子。[②] 这一传统在明代亦得以延续。

明初国力强盛，君主锐意开拓，不断从陆路和海上遣使外国，中西交通往来频繁。西域各国不惮路远，不断将狮子、犀牛、猎豹、猞猁、良马、长颈鹿、鸵鸟、斑马等各种珍禽异兽运往中国，而明廷则回赠使臣及进贡国家数倍于贡物价值的物品，这既体现了明代中国与"一带一路"沿线国家之间的友好交往，某种程度上也是一种特殊的贸易形式。

对海外而来的珍禽异兽，明代的文臣亦作诗文加以歌颂，宫廷画家则奉命图绘其形。永乐十三年（1415）麻林国献麒麟，哈烈国献狮子，王直作《瑞应麒麟颂》，王英、梁潜、李时勉、陈诚等均作《狮子赋》。永乐十七年（1419）木骨都束贡狮，金文靖作《狮子赞》，宣德八年（1433）海外贡麒麟、狮子等，则有杨士奇、王直、孙瑈等人所作《瑞应麒麟颂》，王直后来亦作《狮子赞》。

绘画方面，现存台北"故宫博物院"的《瑞应麒麟图》即描绘永乐十二年（1414）榜葛剌国所献的长颈鹿，上有沈度所作《瑞应麒麟颂》。正统时西域献良马，英宗亦命宫廷画家图绘其形。[③] 其他如国外进贡的斑马、鸵鸟、非洲大羚羊，国内地方呈送的驺虞、玄兔等均有图绘。[④] 这类以外国或本国的祥瑞动物及事件为主题的宫廷绘画明代称之为瑞应图，常配以当时文臣的赞颂诗歌，具有歌颂祥瑞、记录史实的作用。

正统以后，随着停下西洋以及逐渐停止通过陆路向西域派遣使臣，西域贡狮大幅减少，在近半个世纪里，未再有活狮运抵中国。直到成化后期，西域撒马儿罕等地又向明廷贡狮，并于成化十九年（1483）四月成功将一对狮子运抵北京。《明宪宗实录》成化十九年四月癸酉载：

---

① 张九龄：《曲江集》卷一七，《景印文渊阁四库全书》第 1066 册，台北：台湾商务印书馆，1986，第 188 页。
② 朱景玄：《唐朝名画录》，四川美术出版社，1985，第 15 页。
③ 杨士奇：《东里集续集》卷五七，《景印文渊阁四库全书》第 1239 册，第 440 页。
④ 叶盛：《菉竹堂稿》卷二，《中华再造善本》影印明嘉靖刻本，国家图书馆出版社，2013。

撒马儿罕及亦思罕地面锁鲁檀阿哈麻等遣使贡狮子献于朝。①

此事亦见于《明会典》及《明史》的记载，时任兵部职方郎中的陆容详细记载了此次撒马儿罕贡狮一事：

> 成化辛丑岁，西胡撒马儿罕进二狮子，至嘉峪关，奏乞遣大臣迎接，沿途拨军护送。事下兵部，予谓进贡礼部事，兵部不过行文拨军护送而已。时河间陈公钺为尚书，必欲为覆奏。予草奏，大略言狮子固是奇兽，然在郊庙不可以为牺牲，在乘舆不可以备骖服，盖无用之物，不宜受。且引珍禽奇兽不育中国，不贵异物贱用物等语为律，力言当却之。如或闵其重译而来，嘉其奉藩之谨，则当听其自至，斯尽进贡之礼。若遣大臣迎接，是求之也。古者天王求车求金于诸侯，《春秋》讥之，况以中国万乘之尊，而求异物于外夷，宁不诒笑于天下后世！陈公览之，恐拂上意，乃咨礼部。时则四川周公为尚书，亦言不当遣官迎接，事遂寝。而遣中官迎至，其状只如黄狗，但头大尾长，头尾各有鬃耳，初无大异，《辍耕录》所言，皆妄也。每一狮日食活羊一羫，醋蜜酪各一瓶，养狮子人俱授以官，光禄日给酒饭，所费无算。在廷无一人悟狮子在山薮时何人调蜜醋酪以饲之，盖胡人故为此以愚弄中国耳。②

据陆容的记载可知，撒马儿罕进贡的这对狮子实际上成化十七年（1481）就已运抵嘉峪关。使者到嘉峪关后停留不前，要求明廷派大臣前往迎接。后经一番来回往复，当宪宗派宦官去嘉峪关迎接，并最终运抵北京时已隔了一年多。对此次贡狮，时任少詹事兼翰林院侍讲学士的杨守陈作《狮子赞》，③歌颂宪宗的统治。

这次贡狮正好在周全《狮子图》的绘制时间段内，可以肯定《狮子图》的绘制与此次贡狮事件密切相关。对宪宗而言，撒马儿罕的贡狮是自宣德以来时隔四十余年首次有狮子入华，而外国万里献狮更具有重要的政治象征意义，在宪宗看来，表明在其治下远人宾服，四夷向化，瑞兽现身，堪比祖宗朝的永宣盛世。故在大臣反对派遣官员迎接的情况下，另指派宦官赶赴嘉峪关，一路陪同来京，并对使臣"厚加赐赍"，④使臣及饲养人员均被授以官职。⑤他又命文臣作文赞颂、画家作画，使其近趾明成祖，远追轩辕之"德"为后世所知。成化二十一年（1485）元宵节，在装扮游行的队伍中还专门呈现了撒马儿罕贡狮之景，作为"万国来朝""四夷宾服"的象征（图12）。《狮子图》也应是周全奉宪宗之命而作，本图最有可

---

① 《明宪宗实录》卷二三九。
② 陆容：《菽园杂记》卷六，中华书局，1985，第69~70页。
③ 杨守陈：《杨文懿公文集》卷二七，《四库未收书辑刊》第5辑第17册，北京出版社，2000，第617页。
④ 《明史》卷三三二，中华书局，1974，第8600页。
⑤ 《明宪宗实录》卷二五六。

图 12 《明宪宗元宵行乐图》中的撒马儿罕贡狮

中国国家博物馆藏

能的绘制时间是在狮子运抵北京后不久的成化十九年四月至十二月。在性质上，此图既有明代瑞应图的纪实性作用，鉴于其巨大尺幅，应也有装饰性作用。它不仅展现了中国古代写实性狮子绘画所达到的精湛程度，更是见证明代中国与"一带一路"沿线国家友好往来的重要实物，具有重要的历史价值。

# 四　《狮子图》中的幼狮问题

《狮子图》中成年雄狮的描绘细致入微，高度写实，不过对幼狮的描绘却出现明显错误。与中国人常见的虎、豹不同，狮子是唯一一种雌雄两态的猫科动物，雄狮头、颈、肩及胸腹部位有长而浓密的鬃毛，母狮无鬃毛，幼狮在外观上与母狮相近，亦无鬃毛，雄狮一般一岁左右开始长鬃毛，此时体型已较大。《狮子图》中的三只幼狮都绘有鬃毛，这与真实的幼狮样貌不符，出现这这一错误并非画家疏于观察，而是客观条件造成的。

首先，撒马儿罕所献这对狮子中并无幼狮。这对狮子成化十七年就已抵达嘉峪关，其从撒马儿罕至北京费时在两年以上。即使是出发时刚断奶的狮子，抵达北京时也早已接近成年。再考虑到幼狮长途运输死亡率高，为保证存活，一般会选择身体条件较好的成年或接近成年的狮子进贡，故画家未见到真正的幼狮。

其次，这对狮子中也无母狮，画家也不知晓母狮的样貌。关于撒马儿罕所供这对狮子的性别，杨守陈的《狮子赞》说是"牡牝各一"，作为高级官员，杨本人应见过这对贡狮，不过和赞文本身存在诸多明显的常识性错误一样，这一说法也完全靠不住，因为他在文中明确指出这对狮子的外貌与《汉书》中关于狮子的记载相同，[①] 即也是黄色，有髯髻，尾端茸毛大如斗，并称"首耸髯弹，尾大而修"。[②] "髯髻"均指雄狮的鬃毛，从其描述看显然是雄狮的外貌。再证之陆容将这对狮子的外貌描绘为"头大尾长，头尾各有髯"，更进一步确证这对狮子都是雄狮。

最后，缺乏对狮子雌雄异态的了解是当时普遍存在的一个现象，画家也不能从前代作品中得知母狮的样貌。狮子产于万里之外，路途艰险，运输时间长，输入中国的数量十分有限，普通中国人难得一见，更无从得知其习性和生理特点。养狮耗费巨大，且有一定的危险性，与猎豹不同，狮子除观赏外并不能从事狩猎，无多大实用价值，相比之下雄狮外貌威武，故在捕捉豢养时多留雄狮。为避免中国自行繁殖进而危及贸易的可持续性，通常情况下不会轻易将母狮运往中国。故在古代中国，除了极少数出使西域的外交使臣、商人或求法僧人有可能在偶然情况下得见母狮及幼狮，普通中国人难以知晓狮子雌雄外貌不同这一特点。

西域贡狮多为成年雄狮这一特点在早期的史料中亦多少能看出端倪。如东汉阳嘉三年（134），西域疏勒王盘遣使文时献狮子，据《太平御览》所引《东观汉记》记载，该狮"似虎，正黄，有髯髻，尾端茸毛大如斗"，[③] 显然是雄狮的体貌特征。贞观九年（635）康国所献狮子，据虞世南《狮子赋》描绘，乃"阔臆修尾，劲毫柔毳"，"愤鬣舐唇，倏来忽往"，[④] 亦有雄狮才有的鬣毛，说明也是雄狮。相比汉唐，明代有关贡狮情况的记载更多，但从当时众多描述中可以看出，永宣时期所贡狮子无一例外都是雄狮。如永乐十三年（1415）九月哈烈国所贡狮子，据梁潜《西域献狮子赋》记载，该狮"蒙蒙茸茸，勃其髯髻"。[⑤] 王英《狮子赋》则描述此狮"劲鬣毵毵，修尾如綟"。[⑥] 两人都提到狮子的鬃毛，显然是雄狮。永乐十七年（1419）木骨都束这次贡狮为少见的非洲狮，据金幼孜《狮子赞》描述，其狮"髯髻缨妥，柔毳霜妍，奋鬣雷鸣"，[⑦] 亦为雄狮。宣德时西域贡狮，据王直《狮子赞》中的描述"毫劲兮葱茏，毳柔兮蒙茸"，[⑧] 同样也是雄狮。

周全既未从成化十九年的两只贡狮中见到母狮和幼狮，也无法从永宣时期宫廷画家所绘《狮子图》中得见母狮及幼狮的真实样貌，兼之古代中国人普遍不了解狮子雌雄外观不同这一特点，故《狮子图》中幼狮是按照两只雄狮的外貌来描绘的。杨守陈认为两狮是雌雄各

---

① 实为颜师古注所引曹魏时孟康注文对狮子的描绘。
② 《杨文懿公文集》卷二七，第 617 页。
③ 《太平御览》卷八八九，中华书局，1960，第 3949 页。
④ 虞世南：《狮子赞》，《文苑英华》卷一三一，中华书局，1982，第 601 页。
⑤ 梁潜：《泊庵集》卷一，《景印文渊阁四库全书》第 1237 册，第 189 页。
⑥ 王英：《王文安公文集》卷六，《续修四库全书》第 1327 册，上海古籍出版社，2002，第 382 页。
⑦ 金幼孜：《金文靖集》卷六，《景印文渊阁四库全书》第 1240 册，第 691 页。
⑧ 王直：《抑庵文集后集》卷三七，《景印文渊阁四库全书》第 1242 册，第 381 页。

一的错误在当时应普遍存在，如果未作特别说明，大多数人在无法做到抵近细致观测的情况下恐怕都会想当然地以为这对贡狮是雌雄各一。

## 五 《狮子图》中的雄狮问题

与出现错误的幼狮相比，《狮子图》中的"雄狮"描绘准确，似无问题，但当我们站在五百年前创作者的角度重新审视此图，可以发现面对同一件作品，今天的欣赏者与明代的创作者在作品的理解上产生了有趣的偏差。

由于古代中国人并不了解狮子的生理特点，故传统的中国狮子形象无论是雌雄还是幼狮都有长长的鬃毛。极个别能以鬃毛有无来准确区分狮子雌雄的例子主要集中在北朝至隋唐时期的少数佛教石刻中，[1] 这应与这一时期中西交往较频繁有关，不少中亚产狮地区的胡人入居中国，带来众多狮子艺术品，又有众多僧人求法西行，到过中亚、南亚等有狮子的地区，因此狮子雌雄异态的知识有可能为个别工匠所知。

为区分雌雄，唐代以前一般以所处方位不同或通过对生殖部位的刻画来加以区别。虽然包括武氏祠石狮在内的早期雕塑实例中已经出现足抚幼兽的现象，但起初并不以此作为区分性别的方式，雄狮或雄兽也有足抚小兽的造型。而狮子踩球的造型，起初亦并未固定为雄狮专属。

以抚幼狮或踩球来区分狮子雌雄大致在辽—北宋时才逐渐固定。如蓟县独乐寺出土的一对角石，可见一为狮子戏球，一为抚幼狮（图13）。独乐寺观音阁和山门建于辽统和二年（984），一般认为此对角石亦应为辽代作品。[2] 以有可靠铸造年份的几组铁狮为例，晋祠一对铸造于北宋政和八年（1118）的铁狮，雌狮足抚幼狮，雄狮下部已蚀毁，现经修补，原先是否也同样有球已不清楚，推测应也有球。

**图13　蓟县独乐寺山门台基辽代狮子角石**

---

[1]　如西安碑林藏隋三面佛造像、上海博物馆藏北齐佛像石碑中几对狮子均一有鬃毛一无鬃毛。
[2]　类似的还有西安碑林所藏石狮角石，但对其年代尚有不同看法。

**图 14　田义墓棂星门两侧狮子浮雕**

石家庄华北军区烈士陵园原有一对金代大定二十四年（1184）所铸铁狮，非常完整，雌狮抚幼狮，雄狮踩球（图14），可惜的是2010年被盗往境外。此外，嵩山中岳庙金正大二年（1225）铁狮也属较早的例子，首都博物馆尚藏有金代泰和八年（1208）所铸造的铁狮一只，为脚踩球造型的雄狮，雌狮已不存，推想应和上述几例相同。

《狮子图》所呈现的正是宋代以后表现母狮时所习见的方式，即足踩幼狮或与幼狮相戏，故图中的"雄狮"虽然高度写实，但实际上是按照雄狮形象所绘的母狮。结合撒马儿罕所贡狮子系一对的史实，还可以进一步推断，此图当系同时绘制的《狮子图》对幅之一，除了本件《母狮图》外，必另绘有一《雄狮图》。这类大型对幅作品当裱在宫中屏风上，成对安置于殿内东西两间门内，或者作为贴落装饰于重要宫殿的殿内房门两侧墙上，很可能曾置于三大殿或乾清宫中。

这种以真实公狮面貌为本创作的母狮图在明代宫廷艺术中还能找出几例，如田义墓和碧云寺牌坊中的浮雕狮子图都呈现这一特点，可资比较。田义为明代万历时司礼监掌印太监，长期职掌宦官机构，其墓系由工部营造。该墓棂星门两侧各有一壁狮子图浮雕（图15），狮子形象亦不同于传统中国狮子，较接近真狮。左壁狮子伴随幼狮，系母狮，右壁狮无小狮伴随，是雄狮。幼狮、母狮形象与雄狮相同，均有鬣毛，说明作者同样不清楚狮子雌

图 15　碧云寺石牌坊两侧狮子浮雕

图 16　（明）佚名《狻猊图》
纵 211.9 厘米，横 178.6 厘米，台北故宫博物院藏
采自《故宫书画图录》第 9 册，台北故宫博物院，1992，
第 351 页

雄的差异，两壁浮雕以对幅的形式呈现。香山碧云寺石牌坊两侧明代狮子浮雕（图 16），亦采用真狮形象，雌雄及幼狮均有鬣毛，母狮伴随幼狮，雄狮为戏球造型。[①]

## 六　寻找《雄狮图》

《狮子图》既然是一件《母狮图》，那么作为对幅的《雄狮图》应该是怎样的呢？一般而言，《雄狮图》当也出于周全之手，考虑到作品的巨大尺幅，也不能完全排除由另一位画家创作的可能，不过两者在绘画风格上应大体一致，构图上也应大体对称或具有关联。无疑田义墓及碧云寺石牌坊的浮雕具有重要的参考价值，但更值得关注的是今藏台北"故宫博物

---

①　由于碧云寺明清以来多次改扩建，此牌坊的建成年代尚有争议，有人认为是明末清初风格，多数则认为是清代乾隆十三年（1748）扩建碧云寺时所作。从其浮雕狮子图接近田义墓看，应是出自明代官方工匠之手。

**图 17 明人《狻猊图》**
211.9×178.6 厘米，台北故宫博物院藏

院"的明人画《狻猊图》（图 17）。

《狻猊图》同样也是一件高度写实的狮子绘画，纸本，设色，纵 211.9 厘米，横 178.6 厘米。右上角钤"广运之宝"印，表明此图也是出于明代宫廷画家之手。此图画风与《狮子图》相近，均属明代院体风格，水平很高，时代气息不晚于明代中叶。两图画风虽然接近，但略有差别，《狻猊图》更为细腻一些，应非出于一手。此图不仅为我们呈现了《雄狮图》可能的样式，也为周全《狮子图》的研究提供了更多的信息。

两图的背景十分接近，都绘古木溪流，在构图上体现了高度的对称性。《狮子图》中树木被安排在画面右侧，溪流流向画面左侧，狮子身躯朝向左侧。《狻猊图》中树木则位于左侧，溪流向右侧流淌，狮身朝向画面右侧，与《狮子图》正好相对。

两图中狮子的大小限于条件无法实测，但按比例估算，《狻猊图》中的狮子从头部至臀部的长度约 120 厘米，头至脚的高度约 103 厘米，《狮子图》中的"母狮"长度约 111 厘米，高度约 105 厘米，两者大体相当。考虑到两图在整体尺幅上存在较大差异，这一巧合值得我们注意。

在宽度上两图仅有不到 20 厘米的差距，考虑到巨大的尺幅，这个差距实际上并不大，但高度上《狮子图》比《狻猊图》少了近 90 厘米，两者相差悬殊。由于两者存在多方面的相似性，这为我们判断《狮子图》的原始状态提供了重要参考。《狮子图》中母狮脚掌已抵画幅底部，一爪尖已被割出图外，在布置上略显局促。上部左侧下垂的松枝系凌空而出，未与右侧的松树相连，而《狻猊图》中狮子头部右上方的枝叶却交代得较为完整。两相比较，《狮子图》在改为立轴时很可能对画面上下部分有所裁割，可能由于原图较高，不便张挂，故只保留了画面的主体部分。

巨幅作品在陈设使用过程中周边出现破损十分正常，《狻猊图》上下边缘及右侧均有明显的修补痕迹。与王谔《江阁远眺图》（故宫博物院藏）、佚名《比丘女冠像》（吉美博物馆藏）等同样钤"广运之宝"印于右上角的几幅明代宫廷绘画相比，此图右上角"广运之宝"印显得过于靠近裱边，印上部已微残，表明此图在重新装裱时应对边缘残损部位加以割弃，这很可能是发生在由屏风或贴落改成立轴时，或在重新装裱时。构图上《狻猊图》与《狮子图》正好相对，左侧较满而右侧较虚，参照《狮子图》,《狻猊图》右侧偏上的空白部位可能原来亦有署款。署款不存的原因除破损外，亦有可能是被有意去除以充作宋画。《石渠宝笈》著录时已不知此图作者，[①]那么重装当在乾隆以前。考虑到这一可能的因素，就与《狮子图》宽度非常接近。当然，由于两图均经过裁割，其最初的尺幅究竟是否大体一致已无法得到确证。

周全《狮子图》为绢本，《狻猊图》则为纸本，则《狻猊图》应非《狮子图》的对幅，不过从上述多个方面来看，《狻猊图》即便不是《狮子图》的对幅，至少也是创作时间非常接近的作品，为我们呈现了《狮子图》对幅最有可能的样子。当时很有可能创作了数套狮子图对幅，《狻猊图》应是其中一套中的《雄狮图》，其作者应是与周全同一时期的宫廷画家。同一时期擅长猫犬、马等动物的画家还有纪镇、李璿、胡聪等人，从画面的细腻程度上看，《狻猊图》比较接近纪镇的风格。考虑到六年后的弘治三年（1490）撒马儿罕和吐鲁番又有狮子进贡，[②]亦不排除《狻猊图》所绘为弘治三年进贡的狮子，赖毓芝的研究就认为此图比较接近吕纪的风格，应是弘治时期的作品。[③]

## 结　语

中国传统狮子形象的形成，除了受到西域艺术尤其是佛教艺术的影响外，受本土传统影响尤巨，而历史上进入中国的少量西域贡狮亦起到了重要作用。贡狮具有特殊性，是经驯化能够表演的公狮，传统狮子形象中胸系铃铛、脚踩绣球以及雌雄不分都体现了西域贡狮的这一特殊性。展现了真狮形象的艺术作品虽然数量很少，但始终存在，这些作品的出现往往和贡狮的到来有关。艺术家有机会接触真狮，创作出迥异于传统狮子形象的作品，但在表现方式等方面又往往受到传统范式的影响，周全《狮子图》即体现了这一特点。历代表现真狮形象的作品多与宫廷艺术有关，但其影响往往有限，甚至在宫廷狮子艺术中也不是主流。同样是描绘撒马儿罕的贡狮，在《明宪宗元宵行乐图》中就完全呈现出传统中国狮子的形象。[④]

受传统图式的影响，近代以前的观画者往往较容易看出《狮子图》其实是《母狮图》，他们对此图感到惊异的地方恰恰是今天的观者不以为意的狮子外观，在这一点上他们和宋末

①　《石渠宝笈》卷四〇,《景印文渊阁四库全书》第 825 册，第 530 页。
②　《明孝宗实录》卷三八。
③　赖毓芝:《明人画狻猊图考》,《故宫文物月刊》2013 年第 2 期。
④　因表现贡狮的场景是出现在装扮游行的队伍中，不排除此狮及两位养狮人均是由明人装扮，这也会导致图中狮子的形象更接近中国传统的狮子形象。

元初的周密并无二致。新中国第一任教育部长、著名民主人士马叙伦民国初年在北京万牲园看到狮子后仍然感叹"与世所图者迥异"。[①] 说明直到 20 世纪早期，即便是阅历较广的知识分子仍然多不清楚狮子的真实样貌。1905 年以后，随着北京万牲园从德国购入狮子并向普通民众开放，伴随着印刷图像的逐渐普及，更多的中国人方才知道了狮子的真实样貌。

〔本文原载《故宫博物院院刊》2020 年第 11 期，原题《撒马尔罕的礼物：周全〈狮子图〉研究——兼谈中国古代狮子图像中的误解问题》。作者赵晶，浙江大学艺术与考古学院副教授〕

---

① 马叙伦：《石屋余渖　石屋续渖》，山西古籍出版社，1956，第 56 页。

# 清代旗民分治下的民众应对[*]

邱源嫒

**摘　要**　清代实行旗民分治政策，旗人不隶州县，不入民籍，由八旗系统单独管理。在制度和法律层面，"旗"与"民"是清代社会人群的基本分野，然而民众的实际生活从来不是如此泾渭分明。在直隶地区为数众多的投充人群当中，"舍民称旗"或"讳旗称民"的现象普遍存在。同一家族甚至同一家庭内部，家族成员既有民籍又有旗籍的现象并非个案，某些成员甚至不断变换"旗""民"身份，游走于八旗系统与州县系统之间。看似森严的制度与法律存在模糊地带，诸多政策漏洞为投机者提供了空间，或由"民"入"旗"以谋取土地利益，或由"旗"入"民"以获得仕进之资，呈现出旗民间的双向流动。深入考察清代错综复杂的旗民籍属、关注二元制度共存的交错地带，有助于矫正以往"旗""民"对立模式的片面理解，更清晰地认识清代旗民分治下族群关系、基层社会及民众生活的复杂性和多样性。

**关键词**　八旗制度　投充　旗民分治　满汉关系　族群边界

1949年，德裔美国学者魏特夫和中国学者冯家昇出版《中国社会史——辽（907~1125）》[①]，提出辽、金、元、清等朝代在政治、经济、社会、文化诸层面存在不同程度的二元性（Duality）。该理论对欧美、日本、中国等学术界产生了较大影响，二元性话题成为东西方学术界长期讨论的对象。然而囿于史料及研究视角，以往的讨论主要集中在国家制度层面，很难深入基层社会。清代浩瀚的档案为讨论二元视角下的民众生活提供了大量具体而生

---

[*]　本文系国家社科基金项目"17~20世纪华北地区旗人及其后裔群体研究"（15BZS109）阶段性成果。特别感谢匿名外审专家的批评与建议。

① Karl A. Wittfogel and Feng Chia-sheng, *History of Chinese Society: Liao*, Philadephia: The American Philosophical Association, 1949, pp. 907–1125.

动的历史细节，使得相关研究成为可能。

"旗"与"民"是清代社会人群的基本分类，二者在政治地位、行政隶属、法律管辖、权利义务、社会功能等方面泾渭分明，不允许有丝毫逾越。清代实行旗民分治，旗人不隶州县，不入民籍，由八旗系统单独管理。然而现实生活不可能简单如一纸条文，制度在有意识地区分不同人群、规范他们行为的同时，人们也会利用制度往来于两个系统之间谋取利益。

本文以学界关注较少的直隶地区投充旗人为主要研究对象，考察他们如何选择性地游走于八旗与州县两个系统之间的生存状态，并借此讨论旗民分治下的基层社会及民众的生活状态。

## 一　二元视角下的旗民分治与制度缝隙

有清一代，八旗各类人群以北京城为中心在畿辅地区层层分布。京师禁旅、八旗驻防环绕京师，构成严密的军事戍防体系。同时，大量庄屯人丁也定居于此，为皇室、贵族、普通兵丁提供服务，畿辅地区不可避免地形成旗民杂居之势。八旗与州县、旗人与民人，两种制度、两个群体并存于同一时空，由此产生了两种生存模式，二者既各自独立，又相互影响、交织和渗透，既有矛盾冲突又各自相安。旗人与民人利用制度漏洞，游走在八旗与州县之间，使旗民杂居的基层社会呈现出较为复杂的状态。

### （一）废田为牧与跑马占圈

中国历史上由北方少数民族建立的政权涵盖了复杂多样的族群，拥有层次丰富的多元文化，并呈现出各自不同的社会面貌。以契丹（辽）、女真（金）、蒙古（元）、满洲（清）而论，契丹与蒙古是较为纯粹的游牧族群，而女真与满洲则是居住在森林、原野地带的半农耕半渔猎族群，他们虽然被学者并列讨论，却有着不尽相同的生活方式、文化习俗及由此产生的族群性格。[①] 他们面对中原汉族农耕文化时，势必表现出或对抗、或吸纳的不同态度。对土地的不同认知颇能反映北方族群的文化差异。元代蒙古人初入中原，依其游牧思维，认为"汉人无补于国，可悉空其人以为牧地"，[②] 提出废田为牧的主张。而入关后的清廷采取了不同的措施，在京畿实行大规模圈地，设立庄园，"以近畿五百里内之地给八旗，曰旗圈"，[③] 俗称"跑马占圈"。与元初废田为牧不同，清廷将圈占的民地变为皇庄、王庄、八旗官庄等旗地庄园，

---

① 拉铁摩尔：《中国的亚洲内陆边疆》，唐晓峰译，江苏人民出版社，2005。

② 《元史》卷一四六《耶律楚材传》，中华书局，1976，第3458页。

③ 乾隆《饶阳县志》卷上《官田志第六》，清乾隆十四年（1749）刻本，第25页。

依然作农耕之用。<sup>①</sup>膏腴上地设立皇庄；次之，按爵秩分给王公大臣设立王庄；再次之，分给八旗官员兵丁为一般旗地。

清初统治者对土地的认识、理解与处理，源自女真人半渔猎半农耕的生活形态。朝鲜使者申忠一曾在努尔哈赤崛起之初到访建州女真旧老城佛阿拉，所著《建州纪程图记》多处记载了女真人的屯田，为便于灌溉，贵族农幕沿河而建，"逐水而居，胡家多于川边，少于山谷"。<sup>②</sup>其后抵达后金的朝鲜人李民寏亦提到"自奴酋及诸子下至卒胡，皆有奴婢、（互相买卖。）农庄，（将胡则多至五十余所。）奴婢耕作以输其主"。<sup>③</sup>"农幕"是朝鲜人的说法，即满文"tokso"（汉译"庄"，汉文文献中通常写作"拖克索"），是入关后"庄园"的雏形，作为一种特定的生产组织形式，很可能在努尔哈赤崛起时甚至之前就已存在。

努尔哈赤建立后金，依然保留了女真人固有的编庄方式，拖克索成为后金重要的生产组织单位，《满文老档》中有不少关于拖克索的记录。八旗制度之下，无论是八旗自身编设，还是拖克索建立，人丁即劳动力是最关键的因素，汗王、贝勒的实力以占有人丁的多少来衡量，在当时辽东一带"地窄人稀，贡赋极少"的条件下，<sup>④</sup>谁占有的人丁多，谁就能广设庄屯，人丁的占有比地亩的占有更为重要。依据所占人丁数量编立庄屯的做法，成为八旗制度下拖克索的一大特点，即汗、贝勒及官员所拥有的庄屯数量，最初并不由国家统一规定和分配，在管理上虽然都采用拖克索的形式，但具有各自独立、各行其是的特点。这直接影响到入关后皇庄、王庄及官员兵丁庄园的性质，具体地说，皇室庄园及其人丁（包括庄头与壮丁）由内务府管理归皇室私有；王府属下的庄园及人丁归王府管理，既不入内务府也不入国家版籍；八旗各属官员兵丁庄园，归各旗八旗都统管理。庄园以壮丁（庄奴）从事生产，并从中选择一名经济条件较好、有管理能力的壮丁充任庄头负责庄务。庄园种类繁杂、数量甚多，不同庄、园之间有着严格的界定和区分，相互独立、互不干涉。

庄园制度随着八旗军队进入中原，八旗各级旗人强行圈占土地、掳掠民人为奴。在八旗的分配方式下，这些土地与奴仆成为不同等级旗人的私产，原则上国家并不干涉具体的庄头任命、庄园管理、地租收纳等事务。

跑马占圈一直持续到康熙二十四年（1685），长达数十年之久，仅大规模圈地就有三次。<sup>⑤</sup>除了圈占土地之外，还有大量以汉人为主的民人投充旗下，进入八旗组织，不少投充人

① 清初圈占的土地除了用于耕地外，还广设八旗、王、贝勒牧马厂地，分布在通州、顺义、丰台、武清、宝坻等州县及天津附近地方，此后部分牧马厂地变为耕地。本文讨论的是清初圈占之时就划为耕地的土地，牧马厂地不在论述范围之内。

② 申忠一：《建州纪程图记》，潘喆等编《清入关前史料选辑》第2辑，中国人民大学出版社，1989，第429~440页。

③ 李民寏：《建州闻见录》，辽宁大学历史系编《清初史料丛刊》第9种，辽宁大学历史系，1978，第43页。

④ 《胡贡明陈言图报奏》，罗振玉编《天聪朝臣工奏议》，潘喆等编《清入关前史料选辑》第2辑，第12页。

⑤ 第一次在顺治元年（1644），参见《世祖实录》卷一二，顺治元年十二月丁丑，《清实录》第3册，中华书局，1985，第117页；第二次在顺治四年，参见《世祖实录》卷三〇，顺治四年正月辛亥，《清实录》第3册，第245页；第三次在康熙五年，参见《圣祖实录》卷二〇，康熙五年十二月己巳，《清实录》第4册，中华书局，1985，第288页。

带着土地归顺，这批土地被称为"投充地"。圈充土地的范围东起山海关，西至太行山，北自长城，南抵顺德府，号称"直隶九府内，除广平、大名二府，远处京南，均无旗庄坐落，毋庸置议外，其余七府所辖有旗庄坐落者，共计七十七州县卫，广袤约二千余里"，直隶地区布满旗地官庄。[①] 关于清初圈地面积的史料很多，具体数字不尽相同，约计超过 25 万顷土地。顺天府各个州县圈地比例最高，基本能占到原民地的 80% 以上，有的州县甚至达到 100%，在被圈占、投充的州县内，民地所剩无几。[②]20 多万顷圈充土地，占了当时全国耕地面积（500 万顷）的 5% 左右，虽然看似比例不高，却都集中于直隶地区，造成"畿辅首地，旗屯星列，田在官而不在民，故土著者寡而户口稀"。[③]

庄园制度通过日常供给为皇室、王公、普通八旗旗丁等提供经济保障，在军事上也具有拱卫京师的作用。该制度一直延续到清末，其间虽有诸般变化，但直至民国初年，直隶仍有约 16 万顷土地在八旗系统的掌控之下，占当时全省农耕地的 15% 强。[④]

缘起于拖克索的八旗庄园旗地制度，体现出半渔猎半农耕的女真 / 满洲文化内核，迥然有别于蒙古人"悉空其人以为牧地"的游牧思维。然其所体现的部落制元素——庄园圈占过程中劫掠、蓄奴行为，地产、奴仆（庄园人丁）及牲畜等私产化的归属性质，不同所属、不同类型的庄园相互独立、互不干涉，皇室与王公贵族在庄园运行、管理与地租收纳等方面拥有较高的自主权等——又与中原农耕文化有所区别。

### （二）旗民分治与制度缝隙

旗人作为"国家之根本"，得到了清廷的特殊庇护。八旗内部虽然等级分明，不同类型的旗人群体在管理方式和身份认同上存在一定差异，然而就整体而言，清廷的统治政策以旗民分治为主，即"不分满汉，但问旗民"。各种类型、阶层的旗人群体，被视为八旗成员（至少在其他非旗人看来），与此相对的则是非旗人的"民"。[⑤]清廷在旗、民的居住、交产、婚姻、司法、教育、任官、升迁及社会控制等各个方面构筑了严密的边界，旗人享有种种优于民人的待遇，各类官书典志中"旗"与"民"对举的制度和条例比比皆是，旗民分治成为清代政治制度最突出的特点之一。

---

① 《八旗通志》初集卷八《土田志一》，东北师范大学出版社，1985，第 322 页。
② 邱源媛：《清代直隶旗地的数量与分布考实》，《满语研究》2020 年第 2 期。
③ 康熙《大兴县志》卷三《食货》，康熙二十四年刻本，第 2 页。
④ 邱源媛：《土地、继承与家族——八旗制度影响下的华北地方社会》，《历史人类学学刊》第 15 卷第 2 期，香港：香港科技大学华南研究中心，2017。
⑤ 对于满洲、满人、旗人的定义及相关问题，众多学者进行过讨论，学界主流观点认为八旗内部等级分明，清廷对满、蒙、汉、佐领、管领、开户、户下等人群虽在各方面均体现出较大管理差异，但整体而言，仍以旗民而非满汉分治为主。参见 Mark C. Elliott, *The Manchu Way: The Eight Banners and Ethnic Identity in Late Imperial China*, Stanford: Stanford University Press, 2001；刘小萌《清代北京旗人社会》，中国社会科学出版社，2008；路康乐《满与汉：清末民初的族群关系与政治权力（1861~1928）》，王琴、刘润堂译，中国人民大学出版社，2010；柯娇燕《孤军：满人一家三代与清帝国的终结》，陈兆肆译，人民出版社，2016；等等。

优待旗人的原则终清一代从未动摇，自民国至今，诸多学者从各方面论述了旗民之别。近十几年来，满族史和八旗史研究持续升温，满洲因素的影响引起了学者的普遍重视，通过讨论满人的族群认同、非汉化模式等焦点问题，学者们希望勾勒出满洲民族共同体形成与演变的轨迹。该类研究着眼于政治史、制度史，立足国家层面推进王朝话语下宏大事件的考察，对思考清代统治有一定推进。然而该部分研究并未从社会史视角将八旗下层人群纳入考察视野，缺乏对基层社会、民众实际生活的关注，有意无意地凸显了旗人社会的特殊性与封闭性，不可避免地流于"旗"、"民"及"满"、"汉"对立的阐述模式，影响了学界对"旗""民"问题的诸多判断。事实上，即便是对旗民不平等性最具决定性意义，并将旗人特殊性一直维系到清末的司法领域，也并非一成不变。[①] 已有学者指出，旗民在司法上的不平等性没有想象中的那么大，"更为重要的是，旗人的刑罚上的特殊性……自雍正朝开始陆续出现多次改革……皇帝企图让国法更为一致化"；[②]"清代法律在演变过程中逐步减少基于等级和族群的差异，即法律的常规化"。[③]

较之制度条文，实际生活中的旗民关系更为复杂，所谓"上有政策，下有对策"，在经济利益及各种现实需求的驱动下，普通旗人与民人不会完全按照官方的设想和规定去生活。正如刘小萌指出，八旗制度在维护旗人利益、认同及文化独立性方面起到了关键作用，但我们也需要客观地看到，现实生活中，旗人社会不可能脱离民人社会保持较长时期的"独立"或"封闭"状态，彼此关系越来越密切，旗人的自身特性也逐渐剥蚀。[④]

八旗内部人群结构复杂，不仅有八旗满洲、八旗蒙古、八旗汉军之分，更有正身、开户、户下家奴之别，逐层分化，等级分明。依照与八旗核心成员的亲疏远近，不同的人身属性形成层层包裹的同心圆，旗民之间的灰色地带自然而生。本文所要讨论的直隶地区投充人群，正是介于旗人与民人之间的边缘群体。[⑤]

投充与八旗圈占旗地、建立庄园同时发生。入关初期，八旗军队到处抢掠民人充当劳动力，迫使其投充入旗，在诸如庄园、旗地等处为各级旗人服务，"将各州县庄村之人逼勒投充，不愿者即以言语恐吓，威势逼胁。各色工匠，尽行搜索，务令投充，以致民心不靖，讹言繁兴，惟思逃窜"，[⑥] 逼迫民人投充对直隶地方社会造成了相当大的扰攘。搜

① 关于旗人在法律上的特殊性，学者有不少相关论述。参见郑秦《清代旗人的司法审判制度》，《清史研究通讯》1989 年第 1 期；苏钦《民族法规考》，苏亦工主编《中国法制史考证》甲编第 7 卷，中国社会科学出版社，2003；林乾《清代旗、民法律关系的调整——以"犯罪免发遣"律为核心》，《清史研究》2004 年第 1 期；赖惠敏《但问旗民：清代的法律与社会》，台北：五南图书出版公司，2007。
② 鹿智钧：《根本与世仆：清朝旗人的法律地位》，台北：秀威资讯科技公司，2017，第 77 页。
③ 胡祥雨：《清代法律的常规化：族群与等级》，社会科学文献出版社，2016，封底页。
④ 刘小萌：《清代北京旗人社会》，第 8 页。
⑤ 辽东地区也有相似的边缘旗人群体，定宜庄、郭松义等对辽东"随旗人"的讨论很有启发性。参见定宜庄等《辽东移民中的旗人社会——历史文献、人口统计与田野调查》，上海社会科学院出版社，2004，第 220~242 页。
⑥ 《世祖实录》卷一六，顺治二年四月辛巳，《清实录》第 3 册，第 140 页。

取人丁、掳掠为奴本就是关外旧制，占有奴仆的数量一直是八旗贵族实力强弱的标志，投充正是他们扩充势力的一种重要手段。

从另一方面来说，不少投充旗下的民人也有投机之意。清初投充令一下，汉人不论贫富相率投充，除了个人投充外，还有"带地投充"，"奸蠹无赖，或恐圈地，而以地投。或本无地，而暗以他人之地投"。①一旦投充，便可以旗人身份"横行乡里，抗拒官府"，更有甚者，"骑马直入府州县衙门，与府州县官并坐，藐视命吏，任意横行。目中既无官府，何况小民。其欺陵鱼肉，不问可知"，②"恃强霸占，弊端百出。借旗为恶，横行害人。于是御状、鼓状、通状，纷争无已"，③"一人投而举家全借其势，奸民群肆"。④

史料中不乏清初圈地在畿辅地区激起巨大社会动荡的记载，揭示了混乱与复杂的投充行为。旗、民杂处，旗地、民地混芜，"旗庄坐落处所，一州一县之内，有一二处以至百余处者；即一村一庄，有二三旗分之人居住者；亦有祇地亩坐落，而无旗人居住者；又有此州县旗庄虽多，而界址实与别府州县地相辐辏者"，⑤"旗民相杂，田地易淆，狱讼繁兴"。⑥旗人、旗地隶属八旗系统，"地方有司既无约束旗人之责，而理事同知一员又难稽查周遍"，⑦"旗下庄屯，向不属州县管辖，本旗统领官远在京城，仅有拨什库在屯，未能约束"。⑧这造成投充人群管理中存在诸多真空状态。

投充群体介于八旗、州县两个系统之间，既有在夹缝中无法挣脱挤压的无奈，也有因此而两边摇摆获取利益的"优势"，成为在被动与主动之下游走于旗人与民人之间的边缘人群。关注二元制度交错地带的八旗投充人群，有助于弥补研究中"旗""民"对立的片面认知，推进学界对二元性体制下族群关系、区域社会等相关问题更为立体而客观的思考。


## 二 在档为旗，不在档为民


经过清初圈地与投充的直隶地区，无论是土地性质，还是人群身份，较明代均发生了根本性变化。以往的八旗研究更多侧重于京城禁旅、驻防八旗的王公贵族和八旗兵丁，他们大都是生活于朝廷恩养政策之下、拿着钱粮不事农工的形象。相比而言，学界对投充群

---

① 吴振棫：《养吉斋余录》卷一，《养吉斋丛录》，北京古籍出版社，1983，第287页。
② 《世祖实录》卷三一，顺治四年三月己巳；卷五三，顺治八年二月丁酉，《清实录》第3册，第257、422页。
③ 吴振棫：《养吉斋余录》卷一，《养吉斋丛录》，第287页。
④ 康熙《宛平县志》卷六，清康熙二十三年刻本，第15页。
⑤ 《八旗通志》初集卷一八《土田志一》，第323页。
⑥ 乾隆《易州志》卷一〇《风俗》，清乾隆十二年刻本，第1页。
⑦ 《八旗通志》初集卷一八《土田志一》，第322~323页。
⑧ 光绪《畿辅通志》卷一八九《宦绩七·于成龙传》，《续修四库全书》第637册，上海古籍出版社，2002，第7页。

体的关注有限，对该群体投充之后的种种情况鲜有深入论述。[①]

民人大量投充成为旗人，不只是一种简单的身份转换，他们成为皇室、王公贵族的奴仆、私产，其性质与入关前被旗人抢占并沦为奴仆的人丁并无二致，且被桎梏在八旗系统内，不可逾越。然而从圈地与投充的缘由和实际发展来看，该人群在族群认同、社会行为，甚至在法律层面，其身份都很难与民人明确区分。除了旗民杂处不易管理等因素之外，圈地、投充政策在制度上难以避免的原生缺陷，是造成流弊的重要原因。

投充人以何种形式进入八旗组织，是家庭/家族行为还是个人选择，这是此前学者关注较少的问题，也未见清代官方的明确规定。从实际案例来看，两种情况都有，个人及核心家庭进入八旗组织的情况更为常见。这与八旗圈占民人地亩、让百姓投入旗下为奴的初衷并不矛盾，但在客观上造成同一个家族甚至同一个家庭中既有旗人又有民人；而不同的家庭成员又会因身份的不同，受到八旗和州县两种制度的不同约束与管理。这种情况是合法的，在畿辅地区的投充家庭中比比皆是，越发混淆了旗、民界限，为投充人丁转换旗、民身份提供了可能：

> 直隶地方，旗民杂处，庄头壮丁，多系带地投充之人。当日投充之时，一家只报一名，则其余兄弟叔侄，尚系民籍，而皆朦胧影射，不纳丁徭。数传而后，子孙繁衍，支派难稽，是以有不旗不民之人。隐避差役，窝留奸匪，吏治不清，多由于此。[②]

乾隆年间孙嘉淦的奏疏切中要害，"一家只报一名，则其余兄弟叔侄，尚系民籍"，但全家借此逃脱了丁徭。更严重的问题是经过数代相传，子孙繁衍，支派杂多，旗与民的身份越来越模糊，甚至"有不旗不民之人"，给地方社会带来了诸多不可忽视的隐患，"隐避差役，窝留奸匪，吏治不清"。

当前学界除了对服务于皇室庄园投充人丁的管理体制及状况有过一些梳理外，对服务于王公贵族、八旗官员以及部寺投充人丁的研究并不多。[③] 以归属皇室的投充人丁为例，他们进

---

① 20世纪五六十年代，中国大陆史学界盛行五朵金花，老一辈学者在"中国封建土地所有制形式"问题意识的观照下对庄园旗地有过比较集中的研究，整理了一批旗地庄园的史料，并有不少成果，笔者于此中受益颇多。同时，周藤吉之、王锺翰、韦庆远、赵令志等先生的研究也为笔者的进一步讨论奠定了坚实的基础。参见中国人民大学清史研究所、档案系中国政治制度史教研室合编《清代的旗地》，中华书局，1989；周藤吉之『清代满洲土地政策の研究』河出书房、1944；王锺翰《清代旗地性质初探》，《清史新考》，辽宁大学出版社，1990，第71~86页；杨学琛《清代旗地的性质及其变化》，《历史研究》1963年第3期；赵令志《清前期八旗土地制度研究》，民族出版社，2001。

② 孙嘉淦：《孙文定公奏疏》卷四《直隶总督·清查旗民疏》，《四库未收书辑刊》第1辑第22册，北京出版社，1998，第245页。

③ 内务府皇室庄园人群的研究，参见定宜庄、邱源媛《近畿五百里——清代畿辅地区的旗地与庄头》，中国社会科学出版社，2016。服务于王公贵族的庄园人群的研究，参见邢新欣《清代的王庄》，中国社会科学院研究生院博士学位论文，2011。

入内务府后，被分散到七司三院，庄头隶属管理三旗银两庄头处，鹰户、雀户、鹌鹑户、鸦鹘户、苇户、蜜户以及打捕、狐皮、鹰、雀、鹌鹑等牲丁由都虞司管辖，果园、菜园各庄头归掌仪司，煤、炭、炸军则属营造司，其中以管理三旗银两庄头处属下的庄头、壮丁人数最多。

一般来说，从属于内务府的旗人有两个分类：一为佐领，一为管领，然而投充人丁的身份却较为模糊，清朝官书中并无明确记载，所幸档案给我们留下了线索：

> 嘉庆二年坐办堂郎中兼骁骑参领佐领董楷呈准各司比丁章程内开，都虞司、掌仪司、营造司所属牲丁、园头、煤、炭、炸军各丁，与庄头又觉有间，向无佐领、管领兼摄，在档者为旗，不在档者为民。①

类似的记载还有不少，"查本处（指管理三旗银两庄头处，下同——引者注）所属庄头、投充等虽编为三旗，并无佐领、管领兼管"，②"本处庄头等虽分有三旗名色，并无参、佐、管领章京等管辖"，③等等。由此可知，隶属内务府的投充旗人，并不在佐领、管领之下，这既体现了投充人丁异于正身旗人的卑微身份；同时也告诉我们是否在"档"，是判断该人丁是否为旗人的重要标准。所谓"档"，即八旗人丁户籍册。早在关外，清廷就建立了一整套旗人户籍登记制度，入关后逐渐完善成形，普通旗丁三年一比，即三年登记一次人口；王公贵族三个月呈报一次家庭新生、亡故、娶妻、嫁女等人口变动情况；皇室则有着更为严格的人口登记规定和要求。每次登记均要详细记录有关人口及其家庭的各方面情况，该制度一直执行到清末。④

严格把控八旗人丁、协调各方力量，是八旗人口登记制度最初的主要功能。入关之后，随着旗主权力削弱及八旗内部权力的集中与稳定，户口册逐渐以掌握八旗人丁为主要目的：

> 八旗壮丁，岁有增益，立法编审，最为详密……国初定，每壮丁三百名，编为一佐领……又谕："八旗新添壮丁，每旗编佐领三十。有逃亡缺少者，于诸王、贝勒、贝子等府壮丁内，拨补足额，仍将该佐领治罪。嗣后每三年编审一次。"⑤

---

① 《嘉庆十四年五月初三日都虞司呈稿》，转引自中国人民大学清史研究所、档案系中国政治制度史教研室合编《清代的旗地》，第608页。
② 管理三旗银两庄头处：《为造送文会试丁卯科文举人镶黄旗姜岐太之子姜琏年貌三代册档事》，嘉庆十二年十一月二十四日，内务府呈稿，档号：05-08-010-000027-0009，中国第一历史档案馆藏。
③ 管理三旗银两庄头处：《为正白旗庄头杨霦之子杨永祥应考文童派出催长吉安前往认识移咨正白旗汉军都统等事》，嘉庆十三年闰五月初一日，内务府呈稿，档号：05-08-010-000014-0021。
④ 邱源媛：《清代旗人户口册的整理与研究》，《历史档案》2016年第3期。
⑤ 《八旗通志》初集卷一七《旗分志十七》，第296~297页。

投充人丁虽身在八旗制度之内，却是旗人中较为特殊的群体，这在户籍编审中有所反映，他们被单独立册，不与佐领和管领下人丁混淆，并不仅仅由于他们地位低下，更重要的是他们的作用和功能与其他旗人不同。简言之，八旗人丁的户籍册主要是领取兵饷的依据，[①]而投充人丁的户籍册则是征收赋税的依据，一取一纳，作用相反。正如学者所述，清代皇庄之所以"能够较长时期并稳定地存在发展，是由于有一套比较完整的经营管理方法……对庄头的身份地位，顶补、革退等，都有一些具体的规定，并建立丁档、家谱制度，以作查考的根据"。[②]也正因如此，清廷更重视以此来延续庄园体系的运转，关注是否能按时完纳钱粮，这样的丁口呈报在要求和执行力度上，必然不同于以掌控人丁为首要目的的其他旗人户籍册。

投充群体利用其身份的边缘性和制度之间的漏洞，于八旗与州县之间两头获利的事例、案件层出不穷。康熙二十二年，时任直隶巡抚的满洲镶蓝旗人格尔古德疏言：

> 自鬻投旗之人，或有作奸犯科，冀逃法网者；或有游手好闲，规避差徭者。本主听其仍居本籍，放债谋利，则讳旗而称民；遇官长访闻窝逃构讼等事，又舍民而称旗，抗避不出；甚或招摇乡里，鱼肉小民。[③]

乾隆时期，孙嘉淦亦言：

> 又有本系旗人而冒入民籍，希图背主出档应考得官。又有本系民人而捏入丁档，希图讹诈财产霸占子女。此等事件一经告发，地方官无案可稽，于是申报上司咨查户部，经年累月乃能查出。若系远年旧档，则开载不详，且满文译汉，音同字异，舛错多端。若系近年新档，则又称捏报假添，不可为据。[④]

由旗入民，可应考得官；由民入旗，又可讹诈财产。如何界定投充旗人的身份，在司法操作中并不是一件易事，最常用、最权威的判断依据旗人丁册却不由地方官掌握，无案可稽，只能层层申报咨查户部，再转咨内务府等八旗系统，经年累月。此外，还会遇到其他各种问题，如开载不详细、满文汉译音同字异、捏报假添等情况。

在投充人员芜杂、身份边界不清晰、人丁册的编撰执行力度又有所欠缺的状况下，篡改人丁册成为重要的谋利手段，时而"讳旗而称民"，时而"舍民而称旗"，生动而直接地描绘出这类人群选择性游走于旗民之间谋取利益的状况。

---

① 人丁户籍册在八旗行政管理的很多方面都发挥了重要作用，如挑甲、选秀女等同样以户籍册为依据。
② 中国人民大学清史研究所、档案系中国政治制度史教研室合编《清代的旗地》，"前言"，第3页。
③ 光绪《畿辅通志》卷一八九《宦绩七·格尔古德传》，《续修四库全书》第637册，第6页。
④ 孙嘉淦：《孙文定公奏疏》卷四《直隶总督·清查旗民疏》，《四库未收书辑刊》第1辑第22册，第245页。

## 三　舍民称旗：射利之道

笔者检阅了上千件投充人档案，涉及谋取庄头、逃人、拖欠钱粮、延误差事、命盗、犯奸等，其中以土地纠纷案件数量最大。土地乃民之根本，圈地、投充造成的土地归属芜杂，在投充人与民人、旗地与民地之间埋下诸多隐患。此类案件牵涉面广、内容丰富，既有旗人抢掠民产，[①] 也有民人霸占旗圈。[②]

在上述档案中，利用旗籍、旗地获利的案件远多于利用民籍、民地的案件，说明旗人比民人更易获取土地并通过土地谋利，这与旗地庄园的性质直接相关。投充人丁虽为八旗奴仆，却因掌管庄园事务而具有双重身份，既是奴仆，也是旗人中的一员，拥有特权。从奴仆的角度来说，庄头没有土地所有权，只有有限的使用权，庄头仅是一种职务，其名下的财产与职位密切相关，谁拥有庄头之名，谁就拥有土地使用权；谁顶补了庄头职务，谁就承接了土地使用权。而由谁来继承庄头的职位，决定权掌控在"八旗主子"手里，并不一定是父子相续。因此，庄头的转换，即便发生在父子之间，清代官方文书、档案中也均用"顶补""顶替"等，而非"继承"一词，反映了新旧庄头的转换本质。庄头们在拖欠钱粮或者犯有其他过失时，会被施以"枷""鞭"等刑罚，甚至被革退、剥夺土地使用权，丧失庄头身份及财产，全家发配为奴。顶补的非继承性，造成了非直系顶补、异姓顶补率颇高。在笔者整理的嘉庆年间庄头更名类档案中，非直系及异姓顶补占71.59%，与家族继承存在本质区别，庄头顶补的过程本身就为众人提供了一种获利渠道。[③]

从另一个角度来看，虽然庄头是奴仆，土地不属于庄头，但因为他实际管理着大量土地，在地方上拥有一定权势。清初八旗圈地占了直隶最肥沃的土地，薄碱沙洼之地均不能入圈，旗地质量整体优于民地，缴纳地租却轻于民地赋税。同时，八旗、府州县两种制度间存在权力真空，让州县官员虽知隐占情弊，但碍于旗人的特权地位，不便断案，以致旗庄益得恣行兼并，自然吸引不少民众（旗人与民人）利用旗籍、旗地，承充庄头获取利益。

---

① 参见温承惠《奏为遵旨审明乐亭县民人宋文澜京控庄头胡应选霸抢地粮案按律定拟事》，嘉庆十五年七月二十七日，朱批奏折，档号：04-01-08-0028-011，中国第一历史档案馆藏；王鼎《奏为审拟直隶武清县民杨庆泰叩阍控已革庄头刘宽等隐丁夺地一案事》，道光十七年四月十四日，录副奏折，档号：03-3782-019，中国第一历史档案馆藏。

② 参见胡季堂《奏报遵旨审拟内务府庄头控告民人霸占圈地案事》，嘉庆五年七月十六日，朱批奏折，档号：04-01-35-0599-007；刘峨《奏报赴通州审办绵王庄头控佃户盗典旗地》，乾隆五十二年九月八日，录副奏折，档号：03-1438-003。

③ 邱源媛：《土地、继承与家族——八旗制度影响下的华北地方社会》，《历史人类学学刊》第15卷第2期，第22~33页。

下文围绕旗人、民人利用八旗、州县两个系统间的政策漏洞引发的旗、民土地纠纷案件进行讨论。

### （一）民不在里，旗不在档，旗民之间影射逃粮

顺康时期，不少带地投充的人丁会留一部分土地不予投充，希图借此隐匿田土，既不在八旗交差，也不在州县完粮，"投充地亩之人，其初不过以数亩入官，称为官地，除入官地亩之外，仍有余产，借此影射，既以免差，且以逃圈，其获益本多"；[①] "查得此内惟带地投充人户，先因直属粮地未清，报投时往往以多报少，任意开除，有一旗户而隐地数顷或数十顷者，此地不办旗差，不完民粮，沿习数十年，漫无稽考"。[②]

隐匿土地一直为清廷所恶，一再要求彻底清查，雍正六年（1728）发布谕令：

> 带地投充人户有隐数顷或数十顷者，亦应彻底清理，一并行文内务府及八旗都统，遍行传示。如有前项隐瞒地亩，以奉旨之日为始，定限一年，令在该管处自行首明，照例免罪。首报地亩别造清册，咨送户部题明仍著输租当差，如过限一年，及首报不实或被告发，将地入官，严加治罪。[③]

然而，这道谕令未能杜绝此类隐匿案件的发生。仅以雍正十年清理奉天"宁远州英茂山等处庄头隐种退圈地亩"一案为例，"今据奉天将军那苏图等分晰定议，造册具题前来，查疏称宁远原报庄头康坤等五十九家，并各名下壮丁共隐种地三万八百八十四亩一分，今查庄头、壮丁、旗、民人等隐种地二万四千四十三亩四分，自雍正四五等年至九年钱粮，并未完纳，应将拖欠钱粮，按年追征"。[④] 清廷清理的隐种土地数量之大可见一斑。

嘉庆三年会计司呈报"查武世经一户，前据内务府查明丁册内并无伊父武国林其人，现据武世经供称，武文魁并未投旗，伊祖父以来，并不办民差，亦不当旗差，是以档、籍俱无可查。是武世经一户显系在旗无档，在民无籍"，武家土地也属于隐匿地亩，"不办旗差，不完民粮"。[⑤]

与"既以免差，且以逃圈"非法隐匿土地不同，不少投充人名下合法存在部分因为"薄

① 总管内务府（都虞司）:《奏为所属鹰户头目孟心儒呈控霸地抗租事》，乾隆三十七年十一月十八日，内务府奏案，档号：05-0303-007，中国第一历史档案馆藏。
② 《世宗宪皇帝朱批谕旨》卷一六〇，雍正六年八月二十四日，《景印文渊阁四库全书》第422册，台北：台湾商务印书馆，1986，第679~680页。
③ 乾隆《大清会典则例》卷一七三《八旗都统三·田宅》，《景印文渊阁四库全书》第625册，第468页。
④ 《雍正十年六月二十九日户科史书》，转引自中国人民大学清史研究所、档案系中国政治制度史教研室合编《清代的旗地》，第1037~1038页。
⑤ 《嘉庆三年三月初九日会计司呈稿》，转引自中国人民大学清史研究所、档案系中国政治制度史教研室合编《清代的旗地》，第1046~1047页。

碱沙洼，不堪入圈"而不入旗圈的土地，这部分土地仍属于民粮地，需要在县完粮。该政策导致同一位投充人合法地既有旗地又有民地，需要同时向八旗与州县两个系统缴纳田赋的状况，初始尚可无碍，日积月累，极易发生流弊，该部分内容可详见下文玉田县宋钰案件。

### （二）自愿附投引发的纠纷

清初旗人常以认他姓地土为己业的方式霸占民田。顺治十二年正月二十一日，都察院左都御史屠赖等奏言：

> 爱民莫先除害，近闻八旗投充之人自带本身田产外，又任意私添，或指邻近之地据为己业，或连他人之产隐避差徭。被占之民，既难控诉，国课亦为亏减，上下交困，莫此为甚。宜敕户部，将投充之人照原投部档查核给地外，其多占地亩，即退还原主。庶民累稍苏，而赋租亦增矣。①

与此同时，民间还存在不少自愿附投之人。所谓"附投"，指某位民人投充时，其他民人出于各种原因将自己的土地附于该投充人名下，投充为旗地，附投的民人仍保持民人身份。此种自愿附投属于合法行为，无论在官在民均被认可，一位投充人甚至可以带数位附投人。乾隆年间"都虞司所属鹰户头目孟心儒以玉田县生员王睿唆使民人王朝彦、王文灿、孟嘉宾等霸地抗租等情呈控前来"一案中，"鹰户头目孟心儒名下地册内，有民人王睿之祖王振宗带投地六十五亩一分五厘；又民人王文灿之伯王福陈带投地十亩；民人孟嘉宾之祖孟有功带投地十四亩"。② 这3位附投人在附投之后依然隶属民籍，土地却是旗地。原则上，他们与庄园的民人佃户不同，这些土地是他们的祖产，正常情况下，他们所依附的投充人不能夺佃，发生纠纷可向官府提出诉讼，他们的耕种权利较之其他民人能得到更多的保护。民人附投之后需要上报附投土地，"各俱甘结，载入县册之内"，清晰区分。但在实际生活中，附投引发了大量纠纷，旗、民各执一词，有司不易断案。

以嘉庆二年（1797）宝坻县纠纷案为例，当事人有民人王殿福、王殿飏和内务府镶黄旗钱粮庄头王朝义。据王殿飏呈称，其祖上有坐落本庄的民地4顷，顺治初年欲带地投充，但地亩甚少。时投充庄头是王朝义曾祖王公配，与王殿飏祖上是亲戚，有民地百余顷，也欲上内务府投旗报档，就跟王殿飏祖上协商，"不必自投，与你代封，每年代封银三十六两，此地名目销银地"，于是王殿飏祖上附投于王公配，并于雍正八年"各俱甘结，载入县册之内"。王朝义却呈称，王殿福、王殿飏是其承领差地内的佃户，"伊等所交租钱又不覆当差，欲收回自

① 《世祖实录》卷八八，顺治十二年正月丙午，《清实录》第3册，第694页。
② 总管内务府（都虞司）：《奏为所属鹰户头目孟心儒呈控霸地抗租事》，乾隆三十七年十一月十八日，内务府奏案，档号：05-0303-007。

种……伊等仗持充当县役，不准身自种，似此恶佃霸地揸租，倘众佃均皆效尤，则身赔累更无底止，是以求大部行县押令王秀梅、王殿福将地照数退交身收回自种，庶差地不致恶佃等欺霸"。①

在这起附投的纠纷案件中，双方各执一词，争执不下，既有可能是庄头霸占附投之民地，也有可能是民人佃户欺霸庄头。清初圈地正是混乱之时，嘉庆二年距顺治初年也已有百余年之久，双方当事人很难找到当年的文字凭证，官府也无法断案。此类因缺乏证据而长期搁置的土地附投案件在档案中并不鲜见，附投行为虽然符合清初投充的规定，却引起了诸多难以解决的纠纷。

### （三）冒籍获取土地

民人冒入旗档获取土地也是常见的案例，以乾隆朝武清县正黄旗包衣苇户吴思贵等呈控，庄头刘士录冒入旗档充当庄头，并谋买旗地一案为典型。该案发生于乾隆四十八年至五十二年，初审时，刑部与内务府共同审定：刘士录本名刘巳卯，是庄头刘元照之孙、刘埴之子，系旗档有名之人，并非众人所控告的民人。刘元照告退后，由其侄子刘茔接充庄头，后刘茔年老告退，庄头之职由刘士录充当，刘士录并非民人（刘堪）之子。吴思贵等人控告刘士录"谋买旗地一节，系众苇户将旗地私行典出，经刘士录偿价赎回，并非谋买"，刑部判定，将原告的旗人以诬告惩治，民人移咨直督责处，户部现审处亦照内务府所拟办理。

乾隆五十二年，吴思贵等人不服判决再次上诉，刑部重审此案，主审官由和珅担任。和珅在奏疏中言：

> 臣亲加诘讯，始据刘士录等供吐实情，缘刘士录系武清县民籍贡生刘堪之子，有内务府正黄旗投充庄头刘元照系刘堪之叔。刘元照当庄头时于丁册内捏报有子刘埴之名，迨刘元照退后系伊侄刘茔接充庄头，嗣于三十一年间刘茔将刘士录冒入丁册作为刘埴生子，四十九年刘茔告退庄头即系刘士录接充庄头。②

经和珅诘讯，刘士录供认自己乃武清县民籍贡生刘堪（民人）之子。刘堪胞弟原名刘壋（民人），后改名刘埴，冒入旗档。此后，有司虽有疑问，但以在档为旗、不在档为民的定例，不再追究。内务府正黄旗投充庄头刘元照（旗人）是刘堪、刘埴之叔，刘元照当庄头时，捏报有子刘埴。刘元照告退后，其侄子刘茔（旗人）接充庄头。乾隆三十一年，刘堪、刘茔将刘士

---

① 管理三旗银两庄头处：《为查明内务府镶黄旗钱粮庄头王朝义承领于各庄官地册内并无载有宝坻县民人王殿扬稍银名目事》，嘉庆二年三月初七日，内务府呈稿，档号：05-08-010-000003-0002。

② 和珅：《奏请审拟刘士铎等呈控冒入旗档充当庄头一案事》，乾隆五十二年十一月二十九日，录副奏折，档号：03-1209-043。

録以刘埴之子的身份冒入丁册。乾隆四十九年，刘茔告退，庄头由刘士録（冒入旗档）接充。刘士録充任庄头后，见众苇户人等有贫乏者，即将旗地私行典买作为已业。案件最终裁定，除了刘士録等与冒入旗档有关联的旗人、民人受到处罚外，自乾隆三十一年刘士録冒入旗档以后历任比丁官，以及滥准刘士録充任庄头之该管各员，一并交与吏部查取职名，分别严加议处。①

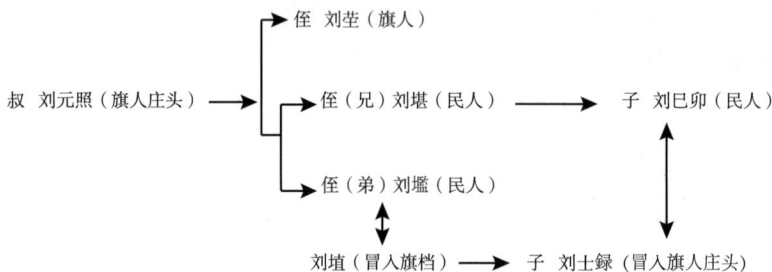

**图 1　刘士録案件人物关系与身份图** ②

本文仅分析本案的人物关系与身份，刘家诸人的旗、民身份实在令人眼花缭乱。叔叔刘元照是内务府正黄旗投充庄头，刘元照有三个侄子牵涉本案：（1）刘堪，民人，武清县民籍贡生；（2）刘埴，原名刘壋，民人，刘堪的亲兄弟，后冒入旗档；（3）刘茔，旗人。本案主角刘士録，原名刘巳卯，是民人刘堪之子，自然也是民人，后以刘埴之子的名义冒籍成为旗人。也就是说，此案涉及有亲属关系的三代共5位人物中，有2位是合法旗人，余下3位民人中有2位（刘埴、刘士録）冒入旗档成为旗人。

登记准确的丁册是执行庄园顶补制度的关键，也是维持庄园系统稳定发展的重要保证。此案中，对于刘埴、刘士録的旗籍身份，无论是有司因他事查验，还是刘士録承充庄头，或是刘士録侵占旗地，档案里都出现了"定例以在档为旗，不在档为民""该衙门因丁档有名"等内容。丁册是有司的判断依据，而如此重要的投充人丁册，却没有那么清晰准确，一句"在档者为旗，不在档者为民"看似清楚，实际漏洞甚多。

## 四　讳旗称民：仕进之路

乾隆二十五年，因直隶各属附近京城旗民杂处，弊端甚多，乾隆帝要求清查"介在旗

---

① 和珅：《奏请审拟刘士铎等呈控冒入旗挡充当庄头一案事》，乾隆五十二年十一月二十九日，録副奏折，档号：03-1209-043；《乾隆五十一年三月二十二日内务府来文》，转引自中国人民大学清史研究所、档案系中国政治制度史教研室合编《清代的旗地》，第272~274页；永瑢等：《奏为苇户吴恩（思）宽等呈控民人刘士録冒入旗档充当庄头审明治罪事》，乾隆五十二年十二月十七日，内务府奏案，档号：05-0411-003。

② 图中，单向箭头表示人物关系，双向箭头表示同一个人转换的不同身份。

民两闲之人"，特别指出：

> 直隶各属附近京城旗民杂处，内有带地投充之庄头、鹰户、网户人等，本身则为在档旗人，其弟兄叔侄又仍籍隶州县，此等户口介在旗民之间，其与民人抗争田地，辄以霸占旗产为词，如其冒考民籍，又称某支某派本未入旗。缘伊等投充之时，或止本身，其后族姓多人，借名应差，过房养子，种种名色，互相容隐，渐至混淆不清。①

冒入民籍参加科考，成为投充旗人流动至民人的重要诱因。

入关后，清廷在选官方面，既继承了前代的科举制度，又保留了诸多关外旧制，旗人与民人的入仕途径、考试制度并不完全相同。清廷以旗人为根本、首崇满洲，正身旗人尤其是满、蒙旗人，在入仕、晋升方面有较大优势，除了可以参加全国通行的科举考试外，还有立军功、承袭世爵世职、充任侍卫、充任笔帖式、考翻译科、入八旗官学等。

科举制度是中国传统社会阶层流动最重要的途径，投充人以奴仆身份进入八旗，对其主子有较强的人身依附关系，在入学、考试、任官等方面限制颇多。清廷关于投充人丁能否参加科举的决策，并不是单线性的从无到有、从禁绝到开放，而是经历了一个反复的过程，时而"准其考试"，时而"永行禁止"。此前，由于较多关注那些不断颁布的禁令，包括笔者在内的不少学者都倾向于认为，至少在制度层面，投充人丁是被禁止参加科举的，清廷之所以不断重申禁令，是对现实生活中违例事件不绝的回应。②下文的讨论，并非要推翻这一结论，投充群体是否参加科考、是否有资格参与科考，为考察包括投充在内的八旗奴仆的身份问题提供了重要路径。从相关条例的制定过程及诉讼案件的司法实践出发，检视法律条例、司法实践不同层面，可以探察清代投充人丁身份的模糊性及其变化。③

### （一）法律条例

顺治、康熙前期，整个八旗群体的科举考试尚未有定制。顺治八年，清廷宣布旗人可以参加科考；十四年诏告"停止八旗考试"。康熙六年，"八旗有愿作汉文考试者……移送顺天学院"；十五年再次诏告"停止八旗考试"；二十六年，"钦奉恩诏，八旗准同汉人一体考试"。④此后，尽管对入学科考的规定仍有调整，但基本上对八旗群体开放了科考途径。

---

① 光绪《大清会典事例》卷一五六《户部五·户口·投充人口》，《续修四库全书》第 800 册，第 544 页。
② 韦庆远：《〈庄头家谱〉与清代对旗地的管理》，《中国社会经济史研究》2001 年第 2 期；定宜庄、邱源媛：《近畿五百里——清代畿辅地区的旗地与庄头》，第 59~68 页。
③ 岸本美绪曾就清代冒捐冒考诉讼案件，从讨论司法具体过程视角来思考清代社会中的"良—贱"等身份问题，这给予笔者很多启发。参见岸本美绪《冒捐冒考诉讼与清代地方社会》，邱澎生、陈熙远编《明清法律运作中的权力与文化》，广西师范大学出版社，2017，第 190~231 页；「清代における"賤"の観念—冒捐冒考問題を中心に」『東洋文化研究所紀要』第 144 册、東洋文化研究所、2003、81-131 頁。
④ 光绪《大清会典事例》卷三八七《礼部九十八·学校·旗学事宜》，《续修四库全书》第 804 册，第 180 页。

关于投充人丁科考的相关规定，雍正十二年一则投充庄头等之"子弟不准考试"的谕令中，首次提及投充人群：

> 雍正十二年九月呈准，凡壮丁内挑选安设之庄头，钞入庄头、投充庄头、入官家人安设庄头等之子弟不准考试外，其旧庄头子弟内，如有情愿考试者，由会计司对明丁档，移付掌关防内管领处，转咨该处考试。①

此处"旧庄头"，即老圈庄头，②由会计司对明丁档无误，便可参加考试，而投充庄头及其子弟则明确规定"不准考试"。

次年，清廷诏谕八旗开户人等"准其考试"，其中也涉及投充开户：

> （雍正）十三年十月，议准……有投充者、有养育者、有俘获者，本系良民，既经开户，即犹之复籍，自应准其考试。至于旗下累世家奴，实属出身微贱，其本身及子孙考试，永行禁止。③

"开户人"即八旗奴仆通过军功、赎身等途径从家主户下开出，于旗下另立一户者，亦称"开档人"。④投充者属于正式编入旗籍的奴仆，开户之后可以参加科考。

乾隆三年十一月，御史查拉奏称：

> 现在八旗包衣汉军及投充庄头子弟，有入满洲籍入学中式者，令内务并八旗满洲都统，自雍正十一年为始，将包衣旧汉人误在满洲额内入学中式，应归入汉军额内者，定限三个月查明，取具该参佐领印结，造册咨部，以凭乡会试时核对。嗣后包衣人员考试之时，内务府并八旗满洲都统，严饬该管官。除实系满洲、蒙古人员，于本人名下注明册送外。其投充庄头子弟及内管领旗鼓佐领之旧汉人，俱注名另册咨送，归入汉军额内考试。⑤

① 《钦定总管内务府现行则例》卷四《会计司》，故宫博物院编《故宫珍本丛刊》第306册，海南出版社，2000，第336页。
② 老圈庄头，即最早"从龙入关"的包衣庄头，专为皇室耕种田庄的庄头、壮丁等人，被划归内务府，隶属管领，由会计司负责管理。官方文献中他们特定的身份是"盛京随来陈壮丁"，也称为"东来人"，这是官方对他们的明确认定。老圈人丁具有高于后来归附清军的新壮丁的地位和身份，档案中也会使用"旧人""旧庄头"以示区别。本文不涉及老圈庄头，相关内容可参见定宜庄、邱源媛《近畿五百里——清代畿辅地区的旗地与庄头》第三章"老圈与投充的差别"，第31~68页。
③ 乾隆《大清会典则例》卷七〇《礼部·仪制清吏司·学校三》，《景印文渊阁四库全书》第622册，第321页。
④ 参见刘小萌《关于清代八旗中"开户人"的身份问题》，《满族的社会与生活》，北京图书馆出版社，1998，第163页。
⑤ 《高宗实录》卷八一，乾隆三年十一月癸亥，《清实录》第10册，中华书局，1985，第266页。

这一奏折针对"八旗包衣汉军及投充庄头子弟"混入满洲籍考试之事。雍正年间，朝廷虽然规定投充庄头子弟不能参与科举考试，但参加科举的投充人不在少数。御史查拉担心投充人等占用满洲籍入学中试者的名额，建议将其归入汉军额内考试，这与禁止他们参与科举明显不同，该奏议得到乾隆帝的批准。①

从入关初年未被提及，到明确投充"等之子弟不准考试"，再到开户后的投充人丁"本系良民，既经开户，即犹之复籍，自应准其考试"，继而"投充庄头子弟……归入汉军额内考试"，投充人的身份得到不断的提高，奴仆的依附关系也逐渐弱化。然而随着八旗人丁"承平日久，生齿愈繁"，②正身旗人面临生计不足的问题，清廷为了保护他们的权益，选择压缩开户人及奴仆的上升空间，三年后，重新宣布禁止投充人考试：

> （乾隆）六年议准……投充、养育人等，虽经开户，其本身及子孙考试，永行禁止。每逢考试之时，各该旗详加查核，毋得开送。③

该条明确规定，八旗奴仆人群，无论开户与否，本人及子孙都将永远被禁止科考。嘉庆十一年，礼部奏准，"嗣后凡八旗户下带地投充庄头，毋论旗档有名无名，均不准其应试出仕"。④同治五年，"旗人家奴并根基不清者，均归入开档册内，不准居官考试，捐考事同一律。本人止准顶戴荣身，子弟仍不准考试"。⑤从官方条例来看，直至清末，清廷并没有明确宣布投充人丁参加科举的合法性。

### （二）司法实践

嘉庆十一年，直隶东安县带地投充庄头纪自璥赴礼部呈称，"伊子纪思九欲应童试，恳请礼部查验旗档有无纪思九之名"。经内务府查证，确有"纪自璥"之名，"纪自璥之曾祖纪添祥于顺治年间带地投充那郎阿之祖名下承当庄头，至纪自璥接充"。是否允准纪自璥之子纪思九应童试，礼部咨刑部，刑部查阅条文：

> 查庄头一项，惟内务府承领官地庄头及王公户下由内务府拨出之庄头，向例准其应试出仕。至八旗户下带地投充之庄头，有无考试出仕之处，并无明文。⑥

① 乾隆《大清会典则例》卷七〇《礼部·仪制清吏司·学校三》，《景印文渊阁四库全书》第 622 册，第 323 页。
② 《高宗实录》卷五〇，乾隆二年九月壬辰，《清实录》第 9 册，中华书局，1985，第 852 页。
③ 光绪《大清会典事例》卷三八七《礼部九十八·学校·旗学事宜》，《续修四库全书》第 804 册，第 183 页。
④ 《钦定总管内务府现行则例》卷四《会计司》，故宫博物院编《故宫珍本丛刊》第 306 册，第 336 页。
⑤ 光绪《大清会典事例》卷三八七《礼部九十八·学校·旗学事宜》，《续修四库全书》第 804 册，第 190 页。
⑥ 嘉庆《学政全书》卷四三《区别流品》，故宫博物院编《故宫珍本丛刊》第 335 册，第 76 页。

"内务府承领官地庄头及王公户下由内务府拨出之庄头"，即前文所述老圈庄头，该人群具有应试出仕的资格。至于八旗户下带地投充庄头，却"无明文"规定。刑部详细查询了相关条例及成案，确有庄头于嘉庆九年参加科考，但该庄头李恩捷系内务府及王公户下庄头（老圈庄头）。① 此外，八旗满洲、蒙古、汉军各处调查后亦咨覆，"并无带地投充庄头准其考试出仕之案"。最后议准，"纪自璥呈称伊子应试之处，应不准行，并请嗣后凡八旗户下带地投充庄头，无论旗档有名无名，均不准其应试出仕"，判定纪思九不能应试。②

此案审判过程显示出投充人丁能否参加科举，在司法实践中存在模糊性。有关衙门对投充人丁是否能参与科举并不明确，审判人员对法律条文的掌握也不清晰，"并无明文"是礼部、刑部及内务府等机构普遍面临的问题，"通行八旗满洲、蒙古、汉军各处详查，有无办过成案，俱以并无带地投充庄头准其考试出仕之案具核"，八旗各处调查后，咨覆没有投充庄头考试出仕的先例，这是关键性的一步，直接决定了最后的裁决。

果真没有投充科举的先例吗？档案反映出比官书更为翔实的情况。嘉庆元年二月二十日，内务府呈稿奏称，管理三旗银两庄头处属下7名旗丁参加科举考试，其中2名投充庄头之子、5名庄头亲丁。③ 清晰记录了这群人的身份特点"本处所属庄头、投充等，虽编为三旗，并无佐领、管领兼管"，④ 也就是说，官方对这7名参加科举考试的旗人的身份非常清楚，绝不存在将其与老圈庄头混淆，从而蒙混报名参试的嫌疑。

这条实例说明嘉庆十一年纪自璥案件中提到的，八旗各处呈报"并无带地投充庄头准其考试出仕之案"的情况并不属实，档案中还有不少类似事例，在此不赘。嘉庆十一年，清廷因纪自璥事件再次严禁投充人科举出仕，并写入《钦定总管内务府现行则例》。⑤ 但同样效果甚微，嘉道之后的档案中既有"八旗户下带地投充庄头，无论旗档有名无名，均不准试"的裁判，⑥ 也有投充子弟在旗档有名者入汉军考试，无名者归入民籍考试，并不乏中举之人的情况。⑦

既然投充人丁通过旗籍参加科举的路径并没有被严格阻绝，为什么依然会出现为数甚

---

① 此处李恩捷乃老圈庄头，但在另一则有关李恩捷捐纳的档案中，其身份则是"内务府管理三旗银两庄头处所属镶黄旗汉军贡生"，即投充庄头，笔者认为这条档案从另一个侧面透露出人们在投充庄头与老圈庄头身份之间的转换。恭阿拉等：《奏为捐纳笔帖式李恩捷请代查档案事》，嘉庆九年五月二十二日，内务府奏案，档号：05-0509-060。关于李恩捷捐纳案件，参见黄丽君《化家为国：清代中期内务府的官僚体制》，台北：台大出版中心，2020，第292~297页。

② 嘉庆《学政全书》卷四三《区别流品》，故宫博物院编《故宫珍本丛刊》第335册，第76页。

③ "亲丁"指庄头的叔伯兄弟，这批人占了庄园人口不小的比例。

④ 《嘉庆元年二月二十日庄头处呈稿》，转引自中国人民大学清史研究所、档案系中国政治制度史教研室合编《清代的旗地》，第535页。

⑤ 《钦定总管内务府现行则例》卷四《会计司》，故宫博物院编《故宫珍本丛刊》第306册，第336页。

⑥ 参见管理三旗银两庄头处《为查明本处庄头赵连茹等丁档家谱内并无通州童生赵连玉赵连章事》，嘉庆十三年二月二十五日，内务府呈稿，档号：05-08-010-000014-0011。

⑦ 都虞司：《为查明所属在档鹰户牲丁等考试成例事》，道光二年七月二十五日，内务府呈稿，档号：05-08-003-000103-0028。

多的冒入民籍科考事件？除了检视与投充人相关的条文律例以及司法实践之外，其他普遍性因素也不容忽视。以具有八旗特色的马步箭测试为例，自康熙二十八年，正身旗人与汉人一体应试科举，清廷明确规定"满洲、蒙古、汉军应乡试之监生、生员均由兵部验射马步箭，能射者准其移送顺天府入场乡试"。[1] 此后，旗人皆先试马步箭，能者方准入试成为定制。[2] 投充人也不例外，嘉庆元年，准予镶黄旗庄头李思恭亲丁等报考生员一案中，庄头亲丁"李澂、李湛、李湘、李大年、姜琏、黄景曾、邓允中等七人俱经本府堂台验看过马步射"；嘉庆四年，都虞司属下正黄旗鸦鹘户"经本府将牲丁赵大勋马步骑射考验，均属合式"；[3] 嘉庆十二年，镶黄旗庄头姜岐太之子、文举人姜琏咨送文会试，同样需要"经本府堂备验看过马步射"；[4] 嘉庆十九年，掌仪司属下园头考试文生员，"经本府堂台验看过马步骑射"；[5] 等等。

入关经年，旗人马步箭射等能力逐渐弱化，越来越多的旗人以各种方式规避测试。乾隆四十年会试，应试八旗举人125人，其中有73人报称近视眼，实系妄报，经王大臣核验、拣选仍有53人没有参加马步箭考试。乾隆帝对此极为愤怒："马步骑射，系旗人根本，即读书人亦不可不学。今考试一百二十余人内，报近视眼者竟有七十余人之多，明系捏报，希图规避……嗣后考试人内，若有似此不能骑射者，俱著停其考试，著为例。"[6] 正身旗人尚且如此，更何况本为中原百姓、没有马步箭射传统的投充人，因此类似"本处镶黄旗庄头亲丁内应考文童薄大恒、李炳，前经兵部验看马步箭，因其骑射平常，业已驳回，不准考试"的案例，并不稀见。[7]

在实践中，投充人丁能否通过科举入仕存在多种可能，既有严格按照规定不准参加科举、八旗各处也上报并无成案的情况；也有以投充身份入学应试，被有司认可，并不乏中举之人的案例；同时，另一些因素，如马步箭射等旗人根本，也是阻碍投充人丁以旗籍入试的一大原因。司法操作模棱两可、各种条例诸多限制，势必增加投充人群的不稳定感，加之二元制度存在的漏洞，自然会催发投机行为，冒籍考试即其中之一。

### （三）冒籍科考

乾隆三十四年，玉田县内务府庄头宋九岳之子宋钰私入民籍中进士一案颇为典型。当

---

① 乾隆《大清会典则例》卷六六《礼部·仪制清吏司·贡举上》，《景印文渊阁四库全书》，第622册，第193页。
② 乾隆二十二年，取消岁科考、乡试骑射考试，仅保留会试骑射考试。
③ 《嘉庆元年二月二十日庄头处呈稿》《嘉庆四年三月十六日都虞司呈稿》，转引自中国人民大学清史研究所、档案系中国政治制度史教研室合编《清代的旗地》，第535、659页。
④ 管理三旗银两庄头处：《为造送文会试丁卯科文举人镶黄旗姜岐太之子姜琏年貌三代册档事》，嘉庆十二年十一月二十四日，内务府呈稿，档号：05-08-010-000027-0009。
⑤ 《嘉庆十九年三月二十四日掌仪司呈稿》，转引自中国人民大学清史研究所、档案系中国政治制度史教研室合编《清代的旗地》，第550页。
⑥ 《钦定科场条例》卷五九《翻译乡会试上》，清咸丰二年（1852）刻本，第24~25页。
⑦ 管理三旗银两庄头处：《为正白旗庄头杨霭之子杨永祥应考文童派出催长吉安前往认识移咨正白旗汉军都统等事》，嘉庆十三年闰五月初一日，内务府呈稿，档号：05-08-010-000014-0021。

事人往复旗档、民籍数次，几经曲折。

据档案记载，玉田县内务府投充庄头宋钰曾祖宋含辉于顺治二年带地投充，成为内务府正白旗钱粮庄头，此后，宋钰的祖、父相继承充。宋含辉带地投充之时，其中一片坐落于玉田县的土地，因薄碱沙洼不堪入圈，未被投充，一直在县完粮，家里也因此俱有民户纳粮的名字。宋钰之父宋九岳生有两子，长子宋钰，次子宋鉴。借助民户纳粮之由，宋九岳将次子宋鉴报入旗档，却将长子宋钰呈报民籍，从小就以"宋昱"之名在宋九岳的岳父家读书，未呈报旗档。①

乾隆八年，宋九岳让呈报民籍的长子宋钰顶替纳粮之名，承领庄头一职，同时仍以"宋昱"之名在玉田县考取入学，即以"宋钰"和"宋昱"两个同音异字的名字在八旗下担任庄头，又在玉田县考试入学。

乾隆十六年，正值比丁，即户口册登记之年，内务府派出员外郎秦老格前往比丁。宋九岳担心漏丁获罪，呈明入档，经秦老格取具宋九岳甘结造入亲丁册内。可知宋钰虽然此前已经承领了纳粮之名，但未报入旗档。而宋钰报入旗档之后，玉田县宋昱入学之名未被撤销。十八年，宋钰以"宋昱"之名赴顺天乡试中举人，二十六年中进士。

事情至此，已相当匪夷所思，但仍然没有结束。乾隆三十年又值比丁之年，内务府派出郎中海德前往比丁，已中进士的宋钰难以继续担任庄头，遂在海德处呈报："伊幼小读书，不谙差务，恐致误公，并称伊弟宋鉴向随伊父交纳钱粮办差熟悉，呈请将伊弟宋鉴顶充。"经郎中海德取具宋钰等情愿甘结，准令宋鉴顶充庄头之职。宋家悠游往复于八旗与州县两系统间，尽占其利。②

直到比丁之员外郎福英查出宋钰冒入民籍已中进士，这才将此起于旗、民之间往来谋利的案件呈明送部。经有司审断，最终于乾隆三十四年判定：

> 查宋钰系带地投充内务府钱粮庄头宋九岳之子，并不遵例由旗报考，辄敢因伊祖父以来在玉田县完纳钱粮，遂图混入民籍改名宋昱，进学中式。情殊狡诈，若仅照诈冒户籍律拟杖，不足示惩，应将已革退进士宋昱即宋钰发往乌鲁木齐当差。宋鉴随同捏稀，自行顶充庄头，应照不应重律杖八十，系旗人鞭八十。③

由上文可知，宋钰似可"遵例由旗报考"，却选择了民籍科举这条路径，其原因限于史料

① 讬庸：《题为遵议直隶前玉田县知县张镇等员滥准庄头之子更名冒入民籍混行收考分别处罚事》，乾隆三十四年八月十四日，内阁吏科题本，档号：02-01-03-06414-001，中国第一历史档案馆藏。

② 宋钰的曾祖、祖、父三人均有旗人、民人双重身份，其曾祖、祖父是民人监生，同时承充旗人庄头，父亲民籍姓名宋嗣祁、旗籍姓名宋九岳。宋家四代人一直兼具旗人与民人的身份，渔利其中。

③ 讬庸：《题为遵议直隶前玉田县知县张镇等员滥准庄头之子更名冒入民籍混行收考分别处罚事》，乾隆三十四年八月十四日，内阁吏科题本，档号：02-01-03-06414-001。

不宜妄断。然而无论如何，宋家违反条例冒入民籍是可以确定的，否则不会有意使用"宋钰""宋昱"两个同音异字的名字。

与此案相关的八旗、州县官员均受到不同程度的处罚，八旗系统内，历年比丁员外郎四格、张琳、六十一、保荃、舒喜、海德、诚意等，其中员外郎张琳、六十一、保荃已病故，郎中海德、诚意和员外郎秦老格、舒喜、四格均照"失查例"，各罚俸一年；员外郎舒喜于另案降为笔帖式，应罚笔帖式俸一年。[①] 至于地方官员，宋钰在乾隆八年玉田县知县张镇任内入籍送考进学，十八年中式举人；二十五年，宋钰在前任知县龙钥任内结送会试中式进士；至宋钰中举，则是前县宋干金任内之事；此外，宋钰于乾隆十八年科试考列三等，由前任儒学教谕常玙给文罗试中试举人，"所有滥准宋钰即宋昱，入籍、进学及送考之地方官并儒学各职名咨请查议"，[②] 宋钰进学考试过程中所有牵涉官员等均被查议。

乾隆四十三年正月，上谕各省清查军流人犯已过十年者，若安分守法，则依乾隆十一年例查明省释回籍。[③] 同年十一月，乌鲁木齐办事大臣索诺穆策凌覆奏宋钰"当差九年并无贻误"。[④] 次年，年过六十的宋钰在乌鲁木齐满十年后获释返乡，此后便不理他务，以诗酒终老。[⑤]

关于宋家在州县完粮的这块土地，案件发生时，经刑部调查，投充庄头接替宋钰承担庄头一职的宋鉴"现今当差官地八十八顷八十五亩，余地三顷四亩二分一厘"，这部分土地数量"与宋钰曾祖宋含辉原投红档所载地亩数目相符"。宋家民粮地"原系久经在县交纳民粮之地，并非隐地匿粮旗民夹空影射私产"，确系"因薄碱沙洼不堪入圈"，而非"不办旗差，不完民粮"的隐匿土地。刑部据此判定，"（该地）相应仍令照旧营业，在该县交纳民粮，毋庸另行置议可也"，交由现任庄头宋鉴继续耕种，

依旧属于民地，在州县完粮，并没有因宋钰案件而改变土地的性质。[⑥]

这是一个相当典型的投充旗人冒入民籍参加科举考试的案例。宋家民粮地是宋钰能够钻制度漏洞，冒入民籍、参加科考的重要物质要素；同时，直隶基层乡间，同一家族 / 家庭中既有旗人又有民人的普遍状况，又为宋钰以"宋昱"的民人身份在地方考试入学，隐瞒官

---

① 《乾隆三十四年七月初五日内务府奏销档》，转引自中国人民大学清史研究所、档案系中国政治制度史教研室合编《清代的旗地》，第529~530页。

② 讬庸：《题为遵议直隶前玉田县知县张镇等员滥准庄头之子更名冒入民籍混行收考分别处罚事》，乾隆三十四年八月十四日，内阁吏科题本，档号：02-01-03-06414-001。

③ 《清朝通典》卷八九《刑十》，《景印文渊阁四库全书》第643册，第855页。

④ 《刑部为宋钰当差九年无误事移会稽察房》中称"乌鲁木齐办事大臣奏已革进士宋钰系因冒入民籍考试发往乌鲁木齐当差之犯，该犯在该处当差九年并无贻误，遵例查明具奏"（内阁大库档案，文献编号：158252，台北：中研院历史语言研究所藏）。

⑤ 光绪《玉田县志》卷一八《表三·选举上》，清光绪十年（1884）刻本，第10~12页。

⑥ 总管内务府（慎刑司）：《奏为宋钰冒入民籍中式进士将失察郎中海德等罚俸事》，乾隆三十四年七月初五日，内务府奏案，档号：05-0266-035。

府，并考取举人、进士提供了可能。直隶乡村社会中，以民人身份投充至旗下者为数甚众，他们既博弈于八旗与州县之间形成自身规制，又借助国家规范对制度进行应对与反形塑，多重力量间的竞合塑造了投充人群本体与当地基层社会的风貌。

# 结　语

　　无论"舍民称旗"抑或"讳旗称民"，我们都能看到八旗、州县两套管理系统对直隶乡村基层人群的影响与作用。"旗人"是投充人丁在清代的根本身份，有清一代旗民分治的政策，从制度上在身份、管理、司法等方面把他们约束在八旗体制内，然而现实生活不可能如条文规定那样清晰分明。投充人本就是畿辅当地的普通百姓，世世代代居住于此，与没有投充的民人有着无法分割的联系。普遍的个人／核心家庭投充的状况，使得同一个家庭／家族内部既有旗人也有民人，数代之后，无论是当地的老百姓，还是投充群体自身，都容易对投充人后代的旗人身份产生模糊的认知。清廷虽然建立了一套旗人、旗地管理体系，但旗民芜杂，不易厘清，加之旗人、旗地的特殊性，地方州县未能直接掌握其信息，司法上也有层层障碍，因此在畿辅地区，无论是投充旗人，还是普通民人，都有游走其间、获取利益的可能。

　　如前文所述，与土地相关的案例呈现出由"民"入"旗"的倾向，这与旗地肥沃、旗人有一定优待直接相关。投充人丁虽为奴仆，却管理大量土地和财产，拥有一定权势。他们背靠"八旗主子"，让地方官员有所忌惮，不敢轻易介入干涉。同时，投充制度本身的漏洞，诸如自愿附投、旗人合法拥有民地、家庭／家族中既有旗人又有民人等状况，短期内尚可无碍，时间稍长，必然引发旗、民纠纷，旗人的优势地位又会影响有司判案。民人因此向旗人流动，冒为庄头，利用旗地，获取利益。

　　在入学科考方面，则呈现出由"旗"向"民"的反方向流动。投充人以奴才身份进入八旗，与"八旗主子"有着较强的人身依附关系，入学、考试、任官限制颇多，直到乾隆三年才获得考试资格，但仅3年后，清廷又封禁了投充人丁的科举之路。同时，其他一些诸如马步箭射等政策限制使投充人参加旗人科举有较大难度，从而催发其冒入民籍，由民人系统考试入仕。

　　旗人与民人在二元性制度下的游走，一直是令清代官方头疼的难题，清廷对此采取了多种措施，诸如加强户籍管理，严格登记制度；与地方府州县政府联合管控，自雍正初年始，投充人丁册籍在州县备案；等等。同时还不断制定新的制度约束投充人丁，地亩册就是其中一项。雍正六年，雍正帝下旨编撰旗地地亩册，要求登记旗地坐落州县乡村、名下、地段、四至，规定了负责制作以及管理的机构，一样二本，一部存案，一部转咨直督发布政使司，照造清册，钤发州县，与民人粮地清册一同存贮。[①]然而地亩册编撰成效不彰，直至清末，土地纠纷不仅并未消减，人们反而找到了更多的应对策略，就如人丁册一般，某些情况下，反倒给一些人提供了可乘之机。现实社会运行受制度的制约，但同时也反过来形塑着制度。

旗民分治是清代治政不争的事实，也是后人理解清代社会的基础，却不能反映旗、民社会的全貌。二元性制度引发权力缝隙，人们出于利益考虑，选择性地游走于八旗系统与州县体制间，看似森严的制度与法律存在模糊地带，诸多政策漏洞为投机者提供了空间。考察此类颇具普遍性的历史现象，让我们更贴近时人的行为状态与现实生活，也让我们更深刻地认识清代历史的复杂性和多样性。

金、元以降，华北最为明显的地域特征是国家的强大投影，政治事件与国家制度对基层社会的渗透直接而深入，相应地，基层社会对国家的感应也甚为敏锐、迅速。国家与地方、作用与反作用在此处呈现出较其他地域更为紧密而黏着的互动关系，强调华北区域史研究中"国家的在场"成为学术界共识。同时，华北也是族群问题频现之处，族群的冲突、融合、迁徙、流动不仅形塑了本地历史，对中国整体历史的走向也起到了至关重要的推动作用。千百年来多族群共存，彼此之间势力的消长，多种语言、文化的碰撞，"多元"默化成为华北的日常。辽、金、元、明、清等以此为中心的统治及王朝之间的易代更替，所产生的族群与族群、族群与国家间的竞合关系，构成了此处地域社会的风貌：既有各族群不断形塑或划分或整合自我与他者之间边界的自身规制；又有借国家制度，使自身在传统王朝的结构之下，仍能对地方社会形成"国家在场"的影响力；同时还有基层社会对国家不同管理系统的应对，以及多种力量间的相互作用。

清代丰富的史料，尤其是涉及民众日常生活状况的各类官方档案和民间文献，使研究者能更清晰地观察和认识清代基层社会的种种细节。新时期的史学研究中，地方社会研究、跨区域研究、社会群体研究、国家与基层社会互动等问题是学界焦点、前沿所在，清代旗人社会作为地方基层社会的重要类型之一，长期以来游离于主流研究之外，不能不说是一种遗憾。从这个意义上讲，关注八旗人群，关注制度交错地带不同人群的生存状态，不仅有助于理解华北地区不同人群的生活状况，也有益于推进学界对二元性制度下族群关系、区域社会等相关问题进行更立体且客观的思考。

〔本文原载《历史研究》2020 年第 6 期。作者邱源媛，中国历史研究院古代史研究所研究员〕

---

① 乾隆《大清会典则例》卷一七三《八旗都统三·田宅》，《景印文渊阁四库全书》第 625 册，第 467~468 页。

# 晚清学政的日常事务与生活世界*

## ——陆宝忠督学湖南日记稿本研究

李细珠

**摘 要** 光绪十一年至十四年（1885~1888）陆宝忠出任湖南学政，留下一部较为完整的《湘游日记》。这部日记清晰地呈现了陆宝忠作为湖南学政按临三湘四水衡文校士，在整顿士习文风过程中与湖南地方绅权博弈和妥协，以及其督学期间的交际网络与生活状况，由此可以窥见晚清学政日常事务与生活世界的多重面相。从督学湖南波澜不惊的经历，可知陆宝忠只是一个普通的学政，其三年湖南学政任期并没有在晚清湖南教育史上留下多大影响。然而，正是这样一些普通官员的存在，维系了晚清官僚机器的正常运转，使得清政府有关文治教化等各项政策举措得以推广与落实，从而形成传统国家日常治理的基本结构与运作模式。

**关键词** 湖南学政 陆宝忠 《湘游日记》 地方绅权

学政是朝廷钦派提督直省学务的官员，主要职责是衡文校士，就是按临各府、直隶州，主持各州（厅）县童生院试与生员岁试、科试，考选优贡、拔贡，考核教官，并督理学校、书院，整饬士习文风。学界既往有关学政的研究，[①]缺乏学政督学期间的日常事务与生活世界较为完整的个案展示。光绪年间陆宝忠督学湖南期间的日记提供了晚清学政一个

---

\* 本文为中国历史研究院重大项目"中华民族复兴史（1840~2021）"（LSYZD2019003）的阶段性成果。陆宝忠日记稿本由收藏家陈桂海所珍藏，将由国家图书馆出版社影印出版。本研究承蒙李强、马忠文提供该日记稿本复印件；初稿完成后，又承马忠文、韩策及匿名审稿人多所指正，谨此深表谢忱。

① 一般情形参见有关清代科举制度研究著述，如商衍鎏《清代科举考试述录》（三联书店，1958）、王德昭《清代科举制度研究》（中华书局，1984）。关于清代学政最新的专题研究，参见安东强《清代学政规制与皇权体制》（社会科学文献出版社，2017）。

典型的实例。陆宝忠并不是一个引人注目的历史人物，既往研究较少专论。<sup>①</sup>陆宝忠日记稿本的发现，为研究陆宝忠及晚清科举制度与政治变革提供了宝贵史料。<sup>②</sup>陆宝忠的日记之一《湘游日记》，即督学湖南日记，起于光绪十一年八月初一日奉旨简放湖南学政，迄于光绪十四年九月二十五日等待后任交接期间，尚缺在湖南最后约50天时间。<sup>③</sup>近年来学界发掘晚清人物日记甚多，日记作为史料深受相关研究者重视，为晚清史研究注入了新鲜养料。毋庸讳言，日记之出现及其作为史料之价值可遇而不可求，有幸存世并面世的日记本就凤毛麟角，而有的只是零篇断简，有的记事如流水账，学者难以有效利用。比如，陆宝忠任顺天学政期间的日记《燕轺日记》《监临日记》，就只是片段的记录。又如，曾任湖南学政与四川学政的朱逌然也有日记存世，<sup>④</sup>但是零碎不全，残缺太多，根本无法反映其学政生涯全貌。相比较而言，陆宝忠的《湘游日记》是一份非常难得的相当完整且内容丰富的学政日记。本文主要依据这份未刊日记稿本，考察陆宝忠督学湖南期间的日常事务与生活世界，以期观察晚清学政制度的日常运转状况、学政与地方官绅复杂的权力关系，以及学政本人的生存状态。

陆宝忠（1850～1908），江苏太仓人，字伯葵，号定庐。光绪二年进士，改翰林院庶吉士，三年散馆，授职编修，历任国史馆纂修、南书房行走、翰林院侍讲学士、侍读学士、内阁学士兼礼部侍郎衔、署礼部尚书等职，官至都察院都御史，并曾任湖南学政、顺天学政，还多次兼乡、会试考官以及阅卷大臣等学差、考差，是典型的学而优则仕的传统官僚。从其仕宦经历看，陆宝忠一生坦途，几无波折，故难免傲慢与偏见，尝"自负江南富人文，对人恒訾边方无学者"，而才具平庸，业绩不显，又不免"然亦俗学"之讥，<sup>⑤</sup>实则是按部就班、循规蹈矩、并无多大作为的普通官僚。在追求特出人物的特出事迹的历史书写中，陆宝忠这种"太平官"往往会在大浪淘沙中湮没无闻而容易被历史遗忘。但毋庸讳言，或许正是这些"太平官"日复一日的平凡事迹，多层面地呈现了历史的常态。可以说，从陆宝忠式"太平官"的仕宦经历，恰可观察传统国家官僚制度得以正常运转的基本模式。

---

① 检索中国知网，只有周锡公《试说陆宝忠改革教育的主张》（《历史教学》1987年第4期，第13~15页）一篇短文。

② 马忠文：《陆宝忠未刊日记的史料价值》，《江汉论坛》2016年第6期，第107~113页。

③ 陆宝忠实际是在当年十一月初九日与新任湖南学政张亨嘉交接，十五日起程回京。参见陆宝忠自订，陈宗彝续编《陆文慎公年谱》，沈云龙主编《近代中国史料丛刊》（575），台北：文海出版社，1970，第53页。按：现存陆宝忠日记稿本共7种13册。（1）《湘游日记》5册；（2）《使东日记》1册，光绪二十三年七月初八日至九月初八日，任山东乡试主考官日记；（3）《读礼日记》2册，分记光绪二十四年三月十二日至十二月三十日、光绪二十五年八月初一日至十二月初十日，因丁母忧赋闲在京之日常生活；（4）《燕轺日记》1册，记光绪二十七年十二月十二日至光绪二十八年三月三十日，任顺天学政赴大名等府州县主持岁试、科考事务；（5）《监临日记》1册，记光绪二十八年七月十五日至十月十六日，赴河南开封监临顺天乡试；（6）《丙午日记》2册，记光绪三十二年全年（缺十月初九日至十一月初二日）京官生活；（7）《丁未日记》1册，记光绪三十三年七月初一日至十二月二十九日京官生活。

④ 《朱逌然日记》，桑兵主编《续编清代稿钞本》第53、54册，广东人民出版社，2009。

⑤ 沃丘仲子：《近代名人小传》"官吏·陆宝忠"，中国书店，1988，第128页。

# 一 奉旨赴任与按临三湘四水衡文校士

按清制，学政一般任职三年。其间基本程序，陆宝忠督学湖南日记做了比较详细的记叙，大致可分三个阶段。

## （一）奉旨出京赴任

光绪十一年八月初一日，陆宝忠奉旨简放湖南学政。[①]学政对于学优位尊而生活清苦的翰林来说是难得的美差，一方面可以施展传统士人得天下英才而育之的理想抱负，另一方面也是增长仕宦阅历并实际改善经济生活的良机。

陆宝忠得学差之后，很快便投入准备工作。他除了雇请幕友家仆、备置行装之外，主要是向各方了解湖南学政及湖南士习文风等情况。

一是向亲朋师友请教。八月初二日，即奉旨的第二天，陆宝忠便向同年张少玉的堂兄张春覃了解湖南情况，并拜见了座师董恂（韫卿、蕴卿）、徐桐（荫轩）、崇绮（文山）、景廉（秋坪）。其日记载："偕迪臣至少玉处便饭（少玉堂兄春覃前在朱肯夫、陶子缜处襄校，湘中情形极熟。与之细谈，略知梗概。湘中积弊太重，厘剔颇难，深用惴惴）。同谒各师，见董蕴翁、徐荫翁、崇文翁、景秋翁。"张春覃曾经在湖南学政朱逌然（肯夫）、陶方琦（子缜）[②]处为幕宾，其经历见闻值得参考。八月十三日，陆宝忠又向任雨田前辈请教科举考试中防弊等事。其日记载："任雨田前辈来，访以湘中试事，渠谓枪替不少，然如川省之'一根葱'者，尚不敢行之，以有人举发也。场规不可不严，只要责成认保，有犯必惩，当可稍息。提覆出榜，向来学使出得甚晚，防招覆之人，得从容雇枪，用意甚深。然有力雇枪者，早已说定，不必临时寻觅。寒士夜半候榜，寓处或离棚数里外，风雨奔驰，瞬息即点名，深觉其苦，尚望博采舆论，能于招覆半日前发榜最好。"八月二十三日，陆宝忠还得到表兄（亦妻兄）廖寿丰（穀似）的指教与鼓励，有谓："待幕宾须十分留意，家人只供使令，不可假以耳目。初次视学，不免生疏，然天下事皆由生而熟，只须小心谨慎。到任后，将前任案牍逐节细看，胸中先有依据，临事自不至失措。"

二是向曾任学政的前辈请教。八月初五日，陆宝忠拜见曾任四川学政（光绪五年至七年）的陈懋侯（伯双），并表示要借抄其学政笔记。其日记载："至伯双处，谈良久。渠前视蜀学，极能剔弊，有手记数本，在迪臣处，须借抄也。"八月十八日，曾任安徽学政（光

---

① 陆宝忠：《湘游日记》，光绪十一年八月初一日。按：本文征引陆宝忠日记，如果正文有明确的日期，则不出注，否则便在引文后面夹注具体日期。

② 朱逌然与陶方琦分别于光绪二年至四年、光绪五年至七年先后任湖南学政。

绪五年至七年）的孙毓汶（莱山）向陆宝忠介绍了预防武科考试"重名之弊"的安庆经验。"武场重名之弊极重，莱翁谓步箭之后，即令开硬弓最妙（袖子必令卷高）。渠在安庆，应试者令先入号盖手印，然后一一报名射箭，较可剔弊。查出重名之弊，须将舞弊者荐校认保斥革，重办一二，下棚可省事。"八月二十四日，陆宝忠又与曾两任学政并熟悉湖南情况的徐树铭（字伯澄，号寿蘅）深入探讨了湖南学务情况，[①] 经验丰富的徐树铭给了陆宝忠颇有针对性的指教。其日记载："徐寿蘅前辈来答拜，谈湘事甚详，谓校经堂须换山长［寿翁谓浙中有黄元同名以周者（寿翁优贡门生，访诸星旋，谓此人经学甚有根柢，余则不见佳），经学甚佳，前本拟邀请，渠以词章不擅长，辞不就］。湘中向学之士甚多，然不得师承，则所作皆流为野战，宜择一经学深邃兼工词章者为之祭酒，则湘中人才又当接踵而起。学政果能留心提倡，自有效验。又谓办事须有条理，而又不谓成心，盖一有成心，必致偏倚也。下学讲书时，须与诸生剀切谈论，告以今日作秀才时，如挺身为人递呈告状，及滥保枪冒种种，不知自爱，即幸逃官法，将来何以成人？上不能对父母，下不能对妻子，推原其故，只由一念贪小利，遂为名教罪人，岂不可惜？湘省词讼甚多，须随时告戒；枪冒等弊，看前数任何棚最多，饬提调认真访查，自己点名时细细留心，严饬教官廪保，有罚必惩，先声所慑，下棚弊窦渐少矣。"

三是向湘籍人士及在湘官员请教。陆宝忠不但直接写信向前任湖南学政曹鸿勋（竹铭）、湖南巡抚卞宝第（颂臣）、湖南督粮道夏献云（芝岑）请教，而且还当面请教同时奉旨简放江苏学政的湖南名儒王先谦（益吾、一梧），以及刚卸任湖南布政使兼署湖南巡抚的庞际云（省三）。陆宝忠致信曹鸿勋、卞宝第、夏献云只在日记中提到，未见全文内容。他与王先谦、庞际云则多次见面，谈论湖南科考问题，尤其是湘水校经堂更换山长事。有意思的是，庞际云一再提醒陆宝忠要与前任曹鸿勋多沟通，颇有曹规陆随之意。八月十八日记载："赴孙莱山约，座间庞省三、王一梧、贵坞樵、凤石、盛星璇，省三前辈言竹铭试事极严明，舆论翕然，可以为法。湘中校经堂归学政主政，内肄业者三十余人，山长向章须延江浙人。今范山长乃湘阴人，沅翁所荐，年将八旬，恐不胜任。如更换，必当择一宿学足餍人望者。"八月二十日又记载："傍晚拜庞省三，省翁谓武场可先看步箭、硬弓，如彼箭不中、弓不开，则自不赴外场矣，然须与竹铭商问。"王先谦则告诫陆宝忠湖南科考弊端甚多，防弊宜严，但不必太苛刻，要"顺舆情"，并提醒湖南官绅界限分明，要注意分际。八月十一日记载："王一梧前辈来，略访湘中情形，善化冒籍者多，如被人攻发，只得扣考，凡事以顺舆情为妙。"二十四日记载："复询以绅士须拜否，渠谓卞公到任后，官绅界限甚清，却是好事。现绅士中无把持公事者，到后只拜素有交谊及前辈，余不必拜，以省人言。"二十六日又谓："做学政以提倡古学，俾士子专心读书为主，防弊宜严，然亦不必刻。"

---

① 徐树铭于咸丰二年至五年任山东学政，同治六年至八年任浙江学政。

至于更换校经堂山长一事，王先谦则建议能换则换，但若没有合适人选不要随便换。陆宝忠日记载："复与一梧谈山长事，一梧谓不可不换。询以王闿秋（名开运，湖南人，寿翁亦谈及——原注；即王闿运——引者注）何如，一梧谓闿秋主讲，湘中人不致有悖言，较现在山长却胜，但言外有不甚十分称意处，以此公狂而僻也。"又载："赴劬庵松筠庵约，晤一梧前辈，告以山长难其人，渠谓卞中丞曾荐一扬州人，都人士不以为然，始请范君，如一时不得人，或再敷衍一年。"（光绪十一年八月二十四日、二十六日）王先谦特别说明湖南巡抚卞宝第曾经推荐山长人选，没有得到湘人认可，其意表明换山长是湖南人自己的事，关键是尽可能用湖南人，所以作为"客官"学政的陆宝忠最好不要多插手。庞际云尤其是王先谦有意无意的提醒与告诫，无非暗示湖南地方绅权不可小觑，希望陆宝忠尽早做好心理准备。

九月初二日，陆宝忠向慈禧太后和光绪皇帝请训，当天日记记载较详，不赘引。慈禧太后与光绪皇帝的问话大都是例行公事，但是，对于陆宝忠这位江苏人即将到湖南去做学政，慈禧太后不经意间提到江苏洋教及洋务问题，光绪皇帝则特别提出湘勇与哥老会问题，并提醒湖南"地方官甚不好做"，表明两宫虽深居宫苑，但并不昧于世事国情。光绪皇帝最后的训词，"你到任后去取要公平，诸事小心，家丁幕友要时时留心。各省弊端都有，要实力整顿"也颇有针对性，想来陆宝忠当时定是感触良深，只可惜日记中未有任何流露。

九月十三日，陆宝忠带着家眷出京赴任，经直隶、河南、湖北三省，进入湖南，水陆兼程，历时64天，行程约4000里，于十一月十七日到达省城长沙。①

在赴任途中，陆宝忠仍然非常关注湖南学政的问题。在湖北武汉，陆宝忠接到前任湖南学政曹鸿勋的来信后，在日记中记载："备言湘中情形，计九纸。湘使非铁打者不能胜任，孱躯何以肩此？心殊惴惴。"（光绪十一年十月二十七日）不知曹鸿勋写了什么，对陆宝忠刺激如此之大。联想到上述庞际云与王先谦的提醒与告诫，可知陆宝忠此行赴湘将面临较大挑战。陆宝忠还特地向任满即将卸任的湖北学政高钊中（勉之）请教经验，得到其关于约束家丁、书役详细而具体的指教。在湖南岳州，陆宝忠特意拜访其父故交知府文镛（乔生），请教湖南学政考试事，"拜文乔翁，询以考试情形。渠谓接府县以和气为主，即有疑难事，自能代为出力。案首如不至太难，以取为妙，此外则凭文取进，一概不管。如有说情者（州县向有之），婉拒之。万不可圆到，此界限须立定，关自己声名也。场规不可不严，湘人尚畏官，不至闹事，惟须外严内宽，不必十分峻厉。曹学使前以彭道（川东道）之孙拥挤，呼之跪，倔强不服，扣考交提调，究不甚好看。武试面上打戳，亦几有不遵之意，似以打在臂上

---

① 陆宝忠此行，除九月二十八日、二十九日因母亲连日受寒腹泻在汤阴宜沟驿休息两天，十月十五日在襄阳改走水路换船停一天，十月二十六日至十一月初五日在武汉拜见湖广总督裕禄（寿山）等人及其母亲与两个姨妈相聚停留九天以外，每天行程数十里到一百数十里不等。据日记有确切数据的整数统计为3880里，因有些时日仅记约数"……里余"，自岳州到长沙四天（十一月十三日至十七日）仅记七十余里，故全程统计数据并不完全，大略估算约4000里。按：前任湖南学政朱逌然光绪二年九月初三日进宫请训，回答慈禧太后"湖南去京多远"时说"四千五百余里"（《朱逌然日记》，桑兵主编《续编清代稿钞本》第53册，第625页）。可为佐证。

或手上为妙。湘人易造谣言，富绅子弟不必多取在前列。久在京师，恐不服水土，以随时珍摄、夜饭勿太饱为宜。言颇恳挚"（光绪十一年十一月十三日）。作为父执辈的文镛久官湘省，其具体精到的点拨与无微不至的关怀，使陆宝忠受益匪浅。

### （二）接任按临各地

光绪十一年十一月十七日[①]，陆宝忠乘船抵达湖南省城长沙。当天，他便与前任学政曹鸿勋晤谈良久，其日记记下了当时的感受，有谓："湘中诸事繁重，缺甚瘠苦，此差真无意味，惟有振刷精神，场规悉照旧章，事必躬亲，以尽我之职分而已。"第二天，陆宝忠拜见当地官绅，其中曾任湖南巡抚（同治十年至光绪三年）、尚流寓长沙的刘崐（号韫斋）提出了善意的忠告，有谓："前任公明，诸事宜仍旧章，于循旧之中随时整顿。"当晚，陆宝忠再次向曹鸿勋"请教一切（另记本），夜深始归"。可惜其"另记本"未曾留世，而日记也没有记载具体内容。十一月二十日，陆宝忠与曹鸿勋完成交接，正式接篆视事。[②]随后几天，陆宝忠几乎每天都与曹鸿勋见面。十一月二十六日，陆宝忠送别曹鸿勋，其日记载："出城送竹铭登舟，谈数刻，临别无任惆怅。竹铭嘱严约束下人，地方官供应不周，不必挑剔；下人每以言激怒，我不动气，彼亦无法。场规以严为主，然亦要操纵得宜。此缺甚瘠，诸事宜俭约。明岁京中应酬，万来不及，或缓至后年冬，或岁试完后。言甚恳切。渠在此舆论甚好，须勉继前轨为是。"从多方面渠道获得的信息，使陆宝忠初步确定了曹规陆随的基本方针，不仅因为曹鸿勋在湖南学政任上树立了一根标杆，而且湖南地方绅权恐怕也不容作为"客官"的学政任性发挥。正如陆宝忠另一位表兄（亦妻兄）廖寿恒（仲山）特意函告："诸事循照旧章，勿存过于求好之心，但求平稳无大过，便是极好。"陆宝忠深表认同："此要言也。"（光绪十一年十二月二十九日）

光绪十二年正月十八日，陆宝忠告别省城官绅及亲友，开始出省按临各地，正式开启在湖南的督学生涯。按清制，学政三年要巡历全省各府、直隶州，举行两次重要考试：岁试与科试。此即"三年内岁、科两考"之定例。[③]各府、州（厅）、县童生可以通过岁试或科试考选（院试）入学成为生员，各府、州（厅）、县在学生员则通过岁试升降题补廪增，通过科试获得乡试资格。一般情况下，逢丑、辰、未、戌为岁试年，寅、巳、申、亥为科试年，先岁试，后科试，学政要在全省巡考两次。但部分偏远地区可由学政酌情特殊处理，岁试、科试一并考，叫岁科并考，学政三年任期之内只要巡考一次就行。陆宝忠在湖南学政任

---

① 此据陆宝忠日记。《陆文慎公年谱》（第43页）记为十一月十六日，误差一天。
② 陆宝忠奏报接印任事日期谢恩折也清楚说明："十一月十七日行抵长沙，二十日准前任学臣曹鸿勋委员赍送关防并书籍文卷前来，臣恭设香案，望阙叩头，祗领任事。"参见《光绪十二年二月初一日京报全录》，《申报》，光绪十二年二月十五日，第9版。
③ 素尔讷等纂修，霍有朋、郭海文校注《钦定学政全书校注》卷九《考试事例》，武汉大学出版社，2009，第37页。

上认真执行了这个规则。

当时，湖南政区分9府、4直隶州、4直隶厅、3州、64县。湖南的学区或考区分9府、4直隶州，共13处考棚。9府为长沙府、衡州府、永州府、宝庆府、岳州府、常德府、辰州府、永顺府、沅州府，4直隶州为郴州、靖州、澧州、桂阳州，另外有4直隶厅不单独设考棚，而是附考于相近的府，即乾州厅附于辰州府，永绥厅附于永顺府，凤凰厅、晃州厅附于沅州府。[①]

按照岁、科分试的一般原则，陆宝忠在湖南学政任上的考试分两个阶段。第一阶段为岁试：陆宝忠于光绪十二年正月十八日从长沙出发，先后巡考宝庆府、永州府、桂阳直隶州、郴州直隶州、衡州府，六月二十七日返回长沙，考长沙府；又于十月二十五日巡考岳州府、澧州直隶州、常德府、辰州府、永顺府、沅州府、靖州直隶州，于光绪十三年六月初六日回到长沙。历时一年五个月，完成全省岁试，其中辰州府、永顺府、沅州府、靖州直隶州属边陲偏远地区，实行岁科并考。第二阶段为科试：陆宝忠于光绪十三年七月十三日至八月十二日，先考长沙府，九月十六日离开长沙，巡考岳州府、澧州直隶州、常德府，十一月二十一日返回长沙过年；又于光绪十四年正月二十五日离开长沙，巡考宝庆府、永州府、桂阳直隶州、郴州直隶州、衡州府，五月二十一日回到长沙。至此，岁、科两试一律办竣。随后，在省城长沙完成录遗、录科与考优贡等扫尾工作。

据统计，陆宝忠自光绪十一年十一月十七日到达湖南长沙接任，迄光绪十四年十一月初九日与继任湖南学政张亨嘉交接，十五日离开长沙返京，总计在湖南督学共1092天，其活动可分为两部分：（1）在省城长沙477天，其中考试时间127天；（2）在省城之外巡考615天，其中考试时间455天，路途160天。总计考试时间582天，占全部督学时间的53.3%；路途时间160天，占14.7%，这两项共占68%。可见，三年学政真是疲于奔命。陆宝忠自订年谱光绪十二年条记载："腊月二十五日冒雪登程，陆行至常德，小除夕开考，除夕、元旦只歇二日。终岁奔驰试事，无一刻放松。湘人亦颇信服。"[②]最后一句属于自我感觉良好，前面所说确是实话。

### （三）交接回京复命

陆宝忠督学湖南日记在光绪十四年九月二十五日戛然而止。当时虽然考试完毕，但新任湖南学政张亨嘉尚未到任，陆宝忠只能等候交接。据《陆文慎公年谱》记载，十一月初九

---

① 参见卞宝第、李瀚章等修，曾国荃、郭嵩焘等纂光绪《湖南通志》卷六七《学校志六·学额》，《续修四库全书》第63册，上海古籍出版社，2002，第72~80页。
② 《陆文慎公年谱》，第7页。

日，张燮钧（亨嘉）编修到湘，即日交卸。[①] 十五日陆宝忠起程回京，经汉口至郑州，因黄河坚冻，不能渡河，绕道开封，于光绪十五年正月十九日抵京，二十一日诣内复命，蒙召见于养心殿冬暖阁。"忆陛辞时，慈圣尚垂帘，今还朝，上已亲政，天颜悦豫，窃深欣慰。"[②] 陆宝忠督学湖南任期还算圆满，心情相当不错。

## 二　整顿士习文风及其与地方绅权的博弈和妥协

学政职责关乎一省学务，除了按临各地衡文校士以外，对于全省士习文风也有整饬与提振之责。晚清衰世，各省风气日坏，湖南亦莫例外。"湘中人文最盛，而弊亦较多。"[③] 陆宝忠自受命出任湖南学政以后，通过与各方人士的接触，听到最多的信息就是湖南士习风气败坏与试事积弊严重。例如，光绪十一年十一月二十八日日记记载："傅青余前辈来，谓此间士习不佳，府县前十名不甚可靠，弊端极重，宜加意防范。新调善化令孙儒卿（彦臣）来谒，渠新从邵阳归，述彼处武生闹事情形，此间风气坏极矣。彦臣官声尚好，谓此间按试时，词状极多，少准为妙，盖一批府即拖累多人，已中原告之计矣。宝庆棚后墙外即荒地，须严防，西号墙孔有传递情弊。渠曾查著东号墙外临山，尤易滋弊，须随时留意。"此类日记甚多，不胜列举。对于督学湖南面临的各项挑战，应该说陆宝忠已经有了足够的心理准备。时年 36 岁的陆宝忠，多少还有些传统士大夫的理想主义，不乏澄清玉宇之豪情壮志。但是，他面对的现实却不容乐观，只能在与各方势力的博弈中艰难前行。

### （一）查处考场舞弊

科举考试沿袭千余年来积弊甚多，考场舞弊情形更是五花八门，其中枪替、重名之弊最深，各府、州（厅）、县案首也颇有猫腻，防不胜防。陆宝忠督学湖南出棚考试第一站是宝庆府，为树立威信，考试非常严格。"辰正点名，提邵阳童生，派人严搜，片纸只字不准携带，并不准铺书布卷夹，不准回顾交谈。亲自监视，收齐后始退，校阅数刻，发正案。"（光绪十二年二月初四日）但仍有不少舞弊，"新化童生罗教斌系枪冒，入场即行扣除"（光绪十二年二月初六日）。更甚者，还查出文童刘鹏程重大舞弊案，牵涉枪手、廪保、巡捕、承差、教官多人。"有邵阳拔府取进文童刘鹏程者，前数日闻正场、挑覆皆系枪替，合覆始自来，诸童指攻之禀，已报数日，巡捕得贿未递，若先声张，必致远扬，因不露颜色，大覆点名时，将

① 张亨嘉奏报接印任事日期谢恩折也清楚说明："十一月初九日，准前任学政臣陆宝忠委员赍送关防书籍文卷前来，臣恭设香案，望阙叩头，祗领任事。"参见《光绪十五年二月初六日京报全录》，《申报》，光绪十五年二月十八日，第 11 版。
② 《陆文慎公年谱》，第 53~54 页。
③ 《陆文慎公年谱》，第 44 页。

其扣住。点名毕，亲自研审，始犹狡展，重责手板，略吐一二。饬县预备刑具，彼始吐实。枪手系新化文生陈鹤汀（其名未说，据童生禀乃陈显堂），说合者为邵阳文生曾子江，廪保李舟、唐梅焜及文昌宫首士廪生佘午耀、陈思道，诈钱不少。……廪生四人立即褫革，归案审办。巡捕赖沄，据提调复审刘鹏程，供出得赃六十金，此人声名本劣，因密告卞老（巡抚卞宝第——引者注）。府学教官始则颟顸匿觉，继则扶同隐徇，亦请中峰斟酌撤任。此案面嘱上之（邵阳县令吕懋赏——引者注）严办，未知能不放松否？"（光绪十二年二月二十三日）陆宝忠颇担心地方官不能认真究办，便私下函告巡抚卞宝第。卞宝第"以宝庆刘鹏程一案牵涉承差彭协和，拟发臬司质讯"（光绪十二年九月初六日），实际上是把该案提到省里审办。卞宝第"督饬藩臬两司详加研讯"，"按例定拟"，严厉惩处了涉案童生刘鹏程、巡捕赖沄、承差彭舜臣（协和）等人。[①] 另据《陆文慎公年谱》记载："颂丈（巡抚卞宝第字颂臣——引者注）以予出考首棚，既系查出，不得不从严惩办，以树风声。将全案提省审办，本童定流罪；巡捕平日声名本劣，先另案革职，继定军台；承差亦充发；教官撤任，一切皆中丞主持。而臬司崧蕃欲见好于绅士，意在开脱，幸颂老坚持惩一儆百，始得定案。而省中各官及绅士无知者皆退有后言矣。"[②] 尽管陆宝忠有巡抚卞宝第做后台，严肃处理了刘鹏程舞弊案，但此案亦隐约显示了湘省官绅的力量不可小视，陆宝忠也背负了相当大的心理压力。

重名之弊主要发生在武童考试中，即武童教习伙同各府、州（厅）、县教官等办差人员虚造考生名册，集体分肥。陆宝忠首考宝庆府便开始整顿，"看邵阳武童步箭，此次极力整顿，每教习只准开列门徒八人。邵阳原册二千人，不到者有三四百。然重名之弊亦未净尽，有认出者即逐出"（光绪十二年二月十一日）。在衡州府，有人建议武童考试前十天不准剃发，过箭后即在堂右剃发一指，以作标记。陆宝忠定为章程，并在长沙府武考中施行。"看步箭毕。此次援衡郡章程，凡武童临场，十日前不准剃发，过射后剃右鬓发一指，以杜重名之弊。各童遵照者多，偶有三五日前剃发者，亦令其过射。新剃发者（一二日内）一概逐出。重名之弊居然十去其九，顶替则未能尽除也。"（光绪十二年九月十五日）这样整顿效果确实明显，但势必得罪一些利益群体。陆宝忠在其自订年谱中称："然防弊者只一人，前后左右皆思从中得钱，焉能一律廓清？然从前宝、永、常德三府武童皆二万人，自予改章后，人数去十之六七，亦可见冒滥之顿少矣。维时正在中年，振刷精神，肯任劳怨，教官之不肖者皆深畏之。"[③] 多年后回忆此事，得意之余仍不免透露了些许无奈。

案首是县（州厅）试、府试第一名，但往往被府、州（厅）、县地方官员及各地豪绅、富户联手操弄，成为科举考试一大弊端。因为案首作假一般与地方官绅牵连，作为"客官"

---

① 《卞宝第与陆宝忠会奏讯明童生枪替入场职官受贿匿禀按例定拟折》，参见《光绪十二年十一月二十六日京报全录》，《申报》，光绪十二年十二月十五日，第9版。
② 《陆文慎公年谱》，第45~46页。
③ 《陆文慎公年谱》，第46页。

的学政处理起来非常为难。为顾全地方官绅的体面，学政尽可能淡化处理；[①]为整饬士习文风，学政又需要坚持原则。如何在这两者之间实现恰当的平衡，陆宝忠颇费思量。在桂阳直隶州考试时，陆宝忠发现嘉禾县文、武案首亦有问题，且均与知州陈国仲（少卿）有关，遂不得不淡化处理。其日记载："嘉禾廪生、武生递公禀，言武案首（州取）李德藻中箭甚少，技勇亦差，众论哗然。即传教谕张郁面询，知州牧前令嘉禾，难免徇情，当饬其开导众人，不可生事。将来院试时，看其武艺如何，再行核夺。闻嘉禾文案首亦不甚可靠，州县太不自爱，可慨！可慨！夜间，陈牧来见，并递手折，自明心迹。告以人言原不足信，总看箭中与否，使者心本空洞，断无倚著也。……州县各案首皆勉强取进，以全地方官体面。"（光绪十二年五月初三日、初十日）靖州直隶州案首绥宁人酆本翰的情况比较复杂，陆宝忠为顾及知州潘清（号筱农、小农）的面子，最后亦勉强成全。其日记载：光绪十三年五月初一日，"提覆绥宁、会同文童。绥宁州案首荒谬，殊甚难于录取，潘小农曾自言为其所蒙，不知究系何弊也"。初二日，"傍晚，潘小农进见，言绥宁案首酆本翰初取时，并无所闻，继知系殷实之家，平日笔下平常，心窃疑之，是以先自回明。惟楚人多谣，此次未经录取，颇有浮言，谓州案首以贿得。此人固不足惜，而伊面上不好看，且恐传至省中，于声名有损等语。余告以该童文理非寻常粗俗者可比，苟可节取，无不从宽，前既面言不可靠，则州试时即已有弊，若仍录取，转恐堕其术中。阁下廉名夙著，鄙人决不相疑，即省中大吏亦不致有拾尘之惑。因将原卷付阅，彼仍不释然，言词之间颇涉吞吐，则当日之事恐非为人所欺矣（挑覆时呈进州县试卷，州试时即讹字满纸，其情可知矣）。此君历任优缺，且有清名，而试事太不检点，令人为难。客去后，斟酌再三，将酆本翰挑取修生，请绥、会各得其二，当夜牌示，以全该牧面子。科试再看卷子如何，倘荒谬如前，则亦不能通融也"。初十日，"绥宁岁案首酆本翰提覆卷较通顺，录取之，以全潘牧面子"。其实，对于陆宝忠而言，此类情况实属不得已，可见其良苦用心。

除案首因涉及地方官绅势力情况较复杂以外，在科场去取方面陆宝忠还是尽可能做到公平。光绪十三年十月初二日，岳州府"平江复有洪书绅者，以捐修府学衙署及慎修书院，共出千五百金，文太守（岳州知府文镛——引者注）拔置十名，且为提及正场文仅粗通而讹脱甚多。今日覆卷书理茫然，文无一句可解，去之。旋知其府考时皆倩人帮做，院试正场同号者代为修饰，至提覆则无可假手，真面立见矣。巴陵有陶继贞者，乃陶定升（在粤东带勇，巴邑巨富）之子，正场卷颇清通，挑覆不符，亦未取。此二人，人人以为必得，而竟摈斥，寒士颇颂公平。可见稍一迁就，便有浮言，去取之间，不可不慎"。对于有明显舞弊行为的考生，陆宝忠持非常慎重的态度。

① 一般情况下，"提督学政有取中之全权，不受府县考试名次之拘束。惟事实上凡府县所取之'案首'，学院照例取录，一则给地方一个面子，二则县官供应，府官提调，即以酬劳"。《从童生到状元》，徐凌霄、徐一士：《凌霄汉阁谈荟　曾胡谈荟》，徐泽昱、徐禾整理，中华书局，2018，第162页。

### （二）整饬士习与吏治

学政虽非临民治事之官，但对于涉及地方士习文风及相关吏治问题，亦有受理士民呈请告诉之责，并按情训斥惩戒不法士子、教官，以端正士习文风。陆宝忠巡考湘省各地，观察到湖南士子涉讼之风较盛，遂采取了相应的补救措施。其日记载："永郡健讼更甚于宝庆，离城十余里，递呈者纷纷，轿几不能行，士习民风皆甚下也。"（光绪十二年二月二十八日）"澧州士习胜于南路，文风亦尚中等，惟生员喜为人作讼证。拟请一札，饬该州随时晓谕，不准庠生作干证，以挽积习。"（光绪十二年十二月初四日）

教官是各府、州（厅）、县学的负责人，府学称教授，州（厅）学称学正，县学称教谕，其副职均称训导，各府、州（厅）、县学均设一正职一副职。教官的品行学养关涉各地学务，斥革不称职教官，是端正士习文风重要举措。陆宝忠处理慈利教谕石廷魁、东安教谕谢家钰，是两个典型的案例。光绪十二年十二月初四日，陆宝忠巡考澧州直隶州，初见慈利教谕石廷魁，"年已七十九，两耳重听，问伊有事，皆不了了，此乃革缺，殊难期胜任也"。二十日，"回慈利。教官石廷魁（祁阳人，年七十九）以公事废弛，补廪事件委之书斗，任其作弊，唤至考棚，严斥之。继思此等冷官苟年力精强，办事实心者，亦不肯郁郁久居，该员年老龙钟，遽令去任，未免可怜。今日声色未免近厉，以后渐归浑厚为宜"。面对年迈的石廷魁，陆宝忠确实于心不忍。光绪十四年三月初七日，在永州府，其日记载："大覆文童，点名时，东安教官及学书均未到，当饬传催。直至奖赏毕后，训导邹仁镜始来，谓教谕谢家钰以解学租事与同事争论，并饬学书办文未来，当即请光稷翁来，稷翁亦饬人屡传谢教谕始终不到，实属藐玩已极。谢教谕昨以新童册卷黏签不到，面询情由，则以未写印卷费为词，面加申饬去后，今日又复任性懒惰，实堪诧异。当即札饬光守将谢家钰撤任候参，所遗之缺由府委员暂署。一面咨明中丞，行司委员接署，以专责成。"四月二十九日，"得颂老复书，知……东安教谕谢家钰、慈利教谕石廷魁已附片（廿三出奏）会参。非好为刻薄也，该二员屡次饬伊引退，而迁延观望，学规日弛，流弊无穷，去之以厉其余，或可挽回万一耳"。卞宝第会同湖广总督裕禄、湖南学政陆宝忠附片奏参："将东安县教谕谢家钰即行革职，慈利县教谕石廷魁勒令休致，以为司铎不职者戒。"奉旨俞允。[①]

当时湘省不仅教官腐败，州县地方官也是如此。澧州直隶州石门知县刘朝阳堪称典型。光绪十三年十月十五日，陆宝忠开始注意到刘朝阳，其日记载："夜间，看公事，石门令刘朝阳以武生廖占元移取年貌，教官未允，禀请核办。刘令在石门闻有任意之说，而傅教官（石门训导傅基虞——引者注）自命理学，亦多固执之处，以致意见参商，须持平办理。此事颇费调停也。"随后，陆宝忠做了进一步了解，其十七日日记记载："州学黄校官、安福俞

---

① 《卞宝第片》，参见《光绪十四年六月十二日京报全录》，《申报》，光绪十四年六月二十一日，第13版。

校官监场，偶与闲谈，无意中询及石门刘令声名，据称荒谬异常，任性妄为之事不一而足，此人年只二十六岁，履历填三十余，核其得保举时只数岁，新加海防捐选缺者也。乃父曾为建昌总兵，系从逆反正者，乃母为陈玉成之妾，殆戾气所钟欤？以此为民父母，将何以堪？开捐之误如此，可叹！可叹！"十九日又记载："傅基虞、刘伟监场。细诘石门廖占元案情，刘令办理此案固多任性，而傅校官亦有固执之处，刘令断难久任，校官必欲与之龃龉，恐为怨府，当于试毕时婉告之。"二十六日记载："晤崔清如前辈，谈良久。清翁嘱转告中丞，石门令请更动，否则恐生事。"限于资料，未见最后结局。像刘朝阳这样肆无忌惮的墨吏，只是晚清吏治腐败的冰山一角。吏治败坏的现实，使陆宝忠对时局深表忧虑。其日记载："会同汪令似不甚惬人意，大抵选懦一流。前日潘牧亦言绥宁蒋令办事不入细。良吏难得，省垣亦略知之，而不能纷纷更动。目下时势惟有讲求吏治为第一根本，乃内外大臣不此之务，而徒以海防为事，吾恐将来之忧不在欧罗也。"（光绪十三年闰四月二十五日）这与其说是陆宝忠对中法战争后海防大讨论的不满，不如说是其对官僚体系内部腐烂现实的深切忧思。

作为学政，陆宝忠希望尽力整饬士习，但效果并不理想。他禁不住感叹："湘中士子不安分者太多，奖劝与裁抑兼施，仍未能挽回一二，可慨！可愧！"（光绪十三年八月初十日）光绪十四年五月初五日，在陆宝忠巡考的最后一站衡州府，发生衡山童生在清泉县署滋事案。其日记载："昨清泉陈令（陈后琨——引者注）在大堂问案，有衡山人胡姓跣足往听，指斥官长，薄予杖责，释放后，即纠集多人，将大二堂及签押房打毁，并将放火，势颇汹汹。赵守（衡州知府赵再韩——引者注）带勇赶至，拿住数人始散，大半皆系考童，本城痞棍亦混其中，几酿大事。湘省士习之坏，一至于此，可胜恨叹。此事非严惩不可，约赵守明晨来辕，酌量办法。"陆宝忠与赵再韩反复商酌，最后还是回省城与巡抚卞宝第议结。五月二十一日，"晤卞颂老（湖南巡抚卞宝第——引者注），谈一时许。清泉署滋事案，渠欲按律办，予以首先滋事之人未获，且与沅州情形不同，不如外结为妙。商榷再三，颂老亦意解，拟即照前年长沙县署之案，从轻办理"。二十四日，"中丞来答，谈良久。清泉案商定，照长沙胡海楼办法，从宽典也"。此案最后由巡抚出面做了宽大处理。陆宝忠日后回忆称："卞颂老深信予，函来嘱先取供，酌度情形，回省商办。予为持平办结，仅将为首之武生斥革充发，余依次减等办理，未戮一人。陈令亦得保全，合郡官民皆深感服。"[①]陆宝忠以与自己关系密切的巡抚为背景，与当地官绅势力达成了某种默契与平衡。

### （三）与地方绅权的博弈和妥协

陆宝忠督学湖南面临最主要的挑战来自强劲的地方绅权。晚清湖南自湘军兴起以后，地方绅权得到强势扩展，使地方官不得不谨慎以对。"湖南自骆帅（咸丰年间湖南巡抚骆秉

---

① 《陆文慎公年谱》，第 51 页。

章——引者注）以来，因军务繁兴，擢用绅士，原所以通上下之情，决官民之蔽，意至深、法至善也。迨后巨寇横发，所向崩摧，而湖南独以保全者，未始不得士绅之力，而十年之间，馈饷周于天下，将士尽于行间，因以奠定东南，成中兴之宏业者，亦未尝不肇基于此。而南省官绅之界，亦遂由此而分：官以绅为揽权，绅疑官之轻己；官以绅为不识科条，绅以官为巧于趋避。猜嫌讥讪，入主出奴，始则官与绅不合，继则官与官相贰，绅与绅相挤；始则本省之官相为侧目，继而天下之人因讹传谬。私谤成仇，皆若有所痛憾。"同治年间时人便有"湖南绅士霸道，湖南官不可做"的感叹；有人分发湖南，"深以南省官弱绅强、州县难为为虑，且云南省官多畏绅"。① 陆宝忠来湘前后，从王先谦、庞际云、文镛、曹鸿勋、卞宝第等人处已经探听大概。王先谦"凡事以顺舆情为妙"的忠告，当是陆宝忠在湘以不变应万变的箴言。

事实上，陆宝忠在湖南各地巡考时，基本遵循了此前王先谦等提示的"严而不刻"的标准，并不时有所反省。光绪十三年六月二十二日记载："早间，连书巢来……询以试事人言如何，据云公允之论颇著，惟略嫌严，颇有怨者，不如从宽为妙，其言亦可采也。"对于过严之怨，陆宝忠非常在意，因为这涉及"舆情"问题。因此，在各地巡考的过程中，陆宝忠尽可能与地方官绅势力在博弈中达成妥协与默契。

陆宝忠的活动除了学政巡考的日常事务以外，尚有相关的三件事值得进一步剖析。

一是任免湘水校经堂山长。早在出京之前，徐树铭、庞际云、王先谦等人向陆宝忠提出更换湘水校经堂山长事宜，陆宝忠曾试探可否换王闿运，但王先谦似不太满意，并暗示不要随便换人，要换则尽可能遵照湘绅的意见。陆宝忠到湘后，任命自己乙亥中举时的同年、湖南巴陵人杜贵墀（仲丹）为校经堂山长。限于资料，个中情节虽不详，但此举实际上也是陆宝忠与湘绅之间寻求的一种平衡。陆宝忠对杜贵墀颇为满意，其日记载："晤校经山长杜仲丹（乙亥同年，贵墀），古貌古心，不愧经师。"（光绪十二年九月二十五日）又载："杜山长来答，谈片刻，此老持论和平，古貌古心。若湘中耆老皆似此人，后进断不至此浮嚣。"（光绪十三年八月十四日）然而，仍有湘绅觊觎校经堂山长之位，陆宝忠予以坚决抵制。其日记载："但少村来谈，湘潭名士又有觊觎校经讲席之意，此君太不纯正，湘省士习已近嚣陵，再以此提倡之，将不可问。中丞与少村皆深受其侮，余亦未满其意。然余在此一日，校经一席断不畀之。"（光绪十三年七月初二日）② 杜贵墀自光绪十二年出任湘水校经堂山长以后，主持校经堂及其后校经书院达15年之久，为晚清湖南学术尤其是汉学的发展做出重要贡献。

二是巡抚卞宝第被参案。光绪十三年五月初八日，陆宝忠在靖州直隶州主持考试时，

① 以上参见朱克敬《平心论》《苦言三则》《覆从弟卫卿书》，《潜园杂俎》，同治十年长沙刊本，第1、7、9页。
② 这个"湘潭名士"似指王闿运，待考。

得知清廷派大学士恩承、侍郎薛允升将到湖南查办事件。五月二十八日，陆宝忠在从靖州回长沙途经桃源时，从知县朱益瀋（纯卿）处了解到更多相关信息。其日记载："桃源供应船来接，询知朱纯卿已交印，尚未进省。……朱纯卿来见，询知钦使所查之事，系安福蒋侍御（镇嵩）所奏，大半挟私愤而言。蒋君品学在京时即闻之，一阘茸财主耳。其稿亦湘人所为，沅陵人，有冯锡仁者，丁丑进士，刑部主事，乡评本劣，颇涉招摇。纯卿之被劾，以索借不遂，借端报之。中丞在此数年，熟悉情形，遇事整顿，可谓不遗余力矣。而湘人转嫌其不便于己，撷拾浮议，上达宸聪，当今是非颠倒，可叹！可叹！即以试事论，亦颇有嫌其严峻者，友人或以放宽相劝，然自问忠直之性与生俱来，既做一日官，即当尽一日心，不要钱，不徇情，心事如青天白日，倘有意外之诽谤，听之而已。夜饭后，纯卿复来，谈宦海风波，浮沉其中，真是无味。彼亦家贫亲老，欲退不能，言之慨然。"朱益瀋也被卷入巡抚卞宝第被参案之中。联系自己近年在湘的经历，陆宝忠对湘绅势力之掣肘与压力颇为感同身受，因而对卞宝第与朱益瀋的遭遇非常同情。五月二十九日，陆宝忠到常德，见到同样被卷入卞宝第被参案的武陵知县李宗莲（友兰）和署提督李胜，颇有感慨。其日记载："李友兰来见，渠亦有应查事，日内即进省。李军门（胜）亦咨调晋省。此次钦使所查事，牵涉颇多，不知如何结束也。"六月初七日，陆宝忠在长沙与卞宝第晤谈良久，对于卞氏遭湘人诽谤被参将决计离湘而去不胜浩叹。其日记载："中丞清操竣望，办事认真，为封圻中难得之人，而湘中绅士及候补中觖望者播散谣言，致有蜚语入告，当今是非倒置，人心之险胜于滟滪，可叹！卞老早有去志，今遭此谤，愈动莼鲈之兴，倘得遂初，为一身计，未始非幸，而朝廷失一贤大吏，湘中会匪土棍，将乘之而起，地方实受其殃。言事者只逞私愤，绝不为桑梓计，何耶？"七月初三日，陆宝忠与巡抚卞宝第、提督李胜及湘省司道官员送别钦差大臣恩承、薛允升，气氛庄严融洽。不过，卞宝第还是主动奏请开缺。陆宝忠八月十二日日记载："颂丈已请开缺，未识能邀准否，湘人极力哄之去，将来必有公论也。"事实上，清廷在七月十九日已经宣布卞宝第被参案的调查结论，"既经查无其事，即著毋庸置议"。[1] 光绪十四年二月二十五日，清廷谕令卞宝第补授闽浙总督。[2]

三是录遗录科事。录遗录科虽是学政的扫尾工作，但非常关键，涉及大批因各种原因未参加岁考、科考或前此科考未录取的生员，以及在籍监生、贡生是否有资格参加乡试的问题，即通过补考获得乡试资格。陆宝忠想认真对待此事，然而，湘中绅士说情者极多，顿觉难以处理。光绪十四年七月初四日日记载："王晴舫来拜，为人递录遗条，且例监为多，殊觉可厌。湘中绅士比比如此，晴舫平时尚自鸣正派者，亦未必高也。"让陆宝忠感到无奈的是，他因与新任湘抚王文韶处理此事的理念有别，而未能获得王文韶的支持。其八月初一日日记载："翰

① 《德宗景皇帝实录》卷二四五，光绪十三年七月十九日甲戌，《清实录》第55册，中华书局，1987，第295页。
② 中国第一历史档案馆编《光绪宣统两朝上谕档》第14册，广西师范大学出版社，1996，第87页。

卿谓录遗较严，耕公（王文韶，号耕娱——引者注）意在从宽等语。此公一来，必掣我肘，早已料及，今果然矣。我虽肯任怨，自问从未刻薄。颂丈在此，事事顺手，以两人情性相同也。借他人公事以收拾人心，惟机巧者为之耳，薰莸之不同器如此。"更令其难以抗拒的是，湘中耆绅郭嵩焘（筠仙）、王闿运（壬秋）也通过陆宝忠的好友庄赓良（心安）转送字条来求情，陆宝忠最终不得不放弃了"整顿士习"的初心。其八月初五日日记载："进城拜数客，晤心安、耕丈、东屏，告以录遗已补发百余人，此后不复续补，自谓坚守此关矣。而傍晚心安处送郭筠仙、王壬秋[1]字来求情，并谓中丞有全送之说，学使方厉威严，不知通方等语，未答之。夜间，深思我以将行之人，为公事受谤讯固不必辞，然人专市恩，我独招怨，揆之情理，亦觉无谓，不如竟予曲全之为妙。即在枕上拟定牌稿，明日即发，负予整顿士习初心，令人益思颂老不置矣。"第二天，陆宝忠补发录遗，"生员补四十四人，皆满纸荒唐之卷，尚遗六十余人，系万难录取者。监生发二百五十五人，仅遗五十余卷，向来固无此宽典也"。面对湘绅的压力，陆宝忠生出无限感慨，有谓："闻向来录科，绅士公然来拜，纷纷递条，书信络绎不绝。被遗之生监，候学使出门，在道旁长跪乞恩，遇有官来，即拦舆求送，积习至此，本非一人所能挽回。然此次绅士不敢来拜，并不敢自送书函，即郭、王亦托心安辗转送来。连日出门，见士子在道旁候官来，知系学使，皆踟蹰不敢前，可见羞恶之心，人皆有之。惟相辅无人，不能力杜此弊耳。三年来，诸事秉公，人皆严惮。为录遗录科事，先数月手定章程，开考后以全力注之，而末著犹未能坚闭此关，后之来者更难措手矣。可叹！可叹！"（光绪十四年八月初六日）尽管在来湘前陆宝忠已经有了一定的心理准备，但三年督学湖南，却未能冲破俗套的桎梏，最终还是落入俗套之中。不过，陆宝忠还是做到了"立威而不从刻"（光绪十四年七月十二日），这是其与湖南地方绅权博弈和妥协的结果，也给其三年学政事业画上了一个略显平淡但还算圆满的句号。

## 三 督学湖南期间的交际网络与生活世界

督学湖南是陆宝忠人生经历中重要的一环。这期间他的交际网络与生活世界如何，是值得探讨的有趣课题。从陆宝忠日记看，任湖南学政的三年期间，除了考试及路途奔波以外，他几乎每天都有不少出门"拜客"或在家"会客"的应酬，或师友、或戚属、或同僚、或同乡、或同年、或门生等，应接不暇，但大都是匆匆过客，真正留下一定痕迹的人并不

---

[1] 王闿运日记有记："还家看屋，因过心安，言学使录送事。筠仙以余所求名条仍送心安，多此一转，因更增二名，与书送去。还至门，见踵门候见者，意必求送名也，问之果然，其人为易秉范，芸畦子也。"（马积高主编《湘绮楼日记》卷三，光绪十四年八月初五日，岳麓书社，1997，第1473~1474页）郭嵩焘日记仅记："接王壬秋、李笠村、陈熙堂、易文斌各信。亦至庄心庵一信。"（梁小进主编《郭嵩焘全集》第12册"史部四日记五"，光绪十四年八月初五日，岳麓书社，2012，第328页）

多。在陆宝忠的日记中，下面这些应该是比较重要的人和事，或许也可以从一个侧面反映晚清学政在工作之外日常生活的面相。

### （一）与地方官绅交往

学政是朝廷派出提督各省学务的钦差大臣，所在各省官绅是其主要的交际圈。陆宝忠督学湖南，其交往的对象主要包括湖南巡抚、司道及府州（厅）县官员、地方绅士及儒学教官。

时任和继任湖南巡抚卞宝第、王文韶，都与陆宝忠有密切的关系。

卞宝第（1824~1893），字颂臣，江苏仪征人。光绪八年授湖南巡抚，九年署理湖广总督，十一年回任湖南巡抚，至十四年补授闽浙总督。光绪十一年到十四年正是陆宝忠督学湖南时期，卞宝第是陆宝忠在湘期间的坚实后盾。据陆宝忠日后回忆说："三年共事，极为投契。"[①] 每遇重要事情，陆宝忠均会私下与卞宝第暗通声气，并能得到他的支持。有两则日记，表明陆宝忠与卞宝第关系确实非同一般。光绪十二年正月十六日，陆宝忠首次出棚巡考之前向卞宝第辞行。其日记载："见中丞，谈良久，极关切。询以宝棚武试如不遵章程，如何办法。中丞谓见府县须嘱其整顿，剀切开导，俾知非虚行故事。教官来见，严切吩咐，如下不去，只得将教官撤任记过。既已办了，必须做到底。三年校试辛苦万分，须自留精神。生正场、童正场断不能弊绝风清，只有著重提覆一场，亲自监视，屏去丁役，自无深弊。临别嘱时通信，意极拳拳。"卞宝第"临别嘱时通信"，可见其对陆宝忠的关切与信任。光绪十四年七月十一日，即将卸任离湘赴任闽浙总督的卞宝第来与陆宝忠辞行。陆氏日记载："出门送卞中丞，谈良久。颂丈在此三年，相得甚欢，今将别矣。彼此皆眷恋。……颂老谓我长处精明而肯任怨，精明不敢自信，任怨却未肯辞，然同僚皆是正派人，故尚浃洽，稍有讲过节任意气者，便难相得矣。颂老谓余系外官才调，然知府则不可做，以上司太多，恐不善对付也。此言宜谨志之。"卞宝第不仅在湘时对陆宝忠极为关照，还为他的仕途指明了方向。[②] 可以说，正因为有卞宝第这样一位可以信赖的巡抚为靠山，陆宝忠督学湖南期间才能波澜不惊，平稳度过。

王文韶（1830~1908），字夔石，号耕娱、庚虞，浙江仁和人。同治十年至光绪四年曾任湖南巡抚，光绪十四年再任湖南巡抚。据陆宝忠自订年谱，王文韶"乃先人同年至好也"。[③] 早在光绪四年初，陆宝忠因父亲去世丁忧在家，生活拮据，曾特意到湖南长沙拜见王文韶。"时王夔石年丈已内召，其眷属尚在湘。[ 颂笙为予向夔丈旧部张罗，甫十日得千

---

① 《陆文慎公年谱》，第 52 页。
② 卞宝第说陆宝忠"系外官才调，然知府则不可做"，言下之意暗示陆宝忠不适合做"外官"。看陆宝忠的履历，除了出任临时性考差、学差，确实没有做过"外官"，不能不说卞宝第有知人之明。
③ 《陆文慎公年谱》，第 52 页。

金。]"① 可见两家不是一般的世交关系。巧合的是，陆宝忠在湖南学政任期即将届满之际，王文韶再次出任湖南巡抚。虽然在录遗录科考试方面两人理念不合，王文韶将就湖南绅士尽可能从宽，并不支持陆宝忠从严去取，使陆宝忠颇感失望。其实，当时王文韶虽然刚到湖南，但他曾任湖南巡抚七年之久，非常熟悉湖南的情况，与湖南绅士也是水乳交融；加之王文韶处世圆滑，有"玻璃球"之称，是晚清政坛少有的"不倒翁"。事实上，在录遗录科事上还是王文韶看得通透老到，陆宝忠未免书生意气。后来王文韶历官云贵总督、直隶总督兼北洋大臣、军机大臣、武英殿大学士，位极人臣，陆宝忠与他还有交往。直到王文韶告老还乡，陆宝忠仍非常关注。光绪三十三年七月二十五日陆宝忠日记载："王奎章来，知夔丈还杭后，常居西湖别墅，新迎桃叶，兴趣颇好。此老长吾二十岁，出将入相，声名俱泰。年将八十，尚有此兴致，其禀赋真不可及，曷胜健羡！"至少从光绪四年以来陆、王之间的交情长达 30 年，实属难得。

前任湖南学政曹鸿勋（1846~1910），字仲铭、竹铭，号兰生，山东潍县人。光绪二年状元，历官至陕西巡抚。曹鸿勋与陆宝忠会试同年。陆宝忠督学湖南，与曹鸿勋多有交流，受益匪浅。正如陆宝忠自述："前任为曹竹铭同年，本通谱至好，详告一切，深为感激。"② 两人晚年仍有交往，光绪三十三年十一月十七日陆宝忠日记记载："曹牧斯来，知竹铭今明可到，烟已戒，并未服药，乃平日只喷烟，未成瘾也。官橐萧然而胸次潇落，真不可及。观此则予之多思宜断，因之成病，只自戕其生耳，可猛省矣。"十八日又记载："傍晚，曹竹铭来谈，十余年不见，虽有老态，而精神尚好。其况之窘而处之泰然，真可钦佩。山左人能省检，亦非吾辈贪逸者可比。"曹鸿勋的仕途并不比陆宝忠顺利，但或许因其同科状元出身，而始终是陆宝忠心中"不可及"的标杆。

陆宝忠与司道官员大都是泛泛之交，其中交往最密切的是庄赓良（1839~1917），字心安，江苏武进人。陆宝忠到长沙之初，对庄赓良印象深刻，有谓："心安精明能干，有用之才。"（光绪十一年十二月十五日）后来还有日记载："庄心安来，谈良久。宝庆严杜重名顶替公文，可在省中办好。过湘乡时面交任昂千专差先到，宝郡教官有欧阳鹤鼎（邵阳教谕）、姚腾汉（宝庆教授）、高映澜（新化训导），均尚能办事，接见时严嘱之，必可照办。宝郡得手后，即可饬桂、郴照办，并发永、衡公文。贡廪酌定数目事，渠亦深以为然。用公文似不好看，或将谕房文遍发校官，俾告学中较妥。"（光绪十二年正月初六日）陆宝忠与庄赓良所谈，都是具体关涉学政考试事宜。因庄赓良久官湖南，熟悉湖南各地情况，其意见对陆宝忠颇有参考价值。加之两人又是江苏同乡，因乡情而自然亲近。庄氏甚至还充当同为江苏人的巡抚卞宝第的传话人，如陆宝忠出省按临之日，"庄心安来谈，中丞嘱转致勿放松廪保"

---

① 《陆文慎公年谱》，第 37 页。按：[ ] 中文字是引者据陆氏藏《定庐自订年谱》稿本校补。不知何故，陆宝忠自订年谱与陈宗彝续编合订本正式出版时要删除此段文字。
② 《陆文慎公年谱》，第 44 页。

（光绪十二年正月十八日）。陆宝忠在湘三年，"心安"是其日记中出现最多的名字之一。庄赓良后来官至湖南布政使，但因对长沙抢米风潮处置不当而遭革职。

府州（厅）县官员与陆宝忠交往密切的是时任永顺知府张曾敫（1852~1920），字筱帆（小帆）、润生，直隶南皮人。光绪十三年，陆宝忠在常德府巡考时得一怪病，舌下长一肿粒，潜滋渐长，多方延医，久治不愈，身心俱疲。在勉强考完辰州府后，所幸经敷用省城名医徐蘅彩所寄药方，陆宝忠在从辰州至永顺途中，"舌下结核忽自脱，状如麦冬，坚几如石，乃砂结成者，心病如释"。[①]三月初十日，陆宝忠到永顺府，"润翁（知府张曾敫——引者注）即来见，谈良久，意极关切，并即允为配生肌散。……明日当服十全大补汤矣"。十一日，"服药，颇觉腹中畅适。润翁谓应服温剂"。张曾敫还主动表示以提调身份代陆宝忠在考试时点名，甚至代为校阅武童步箭，以减轻其工作压力。十五日，"日来服大补剂，颇有效。润翁连送药饵食物，今日又送鹿茸半架，并为研末送进，计二两二钱，殊可感也"。十六日陆宝忠开始服鹿茸。二十二日，"连日服峻补之品，渐觉健适"。经过张曾敫的精心照料，陆宝忠很快恢复健康，对张氏非常感激。在从永顺返回辰州的途中，陆宝忠感慨万分，有谓："回忆前月过此，委顿愁闷，今身子渐健，两日山行，亦不觉苦，可谓万幸。在永顺时，诸承润生关切，时送补药，真可感也。"（光绪十三年四月初九日）不过，陆宝忠也通过与巡抚卞宝第的关系，为张曾敫解决了与署永顺县令熊会心之间的矛盾。其自订年谱有谓："抵永顺，适张筱帆（曾敫）为太守，见余病状，谓急宜服补剂，而苗疆僻陋，无药可买，筱帆亦系病躯，所备珍药尚多，以鹿茸半架分赠，并为商方调治廿余日，临行居然复元。筱帆为署永顺令熊会心所龃龉，省中几有拾尘之惑，予为之不平，再三剖晰。余与筱帆交日深，实由此。"[②]此后陆宝忠与张曾敫时有交往。张曾敫后来官至山西巡抚、浙江巡抚，但因秋瑾案为江浙舆论所不容，[③]而不得不悄然退隐。

陆宝忠与湘省地方绅士交往不多，一般只是礼节性拜访或会见，值得关注的有两事。一是在衡州府会见湘军宿将彭玉麟（1816~1890，字雪琴，湖南衡阳人）。光绪十二年七月二十一日，"彭雪琴宫保来拜会，步履稍蹇，而精神尚健。谈去年和事，谓已往弗咎，但机会可惜，勿论迟一月，即迟十日，亦可稍振声威，彼有内应外合，莫可如何。意甚恨合肥也。午后，渡江答拜之，尚未归，所居甚幽静，门有大塘，墙内修竹绿蕉，望似茅庐，中实修洁，此老胸中自有丘壑也"。彭玉麟对此前一年中法战争"不败而败"仍是耿耿于怀，明显不满李鸿章，湘淮之隙颇深。二是在长沙会见湘中耆绅郭嵩焘（1818~1891，字筠仙，

---

① 《陆文慎公年谱》，第48~49页。

② 《陆文慎公年谱》，第49页。

③ 当时清廷谕令张曾敫调任江苏巡抚，遭到江苏舆论抵制，曾朴领衔江苏士绅上书都察院抗议，时任都御史的陆宝忠在都察院见到该上书，直斥其"谬妄"。其日记载："在台阅沪电，乃曾朴领名者，袁希涛亦在其内，余皆不识，力攻张小帆，不愿其抚苏，以在浙杀秋瑾，又派人至松围医生韩半池家云云，可谓谬妄。"（光绪三十三年八月初二日）

湖南湘阴人）。光绪十四年五月十七日，"郭筠老来，谈良久，语及夷务，渠谓俄罗斯、日本皆足为患，而俄处心积虑，欲雄视中西，英人以全力遏之，不令出地中海。东西诸国虽皆狡诈，然未必遽起异心。俄最宜防，看来不出数年，东北将有事矣"。郭嵩焘为清朝首位驻外公使，以谈洋务为世所误解，使英归来后，退居省城长沙，时刻不忘中国所处险恶的国际局势，其所预言"俄罗斯、日本皆足为患"，证之此后甲午战争、日俄战争，果然不幸言中。

各府州（厅）县儒学教官人员甚多，但陆宝忠与他们大都只是工作关系，私交甚少。陆宝忠在考试完竣之后奏报考试情形折时，附片保荐了五位教官，"长沙教授祝松云、岳州教授陈佑启均请交部议叙；长沙训导何维棣、华容训导陆承宗、桑植训导唐瀋源请加内阁中书衔"。[①] 其中，位列之首的长沙教授祝松云（澹谿）是陆宝忠最看重的一位教官。光绪十一年十二月初十日，陆宝忠刚到湖南不久，与祝松云稍有接触，便认定："此人明白朴实，教官中出色人也。"十二月二十七日，陆宝忠特意传见祝教官，询问湖南考试弊端，祝教官的回答令陆宝忠很是满意。其日记载："传长沙教授祝松云（澹谿）来见，询以此间弊端。据云童生正场有拖卷等弊，查号时须用下人（承差不可用）认真稽查，然人数太多，若不能弊绝风清，只有重提覆一场，随收随阅，不露消息，当日出榜，可绝诸弊。老生场间亦有枪替之弊，然尚不多。生员场（童场无之）不免给烛，考首棚时严切吩咐，提早点名，准倒给烛，如日落不交者，卷子不阅，则以下数棚闻风而变。考贡补廪，书差勒索太多，或定一数目，不妨稍宽。各府县及各学下一通饬，以昭画一，寒士受惠不少。善化学有一张姓者，系张培基之弟，例出光绪九年正贡，至今未投文，现校官已办文书，令其速投，如不来，或催之。外府校官缺分优绌不一，有极苦者，不能不借印卷费以养赡，求稍留生路，此系旧例所有，原不必裁。辖内各费托其开呈，或可整顿。祝教官人甚长厚正派，广文皆能如此，岂非大快。"后来，陆宝忠委托祝松云刻印自己的《蕴真居诗集》，也是非常满意。

### （二）家庭及个人生活

无论古今中外，所谓宏大叙事式的大历史书写都很少涉及家庭与个人生活。私人日记则是这方面无与伦比的独特材料，但一般都比较零碎，家庭与个人生活不会在日记中自然呈现出来。如何根据日记重建家庭与个人的生活史，是值得探讨的新课题。

陆宝忠督学湖南日记有许多关于其家庭与个人生活的鲜活史料，以下拟简要勾稽，或可略现其督学期间家庭与生活史的一些侧面。

---

① 《陆文慎公年谱》，第53页。《陆宝忠片》，参见《光绪十四年十一月廿三日京报全录》，《申报》，光绪十四年十二月初十日，第10版。

陆宝忠是个大孝子，因早年丧父，对母亲特别孝顺。他此次督学湖南，特意带着母亲上任。在赴任途中，他的母亲因连日受寒腹泻，在河南汤阴宜沟驿休息了两天；在武汉，他又特别安排母亲与两个姨妈（一在武汉，一来自上海）短暂相聚了几天。"张母姨与慈亲卅年未见，前月到鄂，在蒋母姨处相候，白头姊妹相逢甚乐。"（光绪十一年十月初五日）在湘期间，只要母亲稍有不适，陆宝忠便心急如焚。光绪十三年闰四月初三日，陆宝忠远在沅州府巡考，"夜间，接包封。老母感冒已愈，而面色略浮，口干舌苔黄腻，请徐蘅杉诊视，谓脉略带缓代，心甚悬之"。光绪十四年八月初五日，陆宝忠送别母亲及眷属返京，依依不舍。"黎明出城至舟，叩送老母举家北归。余独留受代，未免依依。"随后几天，又因大风而忧虑重重。八月二十二日，"自晨至夜，终日大风，约计行期，眷属正在海舶上，不知如何颠簸，焦虑万分"。二十三日，"风势愈紧，令人坐食不安"。九月二十五日，"得蔚老书，知眷属于初六日抵通，初九进城，暂住殷宅，十一移入西斜街新宅，慈亲及细弱辈均安善，甚慰"。直到得知母亲及眷属平安抵京，才放下心来。

在湘期间，陆宝忠还经历了家庭悲喜的两重天。陆宝忠为一个多病女儿的夭折而痛心。光绪十二年九月二十六日，"莱女病益笃，夜半不育。此孩秉质太弱，本意中事，惟乃母不能忘情耳。翌日黎明，即遣人送至浏阳门外金陵公山葬之"。陆宝忠也为次子降生而喜悦，大概是为纪念在湘经历，特取名为"湘"。光绪十三年六月十三日，"丑刻，为仆人唤起。寅初二刻，二儿生，啼声颇宏，当易长养，名之曰湘"。

陆宝忠个人生活则较为简单，在待人接物方面尚能自律。比如，在自己生日时，他一般不接各地方官员的礼物，也不见来拜寿的官员，只是与幕友简单吃个面。光绪十二年七月初五日，"道府、两县送寿礼，收一席桃面，余均璧；副将、都司等内巡捕送礼，一概不收"。初六日，"道府以下均来拜寿，未见。午间，备席邀各友吃面"。陆宝忠在母亲生日时也不收礼、不见客，只勉强收司道官员公送一寿屏。光绪十四年六月二十五日，"王筱寅、顾菊士来。筱寅述心安之意，言司道欲公送慈亲寿屏，谢之，再三请甚坚，姑将甲申正寿时屏稿畀之"。八月初一日，"老母寿辰，贺客均未见。已刻，演剧，二鼓，始散。心安坚欲进祝，略谈即去。在座观戏者惟黄翰卿、王筱饮、孙幼縠、张哲卿叔侄、诸序声及幕宾四人而已"。

作为传统士人，陆宝忠也有一些文人雅兴。比如，委托长沙教官祝松云刻印自己的诗集《蕴真居诗集》，并把这部诗集赠送给友人和门生。光绪十四年四月二十六日，"写张德庵信，谢其送《通志堂经解》及《东塾丛书》，附致陈惺庵一书，并各送《蕴真居诗集》一部"。忙里偷闲，在巡考途中顺便游览风景名胜，也是其一大爱好。比如，光绪十二年十一月二十四日游艑山寺；光绪十三年五月二十四日，偕彦升、云孙、朴儒游辰溪丹山洞；十月初五日，与蓝田叔、黄云孙、缪秋坪、钱次阳、陈紫珊、步小梧游览岳阳君山；光绪十四年三月初九日，与幕友游滴水岩；五月十七日、十八日偕彦升、浚初、啸梧、子珊、秋坪携两仆游南岳衡山，登祝融峰。"是游也，为职守所羁，又恐重累贤令尹供张，匆之即行。南岳之胜未能领略，履齿所到不过祝融峰巅而已。然校之屡过不登者，犹觉有缘也。"另外，陆宝忠还稍有理学家的气质，偶尔做些反躬自省的功夫。比如，光绪十三年四月二十八日，"连日得暇，即阅曾文正家书。文正一生事业，皆从谨慎做起，其为翰林时，学问气象已迥不犹人。我辈纵不能仰希万一，亦须胸中磊磊落落，体会许多道理，万不可随俗浮沉也"；光绪十四年三月十六日，在从永州到桂阳州途中，"日来倚篷无事，看小说数种，身心渐觉疏怠，敬肆之几，不可不慎察，当将诸书屏除，打扫心地，振起精神，须日日警觉，勿任陷溺"。

### （三）湖南督学的经济收入

最后值得关注的是陆宝忠督学湖南三年的收入。在出任学政之前，陆宝忠过着清苦的翰林生活。在吏治腐败的晚清时期，试差与学差是翰林们改善经济生活的良机。"翰林仰首望差，阅三年得一试差，可供十年之用；得一学差，俭约者终身用之不尽。"[①]陆宝忠三年学差究竟获得多少收入，从其赴任时的行装与任满后家眷回京的行装对比，便可略知大概。光绪十一年九月十三日，陆宝忠奉母离京启程，"此次出京，共太平车三辆，轿车五辆，仆人十人，女仆四人，行李不多，而五车已嫌拥挤。兵部拨报马一，引马二，骑马五匹，班车一辆。到良乡后，杨太令添拨班车一辆"。可见出发时，陆宝忠并不富裕。光绪十三年正月二十三日陆宝忠日记有则史料，"写家信，并写柯亭信，还前年借款千金"。这个"前年"应该是陆宝忠离京之前，也就是说，他在外放湖南学政之前还有欠债。与之相对照的是，另有一则史料，说明陆宝忠在湖南学政期间已经有余力接济困难亲友。光绪十三年六月十六日，"南中穷亲友来告帮者颇夥，以目下光景论，难于尽应，然我虽不充裕，较彼总胜数倍，苟能勉力，无不点缀也"。光绪十四年八月，陆宝忠母亲率家眷先回京，从长沙乘船到汉口转轮船。八月十九日，"船户闵姓来信，知眷属于初八抵汉，初十上轮船，因行李较多，直至夜深运完。翌日，检视舱底，遗下杨记衣箱一只，送至有成暂存等语。少聪在汉，竟不发一信，真可怪也"。二十六日，"董升来信，并杨记衣箱内银数不符，箱面封条已开，疑船上必有窃看偷取情事。当饬魏升致信闵船户，令其细查"。可见，陆氏家眷不仅"行李较多"，而且还带了不少现银，可以说是满载而归。

可惜目前尚不清楚陆宝忠三年学政到底有多少收入。从陆宝忠日记有关汇款银钱的零星史料，或可推知大概（见表1）。

---

① 胡思敬：《京曹印结》，《国闻备乘》，上海书店出版社，1997，第 8 页。

**表 1 陆宝忠日记所载汇款银钱数目**

| 日期 | 史料 | 银钱数目 |
|---|---|---|
| 光绪十一年十二月二十五日 | 写蔚庭、仲阳、玉舟信。玉遣嫁，送分八金，交折弁李洪斌带去 | 8 两 |
| 光绪十二年四月初八日 | 写六舅信(交忆慈转递，送老乾喜分廿番) | 20 元 |
| 光绪十二年十月十五日 | 宋玉以事遣去，给盘川五十金，令其回籍 | 50 两 |
| 光绪十二年十月二十日 | 托庄心安(由天成亨寄)代汇银二千四百两至京作送炭用 | 2400 两 |
| 光绪十二年十月二十二日 | 复寄庭蔚书，托百川通补汇银百金 | 100 两 |
| 光绪十二年十一月二十一日 | 作家书及馨吾、忆慈书(寄款五十金交忆慈，以三十元送朱粹甫太夫人，三十元送林夫人奠分，余买书) | 50 两 |
| 光绪十二年十二月二十三日 | 写孟扬信，托其代致翰秋夫人六番，翰秋绋敬四番，随后须寄缴 | 10 元 |
| 光绪十三年正月二十三日 | 写家信，并写柯亭信，还前年借款千金。又寄七十金，以四十金奉泰水，十二金为泰山冥寿资，十二金送卓四奠分，六金送朱砚孙太夫人奠分 | 1070 两 |
| 光绪十三年四月十二日 | 蔚处汇银三百两，以五十金助缉臣捐款，以二十金还蔚炭敬增数，余银托买参茸、皮统 | 300 两 |
| 光绪十三年六月十六日 | 写孟扬信，寄力曲五十方、洋二十元，为彩仙庙祭归费；又洋十元，系送翰秋家者 | 30 元 |
| 光绪十三年八月二十三日 | 写复缪筱珊、黄麓泉(云孙代缮)，唁卓仲阳(奠卅)、吴佐周(同上) | 60 元 |
| 光绪十三年十月初三日 | 朴儒临行，属少聪以三十金赠之 | 30 两 |
| 光绪十三年十月十一日 | 写芸史师书，以三十元贺其遣嫁事，托忆慈代垫，回省后寄还 | 30 元 |
| 光绪十三年十二月初六日 | 写伯绅、蔚老、吴丹卿、叔鳌书，并汇款一百六十两及各师贺年信，交百川通寄京 | 160 两 |
| 光绪十四年正月初七日 | 存款湘平足纹三竿，由百川通汇交吴幼筠转致 | 3000 两 |
| 光绪十四年正月十六日 | 写柯亭书，并寄寿分廿四两，及还代垫刘耀臣奠分六两。傍晚，得忆慈、馨吾、羹师书，即函复忆、馨两君，并汇漕平银百两，补足平数 | 130 两 |
| 光绪十四年六月十八日 | 写缪小山唁信，以十二金(此款交折弁带去)赠之 | 12 两 |

　　据表 1 统计，陆宝忠从湖南汇款出去的现银达 8020 两又 150 元。还有一些汇款没有数目，比如，光绪十二年十月初四日，"写忆慈、馨吾、羹丈信，并汇款"。光绪十四年正月初九日，"写忆慈、馨吾信，托其汇款至杭"。这些就无法统计了。有一个例子可做比较：叶尔恺于光绪二十三年出任陕西学政，该缺三年公开收入大概有 1.5 万余两，其中养廉银 7000余两，棚规 5000 两，程仪 3000 两。他预估 1.5 万余两的收入在学政三年内勉强够其花费。他曾致函汪康年，有谓："此缺除养廉外(三年只可领七竿余)，仅有棚规五竿，程仪三竿，如斯而已。而署内之火食，幕友之束脩盘川，都门之应酬，来往之途费，均取于此。况弟家累又重，但祝三年之后，两袖清风，不至告贷而行，则于愿已足，他非所望也。"[1] 假设陆宝忠在湖南三年的基本收入(花费)与叶尔恺相当，大概有 1.5 万余两，表 1 统计陆宝忠从湖南向外汇款有 8000 余两，其中明确有 2400 两是送京做炭敬(大概就是叶尔恺所谓"都门之

① 《叶尔恺致汪康年函(十九)》,《汪康年师友书札》第 3 册, 上海古籍出版社, 1987, 第 2478 页。

应酬"部分），与各项零星礼金均应在学政基本花费之内，但还款 1000 两与存款 3000 两应该属于基本花费之外的净赚，另外其家眷返京行装里还带有不少现银（至少在汉口所遗杨记衣箱即有现银），那么他在湖南三年学政收入保守估计应在 2 万两以上。

经济收入是家庭与个人生活的基础。从陆宝忠赴湘之前尚有借债，到任满之际家眷离湘满载而归，至少可见其经济生活已较为宽裕，这对其家庭与个人生活的影响显而易见。这是一般翰林出任学政较为理想的状况，陆宝忠也莫例外。

# 结　语

关于一般制度史与日常生活史的研究，涉及习焉而不察的"常态"历史问题，长期以来并没有受到学界的应有重视。近年来，近代史研究有从事件史到制度史研究的转向，但制度史研究主要关注各项制度在近代的变革与转型，而较少关注一般制度的基本运作状况。至于日常生活史研究，在新文化史热潮的背景下虽然被纳入学者的研究视野，但按地域、阶层、群体等宏观描述较多，个体案例展示较少。一般制度史与日常生活史试图展示历史的"常态"，揭示"常态"历史的基本底色，是历史研究有待深耕细作的新领域。历史学是实证科学，虽难说史料就是史学，但在某种程度上可以说史学是由史料决定的，史学的生命由史料承载。从所利用的史料类型看，制度史研究主要利用档案资料，日常生活史研究则主要利用报刊资料，这是目前相关研究的基本取向。日记作为深具个性特质的私密性史料，是研究个人日常生活史的绝好材料，而官员的为政日记也可以为研究一般制度史提供独特视角。本文从陆宝忠督学湖南日记考察晚清学政的日常事务与生活世界，为此提供了一个典型案例。

对于陆宝忠湖南学政之任如何评价，有湖南巡抚王文韶的考语："兹查湖南学政臣陆宝忠，自光绪十一年十一月二十日到任后，迄今届满三年。该学政已将湖南各属岁、科考试，及考优、录科各事务，先后办理完竣。臣与该学政在京素识，深知其品端学裕，才识敏达。此次到湘接受抚篆，已在岁、科两试办毕之后，当于接见官绅之时详加访察，均称其衡文精审，察弊严明，去取一秉大公，士论极为翕服。"[①]王文韶在陆宝忠即将卸任之时再次出任湖南巡抚，对于陆宝忠在湘督学情况并没有真切的了解，只是按例奏陈考语，显系官样文章。无独有偶，陆宝忠晚年回顾督学湖南经历，也颇有自得之意。光绪三十三年八月二十九日，陆宝忠在日记中写道："阅《湘槎日记》，恍如隔世。彼时志盛气锐，专以整顿为己任，遇事皆有断制，外严而中宽，平生官绩以此为最用心。今廿余年矣，湘人尚称道之，可见人心自

---

① 《湖南巡抚王文韶奏为密陈学政陆宝忠考语事》，光绪十四年十二月十六日，中国第一历史档案馆藏录副奏折，档号：03/7193/006/536-1389。

有公道也。"其实不免自夸，并非符合实际，不过暮年怀旧之心灵慰藉而已。其所谓"湘人尚称道之"，不知有何所据，亦不知有何值得称道之处。陆宝忠只是一个平凡普通的学政，三年督学湖南如例行公事，没有惊人之举，也未越雷池一步，可谓中规中矩。

晚清时期（道光二十年至宣统三年）湖南学政（后改提学使）多达 25 人，江标、徐仁铸因湖南维新运动而名垂青史，张亨嘉因改革湘水校经堂为校经书院，使湖南学风为之一变，[①] 其余则大都碌碌无为，陆宝忠也是这多数"太平官"之一。其督学湖南只是按部就班完成三年两考任务，并没有特别的教育改革举措，也未能在晚清湖南教育史上留下特别的影响。然而，正是有陆宝忠这样普通官员的存在，维系了晚清官僚机器的正常运转，使得清政府有关文治教化等各项政策举措得以推广与落实，从而形成传统国家日常治理的基本结构与运作模式。陆宝忠督学湖南的意义，也因此在一般制度史研究中凸显出来。

值得指出的一点是，也许因为陆宝忠初入仕途便有出任学政的经历，而且之后又曾再任学政，使他与学务有不解之缘，因而在晚清学务改革中有重要发言。清末新政时期，在废科举、兴学堂的热潮中，时任顺天学政的陆宝忠奏陈整顿学务，并提出设立"文部"作为总管全国学务之枢，有谓："现在海内学堂林立，应有文部统摄，自京师大学堂译学馆以下，天下学堂皆归文部管理。京师学务处及编书局应即裁并归入文部，设司分任。各省学务均应责成学政主持，学政衙门亦应仿文部分设数司，统隶文部，以归画一。"[②] 这个建议与当时山西学政宝熙等人关于设立学部的主张一致，引起清廷注意。清廷交政务处与学务大臣一并议奏，最终批准设立学部，[③] 成为清末教育改革的领导机构。关于整顿学务、设立"文部"的主张，是对清末新政时期教育改革的预流，也是曾经两任学政的陆宝忠教育思想的灵光一现。

不过，如果把陆宝忠与几乎同时代的张之洞略做比较，或许还可以观察历史的另一面相。张之洞于同治六年出任浙江乡试副考官，随后任湖北学政（同治六年至九年）；又于同治十二年至光绪二年任四川乡试考官与学政。时人以四川试差为"第一美差"[④]，张之洞任完试差又任学政，三年后任满回京，"及去任，无以治装，售所刻万氏十书经版，始得成行"[⑤]。这与陆宝忠从湖南学政满载而归形成鲜明对比。与陆宝忠更大的不同是，张之洞不只是把试差与学政之职用于衡文校士，而是致力于培养人才。他在湖北学政与四川学政任上兴办经心书院与尊经书院，编撰《輶轩语》和《书目答问》，既为士子提供读书场所，又为之指明向

① 张亨嘉"视学湖南，念儒官为士模范，不激浊扬清，曷以励风教？疏荐文行交修者数人，士习为一变"。参见《清史稿·张亨嘉传》，张戬编《京师大学堂首任总监督张亨嘉文集》附录二，北京大学出版社，2003，第 250 页。
② 《顺天学政陆宝忠奏为条陈整顿学务章程事》，光绪三十一年九月二十一日，中国第一历史档案馆藏录副奏折，档号：03/7214/133/538-0194。
③ 《政务处奏遵议设立学部折》，《申报》，光绪三十一年十一月二十八日，第 4 版。
④ 李慈铭：《越缦堂日记》第 8 册，同治十二年六月二十二日，广陵书社，2004，第 5791 页。
⑤ 许同莘：《张文襄公年谱》第 1 卷，商务印书馆，1947，第 19 页。

学路径。"公两为学政，所至网罗通才宿士。……教以治经门径、通知时务。"曾国藩"尝嗟异之"，以为洪亮吉、朱筠、阮元的督学业绩都"无以逾之"。[①]张之洞两任学政，不仅在湖北和四川教育史上留下不可磨灭的印记，而且在近代中国教育史上都影响至巨，并因此而成为一代"儒臣"，这是作为一个平凡普通学政的陆宝忠无法企及的境界。

〔本文原载《近代史研究》2020年第6期。作者李细珠，中国社会科学院近代史研究所研究员〕

---

① 《许同莘札记·袁昶撰〈六十寿言〉节略》，许同莘存《广雅遗事及赵凤昌来函等件》，中国社会科学院近代史研究所藏档案，甲622-4。

# 预备立宪时期立宪派的立宪国民程度论述

邹小站

**摘　要**　立宪需要一定的国民程度，这是清末立宪派的共识。不过，对立宪需要什么样的国民程度，如何提高国民程度，立宪派的论述前后有所变化。清廷宣布预备立宪前后，立宪派大都持开明专制论，认为实行立宪，需要国民有权利义务观念、自治能力、经济自立能力，又以普及教育、实行地方自治作为提高国民程度的主要手段。清政府借口国民程度不足，迟滞改革，立宪派乃调整论述，强调立宪之初，只需少数国民具备立宪国民资格即可，不能要求多数人有此资格；教育只是提高国民程度的方法之一，相较于教育，实际的训练才是提高国民程度的切实方法。请开国会问题提出后，立宪派力图破除国民程度不足之说，强调国民程度高低与开国会之迟速无关，应从现有国民程度出发，开设过渡性国会，再逐步完善国会，而不是先将诸事筹备妥当，再开国会。

**关键词**　预备立宪　国民程度　开国会　立宪派

国民程度问题，是清末政治改革中的一个重大问题。戊戌时期，维新派就认识到开议院需要一定的国民程度。严复就说："论者动言中国宜减君权兴议院，嗟乎！以今日民智未开之中国，而欲效泰西君民共主之美治，是大乱之道也。"[①]1901 年，梁启超在提出"立宪法"的时代任务时，也指出"立宪政体者，必民智稍开而后能行之"。[②]不过，此时的梁启超对如何提高国民程度尚缺乏清晰的认识。1902 年起，他又发表系列文章，提出以铸造新民作为建立新国家、新社会的路径。梁氏的新民说，有先准备新国民，再求立宪的意味，存

---

① 严复：《中俄交谊论》，王栻主编《严复集》第 2 册，中华书局，1986，第 475 页。
② 梁启超：《立宪法议》，梁启超著，汤志钧、汤仁泽主编《梁启超全集》第 2 集，中国人民大学出版社，2018，第 282 页。

在脱离制度改造，而图以思想文化改造来革新国家、社会的取向。1906 年，他提出开明专制论，认为中国施政机关未整备、国民程度未及格，须经开明专制，才能立宪。其开明专制论，将法律、制度的整备与铸造立宪国民结合起来，比新民说要更进一步，但仍然将立宪与提高国民程度打成两截。当梁启超提出开明专制论前后，思想界还有其他人提出过类似的主张。清廷宣布预备立宪前后，朝野鼓吹君主立宪的人们多接受开明专制论，认为需要经过一定时间的预备，完备制度与法律，提高国民程度，然后再颁宪法，开国会，行立宪。到立宪派感觉朝廷的预备立宪不过是敷衍内外舆论时，乃开始调整对国民程度的论述。1907 年初，随着开国会问题的提出，立宪派再度调整对国民程度的论述，认为应破除国民程度不足之说，强调国民程度不是开国会的前提，相反开国会才是提高国民程度的必要条件。对预备立宪时期立宪派国民程度论述前后的变化，学界尚缺乏系统清晰的梳理，本文拟讨论此一问题。

## 一　宣布预备立宪前后立宪派与清廷关于立宪国民程度的分歧

立宪派本是清廷立宪的同盟军，宣布预备立宪前后，立宪派也多认可清廷开明专制的改革思路。二者关于立宪政体制度安排上的分歧，尚未凸显。即便如此，国会请愿兴起之前，在国民程度问题上，立宪派与清廷仍然分歧明显，主要表现在两方面。

### （一）立宪需要何种国民程度

一些主张立宪的官僚也注意到，权利义务观念、自治能力是立宪国民资格最具意义的内容，但在朝廷层面，清廷主要将忠君爱国、克尽义务、尊崇秩序、保守和平作为国民资格的核心内容。预备立宪上谕即将"发愤为学"作为培养立宪国民资格的主要途径，却未明确"发愤为学"的路径；且"发愤为学"的内容不提权利观念、自治能力，只是要求国人"各明忠君爱国之义，合群进化之理，勿以私见害公益，勿以小忿败大谋，尊崇秩序，保守和平"。[①] 其颁布谘议局章程的上谕也要求国人"共体时艰，同摅忠爱"，践行义务，遵守秩序，"勿挟私心以妨公益，勿逞意气以紊成规，勿见事太易而议论稍涉嚣张，勿权限不明而定法致滋侵越"。[②] 宣布预备立宪时，清廷权威已严重下坠，民间社会骚然，普遍不服从政府、不信任政府。而立宪改革却需要上下有基本的改革共识，需要民间愿意承担义务、遵守秩序。基于对基本改革共识与民间愿意承担义务的期待，基于对民气浮动、社会骚然恐将不

---

① 《宣示预备立宪先行厘定官制谕》，《清末筹备立宪档案史料》上册，中华书局，1979，第 44 页。
② 《宪政编查馆通咨各省设谘议局筹办处》，《东方杂志》第 5 年（1908 年）第 8 期。

利于改革、不利于维持统治秩序的忧虑，清廷强调服从、秩序与义务，可以理解。不过，清廷片面地强调义务观念、服从观念，而不提权利观念，表明它对立宪的本质意义还缺乏透彻的认识，其专制思维还没有多少改动。

与清廷强调义务、秩序、服从不同，立宪派认为，立宪国民资格主要包括权利意识、自治能力、经济自立能力以及独立思考能力等。他们认为，立宪之要义在"限制政府之权力而伸张国民之权利"，立宪国民程度也并非什么高深的学问，"不过明于宪法之权利与其所任之义务而已"。中国人民缺乏立宪国民资格，并非他们缺乏服从观念、义务观念，恰恰是他们只知服从，而"不知宪法之权利与其所以自任之义务"。[①]人民缺乏权利义务观念，则政府侵其权而不觉苦，政府专横而不敢奋起维权，不敢起而与政府竞争治权，而习惯于"以治权诿于政府数人，而举国听命于下，不敢为何等之主张"。[②]培养立宪国民资格，就要使"人民皆知有应得之权利，皆知有应尽之义务，皆知其身为国家一分子，不侵犯他人之自由，人民皆守法律，不相侵犯"。只有这样，官吏才不敢违法，不敢侵夺民财，不敢接受贿赂，不敢滥权谋私。也只有"人皆自谋其生活"，人们才不会"以官吏为奇货"，而能"以实业为争趋"，学术与各种社会事业才能逐步发达，立宪政治也就能真正确立。[③]他们批评清廷号称预备立宪，却但责国民尽立宪义务，而不启发其权利观念，"是何异欲巩固其专制之政体，而反对立宪之表示"。[④]《时报》指出，只有具备"自觉心"，能明己之本分，知人我界限，经济上能自立，思想不受支配于他人，"为人则尽人之资格，为国民则尽国民之资格"的独立自主的人，才能守定业尽职分，才能合群爱国、遵守秩序。而丧失"自觉心"，不知有我，只知服从的人，不可能明合群爱国之理。片面强调义务、服从、合群，而不提自觉、自立、自治，根本就是片面的。[⑤]

应该说，立宪派将权利观念、自治能力、经济自立能力以及独立思考能力作为立宪国民资格的基本内容，其对立宪国民程度的把握是准确的。沿着他们的思路，唤起国民的权利意识，培养其政治能力与谋生能力，培养具备"自觉心"的国民，是可以逐步确立立宪政治的。

### （二）如何造就立宪国民

清廷要求国民"发愤为学"，以养成立宪国民资格，却未指明发愤为学的渠道，立宪派则明确将地方自治与教育作为养成立宪国民资格的两个主要途径。

---

① 《论今日亟宜设宪法研究会》，《时报》1906年1月14日；《专制国人民之程度》，《大公报》（天津）1908年6月29日、30日。
② 《论今日亟宜设宪法研究会》，《时报》1906年1月14日。
③ 《论今日亟宜设宪法研究会》《论学堂现象及学生将来之位置》，《时报》1906年1月14日、3月31日。
④ 《专制国人民之程度》，《大公报》（天津）1908年6月29日、30日。
⑤ 《论国人失其自觉心之危》，《东方杂志》（录丙午十月二十八日《时报》）第3年（1906年）第13期。

地方自治是国民政治能力的养成所，是最基本的"国民学校"。主张立宪的官员如汪大燮、载泽、端方、唐文治等在奏请立宪时，都明确指出，开设地方议会、推行地方自治为立宪之要务，亟宜举办。然而，清廷却认为以目前人民之程度，还不能遽行地方自治。朝廷对地方自治态度消极，担心地方自治会损害自身权力的督抚们态度就更消极，"府州县各设议事会董事会，此为地方自治之基础，而督抚一则曰民智未开，二则曰地方程度未足，三则曰恐有流弊，四则曰宜视地方繁简，五则曰一时不能办，六则曰绅衿纯驳不一"。① 结果，地方官制改革方案不但避谈地方自治，且将设立府州县议会董事会的时限交由督抚决定。同时，鉴于督抚的反对，地方官制改革也没有全面推行，只是在东三省以及直隶、江苏的一些地方试办。立宪派乃大为失望，他们强调，地方自治"乃人民自治之础"，"为人民得享权利之权舆"，"为人民能否安享权利之试验"，为人民"明悉国政"之基本渠道，② 朝廷以国民程度不足而缓行地方自治，"无异言今日民智不足以选举以自治，质而言之，即谓下之自谋不若上为之谋也"。朝廷的这种认识源于两个误解。一是误解地方自治，将地方自治与官治对立起来，以为一旦行地方自治，则人民不复受治于政府。其实，"自治云者，乃此地方对于彼地方而言，非对于政府而言……乃各地方得于国宪所许之范围内，得自治之事若干种也"，与官治并不冲突。二是误以为地方自治需要何等高深的国民程度。其实，地方自治在两千多前的希腊、罗马就实行过，不需要什么高深的知识与能力。所谓地方自治，只是地方人民从地方人士中选举出若干贤能之士，代办地方事务而已。地方都有此类贤能，而地方人民既熟悉地方事务与地方人物，足够胜任选举权，不必有任何程度不足的顾虑。③

中国教育普及率甚低，是立宪改革的重要困难所在。要立宪，自须在教育方面下一番功夫。不过，清廷却将提高识字率、普及"强迫教育"作为主要的追求目标，既未区分未受教育者与已受教育者，也未区分官绅与一般民众，只是笼统地要求普及教育。

清廷不相信国民，而暂时将地方自治排除在提升国民程度的方法之外，又以国民普遍接受教育作为实行立宪的条件，从而陷入追求识字率、追求教育普及的陷阱之中。这样，所谓养成立宪国民资格，或无从下手，或遥不可及。立宪派颇为不满。

教育良好的国民对于立宪具有积极意义。识字率过低，到处是文盲，是大规模政治体实行立宪政治的重大障碍。但教育与立宪的关系比较复杂。首先，如布赖斯所说，不识字，不能读书读报，确实很难配得上选举权。学校教育以及宣讲等形式的社会教育，可开通人民知识，是民主政治必不可少的基础性条件。但教育只是铸造良善国民的方法之一，"学校和书本能够给予我们的实不及我们所想象的那么多"④。学校教育之外，团体自治、地方自治乃

---

① 《论泽公请改外官制毋为异论混淆》，《时报》1908年1月13日。
② 《论立宪当以地方自治为基础》，《东方杂志》第2年（1905年）第12期；舜修：《论立宪当有预备》，《东方杂志》第3年（1906年）第3期；《七月十六日上海〈时报〉恭读十三日上谕》，《东方杂志》第3年（1906年）第13期。
③ 《驳地方自治今日不能行之说》，《东方杂志》第3年（1906年）第13期。
④ 詹姆斯·布赖斯：《现代民治政体》，张慰慈等译，吉林人民出版社，2001，第73~77、80页。

至日常辩论，都能很好地发育国民的判断力、公益心、自治能力，培育其立宪国民资格。过于看重教育对于立宪的意义，甚至以教育普及为立宪之前提，有失片面。其次，任何立宪政治一开始都是精英政治，政治参与的扩大是在社会发展中逐步实现的，没有一开始就完备的、普遍参政的立宪政治。当立宪改革启动时，就追求教育普及，要求人人具备立宪国民资格，这不切实际，易使人灰心懈怠，易被用作迟滞立宪的借口。最后，立宪需要一定的国民教育，但并非教育越普及，立宪改革就越顺利。布赖斯说，教育普及虽是件好事，但未必是实行民治的保证，"并且还能予初期的民治以障碍，也未可知"。[1] 亨廷顿说，社会动员与政治动荡有直接的关系。城市化、识字率、教育以及接触传播媒介的水平的提高，会提高人们的期待，造成政治参与的激增。若缺乏强有力和灵活的政治制度及时吸纳这种参与需求，就会造成政治动荡，给政治改革造成障碍。又说，在政治转型过程中，"识字和半识字的人会变成诱发动乱的极端主义的俘虏，文盲参政比识字者参政给民主政治制度造成的危险，可能要小"。[2] 亨廷顿的这段话颇代表其保守主义的立场，未可全信。但对于鼓吹必须普及教育才能立宪的人士来说，亨氏此话也不妨一听。改革起步时，政治思想尚未普及，一般人对改革期望不高，改革者可更多地掌握改革的主动权。从这个角度说，亨廷顿的话有一面之理。对于这一层，清末的一些立宪论者也有类似的认识。1906 年 8 月，赵尔巽在与考察政治大臣端方、戴鸿慈电商立宪问题时曾表示，不必待人民程度皆及格后再立宪，"若必待资格完全以后，窃恐知识日进，觖望日多，反生他虑"。[3] 他没有展开说，但意思很清楚。1907 年 12 月，杨度主稿的《湖南全体人民民选议院请愿书》在肯定朝廷上谕所称开国会"当视国民程度之高下以为实行之迟速"为"不易之论"的同时，也指出人民程度问题不是开国会的障碍，相反需要"趁人民程度尚未发达之际，开设民选议院，俾国家改革，其原动力纯出于朝廷，而人民皆处于受动之地位，则操持既易，而行动悉可自由，且可以此发达人民之国家思想，训练其政治能力"。[4] 这与前述赵尔巽的意思相近。立宪改革的恰当策略是，当人民有参政要求时，及时吸纳之，并使利益、意见不同的选民集团互相牵制。当人民有强烈的参政要求时，拒不开放参政通道，或者强制无参政要求与习惯的人们参政，皆不明智。

起初，大部分立宪派人士皆存一个"深入人心"的"教育普及之意象"，"谓人民程度问题为教育唯一之问题"，以为要立宪，必普及教育，使人人都具备政治思想、法律意识。[5] 一些人追求美备的立宪政治，认为立宪应当"举国人民，悉有参政之权"，"若一国之民，蒙昧未开，不知政治为何事，不解人权为何物，惟一部分之人享有教育，政治上之能力亦富，

---

① 詹姆斯·布赖斯:《现代民治政体》，第 80 页。
② 塞缪尔·P. 亨廷顿:《变化社会中的政治秩序》，王冠华、刘为等译，上海人民出版社，2008，第 36、37 页。
③ "要闻"，《时报》1906 年 7 月 31 日。
④ 《湖南全体人民民选议院请愿书》（1907 年 12 月 24 日稍后），刘晴波主编《杨度集》（一），湖南人民出版社，2009，第 488~496 页。
⑤ 蕙照:《人民程度之解释》，《东方杂志》第 3 年（1906 年）第 13 期。

则其被选于国会者，必为此少数人，而国民之智识能力，又不足以监督之，则国会之行动，必不免逸出所应有之范围以外，是君主专制将一变而为国会专制矣。……欲造成一完全无缺之立宪政体，必先养成多数完全无缺之立宪国民，使全体人民智识之程度相若，自制之能力相若，其足以参与国政之资格亦莫不相若，夫而后议员无滥竽之虑，国会无专横之忧，则立宪政体自见其利而不见其害矣"。① 由这种认识，不少立宪论者将教育普及作为养成立宪国民资格的重点，并提出种种普及教育的方法。有人提出，应令各地方举办简易教育，"所有子弟凡十龄以上者，迫使入学"，使入学者略能识数，"能写白话家信，能略记耳目所见闻事"，又了解一点"天地大势，与夫生人所不可不由之公理"。如此，有三五年时间，就可以完成普及教育的工作。② 其实，识字教育的普及，与立宪政治并无实质联系。然而，当时不少立宪派却都接受了开明专制论，将"改良政治机关""力求普化愚民"作为预备立宪的最主要的工作，③ 认为"预备之最急者，曰改革官制也，曰强迫教育也"。④

## 二 立宪派调整国民程度论述

立宪派很快发现，"程度不及之言，善用之固足以鞭辟孟晋，不善用之实足以阻塞万事，而为偷怠便己者潜身之渊"，以教育普及作为立宪条件，正好为保守派提供了阻挠立宪的借口。而且，以教育普及为立宪之前提，则立宪遥遥无期，不符合以立宪来御侮图强的迫切需要。⑤ 基于这些考虑，敏锐的立宪派人士迅速调整了国民程度论述。他们的新论述，要点如下。

第一，所谓国民程度不足，关键不在一般国民的程度不足，而在官绅程度不足。《羊城日报》说："今日之中国，不惟民智未开，即官智亦未开。故国民宜输入法律之常识，即内外大小官吏，亦宜先国民而输入法律之常识。"⑥ 就预备立宪而言，教育的首要任务不是普及教育，也不是灌输一般自然、人文、社会知识的普通教育，而是对已经接受过教育的官绅及其子弟进行宪政教育，"欲养成国民智识之程度，尤当先养成官吏智识之程度"。因为他们位居社会上层，为社会之表率。官僚承担着实施立宪改革的责任，官绅及其子弟也是最初能够享有选举权，与立宪政治直接相关的人群，应是造就立宪国民资格的重点对象。尤其是负责实行立宪新政的内阁官员及各省督抚，负责经济与交通发展的资本家，以及负责教育发展的

---

① 舜修：《论立宪当有预备》，《东方杂志》第3年（1906年）第3期。
② 《教育与国家之关系》，《东方杂志》第3年（1906年）第3期。
③ 倚剑生：《论中国政教宜求进化》，《东方杂志》第3年（1906年）第5期。
④ 蛤笑：《论立宪预备之最要》，《东方杂志》第3年（1906年）第9期。
⑤ 蓂照：《人民程度之解释》，《东方杂志》第3年（1906年）第13期。
⑥ 《八月十一日广州〈羊城日报〉论今日国民智识之程度》，《东方杂志》第3年（1906年）第13期。

各处学务管理人员等，更是造就国民资格的第一批对象。[①]

第二，与宪政相关的教育，主要是法律教育。立宪派认为，权利意识是国民资格的关键，而形成国民的权利意识，需要的教育不是识字教育或知识教育，而是法律教育。他们强调："立宪政体，其道齐而奠定之也以法律。故法律者，宪政之精神，而立宪国民养成人格之元素也。"[②] 不过，立宪派所说的法律，并非中国的旧法律，而是立宪国之法律。《羊城日报》说："中国旧日之法律，非法律也，命令而已。以命令为法律，则施此法律者有无限之威权，奉此法律者有无限之兢惕，而受此法律者即有无限之苦痛。今一旦曰立宪，则所定者必为真法律，而非前者以命令为法律之可比。"[③] 同时，该报也强调，法律教育的对象，不只是普通国民，更包括官员，甚至君主。南京《南洋日日官报》认为："宪政之范围，一法律普及之范围也，君主不奉法，则失其行政之资格，官吏不奉法，则失其司法之资格，人民不奉法，又何解于立法之资格乎？"[④]

第三，提高国民程度的切实方法是实际的立宪政治的练习。《东方杂志》称："立宪者，绝非能读傍行之书册，解异国之条文，识政家之学说，即能引用于吾而顺适无违，所施皆当也。虽其事必芘赖于教育，而今日现行之教育固不能引为唯一之问题，恃为唯一之解决。"书本知识，法律教育，都只是教育，而不是训练。提高人民的政治能力，需要实际的练习。初步练习，有种种不如人意处，但不能就此否定练习的意义。"人之材能，必以事磨礲而后出，监观于败，尤前途成功之母。"[⑤]

第四，士绅当组织团体，研究宪政问题，开展自我教育。团体自治是地方自治之外另一条重要的培育公民公共意识、共同生活习惯、规则意识的途径。立宪派对此有所认识。清廷宣布立宪后，立宪派即鼓吹组织团体，一以研究宪政问题，二以团结同志，推动立宪改革。《时报》指出，预备立宪，必须突破结社禁网，允许各处士绅组织宪法研究会、宪政研究会、地方自治研究所之类的团体，创办有关宪政报刊，编译各国宪法以及相关宪政著述，研究各国立宪历史，熟察国情，探讨中国立宪改革的预备方法与实行步骤，培养其政治思想，历练其政治阅历，养成其立宪国民资格。这样做可发育人民之政治思想，养成支持立宪改革的中坚力量，以制约保守派，并通过发育立宪团体，为发起要求立宪的国民的政治运动准备条件。[⑥] 基于此种认识，当预备立宪上谕发布后，立宪派就开始积极组织立宪团体。

---

[①] 《论今日亟宜设宪法研究会》，《时报》1906年1月14日；《八月十一日广州〈羊城日报〉论今日国民智识之程度》，《东方杂志》第3年（1906年）第13期。

[②] 《七月十七日北京〈顺天时报〉恭读实行立宪谕旨敬注于后》，《东方杂志》第3年（1906年）第13期。

[③] 《八月十一日广州〈羊城日报〉论今日国民智识之程度》，《东方杂志》第3年（1906年）第13期。

[④] 《七月二十一日江宁〈南洋日日官报〉普告我预备立宪之国民》，《东方杂志》第3年（1906年）第13期。

[⑤] 蕙照：《人民程度之解释》，《东方杂志》第3年（1906年）第13期。

[⑥] 《论今日亟宜设宪法研究会》，《时报》1906年1月14日；《劝同志君子办宪法学报》，《时报》1906年10月5日。

可以说，在国会请愿运动兴起之前，敏锐的立宪派人士对国民程度问题的认识，已经比较清晰，比较得当了。

### 三 "排除人民程度不足之说，主张速开国会"

立宪派发现，人民程度不足之说，一方面会被专制政府用作延迟立宪的借口，另一方面也会使专制统治造成的国民之依赖根性乘虚而入，使国民不去主动推动立宪，而坐等政府开国会。其结果，或则政府迟迟不立宪，或则只能得伪立宪。于是，1907年初起，立宪派开始鼓吹国会。以后，又发起国会请愿。在鼓吹国会、请愿国会的过程中，立宪派的国民程度论述以破除人民程度不足之说，鼓吹速开国会为重点。《大同报》就称："吾人欲改造中国专制政体也，其唯一方法即在排除人民程度不足之说，主张速开国会，此本报最大之宗旨也。"[1] 请开国会问题提出后，立宪派的国民程度论述以国民程度与开国会之关系为中心展开，其论述大体有几种。

第一种论述是，立宪不需要什么特别的国民程度。杨度称"凡系国家皆可立宪"。[2] 他说，所谓立宪国民程度并无一定之标准，预定一绝对之标准，以为非达此标准则不能立宪的说法，违背了立宪政治的发展规律，易成为延缓立宪的借口。他称，一定的国家既可以组织政府，就可以选出一定的人群来监督政府。一个国家可以组织政府，却不能选出若干的人来监督政府，于理不通。他指出，所谓立宪国民程度，主要指政治程度，而非道德水平。若说立宪国民需要一定的道德程度，那也只是"最低之程度"，即"民免而无耻"。立宪各国，其人民之道德水平多不能达到"有耻且格"，而只能做到"免而无耻"。绝大多数中国国民都能达到"免而无耻"，从道德水平看，中国国民之立宪程度"殊属绰有余裕"。[3]

杨度关于立宪国民资格不是道德水平问题，而是政治程度问题的论断，是可以成立的。但他说"凡系国家皆可立宪"，其论证逻辑虽可令未解立宪精髓的国会反对派难以辩驳，也可提振请愿开国会的人们的勇气，但其实难以成立。一定的国家可以组织政府，但未必可组织起能监督政府的国会。对大型的复杂社会来说，开国会远比立政府要复杂、困难。因为政府可依靠官僚系统的等级制、利用君权神圣观念以及刑逼势驱的方式维持其运转，而开国会、立宪法以限制政府权力，却需要相当的国民程度。这种国民程度，并非只是国民的政治知识，而更多地是国民的观念、组织性与能力。国会之监督政府，并非以一批官吏监督另一批官吏，而是国民选举议员，代表民意以监督政府。若不能代表民意，则所谓监督政府的

---

"议员"也不过只能是专制时代的御史而已。国会既代表国民，自然需要选举。可选举的意义，并非如乡举里选之推举贤能去治理地方与国家，而是基于承认人们利益、意见、情感分化的事实，认可不同的利益、意见、情感存在的正当性，并且赞成国会应当是各种利益、意见、情感交锋和妥协的平台，而非仅仅为某一种利益的代表。对于国会的这种性质，梁启超有精要的论述。他指出，政治史就是各种势力竞争政权的历史，政治学的核心内容就是如何处理这种竞争。专制与立宪的区别在于，专制"欲举全国之势力，集于一点，而此外之势力，则务所以摧锄之抑压之，使其不堪竞争而日即于消灭"，以消灭竞争对手、垄断权力为其特征；而立宪则"知夫争之必末由息也，而惟谋所以节之，一方面使其人人可以竞争，时时可以竞争，在在可以竞争，毋令其怨毒久蕴，一发而失其常态，一方面而为之画一范围焉，使其竞争行于此范围之中，而毋或侵轶，以奖励竞争之形式，行调和竞争之精神"。国会就是实行此种"调和竞争之精神"的机构，是容纳利益、意见互相冲突的各种政治势力，使之在一定范围内有序竞争，使竞争公开化、常态化、秩序化的平台。这种竞争，一方面可使各方势力因竞争而增长，使"全国各方面，皆生气勃勃，精力弥满"，另一方面又使各方势力因彼此竞争，而"无复相搏噬，而常保衡平"。宪法则是各种势力竞争的"交战条规"。要使国会发挥"调和竞争之精神"，国会就应由人民选举产生，并尽量容纳国内各方势力，成为体现国内政治势力版图的机构。[①]开国会，最需要的是此种关于利益、意见竞争与调和的观念，这是立宪国民程度的精髓所在。立宪政治中的调和精神有三：第一，承认利益、意见分化的事实；第二，政府施政需在各种利益意见中有所取舍，这种取舍只能采取多数决定的原则；第三，多数决定，只是定从违，而非定是非，因此在遵从多数决定的同时，须保护少数，令其有表达利益、意见的空间。养成此种"调和竞争"的精神，需假以岁月。

第二种论述则强调，谈立宪国民资格，需区分议员与一般国民。持这种看法的人认为，开国会，行立宪，"原不过于多数之中选其少数之秀异特出者，以代表多数之意见焉耳，初不求人人皆有议事之资格也"。[②]立宪只需要有少数人具备议员资格，而一般国民则只需能够行使选举权。若要求人人皆有充任议员之资格，则世界无可以立宪之国。[③]杨度说："世界各国，其社会上一切事业之原动力，常在中流社会。一国之优秀人才亦常集于中流社会，故论人民程度当据中流社会之少数人而论之，不能合国中之多数人民而下论断。"中国世卿之制早废，人民早有任官之权，中流社会之有从政之心或济世之志者，可自由研读古人讲学论治之书，关心世务，考究政治，储为世用，甚或著书立说，以谈天下之变，或聚徒讲学，挟策干时。他们的程度虽不如现在文明各国之国民，但其政治思想、政治能力并不逊色于各国初开议会

---

① 梁启超：《中国国会制度私议》，梁启超著，汤志钧、汤仁泽主编《梁启超全集》第 7 集，第 224~226 页。
② 《论国会无不可速开之理由》，《申报》1908 年 8 月 10 日。
③ 《论国会无不可速开之理由》，《申报》1908 年 8 月 10 日。

时的国民。只要开国会，他们的程度将迅速进化。①1909年谘议局第一次会议结束后，谘议局议员们的出色表现给了鼓吹国会的人们足够的底气。他们说，各省谘议局第一次开幕，"其秩序之整齐，讨论之和平，审查之精密，厘然秩然，毫无遗憾……智识经验之丰富，方诸文明先进国之国民，亦无容多让"。谘议局议员的优秀表现表明，中国之优秀分子已具备国会议员资格。②至于一般选民，则并不需要多少法律常识、政治常识，也不需要实际的从政经验，就可以根据自己的常识、利益、良心去选择他们认为合适的代议士。这就如人们不需要具备医生、建筑师的专业知识而可以凭借普通知识去选择医生、建筑师为自己服务一样。王懋昭说："一般人虽不能皆有制定法律之能力，而现实施行之法律适也否也，实皆有经验评断之。""愚常见乡村士庶民，田间老农，于陇畔辍耕之余，笑语闲谈，曰某地方官贪，宜更换，某地方官廉，宜久任，某政治良，某刑律酷，征之实际，所言多不诬。好善恶恶，良知也，举贤任能，常识也。官不必即贤，民不必即愚。故既为人民选之代议士，所长在能惬民心，定民意也。"③《国会请愿同志会意见书》中也说，对立宪政治而言，国民程度的意义主要在有选举权之国民，并非在所有国民；若不具备普选的条件，那可以通过选举资格限制过滤掉不具备资格的国民，从而使有选举权者皆能履行其选举权。④《大公报》指出，应正确理解代议制下的选举。"欲求选举之公正，必先求国民程度之增进"，"国民程度愈高，则其所选举者亦必为出类拔萃之人"，这是对选举的误解。选举是"选举者利用被举之人"，但并"不能保被举者果能代表选举之人"。"盖以多数人之意思欲求少数者——代表之，其势有所不能。故欲求选举之果能得人，不当于选举者求之，当于被选举者求之也。"只要有比较发达的政党，能够集约民意，形成数种政党政见，供国民选择，选民们就不难履行选举权。⑤

这种论述相当有力。考察宪政大臣达寿主张缓开国会，但他也说："国会开设之迟早，与人民程度之高低可决其全无关系。何也？夫有国会，则有议员，此议员系全国少数之人，且其人非地方绅士，亦必稍有资望稍有学问，此可以断言矣。此等议员与今日之官吏较量，程度虽不敢云其增高，亦或不至于低减。议员程度既无不及之患，以之代表人民固属至善，更何必舍其代表之程度而不问，而第执普通人民之程度而指摘之乎？"至于称一般人民程度太低，恐不能恰当地行使选举权，也完全是多虑，因为这可以通过选举权的资格限制以及间接选举制来解决。⑥

第三种论述，承认中国国民之程度尚有不足，但强调时局急迫，不能等国民程度及格后再开国会，而应因陋就简，从现有国民程度出发，建立过渡性的国会。1908年5月，孟

① 杨度：《金铁主义说》，《杨度集》（一），第326~337页。
② 《请愿国会对于政府之希望》，《申报》1910年1月11日。
③ 王懋昭：《代议制之由来及性质并组织之原理》，《牖报》（东京），第9号。
④ 《国会请愿同志会意见书》，《国风报》第1卷第9号。
⑤ 《政党与选举之关系》，《大公报》（天津）1908年10月15日。
⑥ 《达寿奏国会年限无妨预定折 附按语》，《申报》1908年8月28日。

森就指出，欧洲国家的议会都是从不规则的议会逐步发展而来的，没有一召开就完备的议会。当国势岌岌，"非急开国会，无以成君民一体之治"，以应付列强之侵凌，且人民受时局刺激争求国会之时，必须从实际需要出发，因陋就简，先组织起不规则的议会，以救危亡，然后再逐步提高国民程度，完善立宪。以现在欧美先进国家的宪政水平作为标杆去准备立宪的条件，只会"以过求美备之心，转扬顽锢蔽塞之焰"，为保守派所利用，使危机日趋深重。[①]1909年，张謇也说："国会者，所以备列强非礼之侵。岂有拯溺救焚，而可以诿之程度不及，迁延观望，以待将来之理？"[②]1910年2月，《申报》刊发社论，称："我人民非不知筹备未齐，程度未足，然必待筹备齐程度一而始开国会，其如迫不及待何？"[③]这种论述，就其对外的层面而言，是因为忧虑国亡而希望开国会，其心情可以理解；但国若果真将亡，开国会也无济于事，说开国会就能救国于将亡，并不具备足够的说服力。就其对内层面而言，人们既因亡国感的压迫，急切希望开国会，请开国会的人们对国会有得之则生、不得则死的感觉，若不及时开国会，则人心离散，大势将去，在此情形下，以开国会作为挽救朝廷命运的最后努力，不妨姑为尝试。

第四种论述，承认国民程度尚有未及，但认为开国会，正可以唤起国民的政治热情，开通社会风气，给予人民实际的国会训练，从而迅速提高国民程度。他们说，提高国民程度最便捷的方法就是开国会，给国民以实际的参政机会。有国会，则"国民以一日千里之势而日趋于智，国事以一日千里之势而日趋于理，国势以一日千里之势而日趋于强"；[④]有国会，则教育方有普及之望，地方自治才能切实推行，人民之程度也才有可提高的可能。不开国会而谈提高国民程度，"是犹欲腹之饱而不进食也"。[⑤]他们否定开明专制可以提高国民程度，强调专制政治"一切咸以干涉为主义，当局者常视国民如机械，而国民莫得而自主，顾其民久陶铸于此治下者，必无自治独立之能力，是以专制政府而欲增益其国民立宪程度，已万无能达其目的之日矣"。[⑥]当时，政府方面以国民程度不足为由，主张诸事筹备妥当后，再按计划开国会，而要求速开国会的人们则主张开国会以提高国民之程度，两者尖锐对立。政府方面担心国民程度不足而开议会，无救于危亡，反生纷扰，其忧虑不无道理。请开国会的人们忧虑不开国会，立宪筹备无从切实推进，国民程度难以提高，且即便国民程度甚高，将来开国会亦难免纷扰，也有其道理。因担忧开国会将出现种种纷扰，而谨慎处之，是可以的，但因此而不敢开国会，甚至在立宪派与各地督抚都强烈要求即开国会时，不顾舆情，坚持不

① 孟森：《论中国今日有可以速开国会之理由》，《申报》1908年5月25日。
② 张謇：《请速开国会建设责任内阁以图补救意见书》（1909），李明勋、尤世玮主编《张謇全集》（一），上海辞书出版社，2012，第189页。
③ 《读本日上谕感言》，《申报》1910年2月1日。
④ 杨度：《金铁主义说》，《杨度集》（一），第338~339页。
⑤ 杨度：《金铁主义说》，《杨度集》（一），第329~332页。
⑥ 《国会期成会意见书》，《时报》1908年4月26日。

开国会，就只能说是愚顽了。如杨度所指出的，议会初开而出现种种笑话，不足为奇，即便政府中人皆为周公，议会中人皆为孔子，初行立宪政治，也必将出现种种冲突、种种笑话。国会初开，容易出现两种问题：一是国会腐败，成为政府的花瓶，不能担负监督政府之责；二是失于激烈，因监督政府而常与政府激烈对抗，致国会被反复解散。但这些皆不足为虑，"腐败者，经数次之磨炼，加以全国舆论随议其后，当渐知监督之方；激烈者，或经一二次解散，而必归于秩序"。① 以为诸事筹备妥当而后开国会就不会出现纷扰，不现实。

第五种论述指出，臣民程度不足乃统括国民与官吏而言。《国会请愿同志会意见书》就说，官与民受同一之历史地理政教风俗之感化，"未有朝皆俊杰，野无贤才也。且吾国素非贵族政治，公卿皆出于韦布，衮衮诸公，当其未释褐以前既解组以后，固纯系等诸齐民，前后犹是人也，岂即入圣出狂，入主出奴耶？"以实情而论，晚近风气之开，"皆启发于地方，而养成于士大夫"。十余年来，引领时代潮流，吸纳世界知识，研究专门学问，吐宪政之菁华，握改革之枢纽者，皆民间人士，而非官僚。② 锡良等十七位督抚联电奏请即开国会时也说："程度不足，官民共之，不相磨砺，虽百年亦无所进，法律难定，情与俗碍之，互相参开，历数载可望实行。"③ 这种论述，对于坚持开明专制论的朝廷来说，确实难以应付。既然臣民程度同为不足，政府有何颜面自居为人民之教师爷，又有何颜面谈开明专制。不过，这种论述可否定开明专制论，却并不能否定国民程度不足之说。

请愿国会的人们对国民程度与开国会关系问题的论述，澄清了一些问题：开国会只需要少数人具备议员资格，不必多数人具备议员资格；不可固守先将诸事筹备妥当，再开国会的既定方案，而应从现有之国民程度出发，因陋就简设立过渡性国会，以一面推动立宪改革，一面提高国民程度；不论国民程度如何之高，国会初开，皆难免纷扰。但他们为着要求速开国会、即开国会，有不顾现实条件而强求国会的倾向，甚至提出了只要能组织为国家，皆可立宪的主张。这显然偏颇。立宪需要一定的国民程度，条件不备而开国会，未必有良果。立宪派的国民程度论述，存在一些毛病，主要与他们的亡国无日的危机感以及急于推动立宪的现实要求有关。

可见，预备立宪时期，立宪派对国民程度问题的论述前后有相当的变化。总体而言，在现实政治情形的刺激下，他们的国民程度论述日渐成熟，日渐合理。需要看到的是，立宪所需的条件十分复杂，国民程度问题只是其中之一。不论立宪派对国民程度问题的论述如何成熟，立宪改革的进展归根到底需要立宪派与民间力量的支撑。

〔本文原载《广东社会科学》2020年第6期。作者邹小站，中国社会科学院近代史研究所研究员〕

---

① 杨度：《金铁主义说》，《杨度集》（一），第339~340页。
② 《国会请愿同志会意见书》，《国风报》第1卷第9号。
③ 《各省督抚合词请设内阁国会奏稿》，《国风报》第1卷第26号。

# 清末民初遗产税的引入

雷家琼

**摘 要** "遗产税"原为海外税制，于清末民初引入中国，以新知识与新税种交缠的形式传播。它最初附属在印花税项下，清末由驻外使节引介给清政府，并通过报刊等媒介在社会传播。聚焦于丰厚的财政收入设想，遗产税的引入契合了严峻的财政困境，但由于半殖民地半封建的社会状况，当时落后的中国并不具备开征遗产税的条件，筹设者意图以遗产税等新税解决财政问题的设想，只能流于美好的想象，开征遗产税的倡议最终不了了之。史实表明，不考虑具体国情，盲目而硬性地搬用外国制度，在中国是不能成功的。

**关键词** 遗产税 郭嵩焘 税制改革 印花税

较之古代，近代的国家组织无疑更加复杂。恩格斯说："凡是在货币关系排挤了人身关系、货币贡赋排挤了实物贡赋的地方，封建关系就让位于资产阶级关系。"[①] 在近代中国半殖民地半封建的整体演进过程中，同样伴生着恩格斯所说的这种情况。不过，近代中国社会的货币关系始终没有完全排挤掉人身关系，货币贡赋也始终没有排挤掉实物贡赋，这正是体现半殖民地半封建社会特征的一个重要方面。这种关系之所以不能实现最终的替换，固然由于中国封建势力的强大，但也是由于外国势力在中国一方面制造这种替换关系，另一方面又与封建关系结合，在固化原有的封建关系的同时，还制造出新的封建关系，从而鲜明地体现半殖民的特点。遗产税被引入中国却没有在近代中国立足的历史，可谓具有它的必然性。

遗产税亦称继承税或死亡税，是因财产所有人身故后，其遗留财产转移给后辈或其他

---

① 《马克思恩格斯文集》第4卷，人民出版社，2009，第217页。

受赠人而产生的一种财产税。① 可见，遗产税作为一种新型的货币贡赋，体现了政府与社会更加复杂的联结关系，其中又包含着家庭成员之间的财产与货币关系。这种代表着复杂性的新关系，是古代社会所不存在的。在清末，遗产税既是一个新名词，更是一个新税种，在引进西方税制的潮流中传入，但直到抗战时期才正式移植中国。本文试图从考索遗产税的最初引入出发，一方面努力还原近代中国效法西方税制的最初历史，另一方面从遗产税这个侧面来深入认识半殖民地社会中国家制度建制的复杂因素。

古代中国建立了完整的税赋制度，近代中国却开始移植西方税制，如印花税、所得税、遗产税、营业税等，均在晚清以降被引入，从而走上了所谓从传统税制向现代税制嬗变的路途。那么，这一过程包含怎样的历史根源与历史教训呢？无疑值得深入挖掘。我们发现，已有的相关研究，集中在税制思想、税法制定和制度变迁及作用等方面，② 对西方税制引介入华的最初历史，如引入路径、传播方式和最初的政策建构等，尚缺乏足够关注。遗产税作为近代中国移植西方税制的重要一环，③ 对它的考索，显然可以管窥这一时期中国移植西方税法的整体情况，更深入地揭示近代中国社会政治、经济状况的特殊性。

## 一 驻外使节等清政府官员的引介

鸦片战争所导致的一个直接后果，就是加剧了清政府的财政危机。④ 同时，它也促使一些先进的中国人开始向西方学习，包括学习和传播西方经济知识。⑤ 尔后，外国官员、商人、记者、传教士逐渐成规模地进入中国，他们在中国有意无意地传播的西方知识，也包含一些财政理论。⑥ 第二次鸦片战争后，中西关系愈加成为驱动历史演变的主轴。就西方知识的引

---

① 参见李权时《遗产税问题》，世界书局，1929，第1~3页；金国宝《遗产税》，商务印书馆，1937，第1~3页。
② 综合性著作参见林美莉《西洋税制在近代中国的发展》，台北：中研院近代史研究所，2005；夏国祥《近代中国税制改革思想研究（1900~1949）》，上海财经大学出版社，2006；付志宇《中国近代税制流变初探——民国税收问题研究》，中国财政经济出版社，2007；《近代中国税收现代化进程的思想史考察》，西南财经大学出版社，2010。具体税制的代表性著作参见李向东《清末民初印花税研究（1903~1927）》，河南人民出版社，2015；戴丽华《民国时期印花税制研究》，江西人民出版社，2014；袁璨《民国所得税法律制度研究——以税法公平原则为视角》，中国人民大学出版社，2018；柯伟明《民国时期营业税制度的变迁》，社会科学文献出版社，2020。
③ 遗产税的相关研究参见刘燕明《国民政府时期遗产税的变迁、特征和作用》，《税收经济研究》2012年第6期；《民国时期遗产税征管制度考察》，《税务研究》2015年第2期；雷家琼《抗战前中国遗产税开征的多方推进》，《近代史研究》2016年第4期；《台湾遗产税实施现状的考察与简析》，《复旦学报》2017年第5期；《张啸林建议蒋介石开征遗产税考析》，《安徽史学》2018年第3期；夏国祥《民国遗产税制度思想之演进——从分遗产税制到总遗产税制》，《财经研究》2016年第5期；任晓兰、董永泉《民国时期财政法治初尝试——以民国遗产税法的制定过程为例》，《财政监督》2016年第20期；刘巍《民国时期遗产税制度的讨论、设计与实践》，《福建论坛》2018年第5期；魏文享《国民政府之遗产税征稽及逃税困境（1940~1949）》，《历史研究》2019年第2期。
④ 参见周志初《晚清财政经济研究》，齐鲁书社，2002，第58~63页。
⑤ 参见夏国祥《近代中国税制改革思想研究（1900~1949）》，第1~7页。
⑥ 参见马金华《民国财政研究：中国财政现代化的雏形》，经济科学出版社，2009，第19~22页。

进而言，中国派遣的驻外使节成为一种重要力量。他们对于西方新知的引介作用，已经受到学界重视，但对其引介西方财政经济知识的作用，却还重视得不够。以遗产税为例，从笔者目前掌握的资料看，正是驻外使节较早接触了遗产税等西方财税体制，并引介入华。代表性的人物，应该是中国正式派往西方的首任公使郭嵩焘。

光绪元年（1875），郭嵩焘受任为出使英国大臣。次年底抵英后，[①] 目睹西方文明的繁荣，又受光绪三年二月十三日日本"派官至伦敦考求理财之政"的触动，郭嵩焘开始以一种高度的理性自觉，关注西方政治、经济等制度。此后，他在日记中多次记载英、法、日等国的财政制度。如光绪三年二月二十七日，记载了英国根据家庭收入纳税、官员"俸禄"超过300英镑即一律纳税的所得税制度。据郭嵩焘记载，随行副使刘锡鸿亦认可英国税制，认为"此法诚善，然非民主之国，则势有所不行。西洋所以享国长久，君民兼主国政故也"。郭嵩焘评价"此论至允"。[②] 显然，他认同英国的税制。

除记载税制外，郭嵩焘还实地考察英国税务状况，获知英国遗产征税制度的实行情况。光绪三年四月初二日，他与金登干（James Duncan Campbell）[③] "约游英兰得类非纽。类非纽者，译言税务也"。他在日记中描绘了伦敦税务局采用的征税凭证、实行的税收制度等。遗产税首次进入其视野，"非但岁课而已，家业传付子孙及亲友，皆有约据，由国家颁给，而视其产之多少纳税，大约二十而取一分"。[④] 这概括了英国家业传承需依照财产额纳税的特点，初步勾勒出英国遗产税的特征。[⑤] "非但"两字，尤其表明英国家业传承需要纳税的特殊现象，对郭嵩焘产生很大的心理冲击。

郭嵩焘还多次描述英国印花税的收入状况，并关注印花税项下的遗产征税情况。如光绪三年九月二十九日，记载了1876年英国的各项税收额。印花税额仅次于"食用税"，超过"产业税""入息税"，乃英国巨额税收来源。"共收过印税一千一百二万三千三百七十四磅〔镑〕。其目曰遗书税（产业遗其子孙或亲戚，皆以遗书为凭，计产以收其税），曰屋地产业契券等税……"英国的印花税包罗万象，其项下附属税类有14种之多，而遗产税位居首位。因其以"遗书为凭"征税的特点，郭嵩焘在日记中称它为"遗书税"，并做出一定解释。这是中国人关于遗产税较早的明确记载。次年三月初三日，郭嵩焘记录了英国1877年的国库收支情况，"入款十：曰关税，凡一千九百九十六万九千磅〔镑〕；曰酒

---

① 参见汪荣祖《走向世界的挫折：郭嵩焘与道咸同光时代》，岳麓书社，2000，第162~176页；《抵英呈递国书折》，《郭嵩焘奏稿》，杨坚校补，岳麓书社，1983，第364页。

② 郭嵩焘：《伦敦与巴黎日记》，岳麓书社，1984，第142、156页。刘锡鸿在日记里则记载英国各种税负，暗含批评之意，认为中国百姓"忘其高厚之恩"。刘锡鸿、张德彝：《英轺私记 随使英俄记》，岳麓书社，1986，第163、164页。

③ 关于金登干，参见《中国历史大辞典·清史卷》编纂委员会编《中国历史大辞典·清史卷》（下），上海辞书出版社，1992，第461~462页。

④ 郭嵩焘：《伦敦与巴黎日记》，第195~196页。

⑤ 随同出使的刘锡鸿和随行翻译张德彝，在日记里仅有寥寥数字记载英国析产收税现象。参见刘锡鸿、张德彝《英轺私记 随使英俄记》，第163、604页。

税，凡二千七百四十六万四千磅［镑］；曰印税，凡银票及遗产等项一千零九十五万六千磅［镑］……共计入款七千九百七十六万三千二百九十八磅［镑］"。[1]他再次注意到英国印花税项下遗产纳税的现象，不过未再采用"遗书"之名，而是改以"遗产"命名。英国是世界上较早开征遗产税的国家，早在1381年，英格兰和爱尔兰已开征遗嘱检验税，隶属印花税项下。至1880年3月24日，英国开始征收个人累进税率的遗产税。[2]自开设至为郭嵩焘关注，英国遗产税征收已有数百年历史，发展较为完备，税收成效喜人。这一新颖税收制度得到郭嵩焘关注，自不意外。

郭嵩焘有意识地多次记载英国附带遗产税之印花税的特征及收入情况，那么，他是否曾将这一财税情况传递给清政府呢？从他与李鸿章的约定"初议至西洋每月当成日记一册，呈达总署，可以讨论西洋事宜，竭所知为之"来看，郭嵩焘赴英途中和驻英期间的日记，应均已呈达总理衙门。不过，记载他赴英途中见闻的日记录呈总理衙门后，总理衙门以《使西纪程》命名出版，随即遭到保守派攻击，引发轩然大波。在郭嵩焘看来，《使西纪程》"略载海道情形，于洋务得失无所发明"。[3]《使西纪程》已难为保守派所接受，遑论其驻英期间的日记。

或可推断，郭嵩焘日记所载关于所得税、印花税、遗产税等税制消息的传播，局限于李鸿章及总理衙门相关人员，其传播范围极其有限。但是，作为首位将西方财税知识与观念传播入华的驻外使节，郭嵩焘传播的西方财税知识理念，应该影响并引发了清政府对西方财税制度的效仿。1889年，为筹措扩建海军经费，李鸿章上奏朝廷，倡议仿照西方举办印花税。李鸿章的财税新理念，最早应来自郭嵩焘的呈报。虽因事关外商，该提议为总税务司赫德以不具备开征条件加以反对而搁置，但此提议对中国传统财税体制带来一定程度的冲击。[4]

外国遗产税的税收情形伴随仿行印花税的提议，在甲午战后呈报给清政府。1894~1895年，中国在甲午战争中惨败，须赔偿日本军费库平银2亿两，另支付日本在威海卫的驻军费用每年库平银150万两，赎辽费库平银3000万两。巨额赔偿是清政府年度财政收入的三倍之多。[5]清政府难以承受如此沉重的财政压力，除大举内外债外，还试图通过税制改革方式，如增设税目，来增加财政收入。

1895年，为应对严峻的财政形势，湖广道监察御史陈璧继李鸿章之举，奏请仿行印花

① 郭嵩焘：《伦敦与巴黎日记》，第350~353、525~526页。
② Evelyn Freeth, *A Guide to the New Death Duty, 1894,* London: Stevens and Sons, 1895, pp.1–3.
③ 郭嵩焘：《致李傅相》，叶玉麟编《清代四星使节牍》，大达图书供应社，1936，第127页。
④ 参见戴丽华《民国时期印花税制研究》，第49~50页。
⑤ 参见戚其章《国际法视角下的甲午战争》，人民出版社，2001，第380~387页。

税，"于此欲求岁筹巨款，确有把握不病商不扰民之策，则惟有仿行印税一法而已"。[1] 此奏得到清政府重视，饬令总理衙门调查仿行印花税之事。次年，总理衙门电令"出使英、法、俄、美、日本各大臣"详译所在国印花税律例章程进呈。[2]

是年九月，二等参赞官、英国人马格里（Samuel Halliday Macartney）向清政府报告了英国印花税情况，提出仿行节略，其中包含该税项下的遗产税。仿行节略将遗产税称为"遗嘱税"，明确列出英国该项税收远高于其他税收，"遗嘱印花共收八兆七十一万四千九百四十二镑"。该份节略由马格里述意，随员朱寿慈秉笔。[3] 马格里 1876 年曾充任三等翻译官，随同郭嵩焘出使英国，协助郭嵩焘筹设中国驻英使馆，并于 1879 年转任中国驻英使馆参赞。[4] 他曾与郭嵩焘共事数年，其间与之有密切往来，是否受郭嵩焘影响，从而在报告中详述包含遗产税的印花税，清政府是否曾属意该项税收，因相关资料缺乏尚不得而知。不过，晚清重臣张之洞设法看到马格里等人关于印花税的报告后，对之产生浓厚兴趣。[5]

这一时期同样关注继承遗产需纳税的其他驻外使节及其幕僚，还有龚照瑗、曾广铨、邓廷铿等人。他们在关于英国印花税例的摘要中记录，"承受遗产亦应注册纳税。其遗产之或可免纳税项者，必由税司给有印凭呈验，方准免税"。[6] 龚照瑗于光绪十九年担任出使英、法、意、比大臣，次年抵达伦敦，并常驻伦敦。[7] 从光绪二十二年二月初二日他呈报总理衙门的公文看，马格里此时乃其任下驻英使馆二等参赞，曾广铨为三等参赞，邓廷铿为翻译。[8] 这份资料亦源于各驻外使节译抄的他国印花税章程，但没有马格里的报告详细。

综上可知，晚清驻外使节较早了解了西方国家开设的遗产税情形。甲午战后，他们将遗产税等西方财税的粗略情况，附属在印花税项下，传递给清政府高层。不过，并未引起清政府的关注。

1900 年后，已令清政府艰于应对的财政窘境，因八国联军侵华和丧权辱国的《辛丑条约》进一步恶化。4.5 亿两白银的巨额战争赔款，加上分期 39 年偿付的四厘年息，本息合计 9.8 亿余两白银。[9] 如何筹措巨额赔款，借用刘坤一的看法，"赔款繁重，但就旧款腾挪无论

---

① 陈璧:《奏请仿行印花税法以集巨款而济时艰敬陈管见事》（光绪二十一年十一月二十二日），中国第一历史档案馆藏，档号：03-5613-017。

② 总理各国事务衙门:《奏为遵旨查办仿行外洋印花税事》（光绪二十二年二月初七日），中国第一历史档案馆藏，档号：03-6395-018。

③ 《英国印花税始末并为中国拟筹印花税办法节略》，《江南商务报》第 21 期，光绪二十六年八月廿一日，第 1~2 页。

④ 参见熊月之等编著《大辞海·中国近现代史卷》，上海辞书出版社，2013，第 189 页。

⑤ 详见下文。

⑥ 龚照瑗、曾广铨、邓廷铿等:《英国印花税例摘要》，《江南商务报》第 28 期，光绪二十六年十月初一日，第 1、7 页。

⑦ 参见马一《晚清驻外公使群体研究》，广西师范大学出版社，2019，第 182 页。

⑧ 参见韩文宁、张爱妹编《罗家伦史学与教育论著选》附录二"驻英中国使馆全体人员名单"，南京大学出版社，2010，第 75 页。

⑨ 参见梁义群《庚子赔款与晚清财政的崩溃》，《社会科学辑刊》1992 年第 3 期。

如何裁节，断难支持，非另筹新项不可"。[1]英国遗产税收入为八兆巨额英镑的情况，在重提筹设印花税过程中引起清政府重要官员的关注。

1901年，张之洞在致清政府的电信中提及，各驻外使节1896年将所在国印花税章程抄送总理衙门时，亦受他托付，抄寄湖北。其中，英国印花税章程最为详明。张之洞认为，中国筹款，可举办印花税。"至各国印花税大宗巨款，全在产业契据票卷执照。英印税岁入一四兆镑有奇，而遗产税八兆余，此一项，中国虽办，不能甚多。"[2]张之洞首次将遗产税单列出来，将之与印花税并列，已有将之视为独立税种的趋势。他援引其税收数"遗产税八兆余"，判断"此一项，中国虽办，不能甚多"。他不像驻外使节往往根据表象将之命名为"遗书税"或"遗嘱税"，而是抓住实质，将中国原有词语"遗产"和"税"相结合，较早将这一外国税种，命名为"遗产税"。[3]这是张之洞首次筹议施行包括遗产税之印花税，不过当时他对该项税收效果并未抱多大信心。

一个月后，在遵旨筹议变法的奏折中，张之洞会同刘坤一，建议清政府实行"广派游历"、练外国操、仿行印花税等11项变法措施，再次提议仿行包括遗产税之印花税。他写道："其遗产一项，英国最为巨款。其重税全在旁支承受、亲友分得，每年总数收十四兆余镑，而遗产一项多至八兆余镑。中国产业本廉，又系子孙相继，故此税势不能多。然中国若能办成，即较英国得二十分之一，亦可征银五六百万，但其查考领用之法，分别差等之数，甚为繁细……应请敕查各国章程，斟酌妥议举办。"[4]

在该奏折中，张之洞明确表明自己获得的印花税知识，来自1896年马格里应总理衙门要求译抄的英国印花税章程副本。张之洞看重遗产一项在英国印花税收入中超过二分之一的事实，并分析中外实行该税收的差异。他亦认为举办包括遗产税之印花税，最初会遇到较大障碍，不过以为随着时间推移，该税会施行顺畅。与之前相比，他对实施遗产税一事的态度更为明确，呈请清政府妥议举办。此时张之洞虽仍将遗产税列入印花税项下，但已将遗产一项单独列出，强调其在英国的高额税收，指出中国与英国在经济基础和继承方式上存在差别，明确断言如中国能办成，即使为英国二十分之一，亦有五六百万银元。可见，张之洞在

---

[1] 《刘坤一电信（光绪二十七年四月初七）》，《续修四库全书》第446册，上海古籍出版社，1996，第792页。

[2] 《致西安行在军机处（光绪二十七年四月初十日）》，沈云龙主编《近代中国史料丛刊》第47辑第468册，台北：文海出版社，1966，第12420页。

[3] 从现有资料看，曾出使他国的张德彝、刘士熙均比张之洞稍早命名"遗产税"这一新名词。不过，张德彝的著作在当时并未出版。刘士熙的译述虽在1900年出版，但《江南商务报》是江南商务局机关报。这两人对遗产税命名的影响力，应不及向清政府建议筹设这一税制的张之洞。参见张德彝《稿本航海述奇汇编》第8册，北京图书馆出版社，1996，第77~78、81页；刘士熙译述《英国印花税章程续编（西历一千八百九十一年增修）》，《江南商务报》第13期，光绪二十六年六月初一日，第1页；《江南商务报》第14期，光绪二十六年六月十一日，第8页；《江南商务报》第15期，光绪二十六年六月廿一日，第9~12页。

[4] 《遵旨筹议变法谨拟采用西法十一条折（光绪二十七年六月初五日）》，沈云龙主编《近代中国史料丛刊》第46辑第458册，第3741、3787~3788页。

此提出实行的印花税，是包含遗产税的印花税。

此后，1908 年 7 月，考察各国财政专使唐绍仪奉命前往日本及欧洲，考察日、英、法、德、俄、意、奥、比等八国的银行和税政。次年，他向清政府汇报考察情形。就英国税则，称其"征税宗旨，皆从来源入手，亦其国人性质使然。意谓来源日浚，税项日增"。他指出英国税收中，"其最著者，则有遗产税，每年约得金三千二百余万镑"。唐绍仪报告，遗产税、营业税、进口税是英国税收大宗，遗产税仅略次于营业税，位居税收额第二位。这三项英国"每年约收金一百五十余兆镑，而全国不以为怨，反以得纳税款为荣"。[①]

1910 年，考察日本国宪政大臣李家驹，纂成《日本租税制度考》十册，上呈清帝御览。其中提及日本的财政有四个原则：财政原则、经济原则、公正原则、行政原则。在呈文中，他将"遗产税"命名为"继承税"，认为它为可施行新税。[②] 不过，并未对该税多加解释。

总之，遗产税、印花税、所得税等源自西方的财税新名词及相关税收情况，最初主要经由驻欧美等国使节奏报的官方途径，传递给清政府。清政府了解外国税制的目的，是借助这些外来税制，解决窘迫的财政困境。因此，这些使节在奏报中突出强调显著的税收成效。尽管通过使节渠道传回的相关财税知识较为零星、粗略，并不系统，亦不够深入，但一些政府要员，例如张之洞，却由此接触到外国的财税新知，较早将涵盖遗产税之印花税视为解决财政困境的可行措施，呈送清政府，建议筹办。可见，清末遗产税相关知识的官方传播途径虽然比较狭窄，受众较为有限，不过因这些传播者居于高位，受众属于统治者行列，实际对清末的财税改革起到了较为重要的助推作用。除了西方来华官员、商人、记者、传教士及中国留学生等群体，[③] 驻外使节对近代西方财税知识引介入华的重要作用，值得进一步重视。

## 二 遗产税相关知识的大众传播

就目前资料来看，较早将遗产税等西方税收知识传播给中国民众的媒介，为外国传教士在华创办的中文报纸。在中国影响颇大的《万国公报》（*Review of the Times*）较早刊登遗产税新知，扩大了相关知识在中国的传播范围。

1893 年 10 月，《万国公报》刊登了《大美国：遗产纳税》一文，介绍美国等西方国家的遗产税征收情况。"美之各邦，向有完纳遗产之税之法，而各有不同……此项所收之税，与他项税则不同，盖用之以作医院义塾一切善举之经费，正两得之道也。"该文首先介绍美

---

① 《专使唐绍仪奏报考察各国财政情形折（宣统元年十二月二十一日）》，王彦威纂，王亮编《清季外交史料》第 6 册，国家图书馆出版社，2015，第 320~321 页。
② 参见《大清宣统政纪卷》（47），《清实录》，宣统二年（1910）庚戌十二月丙戌。
③ 参见马金华《民国财政研究：中国财政现代化的雏形》，第 19~22 页。

国各邦（州）遗产税的不同征纳标准，然后概述多个国家，如澳、新、普、法的遗产税征收标准，并指出意、奥、西、比、荷、丹、挪、俄等国，均有遗产税。这些国家，涉及美洲、欧洲、大洋洲，大多为近代以来中国人较为熟知的强国，表明国际上征收遗产税的广泛性。该文还指出遗产税收入与其他税收的最大不同，为该税用于"医院、义塾"等善举，认为该税为"至公至正"之税。[1]《万国公报》发行量颇大，在当时的维新人士中具有广泛影响力。[2]它所记载的遗产税知识，是大多数中国人不曾接触的新事物，对当时中国人了解和认识遗产税产生了一定影响。

外国人在华创办的英文报刊，亦成为遗产税相关消息的传播源。如《字林西报》（*The North-China Daily News*）是外国人在中国最早创办、最有影响力的英文报纸。该报中外消息均特别灵通。[3]英国遗产税收入良好的消息，在该报多次刊载。如1906年9月17日，《字林西报》报道，英国国库大臣在预算演讲中预估，至1907年3月31日该财政年结束，遗产税收入将高达1320万英镑，平均每周收入25.4万英镑。他认为，如该税收持续征收，遗产税收入总额将超过预算325万英镑。[4]9月21日，这则消息全文刊载在《北华捷报》（*The North China Herald and Supreme Court and Consular Gazette*）上。[5]9月29日，《字林西报》转载上一日的伦敦消息，称过去五个月内有七个百万富翁过世，遗产税预计将达150万英镑。[6]次月五日，这则消息在《北华捷报》上再次刊载。[7]《字林西报》及《北华捷报》的读者，除外国在华外交人员、传教士和商人，还包括有能力阅读英文的中国人。中国人阅读这些遗产税巨额收入的消息时，或有所触动。而这些消息，也会转译到中文报刊上，得到进一步传播。如广学会主办的《大同报》（上海），1907年4月6日报道了"英国国家去年所得遗产金计算共十九兆金磅［镑］，此诚从来未有如是多也"。[8]它仅比同年4月1日刊载于《字林西报》上的消息，[9]晚了五天。《大同报》（上海）以"交换智识输入文明为宗旨"，分译各国最新最重要书报所论宪政、财政、学政的内容。[10]其发行量较大，最高销量达三万五千份，其中二万份直接发行给各贝勒、军机大臣、总督、巡抚和各省中上级官吏，[11]在清朝中上层中影响较广泛。

---

① 《大美国：遗产纳税》，《万国公报》第57册，1893年10月，第27~28页。

② 参见刘兴豪《报刊舆论与中国近代化进程》，光明日报出版社，2016，第40~53页。

③ 参见闵迪华《三十年代上海的几种外文报刊》，《学术月刊》1983年第9期；倪波、穆纬铭主编《江苏报刊编辑史》，江苏人民出版社，1993，第220~222页。

④ "Death Duties in England," *The North-China Daily News*, 11, September 17, 1906.

⑤ "Death Duties in England," *The North China Herald and Supreme Court and Consular Gazette,* 705706, September 21, 1906.

⑥ "Death Duties," *The North-China Daily News*, 7, September 29, 1906.

⑦ "Death Duties," *The North China Herald and Supreme Court and Consular Gazette*, 3, October 5, 1906.

⑧ 《遗产金特色》，《大同报》（上海）第7卷第5期，1907年4月6日，第27页。

⑨ "Record Death Duties," *The North-China Daily News*，7，April 1, 1907.

⑩ 《大同报广告》，《大同报》（上海）第7卷第1期，1907年3月9日，第3页。

⑪ 参见《中国历史大辞典·清史卷》编纂委员会编《中国历史大辞典·清史卷》（下），第21页。

中国人创办的报刊，亦刊载有关遗产税的消息。最初主要来自官方渠道的公文，即官方渠道的相关遗产税汇报，通过报刊等大众媒介，在民间社会广为传播。读者借助这些消息，获得零星的遗产税知识。笔者查找到由中国报刊登载的遗产税较早消息，来自1897年2月13日《申报》刊登的《英税年报》一文。该文报道英国："本年所进内地税课，较前一年加增六百十三万八千二百五十三磅［镑］。其税课加增尤多者，无过于死人遗产所交之课。核其数较一千八百九十四五年所收税课，加增三百十九万四千二百廿三磅［镑］。"①此文注明转自《官书局汇报》。文中用"死人遗产所交之课"来指称遗产税，强调它为该年度英国增加的主要税收，占该年英国新增税收一半以上。这则消息传递的信息，主要为英国遗产税收入数额巨大。同年，《英税年报》全文为《利济学堂报》转载。②《利济学堂报》1897年1月由清末浙江改良主义者陈虬创办，虽为综合性医学刊物，却关注时政，不时刊载介绍新政进展和外国新鲜事物的文章。③《英税年报》概述了英国税收的良好状况，内容新颖。《申报》和《利济学堂报》的相继转载，将源自官方的遗产税信息传递给更多普通读者。

此外，清朝官员上呈清帝御览的奏折或呈上级部门的公牍，也不时在各种报刊上刊载。如1900年江南商务局的机关报《江南商务报》，连续刊载四年前马格里上呈总理衙门关于英国印花税的节略，④以及龚照瑗、曾广铨、邓廷铿等人上报的关于英国印花税例的摘要。⑤《江南商务报》还连续登载刘士熙译述的《英国印花税章程续编》。该文在附录中将英国1888年7月1日所订和1894年8月2日增修的遗产税，称为"身后税"。在具体叙述时，将英国1888年所订遗产税例分类为五项："验产凭单税""列册遗产税""承受遗产税""继业税""各项过贯遗产税"，并对1894年英国遗产税增修后的起税额、免税项均有较详细介绍。⑥又如，1901年张之洞与刘坤一关于效仿西法实施印花税的奏折，数月后在《申报》上全文刊载。其对遗产税的良好预期由此传播给普罗大众。⑦

上述刊载于大众传媒上的遗产税消息，往往直接标明其官方背景，显示这些消息具有相当权威性，表明官方对此持支持态度。通过将来自官方渠道的外国税制消息，刊载在大众传媒的方式，包括遗产税在内的外国税制知识在中国得到进一步传播。

除报刊之外，清末改革派还通过著述传播遗产税这一新税理念。梁启超出版《中国改

---

① 《英税年报》，《申报》1897年2月13日，第3版。

② 参见《洋务摭闻一（续）：英税年报》，《利济学堂报》第3期，光绪二十三年丁酉，第7~8页。

③ 参见叶建《温州老期刊》，黄山书社，2013，第1~2页。

④ 参见《英国印花税始末并为中国拟筹印花税办法节略》，《江南商务报》第21期，光绪二十六年八月廿一日，第1~2页；《江南商务报》第22期，光绪二十六年闰八月初一日，第3~5页。

⑤ 参见龚照瑗、曾广铨、邓廷铿等《英国印花税例摘要》，《江南商务报》第28期，光绪二十六年十月初一日，第1~10页。

⑥ 参见刘士熙译述《英国印花税章程续编（西历一千八百九十一年增修）》，《江南商务报》第13期，光绪二十六年六月初一日，第1页；《江南商务报》第14期，光绪二十六年六月十一日，第8页；《江南商务报》第15期，光绪二十六年六月廿一日，第9~12页。

⑦ 参见《五续刘张两制军遵旨谨拟采用西法第三折》，《申报》1901年9月4日，第1版。

革财政私案》一书，提出财政方面的改革见解，如改革田赋，整顿盐课，增加新税如所得税、家屋税、营业税、印花税、遗产税等十项税目，裁撤旧税如厘金、常关税、茶税、赌博税，实行预算，举办公债等十项措施。他对开办所得税并不看好，但就遗产税方面，则乐观得多，认为遗产税最合符平均负担原则，人民能享受该税便利，而不感到纳税痛苦。他将遗产税列入"立可施行"的新税行列，并将遗产税纳入国税项下。[①] 该书 1902 年公开出版，[②] 稍晚于张之洞 1901 年的上奏。因属公开发行，加之梁启超的影响力，其财税新观念在社会上流布颇广。到 1910 年，梁启超在评论长沙抢米风潮时，提及西方租税理论，将所得税、遗产税等视为"最良之税则"，批评清朝未能实施这些"足以均贫富之负荷者"的税制。[③] 梁启超信奉亚当·斯密的"赋税原则理论"，涉猎西方财政理论颇广，较早探讨西方的优良税制，[④] 他在传播包括遗产税等新税知识在内的西方财政学说方面，起到一定作用。

　　遗产税知识在晚清的传播趋势，可从《申报》的相关刊文分析。1897~1911 年，在将近15 年的时间里，《申报》所刊文章牵涉遗产税者，计 21 篇，乃为英、美、德、荷、日等五国遗产税征收或开设的消息。其中反映英国情况的为 7 篇，均涉及其遗产税良好收入状况；[⑤] 德国 9 篇，实乃德国政府意图扩增遗产税，却遭遇保守派阻挠的连续报道；[⑥] 美国 2 篇[⑦]、荷兰 1 篇[⑧]，为开征遗产税的消息；日本 2 篇[⑨]，仅略提及名词。在报道中，遗产税的称谓不一，有的为遗产税，有的根据英文"death duty"直译为死人税，还有的称其为承继税。[⑩]

---

① 参见梁启超《中国改革财政私案》，《饮冰室合集》第 1 册《饮冰室文集之八》，中华书局，1989，第 1~19 页。
② 参见谈敏《回溯历史：马克思主义经济学在中国的传播前史》（上），上海财经大学出版社，2008，第 413 页。
③ 沧江：《时评·湘乱感言》，《国风报》第 1 年第 9 号，宣统二年四月初一日，第 27 页。
④ 参见夏国祥《近代中国税制改革思想研究（1900~1949）》，第 4 页。
⑤ 参见《英税年报》，《申报》1897 年 2 月 13 日，第 3 版；《五续刘张两制军遵旨谨拟采用西法第三折》，《申报》1901 年 9 月 4 日，第 1 版；《英国财政充裕》，《申报》1907 年 4 月 3 日，第 18 版；《英国预筹度支》，《申报》1907 年 4 月 21 日，第 18 版；《伦敦巨富逝世》，《申报》1909 年 6 月 8 日，第 4 张第 2 版；《英国财政预算案近闻》，《申报》1909 年 10 月 26 日，第 4 张第 3 版；《英国新预算案之内容》，《申报》1910 年 7 月 3 日，第 2 张第 3 版。
⑥ 参见《德国议改财政》，《申报》1908 年 9 月 12 日，第 3 张第 4 版；《德国死人税驳退》，《申报》1909 年 3 月 6 日，第 4 张第 2 版；《德国财政改革问题》，《申报》1909 年 5 月 6 日，第 3 张第 4 版；《德国税务议案》，《申报》1909 年 6 月 16 日，第 4 张第 3 版；《德国各报议论税务》，《申报》1909 年 6 月 19 日，第 4 张第 2 版；《德国税务续闻》，《申报》1909 年 6 月 20 日，第 4 张第 3 版；《德国税事续闻》，《申报》1909 年 6 月 24 日，第 4 张第 3 版；《德国税务问题续□》，《申报》1909 年 6 月 26 日，第 4 张第 3 版；《德国税务问题续闻》，《申报》1909 年 6 月 27 日，第 4 张第 2 版。
⑦ 参见《美总统演说限制遗产主义》，《申报》1906 年 4 月 18 日，第 4 版；《美国修订税则续闻》，《申报》1909 年 3 月 20 日，第 4 张第 2 版。
⑧ 参见《荷兰预算事宜》，《申报》1908 年 9 月 18 日，第 3 张第 4 版。
⑨ 参见《李家驹奏考察日本财政编译成书呈览折（续）》，《申报》1911 年 2 月 4 日，第 2 张第 2 版；《李家驹奏考察日本财政编译成书呈览折（二续）》，《申报》1911 年 2 月 5 日，第 2 张第 2 版。
⑩ 从其他报刊来看，时人最初对遗产税的称谓五花八门。1908 年版颜惠庆《英华大词典》，将"Legacy duty"译为"遗产税"，将"Succession duty"译为"相续税""承继税"［颜惠庆等编《英华大辞典》（*An English and Chinese Standard Dictionary*），上海商务印书馆，1908，第 1325、2254 页］。直到遗产税开征前夕，才有辞典首次将"遗产税"作为专有名词，明确其内涵［参见世界辞典编译社《现代文化辞典》（下），世界书局，1939，第 630 页］。"遗产税"之称谓及含义至此在中国基本固定下来。

整体而言，清末《申报》上的相关遗产税报道，主要传递的信息是遗产税为良税，世界上不少强国在征收或筹备征收，且已征收之国有非常好的税收成效。考虑当时中国正处于财政危机之中，这些文章所传递的信息，不仅仅是单纯的外国消息，其暗含的主旨是树立外国遗产税这一参照物，推动中国开设遗产税。

民国时期，一方面，中国近代资本主义经济得到一定程度的发展，效仿西方税制有了更大空间；另一方面，北洋政府继承了清政府的财政烂摊子，财政压力很大，力图设立新税增加财政收入的内驱力很强，遗产税等新税的知识传播比清末更为扩大。就民初遗产税相关知识的传播趋势，笔者以"遗产税"及其相似词如遗产金、承继税、相继税、死税、死亡税、承袭税等为检索关键词，在全国报刊索引数据库里，检索标题包含上述词语的文章，结果如下：1893 年 1 篇；1905~1911 年 18 篇；1912~1927 年 56 篇。[①]统计来看，1893~1911 年包含"遗产税"字样的刊文，共 19 篇，平均每年 1.0 篇；1912~1927 年 56 篇，平均每年 3.5 篇。民初"遗产税"相关知识刊文为清末的三倍有余。这个统计虽不能涵盖所有报刊，但大致显示出遗产税相关知识的传播趋势。

从遗产税相关知识传播的内容看，相较于清末遗产税知识传播的零散而言，民初遗产税知识的传播更为系统、深入。何为遗产税？它是怎样起源的？有哪些相关学说？实施遗产税有怎样的益处？中国施行遗产税会遇到哪些阻碍？怎样实施遗产税？类似诸多问题，在 20 世纪 20 年代的相关报刊中，往往有一定程度的讨论。[②]这与五四运动后西方财税知识在中国的整体传播水平有较大提高相一致。[③]一些具有西学背景的财税学者加入遗产税相关知识的传播行列。例如，哥伦比亚大学财政学方向博士、复旦大学商科教授李权时，除公开撰文介绍遗产税等西方税制外，还在"中国经济问题"课程里讲授遗产税，这激发了他的学生侯厚培的研究兴趣。此后侯厚培写成遗产税相关论文，并发表在《东方杂志》上。[④]另外，李权时还应寰球中国学生会之邀，以"改良社会之一法：遗产税"为题目，公开演讲遗产税问题，将实行累进的遗产税作为改良社会的一种良策。李权时将遗产税可减缓贫富差距视为实行遗产税的最大理由，从国民经济、政府财政、社会事业三方面论述实行遗产税的重要益处。李权时的演讲内容，除了刊登在发行量颇大、读者广泛的《申

---

① 检索时间为 2017 年 9 月 6 日，检索对象包括民国时期期刊全文数据库、篇名数据库和字林洋行中英文报纸全文数据库。

② 代表性的文章，如侯厚培《中国设施遗产税问题》，《东方杂志》第 20 卷第 10 期，1923 年 5 月 25 日，第 17~30 页；吴统续《遗产税问题之研究（一、二）》，《学林》第 1 卷第 8 期，1925 年 2 月 15 日，第 1~7 页；铭礼《遗产税研究》，《银行杂志》第 2 卷第 22 期，1925 年 9 月 16 日，第 1~7 页；铭礼《遗产税研究（续）》，《银行杂志》第 2 卷第 23 期，1925 年 10 月 1 日，第 6~13 页。

③ 参见夏国祥《近代中国税制改革思想研究（1900~1949）》，第 35~40 页。

④ 参见侯厚培《中国设施遗产税问题》，《东方杂志》第 20 卷第 10 期，1923 年 5 月 25 日，第 30 页。

报》上，① 以宣传孔教为旨趣的"中华圣教总会"所主办的《爱国报》上，亦有所登载。② 报刊联动的二次传播方式，将遗产税知识的受众群体进一步扩大。总之，相较于清季，民国时期的相关财税知识扩散更广泛、更系统。

时人通过媒介了解到这些遗产税的消息后，会有哪些认识呢？如对西奥多·罗斯福关于美国联邦要开设遗产税的演讲新闻，有人思考，美国实行遗产税虽然犹远，"然则美洲社会革命，其以此为之朕乎？"提及"近世如弥勒，如华格纳，如可沙等各财政经济学者，亦皆主张相续税"，认为实行累进税率的遗产税征收才有效果。通过此税，富人财产中一部分收归国库，可增进社会福利，"间接使富平均者也"。③ 同样，有人肯定罗斯福关于开设联邦遗产税以节制财富集中的演讲，"吾谓地球文明之大进化，必将实行均富之一法"。④

对于欧洲以财产状况为征税标准，重征富人、轻征贫民的征税原则，有人评论，"论征取税项之要旨，尚有最要之一语，曰重征于富人，而轻征于贫户"，指出违背该征税原则，会有严重后果，"法兰西革命之原，即违斯要则所致"。中国现状与法国有一二相似之处，如不加改变，"终必有泄愤之时会，至是而革命之祸作，则噬脐无及矣"。⑤ 这一论断将税收与社会革命相联系，威胁违反该征税原则，会导致社会革命。

有人进一步论证，遗产税是重征富人、轻征贫民征税原则的结果，"于是欧洲理财学家发明一反比例之原理，而定重征于富轻征于贫一语为征税之金科玉律。于是富人之遗产而有税矣。且以累进法征遗产税矣。累进法者，视其富力之厚薄而定税率之多寡……"作者认可欧洲以累进法征收遗产税的方式，冀望中国加以效法，"吾国今日果拟征累进税以为兴办实业之地步乎"。⑥ 还有人呼吁征收20%~30%的遗产重税，作为救济贫民的经费，认为设立遗产税既能增加财政收入，又能免除贫民的负担，且能创办各种慈善教育事业，谋求平民经济的发达。⑦

有学者指出，在现代新闻传播过程中，总会展现出"把国外的事务国内化"的面向。在"国内化"过程中，无可避免会受自身国内文化／社会／意识形态的编码，以自己的观念／语汇来解读／认识那些形形色色的外国新闻。⑧ 清末民初遗产税等新税知识在中国的大众传播，

---

① 参见庞爱菊《跨文化广告与市民文化的变迁：1910~1930年〈申报〉跨文化广告研究》，上海交通大学出版社，2011，第52~55页。

② 参见《遗产税及商业问题之演讲》，《申报》1923年12月17日，第5张第18版；《遗产税及商业问题之演讲》，《爱国报》第16期，1924年12月15日，第19~23页。

③ 县解：《时评：北美合众国之相续税》，《民报》第4期，1906年11月25日，第86~87页。

④ 杜课园《群言：美总统罗斯福倡言当为遏富之集中而深相继税之臆解（即嗣遗产按资征税）》，《振华五日大事记》第20期，1907年，第11页。

⑤ 窦乐安、许家惺：《论著：论税》，《大同报》（上海）第7卷第15期，1907年6月15日，第2~4页。

⑥ 《论累进税之得失》，《广益丛报》第219期，1909年12月2日，第2~3页。

⑦ 参见斐《中国宜厉行遗产税救济贫富之不平均》，《大公报》（天津）1919年9月25日，第1版。

⑧ 参见潘光哲《中国近代"转型时代"的"地理想象"（1895~1925）》，复旦大学历史学系、复旦大学中外现代化进程研究中心编《新文化史与中国近代史研究》，上海古籍出版社，2009，第4页。

虽然传播渠道有限，受众亦往往限于智识阶层，这一时期直接聚焦遗产税问题的专著尚未出现，[①] 辞书也未收录"遗产税"这一专有名词，[②] 但毕竟进一步扩散了遗产税的税收理念，为该税制在中国的筹设奠定了一定的民众基础。

## 三　遗产税收入的美好想象与筹设

自 1896 年马格里首次明确指出英国遗产税收入高达八兆余英镑后，[③] 遗产税在各国的高额收益消息一再传入中国。1906 年 9 月 30 日，《新闻报》转译《字林西报》的消息，"十一日伦敦路透电云，英国于近五个月内共死巨富七名，国家所入之遗产税实得英金一兆五十万磅［镑］"。[④]《中华报》转自伦敦 1905 年 11 月 26 日的消息，称德国政府核计税项增加，"皮［啤］酒、吕宋烟火、车票、河路运货并遗产税等项内，每年可增出二百三十兆马克"。[⑤] 同年，《北洋官报》转自德文新报的消息称，德国政府正提议征收皇族遗产税，预计此项收入可得"一万万马克"。[⑥]《万国商业月报》1909 年报道初步开征遗产税（"接嗣税"）的德国，"此税现征至二百七十五万镑，较预计时五百万镑尚少其半"。实际征收比预计少半，不过仍较可观。[⑦] 据 1913 年新闻，法国"去年一年之中，遗产税一项共有三十五万九千一百一十三，宗其总额，达五千七百六十一兆七十二万四千七百一十三佛朗"。[⑧] 无论是官方渠道还是大众传媒，不同国家的遗产税收入被各种数据描绘成能获得巨大财源的可靠税源。这样的消息自然会强烈刺激中国的当政者。

清末新政时期，一些清政府的官员就在盘算，一旦仿照西方开设遗产税，财政收入将会增长。就目前资料而言，最早对开设遗产税收入进行预测的人，是张之洞。光绪二十七年（1901）六月初五日，他在奏折中预估，中国若能办成遗产税，至少可征银五六百万。[⑨] 次年，思想者梁启超在《中国改革财政私案》一书中，也对中国仿行遗产税表达了赞成的态度，认为"日本现在此项税所入，每年四百余万元。我国人数虽十倍于日本，而日本人民平

①　就笔者目力所及，最早的相关专著出版于 1927 年 9 月。参见姜慕殊《中国遗产税问题》，光华书局，1927。

②　1939 年，《现代文化辞典》首次将"遗产税"作为一个专有名词，明确其定义。参见世界辞典编译社《现代文化辞典》（下），第 630 页。

③　参见《英国印花税始末并为中国拟筹印花税办法节略》，《江南商务报》第 21 期，光绪二十六年八月廿一日，第 7~8 页。

④　《遗产税之巨》，《新闻报》1906 年 9 月 30 日，第 3 版。

⑤　《德国税项之增加》，《中华报》第 350 期，光绪三十一年十一月初五日，第 10 页。

⑥　《德征皇族遗产税》，《北洋官报》第 651 期，1905 年 4 月，第 8 页。

⑦　《德国之新税则》，《万国商业月报》第 17 期，1909 年 8 月，第 36~37 页。

⑧　《法人之积蓄》，《生计》第 10 期，1913 年 3 月 11 日，第 4 页。

⑨　参见《遵旨筹议变法谨拟采用西法十一条折（光绪二十七年六月初五日）》，《张文襄公全集》卷 54 "奏议五十四"，沈云龙主编《近代中国史料丛刊》第 46 辑第 458 册，第 3741、3787~3788 页。

均富力亦数倍于我，今若行此税，初年或可得一二百万内外耶。此则非试办后不能知矣"。①
这个估计数额并不高，但鼓动实施之意明显。

清末陆续有数位官员明确提议实施遗产税。除1901年张之洞提出设置在印花税框架下的遗产税之外，1908年有一御史曾上奏清政府，②请求创办遗产税。其奏折称"举办一切新政，在在需款，势不得不加征各项税捐，但民力已殚"，认为"为今之计，欲取于民而使民无怨者，惟有开办遗产税"。其依据是"东西洋各国均有遗产税，为国家大宗入款。闻英美此项税款，每年多至数千万"。该御史建议征税办法采取东西洋成规，并参酌本国民情，对中产以上者征收此税，遗产在"五百千以下者，税百分之二，以此递加，逾万者则税十分之一。逾百万者则税至十分之四五"。他还提出表彰纳税多者，处罚隐匿不报者。③继张之洞之后，该御史更直接、明确地向清政府建议开征遗产税，并列出较具体的征收条款。很显然，一方面是政府缺钱，另一方面是"民力已殚"，而开征遗产税是摆脱这一窘境的无奈之举。

到1910年，吉林省督部堂和抚部院曾联名以该省财政入不敷出而势必举办新税为由，呈请清政府准许"举办遗产所得两税"，称"拟仿英法德日之相继税办法举办遗产税"。清政府认为，"中国凤重家族制度，旧例既无家督相继与遗产相继以及受遗产之明文"，"现在登记未立，法律不完，遽议施行，必致紊乱。是未有民法以前，决不可举办遗产税，以启讼端"，议决吉林省不能施行遗产税。④

综上，1901年张之洞、1908年某御史、1910年吉林省督部堂和抚部院，均向权力中枢提议仿行遗产税。可见，开征遗产税的动议，应始于清季新政时期，而非学界通常所认为的北洋政府时期。⑤仿行遗产税动议时间的前移，可以拓展我们对清末新政内容的认识。

进入民国后，财政亏空越发严峻，这为遗产税等新税的进一步传播，提供了内在需求土壤。正如北洋政府首任财政总长、后任总理兼财政总长的熊希龄之言，"吾国在前清时，收不敷支，虽为事实，然勉强对付，犹有可为。不谓国体一更，财源立涸，抚今追昔，索解无从"。⑥

北洋政府时期的遗产税筹设，有了较大推进，具有较为鲜明的特点。首先，遗产税被视作解决严峻财政问题的新兴税目之一，甚为财政部门看重。北洋政府财政总长虽一再更

---

① 梁启超：《中国改革财政私案》，《饮冰室合集》第1册《饮冰室文集之八》，第18页。
② 笔者多方查究中国第一历史档案馆、台湾近代史研究所档案以及当时报刊等资料，尚未能确认该御史姓名。
③ 参见《某御史请创办遗产税》，《新闻报》1908年9月1日，第2版；《条奏开办遗产税》，《新闻报》1908年9月8日，第3~4版。
④ 参见《公牍：又呈送议决举办遗产所得两税案文并批》，《吉林官报》第26期，宣统二年十月初一日，公牍第3~4页。
⑤ 参见金鑫等主编《中华民国工商税收史·直接税卷》，中国财政经济出版社，1996，第213页；各国税制比较研究课题组编著《财产税制国际比较》，中国财政经济出版社，1996，第145页。
⑥ 《财政部为财政困难胪陈维持办法通电（1913年12月）》，中国第二历史档案馆编《中华民国史档案资料汇编》第3辑《财政》（一），江苏古籍出版社，1991，第96页。

换，但几乎均将遗产税纳入实施构想。多位财政总长均试图推进遗产税征收。两度出任财长的周学熙，1912 年 7 月至 1913 年 5 月首任时，[①] 试图整理混乱的财政状况，建议实施新的财政政策，如设立近代税收机构，取消厘金，实行所得税、遗产税、印花税等税制。[②] 他欲厘清国家税与地方税的界限，将遗产税、所得税等新税目，作为未来实施的新税，归入国家税项下。[③] 他认为 "今欲更新税制，非采用最新之思想及最近之学说，不足以剂租税之平"，"而今日所最宜注意者，则在于印花、遗产、所得三种之新税"。[④] 其主持的财政部提出整理赋税的七个办法之一，即为规定家庭析产的契纸样式，以之作为开征遗产税的先声。[⑤] 兼任总理和财政总长的熊希龄，1913 年 10 月与司法总长梁启超、农商总长张謇、总统袁世凯商订大政方针后，次月发表《政府大政方针宣言》，阐述施政理念。就税制方面，欲添设新税，计划采用税目，包括印花税、所得税、遗产税等，认为 "遗产税保障产权之移转，民所乐从，适用累进法，最少亦可得二百万"。[⑥] 他对开征遗产税较为乐观，甚至将所得税、遗产税列入三年度财政计划，预计所得税收取 900 万，遗产税征收 200 万。[⑦] 不过，熊希龄旋因与袁世凯的矛盾而辞职，三年度财政计划自然作罢。此后，紧急上任担任财政总长的周自齐，[⑧] 同样面临巨大的财政困难。[⑨] 他继续推行遗产税等新税三年度设置计划。[⑩] 周自齐主持的财政部，还呈请批准成立筹办新税所，调查研究各种新税课税情况。[⑪] 正因遗产税等新税开拓财源的功能被看重，陈锦涛、张弧、凌文渊、李思浩等人执掌财政部时，[⑫] 遗产税将要征收的消息才会一再传出。[⑬]

其次，北洋政府相关部门开始着手制订遗产税的具体条例和实施细则，所订条例或细

① 参见《周止庵先生自叙年谱》，周小鹃编《周学熙传记汇编》，甘肃文化出版社，1997，第 35~38 页；刘寿林等编《民国职官年表》，中华书局，1995，第 26 页。
② 参见中国社会科学院近代史研究所中华民国史研究室编《民国名人传记辞典》第 4 册，中华书局，1983，第 70 页。
③ 参见《财政部划分税制内容》，《申报》1912 年 10 月 28 日，第 3 版。
④ 《财政部整理财政总计划书（1912 年 12 月）》，中国第二历史档案馆编《中华民国史档案资料汇编》第 3 辑《财政》（一），第 68 页。
⑤ 参见《财政部提议整理赋税办法》，《民立报》1912 年 11 月 29 日，第 3 版。
⑥ 《政府大政方针宣言》，《申报》1913 年 11 月 24 日，第 1 版；《政府大政方针宣言（二续）》，《申报》1913 年 11 月 26 日，第 1、2 版；《政府大政方针宣言（三续）》，《申报》1913 年 11 月 27 日，第 1 版；《熊总理之理财思潮》，《申报》1913 年 12 月 15 日，第 3 版。
⑦ 参见《三年度财政出入之大计画》，《申报》1914 年 2 月 6 日，第 6 版。
⑧ 周自齐 1914 年 2 月 9 日上任，1915 年 3 月 5 日被免。参见刘寿林等编《民国职官年表》，第 26 页。
⑨ 1914 年 2 月 9 日，周自齐署理财政总长，5 月 1 日被特任为财政总长。参见《周自齐沥陈财政困难拟筹挽救办法呈（1914 年 2 月）》，中国第二历史档案馆编《中华民国史档案资料汇编》第 3 辑《财政》（一），第 100~102 页。
⑩ 参见《周氏视事后之民国财政谈》，《申报》1914 年 2 月 19 日，第 2 版。
⑪ 参见《财政部拟订整理旧税及筹办新税所章程呈暨大总统批（1914 年 2 月 24 日）》，中国第二历史档案馆编《中华民国史档案资料汇编》第 3 辑《财政》（二），第 1231~1234 页。
⑫ 参见刘寿林等编《民国职官年表》，第 29~31 页。
⑬ 参见《财政总长之财政计划书（续）》，《大公报》（天津）1916 年 9 月 21 日，第 2 版；《实行遗产税消息》，《大公报》（天津）1922 年 2 月 19 日，第 2 版；《创办遗产税之实行期》，《大公报》（天津）1922 年 12 月 18 日，第 3 张第 2 版；《财部咨行遗产税》，《申报》1922 年 12 月 23 日，第 4 张第 15 版；《财部咨请征收遗产税　自八月一日起实行》，《大公报》（天津）1925 年 7 月 27 日，第 2 张第 5 版。

则越来越详细。北洋政府时期，最早拟具遗产税略例的是总统府财政顾问铎尔孟（M.A. D'Hormon）。1913 年 8 月 28 日，他在北京财政部财政会议上提出《拟请举办承袭税说帖》，拟具该税略例八条，对征收"承袭税"的程序、不遵章报税的处罚等做出规定。他还制作了遗产税税率表，以 1000 元为起税点，依照亲疏关系，将纳税人分为七等，分别缴纳 1%~20.5% 的不同税率。①1915 年 1 月，财政部讨论征收遗产税条例。该条例规定遗产税的征收范围限于养子和继子，亲子免征。至于税率，起税点为 1000 元，千元以上征收 5%，10 万元以上征收 10%。② 到了 8 月，遗产税法由总统交财政讨论会核议，其征税范围和起税点没有改变，税率则有所降低，税率层级变为 8 级。千元以上规定征收 1%，之后每层级依次增加 0.5%，最高千万元以上，征收 4.5%。③1917 年，财政部拟定《遗产税条例草案》，并经财政讨论会修正。该草案仍沿袭此前关于遗产税缴纳者和起征点的规定。税率层级调整为 5 级，仍实行累进税率，规定 1000 元以上纳税 1%，之后每层级依次增加 1%，最高 10 万元以上，征收 5%。该条例与之前的草案相比，新增加扣除项，规定身故人的债务和丧葬费应先酌量扣除。同时，规定遗赠财产给公共善举或合族义庄者，免予征税；遗产纳税二年之内又发生继承事情者，第二次免税。并规定遗产税的征收者及其职责与权利，隐匿不报和无现款纳税的应对情况。④1925 年，增添对逾期不报者、瞒报者的处罚条款。⑤ 整体来看，上述所拟订的遗产税条例都以 1000 元为起税点，起税点较低；虽税率制订为累进税率，但除了铎尔孟拟订最高为 20.5% 的税率外，其余人拟定的最高税率至多为 10%。后拟定的税法草案要素更为完备，增添了扣除额和免税情形，并拟具对不照章纳税者的处罚，体现了税法严肃性和强制性的一面。当然，这些遗产税条例仍比较简略，实际可操作性仍较为有限。

最后，20 世纪 20 年代，多个地方先后数次传出拟实施遗产税的消息。第一，北洋政府财政部屡次指令地方政府征收遗产税。如 1922 年 2 月，财政部电令"各省财厅推行遗产税，已订税则大纲，希查照施行"；⑥9 月，"财政部令行浙财政厅，实行遗产税"；⑦12 月，财政部咨商江苏省省长韩国钧，"预备于明年实行遗产税"。⑧ 第二，数个省份均有人提议开征遗产税。如 1915 年张作霖因财政困难呈请试办遗产税，经袁世凯批交政事堂审复，有先由奉天省试办之议。⑨1923 年 9 月，全浙教育会联合会向省议会请愿，认为浙江省教育经费奇缺，

---

① 参见《拟请举办承袭税说帖》，沈云龙主编《近代中国史料丛刊三编》第 20 辑《财政会议录》，台北：文海出版社，1987，第 75~78 页。

② 参见《专电·北京电》，《申报》1915 年 1 月 22 日，第 2 版。

③ 参见《财政讨论会中之遗产税法》，《申报》1915 年 7 月 23 日，第 6 版。

④ 参见《遗产税条例草案》，《新闻报》1917 年 2 月 9 日，第 2 张第 1 版。

⑤ 参见《遗产税定期施行》，《新闻报》1925 年 7 月 23 日，第 5 张第 1 版。

⑥ 《国内专电·财部电》，《新闻报》1922 年 2 月 17 日，第 1 张第 4 版。

⑦ 《杭州短简》，《时报》1922 年 9 月 5 日，第 2 张第 3 版。

⑧ 《南京短简》，《时报》1922 年 12 月 23 日，第 2 张第 3 版。

⑨ 参见《遗产税有试行之消息》，《大公报》（天津）1915 年 8 月 11 日，第 5 版。

请求仿行欧美遗产税，以筹集浙江省义务教育、社会教育的资金。[1]同年，江西也有人提议征收遗产税以扩充地方教育经费。[2]多地欲征收遗产税，是北洋政府多次传出将实施遗产税后的新动向，表明无论中央还是地方，都受到既往遗产税传播中强调其巨额收入特点的影响，以为开征遗产税可以开拓到较为可观的税源，力图开征遗产税的心态较为迫切。

## 结　语

清末民初遗产税等西方财税知识被引介入华，广为传播，与当时中国独特的社会经济环境密切相关。处于内忧外患境地的清政府和北洋政府，均面临严峻财政问题。清末，一方面，清政府仅对内镇压各地农民起义，军费支出就异常庞大。据彭泽益估算，仅清政府对内军费总数约为8.5亿两白银。[3]另一方面，清末战争赔款经换算，总值折合库平银10.45亿两。[4]对内军费和对外战争赔款，合计18.95亿两白银。此外，太平天国运动持续十余年，其长期征战和控制的长江中下游地区，恰是清政府财政命脉所在，对清政府的财政收入冲击极大。[5]根据清末户部左侍郎皂保的奏折清单，1853~1864年户部"实银"收入232万余两，平均每年不过19万两。有限的收入、高额的支出，很快耗尽了清前期积攒的库存。清政府财政濒临崩溃边缘，不得不通过各种措施增加国库收入。[6]民国建立后，为获得列强认可，北洋政府承认清政府历年战争赔款和外债。此后，军阀混战，北洋政府短暂存在的15年时间里，先后爆发112次战争，平均每年超过7次；战区也不断扩大，1916~1924年，平均每年7省沦为战区，1925~1928年，则增至14省卷入战区。生产遭受严重破坏，民力凋敝、财源枯竭。加上军阀割据，截留中央大部分财政收入，而军费、债务支出庞大，北洋政府财政严重亏空，主要依靠借用内外债度日。[7]如何增加财政收入，成为清政府和北洋政府首要考虑的重大问题。除举借内外债外，增设新税以扩大税收来源成为他们有限的选项之一。

同时，这一时期遗产税在西方各国的税收表现大都较为突出，这对处于财政困境的清政府和北洋政府具有较强的吸引力。如英国，屡次提高遗产税税率以增加该税收入。据不完全统计，英国1890年以来遗产税收额逐年增加，如1890年收税9107876镑，次年为

---

① 参见《浙省将征收教育新税：请征遗产税》，《新闻报》1923年9月30日，第4张第3版。
② 参见《赣议会发生阶级争执资本议员反对征收遗产税提议》，《民国日报》1923年7月5日，第2张第7版。
③ 参见彭泽益《19世纪50年代至70年代清朝财政危机和财政搜刮的加剧》，《十九世纪后半期的中国财政与经济》，中国人民大学出版社，2010，第107~108页。
④ 参见王年咏《近代中国的战争赔款总值》，《历史研究》1994年第5期。
⑤ 参见周志初《晚清财政经济研究》，第63~68页。
⑥ 参见彭泽益《19世纪50年代至70年代清朝财政危机和财政搜刮的加剧》，《十九世纪后半期的中国财政与经济》，第107~108页。
⑦ 参见焦建华《中华民国财政史》，湖南人民出版社，2013，第213~214页。

18363485 镑，1910 年达 21706703 镑，1914 年增至 27359000 镑，占当年英国财政总收入的 13.8%。法国 1790 年开征遗产税，到 1917 年其遗产税包括总遗产税、相继税和生前遗赠税，实行超额累进税率。不过，对子女继承人多者实行优待。其税收额也非常可观，1918 年遗产税收入为 365657000 法郎，1924 年增至 1399352000 法郎。意大利的遗产税依照亲疏关系分为不同等级，执行不同税率。第一次世界大战后，1921 年为救治伤兵增抽遗产附加税，税率很重，有时几乎等于没收财产，自然遗产税收入可观，1916~1917 年度，该税收为 75885000 里耳，1921~1922 年度增至 219401000 里耳，几乎增加了两倍。西班牙遗产税收入表现也不俗，1899 年该税收入为 1350 万比塞塔，次年增至 1944 万比塞塔，1910 年增至 2538 万比塞塔，1914 年达到 3097 万比塞塔。①

在此背景下，西方税制中的印花税、遗产税、所得税等新税，被引介入华。引介者目的是借鉴这些西洋税法以解决中国财政问题，其目光聚焦于税收成效上。在这股引介西方税制的潮流中，遗产税因在西方国家的税收成效显著，颇受时人关注。清季遗产税伴随筹设印花税之议，由驻外使节引介给清政府后，来自官方渠道的公文，屡次被刊载于大众媒体上。遗产税的良税特性一再被选择性地加以强调。这一时期遗产税相关知识的引介和传播并不成系统，主要传播信息集中在西方国家遗产税征收成效如何丰厚、中国如实现这种税法有何益处等方面。

遗产税筹议活动始于清末。当时一些官员已建议政府设置遗产税。而民国甫一成立，北洋政府即以政府力量介入，急切筹设遗产税，乐观设想如果开征遗产税，能筹集多少巨款，多地也试图开征遗产税以充实地方财政。在筹议过程中，引介者和筹设者对遗产税的美好想象，通过大众媒体，不断广为传播，逐渐放大了遗产税的财税功能，认为开征遗产税可以弥补财政亏空。即使偶有人提出异议，如在清末有论者认为欧美实行遗产税乃"救过富之弊"，而"吾国贫也，非富也"，② 民初有人认为"吾国社会之情状与他国正大有悬殊之点，而国家法律亦尚未若人之周至"，③ 不过，在效法西方税制的潮流之下，这种公开反对的声音比较微弱。

为什么北洋政府屡次试图筹设遗产税，却未能成功？这与当时并不具备实施条件有关。

首先，从深层次原因来看，中国与欧美处在不同的社会发展阶段，其经济基础与社会观念均不相同，这是导致中国移植西方遗产税难以奏效的根本原因。晚清民初时期，西方已处于自由资本主义向垄断资本主义过渡的阶段，而中国则处于半殖民地半封建社会。"近代西方继承法将遗嘱自由作为继承制度的一项基本原则，反映了资本主义商品经济发展的法

---

① 参见李权时《各国遗产税史要》，世界书局，1929，第 28、41~51、70~75、79~80 页。
② 参见聂仲毅《关于遗产税之意见（续）》，《顺天时报》1908 年 10 月 18 日，第 4 版。
③ 力轻：《遗产税适于吾国否耶》，《崇德公报》第 12 期，1915 年 8 月 15 日，时评第 1 页。

权要求。"[1] 而在中国，在不发达的生产力基础上，毋宁说遗产税更是一种向社会攫取财富的手段。

纵观 1912~1928 年的中国经济状况，虽然资本主义经济已有一定程度的发展，但自然经济仍占据绝对主导地位。[2] 当时中国绝大多数地方，仍处于传统的宗法社会。底层民众原本极其贫穷，而个人在家庭中的财产更不如西方社会那样明晰，因为传统家族制度遵循的是同居共财的生活方式。北洋政府时期，这仍是一种普遍现象。一家人一起劳动、一起生活，家庭财产并非由长辈一人创造，往往是家人共同劳动的成果。个人基本没有私财。[3] 这样，死者的个人财产就难以界定和确定。征税机关依据死者的遗产额来征收遗产税，自然非常困难。

其次，从技术性层面看，当时中国也不具备推行遗产税的技术条件。北洋政府时期，战乱频仍，军阀割据严重，政府并没有完整而准确的户籍资料、财产资料。遗产税征课，与户籍、财产登记关系密切，如关于被继承人的死亡时间、籍贯，继承人的籍贯，继承开始时间，遗产数额多少，分散何处，诸如此类的情况，政府都没有掌握，稽征机关依据什么证据来征收遗产税呢？因此，虽筹设者屡次提议征收遗产税以解决财政问题，但在最终讨论时，则会因未施行财产注册法，不能考核人民财产，骤行此税易生纷扰，预计收入无多，[4] 征收手续繁杂等因素，[5] 暂缓试办。

总之，民初遗产税的筹设者未能理性展开深入细致的调查研究，不顾及当时中国社会状况是否适合征收遗产税，是否具备引进遗产税的社会经济条件，就贸然制定粗略的征收条例，一再试图强令开征。媒体由此不断爆出即将开征遗产税的消息，但最后均因社会经济条件并不具备而不了了之。税法制度的实施，无法脱离国家的政治、经济和文化传统。仅看到遗产税在外国的税收成效，不顾及中国的特殊国情和传统，自然难以摆脱议论纷纷而难以落到实处的困境。

〔本文原载《中国社会科学》2020 年第 12 期。作者雷家琼，宁波大学人文与传媒学院历史系讲师〕

① 公丕祥主编《法律文化的冲突与融合——中国近现代法制与西方法律文化的关联考察》，中国广播电视出版社，1993，第 337~339 页。
② 参见王询、于秋华编著《中国近现代经济史》，东北财经大学出版社，2004，第 127~210 页。
③ 参见滋贺秀三《中国家族法原理》，张建国、李力译，商务印书馆，2013，第 77~96 页。
④ 参见《财政讨论会中之遗产税法》，《申报》1915 年 7 月 23 日，第 6 版。
⑤ 参见《遗产税暂行缓办》，《大公报》（天津）1916 年 10 月 24 日，第 3 版。

# 土地革命战争时期中共省委的创设与运用[*]

翁有为

**摘　要**　中共成立初期，地方组织开始只是在一些有新兴工业的都市设置支部。随着革命形势的发展，又逐步设置了地委和区委。在国民党发动四一二政变、革命面临严峻危机的时刻，中共把省委制运用到党的组织体系中。中共省委制是中共对传统地方最高层管理体制——省制的创造性运用，是中共组织制度网络中极为关键的一环，对于土地革命的推进具有重要意义。中共省委制的建构，形成了省组织层级凝聚、拱卫在中共中央核心层级之下的组织机制，大大加强了中央的政治中心权威统领军事和领导地方的能力与力量，彻底革除了历史上藩镇和近代军阀自为一体对抗中央之弊，将省与中央的位序关系在新的历史起点上回归到健康轨道。

**关键词**　中共省委　土地革命　农村暴动　根据地　中共特委　前委

省制是中国自元代起就实施的中央政权之下的地方最高层管理制度。中国共产党在成立初期，虽然提出对外独立、对内统一的复兴国家的现实纲领和最终实现共产主义的最高纲领，但由于组织力量、人才和经验不足，中央组织之下，开始只是在一些有新兴工业的都市设置支部，以后随着力量的壮大，组织逐步充实。但到大革命失败前，中央之下设置的层级是区委。"区"带有一定的模糊性，意为一定的区域，可大可小，有的是一个省一个区委（如湖南区委）；有的是两个省一个区委（如 1925 年 10 月至 1926 年 8 月的豫陕区执委，1927 年 2 月至 7 月的陕甘区执委、江浙区委）；有的是几个省一个区委，如北方区委（1925 年 10 月至 1927 年 5 月），开始时负责"管理直隶、山西及东三省"，随后还包括察哈尔、热河、绥远三

　＊　本文系国家社科基金重点项目"中国近代省制研究"（19AZS011）的阶段性成果。

特区及西北一些地区的领导关系。[1] 随着大革命的发展，中共的层级组织越来越下移与细化，组织管理的范围和幅度也越来越充实与广阔，力量已经遍布大革命势力所波及的两广、两湖、福建、江西、四川、河南、浙江、安徽和陕西等地。而随着北伐战争的进军和国民党新右派蒋介石势力的崛起，国共合作受到严重威胁，中共组织如何发展成为一个不容回避、急迫需要解决的重要问题。尤其在四一二反革命政变后，中共组织如何独立发展，成为更为急切的问题。正是在这种情况下，中共适时地把省委制运用到党的组织体系中，这是中共对传统地方最高层管理体制——省制的创造性运用，是中共组织制度网络中极为关键的一环，对于土地革命的开展、武装斗争的推进等都具有重要意义，其制度价值与历史转折意义亦尤为突出。以往学界对中共省制问题尚未涉及，本文拟对此作出初步的梳理、探讨和分析。

## 一　中共省委的创制

正是在大革命走向失败之际，中共省制走向了历史舞台，可以说是中共党人因应危局的一项制度举措。据相关史料显示，中共五大通过的《组织问题议决案》，便强调党的领导方式上要实行"集体的指导，从中央省委以至支部"。[2] 这里强调"集体领导"无疑是对以往"家长制"的纠正，而后面的"从中央省委以至支部"则是指贯穿集体领导指导的所有层级。值得注意的是，此处出现了"省委"这一中央之下的一级组织，省委取代了之前的"区委"。中共五大是1927年4月27日至5月9日在武汉召开的，《组织问题议决案》所决定的"省委"制的实施时间，应是大会闭幕之际生效的。换言之，从1927年5月上旬开始，中共省委制度就得以创设。从各省的省委文件看，大致从5月起，各省的"区执委"开始逐步改称"省委"。这绝不仅仅是名称的改变，就中共而言，这是一次组织体系内区域管理制度的重大改革和完善，但这一改制还要经过党的章程规定的法定程序认可。1927年6月1日，中央政治局会议通过的《中国共产党第三次修正章程决案》第二章"党的建设"之第17条，规定了党的地方组织体系为"省—省代表大会—省委员会""市或县—市或县代表大会—市或县委员会"以及"区—区代表大会—区委员会""生产单位—支部党员全体大会—支部干事会"等四级体系，[3] 对应了当时中国行政区划管理的层级体系。这样，"省委"就取代了大革命时期设置的与中国现有行政区划有别的"区委"，与行政管理体制不合的区委之下的"地委"组织也被撤销。显然，这一管理体制预示了中共进行国家治理的制度设计已进入实践。[4]

① 《中国共产党组织史资料》第1卷，中共党史出版社，2000，第95页。
② 《组织问题议决案》，《中共中央文件选集》第3册，中共中央党校出版社，1989，第88页。
③ 《中国共产党第三次修正章程决案》，《中共中央文件选集》第3册，第144页。
④ "省委"不是某个人的随意简称，而是由党章明确规定的。党章第四章"省的组织"明确规定，省委员会简称为"省委"。参见《中国共产党第三次修正章程决案》，《中共中央文件选集》第3册，第147页。

　　党章对省委内部组织中的委员人数、内部人事、主要结构、职权等问题进行了明确规定。关于省委的正式委员人数及候补人数，规定"由省代表大会决定"；规定"省委员会可推举省委员若干人组织常务委员会处理日常事务"，省委"每六个月召集一次省代表大会报告省委员会工作，及改选省委员会"；省委"得指导省委之下各种机关；得指导与监督省委机关报及指定省委机关报主任；得分配工作人才；得分配省委经费；得经过党团指导省政府及其他社会团体之工作方针"。党章还规定，省设监察委员会，省监察委员不得由省委委员兼任。省委不得取消省监察委员会之决议，但省监察委员会之决议，必须得省委员会之同意，方能生效与执行。遇有意见不同时，则移交省委员会与省监察委员会联席会议，如联席会议再不能解决，则移交省党部大会或中央监察委员会解决之。[①]可见，省委的内设组织、人事、职权、组织运作和监督等方面均有明确严格的规定，为省委工作的开展奠定了必要的制度依据、约束与保障。

　　党章还就省委对县市党委及其辖区的领导与决定性权力进行了规定，关于县或市党代表大会的召开、县委或市委委员及候补委员人数，须经省委同意。市或县的划分，由省执行委员会决定。[②]可见，省委对县或市委的工作具有全面的、决定性的领导权和管理权。

　　党章还规定了中央对于省委的领导与决定性权力，规定省委委员、候补委员的人数要经过同级代表大会"决定"，但又规定须经中央委员会之"同意"。显然，经中央委员会的"同意"，这个"同意权"是具有最后裁决权力意义的。党章还规定，省委设立的必要条件是"各省有两个市或县委员会以上"，同时中央委员会认为有组织必要时，"即派员到该省召集省代表大会，由该代表大会选举省委员会"。这里，中央委员会认为"必要时"并"派员到该省召集"之决定，对于省委的设立更为关键。而对于尚不完全具备立即设立省委条件的省份，党章规定"中央委员会认为必要时得委托一个市委员会暂代省委员会之职权"，为进一步设立省委做准备；而有的省不能成立省委，则规定将其"附属于邻近之省委员会或直接隶属于中央委员会"。[③]这样，中共就通过以省委为主要管理层级和区划单元制度，有效地将全国各地置于区域化管理的组织网络。在中共的组织网络中，中共的"省"与北洋政区的"省"和南京国民政府政区的"省"的比较固化的形态有所不同，它不是稳定不变的，而是根据形势的变化和工作需要，规定省委管辖的"省之范围由中央委员会规定并得随时变更之"，[④]这就把中国固有的"省"创造性地纳入中国革命所需要的动态变动体系之中。对于省组织与中央的关系，党章还规定省委对于中央委员会须每月就省委及县委或市委工作作书面的报告。[⑤]这样，通过省委对中央的定期报告，便可将省委在其辖区的工作置于中央的领导、

① 《中国共产党第三次修正章程决案》，《中共中央文件选集》第3册，第147~148、151~152页。
② 《中国共产党第三次修正章程决案》，《中共中央文件选集》第3册，第148~149页。
③ 《中国共产党第三次修正章程决案》，《中共中央文件选集》第3册，第147页。
④ 《中国共产党第三次修正章程决案》，《中共中央文件选集》第3册，第147页。
⑤ 《中国共产党第三次修正章程决案》，《中共中央文件选集》第3册，第148页。

管理与监督之下，中央对于省委具有全面的、决定性的领导、管理与监督权力，从而保证了中央方针、政策的有效贯彻和实施。

根据中共五大决议和党章修改后的规定，各地原中共区执行委员会先后改制为中共省委。有关资料显示，1927 年先后成立了 15 个省委。中共湖南区委于 1927 年 5 月改为中共湖南省委，书记夏曦（随后又组织了湖南临时省委，郭亮代理书记）。同年 5 月成立的还有中共安徽临时省委（在汉口成立），书记柯庆施；中共顺直省委，书记彭述之。中共江苏省委成立于 1927 年 6 月，书记陈延年。同年 6 月成立的还有中共浙江省委，书记庄文恭；中共河南省委，书记罗亦农（由张景曾代理）；中共山东省委，书记吴芳、常务委员邓恩铭；等等。中共湖北省委于 1927 年 7 月成立，书记罗亦农；7 月还有中共陕西省委正式成立，书记耿炳光（中共中央于 5 月即决定成立省委，并指定书记人选）。中共江西省委于 1927 年 8 月成立，书记汪泽楷；8 月成立的还有中共四川临时省委，书记傅烈（6 月中央即已决定成立临时省委及书记人选）；中共广东省委，书记张太雷。1927 年 10 月，中共满洲省委正式成立，书记陈为人（5 月中共中央即决定成立）。1927 年 12 月，中共福建临时省委成立，书记陈明；同月成立的还有中共云南临时省委，书记王德三。[1] 此后，随着土地革命战争的推进，其他省又先后成立了一些省委。在上述成立的省委中，湖南、湖北、广东、江西、福建、四川、安徽、河南、陕西等受大革命影响较大、农民运动发展比较充分的省份成立省委较早，后来中共发动的武装暴动和革命根据地也主要建立在这些省份的交界地区及省区之内。

当时正处于国共分裂、大革命面临失败、中国革命陷于严重危机的关头，在这样一种特殊时刻，中共很快在革命条件较好、地位比较重要的省区先后设立了省委，形成了全国性的能够应付危机、实施中央决策和应对措施的正式而稳定的组织网络，是一种重要的制度创设。此后，中共中央便通过省委，向全国各地传达、发布最新方针和政策，省委成为组织和动员广大民众参与中共革命十分重要的组织机构和层级。在中共发动的反抗国民党的城乡武装暴动中，新成立的省委随即承担了新的重大政治使命。

## 二　省委与各省区武装暴动

在大革命失败危难之际，虽然 5 月份就有省委成立，但大多数是在 7 月底至 8 月正式运作的，当时正是中共面对危机从酝酿到实施暴动的关键时刻。据现有资料显示，时间被标为"一九二七年六月初"的《中央通告农字第五号——农运策略》的下发单位为"各省省委员

---

[1]　据《中国共产党组织史资料》第 2 卷（中共党史出版社，2000）相关资料整理。

会及各级农民协会党团"①，"省委"是第一下达单位。1927年6月6日发出的《中央通告农字第七号——纠正农民无组织行动》指示，下发单位署为"各省省委"②，"省委"为独立下达单位。6月14日发出的《中央通告农字第八号——农运策略的说明》指示，下发单位为"各省委特委临委"，这里不仅有"省委"，还增加了"特委"和"临委"。之所以增加，从前文所述的省委成立的情况中可知，虽然中央已经决定成立省委，5月份也成立了中共湘、皖、顺直等省委，但其他省的省委正在筹备之中。因此，除省委外，未成立省委区域的特委和临时委员会也是下达单位。③值得注意的是，在土地革命刚刚到来的时刻，中央在给省委或以省委为牵头的接连三份指示中，恰恰讨论的是同一个问题，即农民运动问题，实质上是农村革命问题。正是在第三份指示中，中共中央指出，"现在中国革命已发展到了以农村革命为中心的新阶段"，"农民运动的中心问题，固然是土地革命，但是土地革命是一个过程，在此过程中，现在阶段主要特点是农民政权之争斗……非有建立农民之革命民权的目标，不能使此等贫农形成斗争中的领导者……亦须立此目标以指挥暴动……没有争政权的目标，单纯解决土地问题是不够的……必须以建立民权为目标"。指示强调："农民政权的斗争与土地的斗争，直接要求本党十二分注意农民武装的问题……这个问题非常严重，各省军部及农民部，均须积极切实准备，同时必须号召农民加入军队。"该指示还提出了"为土地革命农民政权而奋斗"的设计。④可见，省委在这一新的历史阶段的重要使命，就是与土地革命联系在一起的。⑤

正是为了"广大的发动土地革命的争斗"，中共中央在汪精卫背叛革命后，果断决定发动"南昌暴动"和湘粤鄂赣四省的"秋收暴动"。为在湖南发动暴动，中央意在靠近广东的地方，在"湘省委指导之下"，组织以毛泽东为书记的湘南特委发动湘南暴动，以成立湘南革命政府。⑥中共中央在8月3日发布的《中央关于湘鄂粤赣四省农民秋收暴动大纲》中指示四省发动秋收暴动，对于鄂赣粤是一般性的指示，主旨在于牵制和分散四省当局的力量；对于湖南，则具体指示计划建立湘南革命政府为此组织湘南特别委员会，再次明确以毛泽东为特委书记。⑦毛泽东以前对农民和农村工作实践的丰富斗争经验和认识，凸显了他对于这一工作的重要性，使得中共中央在考虑湘南农村秋收暴动时首先考虑由他来领导进行。四省

---

① 《中央通告农字第五号——农运策略》（1927第6月初），《中共中央文件选集》第3册，第156页。

② 《中央通告农字第七号——纠正农民无组织行动》（1927年6月6日），《中共中央文件选集》第3册，第173页。

③ 关于"特委"组织，未成立省委区域的特委往往由中央直辖。

④ 《中央通告农字第八号——农运策略的说明》（1927年6月14日），《中共中央文件选集》第3册，第178~179、184~185、191页。

⑤ 需要说明的是，鉴于本文所论主旨所限，不可能讨论关于在白区工作的省委进行的所有工作，如城市工人罢工和青年学生运动工作，拟另文再叙。

⑥ 《中央致前委信——关于组织湘南革命政府及特别委员会问题》（1927年8月1日），《中共中央文件选集》第3册，第238页。

⑦ 《中央关于湘鄂粤赣四省农民秋收暴动大纲》（1927年8月3日），《中共中央文件选集》第3册，第240~243页。

秋收暴动就是中共"建立新的革命政权"①的重要举措。以上四省及其他各省的秋收暴动与其他农民暴动，主要是由各省或邻近的省委"指导"并多由特委具体主持实施的。在扭转革命航向、纠正妥协退让错误、确定土地革命和武装反抗国民党方针的八七会议上，《最近农民斗争的决议案》明确强调："共产党现时最主要的任务是有系统的有计划的尽可能的在广大区域中准备农民的总暴动，利用今年秋收时期农村中阶级斗争剧烈的关键。"这就给各省委领导农民暴动下达了明确的任务。

湖南是大革命时期农民运动发动最为充分的地区，大革命失败后虽然遭受湖南新军阀和地主豪绅的反复摧残，但仍蕴藏着巨大的革命潜力。在"总暴动"的既有方针下，中央在原来主张湘南暴动的基础上，对湖南革命力量又做了更为乐观的估计，将在湖南的暴动方针发展为"全面暴动"。1927年8月9日的指示认为，应进行"全省农民暴动规复全省政权……要明白湘南计划只是全省暴动计划中之一部分，只有在全省暴动之下湘南计划才能实现才有意义"。②为贯彻这一全面暴动的新方针，中央指派彭公达为省委书记。但湖南省委对于如何执行中央暴动计划，当时出现了两种意见。一种是省委书记彭公达提出的全面暴动计划，主张湘中以长沙为中心、湘南以衡阳为中心、湘西以常德为中心、湘西南以宝庆为中心进行全面起义。而毛泽东则根据湖南实际状况，不同意全面起义，主张集中力量，"缩小范围"，以湘中长沙为中心。经过讨论，毛泽东的意见得到多数赞同。在彭公达看来，湘省委实际上仍是以毛泽东为书记，湘省计划的实施是"毛泽东主义的胜利"。③湖南省委根据会议意见，制定了以长沙为中心的暴动计划上报中央，中央于8月23日批复指示，"你们决以长沙为暴动起点的计划，在原则上是对的"，但认为不能忽略各地的暴动工作，仍认为湘南为一发动点，长沙为一发动点，在宝庆一带如有可能亦可做一暴动点，并指出湘南、湘中的暴动"尽可能的同时发动"。④在8月29日中央常委会通过的两湖暴动决议案中，中央指出两湖的农民暴动必须于9月10日开始，湖南的暴动分为湘南区、湘中和湘东区、湘西区三区"全省范围的暴动"，"暴动成功之后组织湖南省临时革命政府"。⑤正如湖南省委谈话记录所说的，由于湖南省委是"毛泽东主义的胜利"，湖南暴动的执行还是缩小到以长沙为中心的范围。起义发动之际，毛泽东回到湖南，以中共湖南秋收起义前敌委员会书记的身份召集会议，确定了分三路进攻长沙的部署。在当时敌强我弱的总形势下，起义爆发后，三路进攻长沙均受挫，起义主力遂兵退文家市、萍乡，转进井冈山农村山区，保存了武装革命斗争的火种。向

---

① 《中央关于湘鄂粤赣四省农民秋收暴动大纲》（1927年8月3日），《中共中央文件选集》第3册，第240页。

② 《中央致湖南省委信——临时中央政治局对于湘省工作的决议》（1927年8月9日），《中共中央文件选集》第3册，第308页。

③ 《中共湖南省委关于湖南暴动计划谈话记录》（1927年10月4日），《湖南革命历史文件汇集（乙种本）（1927~1931年）》，1984年印行，第5页。

④ 《中央复湖南省委函——对暴动计划、政权形式及土地问题的答复》（1927年8月23日），《中共中央文件选集》第3册，第350~351页。

⑤ 《两湖暴动计划决议案》（1927年8月29日中央常委通过），《中共中央文件选集》第3册，第363~364页。

山区转移、向农村转移，预示了中共革命武装斗争发展的新方向。湖南秋收暴动的个案，充分展现了中央、省委和起义核心领导者对形势判断的共识与差异所在。省委作为中央的下属机关组织，无疑是尽力贯彻中央的全面暴动方针的。但在了解湖南实际和农民武装的起义直接领导人毛泽东看来，中央制定的暴动计划脱离了湖南革命力量的实际，无法实施全面暴动计划，只能根据革命力量缩小范围选择局部区域进行暴动，在起义受挫后又及时取消了长沙暴动的计划，转而退兵逐步向农村山区战略转移。这种做法显然与中央的全面暴动计划是有很大距离的，甚至被认为是"单纯军事冒险主义"。尽管如此，湖南省委在实践中，鉴于湖南的实际，又在很大程度上实施了毛泽东的暴动方案，在8月30日致中央的信中指出，"兄处（指中央——引者注）谓此间是军事冒险，令将长沙暴动计划取消，实在是不明了此间情形"，"兄谓此间专注意长沙工作"，"因为我们的力量只能做到湘中起来，各县暴动，力量分散了恐连湘中暴动的计划也不能实现"。[①] 因此，尽管起义发动后，暴动队伍在起义过程中受到挫折和损失，但革命的精华保留了下来，这与湖南省委深受毛泽东影响是有一定关系的。[②] 这里显示了新成立的省委这一组织体系，一方面对革命形势、武装斗争和革命战争的经验与能力还十分有限，在执行中央的方针过程中存在机械照搬和脱离实际的问题；另一方面，由于身处暴动中心地带，对地方状况比较熟悉，也会受到暴动前线领导意见的影响。应该说，省委尽力执行中央暴动方针，对于暴动的及时发动和革命斗争的开展，对一省革命力量的统一领导之作用，无疑是必须肯定的。

湘鄂西农民暴动也是在中央、省委和特委的直接指示与领导下发动的。在长沙秋收暴动之际，湘西地区和湘西北地区各县就先后发动了暴动。为进一步贯彻中央总暴动的计划，湖南省委把湘西作为湖南暴动的重点区域。中共湖南省委于1927年11月就湘西暴动问题发出专门指示信，指示湘西"发展党员，加强武装"，特委"对于各县当积极着手恢复并发展"，并表示经费方面"当尽力筹措接济"，干部方面"数日内即派学攒来你处任组织工作"。[③] 省委派原书记彭公达前往湘西特委担任书记，发动湘西暴动。根据分工，特委分派特委委员陈协平负责湘西北各县暴动工作。陈协平到贺龙家乡桑植县组织农民暴动，时值桑植县政府以贺龙被国民党政府通缉为由，纠集地方武装"清剿"贺龙家乡一带，造成贺龙家乡地区的恐怖，引起民众愤怒。陈协平与当地组织取得联系，传达了湘西特委关于组织暴动的指示。在当地党组织的领导下，组建了农民武装，发起了围攻桑植县城的军事行动。当时党内报告说，"湘西南特委力量不大，工作还积极……但对省委报告及省委指导很密切……

---

① 《中共湖南省委致中央信——不同意取消长沙暴动及湘南暴动问题》（1927年8月30日），《湖南革命历史文件汇集（省委文件）（1927年）》，1984年印行，第118~119页。

② 《中共湖南省委关于湖南暴动计划谈话记录》（1927年10月4日），《湖南革命历史文件汇集（乙种本）（1927~1931年）》，第5页。

③ 《中共湖南省委致湘西信——反对新军阀战争，发展党员，加强武装》（1927年11月），《湖南革命历史文件汇集（省委文件）（1927年）》，第400~401页。

湘西情形比湘西南好……湘西农民都会用枪，工作很可以发展"，"省委对湘西特委及各县均曾派了人去，派出去的人都经过了详细的谈话……巡视时，省委要他们讨论党的策略及决定工作计划"，"湘鄂西问题，应造成一个割据局面，在阴历年底以前应有一联席会议……此处应成立一特委，作如何创造割据局面的工作"。[①] 而此时，贺龙于南昌起义军征粤受挫后辗转上海汇报。根据武装斗争形势的发展，贺龙向中央建议在湘鄂西发动武装暴动。他于11月所拟的《湘鄂西暴动计划》分析了湘西和鄂西状况，提出第一步由他"派人协同本党同志密赴各地活动。第二步将鄂湘西分若干区域实行暴动，组织工农革命军"的计划。[②] 中央遂"决定在湘西北组织特委，发动群众，造成暴动割据的局面，并派贺云卿、周逸群等同志返湘工作"。[③] 中央于12月给湖南省委的信中也指出，在湘西"贺龙在那一带颇有历史关系，他还有好多流氓式的旧部可以发生关系（中央曾介绍这些线索由湖北省委转给你们），你们应派人去利用这些条件（当然，不能幻想条件可靠）在暴动的立场上发动当地的工农斗争和党的组织，尽可能形成一个割据局面"。[④] 贺龙、周逸群由上海返回湘西，途经湖北，在鄂西地区决定与当地党组织联合开展年关斗争，召集地方革命武装组织了统一的工农革命武装起义部队。起义部队组成后，在湖北监利境内打土豪、攻团防，形成了革命声势。这时，湘西华容县委决定暴动，要求起义部队挥师南下策应。贺龙遂领导部队南下华容，沉重打击了地方土劣武装。为了进一步开辟湘西割据区域，贺龙、周逸群转进到贺龙家乡桑植县洪家关。基于贺龙在当地的威望和关系，在湘西北特委的发动下，组织了一支3000多人的武装，正式成立了工农革命军，贺龙任司令，下辖一师两团和相关地方支队武装，为开辟湘鄂边地区的武装斗争建立了坚强的力量。湘鄂西早期连续性的暴动线索大致如此。由此可以看到，湖南省委、地方特委、县委和湖北的地方党委为暴动做了基本的动员和组织，这是湘鄂西暴动的基础；同时，贺龙这种在当地有威望、有广泛社会关系的魅力型领袖人物以及以贺龙、周逸群为中心的湘西特委成立后的组织动员，也是湘西暴动走向规模并最终发展为湘鄂西割据政权的关键性因素；而中共中央在审时度势后决定开辟湘鄂西割据区的高屋建瓴的指示，也是一个极为重要的因素。

福建闽西暴动表现了福建党组织的领导特点。大革命失败后，由中央派陈少微到福建组织成立闽南特委，特委及时向各县传达八七会议有关武装反抗国民党统治的精神，对有党的基础和农民发动条件较好的地区产生了重要的动员作用。福建省委于1927年底成立后，

① 《伍桐的报告（口头报告的记录）——湖南现状及长沙暴动组织经过》（1927年12月28日），《湖南革命历史文件汇集（省委文件）（1927年）》，第459~460、463页。
② 贺龙：《湘鄂西暴动计划》（1927年11月），《湘鄂西革命历史文件汇集（省委文件）（1927年~1932年）》，1986年印行，第449页。
③ 《中央关于成立湘西北特委给郭亮的信》（1928年1月9日），转引自《湘鄂西革命根据地史》，湖南人民出版社，1988，第22~23页。
④ 《中央致湖南省委信（一）》（1927年12月15日），《中央革命根据地历史资料文库·党的系统》（1），中央文献出版社、江西人民出版社，2011，第137页。

在翌年1月给闽西龙岩的指示中，指出不应对国民党抱有幻想，应坚决同国民党军队展开斗争，"整顿党的组织"，"尽量发展同志"，"加紧宣传训练"，目前战术应由平和县党组织领导的"带武装的斗争以至游击战术"逐步发展到"没收土地，杀土劣贪官，收缴敌人枪械以至暴动夺取政权"。① 省委对闽西永定的农运、工运和军事工作给予指示，指出"永定工作特别是党的组织方面最近有了很好的进展"，并介绍邻近的县"平和党部及农运颇有发展，因饶平、大埔影响，斗争日趋剧烈，有爆发趋势，因此有与永定联络呼应必要，你们应特别注意！"② 随着革命斗争的发展，福建省委在强调"训练自己的武装队伍——工农革命军之外"，还要"发展兵士支部的组织，使他们拿他们的武器，向他们的长官反攻"，这和之前一再批评"军事冒险主义"即反对开展敌方军队工作有了明显改变，并明确指出"民众革命的情绪和力量，一天高涨一天，横溢在中国的各省、各乡村中。在这样的政治局面下，正是中国共产党担负起自己的责任，领导工人、农民武装暴动，夺取政权，建设苏维埃（工农兵代表会）政权之时"。③ 为了实施暴动，福建省委把全省的暴动划分为四个区，而把龙岩、永定与平和三县列为第一区的优先位置，指出"乡村暴动，即须先在乡村当地肃清地主绅士，及没收土地财产，以鼓动起更广大群众工作，切不可一刻停顿。然后才可以去攻城"。④ 著名的闽西龙岩后田暴动、平和农民暴动和永定暴动就是在这样的多次动员和指示下，三县地方党组织于1928年春先后发动的。在闽西，新成立的省委在动员闽西暴动方面，方向选择合乎三县革命实际，起义后虽然受到挫折，但基本上保持了革命精锐，为以后创建闽西革命根据地创造了条件。应该说，除了地方基层党组织的坚强领导和起义军的敢于斗争外，中共福建省委的指示、动员与组织是暴动得以开展的一个重要因素。⑤

湖北黄麻起义是根据中央暴动指示，省委、特委领导地方基层党组织发动的。在八七会议精神指示下，中共湖北省委于8月召开会议，制定秋收起义计划，决定分为八个暴动区域，各区设立党的特别委员会为领导暴动的机关。其中，中共鄂东特委辖黄安、麻城、黄冈、蕲春、蕲水等县。⑥ 在鄂东，随着北伐战争进行而形成的工农革命运动有很大发展，虽经四一二反革命政变和七一五反革命政变，工农革命力量仍有很大力量，尤以黄安和麻城两县农民武装力量最为突出。10月间，湖北省委鉴于黄、麻两县当时尚有相当数量的武装和

---

① 《中共福建省委致龙岩函——对过去所犯机会主义错误的批评及对今后工作方针的指示》（1928年1月20日），《福建革命历史文件汇集（省委文件）（1927年~1928年）》（上），1984年印行，第47、49页。
② 《中共福建省委致永定函——有关农运、工运、军事等工作的指示》（1928年1月24日），《福建革命历史文件汇集（省委文件）（1927年~1928年）》（上），第92、95页。
③ 《福建省各县负责同志联席会议文件——关于目前政治任务决议案》（1928年2月9日），《福建革命历史文件汇集（省委文件）（1927年~1928年）》（上），第110~111页。
④ 《福建政治现状及目前工作大纲》（1928年2月9日），《福建革命历史文件汇集（省委文件）（1927年~1928年）》（上），第115~116页。
⑤ 需要解释的是，闽西武力量的发展，在战略上配合与支援了毛泽东领导的红四军在赣南根据地的开辟和发展。红四军入闽后，闽西逐渐与赣南根据地联结在一起，成为此后中央革命根据地的重要组成部分。
⑥ 《大事记》（1927年），《鄂豫皖革命根据地史》第4册，河南人民出版社，1990，第433页。

很好的群众运动基础，派吴光浩、王志仁等到黄麻地区，建立了中共鄂东特委，统一领导黄、麻等县的武装起义。特委要求继续发动起义，并于11月初在七里坪召开党的活动分子会议，做出武装夺取黄安县城、建立革命政权和革命军队的决定。鄂东特委调集黄安农民自卫军全部、麻城农民自卫军一部及七里、紫云等区农民义勇队，于11月14日攻占黄安县城，建立黄安农民政府，起义武装建立工农革命军鄂东军。[①]黄麻起义遭到国民党的镇压和围攻，起义部队受挫，但突出敌人围攻的起义军转进到黄陂北部敌人力量薄弱的木兰山坚持游击战争，改编为工农革命军第七军。1928年4月，起义军又重新恢复黄麻地区，同时开辟了河南光山南部的柴山堡一带新区，形成了在鄂豫交界区域进行武装割据的局面。[②]随着革命斗争的发展，鄂东特委改组为鄂东北特委，武装力量发展到河南商城的南部，红色区域进一步扩大，为鄂豫边革命根据地的形成奠定了基础。[③]在黄麻暴动过程中，省委组织的特委发挥了根据中央暴动精神组织、动员和统一领导的作用。当然，就省委而言，在"总暴动"的政策下存在"左"的成分，但在革命发生危机的情况下，动员民众起来暴动又是必要的，况且省委也在不断地总结吸取教训，如指示各地在暴动中要"深入农村斗争""建立苏维埃""反对冒危险的攻取县城和过早的攻取县城""由部分的乡村割据，进而造成几县联合的割据"等，[④]这都是比较切合由暴动到割据的革命实际的。而随着鄂东工农革命军发展到一定程度、割据形成一定局面，面临从鄂豫交界到鄂豫皖交界的割据发展走向时，与中央的直接联系和中央对鄂豫皖的直接指导也就成为自然和必然的选择。

作为暴动，当然远不止以上几例。大革命失败后，中共在湖南、湖北、江西、福建、广东、广西、四川、河南、陕西等省普遍发动了武装暴动。[⑤]本文之所以选择1927年下半年至1928年春于土地革命的中心地带——湖南、江西、湖北和福建四省发动的四起暴动作为分析样本，不仅因为这四起暴动都是由省委领导和策动的，而且发动的这些暴动都成功建立并逐步发展成为大块根据地，并先后在根据地建立了省委制度体系，这正是本文讨论的主题。这四起暴动可谓各有特色：湖南的秋收起义是以毛泽东为事实上中心的湖南省委发动和直接领导的；贺龙、周逸群领导的湘鄂西暴动，是在原来湘鄂两省省委和特委发动基础上，以形成"割据的局面"为目标，由中共中央直接组织以贺龙、周逸群为中心的湘西特委进入

---

① 王树声等：《从黄麻起义到鄂豫边割据》，《鄂豫皖革命根据地史》第4册，第26页；《中共黄安特委关于黄麻农民暴动情况的报告》（1927年12月14日），《湖北革命历史文件汇集（特委文件）（1927~1934年）》（一），1985年印行，第6~23页。

② 王树声等：《从黄麻起义到鄂豫边割据》，《鄂豫皖革命根据地史》第4册，第31页。

③ 《中共鄂东特委给中央的报告——关于政治、组织、宣传及工作布置、对中央的请求》（1929年3月12日）、《何玉琳给中央的报告——鄂东北特区最近以来工作概况》（1929年9月8日），《湖北革命历史文件汇集（特委文件）（1927~1934年）》（一），第41~134页。

④ 《中共湖北省委关于各县工作决议案》（1928年2月10日省常委会通过），《湖北革命历史文件汇集（省委文件）（1928年）》，1984年印行，第238、240、248、243页。

⑤ 据统计，这一时期全国发动暴动和起义的地方多达12个省140多个县，可见暴动次数之多、范围之广。参见《中国共产党组织史资料》第2卷，第3页。

鄂西和湘西做了进一步的领导和发动；闽西暴动是福建省委于 1927 年底组成后，即积极贯彻中央暴动方针，领导和指导了闽西各县的一系列武装暴动；黄麻起义则是湖北省委组织的鄂东特委具体领导的。[①] 在一般情况下，大多数暴动都是在特委组织下具体发动的。就湖南秋收起义来说，本来拟定湘南起义是由以毛泽东为书记的湘南特委领导的，后来省委决定发动以长沙为中心的全省性暴动，就非省委领导不可了，还成立了以毛泽东为书记的前敌委员会这一具体指挥机构。就是说，非全省的局部地区的暴动，是由特委直接领导的。事实上，贺龙领导的湘西暴动就是由专门成立的以贺龙为中心的湘西特委领导的。可见，特委是适应暴动而在党内普遍设立的机构。根据有关规定，在设置省委的省份，特委直接归省委指导，而在未设置省委的省份，特委归中央指导。[②] 实际上，发动一省全面暴动的条件往往并不具备，多数情况下发动的仍是局部地区的起义。因此，一般情况下，省委是通过组织和领导特委而实施暴动计划的。闽西暴动之所以是省委直接领导，是因为省委成立后即发动了暴动，且省委也是刚由闽南特委改组而成，但随着革命形势的发展，福建省委组织了闽西特委以统一领导闽西的武装斗争。[③] 总之，省委成为一省内代表中央领导全省暴动的地方最高指导、决策及执行机构。

## 三 省委与农村武装暴动及红色区域壮大后的根据地之建省

如上所述，暴动是省委或省领导的特委组织与发动的，暴动后成立的武装力量也是由省委和特委领导的。但是，省委乃至特委是党的领导组织，不是军事组织，暴动后成立的武装根据军事形势的变化，时常转战不同地带乃至跨省区作战，武装力量与党的领导组织显然并不是同在一起，这就势必出现省委、特委对起义后的部队如何领导及其相互关系问题。

本节主要以毛泽东领导的起义部队及其创建的根据地为例，来阐释从在白区工作的省委到根据地的军队前委到特委再到前委统一领导红色武装进而创建根据地省委的历史发展逻辑。农村武装和根据地的使命，从制度上说，就是要达到建立红色区域的"省"进而建国，在红色区域推行根据地的省区地方治理。本节固然用的是个案，展现的则是中共组织发展的

---

① 鄂东特委几经变更，因最初鄂东特委辖县较多，起义时省委又在鄂东特委之外，故而组织了领导黄安、麻城等县起义的黄安特委。参见《中共黄安特委关于黄麻农民暴动情况的报告》（1927 年 12 月 14 日），《湖北革命历史文件汇集（特委文件）（1927~1934 年）》（一），第 6~23 页。

② 《中国共产党党章》（1928 年 7 月 10 日通过），《中共中央文件选集》第 4 册，中共中央党校出版社，1989，第 475~476 页。

③ 福建临时省委指出："遵照中央指示，在斗争剧烈的区域可设特别委员会。现在闽西一带已经到了革命工农与豪绅资产阶级短兵相接的时期，上杭、永定、平和、龙岩四个县委应即各出代表二人在永定成立闽西特委……关于特委的召集，省委已指永定特派员×××同志负责。"参见《中共福建临时省委给上杭、永定、平和、龙岩四县委的指示——关于成立闽西特委及了解永定农暴情况》（1928 年 7 月 9 日），《福建革命历史文件汇集（省委文件）（1928 年）》（下），1984 年印行，第 31~32 页。

历史规律，这就体现了普遍性寓于特殊性之中，并通过个案的特殊性和典型性体现了共性。尽管毛泽东领导中共武装的历史已是常识，但笔者所阐释的省委组织体系发展理路是一种新的分析视角，与以往的研究角度有所不同。这里的第一层逻辑点是，毛泽东领导和率领的湖南秋收起义部队受湖南省委领导，省委的领导是本节阐释的第一层逻辑。起义受挫部队转进到湘赣边界的井冈山后，毛泽东是以前委书记的身份与井冈山地区宁冈、万安、遂川等县的地方党组织和武装建立联系的。就是说，前委组织是叙述的第二层逻辑。但前敌委员会毕竟是军事组织，如何更有效地组织与开展地方党的政治工作与政权建设工作，还需要建立领导这一边界斗争的党的领导组织。因此，1927 年 12 月，毛泽东就曾以前敌委员会的名义向江西、湖南两省委及中共中央报告边界情况，"建议组织边界特委"。① 这是探讨的第三层逻辑。

1928 年 3 月湘南特委代表周鲁巡视根据地时，根据湘南特委决定，宣布取消以毛泽东为书记的前敌委员会，根据湘南特委贯彻湖南省委南下军事行动而致"三月失败"。不过，毛泽东率部南下湘南后，需要接应在湘南暴动中失利的朱德所部，乃有朱毛两军会师井冈山的历史性时刻，乃有朱毛两部合编成立以朱德为军长、毛泽东为党代表的中国工农革命军第四军。但就党的领导组织来说，自"取消前敌委员会，各县工作，顿失领导"。② 为此，毛泽东多次提出组织边界特委的要求。③ 正是在这样一种历史形势下，江西省委于 4 月 24 日表示："暂时将湘赣边特委建立，以毛泽东为书记，万安、永新、宁冈、遂川等地的工作由他指挥。"④ 这说明至迟到 4 月下旬，江西省委已经批准成立湘赣边界特委。江西省委"批准湘赣特委之组织（茶、攸、酃县、宁冈、莲花、永新、遂川）"正式成立的时间，应是指定 5 月 21 日、22 日为召开特委代表大会的时间。⑤ 这是第三层逻辑的现实。

湘赣边界特委这一层级成立后，统一领导红四军和边界各县党的组织，红色区域逐渐扩大，以至于毛泽东在给中央的汇报中指出，6 月 23 日永新宁冈交界之龙源口一战，第四次击破江西敌人之后，湘赣边区"有宁冈、永新、莲花三个全县，吉安、安福各一小部，遂川北部，酃县东南部"，达到"边界全盛时期"。⑥

但历史的逻辑是不能推理的，正当湘赣边特委成立、边界迎来大发展的盛况之际，特委遇到了新的问题。因特委在事实上归属赣湘两地，湖南省委 1928 年 6 月 19 日认为湘赣边

---

① 《中共江西省委转来毛泽东同志的信》（1928 年 5 月 19 日），余伯流、陈钢：《井冈山革命根据地全史》，江西人民出版社，1998，第 213 页。
② 《中共湖南省委巡视员杜修经的报告——红四军的组成和状况，湘赣特委成立和边界分配土地情况，湘南情形》（1928 年 6 月 15 日），《湖南革命历史文件汇集（省委文件）（1928 年）》，1984 年印行，第 40~41 页。
③ 《毛泽东传（1893~1949）》，中央文献出版社，2004，第 183 页。
④ 《中共江西省委给中央的报告——目前政治形势与朱毛红军发展情况》（1928 年 4 月 25 日），《江西革命历史文件汇集（省委文件）（1927~1928 年）》，1986 年印行，第 229~230 页。
⑤ 《中共江西省委转来毛泽东同志的信》（1928 年 5 月 19 日），余伯流、陈钢：《井冈山革命根据地全史》，第 212 页。会议实际上于 5 月 20 日至 22 日举行，选出了边界特委会成员，毛泽东当选为特委书记。
⑥ 《毛泽东选集》第 1 卷，人民出版社，1991，第 61~62 页。

特委"应受湖南省委的指挥"，并强调"中央前亦有如此决议，应即查照！"①湖南省委还于6月26日再次指示向湘南发展，指定杨开明任特委书记，毛泽东随军出发，并派省委巡视员杜修经同杨开明前往落实省委指示。②特委痛于3月湘南特委代表周鲁错误领导导致失败的前车之鉴，冒着抗命压力决议"不同意湖南省委主张"。③这就显示了根据地边界特委与在白区工作的湖南省委主张的差别。在中共湖南省委看来，边界特委和红四军"死守着罗霄山脉，毛泽东的保守观念在中间作怪"。④因此也就出现了杜修经、杨开明"只知形式地执行湖南省委向湘南去的命令"，红29团在其鼓动下，不顾特委和红四军领导劝阻执意南下，结果招致8月"边界和湘南两方面的失败"。⑤这表明湖南省委的指示严重地脱离了边界武装斗争的实际。红色边界的生存与发展，必须切合边界的实际需要进行调整。正是在这一历史形势下，才有了第四层逻辑的展开。11月6日重新组织了前委，根据中央的指定，毛泽东为前委书记，⑥边界特委和红四军"统辖于前委"。⑦由于前委"管理地方党"，与特委职权有交叉，而前委作为军事指挥机构，"有时要随军行动"，所以"特委仍有存在的必要"。⑧这样，如杜修经所言，前委又成了"变相的特委"。⑨之所以是"变相的特委"，应指四军前委，不仅领导四军，还领导地方的特委党组织，是军队和地方党的统一领导机构。但是，这时的前委，既然能领导特委，故绝非"特委"，而具有比特委高一组织层级、与省同级的组织功能了。这样，湘赣边特委与红四军前委的活动范围，根据武装斗争形势的发展，需要更广大的天地，已实非湖南省委所能领导范围所限了。⑩

正是变相的新"特委"——新的四军前敌委员会的成立，适应了加强新开辟的武装斗争地区和新的形势下统一军队和地方组织的党的领导需要。恰逢1928年12月彭德怀、滕代远率领的红五军两个纵队上井冈山宁冈县新城与红四军会师，而湘赣边界又面临湘赣之敌正准备对井冈山根据地的第三次"会剿"，1929年1月，根据前委决定，由前委和毛泽东、朱德

---

① 《中共湖南省委给湘赣边特委及四军军委的信——对付二次"会剿"的策略与红军的改造，边界各县土地革命、游击战争、发展党的组织与加强特委指导等》（1928年6月19日），《湖南革命历史文件汇集（省委文件）（1928年）》，第52页。

② 《中共湖南省委给湘赣边特委的指示信——红四军向湘南发展，杨开明任特委书记》（1928年6月26日），《湖南革命历史文件汇集（省委文件）（1928年）》，第67页。

③ 《毛泽东选集》第1卷，第60页。

④ 《毅宇关于湖南各地情形的报告》（1928年7月31日），《湖南革命历史文件汇集（省委文件）（1928年）》，第125页。

⑤ 《毛泽东选集》第1卷，第60页。

⑥ 《中共中央致朱德、毛泽东并前委信》（1928年6月4日），《中国人民解放军政治工作历史资料选编》第1册，解放军出版社，2002，第74页。

⑦ 《毛泽东选集》第1卷，第77页。此时，特委书记已为谭震林，军委于11月14日新选朱德为书记。

⑧ 《毛泽东选集》第1卷，第77页。

⑨ 《中共湖南省委巡视员杜修经的报告——红四军的组成和状况，湘赣特委成立和边界分配土地情况，湘南情形》（1928年6月15日），《湖南革命历史文件汇集（省委文件）（1928年）》，第40页。

⑩ 根据中央指示，前委"在江西境内时受江西省委指导，在湖南境内时受湖南省委指导，同时与两个省委发生密切关系"。参见《中央致朱德、毛泽东并前委信》（1928年6月4日），《中共中央文件选集》第4册，第257页。

率红四军主力出击赣南"围魏救赵"，彭德怀率部留守井冈山迎敌。但军事情况瞬息万变，南征的红四军在强敌的围追堵截中无法完成"围魏救赵"计划，经历初期大余受挫、圳下村之溃一再失利的严峻局面后，经 2 月 10 日、11 日瑞金大柏地一战消灭追敌两个团兵力，才转败为胜、大振军威。但此时井冈山根据地业已失守，彭德怀亦率红五军南下赣南游击。因此前委决定放弃原定回师井冈山的计划，向闽、赣边界地区出击。红四军于 3 月 14 日歼灭守城的闽西长汀守军郭凤鸣旅，取得俘敌 2000 余人、缴获大批武器、攻占长汀县城的重大胜利。此役具有标志性意义。从赣西井冈山到闽西长汀，红四军历经千难万险，驰骋转战千里，在赣南和闽西开阔的平原和高山之间，毛泽东敏锐地意识到中国革命武装发展的更大空间。他在长汀召开前委扩大会议，决定"以赣南闽西二十余县为范围从游击战术，从发动群众以至于公开苏维埃政权割据，由此割据区域"，"闽西赣南一区内之由发动群众到公开割据……这是前进的基础"。① 这时，红五军在彭德怀率领下于 1 月底下山后一路南下游击，且战且走，到达瑞金，4 月 1 日红四军回师瑞金与红五军会合整编，力量进一步壮大。

历史的发展充满曲折。就在此时，福建省委转来中央 2 月 7 日的来信，与红四军前委发展红色割据区域的决议完全不同。前委 4 月 3 日接到中央交通员区寿昌送来的中央 2 月 7 日写给毛泽东、朱德及湘赣特委的来信。该信指出目前"党若不能团结广大的工农群众尤其是产业工人群众于党的周围"，即使"农村苏维埃区域还能继续建立，红军的组织如你们所领导的队伍在其他区域又能存在，但仍然不能促进这一革命潮流的高涨"，强调"目前党的主要工作在建立和发展党的无产阶级基础（主要的是产业工人支部）与领导的工农群众日常生活的斗争和组织群众"。也就是说，中央并不认为红军武装的壮大和割据区域的发展是党的主要工作，而是认为以产业工人为基础的组织工作即城市工作才是中心和主要工作。因此，中央认为湘赣边特委领导的这支部队并无必要"在其他区域又能存在"。这和湖南省委一再要求毛泽东率部回湘南和湘东的思路基本是一致的，即红军的发展和割据力量只能起到偏师的作用，并没有进一步发展的前途和必要。因为目前统治势力居于优势，农村割据因"得不到城市援助，致使许多苏维埃区域都相继失败"。据此逻辑，必须先把城市产业工人的斗争作为中心工作做好。为了不妨碍这个中心工作，中央并不赞成把红色割据区域连接成为一个区域、部队进行集团作战的做法和计划，而是要"坚决的执行有组织的分编计划"，即"分编我们的武装力量，散入各乡村中去"。中央明确指示，"现在你们的部队不管是仍留在赣南的三南或又退入湘东，必须采取这一决定"，强调"中央依据于目前的形势，决定朱毛两同志有离开部队来中央的需要……因为朱毛两同志留在部队中，目标即大，徒惹敌人更多的注意，分编更多不便"，并表示"湘（赣）特委组织仍暂存在，其改组办法由你们自己

① 《红四军前委关于攻克汀州及四、五军江西红二、四团行动方针等问题向福建省委和中央的报告》（1929 年 3 月 20 日），《中央革命根据地史料选编》中册，江西人民出版社，1982，第 67 页。

决（定）"。① 可见，中共中央是要将本已扩大到数省范围的武装割据区域和已经扩大的红军力量，分散为原湘赣边特委甚至更小的形态。中央的这一决定是否受到湖南省委意见的影响不得而知，但将武力分散到湘东区的思路，与湖南省委的多次主张是吻合的。

面对中央来信中要分散队伍并要朱毛离开部队的指示，红四军前委于4月4日和5日召开前委扩大会议进行讨论。根据会议精神，毛泽东在代表前委给中央的信中明确指出：其一，"抛弃城市斗争，是错误的；但是畏惧农民势力的发展，以为将来超过工人的势力而不利于革命，如果党员中有这种意见，我们以为也是错误的，因为半殖民地中国的革命……没有农民斗争的发展超过工人的势力而不利于革命本身的"；其二，前委意见以为，中央提出的"将队伍分得很小，散向农村中"可以"保存红军和发动群众"的主张，"是一种不切实际的想法"，因为红军多不是本地人，分散后在"恶劣环境中应付不来"，反而"容易被敌人各个击破"；其三，关于朱毛离开队伍去中央工作的问题，前委认为"中央若因别的需要朱、毛二人改换工作，望即派遣得力人来。我们的意见，刘伯承同志可以任军事，恽代英同志可以任党及政治，两（人）如能派得来，那是胜过我们的"。② 前委经历了湘赣闽革命战争的具体过程且在战争前线指导，军队和根据地不断地波浪式向前发展，证明了前委领导的正确。因此，前委关于根据地和红军的意见送达中央后，引起了争论，应该说受到中央的重视，逐渐影响到中央此后的决策。在这里，作为"变相特委"的四军前委在根据地发展关键问题上发挥了重大影响。

而在此时，红四军前委体制在内部运行过程中的权限等问题，引发了分歧和争论。红四军第二次入闽在闽西龙岩、永定、上杭、平和及其周边地区大力开辟根据地的时候，红四军内部产生了对党管军队的意见和质疑，主要意见是认为"权太集中前委了"，这种论争涉及红四军前委书记和军长的职权关系、前委与军委的关系、民主与集中的关系等一系列问题，以致在军内领导层发生了严重的意见分歧。作为前委书记的毛泽东无法消除越来越严重的意见分歧，在6月8日的前委扩大会议上愤而辞去前委书记一职。但毛泽东离职后，前委失去中心。根据8月下旬到达上海的陈毅向中央的汇报，中央研究了红四军存在的问题并很快形成一致意见，经周恩来、李立三、陈毅三人深入讨论所形成的共识，陈毅代表中央起草、经周恩来修改审定并以中央名义于9月28日签发了致红四军的指示信。中央来信就前委和毛泽东职务等问题指出，"此时红军由前委指挥"是"可以的"，"党的一切权力集中于前委指导机关，这是正确的，绝不能动摇"，"朱毛两同志仍留前委工作。经过前委会议，朱毛两同志诚恳接受中央指示后，毛同志应仍为前委书记，并须使红军全体同志了解而接

---

① 《中央给润之、玉阶两同志并转湘赣边特委信——关于目前国际国内形势以及党的策略方针》（1929年2月7日），《中央革命根据地史料选编》中册，第53~57页。

② 《前委致中央的信》（1929年4月5日于瑞金），《中央革命根据地史料选编》中册，第71~73页。

受"。① 根据返回红四军的陈毅传达的中央指示，12 月 28 日至 29 日召开中共红四军九大会议即古田会议，毛泽东又回到红四军前委书记的领导岗位。会议通过了党对红军绝对领导的原则，使得前委在领导根据地开辟的斗争中具有了更为明显的中心领导地位。根据形势发展的需要，前委随后率部返回江西根据地，于 1930 年 2 月在吉安县陂头村召开了由四军前委、赣西特委代表、红六军委代表、红五军代表（红五军代表因赣江所隔，委托红六军黄公略代表）及江西省委巡视员等参加的联席会议。联席会议决定将红四军军委前委，扩大为四、五、六军及领导赣西南、闽西、湘赣边等割据区域的共同前委，毛泽东为前委书记。② 联席会议还决定，将原赣西、赣南、湘赣边三个特委合并，成立中共赣西南特委，③ 作为统一领导三个地区的党的地方领导机构。这样，前委这一机构便成为领导湘赣闽粤边界的统一领导机构，这对上述红色区域连成一个大的根据地是极为必要的。此时前委体制是对湘赣边界特委指挥党政军体制的新发展。这是第四层逻辑的充实。

至 1930 年 6 月，随着红色区域的发展，根据中央指示，由四军、六军和十二军组成红一军团，原中共红四军前委改为红一军团前委，毛泽东仍为前委书记。在红一军团成立的同时，成立了中国革命军事委员会，毛泽东任主席。这样，红一军团和中国革命军事委员会的成立，对中央红军和中央苏区的发展与形成，具有重要的历史转折意义。这时，彭德怀率领的第五军也根据中央指示在湘鄂赣根据地改编为红三军团，一度攻占湖南省会长沙，并于 7 月 30 日成立了湖南省苏维埃政府。根据地武装发展到此，即能自建省级政权机构，自非原设置在白区的省委所能领辖，而根据地武装占领城市后建立省级政权机构，正是毛泽东所言"枪杆子里面出政权"在省级层面的首次实践。历史发展至此，发生了新的转折。红色区域里面，第一次有了省的建制。虽然红三军团因遭到国民党湖南省政府主席何键调集重兵反扑而及时撤离了长沙，但第一次在红军控制区建立省级政权的制度设计付诸实践了。有了第一次的实践，就有了后来进一步建省的奋斗和争取。红三军团 8 月 23 日从长沙撤离后转进至湖南浏阳永和市，与毛泽东率领的红一军团胜利会师。根据中央指示，两军团合编，组建为中国工农红军第一方面军，朱德为总司令，毛泽东为总政治委员，彭德怀任副总司令，滕代远为副总政治委员。红一方面军总部成立的同时，成立了中共红一方面军总前委，毛泽东为总前委书记，并宣布成立中国工农革命委员会，毛泽东为主席。这时，中国革命的武装力量发展已非常强大，建立了统一领导武装斗争的军事领导机构。10 月 4 日，红一军团占领江西重镇吉安，此时江西的绝大部分区域已为红色区域。10 月 7 日，江西省苏维埃政权宣告

---

① 《中央给红军第四军前委的指示信——关于军阀混战的形势与红军的任务》（1929 年 9 月 28 日），《中共中央文件选集》第 5 册，中共中央党校出版社，1990，第 483、486、489 页。
② 《前委通告第一号——联席会议的结论并宣告前委成立》（1930 年 2 月 16 日），《中央革命根据地史料选编》中册，第 172~174 页。
③ 《赣西南特委向省委报告——一九二九年八月以后的赣西南》（1930 年 6 月），《中央革命根据地史料选编》中册，第 182 页。

成立。江西省政府是中共武装建立的第一个有效行使权力的政权机关，体现了中共武装的强大力量。这表明，中共在根据地已经具有建立省级政权体系的力量和治理能力。这是第四层逻辑的进一步展开和制度性的初步建立。

江西苏维埃省的成立，表明中共已经具有了进一步"建国"的能力。此时，革命形势在全国空前高涨。在成立省级政权的基础上，建立新的苏维埃国家政权，已经具备基础了。正是在这个时候，大致从 8 月到 10 月，中共中央鉴于全国各苏区已成规模，为了加强各地苏区党的统一领导，多次讨论成立"苏区中央局"的问题，并很快形成了明确一致的实施意见。[①] 中央政治局根据"湘鄂赣联接到赣西南为一大区域"的情况，决定要巩固和发展成为"苏区的中央根据地"，"因此，中央政治局便决定在中央苏区立即设立中央局，目的在指导整个苏维埃区域之党的组织，同时，并在苏区成立中央军事委员会以统一苏区的军事指挥"，并决定在基层苏维埃政权选举的基础上成立"苏维埃中央临时政府"，"各特区等于省，特区下暂只设县或独立市苏维埃政府"。[②] 对于苏区中央局的组织，中央于 10 月中旬决定派项英前往主持，后又决定在项英未到达苏区前，中央局可先行成立，"暂以泽东同志代书记"。[③] 实际上，苏区未收到中央来信，中央局并未先行成立。项英于 1931 年 1 月初到达苏区宁都小布后，中央局于 1 月 15 日正式成立，中央局书记为周恩来，周恩来未到前由项英代理书记。除项英外，毛泽东、朱德、任弼时、王稼祥等 6 人为委员，以项英、毛泽东、任弼时、王稼祥 4 人为常委，由毛泽东负责军事。4 月，苏维埃中央军委由毛泽东担任主席。1931 年 11 月 7 日至 18 日，在江西瑞金叶坪村召开的中华工农兵苏维埃第一次全国代表大会上，成立了中华苏维埃共和国临时中央政府，毛泽东当选为中央执行委员会主席和中央人民委员会主席。苏维埃共和国是中共通过武装暴动，由在农村建立割据区和根据地逐渐发展壮大而确立的国家政权。有了红色区域的国家政权，红色区域行省制的实施普遍展开，这是本节阐释的第五层逻辑。

随着苏维埃共和国的成立，原来一些根据地的党的特区委员会相继改为省委或新设省委，在中央革命根据地建立的中共省委计有：1931 年 5 月，闽粤赣省委成立（1932 年改名为福建省委）；1931 年 7 月，湘鄂赣省委成立；1931 年 8 月，湘赣省委成立（1931 年 8 月临时省委成立，10 月经召开省代会选举正式成立）；1931 年 9 月，赣东北省委成立（1932 年 11 月改名为闽浙赣省委）；1931 年 10 月，江西省委成立（1930 年 10 月省行委成立，

---

① 《中国共产党组织史资料》第 2 卷，第 208~209 页。

② 《中央政治局关于苏维埃区域目前工作计划》（1930 年 10 月 24 日），《中共中央文件选集》第 6 册，中共中央党校出版社，1989，第 429、431~432、437~440 页。按：成立中华苏维埃共和国临时中央政府之事，早在 1930 年 5 月在上海英租界召开的全国苏维埃区域代表大会通过的决议中就已经议定，决定由 1930 年 11 月 7 日召开的第一次全国苏维埃代表大会成立，后根据形势变化而有所推延。

③ 《中央关于对付敌人"围剿"的策略问题给一、三两集团军前委诸同志的指示》（1930 年 10 月 29 日），《中共中央文件选集》第 6 册，第 477、482 页。为成立苏区中央局，中央曾于红军攻战长沙期间，派关向应前往苏区组织中央局。此前，关向应抵长沙附近后，因战区相隔，无法通过。红四军不久也引兵入赣，故关向应"复来中央"。

1931 年 10 月临时省委成立，11 月经召开省代会选举正式成立）；1933 年 4 月，闽赣省委成立；1933 年 8 月，粤赣省委成立；1934 年 5 月，赣南省委成立。此外，其他革命根据地也建立了中共省委。在湘鄂西革命根据地，1931 年 6 月湘鄂西临时省委成立，1932 年 1 月湘鄂西省委成立，1934 年 11 月湘鄂川黔省委成立，1936 年 2 月川滇黔省委成立；在鄂豫皖革命根据地，1931 年 5 月鄂豫皖临时省委成立，1932 年 1 月鄂豫皖省委成立，1933 年 2 月川陕省委成立，1934 年 12 月鄂豫陕省委成立；在陕甘宁革命根据地，1935 年 9 月陕甘晋省委成立，1935 年 11 月陕北省委成立，1935 年 11 月陕甘省委成立，1936 年 5 月陕甘宁省委成立。此外，红军在长征途中还设置了存在时间较短的省委机构，如川康省委（1935 年 2 月至 7 月、1936 年 4 月至 7 月。两次省委名称相同，但具体辖地与领导人不同）、大金省委（1935 年 10 月至 12 月）、金川省委（1935 年 12 月至 1936 年 7 月）、四川省委（1935 年 11 月至 1936 年 2 月）。[①] 这些省委都是苏区的省委，有与之相配的苏维埃省政府机构、省军区军政机构以及工会、青年团、妇女会等群众团体机构，是一个非常严密、完备的现代国家的复合型地方政权系统。

这个系统是中共通过各省省委发动武装暴动、建立革命武装力量、开辟农村革命根据地而逐步建立起来的，党组织省委及其下级的特委、县委系统成为在武装斗争和根据地开辟及发展中的中心力量，军事斗争系统统一于党组织的领导和指导下，形成了既符合中共的组织原则又与革命历史运动实际相结合的一套组织体制。这样，在原有的国民党统治区的省区系统和中共在国民党统治区设置的省委组织系统外，中共武装开辟的苏区在达到一定幅员后，面临着根据地及其武装要不要继续发展、有没有前途的大问题。这是一个大关口。这一问题必然涉及对中共革命的前途、中共农村武装革命前途的认识与把握，实是一个关乎中共革命成败胜负的大问题。在这个大关口、大问题上，在那样的紧急形势下，毛泽东根据中国国情率先开辟的农村包围城市、武装夺取政权的道路，成为中共革命的必然选择。因此，当苏区发展到一定规模后，必然要设置和划分根据地的省区，在此基础上建立工农兵为国家主人的新型国家，并在这个新型的国家之内，根据国家体制建构的基本要素，及时将各根据地的特区改为省或新建根据地的省，将中共特区委员会（特委）改为省委或新设省委，建立起与省委组织对等的省级军政机关。这一过程充分显示了中共在土地革命斗争中，将开创革命政权、继承国家传统区划规制、吸取现代国家民主治理元素诸方面有机结合进而开新、创造历史的生动画卷，表明中共既具有坚定的革命信念，还有鲜明的现代政治意识，并对传统政区体制进行了创造性的改造和继承，在土地革命根据地政权建设上留下极为珍贵的建政经验与制度遗产。当红军进行长征战略大转移，经过长征淬炼的革命精锐转进至更广阔的历史舞台时，留守各苏区的省委、特委的勇士们亦历经艰辛，显示了中共组织生命力的无比强大与

[①] 据《中国共产党组织史资料》第 2 卷相关资料整理。

忠贞。与之相比，原在国民党统治区地下工作的省委力量却几被破坏摧残殆尽，无疑更显示了农村武装道路的正确性。经过土地革命的烈火淬炼，中共根据地省级组织在迎接全面抗日的烽火中，在争取中华民族解放的伟大斗争中，发挥了新的历史作用。需要说明的是，本节所说的逻辑，是历史的逻辑，亦即对历史发展轨迹与规律的把握，是对具体历史事实、真实和真相所体现的发展理路的探讨。就本文来说，中共省制是如何从白区发展到红色区域的，如果不从具体的、个案的历史着手，就难以展现中共红色区域省制的建构过程、具体而微的真相和历史发展的整体逻辑链条是如何形成的，就难以理解和把握中共省制是经历了如何复杂、曲折的过程而发展起来的。正因如此，它的生命力才无比顽强与旺盛。

## 四 中共红色省制建构的制度价值与历史意义

通过上文对土地革命战争时期中共省制创设与运用问题的系统梳理与探讨，我们对中共红色省制建构的重大制度价值与历史性转折意义，初步形成如下体悟与历史认知。

第一，省制是在大革命失败之际，中共中央决定实施的党的地方最高层级的制度安排，是一项十分重要的制度创新。它适应了大革命失败后中共在有群众运动和民众武装力量条件较好的省份发动武装暴动的特殊斗争需要，由省委负责全省范围内暴动区域的选择、组织和领导，形成以省为具体组织体系和领导单元的全国暴动网络；在省委之下形成特委这一更为具体、目标和任务更为明确的暴动领导机构，从而在许多大革命时期工农运动有基础的省区，相继爆发了省委和特委领导的农村暴动，形成轰轰烈烈的普遍性农村武装革命高潮，由此形成了大大小小的割据区，并逐渐汇聚成大的苏区革命根据地；在根据地又新建了中共省的组织并创建了省苏维埃政府体制，为以新型工农兵为主体的国家制度的形成与发展奠定了重要的制度条件。这表明，从在白区地下工作的中共省委到根据地创建的省的党委和省苏维埃政府，中共的制度创新能力得到充分发挥和体现。

第二，中共省委制的建构，形成了强大的整合力、执行力和融合力，有力地发挥了省制所具有的制度力量，使得在发动武装暴动过程中能够充分调动省内地区间的力量进行整合，使得组织力量得到极大程度的发挥。不仅如此，省际力量的整合力亦非常强大，起义爆发后的武装力量发展到一定程度时，多在数省边界展开，这时的边界特委虽不免出现归属某某省"属地主义"领导的困惑，但无论归属哪一省领导，省委决议的执行力均会得到贯彻。从领导力来说，即使特委困惑甚至明知省委指示不尽符合实际也必须去执行，表现了省委领导的权威力量。省委对中央亦复如此，省委机关往往一再受到破坏，但这些机构在未接到撤退通知前，尽管环境险恶，均能在屡受破坏后不断地恢复与重建，坚守不曾退却。这里固然有"左"倾冒险主义严重错误的沉痛教训，但显示了中共组织的强大执行力量。正因如此，省委组织虽然并非没有错误甚至常犯错误，但在坚守革命大方向的前提下，又不断地克服自身错误，改正自身缺点，调整与革新政策，因此能将组织内的力量打成一片，组织间的整合与流通越来越顺畅。正因如此，特委、前委互为转换，特委、省委也互为转换，在这种互为转换的螺旋式上升中，革命武装力量及其根据地在险恶的环境下不仅没有被消灭，反而越战越勇，由小到大，由弱变强，由平地到山岗，又由山岗到平地，根据地越来越大，各根据地的特委乃得改为省委。历史的辩证法在这里得到充分彰显。

第三，中共一成立即以建立新的国家政权为目标，而在最初阶段，由于中共党员较少，力量有限，只在全国为数不多的现代工业大城市建立了支部，党员主要以知识分子为主。国共合作后，党员人数迅速扩大，党员中的工人和农民成分越来越多。随着北伐战争的进行，中共领导的工农运动尤其是农民运动在珠江流域、长江流域和黄淮流域之间蓬勃展开。受大革命熏陶的农民运动发展起来的群体，成为中共革命的基本力量。这个群体不在大城市甚至不在中等城市和小城市，而散布于广大的农村。中共原有的在大城市所建的支部以及后来所建的地方委员会及多为跨省的区委员会，主要沿用以往城市领导和动员的方法，尚不能深入广大乡村。而省是中国几百年以来久相沿用的最基本的行政区划，除了下辖少数城市外，其广大的辖区恰是农村。中共设立的省委制，对于普遍发动广大乡村的农民进入中共的革命体系，可谓最适宜的动员、组织与领导体制。正是通过省委发动各地的农民暴动，中共成功地实施了土地革命的战略方针，建立了以农民为主体的工农革命武装及其革命根据地，并在广大的农村革命根据地建立了省县乡苏维埃地方政权和苏维埃国家政权。应该说，中共省委制的实施，对于中国土地革命的发动与开展，具有重要的制度意义。

第四，中共省层级权力体系在推进农民暴动和建立农村革命根据地的过程中，一改近代以来省级权力体系与中央权力分离乃至对抗的关系模式，一扫民初地方军阀割据对抗中央和国民党地方实力派对抗国民政府乃至"军阀重开战"的上下失序状态，中共省级权力体系成为中共革命运动中最为重要和关键的地方最高层正式管理机制。中共省委层级凝聚、拱卫在中央核心层级之下，大大加强了中央的政治中心权威与力量，如此一层率领一层的凝聚、拱卫力量，从省委至特委至县（市）委再至区乡支部，贯通无碍，使得中央组织具有特别强大的领导力量。中共中央的方针、政策和措施，通过省委逐级下达，能够得到充分的贯彻实施，能够在极端危险和艰难困苦的环境和情况下，上下一致，同心合力，形成强大力量，克服一切困难和危险，战胜一切貌似强大的对手。中共这一强大力量的形成，从与近代中央权力虚悬弱化、地方分离力量崛起导致国家纷乱状态的对比来看，中共之所以强大和有序，相当程度上就在于中共的地方最高层级——省权力体系对中央的维护和拱卫，此乃极为重要和关键的因素之一。盖因为，中国长期的历史传统形成了以省为政区治理单元的模式，省在政治上具有承上启下的枢纽链位序，历史上的藩镇割据和清末民国的军阀势力崛起都是在这一层级上发生失序问题，直接导致国家政局的重大动荡与社会的大混乱。而中共建立的省委制对中央的凝聚和拱卫，彻底革除了历史上藩镇和近代军阀自为一体对抗中央之弊，将省与中央的位序关系在新的历史起点上回归到健康轨道。因此，当中共中央将土地革命的方针和政策通过新创制的省委实施时，尽管炮声隆隆、枪林弹雨，但已预示着中共革命在发动武装暴动和建立根据地的历史进程中，将中国的政治引入了有序运作的新轨道。

〔本文原载《中共党史研究》2020 年第 5 期。作者翁有为，河南大学历史文化学院教授〕

论点摘编

# 论史家对笔记史料价值与不足的认识及启发意义

施建雄

　　唐宋以来诸多人物撰写的笔记因其作为第一手材料越来越受到后来修史者的重视，南宋史家李焘承袭《资治通鉴》撰写了一部记载北宋一代历史的编年史巨著《续资治通鉴长编》，叙事极为详尽，注文也相当丰富，反映出撰者著述的一个特点，即有意识地拓宽史料来源，大量吸收和利用各种杂史、笔记的有关叙述并将其运用于具体的历史考证中，为挖掘笔记史料价值并正确认识其存在的不足提供了富有启发意义的案例。

　　挖掘北宋笔记涉及一些重要事件的补遗价值及其所存在的缺失是李焘正视笔记得失的一个重要方面，针对皇位继承问题的考察即太祖赵匡胤传位晋王之事的真伪之辨很具有代表性。王禹偁笔记类杂著《建隆遗事》称太祖离世前遣中使急召宰相赵普、卢多逊入宫，李焘不仅指出其时间上的矛盾之处，而且大胆推断相关说法制造者的可能身份，揭示《建隆遗事》叙述的矛盾冲突，前后不相照应的基本事实，并将另一部笔记《瓮牖闲评》相关叙述与之相较，从正反两个方面，刻画出对历史事实的寻觅真相和混淆视听两种态度的显著差异。《续长编》对太祖之死，主要依据国史《符瑞志》中的记载，然后以杨亿所撰《谈苑》之相关叙述作为补充，但值得我们关注的是文莹撰写的《湘山野录》中的叙事作为重点参照的考证路径。鉴于正史对此类敏感史事往往加以隐讳的实际，李焘大胆采用野史杂著的叙述便于从侧面揭露有关事件的真相，体现出其目光如炬和胆识有过常人之处。一些关涉宋代政治和经济大事的笔记著述也被李焘充分加以利用，《续长编》在考证枢密使任职人员时，就吸收曾任宰相的刘挚撰写的《日记》中的相关记载来厘清龙图阁直学士、朝议大夫、知延州赵卨是否除同知枢密院事的问题，同时也纠正了司马光在其笔记《涑水记闻》中称为分中书宰相的权力而设审刑院的不实判断；至于对经济上的一些重要问题的探讨，李焘对笔记材料的运用更是不胜枚举，他采纳宋敏求《东京记》中另有隶属于左藏库之景福殿库的说法，纠正了曾任宰相的王曾《笔录》中将封桩库说成左藏库的错误观点；赞同范镇《东斋记事》中关于和买制度起始的记载，对王辟之在《渑水燕谈录》中有关和买实践者的不确切说法予以驳斥等，表明各类笔记著述尽管有其可利用的史料价值，但与严谨的历史著作之间还是有很大的差距。《续长编》对北宋几个迷雾重重的敏感事件进行的系统考察和梳理，既说明一位严谨的史家对一些笔记、杂著叙述的内容抱持谨慎的立场是正确的，同时也说明在严密考察基础之上对笔记资料充分加以运用是必要的。

李焘在叙述北宋一代历史时，尤其注重一些名臣撰写的笔记或杂录，因为他们是一些重大历史事件的当事人、参与者，故其叙述往往有正史记载之外的独到之处，能够纠正实录或正史中的错误认识。《续长编》叙述仁宗时期历史事件时往往利用《韩琦家传》，神宗时期利用《王安石日录》《吕惠卿家传》，哲宗时期利用《吕公著家传》《曾布日录》，司马光的《涑水记闻》《日记》《稽古录》，苏辙的《龙川别志》《栾城集》的相关叙述更是遍布《续长编》记载的不同时期。李焘于仁宗皇祐元年裁兵之事，明确指出《实录》及正史有关裁减兵员的叙述极不翔实，反观《涑水记闻》的相关内容则叙述较为完善，可见司马光撰写的笔记、杂史成为《续长编》采撰的一个重要依据；有关哲宗元祐二年正议大夫、守门下侍郎韩维为资政殿大学士、知邓州之事，李焘考正史中对其贬职原因并没有多少文字提及，《吕公著家传》叙吕大防家所藏御札以及曾肇奏议则有关键性的论述，从一个角度说明《吕公著家传》对正史可以起到重要的补充作用。王安石再任宰相，《实录》相关叙事不够翔实，李焘参照魏泰、邵伯温、吴开等人的记录，但对其所述吕惠卿制造李逢案件，借逮捕李士宁之机牵连以致撼动王安石之说提出质疑，通过对相关事件前后顺序的梳理，辨明王安石复相在前，吕惠卿介入调查李士宁与赵世居相勾结案在后，因此说吕惠卿想以此动摇神宗召回王安石的说法并不成立，同时还以司马光《涑水记闻》中的相关叙述作为旁证，彰显作者一分为二的辩证态度。针对《吕公著家传》所叙御史张舜民弹劾刘奉世，语侵太师文彦博，张舜民台职由此被免，御史中丞傅尧俞、谏议大夫梁焘、侍御史王岩叟、司谏朱光庭、王觌、御史孙升各居家待罪，帝命执政召言官至都堂云云，李焘考重要当事人王岩叟《奏稿》中所录，这些言官居家待罪是在召赴都堂宣谕之后，《吕公著家传》记载的顺序恰与之相反，明显有误；另元祐四年右谏议大夫范祖禹上疏论及刘挚，《续长编》注文称范祖禹本章如此，或为刘挚隐讳而有删削，《范祖禹家传》又从而增饰，大失范氏本意，这是针对《范祖禹家传》有关叙述提出的质疑。可见《续长编》作者虽然认识到利用名臣笔记、著述以校勘正史记载之错讹固然有其积极作用，但在具体的考证过程中也注意到此类文献存在诸多舛误之处，其中不乏主客观等各种因素导致的结果，以至于大家如司马光主撰的《资治通鉴》以对材料的严谨考订而著名，但其私人撰写的《涑水记闻》尽管对治宋史也有很重要的参考价值，却存在众多不实叙述的瑕疵。对北宋另一部极有代表性的笔记著作中相关叙述是非曲折的阐述，更加鲜明地反映了李焘利用笔记材料时的客观态度，这就是他如何辩证看待早年生活在王安石变法的时代大潮中，中年目睹元祐期间改革派与反对变法派之间的激烈斗争，晚年又遭遇惨烈的靖康之祸的邵伯温撰写的《邵氏闻见录》。此书共二十卷，共一百九十八条内容，是研究北宋中后期诸多政治事件的重要参考资料。针对《邵氏闻见录》卷一一的有关叙述，李焘指出司马光以元祐元年正月二十一日谒告，上疏乞罢免役，二月七日得旨依奏，直到五月十二日才再次入对，也就是说正月下旬之后直至五月中旬之前，司马光居家休息，邵伯温却称蔡京在二月入政事堂拜谒司马光的说法明显有误。至于哲宗崩后，范镇会葬永裕陵下，蔡京对其称皇上将起用他，以及绍圣初，章惇、蔡卞欲斥范镇为元祐党加以追贬，蔡京予以维护，李焘认为这些都不符合事实，需要详细考察后再下结论。宋徽宗即位之后，邵伯温上书累数千言，为高后呼吁恢复名誉，并著《辨诬》一书，尽管此书对研究宋代历史尤其是变法历史以及反对王安石变法一派人物有着重要的参考价值，但因为邵伯温心存党争之见，所以书中纪事不实乃至偏颇之处所在多是，故李焘认为在引用《邵氏闻见录》相关叙述时需仔细加以辨析。

通过对北宋几个重要事件相关笔记有关叙述的补遗价值及缺失的辨析，并对一些名臣笔记的史料价值及值得关注问题的探讨，再加上对其中代表性著作所反映出的笔记史料的是非曲直的重点剖析，可以发现，李焘在进行历史研究时对笔记史料的价值和不足的认识是非常深刻的，对其的利用也是把握一定分寸的。毕竟笔记小说作为历史当事人的亲手记录，虽然具备第一手资料的优势，但也因为当局者迷，记录时或因政治立场的影响，或因观察视角的局囿，或因认识能力的不足，或由于传播途径的限制等，造成相关叙述存在诸多缺失的不可避免，因此史家将审慎的研究态度与历史考证技巧加以结合，对有关历史叙述作一番查疑考证的工作就非常必要。如何辩证看待笔记史料的价值以及采取适当的措施对其加以合理利用在学术研究中有其不可忽视的关键性作用，李焘在其历史撰述中的考证实践可视作典范，也为后人进行历史研究时对笔记史料给予正确的运用提供了重要的启示。

〔本文摘自《淮阴师范学院学报》2020年第5期。作者施建雄，陕西师范大学历史文化学院教授〕

# 史学视角下传统文化的现代元素

刘永祥　陈其泰

中国现代史学的建构，表现出强烈的批判传统意识，最初甚至喊出"中国无史"的口号。然而，若因此得出中国史学失去自我、新旧史学之间毫无关联等"断层论"、"移植论"或"摒弃论"，则既不符合历史事实，也有违史学发展的基本规律。事实是，中国现代史学发展的主流绝非一脚踢开传统，对外来东西生硬搬用或简单移植，而是充分发掘、弘扬传统史学中所孕育的现代元素，使其与外来文化完成对接和融合，并在这一过程中得到升华。其全部内涵无疑是很丰富的，本文仅就几个核心点加以阐释。

## 一　公羊历史哲学：进化史观传播的思想基础

促成中国史学实现第一次现代化跨越的是进化史观，它在此后相当长时期内占据主流。进化论这种西方舶来品之所以能被中国知识界顺利诚服地接受，并迅速在"新史学"中结出硕果，是由于鸦片战争前后和戊戌时期有中国本土的朴素进化观点在流行——它就是顾颉刚先生所特别提出的今文派，即公羊历史观。

嘉道年间和戊戌时期的进步人士都喜谈公羊，借助历史变易的观点论证当下社会变革的必要性，从而对旧有的史观产生了猛烈冲击。从历史哲学讲，它是由传统史学向现代史学转变的一个极其重要的中间环节，当时没有更先进的观点，只能以此推演新说。龚自珍、魏源批判专制，在史学领域倡导新风气，都跟发挥公羊学说相联系。戊戌时期公羊学风靡于世，张之洞在其《学术》诗自注中写道："二十年来，都下经学讲《公羊》。"从学术上说，当时许多具有进步倾向的人物，都共同经历了由宗仰公羊学到接受进化论的道路。在他们的相关论述中，可以十分清晰地看到两者的糅合。康有为对公羊学三世说进行了创造性改造，使其具有新的时代内涵："据乱则内其国，君主专制世也；升平则立宪法，定君民之权之世也；太平则民主，平等大同之世也。"他和唐才常、谭嗣同、梁启超、夏曾佑等，都曾尝试将两种学说融合起来分析中国历史和现实。

从清末新型知识分子的角度来说，他们建构新史学自然包含鲜明的政治目的，但以公羊历史哲学嫁接西方历史进化论不应被单纯地看作政治宣传策略，而是东西方学术思想碰撞融合的自然产物，是梁启超所谓"过渡时代"必然出现的特征。这一带有普遍性的历史现象足以证明：中国传统史学中孕育的进步成分，确是向现代史学的方向走的。

## 二　民本思想：史学致用功能现代化的重要媒介

近代以来，史学的致用传统再度被激活，对内扭转了自身的考证风气，实现从"考史"向"著史"的转变；对外则发起对经学的冲击，实现从"通经致用"向"通史致用"的转变。鸦片战争以后中国史学领域所发生的一切新变化，都源自其致用属性，这本身就说明中国史学走向现代的动力并非单纯来自西学。

梁启超等人之所以选择把史学作为学术现代化的突破口，最重要的原因正是传统史学具有相当突出的政治属性，恰好可以为传播新的文明理念而服务。史学由服务于君主转为服务于国民，由服务于传统王朝转为服务于近代国家，同时承载了政治民主和民族主义内外双重使命，塑造出"君史—民史""王朝史—国史"二元对立的叙述模式。

"君史—民史"对立叙述模式的形成，显然离不开传统民本思想的滋养。在史书中贯穿批判专制这一点上，从龚自珍到魏源，再到黄遵宪、梁启超等，有着相当清晰的演进脉络，他们都承继明末清初黄宗羲、顾炎武等人对专制主义的批判。戊戌以后史家对"君史"展开猛烈批判，实际都是为批判君主专制这一政治目标而服务。

新史学家批判君主专制的背后还隐含着用现代国家取代传统王朝的宏大追求，所以"民史"在第二层内涵上约略等同于"国史""民族史""文明史""社会史"。所谓民本，因为西方文明这一新参照系的出现而具有了"对外"的新含义，对内激烈批判君主专制的最终目标，乃在于通过重塑新民而建构国家意识，最终进入新的世界文明体系。而借助史学来强化民族认同，同样有传统的思想元素在发挥作用，即浙东学派所创史学存废与民族兴亡息息相关的观念。

## 三　考而后信：传统考史方法中科学因素的发扬

新历史考证学在"五四"前后走向兴盛，确是西方现代史学传入的直接结果，但从中国史学演进的内在路径考察，也与历久弥新的考证传统一脉相承。晚清史学虽在社会剧变下呈现经世趋向，崇尚致用和著史，但并不意味着考史传统中断。即便是"新史学"对传统史学展开猛烈批判期间，梁启超仍对清儒的治学态度表示高度赞赏，并将其研究方法总结为实事求是、追根溯源、继长增高、广参互证、善用比较，认为"凡此诸端，皆近世各种科学所以成立之由"。

"五四"以后的新历史考证学家同样对乾嘉学术赞赏有加，明确追溯其为现代历史考证的源头，尤其关注钱大昕的学术成就和治学方法。王国维称誉钱大昕是清朝三百年学术的三位"开创者"之一，陈寅恪同样推崇钱大昕是清代考证学的杰出代表，陈垣更推尊钱氏是"清代考证家第一人"，明言自己学术的基础是效法钱氏的严密考证。他们继承、发挥了钱氏丰富的考证成果和精良的治学方法，并结合新的史料开拓新的课题，取得卓越成就。

新历史考证学之所以超越了传统历史考证学，自然得益于对西方现代史学理论和方法的引入，但这一过程不是简单的以西代中，而是寻求中西史学的融通。"五四"以后，中国史学已经"由破坏的进步进展到建设的进步"，史家对传统史学不再持过激的批判态度，转而探求其中符合现代科学精神的内容。乾嘉史学所蕴含的实事求是、无征不信、广参互证，以及为学术而学术的求真精神等，无疑都符合新历史考证学家把史学建设为现代科学的要求。

除了科学方法之外，新历史考证学之所以"新"的另一重要标志，是摆脱了传统经学的束缚，将"六经皆史"发展为"六经皆史料"。在这一点上，他们同样在传统历史考证学中挖掘出可以与西学相对接的思想资源。最典型的例证，当属顾颉刚等古史辨派对崔述学术方向的承继。

## 四 新综合体：史书体裁的传承与创新

中国史学在史书体裁方面有一项独特的自我更新传统，不仅善于创造新式体裁，而且擅长革新已有体裁，以满足新的时代要求。这一优良传统在中国史学现代化过程中，同样发挥了重要作用，早期表现为改造典志体以传播新的世界史地知识，后期则表现为创新纪事本末体以对接西方章节体。

纪事本末体的优点，在于以事为主，又可灵活变化，能够充分彰显历史发展的阶段性。它符合以进化史观为理论主导的现代史学要求，因而受到新史学家的青睐，成为与西方章节体进行融合的基础。梁启超明言："纪事本末体，于吾侪之理想的新史最为相近。"这段话颇能折射出两大史体之间的对接关系。在时人眼中，西方章节体实等同于中国纪事本末体。正如王舟瑶所说："今之西史，大都纪事本末体。"至20世纪三四十年代，史家仍有持此种观点者。这些都能证明：章节体既是在外国影响下出现，同时也是对本国原有形式中有生命力部分的发展。

　　清末以来出现的很多章节体史书，其实在体裁上并不是单一的，往往带有浓厚的民族特色和风格。恰当的归纳应该是：以纪事本末体为接受中介，又把诸多传统体裁的精华吸纳其中，开启了章节体中国化的行程。这也是中国史学自 17 世纪出现探索新综合体趋势以来的新突破。晚清《海国图志》《元史新编》等，都做过大胆尝试，在传统体裁之间进行整合。至 20 世纪，新综合体的创造和发展蔚为大观，尤其在中国通史编纂中占据重要地位。除寓传统体裁的精华于章节体之中外，主要遵循两大路径：一是，仍纪传之体而参本末之法，以章太炎、梁启超、金毓黻为代表；二是，纪事本末体与典志体的大胆糅合，以卫聚贤、吕思勉为代表。

　　〔本文摘自《史学理论研究》2021 年第 1 期。作者刘永祥，中国海洋大学马克思主义学院副教授；陈其泰，北京师范大学历史学院教授〕

# 中国古代史学概念的界定、意蕴及其与史学话语的建构

刘开军

中国古代史学经历两千多年的发展，在自我表达方面形成了大量的概念。这是史学话语体系成熟的一个重要标志。因为有了概念，才有了以简驭繁、表达抽象认识与理论思考的学术工具、话语符号。而缺乏概念，则意味着学术表达的苍白与涣散，也就没有成熟的学术话语可言。

## 一 概念界定的四种方式

我们首先关心的是，这些概念最初是怎样被界说的，它们以何种形态存在于古代史学话语体系中。

第一，直接给概念下定义。以简要的文字解释一个词语或概念，在先秦诸子中已有表现。《韩非子·显学》云："无参验而必之者，愚也；弗能必而据之者，诬也。"先秦诸子这种解释词语或概念的做法及其认识深刻影响了后世史家，如司马迁、刘知幾等。唯有经过长期的学术积累，对概念有独到的思索，有出色的文辞陶熔才华，方能做出如此简要的定义。直接定义在概念界说上具有明显的优点，即理论性较强，内涵明确，边界清晰，在传播和接受中一般不会被曲解和误解，即不会在概念的提出者与接受者之间出现太大偏差。

第二，指出概念的关键特征。古代史家还会选择提炼概念关键特征的方法，传递他们的相关思考。"撰述"与"记注"是章学诚提出的一对重要概念。但章学诚不曾径直给出二者的定义，而是耐心地解释："撰述"对应"圆而神""知来""拟神""例不拘常"；"记注"对应"方以智""藏往""似智""体有一定"。通过这些特征的限定，明确了"撰述"与"记注"的内涵及区别。可见，准确提炼概念的特征，也就抓住了它的内核。

第三，举例证传递对概念的理解。举例说明是中国古代史学的一个优良传统。孔子的"董狐，古之良史也，书法不隐"已开此先河。孔子这一句话提出了两个重要概念："良史"和"书法"。但孔子没有做多少说明，他把对"良史"和"书法"的理解都浓缩到董狐一人和"赵盾弑其君"一例上。通俗来说，什么是"良史"，董狐就是良史；什么是"书法"，"赵盾弑其君"就是书法。孔子这种诉诸例证、心照不宣的方法，称得上事半功倍，使复杂的问题变得简明清晰。运用这种方法界定的概念在古代史学概念史上数量不少。

第四，打比方表达对概念的认识。有些概念不易讲清楚，但又必须做些交代。这时候，打比方这种质朴的方式就显示出它特有的诠释优势。长于抽象思维的章学诚，也是打比方的高手。"独断之学"和"考索之功"不是一目了然的概念，但"旨酒"与"糟粕"、"嘉禾"与"粪土"之喻，却使它们变得不那么难于理解了。打比方固然缺乏理论色彩，但不能据此视之为缺陷。因为直接定义也好，比喻也罢，只要能够界定概念，并使他人理解和接受，就可算是行之有效。

概念的上述四种界说方式，并非对立关系，而是相互渗透、相辅相成的。概念界定者或在提炼特征后举例说明；或在定义后又举例；又或者先打比方，再罗举事例。可以说，中国古代史家并非不擅长对概念的辨析与阐释，相反，他们在实践中创造并界定了丰富的概念。

## 二 概念背后的意蕴

初步讨论古代史学概念史，会形成这样一种认识：古代史家非常重视概念的审慎与准确，在"属辞"上用心良苦。至清代，"商榷"一词沿用既久，近乎史学常识，但王鸣盛使用这个概念时，仍用心考辨一番，方将书名定为《十七史商榷》。王鸣盛对概念如此慎重，提醒人们注意：任何一个概念都不是随便提出和随意使用的，而是寓含着一定的学术意蕴。如果这个说法成立的话，那么揭示概念背后的学术指向对于理解古代史学话语的重要性，也就不言而喻了。事实也的确如此，实录、直书、信史、纠谬等体现的是史学求真意识的觉醒；良史、史德透露出史家对品德的追求；尚简、用晦表达了史家叙事的审美；法戒、名教、史权折射出史学的教化功能；通史、断代反映了史家视野与编纂旨趣的差异。

概念的出现与运用又离不开具体的时代背景、立场与语境。"谤书"概念的萌芽与出现即是这样一个有力的证明。永平十七年（74），汉明帝命小黄门赵宣传问班固、贾逵等人《史记·秦始皇本纪》末所引贾谊《过秦论》对秦亡的评论"宁有非耶？"班固直言贾谊和司马迁所论"非是"。班固很快被明帝召入宫中，围绕这个问题做深入的问对。汉明帝与班固从秦亡论断的是非说到司马迁作史的政治倾向，重点在于批判司马迁对汉朝的"微文刺讥"，这已涉及臣子是否忠于朝廷的问题。为了突出这一点，明帝还引出司马相如的"忠诚"来反衬司马迁的"贬损当世"。这次宫中问对已含有后世"谤书"思想的萌芽。至东汉末年，遂有王允的"谤书"之说。王允担心蔡邕撰写汉史，对"吾党"有所"讪议"。为了证明自己的隐忧并非多余，王允引司马迁作《史记》为证，说："昔武帝不杀司马迁，使作谤书，流于后世。"可见，王允提出"谤书"这个概念，带有很明显的政治色彩和顾忌个人身后名的意图。

概念往往传递出史家的诉求与关切，还寓含特定的学术价值。司马迁提出："学者载籍极博，犹考信于六艺。"这标志着"考信"二字被确立为一种学术信条。降至清代乾嘉时期，乃有崔述作《考信录》。"考信"背后蕴含着古人对历史研究次序的理解：只有经过严密考订的，才是可信的！这些内蕴丰富的概念，一旦被提出并被接受、传播，也就参与到了史学话语的建构之中。

## 三 概念与话语建构

按照我们对学术话语衍生次序的理解，大致可做这样的排列：一般语汇、常见词汇、关键词、术语、概念、范畴、话语。概念的形成需要思想和语汇的双重提炼。

在甲骨记事的年代，史的观念已经出现，但这时还很难谈到成熟的史学，更难留下概念，当然也就无法构建起一套史学话语。史学话语的初步构建，大致当以《春秋》与《左传》为标识，至《史记》出而无可争议。将一种认识发展、升华为一个概念，往往需要较长时期的积累和一位杰出史学家的出现。孔子就是这样一位史学家。所谓"属辞比事"，就是一个关于编年史的重要概念。《左传》中"君子"口中的"微""显""晦""婉"已初步具有了概念化的特征。司马迁提出的概念又超过了孔子和《左传》中的"君子"。随着史学的发展，概念日渐丰富。刘勰在《文心雕龙》中评价诸家后汉史和《三国志》时，运用"偏驳""疏谬""详实""文质辨洽"等概念，进一步奠定了古代史学话语体系的概念基础。

史学概念化是史学从实践层面走向理论阐释的一个重要环节。史学兴盛的时代，也往往是概念的井喷期。概念源于对史学实践的经验总结，但最终要归功于史学的理论化。《史通》一书的篇名，诸如六家、二体、载言、本纪、世家、列传、表历、书志、论赞、断限、编次、采撰、载文、浮词、叙事、品藻、直书、曲笔、烦省等，或谈体裁体例，或言作史原则与技巧，都可以看作是历史编纂学方面的概念。经过刘知幾的这番努力，古代史学概念的家族越发庞大。《史通》在概念的提出与阐释方面一度达到了后人在一段时期内难以为继的高度。

　　两宋史家中，在概念方面具有刘知幾那种创造力的，并不多见。高似孙在这方面的贡献倒是值得一提。高氏的《史略》卷四有"史典""史表""史略""史钞""史评""史赞""史草""史例""史目""通史"诸目，高似孙拟的题目，又何尝不是他提出的概念呢！明清时期，史学家既沿用旧概念，也偶有补充与创新。这一时期，真正在概念上有开创之功的是章学诚。"史德""史意""圆神""方智""通史家风"等概念，蕴含着章学诚独到的史学理论。除了章学诚，还有一人需要提出，他就是浦起龙。浦起龙的重要贡献，是他对固有概念做了必要的疏通。

　　大致从隋唐时期开始，史学概念史进入了新阶段，表现为若干相关联的单一概念构成概念群，在史学话语体系中获得了更强大的表现力。直书、公心与秽史、曲笔、回护形成一个关于史家叙事原则的概念群；沉潜、考索之功与高明、独断之学构成一个关于史家类型与学问门类的概念群；正史、国史、野史、家史、方志构成一个关于史书类别的概念群；简要、冗繁、驰骋、浮词等构成了有关史家文辞的概念群。在这些概念群中，概念与概念之间相互参照，彼此关联，它们的解释力和表达效果都远远超过了单一概念意蕴的局限性和有限性，在古代史学话语中具有不可替代性。

　　综上，概念是构成一套学术话语的核心要素。随着概念的提出、传布、接受、衍化，话语也变得更加丰富与多样。大凡一个重要概念又往往牵连着时代学风和史学事件，从来不是一个孤立的存在。厘清史学概念史上新旧概念的缘起与流变，无异于对古代史学话语变迁进行了一次深度梳理。在这样回环往复的厘清与辨析中，古代史学话语体系也逐渐显现出它清晰的轮廓。

　　〔本文摘自《江海学刊》2020 年第 5 期。作者刘开军，四川师范大学历史文化与旅游学院教授〕

# 量化历史研究的步骤和作为新史学的价值

林　展　陈志武

当代新史学的发展，引发了"史料之革命"，扩展了史料的范围，形成了多元的史料体系，进而也引发了历史资料的"大爆炸"。这一发展的最近表现是历史数据库的大量出现。量化历史在如何利用大规模数据库方面，已经形成了较为完善的分析方法。本文希望在量化历史研究步骤及探究其对历史研究的价值这两方面提出一些初步的想法。

## 一　量化历史的含义及与新史学的关系

量化历史研究是交叉学科，是用社会科学理论和量化分析方法来研究历史，其目的是发现历史规律，即人类行为和人类社会的规律。在量化历史研究中，称这些规律为因果关系。理解量化历史研究的含义，一般需要结合三个角度，即社会科学理论、量化分析方法、历史学。第一个角度是其广泛借鉴社会科学的理论。理论对于历史研究的价值，在于为分析、理解历史提供了一个基准和框架。第二个角度是量化分析方法，包括统计学、计量经济学、人工智能等领域的方法。目前在社会科学中，实证研究正在从统计推断向因果推断转变，这种转变被称为"可信性革命"。这场革命的核心是基于随机试验的思想来获得因果关系，即规律性认识。第三个角度是其与历史学的关系，两者的关系体现在量化方法不是要取代传统历史研究方法，而是对后者的一种补充。量化史学同样注重对历史文献的考证、确认，这一点没有区别。

量化历史是新史学的重要组成部分，尽管新史学有不同的含义，但一般都强调尽可能结合人文社会科学的知识和方法来研究历史。随着人文社会科学研究方法的量化程度大大提高，量化分析已经能够在社会科学研究中唱主角，在人文学科中的影响也越来越大。

## 二 量化历史的研究步骤

典型的量化历史研究大致分为五个步骤，分别是：提出问题和假说；寻找史料和数据；对数据进行量化分析，寻找因果关系；对发现的因果关系进行解释和寻找作用机制；论文写作。在此，我们以围绕《新教伦理与资本主义精神》展开的量化历史研究为例，讨论量化历史研究的主要步骤。

在《新教伦理与资本主义精神》一书中，韦伯指出，新教伦理越强的地方，经济可能越繁荣，这被认为是关于文化与经济发展最重要的论断，为表述方便，我们暂时称之为"韦伯假说"。韦伯假说隐含了新教伦理可能影响经济发展的途径：一是新教徒工作更为努力；二是新教徒储蓄更多，进而投资更多，从而提高了长期的生产率。上述两种途径使得新教伦理推动了资本主义发展。

但这只是解释资本主义经济发展的观点之一。对于这一观点，是否应该接受？如何来检验？如果基于史料，正如韦伯所发现的，新教徒数量越多的地方，经济发展越好，如此就能断定新教伦理推动了资本主义发展吗？对上述问题的回答，构成了一项典型的量化历史研究。

这一研究由两位经济学家贝克尔（Becker）和沃斯曼（Woessmann）完成。他们发现新教徒占比越高的地区，经济发展确实越好。但是，当他们将各地平均识字率的差别和新教徒占比的差别放到一起时，发现后者的影响消失了。他们认为，新教之所以推动了经济增长，主要是由于马丁·路德呼吁所有人自己去阅读《圣经》并直接跟上帝对话，从而（意料之外地）提高了读写能力，推动了人力资本的提升。因此，是人力资本，而不是新教的思想伦理，推动了经济的增长。

下面结合贝克尔和沃斯曼的研究与其他的量化历史研究，对量化历史研究的步骤进行详细说明。

### （一）提出问题与假说

量化历史研究的第一步是提出问题和假说。在韦伯假说中，研究的问题是新教伦理是否导致了资本主义的增长。相对于研究问题，假说则更进一步，认为新教伦理导致了资本主义增长。假说是对人类行为和社会规律的一个猜测（猜想）。这个猜测是对关心的变量关系的一个明确表述。由于是假说，其可能会被数据所证伪。上面的假说，基本上都涉及两个变量，比如韦伯假说中，涉及新教伦理和资本主义经济发展。在量化历史研究中，把希望解释的对象叫做被解释变量，把用来解释的对象叫做解释变量。韦伯假说中的被解释变量是资本主义经济发展，解释变量是新教伦理。影响资本主义发展的因素很多，这些因素和新教伦理共同影响了资本主义发展，为了发现新教伦理这一单一因素的作用，需要把其他影响因素的效果也揭示出来，排除出去。这些其他的影响因素，一般称之为控制变量。假说被提出之后，研究的路线图也就形成了。一个假说需要证明解释变量如何影响被解释变量，因此首先需要对被解释变量和解释变量进行度量，然后通过量化方法寻求两者之间的关系，以及对这种关系进行解释。需要指出的是，量化历史在研究开始就提出问题和假说，但不是预设结论，而是猜测，这个猜测可能被史料证实，也可能被证伪。

### （二）理解史料与数据

提出问题和假说之后，需要寻找史料来建立数据库，即找到被解释变量、解释变量、控制变量等度量指标和数据。在拿到相关的史料和数据之后，量化方法并非像很多批评所说的那样，对数据和史料拿来就用，而是先从不同的维度对它们的质量进行检验。在历史研究中，拿到的史料往往是关心的研究对象的一部分，只能够基于拿到的史料去开展研究。尽管随着历史大数据时代的到来，有时候可以拿到关于研究对象的全部史料，但这样的情况还比较少见。基于研究对象的部分信息对研究对象的特征进行分析，是统计学研究的核心之一。这里就涉及总体、样本和随机抽样的概念。由于研究者拿到的史料通常是样本，但希望了解的是总体，如何由样本推断总体就成为历史研究的挑战。这种挑战在定性和定量研究中都存在，尽管定性研究中不用这套术语，但不代表这个挑战不存在。定量研究的好处在于，可以明确展示这种挑战，同时利用已有的量化方法克服这种挑战。

### （三）相关分析和因果分析

在提出问题和收集数据之后，第三步是量化分析。量化分析方法主要有三类。第一是对数据进行描述统计，主要包括数据的来源、处理过程，观察值也即样本量的多少，每个变量的统计特征，比如平均值、方差等。描述统计主要针对单个变量进行分析。第二是相关性分析，主要分析方法包括画散点图、画地图、计算相关系数等。这一方法主要用于分析两个变量之间的关系。第三是因果关系分析，通常使用多元回归分析的方法，重点是处理内生性问题和发现作用机制。提出假说实际上是提出一个相关关系，也就是两个变量的数值之间的变动关系。相关关系分为三种，分别指正相关、负相关和不相关。因果关系的基本含义是改变一个变量的值，就可以使另一个变量的值改变。相关关系不等于因果关系，相关关系中可能隐含有因果关系，也可能没有，一般需要进一步证明。学界早已注意到，在定性研究中，本身就隐含了众多的因果推断。导致相关关系不等于因果关系的问题，一般也称为内生性问题。造成内生性问题的主要原因，一种是遗漏变量，一种是反向因果。

### （四）作用机制分析

通过上面步骤建立因果关系后，还需要知道这种因果关系为什么会发生，也就是探明解释变量是如何影响被解释变量的，即作用机制是什么。在对"韦伯假说"的论证中，贝克尔和沃斯曼发现新教徒数量越多的地方，经济增长越快，起作用的机制是新教徒的识字率更高，而不是新教伦理。机制研究是量化分析的核心组成部分，其价值在于揭示发现的因果关系是如何起作用的，其原理在哪里，也是对因果关系的进一步支撑。

## 三 量化历史作为新史学的价值

量化历史是新史学的重要组成部分，量化方法对历史学的价值主要体现在如下三个方面。一是应对历史大数据的挑战，帮助分析复杂的历史。历史大数据出现之后，使用定性方法显然难以将这么多的数据做一个整体分析，从中得出经验性的认识，但量化分析方法可以较好地应对这种挑战。二是识别历史的长期影响，形成贯通性认识。历史的长期影响是人们关心历史的重要原因。今天很多重要的社会结构性特征，都与历史有关，比如儒家文化对今天的中国人的影响。那如何识别出历史的影响呢？实际上，在量化历史研究中，有很多这方面的研究，一般被称之为"遗产"（legacy）研究。三是推动历史学与社会科学的交流与对话。量化历史直接从问题和假说出发开始研究，这些问题和假说也受到不同社会科学的关注。如果假说得到证实，历史提供的实验室能够使得理论被接受的可能性和可靠性得到增强，基于中国历史的例子也可以很好地融入社会科学理论之中。如果假说和理论被证伪，则会更好地推动理论的修改，形成重要的理论创新。

随着历史大数据时代的到来，如何高效率地处理大规模史料并从中获得规律性认识，是当代历史学面临的新挑战。量化方法经过数十年的发展完善，已经在应对大规模数据库、发现因果关系方面走在了前面。将量化分析方法和历史大数据结合起来，是新史学的重要内容，也是一种必然趋势。

〔本文摘自《史学理论研究》2021年第1期。作者林展，中国人民大学清史研究所讲师；陈志武，香港大学经济管理学院与亚洲环球研究所教授〕

# 探索华夏民族与中华文明的远古根系

高　星

中国境内的远古人类怎样演变成今天的华夏民族？洪荒时代的古文化如何发展为现今的中华文明？深埋于地下的历史与当今社会又有怎样的关联？本文尝试将中华民族及其文明的根基溯源至旧石器时代，用考古材料勾连起先民生存繁衍的些许篇章，将对华夏根系的研讨引向深入。

## 一　中华大地人类肇始

中国是人类的起源地吗？中国乃至亚洲的早期人类来自哪里？这是学术界长期关注的热点。20 世纪初，西方学者认为人类起源于包括青藏高原和新疆、内蒙古在内的中亚地区。在爪哇和周口店发现的直立人遗存强化了东南亚、中国是人类发祥地或起源地之一的认知。20 世纪 50 年代末，随着东非一系列更古老人类化石的发现，学术界将探寻人类起源证据的注意力转移到非洲，中国乃至亚洲作为人类起源地的理念逐渐被淡化。相关证据的缺失使中国乃至亚洲不再被看作人类的起源地。

不再被认作人类的起源地，是否意味着中国乃至亚洲对人类演化的进程不再重要？恰恰相反，中国一直是学界关注的早期人类演化中心之一，是非洲之外人类化石和文化遗存最古老、最丰富的地区。约 200 万年前中国乃至亚洲有古老人类生存的事实越来越得到学术界的认可。这些人类遗存被认为是非洲人类最早向外扩散的结果，即他们都来自非洲。一般认为他们是直立人，少数学者认为在能人阶段可能就开始了走出非洲的征程。这些早期人类到达东方后，开始了漫长的适应生存。直立人这个种群是在中国、东南亚地区发展壮大的，其过程构成具有区域体质特征、文化特点和行为方式特点的重要演化阶段。

## 二　东方古人类生生不息

对中国乃至东亚人类百万年连续演化的认识，经历了长期、曲折的寻找证据和论证的过程。周口店北京猿人遗存的发现是东亚人类百万年连续演化研究的发端。20世纪50年代，在四川资阳、山西丁村、湖北长阳、广西柳江、广东马坝等遗址或地区相继发现时代介于北京猿人与现代人之间的人类化石，填补了直立人和现代中国人之间的证据缺环。吴汝康等据此进一步论证了中国地区古人类演化的连续性。20世纪六七十年代，在云南元谋、贵州桐梓、湖北建始、陕西蓝田等地发现更多早期人类化石。1998年，吴新智在现代人起源"多地区进化说"的基础上，提出"连续进化附带杂交"假说，认为东亚自直立人以来人类连续演化，不存在整体上的中断，未发生过外来人群对本土人群的整体替代。

近20年来，中国在相关学术领域取得重大进展，在湖北郧西黄龙洞、广西崇左智人洞、贵州盘县大洞、河南许昌灵井、安徽东至华龙洞等多处遗址发现人类化石。在新科技条件下，对以前发现的遗址和人类化石开展了新研究，揭示出距今30万~10万年间中国地区人类演化的连续性和复杂过程。而在湖南道县福岩洞和湖北郧西黄龙洞等遗址发现的一些距今12万~5万年的人类牙齿，则具有完全现代人的形态特征。约4万~3万年前的周口店田园洞人与山顶洞人更是尽显现代人特征。这些都表明中国境内古老型人类向现代人演化是一个连续的、无缝衔接的过程。

## 三　华夏旧石器时代薪火相传

中国的旧石器时代文化可追溯到距今200万年前后。中国旧石器时代文化有很多异于西方的特征，表明东方的古人群与西方有异，同时东西方之间又有一定的文化相似性，从中可以提取到人群迁徙与文化交流的证据。现有资料表明，中国乃至东亚旧石器时代在很长时间内保持一脉相承并有别于西方的文化特征，主要表现在如下方面：（1）就地取材，机动灵活；（2）制作简朴，加工随意；（3）器类有限，变异性大；（4）南北分异，多样性强；（5）发展缓慢，格局稳定；（6）"西方元素"寥若晨星；（7）不存在演化空白期。

由此可见，中国乃至东亚旧石器时代文化有很多异于西方的特征，主体文化绵延不断、缓慢发展，表明这里的古人群连续演化、薪火相传，形成了稳定的文化传统。间或有外来人群及文化带来新元素，但很快被主体人群与文化吸收、同化，未发生过人群与文化的置换或替代。

## 四　交流与融合铸成现代族群

　　主张中国本土人类连续演化，并非排除外来人群迁徙、混血和融合的可能性。交流与融合铸就了当代族群，中华民族亦是如此。在新石器时代，中国南北方人群格局已经形成，南北方人群不断交融，构筑了华夏族群的遗传基础。这一过程早在旧石器时代即已开始。对北京田园洞4万年前人骨的 DNA 分析表明，该个体是古老型东亚人，其基因在东亚蒙古人种和美洲印第安人中仍被携带和流传，但该个体并非现代东亚人的直接祖先，其后还经历了复杂的混血和演化过程。

　　文化证据也显示，至少在局部地区发生过不同人群与文化的交流、互动。新疆通天洞遗址和内蒙古金斯太遗址下部层位出土的勒瓦娄哇产品，更接近欧洲、西亚、中亚、西伯利亚旧石器时代中期的莫斯特技术体系，这一体系常与尼人化石共生。宁夏水洞沟遗址群也发现了相似案例。

　　具有西方旧石器时代中晚期文化特点的遗存，在中国分布的时空范围有限，发现于靠近中亚与东北亚边陲地带的少数遗址，未能成为文化的主流。我们认为，一个重要原因是新来人群在华北遭遇本土人群阻挡，后者人数更多、更强势、更适应本土的生态环境，占据了资源优裕的生态位，使前者只能止步、退却或者被同化吸收。不同人群迁徙互动、竞争互鉴，这应该是旧石器时代中华大地人群繁衍、生存、融合、发展的主旋律，中华民族及其文明多元一体的远古根基就这样孕育、伸展并在后世变得根深叶茂。

## 五　中华民族及其文明形成的机理

　　中国地处东亚中心，幅员辽阔，生态多样。生活在这样的广袤地理空间中的先民可以充分利用环境便利，获取各类动植物食材和生活资源，并在气候波动时做南北间和高程上的迁徙移动，趋利避害，维持生存。中国地理位置相对独立，地貌、地理环境对中华民族及其文化特点的形成产生了重要影响。

　　中国、东亚古人群能连续演化，文化不断发展，还有内在原因，即特定的生存之道。笔者曾用"综合行为模式"表述中国乃至东亚古人类赖以生存发展的适应生存方式，今日细思，可表述为"旧石器时代东方行为模式"。其涵盖的主要内容有：（1）因地制宜，因陋就简；（2）低限开发资源，与环境和谐发展；（3）不断迁徙，趋利避害；（4）机动灵活，简便务实；（5）开放包容，兼收并蓄；（6）进取创新，发展增益。"旧石器时代东方行为模式"

不一定适合所有时期和所有东方人群，但它在一定程度上揭示了东方古人有别于西方人群的认知模式、技术特点、行为方式和生存方略。

中华文明源远流长，有深厚、复杂的历史根基和久远、强大的文化基因。中华民族屹立于世界东方，中华文明五千年连续发展而不断裂，其根系可以追溯到旧石器时代。古人类在华夏大地已有200多万年的演化历史，从直立人一路走来，生生不息，绵延不绝；东方旧石器时代文化特色鲜明，丰富多彩，兼收并蓄，一脉相传，使中华民族及其文明根基深植大地，吸收了东方水土的滋养并孕育了文化的基因。

〔本文摘自《历史研究》2021年第1期。作者高星，中国科学院古脊椎动物与古人类研究所研究员〕

# 试论东周卿大夫士爵之演生

阎步克

## 一 层级、席次与爵级

中国传统爵制滥觞于周代。周代发展出了两套爵列：公侯伯子男爵，公卿大夫士爵。本文将对"卿—大夫—士"爵列继续探讨，首先是探讨它们在西周之"无"，进而推测其如何"从无到有"。在此，本文将在原理层面提出"层级化"和"席位爵"两个概念。

通观周秦汉，对爵制的成立，本文提示如下观察之点：

1. 若干尊号组成为高下序列。
2. 各个尊号对应着不同权益礼遇。
3. 尊号的予夺升降存在规则、程序。
4. 这套尊号名之为"爵"。

爵列的演生是个漫长的历程。这里暂且把西周称为"前行政化时代"，把春秋称为"准行政化时代"，把战国变法以后认作"官僚行政时代"，那么具备上述四点的五等爵及内爵，应是在第二个"准行政化时代"，即春秋时代，才发展完备的。

若干尊号的存在，无疑是爵列演生的基础。殷周尊号的主要来源有二，亲族之称与官职之称。官职、爵位间还会发生如下情况：职名可以变为爵名，层级可以催生爵级。那么，就可以把如下可能性纳入考虑了：

1. 职名演生阶段。
2. 层级化阶段。
3. 爵级化阶段。

层级并不必然催生爵级，层级之演化为爵级还有待于更多条件。在这时候，前文所揭爵制成立标准中的第4点"名之为爵"就显示出了必要性。本文推测，在国君举行的高规格宴飨上，大夫以上才有资格登堂安坐，执爵而饮。大夫有登堂安坐、执爵而饮的资格，则大夫有"爵"；供大夫登堂安坐、执爵而饮的坐席，就是"大夫"之爵。以此类推，卿之"爵"、士之"爵"，都与饮酒礼上的席位相关。封授之爵、饮酒之爵之间，由此显现出了内在联系。

若把标示官员秩等的爵位称为"品位爵"，那么这种由执爵而饮的席位所构成的"爵"，就不妨称为"席位爵"。这是一种原生态的"爵位"。"席位爵"本质上是一种可视化的地位，体现为特定场合中人与人的空间安排，这种安排固化为一种尊卑秩序了。"位"在推动爵制发展上，曾是一个相当能动的因素。若以"位"为中心，通过典礼上的席次、爵次来探索爵制演生，便有望开辟一条新的战线。

## 二　层级化：卿士—师尹—御事

由前揭"层级化"概念出发，可以发现春秋时的习惯等级表述"卿—大夫—士"，在西周阙如；在西周大部分时期，君臣习用的是另一套层级概念。请看：

1. 《尚书·洪范》：王省惟岁，卿士惟月，师尹惟日。
2. 叔多父盘：利于辟王、卿事、师尹。
3. 《尚书·微子》：殷罔不小大，好草窃奸宄，卿士、师师非度。
4. 矢令方尊、矢令方彝：令舍三事令，暨卿事寮、暨诸尹、暨里君、暨百工……
5. 清华简《系年》：厉王大虐于周，卿事、诸正、万民弗忍于厥心。

第1条《洪范》，"卿士—师尹"提法，跟春秋习用语"卿—大夫—士"，显系两套不同概念，呈现出了鲜明的时代差别。第2条，叔多父盘中恰好也出现了"卿事、师尹"。第3条《尚书·微子》中的"师师"，义同于"师尹"。这个"师师"恰好也列在"卿士"之下。参照前三条，则第4条中的"诸尹"，第5条中的"诸正"，也都是"众官长"之义。西周文献及金文史料中，"层级化"进程显已开启。上揭五条史料中的那些罗列，便凸显出了其时的基本层级。

西周后期，王廷执政大臣多称"卿士"，"卿士"可以用来指称同一层级的各种官员。西周"卿士""卿事"作为层级之称，已比较固定。居其之下的"师尹"层级不尽相同，指称这个层级的，还有"庶尹""诸尹""百尹""诸正""师师""师长"等语词。名称不够固定，表明其层级化程度稍逊于"卿士"。

在"师尹"层级之下，还有一个低级职官层级。春秋时这个层级通称"士"，而在西周，这个层级往往被称为"百执事"或"御事"。通观错杂的职官陈述，便能看到一个基本架构："卿士—师尹—御事"。这个架构显属层级，而非爵级。西周君臣习惯立足于"卿士—师尹—御事"架构称述职官。究其原因，就是西周并不存在"卿—大夫—士"爵制。西周已有层级，但无爵列。

## 三　席位爵：卿—大夫—士

我们打算把卿大夫士爵之起源，追溯到乡饮酒礼。爵列是一个结构。任何一个结构的演化生成，都是若干因子相互作用的结果。在职官结构与乡饮酒礼数之间，眼下已看到的制度因子，大致如下：

1.层级。2.命数。3.各种宾主。4.三等席位。5.三个称谓。

### （一）乡饮酒礼的坐席规则

乡饮坐席如何体现长幼尊卑呢？请看以下两条史料：

1.《礼记·乡饮酒义》：乡饮酒之礼，六十者坐，五十者立侍。
2.《周礼·地官·党正》：饮酒于序，以正齿位。壹命齿于乡里，再命齿于父族，三命而不齿。

第1条表明，乡饮来宾有坐有立。坐于堂上的是长者、父老，立于堂下的是幼者、子弟。进而堂上、堂下的两批人，还要继续依年齿决定居上居下。依上引第2条，本乡出身的官员还可能到场观礼，他们的席位，取决于各自的命数高低。乡饮酒礼的坐席规则，就是以此维系尊卑之序的。

### （二）卿、大夫、士称谓与乡饮坐席之关系

"卿"作为共同体首领、乡饮主人，在"飨"时拥有最高等的专席，此席可以称为"卿席"。"士"本义是成年男子。乡饮酒礼上的"士"，是有站位而无坐席的子弟之称。从词源说，"大夫"与"大人"同义。相应的，"大人"就是比"夫""士"高一等的长辈、尊者了。

在古老的乡饮酒礼上，早已存在卿、大夫、士三等身份，原初意义的"爵"或"爵位"就是这三者的不同饮酒之位。这意味着先秦曾有过两套"卿—大夫—士"爵，一套是"席位爵"，一套是"品位爵"。"席位爵"比"品位爵"早得多，甚至可以追溯到氏族时代。

### （三）"卿士—师尹—御事"与"席位爵"

作为"席位爵"的卿、大夫、士早已存在，但作为"品位爵"的卿、大夫、士，在西周尚不存在。在这种情况下，朝廷官员若来乡饮观礼，会发生什么呢？

首先，这些官员要依命数而定坐席。"命数"来自册命礼，册命礼是任官仪式。一命、再命、三命逐渐发展为一套品位。再把"卿士—师尹—御事"层级纳入考虑。三层级与三等命数间存在一定的对应关系，我以为是有可能的。

以此为基础继续推理，当官员前来观礼时，卿士的"爵位"同于"卿"（主人），师尹的"爵位"同于"大夫"（大人、父老），御事的"爵位"同于"士"（冠士）。在乡饮酒礼这个特定的空间秩序中，卿士、师尹、御事三级官员都有"爵位"，"爵位"就是卿、大夫、士。虽然这只是执爵而饮的席位之名，属于"席位爵"，但是后来王朝顺水推舟，把它们弄成"品位爵"了。

### （四）朝廷飨燕对乡饮坐席规则的袭用

乡饮酒礼的堂上堂下之别、坐立之别及"三命不齿"等原则，被王朝飨燕之礼照单全收了。在"品位爵"形成之初，其实并不是"大夫以上与宴享"，而是"与宴享者为大夫"。也就是说，朝廷上本来没有大夫、士，后因袭用了乡饮酒礼的三等席位之名，"大夫""士"概念才在飨燕之礼上出现了。

概而言之，卿士、师尹、御事层级的官员，是通过乡饮及朝廷飨燕，而分别获得了卿、大夫、士这些"席位爵"的。随后，这些"席位爵"进而发展为"品位爵"，"卿—大夫—士"既用作官员爵名，也用作层级之名，从而取代了"卿士—师尹—御事"。

## 余　论

若本文论点尚能成立，若干传统经学疑案便可获得新解。例如先秦礼书有一个很奇怪的说法："古者五十而后爵。"《白虎通义》据此而申说"士非爵"，郑玄又提出"周制爵及命士"。后代经学家的相关论说，多不得要领。如果采用本文提出的模式，这里面隐藏的很多前所未知的东西，就被照亮了。又如《周礼》一书，一直有人认为是西周作品。而依本文的假说，这个观点将被再次否定：《周礼》以"卿—大夫—士"区分职官高下，这是彻头彻尾的东周制度，西周并无其制。

〔本文摘自《北京大学学报》2021 年第 4 期，原题《层级化与席位爵——试论东周卿大夫士爵之演生》。作者阎步克，北京大学中国古代史研究中心教授〕

# 文字资料所见战国时代赵之西境

史党社

## 一 "胡服骑射"之前赵已在河西有土

学者们论及战国时代赵之西境，一般认为战国早中期其止于晋陕峡谷，直到赵武灵王"胡服骑射"后才越过黄河到达陕北和内蒙古一带。现在根据新的考古发现，特别是文字资料，可以否定这种看法。其中西都、中阳两地的所在，就是"胡服骑射"之前赵在河西拥有土地的证据。

先论西都。赵有"西都"平首尖足布，年代约在战国早中期。秦十五年上郡守寿戈、元年鄠令戈、封泥中亦见西都，但时代均较晚。

有关西都最重要的资料是桥头峁战国秦汉城址，调查者认为此即西都所在。桥头峁城址的板瓦、"西都"陶文，都可与秦联系起来。但在桥头峁古城周围，还有大量的赵系文物出土，许多遗物的年代要早于秦系文物。调查者认为，这些都是西都在归秦之前隶属于赵的证据。结合文献、钱币资料，调查者的认识应是正确的，战国秦汉间西都的位置和历史，至此已经基本清楚。

再论中阳。判断中阳的位置，有两个基本点：一是其应距离西都不远，故在秦昭王二十二年二者同时被秦攻下；二是赵惠文王曾"与秦会中阳"，中阳必在秦赵两国的边界地带。

文字材料中，赵有"中阳"平首尖足布。秦文字资料中，"中阳"见于昭王十五年上郡守寿戈、广衍戈、中阳戈、昭王三十年诏事戈、中阳矛、封泥"中阳丞印"、陶文"中阳"等。与赵相比，秦文字资料时代较晚。

榆林市考古所诸位认为神木栏杆堡遗址可能是中阳所在，这个看法是关于中阳位置最新、最有力的一种。栏杆堡所出铜器中，有很多年代较早的赵系器物，大部分应在春秋晚期至战国早中期，整体年代比上述秦系"中阳"文字资料为早，说明栏杆堡一带较早应属于赵，后来才归于秦，这与中阳在公元前316年由赵归秦的历史变故是吻合的，可作为栏杆堡一带是中阳所在的旁证。

判定栏杆堡是中阳所在的最新、最好的证据，还是此处发现的"中阳"陶文。该陶器作为可移动之物，我们不能据此说栏杆堡一定为中阳所在，但在上郡的范围之内，有可能是中阳者，唯此为最。第一，栏杆堡距离西都所在的桥头峁古城，直线距离约50公里，符合中阳、西都接近的判断。第二，窟野河发源于内蒙古鄂尔多斯东胜西毛乌素沙地中，东南经神木入黄河，《说文》所记中阳在湨水旁，如果把湨水认定为窟野河，也可完全满足其出"中阳北沙"而"南入河"的条件。第三，若把中阳放在栏杆堡所在的窟野河流域，则更加靠近赵之九原郡，更具边境县份的属性，符合上文秦昭王二十二年时作为秦赵边境地带的条件，秦、赵之君在此会晤也是适宜的。第四，栏杆堡出土有大量赵、秦、汉文物，显示了此地不可被忽视的地位，战国秦汉间，此处必是一个重要地点。这些遗物级别较高，不仅时间连续，而且与西都所在的桥头峁一带所出遗物高度相似，特别是年代偏早的赵系文物，这应是中阳由战国至于汉均为战略要地且与西都密切关系的反映。

明白了西都、中阳的情况，反过来可以重新理解文献，早年赵在河西有土，也似乎有迹可循了。

首先是定阳。《战国策·齐策五》中记有魏西围定阳之事，定阳在今陕西宜川县西北，此时秦还未得上郡，势力尚不及此，故魏所围之定阳必属于赵，定阳是魏从赵手中夺取然后归属上郡的。定阳的位置，在上郡中部偏南，这可能是赵在河西土地的最南边。

其次是《赵世家》记载，赵肃侯时"赵疵与秦战，败，秦杀疵河西，取我蔺、离石"，赵武灵王言其先王曾"取蔺、郭狼，败林人于荏"。林人即林胡，生活地在内蒙古中南部。这似可说明，赵的领土此时已经与河西有所牵涉。

最后是《战国策·赵策》《史记·赵世家》都记载了赵武灵王十九年时赵之西边形势，"西有楼烦、秦、韩之边""西有林胡、楼烦、秦、韩之边"。林胡、楼烦，生活地大约为晋北和内蒙古中南部的呼和浩特、包头和鄂尔多斯，即所谓"榆中"，南侧为秦之上郡，核心在陕北的延安、榆林地区。据此可推测赵在河西还当有土地存在。

## 二 "胡服骑射"后赵西境的变迁

"胡服骑射"之后，赵在陕北一带的土地并未完全失去。相关的地点有赵之扞关、圜阳两地，还有富昌以及属秦的广衍等地。

先看扞关、圜阳。在赵的文字资料里，有"干关"方足布，"干关"即"扞关"。范祥雍指出："扞关，本非关之专名，但地有专指，遂沿为关名，犹长城、方城之类。"

扞关的位置，按照《赵世家》的记载，可得以下基本推测：第一，扞关在赵之西境、榆中之南，靠近秦之上郡；第二，扞关是防守秦从上郡东向的重要据点。笔者鄙见，扞关最有可能的位置，还是在无定河下游的绥德一带。理由主要是，按照文字资料，此处的圁阳，战国时曾属于赵，其位置当赵土的最西，扞关应与之接近或重合。

赵有"言（圁）阳匕（货）"等小直刀，时代约当战国后期。魏有"言易（圁阳）一釿"等桥足布，时代应比赵之小直刀为早，有学者认为圁阳可能先属魏，后曾属赵。圁为水名，指的是今无定河。秦文字资料中"圁阳"作"圜阳"。

从文字资料看，圁阳曾先后归属过魏、赵、秦三国。圁阳既属赵，扞关只能在其更北、西求之。学者大都认为"圁阳"在绥德附近，此说信而可据。

在四十里铺附近的袁家砭村无定河西岸，20世纪80年代彭曦先生曾发现疑似长城遗迹。根据以上对扞关位置的判断，我们不难把此处的长城与扞关联系起来，很可能绥德一带，就是赵之扞关所在。

如果认定赵币中的"干关"（扞关）方足布年代比"言易"（圁阳、圜阳）类小直刀为早，则扞关、圁阳虽然同属于赵，并都在绥德附近，但二者可能有先后的关系。扞关后方（东侧）的蔺、离石，经历赵、秦间数次易手后，在赵惠王十八年最终属秦，推测扞关属赵，当不晚于此时。此时距离苏厉之言，只有两年的工夫，赵惠王十八年，当是"干关"方足布、"言易"小直刀的年代下限。

再看广衍、富昌。在秦器铭文中，广衍见于广衍矛、十二年上郡守寿戈、陶文、广衍戈等。其中十二年上郡守寿戈铸年最早，不过并不能说昭王十二年秦就有广衍一地。

但是，由文字资料我们还是可以知道广衍是上郡北扩的结果，而这个扩展行为，是以窟野河中游的边县中阳为基地、向上游进行的。

至于富昌，秦或许无富昌一县，但其地应属上郡。在秦之前，富昌应属赵，这方面有玺印的证据。关于富昌的位置，认为其位于纳林川的中下游，应是没有疑问的。

广衍、富昌的证据说明，赵惠王十八年之后，赵之西境已向北退缩至纳林川一线，相反秦在据有中阳、势力进展到窟野河后，又向北进发至窟野河上游广衍一带，从此，赵、秦政治版图的分界线，大约就在秦之中阳、西都、广衍，与赵之富昌（可能还有武都）之间。这个局面持续至秦王政前后，赵之九原、云中都被秦侵夺，南流黄河以西至于阴山一带，遂不复为赵境。

## 结　语

通过本文论证，我们可对赵西境的变迁稍做进一步的复原：至迟在秦有上郡的公元前

328 年之时，赵在河西的陕北还占有无定河下游的扞关和圜阳、秃尾河之旁的西都，以及窟野河流域的中阳等地。在公元前 316 年中阳、西都被秦侵夺后，扞关、圜阳应仍在赵手，并与圜阳以东、黄河东岸三川河下游的蔺、离石连成一片。公元前 306 年"胡服骑射"之后，赵的西界，偏北的部分到达河套一带，并与南侧赵旧有的扞关、圜阳相呼应。公元前 281 年前后，圜阳以东地区才最终亡于秦手，秦之势力范围也从窟野河中游扩展到上游鄂尔多斯界内的广衍，秦赵在窟野河、纳林川之间形成对峙，纳林川流域仍是赵之势力范围，属于赵九原郡的地盘，赵在此拥有富昌（可能还有武都）等县份。直至秦王政初年前后，秦夺取了赵之九原、云中等郡，从陕北、鄂尔多斯直到阴山南侧，赵之河西之地遂告全亡，其西境也退缩至河东以远了。

〔本文摘自《出土文献研究》第 19 辑，中西书局，2020。作者史党社，西北大学历史学院教授〕

# 从新出简牍看二十等爵制的起源、分层发展及其原理

杨振红

## 一　关于官爵、民爵、吏爵等概念

学者对于官爵、民爵概念的理解和界定存在很大不同。本文所使用的官爵、民爵概念，是西嶋定生所定义的概念：官爵指二十等爵第九级五大夫爵以上至第二十级彻侯，只能授予六百石以上（含）吏；民爵指第一级爵公士至第八级爵公乘，是授予六百石以下（不含）吏和普通民的爵层。

## 二　秦汉时期官民爵分界线的变化

秦汉时期官民爵的区分到底起源于何时？其间是否发生过变化？其原理又是什么呢？

张家山汉简《二年律令》中有两条材料与官民爵问题有关：

> ……能产捕群盗一人若斩二人，捼（拜）爵一级。其斩一人若爵过大夫及不当捼（拜）爵者，皆购之如律……（148）
>
> ☑及（？）爵，与死事者之爵等，各加其故爵一级，盈大夫者食之。（373）

这两条律的规定意味着大夫爵在当时是一个重要的分界级，一般情况下低级爵的人最高只能到大夫，不得逾越成为官大夫。新出版的《岳麓书院藏秦简》（伍）也发现了类似规定，即受爵者的爵级不能超过大夫。如果超过了，则不拜爵而给予赏金，一级一万钱。这些法律规定就意味着，秦统一前后至西汉初年的吕后二年，第五级大夫爵与第六级官大夫爵是一个重

要的分水岭。

我们还可以从其他方面来佐证上述观点。其一，战国末至汉初，大夫与官大夫、公大夫的地位、权益有明显区别。其二，秦"大夫"不入"君子"之列。其三，至晚在汉文帝时，五大夫是享受复除的起始爵，公乘则是服徭戍劳役的最高爵级。但新出秦简及张家山汉简表明，秦及汉初大夫爵是分界爵级，是一般徭戍等劳役征发的上限。其四，张家山汉简表明，汉初吕后二年时，大夫享受名田宅的数量与官大夫为两个层级。其五，大夫在享受传食、赏赐等待遇时，也与官大夫分属两个层级。

汉高帝五年五月诏和吕后二年的《二年律令》中，官民爵的分界尚在官大夫与大夫之间，但是到汉文帝晁错上书时已改为五大夫、公乘之间，因此，汉代官民爵分界的移动就应当发生在这期间。那么具体是哪年？又因何而改呢？

## 三　汉文帝对位秩爵体系的改革

笔者曾论证，文帝六年至十二年期间，曾在贾谊的建议下进行过一次大规模的官秩改革。从其他迹象看，文帝在贾谊建议下所进行的改革远不止官秩，还包括官民爵界限的上移。

虽然《史记·贾生列传》和《汉书·贾谊传》的记载略有不同，但可以确定的是，汉文帝在贾谊建议下确实对法令制度进行了大规模改革，并令列侯就国。只是"改正朔，易服色"、将汉当时奉行的水德改为土德等建议没有被文帝采纳。

根据《汉书·食货志》可以大致梳理出一条文帝在贾谊建议下进行改革的时间线。可以进一步确定，文帝在贾谊建议下所进行的改革当在文帝元年至十一年之间。

文帝在贾谊建议下建立顾成庙，意为汉文帝为天下太宗，治天下，期待汉王朝的统治可以永远延续下去，"长无极"。文帝"衣绨衣"或"身衣弋绨"的做法也源自贾谊。皇帝坐宣室听大臣忏悔的制度当也是在贾谊的建议下建立的。由此可以看到，文帝在贾谊建议下所进行的改革举措涉及范围极广。以上只是见诸史籍记载者，还有许多未见记载者。最典型的就是文帝在贾谊建议下进行的官秩改革。此改革发生时间可以进一步缩小至文帝六年至十一年，改革内容不限于官秩，而是一次广泛涉及位秩爵体系即官僚政治社会结构的全面大调整，其中一个重要内容就是将官民爵的分界线从官大夫、大夫之间上移到五大夫、公乘之间。

从现存贾谊的著作、言论来看，其思想最核心的主干就是加强皇帝和中央集权，明确尊卑贵贱等级制度。

贾谊之前，《史》《汉》中不见"公卿大夫士"和"三公九卿"等提法，自贾谊开始才普遍起来。这应当不是巧合，而是与贾谊的大力倡导特别是汉文帝所进行的位秩爵体系改革有密切关系。

文帝改革以前，二十等爵的大夫到五大夫爵与位、秩的关系较为混乱，经常出现上挂或属下的情况。而且，更重要的是秦汉以来赐爵逐渐频繁，如果依然将官民爵维持在官大夫、大夫之间，官大夫以上即可免除主要赋役的话，国家的劳役（徭役、兵役）和赋税征发就会面临很大困难。而且，以贾谊的理想主义来看，这种混乱也不是一个太宗盛世所应有的，所以他力主改革，重新划定位秩爵的关系：一方面提高中央列卿的秩级为中二千石，以区别郡守尉和诸侯国相，加强中央集权；另一方面提高官民爵的界限，将五大夫爵作为大夫位的起始爵，将公乘以下都归入民爵。

## 四　二十等爵制的起源：以卿大夫爵位系统为标本

传世文献关于二十等爵制的系统记载主要见于以下三种文献：《汉书·百官公卿表》及颜师古注、卫宏《汉旧仪》、刘劭《爵制》。但三者所记不仅详略不同，内容方面也有很大差异。其中一个重要的差异就是关于二十等爵的制度设计是否与公卿大夫士的内爵系统有关。

《汉书·百官公卿表上》未提及与内爵的关系，但颜师古注则有两条涉及。《汉旧仪》也基本上没谈到与内爵的关系。刘劭《爵制》明确提出二十等爵是以内爵的卿大夫士为模本构建起来的。

张家山汉简的出土，印证了刘劭《爵制》的说法，表明刘劭《爵制》并非无稽之谈。但秦及汉初简牍中的大夫、士级情况比较复杂，与刘劭《爵制》的说法不合。本文前两节通过考证证明，秦统一前后至汉初官民爵的界限在官大夫与大夫之间，汉文帝时期改为五大夫与公乘之间，但调整只涉及大夫、士位，而不涉及卿位。官民爵界限的调整必然导致相关爵级地位和权益的变化，比如调整前，官大夫至公乘的地位明显高出大夫以下一个层级，但调整后，官大夫至公乘的地位从本质上和大夫以下是一样的，纵使在某些具体权益上有所不同。此外尤为重要的是，官民爵界限调整到五大夫与公乘之间后，五大夫爵与六百石秩、大夫位挂钩就完全契合，而不存在其他复杂情形了。

如果秦汉时期官民爵的分界线处在不断调整且上移的过程中，那么，我们就有理由相信刘劭《爵制》关于二十等爵起源的论述，即：二十等爵制，准确地说是十八等爵制，最初是以"卿大夫士"的内爵系统为标本并且通过与其挂钩建立起来的。在设立之初，带有"大夫"爵名的第五级大夫至第九级五大夫，其地位相当于朝廷中的大夫位、禄秩六百至千石的官吏。也正因为如此，其爵名才从"大夫"起到"五大夫"止。也就是说，在那个时期，十八等爵的爵名与其政治社会地位是名实相符的。但随着十八等爵尤其是五大夫以下爵越赐越多，国家必须维持社会上层（贵族）与庶民的比例，避免社会上层占比过多而导致服役人口过少等问题，因此才不断调整官民爵的分界线：第一步是将第五级大夫爵从大夫位拉下来，纳入士位，这一步应在战国后期完成；第二步则将第六级官大夫至第八级公乘爵全部从大夫位拉下来，纳入士位，这一步则是在汉文帝时期实现的。在现有资料下，我们可以部分地证明这一观点。

第一，我们在现有文献中仍然可以看到第四级爵不更处于士级的上限、与大夫级分界的痕迹，它主要表现在以下几个方面：（1）置吏、除吏、推举里典、老等方面；（2）徭、戍等劳役方面；（3）传食、赏赐等待遇方面；（4）傅籍方面。

第二，睡虎地秦简《日书》中还保留着大夫位的说法，表明当时大夫爵层与大夫位分离的情况至少是不明显的。

〔本文摘自《史学月刊》2021年第1期，原题《从新出简牍看二十等爵制的起源、分层发展及其原理——中国古代官僚政治社会构造研究之三》。作者杨振红，湖南师范大学历史文化学院讲座教授〕

# 秦统治下人民的身分与社会结构

鲁西奇

## 一　吏卒

秦时所称的"吏卒"，包括"吏"与"卒"。"吏"，当包括县、都官之令、丞、长、尉，有秩吏，佐、史、属（包括冗佐、佐吏等），以及军中的基层武职和文职人员，不包括县、都官啬夫以上的高级官员和军中的将官。秦时的"吏"分为有秩吏（官长，含离官啬夫）与佐、史两类，有秩吏相当于长吏，而佐、史当属于少吏。秦制的"长吏"即"官长"之谓，指称责任长官；"少吏"即属吏，是官长下属的吏员。长吏皆为"有秩吏""有秩之吏"，即享有秩禄的吏，其收入包括秩禄与月食两部分。少吏则当属于"月食者"，即按月领取禀食。"卒"分为屯戍、求盗等。卒、徒以及士吏在服役期间皆当按月领取禀食。

秦时吏卒与军功爵之间的关系，或仍有进一步探讨的余地。公士、上造、簪裹、不更、大夫等五级爵位，当是可以担任吏职的爵，拥有上述爵位，即可具备任吏的资格，而当他们没有被任为吏时，只是拥有爵位的"民"（黔首）；官大夫、公大夫、公乘三级爵位，只有任官方得食禄（禀食与俸禄），乃是领取禄食的官僚阶层；五大夫以上各级爵位，都有食税的封邑，是食税邑的贵族。

## 二　黔首

秦统一前，著籍的百姓被称为"民"，又以其归于秦国统治之早晚，而有"故民""新民"之别。秦统一后，将全国百姓统称为"黔首"，仍有故、新之别。统一前，秦大抵以"新民""作本""给刍食"，而以"秦民""事敌""事兵"；统一后，六国故民与新拓疆域之"新黔首"，均须应征从役，屯戍征战，这是秦统一前后"民"与"黔首"地位的重要变化之一。

统一前，秦"民"（无论"故民"还是"新民"）均得受田，立功获爵得益其田；统一后，六国故地与新拓疆域并未普遍授田，"新黔首"不再能受田，这是统一前后"民"与"黔首"地位的另一个重要变化。

"租禾稼"与"顷刍稿"是秦代编户两种主要的赋税负担，前者是田租（税），纳"禾稼"即谷物；后者是户赋，纳"刍稿"即粗粮草料。田租与户赋（"顷刍稿"）皆按户征纳，户赋（"顷刍稿"）由纳实物渐改为纳钱、布，并与编户占有的田地数相脱离。

秦时的徭役主要包括"御中发征"和"邑中之功"两大类。统一后，朝廷与地方征发的各种徭役不断增加，黔首的徭役负担越来越重，特别是"传输之役"与"更戍之役"在"御中发征"（朝廷征发）的徭役中，所占的比重大为增加。

## 三　徒隶

"徒"是刑徒，"隶"是隶臣妾。故"徒隶"包括刑徒和隶臣妾，受官府强制，从事各种劳作。在各种徒隶中，首先"居赀赎责（债）、司寇、隐官践更县者"地位最高，其次是鬼薪（男性）与白粲（女性）、城旦（包括丈城旦，男性）与舂（女性），最后是隶臣系城旦（男性）和隶妾系舂（女性）、隶臣居赀（男性）和隶妾居赀（女性）以及隶臣妾。

"居赀赎责（债）、司寇、隐官践更县者"，在法律意义上，或应当属于"庶人"，但由于他们与城旦舂、隶臣妾等一起劳作，故地方官府往往将之合并统计，并称为"作徒"或"徒隶"。"居赀赎责"乃是以劳役抵免债责，其身分地位仍属于黔首（庶人）。司寇，大致可判断为"刑满释放人员"。"隐官"当即"没于官"的编户，盖相当于后世的匠户、船户等特殊的户口类别（"官户"）。

鬼薪、白粲与城旦、舂，按照卫宏《汉官旧仪》的解释，分别是三年和五年的刑期，前者是男犯，后者是女犯。同是"城旦、舂"，还有完、黥之别。斩足且黥最重，黥而且劓次之，"黥"最为普遍；"完"为城旦，在同类刑罚中最轻。

隶臣妾基本上是一种终生身分，其地位低于城旦舂。"耐为隶臣妾"要重于"系城旦舂"。属于诸官署的隶臣妾，是官奴婢，其地位要低于私奴婢（私奴婢由其主人支配，并不在国家直接控制之列）。"隶臣妾系城旦舂"是附系于"城旦、舂"之下的"隶臣妾"，亦即其本来的身分是隶臣妾，又要被强制从事城旦舂的劳作。"隶臣妾居赀"，则当是"居赀赎责（债）"的"隶臣妾"。

徒隶由官府供给禀食，部分衣服亦由官府配给。

# 四 秦时人民的身分与社会结构

拥有官大夫、公大夫与公乘三级爵位、领受禀食俸禄的官僚阶层，和拥有五大夫以上爵位、食税邑的军功贵族阶层，是秦的统治阶级。吏卒、黔首与徒隶三种身分的人，是秦的基本统治对象，基本上可以看作被统治阶级。吏卒虽然包括负责县以下军政管理事务的各种各样的"吏"以及军队的基层军官与兵卒，其相当部分拥有较为低级的爵（包括大夫、不更、簪裹、上造和公士等五级），但他们不担任吏职和应役从军时，就是普通的"黔首"（民）。黔首就是编户齐民，包括未担任吏职和应役从军的前五级爵位获得者，以及公卒、士伍、大男子、大女子及小男子、小女子等普通庶民和地位大抵同于贱民的司寇、隐官等。吏卒与黔首的身分，实际上是不断变动的：黔首立功受爵任吏或应征从军就是吏卒，吏卒卸任或返乡即成为黔首。因此，吏卒更主要是一种职役身分，并非较为稳定的社会等级。他们虽然担任吏职或参军打仗，成为秦的统治工具，但他们主要是被统治者，绝不是统治阶级。徒隶（以及私奴婢）是被强制劳作、地位低下的人群，是社会的底层。吏卒、黔首当然易于因罪、欠赀等原因而沦为徒隶，然一旦沦为徒隶（以及私奴婢），则很难再取得黔首的身分，更难以成为吏卒。在黔首与徒隶之间，又存在着一个"贱民"阶层，包括司寇、隐官及"居赀赎责（债）"者。

从秦始皇二十七年到秦二世元年，迁陵县的吏卒约有712人，黔首约962人，徒隶以226人计，三种身分的人群在统计的总人数（1900人）中，分别占37.5%、50.6%和11.9%。吏卒基本上可视为统治阶层用以进行社会控制与管理的力量，而徒隶则基本上属于社会底层人群。在秦统治下的边区小县里，控制与管理力量占可统计总人口的37.5%，社会底层人群占总人口的10%以上（考虑到大量存在的私奴婢未能进入官府统计系统，社会底层人群所占的比例应当更高），至少在一定程度上反映出秦统治下社会结构的部分特征。

〔本文摘自《中华文史论丛》2021年第1期。作者鲁西奇，武汉大学历史学院教授〕

# 从乡啬夫到劝农掾：秦汉乡制的历史变迁

孙闻博

乡作为地方行政组织中基础的一级，出现于先秦，经不断发展，沿用至今。考察秦汉乡的建制、运作及演变，对认识中国古代基层社会治理，颇具意义。

## 一　秦及汉初乡的建制与"廷—官"模式

秦及汉初，涉及乡的称谓有二："乡部"与"乡官"。"乡部"指县下分部的行政区域，作为职官省称时，指"乡部啬夫"。"乡部啬夫"是分"部"派出之县吏，编制属县，为县内员吏。秦汉"乡官"泛指乡吏及所主机构，不专指三老、孝悌、力田等民官。

秦汉乡吏的设置与郡、县明显不同。《汉书·百官公卿表上》中，相较于内史"掌治京师"，郡守"掌治其郡"，县令、长"掌治其县"，乡未言有明确主官"掌治其乡"。西汉乡的行政、治安及教化事权分割，未像郡、县一样统系于某一主官。

秦县组织呈现为官、曹两分格局，县廷内设吏、户等列曹，县廷之外又有仓、司空等诸官。乡与仓、司空、少内等设吏一致，同为县廷的下属机构，县乡行政呈现为县廷（及诸曹）与作为诸官之一的乡之间的政务往来，我们称为"廷—官"模式。

在秦及汉初，乡啬夫虽与一般官啬夫不完全一致，但仍属官啬夫范畴，且是最主要的官啬夫。

从层级看，秦及汉初乡因是县的下属机构之一，在一些事务处理上与其他诸官互相配合。从性质看，乡分管民户，乡啬夫持有官印，并向县廷负责。县廷负责审计、监督乡政，并考课乡吏。作为县政的重要构成，乡内事务在本质上属于县务，这与"郡—县"行政关系不尽相同。

## 二 西汉前期乡部禄秩下延与有秩、啬夫二分格局的出现

秦及汉初千石至六百石县对田、乡部秩级统一规定，不因县分等而变动，田部均秩二百石，有乘车乡部秩二百石，毋乘车乡部秩百廿石。有、毋乘车乡部的秩级分等可能同样依据乡户多少。随着汉初千石至六百石令之外出现更低的五百石、三百石长，乘车乡部秩二百石的常制渐难维持。三百石县的丞、尉秩二百石，乡部秩级就不便过高。三百石县所辖大乡，乡部秩级被确定为百六十石，毋乘车乡部仍秩百廿石。乡部出现百六十石，乃是伴随县主官秩级向六百石以下延伸、自身向二百石以下延伸而出现。乡部秩级分层并不完全对应县的等级，而主要对应县令、长的大分界。

秦代长吏、少吏的秩级分界实际是三百石。

伴随汉初县令、长禄秩向六百石以下伸展，丞、尉秩级相应出现二百石，长、少吏分界应有所调整，这时产生一个问题：有乘车乡部（二百石）及田、司空禄秩（二百五十石至百六十石）部分秩级同于甚至高于丞、尉（二百石）。少吏禄秩与长吏相当或略高，这在管理中存在不便，不仅影响长吏、少吏行政对接，而且影响吏员迁转、除任。解决办法是调整部分秩级，调整方向是就高不就低。县长吏秩级范围已发展为千石至二百石，长吏、少吏秩级分界相应就会考虑二百石。景武时期官制改革，一度细至四等的有秩被整合为低于二百石的一种——百石。毋乘车乡部秩级也受影响。既然调整后的有秩仅秩百石，那么小乡啬夫禄秩须较有秩再低一级，由此导致乡斗食啬夫的出现。

汉直辖郡县的乡斗食啬夫，出现下限应在武帝时期。综上所述，西汉乡啬夫禄秩先后两次下延：有乘车乡部秩级在二百石的基础上向下延伸，出现百六十石，时代为汉初；乡部秩级在有秩整体降低的基础上，再一次下延，从而出现斗食。乡啬夫禄秩下延，第一次与县令禄秩下延同步，第二次随"有秩吏"秩级整体下降而发生。特别是后一次，县令、长秩级没有下延，秩级范围与秩级分界也没有改变，乡啬夫禄秩呈现"绝对降低"。

啬夫的这一变化，与秦汉国有经济衰落，进而在整个社会经济中的重要性降低有关。背后透露出国家对民众控制力的削弱，以及国有经济中集权倾向的加强。伴随着田制、法制改革及官府对国有资源的控制变化，乡有秩禄秩被整合并降低，乡斗食啬夫随之出现，背后呈现诸官啬夫整体地位及重要性的下降，并进而导致"廷—官"模式发生相应变化。

据秦及汉初简牍记载，县、乡业务联系主要通过令史。令史"直曹"审核乡官业务、监督廪食出给、参与户籍制存，并且可以代理乡啬夫，秩为斗食。作为县廷派出之吏，令史赴乡，以卑临高。乡啬夫多为斗食吏，后禄秩与令史同，共同理务时话语权、主动性不及往昔。武帝以后乡吏秩级降低，俸禄微薄，重要性下降，再加上在赋役征派时克扣盘剥，乡政

弊端日显，官、民对乡吏都不甚信任，县廷面临如何对基层社会开展更有效治理的问题。面对上述事实，县廷从加强集权出发，没有选择去重振乡的行政组织，而是调整了统治方式，尝试进行更直接的管理。

## 三 武帝时期掾史出现与东汉孙吴的劝农掾

秦代令史本质上呈现因事差遣性质，可分称"廷内差遣""廷外差遣"。作为属吏名称的"掾"，尚未出现。"掾史"之"掾"遵官制演变"动词习久为名词"的规则，是动词"掾"的名词化。

列曹设置与掾史出现是两个问题，应加区分。列曹活跃的时间可提前至秦，掾史出现却要偏后。

从具体职掌、工作地点、有无印信等来看，武帝以降郡县属吏又可分作门下、曹掾、外部吏、啬夫四类。掾史出现后，县廷因事差遣外派之吏，可称为"廷掾"。县之"廷掾"，又可称为"外部吏"，与门下、列曹在政治空间上形成内外之分。"掾"的出现，还具有一定的整合作用。其从类别而言不仅对应列曹，还较多涉及廷掾等外部吏，甚至门下、啬夫。

武帝以来，"掾"是某一部门、某项工作负主要文书责任者，代表史类吏员的扩张。就县掾史而言，无论曹掾还是廷掾，皆属县廷内外的因事差遣，背后伸张的依然是县廷权力。西汉中期掾史的发展，与县下诸官地位下降存在关联。县廷为加强管理，更多采取因事差遣属吏的方式。负责具体事项的县吏，又称"某（事）掾"，他们所负职事及权责归属，较令史更为明确。县掾外派，事讫返廷，参与集议。

掾史赴乡，最初并非以取代乡啬夫为目标，更多是治理模式的调整。然随着时间推移，诸官啬夫与史类吏员间力量此消彼长。各种掾参加甚至代替原诸官啬夫处理事务，在"廷—官"模式视角下，这一变化显示出县廷组织的扩张，县的集权趋向由此得以加强。武帝以后，地方逐渐出现劝农掾的身影。

秦汉县署及早期都官称"廷"。"廷掾"在"掾"前特标以"廷"字，体现县吏署某掾而代表县廷赴外理事的特征。

东汉中期，县劝农掾分部，称"左部劝农贼捕掾""东部劝农贼捕掾"，与"监乡五部"可相联系。"某部劝农贼捕掾"显示掾史赴乡多有劝农、贼捕同时兼领的。作为外派掾史，劝农贼捕掾没有官印，而主要使用私印。

东汉掾史赴乡，并不意味着乡啬夫工作完全被廷掾取代。

至孙吴时期，乡吏又有显著变化，吴简所见更多的是乡劝农掾、典田掾。笔者在之前研究中曾提到吴简中乡啬夫极其少见，县以廷掾下乡，反映出乡制的衰落及国家对基层社会控制的弱化，乡的管理在汉末三国时期发生由派出机构到派出部吏的转化。而汉晋之际由于县行政力的向下扩散，里吏行政功能凸显，乡务由廷掾、里魁分担。孙吴初年，乡劝农掾在督劝农作之外，还要接受上级临时指派，这实际上反映了秦汉掾史差遣特征在孙吴的延续。此外，孙吴乡劝农掾、典田掾未延续东汉多以"某部"为称的习惯。孙吴乡掾并非仅理一乡事务，二乡组合依然可理解为"某部"，循东汉发展线索，县下分部原本应当是稳定的，二乡组合不会随意变动，且"部"名以"部"内诸乡中的一乡来命名。

吴简几乎不见乡有秩、乡啬夫、乡佐，反而是秦汉不属吏员范畴、汉代官制书向来不载的乡书史，却时有出现。这暗示旧有乡制的衰落。由上所述，汉、吴县乡行政呈现由"曹—官"向"曹掾—廷掾"的发展。

〔本文摘自《历史研究》2021年第2期。作者孙闻博，中国人民大学国学院副教授〕

# 汉初异姓楚王国钩沉

王　健

　　汉初韩信楚王国昙花一现，既往多探讨该封国政区、韩信之死等话题，至于韩信治国行迹、所封侯国状况等则鲜有论及。笔者遍查正史、方志，参酌古城址考古进展，钩沉索隐，缕述始末，复原韩信楚王国及其侯国的历史轨迹。

## 一　楚汉之际形势与韩信封楚

　　《史记·淮阴侯列传》载："汉五年正月，徙齐王信为楚王，都下邳。"这是刘邦称帝之前分封异姓诸侯王的重大举措，也是两汉史上首次分封的楚王国。其封域有薛郡、泗水、东海（此为后刘交封楚国的三郡），会稽、鄣郡（此为刘贾封荆国的两郡），淮阳郡（即陈郡），共六郡之地。封域北起曲阜，南抵今浙闽交界，东至黄海，西至汝水，相当于今鲁南、淮北、江浙全境及皖东、豫东南的广袤地域。

## 二　楚王国命名的文化背景

　　依托韩信故乡封立的诸侯王国缘何称楚呢？这是荆楚文化东渐带来的特殊现象。

　　作为先秦的著名古国，楚开国八百年，纵横五千里，创造了璀璨的楚文化。楚文化成为先秦七大文化圈中覆盖空间最广、特色尤为鲜明的地域文化。战国以来，随着楚人势力的东渐，楚文化早已超越春秋时期的荆楚范围，广泛传播到东部地域，形成战国到西汉前期流行的"三楚"。

"三楚"说来自司马迁《史记·货殖列传》，反映的是战国晚期的地域观念，着重从郡县政区、经济特色和城市分布来讨论地域特征，司马迁对楚文化的扩张和影响力给予了充分关注，研究者将其称为一种"经济文化分区"。班固《汉书·地理志》采取另一种"风俗分区"的思路，强调春秋古国文化对东部地域风俗基因的形塑。相比之下，司马迁的文化分区说更具历史解释力。秦汉时期，以楚来命名政权、封国和州郡的做法"不胫而走"，在东部徐淮地域落地生根。先有陈胜以"张楚"命名起义政权的国号，再有项羽以"西楚"封国和韩信封国以楚为名。入汉之后，刘交始封的同姓王国仍称楚。东汉刘英楚国废黜后，彭城郡又改称楚郡。这种命名传统如此根深蒂固，直到唐代淮阴地区仍称为楚州。形成鲜明反差的是，汉初位于荆楚腹地的异姓王吴芮之封国却无缘称楚，而被命名为长沙国。

## 三　楚王国建都下邳的原因

西汉首封楚王国择都下邳，与下邳的城市战略地位和文化渊源有直接关系。

下邳城地处淮水下游，东近黄海，气候湿润，降雨量充沛，土壤肥沃，物产丰富。古城南濒泗水，沂水和武水北来绕城，与泗水相汇，既占水运之利，又有灌溉渔猎之便。下邳位于东楚与西楚的交接地带，南下可至淮水，北上可抵齐鲁，西距彭城不过数十公里，战略地位十分重要。

秦时下邳发生了两件大事。其一，张良亡匿及圯桥奇遇。下邳俨然为高士隐者和反秦志士的辐辏之地，是秦末动乱和楚汉相争的一个关键地标。其二，项梁渡淮占领下邳，这里成为反秦武装汇聚、用兵的战略要地。楚汉相争期间曾多次在此爆发激战。这凸显了下邳城在群雄逐鹿时期的特殊战略地位。

## 四　韩信治楚行迹及废王居侯始末

在韩信短暂的治楚期间，留下"韩信堰"的传说，值得深究。《北齐书·杜弼传》载，杜弼奉敕"行海州事，即所徙之州。在州奏通陵道并韩信故道。又于州东带海而起长堰，外遏咸潮，内引淡水"。"韩信故道"，其实是由汉时堤堰因年代久远演变所致。秦汉时期朐县一带最主要的水系为游水，这是一条当今已消失的淮水支流。《汉书·地理志》临淮郡淮浦："游水北入海。"《水经注·淮水》："淮水于（淮浦）县枝分，北为游水……东北入海。"楚都位于黄淮海大平原东部，海拔甚低，淮、沂、潍、泗诸水交流，水利和水灾并存，治水尤为理政要务。因此，韩信筑堤堰阻挡游水带来的洪灾，堪称有利于民生的治理举措。

　　《读史方舆纪要》卷二二有韩信"讲武韩山"记载："韩山在（沭阳）县东北五十里，相传韩信为楚王时，曾讲武于此，因名。"楚地尚武风气炽盛，韩信靠用兵起家，将武力作为控制封国的基础，对王国军队的训练是题中应有之义。韩信还是著名的兵学家，《汉书·艺文志》收录《韩信》三篇，将其列为兵权谋十三家之一。又载"汉兴，张良、韩信序次兵法，凡百八十二家，删取要用，定著三十五家"。简牍的大量出土使"序次兵法"的确切含义得以澄清，从青海上孙家寨出土的西汉晚期军事律令文书木牍，可推知张良、韩信序次《兵法》是将单篇军事律令勒编成册，是官方军事律令的结集或汇编，其从事兵法编次活动应是在贬侯居京的五年间。《韩信》三篇则是讲权衡变化得失的军事谋略之书。因此，韩信韩山讲武，很可能包含有讲习兵家之学的活动。

　　舆地文献又有韩信"镇于三山"之说。《太平寰宇记》卷二二："又云韩信镇于三卢。三山石色黑，因以为名。"《读史方舆纪要》亦有载。三山指卢石山、伊卢山和句卢山，在封国境内东北部。出于防备心理，楚王必然屯兵防卫，三山成为楚国军队的屯守要塞是可信的。

　　韩信居楚有"陈兵出入"的举动，而激起朝藩矛盾的直接导火索是楚将钟离眜事件。汉高帝六年，刘邦以巡游陈地（今淮阳）召集诸侯王相会的圈套，设计拘捕韩信。朝廷专门调遣将领樊哙、灌婴和靳歙随行。他们"从至陈，取信，定楚"，"取信"指的是樊哙等奉命以谋反罪擒韩信，押解至洛阳。"定楚"，指的是诸将到封国控制局势，追查韩信谋反证据。然而查无实据，朝廷只好以"陈兵出入"为借口，诬以"擅兴兵"罪名。《史记·高祖功臣侯年表》载，韩信"坐擅发兵，废为淮阴侯"。"擅发兵"即"擅兴兵"，在汉朝该罪名属于"兴律"，为萧何所创，是针对擅自兴兵、违犯军令和非法营造等犯罪行为的处罚规定。韩信之楚国历时甚短。《史记·高祖功臣侯者年表》载，汉五年春正月由齐王移封楚王，"王韩信始"；至六年冬十一月"信废为侯"。该楚王国仅存在十个月便烟消云散。

　　高帝六年四月，韩信贬封淮阴侯，由淮阴县改置，至高帝十一年遇害族灭，侯国延续约五年。淮阴县原隶属东海郡，后发生以下变动：楚王废黜后，封域诸郡皆归属朝廷。至同年正月，韩信旧地被一分为二，封刘交为楚王、刘贾为荆王。此时，朝廷在江淮之间析东海郡淮水之南诸县设置东阳郡，隶属荆国封域。至同年四月，以淮阴县设侯国封韩信，侯国隶于东阳郡，归新建的荆国管理。依汉制，列侯封邑由汉县改置而来，称为县侯。列侯"所食县曰国"，没有治民权，侯国设相主治民，列侯可居住在侯国内。韩信被软禁在京，但应能享受食户缴纳的田赋。汉十年（前197）爆发边将陈豨反叛事件。次年将韩信牵连卷入，吕后出手铲除了韩信势力。

　　韩信的悲剧，说到底乃在于其人军功卓绝而功高震主。刘邦铲除功臣异姓王，选择韩信首先开刀不是偶然的，远因正是固陵之围时埋下的君臣矛盾，至此集中爆发。汉廷对异姓王采取的残酷杀戮手段，为西汉的开国政治溅上了血腥的色彩。

# 五 汉代下邳城及侯国都邑韩信城之探索

下邳作为东部战略重镇，最兴盛的时期在汉代。康熙七年郯城大地震导致黄河决口，下邳被淹没。近年下邳古城遗址考古勘探表明："东汉下邳城东西长 2.5 千米，东城墙长 1.35 千米，西城墙残长约 1.5 千米。"周边还有双孤堆、刘楼、巨山等墓群以及羊山寺遗址等文物点，共同构成了下邳古城地域文化。

淮阴侯国的都邑史称"韩信城"。《太平寰宇记》云韩信"后受为侯，因筑此城"，但其被软禁在京，城邑应是郡县代为兴筑。韩信城的说法，近来受到了考古发掘者的质疑。如确系宋代所建城垣，作者将其年代讹误为汉的可能性很小。因此，不排除宋元筑墙是在汉城垣圮毁之后所建。

〔本文摘自《江苏师范大学学报》2021 年第 2 期，原题《汉初异姓楚王国钩沉——兼说淮阴侯国的始末》。作者王健，江苏师范大学历史文化与旅游学院〕

# 遝书新论

刘自稳

学界一般认为秦汉时期的"遝书"是治狱过程中传唤或逮捕涉案人员的文书。笔者在整理益阳兔子山七号井出土简牍时，发现 J7 ⑥：6 是一份西汉初年的遝书，该简是目前所见秦汉文献中唯一一份完整遝书。以此为据，不仅可以厘清"遝书"的文书形态，亦可明确此类文书的功能。

## 一 木牍释文

该木牍保存基本完整，唯正面上端左侧略有残缺，长 23.1 厘米，为典型的尺牍，释文如下：

> 或遝下资乡恒徙为阳马乡啬〔夫〕、佐信为尉史书。
> 七年七月戊戌朔丙寅，西曹史蒟移吏曹：可具写移，须以验狱，勿留，它如律令。（正）
> 蒟手（背）J7 ⑥：6

笔者认为"啬"字后可能省略或脱漏一"夫"字。"下资乡恒"即下资乡啬夫恒，秦汉出土文献中多以此形式指称乡啬夫。"徙"作职务调动之意，里耶秦简 9-1584"都乡啬夫徙为贰春乡"。秦汉乡部官吏中设有"佐"，该木牍中的"佐信"实则承前省略"下资乡"。"佐信为尉史"又承前省略"徙"，则"信"由下资乡佐徙转为县尉史。因而，"下资乡恒徙为阳马乡啬佐信为尉史书"即下资乡啬夫恒徙为阳马乡啬夫和下资乡佐信徙为益阳县尉史的文书。第三行"移"后一字残缺，据残缺笔画及简 J7 ⑥：263 "须以验"辞例，可补释为"须"。简文第二、三列为文书主体，大意是狱西曹发文至吏曹，申请吏曹尽快写移因治狱而论及的文书材料，即简文第一列提到的"恒"和"信"的职务调动文书。因而，该文书的功能是征调治狱过程中的涉案文书。

## 二 "遝书"的文书形态

里耶秦简 8-133 与兔子山简 J7 ⑥：6 文书格式相似，但下端残断，其释文如下：

> 或遝。廿六年三月甲午，迁陵司空得、尉乘城☑
> 卒真簿☑ A
> 廿七年八月甲戌朔壬辰，酉阳具狱狱史启敢言☑
> 启治所狱留须，敢言之。·封迁陵丞☑　8-133B
> 八月癸巳，迁陵守丞陉告司空主，听书从事☑
> 起行司空☑ C
> 八月癸巳，水下四刻走贤以来。/ 行半。☑ 8-133 背 D

该简文书运作流程可做如下复原。正在迁陵县境内进行具狱的酉阳狱史启首先在该份木牍正面书写了 A 和 B 两部分，木牍被传送至迁陵县廷后先在背面书写了 D 部分收文记录，此后再在背面书写了 C 部分即县廷的批示和批件的发出记录。因而，木牍当中 A 和 B 两部分是酉阳具狱狱史制作并发出的文书原件，可看作酉阳具狱狱史制作并发出的文书正本。比较兔子山简 J7 ⑥：6 和里耶秦简 8-133 酉阳具狱史制作的文书部分，两者文书层次一致。比照 J7 ⑥：6 中"或遝……书"的表述方式，里耶秦简 8-133 中 A 部分的内容当为"或遝……簿"，其所遝的对象同样是涉案文书。比较两文书主体内容，J7 ⑥：6 是益阳县狱西曹要求吏曹尽快移送相关文书，里耶秦简 8-133 则是酉阳具狱史启要求迁陵县廷移送材料至其治所。

以上两份文书虽并未自名"遝书"，但文书内容均为治狱过程中申请传送涉案文书，与文献记载"遝书"征捕传召涉案人员功能相似，虽所遝对象有别，但也应属于"遝书"。西北简中有与前述两份文书格式类似的材料，所遝对象为具体涉案人员，亦可佐证。

> 牒书所遝一牒
> 本始二年七月甲申朔甲午，鱳得守狱丞却胡以私印行事敢言之：肩水都尉府移庚

候官、告尉、谓游徼、安息等，书到，杂假捕此牒人，毋令漏泄先闻知，得定名县爵里年姓秩它坐，或 73EJT21：47

  狱所遏一牒：河平四年四月癸未朔甲辰，效谷长增谓悬泉啬夫、吏，书到，捕此牒人，毋令漏泄，先闻知，得遣吏送……Ⅰ0210①：54A

  /掾赏、狱史庆。Ⅰ0210①：54B

  简 73EJT21：47 由䤨得县发给肩水都尉府等，要求这些机构抓捕牒书指定之人，并在捕得人员后确定其个人信息。该简后文内容尚不完整，当后接他简，简背无书手等信息亦可佐证。简Ⅰ0210①：54 是效谷县发给悬泉置的遏书，同样是要求抓捕指定人员。据肩水金关简 73EJT21：47 的图版，悬泉简释文中的"狱所遏一牒"可能是单独作为一列顶格书写于简正面右侧。以上两枚文书中都没有书写所抓捕人员诸如籍贯、形貌等标识个人身份的具体信息，刘庆认为具体描述载于以牒书写的附件之上。目前尚无西汉中后期完整的"遏书"简册出土，记录所遏人员信息的牒为何形态尚不明确，而居延汉简 193·19+58·1"遏 戍卒䤨得安成里王福字子文敬以遏书捕得福盗械"或与此有关。该简可能是遏书简册中书写所遏人员之牒，即编排于类似肩水金关简 73EJT21：47 以及悬泉简Ⅰ0210①：54 前的"牒书狱所遏一牒"之牒。

## 三  "遏书"功能新论

  通过前文的分析，益阳兔子山遗址七号井新出完整遏书的功能是申请传送案件审理过程所需要的吏员迁转档案。里耶秦简 8-133 的功能是申请遣送具狱过程中涉及的戍卒簿籍档案。这两份实物补充了我们对遏书功能的认识，在传唤涉案人员之外，遏书还具备申请传送文书材料的功能。

  前文所引西汉中后期的两份遏书中，发文机构明确提到要求收文机构抓捕涉案人员，遏书可以视作拘捕令或者捕系文书。但是，需要注意的是在悬泉简Ⅰ0210①：54 中有"得遣吏送"一句，其意为收文机构在捕得涉案人员后需将其遣送至发出遏书的机构。肩水金关 73EJT21：47 文字并不完整，相似内容可能书于后接他简之上。虽然两枚简中都要求对涉案人员进行抓捕，但抓捕只是获得涉案人员的手段，遏书的最终目的还是要求收文机构将抓捕到的人员遣送到发文机构，因而申请遣送才是遏书的核心功能。

  当审判机构申请遣送对象是具体涉案人员时，相较于以强硬手段抓捕涉案人员，还可采取较为温和的征召方式，尤其是当所遏对象为案件证人或身份显贵者时。传世文献中多见此种功能。里耶秦简 8-136+8-144 残简显示，该文书是隶臣邓的主管机构仓制作的回复文书，文书指出隶臣邓尚涉及未完结的案件，因而不能予以遣送。从该简内容来看，覆狱机构所发遝书是通过征召的方式传唤涉案人员。

实际上，当所遝对象是具体涉案人员时，遝书中的传召和抓捕功能对应了控制人员的两种方式，即"征"和"捕"。张家山汉简《二年律令》简183载："捕罪人及以县官事征召人，所征召、捕越邑里、官市院垣，追捕、征者得随迹出入。"可见对涉案人员依据身份不同有抓捕和征召两种方式使其到案受讯。因而，"遝书"的主要功能在于申请遣送涉案文书材料和具体人员，"征召"和"抓捕"是发文机构要求收文机构控制涉案人员的方式。学者将"遝书"看作传唤状、拘捕令等都有一定的道理，但其核心功能不在征、捕，而在于申请遣送。

由实物所见的几份秦汉遝书来看，其功能都是申请遣送司法审判中所涉及文书材料或涉案人员。需要注意的是，"遝"并非只是发生在处于不同县辖区的机构之间。实际上，制作遝书是因为发文机构对所申请遣送的涉案对象并无直接管辖权，才需发文到主管机构申请遣送。

## 结　语

结合此益阳兔子山七号井出土的简 J7⑥：6 和秦汉简牍中其他遝书残件，秦、汉初和西汉中后期的遝书文书形态在文书内部结构和书写载体两方面存在差异。文书内部结构上，作为文书附件的所遝对象都胪列于文书主体之前，但由秦及汉初的单行概说演变成西汉中后期的详细名籍。文书书写载体上，则从单枚木牍变成编联简册。这种差异的出现，可能因时代变迁或地域不同所致。根据这些实物遝书可重新审视其功能，治狱机构因治狱而论及不属于本部门管辖的涉案人员或文书时，会发送遝书申请主管机构予以遣送，因而遝书的核心功能在于申请遣送。当申请遣送的涉案对象是具体人员时，遝书中会根据诸如涉案人员身份不同等原因要求主管机构以征召或抓捕两种不同方式将其控制并传送，遝书因而具备了传唤状或逮捕令的作用。

〔本文摘自《文物》2021 年第 6 期，原题《遝书新论——基于湖南益阳兔子山遗址 J7⑥：6 木牍的考察》。作者刘自稳，中国政法大学法律古籍整理研究所讲师〕

# 刘渊的顾命大臣与河瑞、嘉平之际汉国的皇权重构

李　磊

## 一　刘渊的顾命大臣与刘和之死

从元熙元年（304）刘渊称汉王至河瑞二年（310）安排顾命大臣，汉国政治中枢经历了四次重构。陈勇先生认为元熙元年的官制采取西汉初年的三公制，以与"依高祖称汉王"相配合。李文才先生认为这是以三公制之名行部落贵族合议制之实。南匈奴与屠各的融合，以及对刘渊之南匈奴单于后裔身份的承认，是刘渊建国的重要基石。刘宣为南匈奴贵族，正是其中最重要的推动者。刘宣教育、仕宦经历与刘渊相伴，他代表南匈奴一系，成为汉国政治的重要一极。刘渊称大单于、汉王，确立不与鲜卑、乌丸为敌，全力向南发展的战略，均与刘宣密切相关。除"军国内外靡不专之"的刘宣外，御史大夫崔游为刘渊老师，大鸿胪范隆、太常朱纪为刘渊同门，黄门郎陈元达则为刘渊同族同乡。元熙元年的政治体系是刘渊王权与刘宣相权的二元体制。

永凤元年（308）十月刘渊称帝，十二月乙亥重构了官僚体系：统兵权归于刘渊子（和、聪）与族子（刘曜），"三公"中刘渊亲族占其二：子（和）、岳父（呼延翼）。这一人事安排是针对刘宣之死的新布局。从刘渊家庭成员占据了多个系统的绝大多数最高官职来看，刘渊政权已经摆脱了南匈奴一系的掣肘。

河瑞元年（309）十二月，第三次机构及人事调整是为立嫡做准备。由于预立太子事关国本，刘渊将围攻洛阳的刘聪所部召返平阳，并以刘聪为大司徒。河瑞二年正月，刘渊册封梁王刘和为皇太子。刘和为呼延王后之子，外祖父为呼延翼，舅父为呼延攸。匈奴四姓中，呼延氏最贵，有左日逐、右日逐，世为辅相。呼延氏与屠各刘氏间存在着世代通婚关系，刘渊母亲出自呼延氏，刘渊王后出自呼延氏，刘聪之妻亦出自呼延氏。在拥立刘渊的事件中，呼延氏也参与机密。呼延翼、呼延颢、呼延朗死于河瑞元年征伐西晋的战争中，立刘和为太

子在于安定呼延氏之心。

河瑞二年七月庚午刘渊寝疾，次日（辛未）推出顾命大臣名单，包括诸公、尚书台及中书监、单于台、禁兵等多个系统。诸公"并录尚书事"，其实是采用多宰相的合议制。再加上尚书令、左右仆射、吏部尚书，尚书台政务实由八人共理，难以被一人专断。刘渊的这一安排旨在为刘和的皇权行使创造条件。单于台与尚书台并立，统治五部屠各之外的六夷。出于军事制衡目的，刘渊将刘聪、刘曜从五部屠各的军事系统中调离，转至六夷系统。刘和比较稳固地掌控了禁兵。刘渊临终前的辅政安排旨在制衡勋旧间的权力，为刘和执政创造条件。在呼延攸、刘锐的引导下，刘和即位三日后以最激进的方式改变权力格局以求掌控屠各、六夷的全部军事力量。由于尚书田密、武卫将军刘璿挟持北海王刘乂归附刘聪，刘和的计划失败。刘乂是屠各与氐人合作的纽带，与刘乂的合作是刘聪得以动员六夷军事力量的关键所在。刘聪于甲申日攻西明门，次日杀刘和于光极西室。

## 二　河瑞元年政局中的刘聪与其即位初期的人事安排

按万斯同《伪汉将相大臣年表》的整理，刘聪即位后对诸公进行了人事上的调整：除了太宰刘欢乐、太傅刘洋去职外，刘渊顾命名单中的大多数成员都得到了升迁；刘景与刘殷则获得了超迁。刘景原不在刘渊的顾命名单里，但他是刘渊时代的主要军事统帅，在河瑞元年十月总攻洛阳的战役中，与刘聪、刘曜共同率领五部屠各的五万骑兵。在洛阳之战中，刘聪对大夏门、宣阳门两次战役的失败均负有全责。在刘聪大夏门战败的同时，率步卒为后继的呼延翼亦为其下所杀。呼延翼部自大阳溃归后，汉兵粮道断绝，刘渊召刘聪还师。由于呼延翼的死亡削弱了支持刘和的势力，故而刘聪"固请留攻洛阳"，并脱离前线"亲祈嵩岳"，试图以军事胜利弥补同年八月因弘农遇袭而损失的政治声望。然而，刘聪脱离战场致使宣阳门战败。刘景作为主将之一，对刘聪"亲祈嵩岳"的心理当有所了解并给予了支持。他在洛阳之战中接替刘聪攻击大夏门，替其弥补军事损失。这一政治资本使其在刘聪即位后得以快速擢升。

光兴元年（310）政局中另一位快速升迁者刘殷在西晋已预士流，为新兴郡士族代表，并为本郡太守。屠各五部中的北部位于新兴郡，刘渊为新兴人，与刘殷同乡里。刘聪即位后，将刘殷从尚书左仆射擢升为大司徒、太保，旨在笼络汉国内部的晋人势力。刘聪对刘景、刘殷的越阶擢升，以及对其他顾命大臣的擢升，是出于稳定政局、塑造继位合法性的切实考虑，既延续了刘渊留下的辅政格局，也维系了汉国权力结构的稳定性。

## 三 倾覆洛阳后刘聪的皇权建构

光兴二年（311）倾覆洛阳后，刘聪的政治重心转移到皇权建构上来。嘉平二年（312）刘聪改革后宫制度，皇后之下增加了贵嫔、贵人、三夫人（昭仪、贵妃与夫人）三个层级。后宫的制度改革是为了配合外戚的阵营扩大。所联姻的大臣，多为刘渊顾命大臣或刘渊故旧。这些人虽非屠各刘氏贵族，但是占据官僚体系中的顶层职位，不仅对汉国的行政运转甚为重要，而且对刘聪继位的合法性也至关重要。刘聪扩大外戚阵营或许是仿效孙皓、晋武帝的政治联姻。嘉平二年前后，刘聪最关心的政治议题是晋怀帝君臣的处置问题。在这一背景下，与刘渊的顾命大臣联姻带有尊崇汉国勋贵以抵消晋怀帝君臣影响的意味。甚而，这一联姻也是为了防备汉国的汉族公卿与晋怀帝君臣发生政治上的关联。

与刘渊的顾命大臣联姻还具有制衡宗室权力的意义。如果说永凤元年刘渊的王权向皇权转化意味着在原本与南匈奴的联合政权中屠各刘氏开始独占政权，那么嘉平二年刘聪一系列的举措则旨在将皇权从屠各刘氏的宗室权力中凸显出来。刘聪扩大以汉族勋贵为主的外戚阵营，对屠各刘氏的宗室权力是一种变相的削弱。除了扩大外戚阵营并予以擢用，嘉平二年四月刘聪分封诸子为王不遵"宗室以亲疏为等，悉封郡县王"之制，也彰显了其家庭成员不同于其他宗室的特殊地位。刘聪施行了宗王出镇制度，以诸子掌管禁兵，驻防旧都离石、蒲子与平阳近畿西平城，意在对内防止政变的发生。

经过嘉平二年的这些政治举措，刘聪的皇权从屠各刘氏的宗室权力中凸显出来，具有专制性的汉国皇权才得以初步建立。

〔本文摘自《学术月刊》2021年第9期。作者李磊，华东师范大学历史学系教授〕

# 石勒"赵王元年"与慕容儁"燕王元年"

童　岭

## 一　石勒"赵王元年"经纬及其经学解释

五胡十六国是中国魏晋南北朝时代历史的重要一环，它与汉人正统政权晋、宋相始终。华北诸民族政权战和不一，作为"无法维持的中心"（*Culture and Power in the Reconstitution of the Chinese Realm, 200–600*），这一时期的历史无疑是中国史上最纷繁复杂的。历代研究它的难点，以时间、地域、民族关系等为主。

十六国前期，羯族建立的后赵与鲜卑族建立的前燕，分别采用过"赵王元年"与"燕王元年"这样比帝王年号纪年次一等的列国"无年号纪年"法。采用"无年号纪年"的意义在于"虽不即位，然摄行君事"，是中国中古时代胡族新政权建立过程中，从"某王"到"某天王"再到"帝"的一个前期重要环节。

日本尊经阁所藏《天地瑞祥志》旧钞本汉籍残卷第十九"菟"条，引《石勒别传》云："今大赵革命，以水受金。夫菟，阴兽；玄，水色。黑菟见，以表应行。以此推之，黑应上。"此处《天地瑞祥志》佚文指出后赵"大赵革命"的兴起，直接继承西晋的金行而无视汉赵的存在，标识着北方胡族的领导者"挛鞮氏（刘氏）血统观"开始淡化。然而，当匈奴冒顿的血统不再是政权正统化的唯一标准之后，新的依据必定要被寻求，进而赋予后赵政权正统化以理论依据。《天地瑞祥志》所引《石勒别传》的史料记述时间，与《晋书·石勒载记下》相对勘，可知为咸和三年（328），此时石勒称"赵王"已有九年，正是因为象征五德终始的黑菟之获得，他首次在后赵政权内实施了第一个年号"太和"。而在此之前，石勒以"赵王"的身份一直使用"赵王元年""赵王二年""赵王三年"……"赵王九年"这样的"无年号纪年"。作为一个相对边缘性的种族，他们逐步整合到了中原既有的政治框架之内。

刘聪死后，与石勒几乎拥有对等实力的刘曜，因为南匈奴的种族身份以及获得了传国六玺，率先登基称帝。同年（319），在追回给予石勒的"赵王"称号后，刘曜将国号从"汉"改为"赵"，史称"前赵"。此年冬天十一月，石勒正式称"赵王"，与刘曜分庭抗礼。《通鉴》卷九一《晋纪十三》和《晋书·石勒载记下》分别有记录："冬，石勒左、右长史张敬、张宾，左、右司马张屈六、程遐等，劝勒称尊号，勒不许。十一月，将佐等复请勒称大将军、大单于、领冀州牧、赵王，依汉昭烈在蜀、魏武在邺故事……即赵王位，大赦，依春秋时列国称元年"，"太兴二年，勒伪称赵王，赦殊死已下，均百姓田租之半，赐孝悌力田死义之孤帛各有差。……依春秋列国、汉初侯王每世称元，改称赵王元年"。

上述两则史料，文字书写颇有差异。《资治通鉴》记述是"依春秋时列国称元年"，而《晋书》记述则是"依春秋列国、汉初侯王每世称元"。可以确认的是"春秋故事"为唐、宋史官对石勒"赵王元年"的共通性看法，也是石勒称元最重要的理论来源。而《晋书》在此之外，补充了另一个理论来源"汉初侯王每世称元"。

首先我们考察最为重要的、经学意义上的理论来源"春秋列国故事"。太兴二年这一次石勒所公开建立的"赵国"，史称"后赵"，定都襄国。即赵王位的石勒，"依春秋故事"——应该是出自精通汉文典籍的谋士"右侯"张宾等的策划——称"赵王元年"。

虽然与刘曜的前赵并列于世，但是，石勒并没有立刻用"年号"。而是用了无年号的春秋元年纪年法。考《春秋左传》一书，隐公第一句即是"元年，春，王正月"。

杜预《左传注》云："隐公之始年，周王之正月也。凡人君即位欲其体元以居正，故不言一年一月也。隐虽不即位，然摄行君事。"杜预非常精准地解释了春秋"元年"的含义，即"虽不即位，然摄行君事"。如果换成石勒"赵王元年"的语境，也就是虽然不称帝，但是摄行君事。

孔颖达的疏证，更引用了"元者，气之始也"的说辞，进一步解释道："故晋宋诸史皆言'元年春王正月'，帝即位是也。"当时晋宋的史官思想，一定也会流入北方。以汉化的程度而言，羯族石勒、石虎，比不上前面的南匈奴汉赵，也比不上其后的鲜卑慕容氏前燕。而巧用"赵王元年"的纪年法，暗示其虽然比当时的两个皇帝东晋元帝司马睿、前赵皇帝刘曜低一等，但是像春秋列国或汉初侯王一样，拥有完全独立的势力，甚至就是"帝即位也"。

进一步考察《晋书·石勒载记》的"汉初侯王每世称元"对于后赵正统化的影响。

汉初，其封国分为王国与侯国。虽然中国中古的诸侯王制度有增减损益，但是"周（《春秋》）制"与"汉（初）例"均是后世王国建制的重要评判依据。因此，《晋书》的史臣，在使用了"依春秋列国"一句之后，还比《资治通鉴》多出"（依）汉初侯王"一句，我觉得是更加精准的、从理论与现实两个层面把握了石勒的正统化需求。

称赵王的十二年中，石勒采用无年号纪年"赵王元年""赵王二年""赵王三年"……"赵王九年"共九年，采用以赵王位建年号"太和"共三年。这十二年可谓是羯族政权逐步迈向"正统化"的一个适应期。石勒通过十年以上的"赵王"统治，一方面是确立了他作为"赵王"地位的唯一性，另一方面则是为了将游牧民族最高权威"单于系统"与汉式"王爵"系统进行充分糅合。

## 二 前燕慕容儁"燕王元年"的谱系构造

五胡十六国前期，称"某王元年"的君主，除了石勒，最有代表性的还有称"燕王元年"的前燕慕容儁。慕容氏"无年号纪年"，与羯族石勒颇有异。这两个种族文化、制度上产生差异的原因，以往史家多从不同侧面归结为慕容氏汉化程度高于羯族。这固然是一种难以让人否认的阐述模式，但也应注意，他们的"正统化"既有特殊性，又蕴含多元性。

按照《晋书·载记》的记述系谱，前燕鲜卑慕容氏的三代君王，从慕容廆、慕容皝到慕容儁，恰好完成了单于→燕王→皇帝的三部曲。而从王到帝的关键一步，就是在慕容儁时代完成的。与汉赵、后赵自立为"赵帝""赵王"不同，前燕的第二代君王慕容皝在咸康七年（341）被东晋朝廷授予了"幽州牧、大单于、燕王"的称号，并将这一"燕王"称号顺利地传给了儿子慕容儁。

《晋书·慕容儁载记》云："皝死，永和五年，（慕容儁）僭即燕王位，依春秋列国故事称元年，赦于境内。"这里的系年"永和五年"，是颇可疑的。唐长孺的《晋书校勘记》云："《载记》改'元年春正月'为'永和五年'，而误移于'即燕王位'之前，遂似皝死即位亦在五年。"慕容儁"即位"与"称元"不在一年之内，而《慕容儁载记》误将二事系于一年。而《晋书·穆帝纪》将东晋政府"假慕容儁大将军、幽平二州牧、大单于、燕王"的时间定于"永和五年夏四月"，可以说是对前一年慕容儁"僭即燕王位"的一个反应。

慕容氏对东晋的"拥戴"，一直到第二代慕容皝，慕容皝于晋咸康三年（337）十月即"燕王"位，但这一次是"虽称燕王，未有朝命"。在整个慕容廆和慕容皝时代，虽然为了利益考虑，有时与石勒、石虎通使结盟，但基本上是严格遵奉东晋之正朔。直到慕容皝获得了东晋承认的"燕王"称号之后的第四年，即永和元年（345）冬，其羽翼已满，自称"燕王十二年"，境内不再遵奉东晋正朔。《资治通鉴》云："燕王皝以为古者诸侯即位，各称元年，于是始不用晋年号，自称十二年。"胡三省注云："燕自是不复禀命于晋矣。"

慕容儁在349年"依春秋列国故事，称元年"的意义，也就是把实际意义上的列国状态，变成了名义与实际双重意义上的列国状态。他的父亲慕容皝虽然没有机会称"燕王元年"，但其子慕容儁完成了正式"称元"（而非其父回溯式"称元"），向天下宣誓自己前燕统治的正当性与合法性。

清代万斯同《历代纪元汇考》在晋穆帝永和五年条下有云：“赵太宁元年正月称帝。赵石鉴青龙元年。案元系庚戌，今移此年。燕慕容儁元年。案年号燕元。”万斯同的考证有一得一失，其得在于，揭示了慕容儁称“燕王元年”时华北后赵政权年号的频繁更换；其失在于，“燕元”并不是年号，而只是列国“无年号纪年”。同样把慕容儁的“燕王元年”误以为是年号“燕元”的清代学者，还有《历代纪元编》的作者李兆洛。

## 三 十六国政权“纪年”方式的变迁与推演

对于五胡时代的汉族和匈奴、鲜卑等族的知识人来说，上一个记忆强烈的“列国纷争”时代就是春秋战国。之前虽然有魏、蜀汉、吴的三国时代，但列国数量上可以与五胡对比的，只有春秋战国的乱世。

与《公羊传》的逻辑不同，中古以来《春秋左传》经学的解释认为，身为“列国”之一，称“元年”在某种程度上可获得“即位”的权利。同时，“汉初侯王每世称元”也被羯族与慕容鲜卑灵活袭用。石勒和慕容儁两人在尊奉东晋的态度、是否放弃“单于”称号等方面多有不同，前者徘徊在“赵王”位置上长达十二年，其中“无年号纪年”即有九年之久；后者称“燕王”仅四年即称帝，并成为影响后燕、南燕的“燕元”故事。不论是羯族还是鲜卑族，他们为了超越入塞的族群支配而达到王权支配，均将经学话语中的“春秋列国故事”视为在华北地区建构王权认同、塑造正统的重要理论来源。

〔本文摘自《魏晋南北朝隋唐史资料》总第42辑，上海古籍出版社，2020，原题《石勒“赵王元年”与慕容儁“燕王元年”——从“春秋列国故事”看十六国前期政权的正统化》。作者童岭，南京大学文学院教授〕

# 文成帝和平二年南巡史事再考

刘　莹

北魏时期，皇帝外出巡幸（或称"巡狩"），是一种重要的政治、军事和经济活动，在拓跋鲜卑的政权建构和治国理政中发挥着重要作用，并对中国中古时期的民族融合、国家形态和制度演进产生了深远影响。近年来，山西灵丘文成帝南巡碑（以下简称"灵丘碑"）的发现，使文成帝和平二年（461）对山东诸州的巡幸受到学者关注。笔者发现，唐人许敬宗编纂的《文馆词林》收录了一篇北魏高允撰写的《南巡颂（并序）》，主要内容是赞颂和平二年文成帝巡幸冀州盛况，为探索此次南巡活动的历史细节提供了珍贵线索。

收录在《文馆词林》卷三四六《颂·礼部五》"巡幸"条的《南巡颂（并序）》，是汉代至南北朝时期常见的功德碑文体。分析文章内容，可知以下信息。

其一，文中记录的巡幸事件，即北魏文成帝和平二年南巡定、相、冀三州之事，与《魏书·高宗纪》的记载正相对应，与灵丘碑所记亦为同一事件。

其二，高允用大段笔墨描写了皇帝到达信都后，于衡水之滨修建行宫、登台观景、举行飨宴等一系列活动，类似信息不见于《魏书》等传世文献，为我们探索此次南巡的历史细节提供了珍贵史料。

其三，根据颂序，此次巡幸结束后，为彰显皇帝威德与信都飨宴盛况，王公卿士请求刻石立碑纪念。换言之，极有可能在信都某处，立有一块文成帝和平二年南巡碑，而《南巡颂（并序）》应为碑文之一部分。通过比较《南巡颂（并序）》与灵丘碑碑文，也可以在一定程度上证明这一推测的合理性。

张庆捷在《北魏文成帝〈南巡碑〉碑文考证》一文中，结合灵丘碑与《魏书》相关记载，对文成帝的巡幸路线有所考证。张庆捷提出的路线大体合理，但平城至中山一段取道灵丘，与史书记载不合，这是因为忽略了《魏书·礼志》的记载；而认为赵郡至信都一段由广平，则是因为灵丘碑碑文将南巡的路线导向了广平郡。依据高允《南巡颂（并序）》并结合

《魏书》记载，文成帝此次南巡路线中可以确定的节点为：平城—石门关—中山—邺城—信都。在信都短暂停留之后，再启程北返，路线大概为：信都—中山—倒马关—广昌—灵丘—莎泉—平城。

《南巡颂（并序）》关于衡水之宴的细致描述，也为了解巡行中宴飨活动的具体过程、参与人员，以及相关礼仪规程提供了珍贵史料。

1. 刘宋来使与衡水之宴

信都是河北地区重要的交通枢纽。除通往相州、中山的道路外，信都向南渡过碻磝津，可抵达南朝，这是北魏前期南北通使的重要路线。如此，南朝使者进入北魏境内后，信都是其到达的第一个州城，也是与文成帝巡幸路线的第一个重要重合点。从《南巡颂（并序）》内容可知，文成帝在信都"衡水之滨"举行了盛大宴会，刘宋使臣的到来可能是举行衡水之宴的一个重要原因。

2. 修建行宫

和平二年三月某日，文成帝抵达信都后，于衡水之畔开阔平坦的原野上建立行宫，搭建朝见、宴会、驰射等临时场所。

3. 参与人员

根据《南巡颂（并序）》的记载，此次宴会有"群后""岳牧""宗人""殊方""遐宾""幽隐"的参与。

所谓"群后"，或即灵丘碑碑阴中的有爵者。"岳牧"则为朝廷咨询问答之官，以及牧、守、令、长等地方官吏，包括随行从官中的中央官僚50余人、冀州刺史源贺、长乐太守（推测为高允之子高忱），以及出身地方大族、豪强的地方吏员。"宗人"为"礼官之属"，即中常侍、宁西将军、仪曹尚书张益宗（即张宗之）与散骑常侍、太子少保、仪曹尚书李真奴（即李訢）。"殊方"与后文中的"遐宾"俱指远道而来的刘宋使者。"幽隐"则指隐逸之士。幽隐之士出席宴会，也是称颂帝王之德的一种表达。

4. 宴会内容

《南巡颂（并序）》记载了泛爵清流，奏"金石之乐"，舞"云门之舞"的场面，此皆为用典，实际使用的可能是鼓角或鼓吹之乐。驰射竞技是北魏巡幸中常见的活动。此外，参与宴会的文士也通过诗赋赞美皇帝盛德，歌颂盛世太平。

5. 仪式场景

此次宴会究竟呈现出了怎样的仪式场景？衡水之宴发生在北魏迁都洛阳之前，此时胡制与汉制并行，需要考虑到两种制度的交叉影响。由于史料所限，现举正光元年（520）柔然阿那瓌来朝的宴会情况以为参考，考察外国使者朝见时的宴会礼仪。

正光元年初，柔然阿那瓌因内乱南逃北魏。十月，孝明帝于洛阳显阳殿举行正式的朝宴。参加宴会的人员品级限定在从五品以上，包括"清官、皇宗、藩国使客等"，这是国家政治的核心群体。参与宴会的官员分为王、公以下官员与特命之官两批入殿，阿那瑰身为柔然国主，又为主宾，当东向而坐，位在藩王与仪同之间。而阿那瑰兄弟、叔父等人所处的位置则"位于群官之下"，于百官之后升殿。这种安排可能是北魏宴飨来使的常例。

由于北魏前期鲜卑官制的影响，衡水宴会肯定与北魏后期的宴会存在区别。但同时，在华夏官制层面，北魏前、后期也具有一定的延续性。据此，正光元年的朝宴位次也能为和平二年信都衡水之宴提供一定的参考。

和平二年参与宴会人员也当限定在与五等爵制相应的官品中，即灵丘碑碑阴题名中的三品以上官员以及州郡长官。群官之下当是刘宋使者。此外，代表地方大族的州郡僚佐和象征王朝德治之功的"幽隐"也可能出席。

除列席官员外，还有100多名从官参与宴会。据黄桢近年对北魏早期官制结构的分析，北魏早期禁卫武职也存在侍臣、内职的区分，分别负责禁中与殿中护卫。据此可将灵丘碑碑阴首列内侍之官，即殿中尚书、内都幢将—内行内三郎（即内行三郎）、内行令—内行内小，以及内职即内三郎幢将、内三郎、斛洛真军将、内小幢将、三郎幢将、雅乐真幢将、斛洛真在宴会空间中的位置进行标示。

当文成帝在信都举行这场盛大的宴会时，负责巡幸礼仪的随行官员参照国家、宫廷的典制和以往成例，对宴会的流程、仪卫、位次布局进行安排。本应发生在京城宫廷的宴会，和原本在宫城中举行的礼仪出现在地方，必定给来自州郡的宴会参与者和旁观者带来巨大的震撼。这次盛宴也象征着皇帝的德政"洽于无外，而可已乎"。因此，才有铭刻信都南巡碑的动议。其与灵丘碑作为同一次巡幸事件的纪念碑刻，一南一北，使此次巡幸之盛事，更重要的是皇帝、王朝之盛德流传后世。

宴会在日常政治生活中发挥重要作用。和平二年信都衡水之宴是北魏皇帝巡幸中的宴会，由于刘宋来使的参加，这次宴会也成为迎劳使者的交聘之宴。作为前者，衡水之宴与其他巡幸中举行的宴会活动一样，是北魏巡幸活动的重要内容，与草原部族的经济生活、信仰、习俗有密切关系。但作为迎劳南朝来使的交聘之宴，需要有与之相应的"朝觐、宴飨之仪"，同时也受到北魏前期政治制度的影响。到太武、文成二帝时，北魏巡幸宴会已具有了复杂的文化内涵。

巡幸作为北魏皇帝施政的一部分，与京城、朝堂中相关政治活动所具有的功能相同。但在北魏早期，巡幸活动更多地集中在平城以北及西北地域，是北魏政权与北边诸部维持联盟与从属关系的重要形式。至太武、文成二朝，巡幸河北的次数显著增多。从巡幸政治的视角来看，这种转变可以视作北魏巡幸活动作用范围的扩大，是北魏皇帝将其针对北边、西北边诸部落的统治方式应用在河北、山东等华夏王朝核心区域的表现。随着巡幸区域的扩展，北魏巡幸的仪式内容也逐渐发生着改变，越来越具有《周礼》色彩，到唐代，巡狩礼仪首次出现在国家成文的礼典之中，成为吉礼的重要部分。

文成帝此次的南巡及宴会活动，呈现出游牧与华夏两种政治传统元素的交叠，从一个侧面展现了中华民族多元一体格局发展的历史历程。

〔本文摘自《历史研究》2021 年第 3 期，原题《文成帝和平二年南巡史事再考——以高允〈南巡颂（并序）〉为中心》。作者刘莹，上海师范大学人文学院讲师〕

# "正统"观念下的北魏礼乐建设

金 溪

南北朝时期，南北之间存在着华夷之辨与正统之争的双重对立，少数民族政权对通过礼乐制度表达政权主体性、树立国家形象有迫切需求，必然会基于这一目的，选择强调其渊源有自、确保其主导权的方式来建设礼乐制度。这一出发点在北魏即已确立，并明确地体现于北魏礼乐建设的指导思想与选择标准中。

## 一 引论：北魏前后两阶段礼乐建设的推进方式

北魏是中国南北朝时代第一个统一北方、占据中原，与汉族政权南北分治的胡族政权。其礼乐制度的建设与政治话语体系的确立缺少可直接套用的样本，需要经过摸索尝试，方能树立与本朝特殊性相符的模式。如果以孝文帝亲政为界，将北魏粗略地分为前后两期，可以看到，在这两期中，礼乐制度建设的推进方式存在显著区别。

在北魏前期，包括乐制在内的制度建设以委派一人专主一事，相对独立地进行规划为常例。而自孝文帝即位起，则以集体性乐议为形态。至迟在宣武帝初年，以一人或数人之力制定礼乐制度已被一人主持、群臣集议、皇帝审定的模式彻底取代。

北魏前期制作礼仪用乐的一个特征是不乏"帝王自作"的作品。除表现皇帝在文化层面的权威外，也将对皇帝的崇拜等同于对政权正统性的认同。在礼乐制度尚未健全时，用拓跋鲜卑古已有之的将统治者等同于天神的个人崇拜，暂时取代由严密的制度、话语体系以及正朔承继等塑造出的皇权正统性，有助于迅速有效地确定制度、树立权威。这与同时期皇帝委一人作为自己的代表来制定某一制度在内核上是一致的。

孝文帝亲政后，北魏不再将帝王自作歌纳入仪式雅乐中。与乐议模式的定型相对应，雅乐歌辞的制撰与使用也形成固定流程。礼乐建设在此时真正成为具有明确目的、多方面内容、固定参与人员及特定分工的工作，成为汉化改革中成体系、成规模的一部分。

衔接礼乐建设前后两期的重要节点是文成帝和平六年（465）刁雍上《兴礼乐表》。此表强调了历代礼乐"不相沿""不相袭"的传统，提出"名"与"功"并重，实际上第一次指出"正乐"对政权正统性的表达功能，可被视为北魏正统观念变化过程中承前启后的标志。这意味着北魏王朝已经逐渐具备了各方面条件，必然迎来一个合适的时机，进行超越具体乐曲、乐器及表演层面的礼乐建设。

## 二　北魏后期礼乐建设中的评判标准

自孝文帝朝开始全面推动的礼乐建设，其根本目的是通过礼乐表达政权的正统地位。此时的正统性与北朝前期的差别，首先体现在建设过程中对于不同观点的选择标准中。本文以《魏书·乐志》等文献所载宣武帝时更造新尺及孝明帝时陈仲儒立准调律二事中所体现的评判标准为例，进行说明。

北魏宣武帝时议造新尺之事的参与者有太乐令公孙崇、太常卿刘芳、中尉元匡及黄门侍郎孙惠蔚等，共造四种新尺，长度各异，"频经考议"方将刘芳尺确定为最终标准。在考议过程中，存在两套截然不同的评判标准。新尺制造者更习惯将这一行为认定为各执己见的律学探讨，以"正误"为最主要的判断标准。而组织者与审定者所采用的标准包括四条具体内容：第一，是否合于经史典籍，如《周礼》等所载尺度；第二，是否合于前朝故事，如西晋荀勖造尺之事；第三，是否合于古物，如"古玉律"及崔光所得古象尺；第四，是否合于本朝先皇所定，即太和十九年孝文帝诏定之铜尺。其中"先皇之制"是最为关键的标准。这充分说明，北魏官方确定律尺并非以追求准确为目的，而是以经史典籍、前朝故事作为依据，为本朝已有"不刊之式"赋予合理性与权威性。

陈仲儒是《魏书·乐志》中记录最为详细的入北南人，《魏书·乐志》载其《答有司符问立准以调八音状》。研究这一时期国家对于定音调律的态度，需注意乐志所载尚书萧宝夤否决陈仲儒律的上奏及孝明帝答诏。萧宝夤的否定原因可归为三点："违成敕用旧之旨"即违背继承先皇所定"不刊之式"的原则；"辄持己心"即违背以经史、故事为理论依据的原则；"轻欲制作"即违背以古物为实物依据的原则。这与宣武议律的几条评判标准基本吻合。而孝明帝答诏"礼乐之事，盖非常人所明"点明了另一标准，即礼乐建设参与者的身份比知识水平更为重要。此外，孝明帝与同为入北南人的萧宝夤都并未以南人身份作为理由来否定其观点，却提出"常人"这一消弭地域因素的原因。可见，在此时的评判体系中，南北之争已经让位于北魏内部身份地位的差异。这意味着，北魏后期的正统意识，已超越了单纯地域维度的"南北"，而强化了对正朔的追求。

此二事均体现出，在北魏后期的制礼作乐这一国家行为中，对不同观点的评判标准已经确定。参与者的各执己见不可或缺，但又与礼乐建设的根本目的有所冲突，因此既提供了多样化的理论基础，又往往在最终的选择中被摒弃。

## 三 北魏礼乐建设的根本出发点

北魏后期乐律、礼乐制度与具体用乐的议定，其根本目的已非寻求准确合用的乐律与乐曲，而是为了用礼乐表达政权的合理性、继承性、正统性与权威性。北魏乐制建设中所体现出的正统观念可以分为三层内容，其一从北魏前期起即已存在，另外两层则从中后期开始逐渐成为主导。

### （一）拓跋鲜卑本民族的文化传统

拓跋鲜卑的文化传统是自代国至北魏早期树立政权正统性的出发点。这种正统性表达在"乐"的方面多有体现，以大量的本民族音乐与中原礼仪音乐相杂糅为标志：为鲜卑语《真人代歌》赋予"房中乐"的功能，以本民族所习用表达威仪的《簸逻回歌》补入郊庙雅乐"以为行步之节"，以及作为国家礼仪活动中的集体行为的自作歌与自起舞，都是将本民族传统与中原故事相结合，以表达主体性的音乐形式。

### （二）五德行次的确立

北魏孝文帝太和十四年（490）议定五德行次是北魏文化史上至关重要的大事。孝文帝以"承晋"为正统的自我表达，从根本来说是用带有象征意味的"五德"理论，为此后对西晋礼乐、政治、官制、宫室、都城建设等各方面的制度性继承铺平了道路。除了理论层面以外，议定五德行次的具体过程也具有典范意味。这种已预设结论、带有明确目的性的集议，在北魏中后期礼乐建设中绝非罕见。可以说，议定五德行次的成功，在方法上也为其后的文化与政治建设树立了轨范。

### （三）"中华"观念的确立

在迁都洛阳，达成"时代"与"空间"两个维度上对西晋正朔的继承之后，基于又超越地域变换的"中华"观念也迅速得以确立。自孝文帝时起，地域上"南"与"北"对峙的观念越来越让位于意识形态层面上的"中华"观念，这成为与南朝在文化正统竞争中的关键所在。

"中华"观念确立并与"正朔"观念共同作用，是北魏中后期确立正统观念、进行文化建设的重要转折点。这一观念在礼乐建设上表现为，自此时起，礼乐建设的核心转向"比其音律"，试图以"定律"来确立真正与"中华"相匹配的雅乐，而在具体建设流程中，明显加强对传承经典和正朔的强调，以表明其正统。

# 结　论

通过对礼乐建设过程中的评判标准进行分析，可知北魏中后期礼乐建设的具体理论依据来源于以下几方面。

1. 先秦以来经典史籍中对礼乐的记录与阐释。所谓经典，包括六经及汉人的传注，尤以郑玄注为重；所谓史籍，既包括正史，也包括前代奏议等历史档案。

2. 汉魏及西晋礼乐故事。

3. 本朝先皇所定之例。

由此可见，北魏礼乐建设的根本出发点始终在于树立政权正统性，具体表现为：通过对本民族建功立业与威仪战功的表现，确定政权合理性；通过议定统序行次，明确制度建设依据，确定政权继承性；通过确立"中华"观念，剥夺南渡政权统序，确立政权权威性。这几方面均为礼乐建设提供了理论支持。在研究北魏礼乐建设的过程中，必须重视这种对"正统"的强调，才能对其具体措施的目的与实施做出更为准确的判断。

〔本文摘自《音乐研究》2021 年第 5 期。作者金溪，中国音乐学院音乐系副教授〕

# 唐代尊号制度研究

孟宪实

尊号是唐代皇帝特有的一种称号。自武则天发明以来，作为皇帝制度的一部分，尊号形成了一个新的政治传统，与皇帝的帝号、庙号、年号、谥号等相提并论。本文围绕唐代尊号形成和尊号文化展开。

## 一　尊号的适用范围

"皇帝"作为尊号使用，具有独占性，非皇帝身份的人无权使用这个尊号。本文讨论的"尊号"，不是"皇帝"这个基本尊号，而是从唐代开始以"皇帝"为基础的新加尊号。

自秦始皇确立皇帝称号之后，"历代而下，遵而不易"，但亦有"时或因革"的五位皇帝。这些改变分别是西汉哀帝的"陈圣刘太平皇帝"、北魏献文帝的"太上皇帝"、北周孝闵帝用以取代"皇帝"的"天王"、北周宣帝的"天元皇帝"、唐高宗的"天皇"称号。这些都属于对皇帝尊号的更改，与后来的"加尊号"不同。

所谓的"加尊号"，是在皇帝这个基本尊号之外新加的称号。从史书所载唐代皇帝的尊号来看，可以发现基本尊号与新尊号之间的关系。天授元年九月乙酉，武则天"加尊号曰圣神皇帝"。唐玄宗先天二年（713）十一月，第一次有了尊号，即"开元神武皇帝"。武宗会昌二年（842）四月，群臣"请加尊号曰仁圣文武至神大孝皇帝"。所谓"加尊号"，是指新尊号加在基本尊号之前，共同构成全部尊号，以表达最高领导人的新政治文化意涵。

《册府元龟》在皇帝的"尊号"门下，记述这些内容，表达凡这些都是皇帝的"尊号"。这些罕见的名号改动，自身不成系统，也缺乏连续性，后来的尊号，并没有受到影响。因此，不能以此证明"尊号"的成立时间。皇帝加尊号是一种政治行为，并形成了一套制度规范，所以从尊号制度角度理解"尊号"成立史是比较适当的。同时，尊号制度一旦形成，无论对当时还是后世，都具有一定的稳定性。

## 二 武则天发明尊号

武则天的历史创造是公认的，而尊号之制正在其列。武则天的第一个尊号是"圣母神皇"，加尊号的时间是垂拱四年（688）五月。此时的武则天还是皇太后，但此事对于她登上女皇宝座，意义重大。在当时的宰相也是武则天的侄子武承嗣的策划下，洛水出现了白石。因为石上有"圣母临人，永昌帝业"字样，被武则天命名为"宝图"并亲自礼拜，随后牵引出南郊祭天，御明堂、集群臣于神都，正式接受"加尊号"为"圣母神皇"。这与当时武则天经过废中宗、扬州事变、杀裴炎等一系列重大事件之后已稳固掌权有关，代表着武则天冲击新政治高度的开始。

"圣母神皇"，可以分为"圣母"和"神皇"两层含义理解。前者表述了武则天是皇帝的母亲，无论是在孝道上，还是在政治上，都具有重要意义。"圣母临人，永昌帝业"，这是来自上天的指点，皇帝母亲亲自领导人民，唐朝帝业一定会永远昌盛。瑞石出自曾出现"河图洛书"之处，具有神圣性，这是上天对武则天数年来统治的充分肯定。"神皇"，不是皇帝，但类似皇帝、接近皇帝，也可以理解为皇帝的另一种表达，是武则天的一种试探。

从垂拱四年开始，武则天的探索没有停止。转年正月，大赦天下，改元"永昌"，亲祀明堂。九月九日，改唐为周，改元天授。三天以后，接受了新的尊号"圣神皇帝"。"母亲"的意义没有必要再强调了，过渡性称谓已经完成使命。

## 三 尊号体现政治理念

尊号首先是新政治理念的表征，同时也是新理念、新意识形态的一种强势表达。从政治行为观察，既是应对时局的一种措施，也是政治方向的宣导。武则天利用河图洛书经典制造天授政权的舆论，正式称帝之后改尊号为"圣神皇帝"，此后"圣神皇帝"就成为她皇帝尊号的基础，后又有叠加或替换，但"圣神皇帝"一直未改。可见，武则天坚持自己的尊号以神圣为底色，这可以看作她自己的基本定位。

称帝之后，武则天又多次因应形势加尊号。长寿二年（693）九月，"上加金轮圣神皇帝号，大赦天下"。这是佛教观念的体现，意在附会武则天就是转轮王，人间将迎来幸福的菩萨道。长寿三年（694），"五月，上加尊号为越古金轮圣神皇帝，大赦天下，改元为延载，大酺七日"（《旧唐书》卷六）。有关"越古"的含义，李峤《为杭州崔使君贺加尊号表》就说"可使尧舜拥彗……迈古超今而已哉"，称颂女皇功绩超迈三代以来的古今圣王。转年，"证圣元年春一月，上加尊号曰慈氏越古金轮圣神皇帝"。慈氏是弥勒菩萨的别称，与金轮含义似有重复。一个月之后，武则天去掉"慈氏越古"之号，又回到"金轮圣神皇帝"尊号上。再过七个月，加号"天册金轮圣神皇帝"。

观察武则天所加尊号，第一层含义是强调君权天授，这是传统儒家的重要政治观念；第二层含义是强调佛教观念。李唐宣扬道教，武周取而代之，没有理由再利用道教，选择佛教作为舆论工具，有必然性。用皇帝尊号的方式表达某种政治理念，方式有所创新，可视为中国历史上的一种新政治现象。如果说，以往的皇帝制度中，展现类似观念主要通过年号来进行，那么尊号则是年号之外的新形式。以武则天的例证来看，接受新尊号，也可能同时改元。如此，则具有多种政治理念表达的意味。

唐中宗的第一个尊号是"应天皇帝"，强调天命神授的意味十分明确。第二个尊号增加了"神龙"，这本是中宗的年号。把年号加入尊号之中，唐中宗是第一位。这次上尊号是在庆祝粉碎李重俊的叛乱。唐玄宗后来把这个先例继承下来，先天二年七月，玄宗铲除太平公主势力，睿宗交出所有权力。唐玄宗加尊号为开元神武皇帝，两天之后便改元"开元"。后来的皇帝，肃宗的尊号中有"乾元"这个年号，代宗有"宝应"，宪宗有"元和"，这可以视为唐代尊号的特点之一。当然年号之外的尊号更为普遍，整体上依然能够显现时代特色。玄宗最后的尊号是"开元天地大宝圣文神武孝德证道皇帝"，长达十四字。这其中，除了文武并神之外，就是道教理念如"应道""证道"等。在尊号问题上，热衷此道的应以玄宗为最。他不但自己反复加尊号，还多次给祖先加尊号，如高祖至睿宗等五帝皆加"大圣皇帝"的尊号等。此后皇帝，多把加尊号当作一种政治传统对待，加上时局每况愈下，尊号之制处于一种维持状态而已。

## 四　加尊号的基本程序

尊号在唐代不仅是一种重要的政治观念，也形成了一套程序性规则，是名副其实的尊号之制。

首先，群臣上表请求皇帝加尊号。尊号是皇帝专属，但不能由皇帝提出。群臣上表，根据天意人心，认为皇帝功高绝世等，应该加某某尊号。群臣，通常以宰相为首，如上文所列的魏王武承嗣等。为皇帝加尊号，是最高级别的政治行为，并非一般臣下可以参加。武则天天授二年（691）正月，县尉姚贞亮纠集数百人上表请加尊号为圣大神皇帝，就没有被允许。武则天的第五个尊号"慈氏越古金轮圣神皇帝"，据李峤《为朝集使等上尊号表》，属于群臣请求加尊号。从文中内容看，在此表之前，群臣已经表请加尊号，武则天没有答应，朝集使们再上此表，希望武则天能回心转意。他们来自全国各地，有很强的代表性，以他们的名义发起的加尊号行为，能够证明民心所向。

其次，除了群臣表请之外，皇帝是否接受新尊号，肯定还有多方面的考虑，这是加尊号的第二道必经程序。皇帝答应群臣请求，批准加尊号，采用的是正式诏书的方式。唐文宗不能摆脱宦官，对自己的现状不满，多次拒绝了加尊号之请。

最后，《唐大诏令集》所收的"尊号批达"中，有一通《依王公等请上尊号制》，开篇即"门下"云云，结语部分为："所请上尊号曰开元神武皇帝者，亦依有司。可涓日练辰，虔告郊庙，详诸旧典，备礼进册。布告天下，咸使闻知。主者施行。"这就是第三步册礼，是朝廷的高级典礼。在典礼中高潮部分是宣布大赦，除减罪赦免之外，还是行政颁布的方式。中宗、玄宗等皇帝还伴随有谒太庙、祭祀天地等活动。相关大臣为此要上加尊号贺表。有的皇帝还会对贺表有应答，白居易替皇帝所拟的《答朱仕明贺尊号及恩赦表》就是此类文字。

在唐朝，皇帝加尊号是政治生活中的一件大事。尊号是对皇帝的高度评价，是在皇帝生前就树立起来的一座丰碑。皇帝重视，不无道理。大臣有机会参与如此盛事，也是一生的荣光。最有实际意义的是大赦，这是对政治、社会、民众影响广泛的事件。朝臣会受到各种奖励，百姓会减轻一些负担。

〔本文摘自《唐宋历史评论》第 8 辑，社会科学文献出版社，2021。作者孟宪实，中国人民大学历史学院教授〕

# 论唐代内诸司使的定义及其影响

杜文玉

有关唐代内诸司使系统的研究成果已经非常之多，这主要是指内诸司的个案研究。然而对有些基本问题尚没有清晰的结论，比如关于这一系统的定义与始置时间，或语焉不详，或有异说存在，故有必要论述清楚。此外，唐代出现的这一内诸司使系统对后世有哪些具体的影响，也是需要论述清楚的。

## 一 内诸司使系统的定义

唐代内诸司使的许多权力是侵夺了南衙尚书省和寺监权力而来的。这一系统的权力还要大于南衙朝官系统，因为它还掌握了内廷的权力。不过其权力主要还是来自南衙系统。有些学者以为凡唐朝使职只要是宦官充任过的，皆可视为内诸司使，而忽略了内诸司必须是"内司""内使"性质的这一关键问题。一些宦官担任过的在外使职，如招讨使、粮料使、馆驿使、营田使和临时性吊祭使、宣敕使等概不属于内诸司使。有唐一代的内诸司使也不一定都是宦官。天复元年（901）崔胤请尽诛宦官，"以宫人掌内诸司事"（《资治通鉴》卷二六二，"天复元年闰六月"条）后来还以士人、武臣充任内诸司使。不过，这是唐末的情况了。

概言之，判定唐代"内诸司使"有三个基本要素：一是此使职必须是常设的，其机构设在宫内；二是其必须归宣徽院管理与领导，否则就不能视为内诸司使；三是使职由宦官担任，这是考虑到唐代的特殊情况，此点不适合其他历史时期。此外，监军使在设置之始，还不能算是内诸司使之一。诸道监军使归枢密使管理后，就算是内诸司使了。

## 二 内诸司使系统的始置时间

关于内诸司使的始置时间，胡三省说："唐中世以后，置内诸司使，以宦官为之。"（《资治通鉴》卷二三八，元和五年九月条胡注）可见胡三省亦认为内诸司使必须由宦官充任，只是其所说的这个时间比较笼统，还需要进一步探讨。从目前关于唐代内诸司使研究的情况看，这一系统并非一蹴而就，而是陆续设置、逐渐增多的。举例来说，飞龙厩属于仗内六闲，原隶属于殿中省尚乘局，掌其事者皆为朝官。不晚于天宝十一载又置飞龙使，接管了这一机构，高力士应是首位充任飞龙使的宦官，此后陆续有程元振、鱼朝恩、彭献忠、刘弘规等充任，这些人无一不是宦官，遂使其发展为内诸司使之一。内弓箭库使的设置稍早，高力士大约在玄宗即位时的先天年间（712~713）已担任此使。内教坊使是由武周如意元年（692）改内教坊为云韶府时以中官充使发展而来。因此，唐代内诸司使的设置有一个逐渐发展的过程，其始置时间最早不会超过武则天统治时期，至唐玄宗开元、天宝时期，设置的使职职数大大增加了，初步形成了规模。

管理内诸司使的宣徽院、枢密院的设置时间却要晚一些。《文献通考》载"枢密、宣徽院皆始于唐，然唐之职官志及会要略不言建置本末。盖因肃、代以后，特设此官以处宦者，其初亦无甚司存职业，故史所不载。及其后，宦者之势日盛，则此二官日尊"。又据《宫闱令西门珍墓志铭》载："大历之末，擢居宣徽。"可知其最迟置于唐代宗大历年间（766~779）。有关枢密使的始置时间，据《旧唐书》载："永泰二年……时中官董秀掌枢密用事。"永泰二年（766）是唐代宗的年号，当时尚未称枢密使。马端临亦曰："永泰中，宦官董秀参掌枢密事……亦无视事之厅。"由于内诸司使是逐渐设置的，最初设置的职数并不很多，加之枢密、宣徽设置之初，皆无视事之厅，推断其分别管理监军使和内诸司使乃是后来的事情，当是因内诸司使设置日多，唐朝为了加强管理，遂分别将其隶属于枢密院与宣徽院。

唐代内诸司使到底有多少，史书中缺乏详细的记载。从目前学术界关于内诸司使研究的情况看，比较可靠使职有以下几类。（1）政务类：枢密使、宣徽使、东西上阁门使、翰林院使、学士院使等。（2）军事类：飞龙使、军器使、弓箭库使、小马坊使、左右三军辟仗使、皇城使、监军使、排阵使、威远军监军使、步驿使等。（3）经济与生产类：大盈库使、琼林库使、丰德库使、内庄宅使、文思院使、内酒坊使、染坊使、中尚使、内坊使、毡坊使等。（4）内廷及苑圃管理类：武德使、少阳院使、内坊使、十王宅使、内园使、洛苑使等。（5）宫廷服务类：五坊使、鸡坊使、御厨（食）使、口味库使、翰林医官使、牛羊使、内教坊使、冰井使等。（6）宗教事务类：两街功德使。（7）外事接待与礼仪类：鸿胪礼宾、客省使、仗内使等。由于唐宋时期的政书极少记载内诸司使的设置情况，相关资料散见于各种文献与碑志之中，在一定程度上影响了这一问题的研究。相信随着考古事业的发展，新资料的涌现，有关唐代内诸司使的职数将会越来越多。

内诸司使在职能上已经涵盖了唐代政治、军事、经济、内廷与苑囿管理、宫廷服务、宗教事务以及外事接待等各个方面，与南衙朝官系统相比，其占有绝对的优势地位。以中枢决策权为例，枢密使掌管机要，既能参与皇帝与宰相商讨军国大事的延英召对，又可赴政事堂与宰相会商军政大事，拥有决定宰相人选的权力，甚至还有拥立皇帝的权力。在军事上，宦官更是具有绝对的优势地位，左右神策军被中尉控制，天子六军尽管兵力寡弱，但其兵权被左、右三军辟仗使控制。驻在长安城内的威远军，由于宦官担任了监军使，其兵权亦被宦官控制。在经济地位方面，北司掌握了除左、右藏之外的全部经济大权，甚至左藏也曾一度被掌握在北司手中。另外，手工业生产也被一些内诸司使掌管，至于苑囿、内廷服务等方面，南衙更是不能染指。总之，分析唐代宦官专权，不仅要看到宦官对军权尤其是禁军兵权的控制，也要对其通过内诸司使系统控制更多的行政、经济以及其他方面的权力予以足够的关注。

## 三 内诸司使制度的影响及变化

以往在分析唐朝灭亡的原因时，常常把宦官专权作为主要因素之一，然而唐宋时期的人们并不如此认识这一问题。天复元年，韩偓反对尽诛宦官，因为其所掌之枢机及所充任的内诸司使乃是国家机器不可或缺的组成部分，如果全部摧毁必然会造成国家机器运转的停摆，后果十分严重。因此，五代、两宋时期并没有将其全部罢废，而是有所继承、沿袭。

此外，五代时期还对一些唐代使职予以合并或调整，出现了一些新使职名目，如鞍辔库使、法酒库使、毡毯坊使、内客省使、翰林茶酒使、绫绵使、六宅使、供备库使、内衣库使、宣和库使、内染院使、榷易使等。五代后期内诸司使出现了阶官化趋势。

两宋时期仍沿袭了内诸司使制度，最大的变化就是枢密使成为外朝执政官，为二府之一。宣徽使地位尊贵，位在参知政事之下、节度使之上，虽为阶官，却不轻易授人。其余使职大都作为武臣之官阶。但在北宋初期，担任内诸司使者并非完全不履实务，如阁门使、翰林医官使、教坊使等仍有任事迹象。因此，从可以履实务到完全成为阶官，这一过程是一个漫长的时期，直到北宋中后期仍偶有掌实务者出现，可见其影响之深远。

〔本文摘自《唐史论丛》第32辑，三秦出版社，2021。作者杜文玉，陕西师范大学历史学院教授〕

# 构建共通文本社区

陈怀宇

## 一　何谓文本社区

制度性宗教（institutionalized religions）社区从其组织结构来说，可从三个层面进行定义，即宗教社区作为文本社区（the textual community）、仪式社区（the ritual community）和道德社区（the moral community）。斯多克（Brian Stock）较早前提出"文本社区"的概念，主要指中世纪欧洲的宗教群体围绕一些宗教文本塑造出的独特身份。一些研究非基督教的学者，如布莱克伯恩（Anne Blackburn）、拉帕波特（Joanne Rappaport）、费谢尔（Gareth Fisher），将这一概念引入了研究中。

文本除经典外，还包括赞颂文、仪式文本、日历等。制度性宗教社区的形成及运作，主要依赖文本的产生、流传和实践。随着信息化时代到来，文本社区突破物质性的地理位置和范围，开拓出虚拟文本社区。受此启发，故以唐代长安为例来说明唐代或存在类似的跨族群、语言、社会阶级的基于同样一套文本而构建的文本社区，同时通过对可能存在的文本社区进行分析，对文本社区的多重性和复杂性略做提示。

## 二　共通语言、仪式、图像、知识与文本

本文试图提出丝绸之路上的文化交流和沟通可以从共通语（Lingua Franca）到共通文本（Shared Texts）角度来理解和认识。对于共通文本的使用和阅读可让相关人群形成一个社区，社区成员对于这些共通文本具有共同的认知和了解，从而构建共通文本社区（the community of shared texts）。除了认识到文本自身在保存文化和促进文化流传中起了很多作

用之外，也应该注意到共通文本在使用过程中，也有构建社区认同和使用者身份的意义。共通文本并非单独起到了构建共通文本社区的作用，而是与共通语、共通仪式以及共通知识一起，构建共通文本社区。

唐帝国是典型的多语言社会，语言和文献的种族与来源以及遗存更为广泛。在其统治范围内，存在大量多语言、多宗教、多族群的社区，社区之间存在广泛的天文历法、科技、医学、物质文化交流，而文献的流传扮演了极为重要的角色。

在一些贸易和文化中心也存在跨越族群、文化、宗教边界的通用语。中原地区的汉文、西域地区的粟特文可能扮演了沟通不同族群之间相互联系的通用语的角色。这些共通语帮助不同族群互相了解，并互相学习不同的文化传统，进而在日常生活中借用对方的文本和仪式，形成你中有我、我中有你的混合状态。

不同族群、语言社区之间民众所使用和实践的共通仪式也值得注意。北朝后期，中原地区的祆教、道教和佛教徒中可能都流行崇拜光明的实践，可视为一种共通的仪式。在敦煌地区，来自不同族群、不同宗教传统的居民举行的多种燃灯仪式都属于佛教传统，其表现形式和所使用的文本亦不尽相同，但显然燃灯乃是当地不同族群使用不同语言实践佛教时的共通仪式。

唐代长安的各个宗教社区也存在共通画像。佛、道、儒乃至政府都争相为先圣、先贤、佛祖、老子画像，并请人创作像赞，作为彰显和颂扬前人功德的作品，并以此激励教内后学继踵前人传统。这种实践虽然也存在互相学习之处，但其画像及像赞的悬挂多限于本教空间之内。也存在同样一种物质文化，被多种宗教传统接受，成为跨宗教的实践。如自玄宗朝起，皇帝御容即悬挂于佛寺、道观、景寺，很大程度上成为接受唐帝国统治秩序的一种共通文化身份象征，至少在表面上唐帝国成为各宗教之间一个想象的政治共同体。文本的实践也同样如此。

宗教社区内部流通的知识系统可能来自不同历史和文化传统，而体现这些知识的文本可能是不同地域、不同族群之间共通的。不管是长安还是丝路上都存在着同一社区混用不同日历的情况。

语言被用来创作文本，文本传播仪式、天文历法，仪式又与图像结合在一起，共同构建宗教社区的丰富文化。文本的流传对不同宗教的相互塑造影响极大，有通过单一语言写的文本在不同空间之间和不同人群之间流通，或是在使用不同语言但信仰同样宗教的人群之间流通。

从文献的创造与流传角度来说，长安的皇室宫廷书库及内库藏有各种语言文字的文献，唐玄宗统治时期设立的集贤院是个重要的共通文献集散地，在这些空间中不同的樊篱被打破，形成了更大范围的共通文本。

## 三 共通文本社区的构建及其性质

所谓共通文本是否存在一些跨越地域、意识形态的文本？这些文本可能不是很有政治意识形态倾向的文本，但很多文学文本可能是共通的。在当代学术界，不同的社会阶层之间流行的共通文本也是不同的，不同专业领域的人文学者可能也在接受所谓共通文本的程度上存在不同，但对于更为狭窄的领域而言，文本的共通性则更为狭窄。

在唐代，是更为重要、更为根本的教义文本更具有共通性，还是更为简明的文本更具有共通性呢？《心经》是最为简明且最反映大乘思想的佛教文本之一，却没有广泛的共通性。文本的创作者、传播者、接受者具有很大的能动性。讨论共通性的语境也很重要，属于同一宗教传统但使用不同语言的受众也有其独特性，作为受众接受和使用共通文本的态度及方式可能不同，来自不同宗教传统使用同一语言的受众也会对共通文本区别对待。这里所说的共通文本，即指各个宗教之间共用但各取所需的文本。不同宗教传统均认识到其存在并进行研读，但解释和使用目的与方式不同，会在研读和使用相同文本基础上形成一个想象的文人共和国（the Republic of Letters），即不同语言、地域、宗教、族群背景的人生活在使用共通文本的社会环境之中，虽然对文本的解释不同，但都认识到这些文本的价值，并对它们进行选择性使用，出于各自的目的在一些关键问题上进行论争。这些共通文本社区的成员成为文本的能动者（the agents of texts），具有选择、变更、修改、重释文本的能动性。

有时候有些文本的共通程度是比较清晰可见的，这主要体现在不同文本对同一文本的引用和讨论，如摩尼教的《摩尼光佛教法仪略》在开篇即引用了《摩诃摩耶经》、《观佛三昧海经》和《老子化胡经》，以此来宣扬自身教义。我们还可以通过比对一个文本中引用其他文本的版本来探知共通文本的版本，并进而探求引用这一版本的社会历史条件，如摩尼教译经僧对玄奘译本语句的引用。

共通文本也会通过类似的教义和内容出现在不同的宗教传统之中，如成形于长安地区的道教《本际经》和景教《志玄安乐经》都引用了晋世法炬共法立译于290~306年的《法句譬喻经》中的故事。共通文本的意义不仅在于前文所说的可以传播共通仪式，也为不同宗教传统找到类似的思想教义之表达提供了文本基础。

《道德经》也是长安最为人知的共通文本之一，跨越多种宗教传统，进入多种宗教文献之中。有时候各种宗教文本对共通文本的借鉴是隐形的，尽管各个宗教的文本都有类似《道德经》的说法，却没有明确提到《道德经》文本名称。唐代景教、道教、佛教文本均引用了这一共通文本，反映了使用同一文本的人具有很大的能动性。摘取共享文献中有利于其宗教价值的内容进行改写，用于本宗教的文本之中，能让其他熟悉共享文本的读者更易理解本宗教的文本。

## 结　语

本文注意到一些文本为两种以上的宗教所用，或以超过两种语言文字的形式出现在宗教文本之中，甚至流行于超过两个族群信众之中，因而略陈数例，展开对这些文本在唐代宗教社会生活中的意义进行理论化的尝试。这种尝试乃是在文本流传史的研究取径之外，结合对唐帝国作为世界性帝国的思考，提出所谓从共通语到共通文本转化的研究思路，并试图进而揭示在唐帝国统治区域特别是国际性大都市长安存在基于认识和理解并运用共通文本的社区。或许这样的思路也可以抛砖引玉，用来理解中古时期丝绸之路上的其他国际性都市，如敦煌、西州，乃至波斯地区和拜占庭地区的多族群、多语言、多宗教国际性大都市。

〔本文摘自《中古中国研究》第3卷，中西书局，2020，原题《构建共通文本社区：以唐代长安所出宗教文本为中心的考察》。作者陈怀宇，美国亚利桑那州立大学历史、哲学、宗教学院副教授〕

# 高骈的野心

陈烨轩

唐僖宗广明元年十二月五日甲申，黄巢的军队攻入长安城，唐天子仓皇逃离，王朝就此步入穷途。唐朝的崩溃，最直接表现为政治权威的丧失，及其直属军队神策军的解体。就经济根源而言，则在于东南财源的失控。

## 一 高骈上表事件

按照《资治通鉴》的记载，东南财源的失控由一关键事件导致。中和二年（882），唐廷曾经与淮南节度使高骈（879~887年在任）爆发激烈冲突。因认为高骈勤王不力，唐廷在此年连续罢免其都统和盐铁使职务，高骈愤而命幕僚顾云代草上表发泄不满，并对唐廷在应对黄巢军队时的一系列举措提出严厉质疑。高骈的上表引起唐廷强烈的反弹，僖宗命宰相郑畋草拟诏书，对高骈上表的内容进行逐条批驳。双方关系就此破裂，高骈"臣节既亏，自是贡赋遂绝"。

关于高骈上表事件，两《唐书》的《高骈传》、《资治通鉴》皆有记载。但从中我们会发现明显的问题：唐廷是否下诏阻止高骈勤王？据《旧唐书·高骈传》，广明二年春，高骈屯兵扬州城东北十五里的东塘，摆出一幅准备沿大运河赶赴两京勤王的姿态。但在一百来天的时间里，高骈按兵不动，最后又将兵马撤回扬州城。此事使天下对高骈失望。而且高骈也被认为有欲学孙策、并吞两浙之意。《新唐书》也有相似记载。

清代中后期，新罗文人崔致远的《桂苑笔耕集》流入中国，这是两《唐书》、《通鉴》的作者所没有能够看到的。崔致远从广明元年冬到中和四年冬（880~884）一直担任高骈的馆驿巡官，是高骈幕府中的一位文学之士。《桂苑笔耕集》也记载高骈勤王的经过，并明确提及唐廷的诏书。其卷一一《答襄阳郄将军书》作于中和二年七月四日，此文回忆广明二年以来高骈为勤王所做的准备。按其记载，唐廷在广明二年的夏天下诏拒绝高骈勤王，在当年的七月十一日又再次下诏阻止。按照《旧唐书》，高骈屯兵东塘是在当年五月，百日后当在八、九月。因此，在屯兵期间，唐廷接连两度下诏要求高骈留在淮南。在《桂苑笔耕集》同卷的《告报诸道征会军兵书》中，高骈再次重申唐廷不许其过淮的指令。这印证了《旧唐书·高骈传》中顾云代奏表所云的"敕旨不许过淮"。

按《骆潜墓志》，骆潜原任淮南进奉使，中和年间担任高骈的运粮官。当时高骈还未倒台，墓志对高骈的描写十分正面，并明言高骈为勤王所做的政治宣传和后勤准备。高骈在黄巢军队攻破长安后，确实存在勤王的举动，这可以由同时代文献证明。这和两《唐书》、《通鉴》的记载不同。

## 二　高骈的困境

高骈存在向唐廷上表的动机和理由，唐廷也有下诏的底气和条件。此事件在晚唐的环境下有其发生的合理性。但如此一来，关于高骈养敌自重、不来勤王等就难以成立。那高骈何以在五代、北宋的历史书写中被认定为叛臣？

高骈叛臣形象的塑造，和社会负面言论的流传有很大关系。约在 10 世纪成书的《广陵妖乱志》，正是构造此形象的重要书籍。

正史塑造高骈"叛臣"形象的关键为：（1）养敌自重；（2）辱骂僖宗；（3）不向唐廷输入贡赋；（4）劝进新君。光启二年（886），邠宁节度使朱玫在长安拥立襄王李煴为帝，僖宗逃到兴元。此举使唐廷出现两位皇帝，但不到半年叛乱就被平息，僖宗反正。据两《唐书》和《资治通鉴》，高骈在政变后有劝进新君的举动，这最终"坐实"了高骈的叛臣形象。其中，（1）与唐廷的诏书和猜忌有关，（2）有夸大的成分，（3）不符合历史事实。最后关于劝进新君，是失败的政治投机。

事实上，高骈作为唐懿宗、僖宗时期最出色的将领之一，在对南诏的战争中功勋卓著，为唐朝收复安南，并稳住西川形势。甚至在越南自立后，高骈在此国仍享有崇高的声誉，被尊为神祇。由于高骈早年立有巨大的功勋，故直到中和年间，晚唐社会对高骈的评价仍然很高，留下了高骈正面的记载。到五代时期，高骈在中原社会的形象也不算差。不过在史家笔下，高骈在黄巢起义期间拥兵自重的形象日益凸显。在北宋的政治语境中，高骈沦为"叛臣"，所以对高骈正面的记载被过滤掉，负面的记载成为主流。这体现出高骈身后历史记忆的变迁。

从《桂苑笔耕集》可以看出，高骈即使被唐廷剥夺财政权和都统权后，仍然和唐廷保持密切的联系，甚至还曾经请僖宗移驾淮南。高骈能够主政淮南，完全基于唐廷的诏命，以及手中的军队。高骈虽然握有淮南镇的大权，然而并不牢靠。在失去对唐天子的"节义"后，高骈权力的合法性受到极大挑战，使其在复杂的政治局势中处于不利的地位。

高骈在失去"天下节义"的同时，也面临十分严峻的镇内形势。在高骈幕府中，存在高骈亲信和毕师铎等武将的斗争。前者多与道教有关，代表人物有吕用之、诸葛殷等；后者多是起义军降将，代表人物有毕师铎、秦彦、李罕之、孙端、许勍等。从现有文献来看，高骈对于吕用之等亲信的扶持，显然要多于武将系。这固然和高骈对道教的信仰有关系，但其实也和这些人更了解扬州和淮南的社会民情有关。如据《广陵妖乱志》，吕用之因为方术，受到高骈的赏识。但吕用之能够得到高骈的重用，还是在于他"久客广陵，公私利病，无不详熟"，这源于他在扬州的童年经历。《广陵妖乱志》虽然在写作立场上和高骈敌对，还对高骈及其亲信吕用之等人进行妖魔化的描写，但它对于唐末扬州的描述仍然有可取之处，具有一定的史料价值。

## 三　高骈与扬州社会

土豪层居于官府和地方社会的连接处，在当地社会掌握巨大的政治、经济资源，也可以称之为当地的精英阶层。高骈的权力来源于朝廷，如果要想在江淮，特别是在扬州长期立足，就需要依靠当地土豪的支持。

关于扬州的社会阶层，我们可以借助出土墓志进行研究。结合正史和墓志记载可知，在唐后期，扬州传统郡姓家族的活跃程度不高。究其原因，可能和扬州人口迁移率较高，而且幕府使职多由外地人担任有关。

扬州城外来人口相当之多，其中不乏精英阶层者。虽然《广陵妖乱志》嘲讽高骈迷信道教，但高骈在扬州的一系列宗教活动，并不排除他想借此聚拢人心的意图。然高骈与扬州精英阶层的关系并不融洽。高骈未能处理好与扬州精英阶层的关系，加剧了他的孤立。扬州城的精英阶层似乎也缺乏来源于地方的强劲根基。当扬州城数次遭外来军队围攻时，当地精英阶层也难以组织起有效的抵抗。

## 结　语

乾符六年到光启三年（879~887），是高骈主政淮南的时期。高骈早年为唐朝收复安南，稳定西川，可谓功勋卓著。但因在出任官军都统、淮南节度使时，被唐廷认为镇压黄巢军队不力，致使唐僖宗蒙尘，他从此仕途扭转，身后名声也逐渐恶化，最终被写入《新唐书·叛臣传》。

高骈的个案，体现了出身中央系（神策军系统）的将领在王朝末年与朝廷、当地社会的复杂关系。他一方面通过文书交流以及政治宣传，向朝廷宣誓效忠；另一方面扶植熟悉当地事务的人士，以稳住形势。但不同于朱温等起义军降将、李克用等沙陀军统帅，以及钱镠等后起的当地武装领袖，高骈的权力并不能植入到当地社会之中，在朝廷又缺乏强援，同时幕府内部也矛盾重重。在失去与朝廷互信的情况下，高骈逐渐从代表朝廷的节度使，变成割据淮南的军阀，最终在"上负天子恩，下陷扬州民"的声讨中为叛兵所杀。当然，失去了东南财源的唐王朝，也积重难返，名存实亡。

生长在长安、出身三代将门的高骈，在商业鼎盛的扬州可谓水土不服，吕用之等人也属所托非人。因大运河而兴起、因商业而兴旺的扬州，在失去这些优势后，也大不如前，高骈的所为相当于催化剂。此后，东南的政治重心转移到长江以南的两浙地区，同时也加速了经济重心南移的进程。

〔本文摘自《中华文史论丛》2020年第4期，原题《高骈的野心——晚唐的朝廷、淮南节度使和扬州社会》。作者陈烨轩，北京大学历史学系博士研究生〕

# 10世纪华北地方士人活动诸层面

闫建飞

10世纪即唐末五代宋初是中国历史上最动荡多变的时期，其中地方士人的活动与时代变迁的关系非常密切。对此，本文将以柳开（947~1000）家族为线索，讨论地方士人活动诸层面。这一选择基于两方面考虑：一是柳氏家族主要活跃于五代宋初，活动区域集中在河北魏州，出任职位以藩镇幕职官和州县官为主，是当时华北典型的地方士人家族；二是柳开《河东先生集》中保留了不少柳氏家族成员墓志，是五代宋初比较罕见又相对完整的地方士人家族材料，展示了当时地方士人活动的诸多面向，对于观察地方士人的政治、文化活动，提供了重要线索。

## 一　从柳开家族看地方士人的仕宦情况

柳开家族为官始于父辈，承翰、承昫、承陟三人入仕。据《柳承翰墓志》，后唐以降，柳承翰先后出任相州汤阴县、魏州南乐县主簿，辽州和顺县令，改卫州录事参军，历洺州临洺、魏州南乐、冠氏、元城县令等。北宋乾德二年（964），拜监察御史。次年改"泗州兵马钤辖、通判州事"；同年五月十日病逝任上。柳承昫和柳承陟主要在魏州任职。后唐宋王李从厚为魏博节度使时（931~933年在任），承昫在其幕府"主笺奏"。后周广顺年间，"为有司主兵骑"。后在符彦卿幕府为都孔目官。乾德三年卒于任。柳承陟仕履不详，仅知其曾摄大名府户曹参军。

柳开一辈兄弟中，最早入仕者为柳肩吾。开宝三年（970）中第，随后"献文章阙下，即授大名府法曹参军"。后改舒州团练推官、将作监丞知永州、左赞善大夫知郓州，雍熙元年（984）卒。其子柳湜淳化三年（992）登进士第，授苏州长洲县主簿。四年，改中牟县尉。柳灏、柳沆亦登进士第，"灏秘书丞"。柳开开宝六年登进士第，两年之后释褐宋州司寇参军。其仕履可参祝尚书《柳开年谱》。柳开子涉，咸平三年因柳开去世，被录为三班奉职，仕宦止于皇城使。柳闵太平兴国二年（977）中第，授沂州沂水县主簿。四年，被授予昭义军节度推官。柳闰至道二年（996）为魏州永济县主簿。

以上是史料所见柳开家族仕宦情况。其中有两点值得注意。一是家族成员中，有文有武，还有由文转武者。二是以北宋建立为界，此前柳氏家族成员既有幕府辟署者，也有朝廷除授者，仕宦区域主要在魏博六州境内；此后则均为朝廷除授之官，任职区域遍布全国。这两点反映了10世纪华北地方士人家族发展的一般情况，有必要进一步讨论。

### （一）地方士人的文武抉择

唐末大乱之下，士人既有选择逃亡、隐居消极应对者，亦有调整自身角色、主动适应者，甚至不少士人将战乱视为改变自身命运、获取仕进的契机。当时大唐帝国崩溃，诸割据势力成为唐末政治的主角。在这种情况下，效力藩镇成为士人最主要的出路。士人或"传食诸侯"，为之僚佐；或"自效军门"，改署右职。柳氏家族中，柳承陟是藩镇差摄的文职僚佐；柳承昫是效力军门、出任武职者。广明元年（880）黄巢陷两京后，由文转武、效力军门的例子明显增多。不过考虑到他们武力和军事经验的缺乏，能借此发迹者并不多见。

由文转武，作为士人应对世乱的方式，首先影响的是士人个人，他们的仕进之路大大拓宽。其次，也会影响到家族成员在文武方面的选择，使家族成员的仕途呈现出文武并进的态势，柳开家族就是如此。最后，他们身边的武人也会受到影响，引发文武双方的改变与调整。就文人来说，当时有文翰表奏之才或吏能突出者最受重视，这一方面压缩了普通儒生文士的仕途空间，另一方面迫使文士更重视吏能。就武人来说，首先是在扩张自身权力的过程中，认识到文人（首先是文吏）在治事参谋、行政运作中的重要性，不少武将开始着意接近士人，甚至读书习文。文武双方的"交汇"、士人能力素质的转变，为宋代文臣群体的形成提供了前提条件。

### （二）从幕府僚佐向朝廷命官的转变

五代时期，柳开家族中既有幕府僚佐，亦有朝廷命官，主要居住、仕宦于魏州；到了宋初，柳开兄弟子侄辈均为朝廷命官，已很少在魏为官，仕宦散布全国各地。要讨论这一问题，须与节帅的地方经营结合起来。

唐末五代，柳开家族这样的地方士人，长期居住、仕宦于当地，对本地情况十分熟悉，是节帅经营地方必须倚重的力量。研究者注意到，唐后期河北士人较少见于记载，中举者亦少，其中主要原因在于，藩镇割据之下，河北士人仕宦长期局限于当地，很少任职中央或其他地区，封闭性较强。要想改变这种局面，在努力打破河朔藩镇割据的同时，朝廷还必须完全掌握地方人事权力。唐末五代梁晋相争，夹在其中的河朔藩镇自治局面渐次被打破，朝廷也逐渐掌握地方人事权力，由此，五代时期出自河北地区的文臣武将在政权内部的比例不断提高，至后周已经超越河南、河东等地。柳氏家族成员中朝廷委任与幕府辟署交错，正反映出五代时期河朔割据局面已被打破，但朝廷尚未完全掌握幕职州县官委任权，地方士人尚颇多仕宦于藩镇幕府的情况。而到了柳开兄弟出仕的开宝、太平兴国年间，地方人事权力已尽数收归中央，藩镇辟署者已非常少见。柳开兄弟均通过科举入仕，是朝廷除授的州县官员。柳氏家族仕宦的变化，正反映出地方士人从幕府僚佐向朝廷命官转变的过程。

## 二　地方士人对科举入仕态度的变化

柳氏家族对教育十分重视，家族八篇墓志中六篇均提及墓主读书之事。不过，柳氏家族成员对是否应举入仕，呈现出明显的代际差别。柳开父辈均未参加科举，柳承陟甚至排斥入仕。到了柳开一辈，家族对科举入仕的态度发生了明显变化。柳开堂兄肩吾和柳闵、柳开、柳辟均积极读书应举。柳氏家族第二、三代女性中，与进士联姻者亦不少，充分反映了宋初柳氏家族对科举之重视。

柳氏家族对科举、入仕态度的代际差别，反映了当时地方士人家族发展的一般情况。"方五代之际，天下分裂大乱，贤人君子皆自引于深山大泽之间，以不仕为得。"他们或隐居乡里、教授生徒，或习业于山林寺院，乃至披缁入道。隐居山林寺院者成为佛教发展的推动者，活跃于乡村闾里的地方士人，则是地方上的文化传播者。这些隐居乡里、教授地方的士人，承担着传播文化的职责，是这一时期教育趋于社会化、知识普及的重要原因。

宋朝建立后，随着统一完成，战乱消弭，宋太祖提倡武臣读书，感叹"宰相须用读书人"；太宗对文化、科举尤其重视，取仕人数大幅增加，中举后仕宦前景广阔。士人期待已久的"太平盛世"到来，隐居避世者纷纷出仕。其他社会各阶层也开始以科举为业，读书业儒成为社会各阶层的追求。

## 结　语

柳开家族并非五代宋初的重要士人家族，但其在五代宋初的发展，展示了当时士人活动的诸多层面。其中，既有因世乱隐居不仕、无意应举的一面，亦有调整自身角色，由文转武，积极仕进的一面，对科举入仕的态度也呈现出明显的代际差异。柳氏家族的不同面向及其变化，为观察唐末五代宋初地方士人的活动提供了重要线索。到了宋初，随着局势稳定、文治兴起，士人的仕进之路大大拓宽，地方士人对科举入仕的态度明显高涨，纷纷应举入仕。柳开兄弟、子侄辈的应举入仕，正反映了时代潮流的变化。地方士人活动的诸多层面，显示出他们与时代变迁的复杂关系。

〔本文摘自《文史哲》2020 年第 6 期，原题《10 世纪华北地方士人活动诸层面：以柳开家族为线索》。作者闫建飞，湖南大学岳麓书院副教授〕

# 北宋东京近郊的农业转型

梁建国

传统中国是农业社会，历代朝廷都奉行以农为本的治国理念，农业史的相关问题也一直受到学术界的重视。北宋东京的人口分布呈圈层式结构，人口主要集中于内城及其周边，近郊则人烟稀少。东京的产业结构也相应地出现区域分工，相对于城内的商业繁荣，近郊则具备农业生产的条件。从北宋东京近郊的相关史料来看，其农业发展与京城的关系呈现出不同于地方城市的特征。本文通过考察朝廷礼仪活动在东京近郊的淡出，揭示北宋京郊农业的转型，并与唐长安以及一般城市的城郊农业相比较，借以管窥宋代都市农业发展的时代特征。

## 一 北宋前期京郊农业的恢复

现存史籍中关于北宋京郊的记载多有涉及校猎、大阅、观稼、籍田等朝廷礼仪活动，在北宋百余年间发生过一系列变化，究其根本，当与京郊农业生产的恢复以及产业结构的调整有关。

宋初，京郊多是旷土和草地，农业生产尚未恢复，却为校猎提供了自然条件。作为古礼，校猎在宋太宗朝曾经恢复，后又废罢。时至宋真宗朝，特别是澶渊之盟签订之后，宋辽边境进入和平时期，恢复社会经济被提上日程。京郊土地开始从抛荒状态向农业用地转变，之前那些少有人活动的区域开始承担起粮食生产的功能。

宋初制度未备，阅武的地点和方式大都比较随意，多选择旧城的便殿或后苑，因而算不上讲武礼。至宋太宗朝，内城已不能满足王朝礼仪功能的需要。太平兴国二年（977），宋太宗"令筑讲武台于城西之杨村"。西郊杨村讲武台的修筑，不仅标志着宋王朝的礼制建设开启了新的时代，东京近郊也承载起王朝的礼仪功能。此后，小规模的阅武活动依然不绝于史，君主时常在后殿观看"骑射""战阵"等军事训练，而没有再到城郊举行讲武礼。随着和平年代的到来，经济建设成为主旋律，农业生产得到重视，城郊的经济功能得以凸显。在这种情势之下，讲武礼也就没有再举行的必要了。

## 二 北宋中后期京郊农业的转型

如果说北宋前期的东京近郊经历了农业生产的恢复，那么，北宋中期则面临着从稻麦等粮食作物种植转向蔬菜、水果和花卉等经济作物经营。这一产业转型既顺应了京城居民的消费需求，也影响到观稼、籍田等礼仪活动的举行地点和运作方式。

赵宋开国之后，积极恢复经济，劝诱百姓耕作。在劝农的背景下，北宋君主驾幸城郊多伴有观稼的活动。京郊是距离皇宫最近的农业生产区，故而成为君主接触农事的首选之地。君主的观稼活动也使得这里在某种意义上成为农业示范区。君主在观稼之时还会体察民情，这既成为君主接触基层社会的便捷途经，也赋予京郊农田一种政治宣示的空间意义。仁宗朝以降，君主行幸城郊观稼的行为不再出现，而只是在宫城后苑观稼。这不能单单归因于君主个人的怠惰，更是因为北宋中期以后京郊稻麦生产中止，没有庄稼可供观瞻。

从仁宗朝以后，君主在宫城后苑观稼，折射出京郊的退耕浪潮，与之相伴的是园圃业的兴起，这与当时的社会状况及历史背景有着千丝万缕的联系。首先是社会经济的全面恢复和发展，特别是经济重心的进一步南移。其次是京城士庶消费能力的提升与生活方式的改变。再次是城内各类建筑密集，空间用地紧张，蔬菜等种植被迫向郊外转移。最后是都市观光农业的蓬勃发展。总之，东京近郊园圃业的兴旺顺应了京城消费市场的需求，实现了京郊与城内的产业分工与互补。近郊农业的转型是京城产业结构调整优化的组成部分，也是北宋社会经济发展的结果。

京郊园圃业不仅有效助推了京城的社会经济发展，还间接影响到籍田礼的举行，进而促成了籍田的设置。宋代历朝举行的亲耕籍田之礼，见诸记载的仅有四次。值得注意的是，雍熙五年与明道二年这两次籍田礼的场所均是近郊的普通农田，并不是专门的籍田。宋神宗时，朝廷欲在京郊设置专门的籍田，其背后更根本的客观背景则是北宋中期以后近郊找不到合适的耕地来举行籍田礼，因为耕地被园圃取代。籍田及其相关建筑也为籍田礼划定了一个相对封闭独立的空间，君主在籍田之时难以接触到基层社会的农夫，劝农的色彩也因之淡化，与北宋前期的籍田礼迥然不同。

## 三　北宋东京近郊农业的特点

唐代长安郊区的土地，多被官僚贵族地主霸占，即使普通土著地主亦为数不多，各种庄园布列，特别是一些非生产性的庄园占据广大土地。农民则极端缺乏土地，以致不得不忍受高额地租的剥削，在残酷的生存压力下，从事农业的人口数量也不多。与唐长安有所不同，北宋东京的近郊直接受惠于宋廷的一系列劝农政策。宋初接唐末五代残破之余，京郊地旷人稀、亟待开发，朝廷为了鼓励垦荒屡次发布有关垦辟农田的诏令。此后的百余年间，北宋的社会经济迅速发展，其增长速度大大超过了唐朝的同期水平。

如果说朝廷的劝农政策促进了京郊农业的恢复，那么，商品经济的繁荣和城市化进程则带动了京郊农业的转型。早期中国都城的居民以统治集团及其服务人员为主，数量相对有限。时至北宋，越来越多的农民进城谋生，东京人口随之增多，经济活动越发活跃，商业气息空前浓郁。南方农业经济进一步开发，粮食产量大幅提高，东京居民的粮食需求基本上仰赖江南地区供应，因而近郊及京畿地区的粮食生产显得无足轻重。而对于保鲜度要求较高的蔬菜、鲜花等产品，因其不适合长距离运输，故而在东京近郊大量种植，观光农业也应运而生。可以说，京郊农业转型的背后有着社会经济的强大驱动力。

东京的近郊比一般城市的城郊更直接受到朝廷政策导向的影响。古代中国长期以农为本的治国思想在北宋得到延续，东京近郊遂成为君主举行观稼、籍田礼等劝农活动的首选之地，这自然对区域农业的恢复和发展起到了积极的促进作用。君主带着臣僚到京郊举行礼仪活动之时，与当地农民交流，赏赐礼物，这也是地方上的百姓所无法企及的。北宋中后期，伴随着朝廷对都城功能进行布局调整，京郊逐步由耕地转变为园圃。虽然京郊农业在规模上无法与一般州县相比，但往往成为朝廷进行政治宣传、政策推广的上佳之选，从而起到农业示范区的作用。无论从地理位置，还是从发展程度来说，近郊均是介于都市与乡村的过渡或缓冲地带，其存在使得都城空间与产业布局有秩序地向外围延展。对于东京来说，近郊主要是以农业为主，其人口聚集程度与城内相比还相差甚远，并未形成完备的城市功能，因而并不足以称之为"城郊都市化"。可以说，东京近郊的发展模式不同于江南城镇，呈现出中国古代城市发展的多元道路。

## 结　语

北宋前期，东京近郊承接着郊祭、田猎、阅兵、籍田等礼仪功能，但至北宋中后期这些活动渐次被废罢，或在形式、地点上有所更张。与之相伴的则是近郊农业的恢复和发展，并经历了从旷土、草地到农田、牧地再到园圃的几度变迁。北宋一百多年间东京近郊农业的开发与转型，折射出一座地方州城为了适应都城的功能定位而不断成长、发育和成熟的过程。如果与北宋的一般地方城市进行横向对比，东京近郊的农业更直接地受惠于都城定位和王朝政策导向等多重政治因素的影响。如果与唐长安进行纵向比较，北宋东京近郊农业生产的繁荣更加受到朝廷的重视，承载着空前的经济功能，体现出宋代朝廷理性务实的执政理念，这当然也顺应了中国古代城市化进程的发展趋势。毋庸置疑，深入研究北宋东京近郊的农业转型，将有助于我们深化理解唐宋以来的社会变革，进而把握明清以来中国社会转型的内在机理与发展脉络。

〔本文摘自《中山大学学报》2020年第6期。作者梁建国，厦门大学历史系教授〕

# 宋朝腹地"郡县无城"与"小城大市"现象研究

来亚文

鉴于唐末五代藩镇割据之弊，为推行"强干弱枝"之术，北宋前期朝廷的确在不少地区落实了大范围的毁城或消极筑城政策。这一举措有利于在短期内加强统治、巩固政权，但也开启了宋朝地方不尚筑城的先例，最终导致了北宋末年金军入侵时内地无城可守的局势，甚至南宋初期因两淮无城而导致朝廷无法于建康府立足，这些皆是宋初毁城及不重视内地筑城所结的恶果。

在地方州县城墙的修建方面，"强干弱枝"之术并不是在整个宋代都被贯彻落实的，鲁西奇指出宋朝"在内地不提倡筑城，在边地提倡甚至要求筑城"，这一区分基本符合史实。具体而言，在边地和内地的筑城政策均各有侧重，即边地侧重沿边、次边的州军城市和小型军事堡垒（城、堡、寨），内地侧重帅府驻地及望郡城市（南宋为帅府、要郡城市）。

北宋为应对契丹、党项等民族的长期军事威胁，视距离边境的远近和军事防守的需要，将地方州军分为近里、次边、沿边（或极边）三个层级，根据轻重缓急而先后修筑城池。城市防御的必要性在宋代地方城池营建计划的考量标准中居于首位，因此沿边、次边州军始终是宋朝的重点筑城区域。河北地区的筑城活动集中在雍熙三年（986）北伐失败之后；临近党项的西北地区更是修筑城池的重点区域，尤其在好水川、定川砦两战皆北之后，以守为攻的筑城战成为主流，并一直持续到北宋灭亡。

相比之下，近里州县城市城墙失修的状况更为普遍，正如南宋建炎间李纲所说："东南久平定，郡县无城阃。"究其原因，一方面是因袭了宋初内地消极筑城的传统，另一方面是由宋朝先边地、后腹地，在紧要城市优先筑城的整体规划决定的。从根本上看，这种规划应是由财政紧张导致的。

从政区等级来看，宋朝对腹地筑城的总体安排主要体现在两方面：其一，数量居多的县级城市基本不建罗城；其二，府、州城市以帅府驻地、望郡，其他以人口众多、治安状况较差者为先。

从上文论述可知，两宋腹地的普通州县并不是朝廷筑城的重点对象，因而出现腹地州县"往往无城"的现象。值得注意的是，所谓腹地州县无城的说法，应是专指罗城（外城）而言的，不包括以环绕衙署、仓库等机构为主的小型城池（子城）。从传世文献来看，在边地积极筑城、腹地城墙失修的背景下，易于建造和修缮的小型城池在两宋以南方为主的腹地更为常见。日本学者斯波义信敏锐地觉察到关中城墙周长大于华中、华中大于华南的现象，考察斯波氏的统计数据可见宋代县级城市的城墙周长，北方（主要为京兆府、凤翔府、华州、耀州、辽州下辖各县）2~4里者约占总数的65%；南方县城周长小于3里者最多，约占总数的73%，的确在总体上呈南方小于北方之势。如果将规模类似县城的州军子城分为南、北方（以秦岭—淮河为界）进行比较的话，可以发现传世文献中两宋南方的子城数量（100座）明显多于北方（26座），均显示出南方以县衙围墙和州军子城为主的小型城池比北方更加普遍的特点。斯波氏认为华南县城更小的原因是南方山地较多且开发较晚，但是事实可能更为复杂：县治城墙的长度并不能代表城市的大小——因为街区分布于城墙之外的现象在当时已经是地方州县城市的常见景观了。

元祐七年（1092）苏轼反对宿州扩建罗城，指出了北宋内地小城众多的现象："本朝承平百余年，人户安堵，不以城小为病，兼诸处似此城小，人多散在城外，谓之草市者甚众，岂可一一展筑外城？"苏轼所见的各地城市，多具有"城小""人多散在城外"且没有"展筑外城"的特点，可见"草市"街区附郭的现象在北宋十分常见。在本文的统计数据中，约有20座县城的始筑时间见诸文献，其中始建于北宋者最多（13座），唐至五代者其次（6座），而到南宋时则多已坍圮，故《绍熙云间志》谓"县之有城，盖不多见"，因此腹地以小城为主的县级城市大约主要存在于北宋前中期，苏轼所述者，应是以州军城市为主的街区分布于子城之外的现象。

成一农认为，中国古代的子城"萌芽于汉，产生于南北朝，普及于唐，宋代开始衰落，最终于元末消失"。"子城"常指大城（罗城）中的小城，是中古时期常见的城市建筑，但宋代或许并非子城的衰落时期，相反，宋代地方城市的子城数量依然十分众多，文献可见者便已逾百数，南宋方大琮说："专城之贡甚大，所在皆有子城。"正表明了宋代州级城市为保护贡赋而大多建有子城的现象。结合宋朝腹地普遍城池失修的现象可知，南方有子城而无外城，街区分布于子城之外的现象十分普遍，这也应是南方小型城池较多的主要原因之一。

至少在宋代，"子城"意为小型城墙，并不一定皆在大城之内，这一点尚未在前人研究中引起足够重视。学界通常认为，子城"是地方城市中的'城中之城'"，"有时又称牙城、衙城、内城、小城，是指在地方城市中，以围护行政、军事等公共机构为主要目的、修筑于罗城（又称外城、大城）之内的小城"。《辞海》对"子城"的定义为"大城所属的小城，即内城或附在城垣上的瓮城或月城"。一般认为"子城"的典型属性是附属于大城，而宋代腹地州军城市的子城不具备这一特征者亦颇为常见。

在宋代腹地城池普遍失修的状况下，子城（或衙城）常常是城市应急防御的重点，甚至是唯一一道防线，加上规模较小，便于修筑、维护和防守等原因，才形成宋朝腹地"诸处似此城小，人多散在城外，谓之草市者甚众"的现象。

北宋腹地州县城池失修的主要自然地理原因，是南方土质不宜建造夯土城墙，而修建砖石城墙的耗费太大，在局势相对稳定的时期既无必要，也难以实施。到了南宋前期，两淮、荆襄由北宋的腹地转变为边地，因此重新营建城墙成为南宋的边防要务。与北宋边地夯土城墙不同的是，南宋无论边地还是腹地，州县城墙基本皆为砖石包砌夯土的结构，这一转变被学界视为古代城墙建筑史上的重要变革，同样，南宋砖石城墙的普遍修建也从侧面反映了两宋以南方为主的腹地州县城池失修的原因。

南宋淮、襄大规模新建城墙集中在孝宗乾道（1165~1173）和宁宗嘉定（1208~1224）年间。与宋太宗北伐失败后于河北筑城相似的是，在经历了隆兴北伐和开禧北伐的失败之后，宋朝开始重点营建淮、襄地区的砖石城墙。而此时地方砖石城墙的建造颇为困难，受到的阻力也很大，这主要是由于建造砖石城墙所需的建筑材料和工役极大。南宋前期建造一座砖石大城往往需要周边各地（尤其是腹地州县）全力供应。到宁宗嘉定年间，朝廷"力排群议，一意修筑边城"，城砖的产能似乎较孝宗朝以前大为提升了，修建一座州城所需的数百万块砖，有些地区已可由本地独自生产。

从根本上来说，以土质和降水为主的自然地理因素对建筑施工的影响，是导致南宋城墙包砌砖石的根本原因，也是两宋以南方为主的腹地州县城墙失修的客观原因。甃砌城墙是中古时期南方各地为加固城墙和减轻频繁修缮土城所带来的负担而采取的常见措施，宋朝虽新设壮城兵以承担修城劳役，且南方城市普遍兵额更多，但仍难以解决这一问题。因此，南宋砖石城墙的普遍修建与其说是一种技术进步，毋宁说是在特殊历史背景下，由南方地理环境所决定的必然举措。

从这一角度而言，中古时期南方城市多修筑子城的原因之一，应即子城的规模较小，相对于罗城（大城）而言，更易于甃砌砖石，因而更加坚固……我们可以相信，自南朝至宋代，"土性疏恶"的南方地区在局势相对安定的时期，因夯土大城难以维护而重点营建子城的现象十分常见。因此中古时期的南方城市普遍修筑小型城墙，小城之外或在筑城之前先有街市，或在其后渐成聚落，因而长期呈现出"小城大市"的景观。

〔本文摘自《史林》2021 年第 4 期。作者来亚文，宁波大学人文与传媒学院讲师〕

# 金代品官父祖封赠制度探析

孙红梅

封赠制度是中国古代官僚政治制度中的一项重要内容，即依据官员本人的官职爵位，封赠其父祖、母妻相应官爵与封号的制度。金代品官父祖封赠制度，其发展、完善与金代政治制度的变革相统一。熙宗初年是以节度使、同中书门下平章事、侍中等官职来封赠品官父祖的，这种封赠内容和辽制如出一辙，体现了金熙宗天眷改制之前，官制多因袭辽制的特点。熙宗天眷元年（1138），颁行新官制和换官格，天眷官制是金代从中央到地方比较全面深入的官制改革，此后金朝各项制度逐步改定完善，封赠制度亦随之发生变化，由"赠职"到"赠官"，熙宗皇统年间以散官作为封赠内容的制度得以确立。章宗时期，在继承世宗朝制度的基础上，"官僚制度与各种法律制度更加细致严密"，泰和元年规定"文武官官职俱至三品者许赠其祖"，官与职均是封赠制度的重要参考指标，品官父祖封赠制度进一步细化和规范化。金代品官父祖封赠制度在发展完善的过程中，逐步形成了官、爵或官、勋、爵一体封赠的制度，封赠的官、勋、爵的品级互相对应，使封赠制度与品阶系统完美结合。

结合前代之制，金代规定"惟五品官方听封赠"，并在品官父祖封赠制度中严格执行这一标准。金代散官至五品具备封赠先世的资格，但封赠范围，也就是封赠对象，又依据官员官职的高低有所不同。金承唐宋之制，最高亦可荣赠三代。章宗泰和元年（1201）规定，"初命文武官官职俱至三品者许赠其祖"，强调了官员的官和职均是封赠父祖的参考指标。官品和职位品级的高低直接决定了品官封赠先世的范围。大体而言，散官至五品具备了封赠的资格，其中官至五品以上、三品以下者可封赠一代，官职俱至三品及以上者则可封赠父、祖父乃至曾祖。"文武官官职俱至三品者许赠其祖"的具体操作分为三种情况：其一，官和职俱至三品，可封赠父、祖两代；其二，官与职俱至二品以上者，可荣赠三代；其三，散官仅至三品，但职达二品以上，亦可封赠三代，这种情况仅找到一例，且较为特殊，是金末镇国上将军刘通父祖的封赠，虽为蒙古所为，但其执行的应是金朝制度。

品官的职官品级不仅决定着封赠其先世的范围，也决定着封赠官爵的高下。散官达五品以上、三品以下的品官只可封赠一代，封赠的散官分为两种情况，一种是比官员自身的散官降二个品级，另一种是与官员本人散官相同。前一种情况多集中在金章宗以前，金末也有个别封赠的；后一种情况则出现在章宗及以后各朝。对金代封赠制度的这种变化，李鸣飞指出，"金代前后期的封赠制度有所不同，后期对阶的强调大大减少"，章宗前后封赠政策的这种变化是散官制度演变的体现，"唐、宋、金散官逐阶升迁的制度到元代变为逐级升迁"，"这种变化并非突然发生，而是在金代封赠制度的前后期变化中已经有所体现了"。值得注意的是，在封赠两代以上的制度中，父子未必封赠相同的散官，父子虽处同品，有时又以官阶高下相区别。官员官与职均达到三品者，封赠的范围扩大，可封赠两代以上，封赠的官爵则依据品官本人官、职等级而高下有别。通过目前所见金代官职俱至三品者之父祖封赠实例，反映的制度内容主要有以下几点。其一，金代品官父祖封赠制度至章宗泰和元年最终得以完善。其二，封赠给品官之父的散官与其本人官品处于同一品级，且官阶多完全相同，但亦有以阶序相区别的特点。如前所述，章宗以后，封赠一代的散官品级多与品官本人的官阶完全相同，在封赠两代以上时，品官之父的封赠也有这样的特点，但同时也存在品级相同然阶序有别的情况。其三，"推恩之法，近重而远轻"，即根据被封赠者与品官本人代际关系的近远，封赠官爵也高下有别，其中起到调节作用的是官阶和爵品。品官之父、祖、曾祖所封赠的官品较有规律，即官阶依次递减。也就是说，父、祖、曾祖的散官不管是否位处同一品级，其散官只按照阶序依次下降，即祖父比父降一阶，曾祖较祖父降一阶。尽管自章宗以后在封赠一代的制度中，常有父、子散官完全相同的情况，但在封赠两代以上时，则往往以官阶高下来区别与品官本人的代际关系，因此散官的官阶在金代品官父祖封赠制度中发挥着重要作用。封赠的爵位则以降"品"的方式来体现被封赠者与官员本人代际的远近。金代子爵以上不分正从，因此封赠官员之父、祖父、曾祖的爵位直接以品级高下相区别，即父与官员本人的爵位相同，父、祖、曾祖的爵位依次降低一个品级。一般情况下，金代官员的官、爵、勋的品级相互对应，但金代文武散官各九品二十四阶，爵位则仅有五品之分，在品官父祖封赠制度中，可以"阶序"来区别代际关系，爵位的区分则只能以品级，因此在封赠祖父、曾祖时，往往会出现散官与爵位的品级不完全对应的情况。另需注意的是，父祖封赠"近重而远轻"的原则，在金朝亦有特例。如卒于大安三年的金紫光禄大夫、户部尚书、太子太保武明甫，其曾祖秀、祖绳、父居仁"以公贵，皆赠如公官"，"皆赠如公官"也就是说其父、祖、曾祖三代不存在"近重而远轻"降等封赠，均赠予金紫光禄大夫的散官。由于史料阙如，目前仅见此一例，或许是碑铭书写者以"皆赠如公官"来概说封赠三代的史实。其四，父祖封赠以品官本人最高散官为依据，包括致仕乃至死后加赠给本人的散官。

金朝在继承唐宋封赠制度内容的基础上，使品官父祖封赠由最初以虚职为依托到向品阶系统转化与融合，封赠不再针对特定的群体，而是依据品阶封赠，从而覆盖了整个官僚群体，体现了封赠制度的完善与成熟，对后世封赠制度产生了深远的影响。

金代品官父祖封赠制度，在维护和巩固金朝统治的过程中发挥了积极作用。帝制时代，官爵的授予权完全掌握在君主手中，是君主的绝对权力之一。皇帝通过封赠品官父祖的方式来体现浩荡皇恩，以此来换取臣下的支持和效忠。从国家和臣僚之间的关系层面来看，品官父祖封赠制度本质上是行使和维护皇权的重要方式，更是激励品官效忠朝廷的重要手段。朝廷通过封赠品官父祖的方式以示对为国"克尽忠孝"者的表彰褒奖，更重要的是"以励节义之士"，激劝鼓励臣下为国尽忠效力。从受封赠的品官家族的角度来说，父祖获赠相应的官爵则具有"光宗耀祖"的社会功能，是孝道文化的重要体现方式。父祖获得封赠，便可以"尊祖显亲"，给祖上以及整个家族带来无限荣耀，光大门楣。由此品官本人及其家族势必会对朝廷感恩戴德，这又成为激发品官效忠朝廷的动力，最终起到稳固王朝统治秩序的重要作用。

〔本文摘自《史学月刊》2020年第10期。作者孙红梅，渤海大学历史文化学院副教授〕

# 两宋的劝学文

陆敏珍

不做数量上的统计，仅就泛观博览式的印象，宋代劝学作品的体裁无疑是多样的。这些文本虽以"劝学"为题，但内容不一。它们难以归入同一类文体，却共享着"劝学"的意义预设，并在这一特定的名目下稳定化为"劝学文化""劝学传统""劝学思想"之类的集合性名词及概念。

或许是劝学文太过鲜明的主题，又或许劝学文顶着"劝"字这一类过于口号式的表达，今人研究中，或执着于分析某篇、某时代的劝学文，提炼其文学价值；或将之与谕俗文、劝农文、劝孝文等同列，强调其民俗教化的意义与功能。将宋代这一场以"学"为名的运动简单地从文学价值或社会功能上进行归纳，事实上遮蔽了更深层次的思想诉求。很明显，劝学文是据特定话题生成的文本，当劝学话题被宋代士人普遍采用、不断重写时，这一书写所设定的背景性预期是什么？它又与哪些知识、事实与经验有关？本文拟以这些问题为发端，对两宋劝学文略做窥探，以便将对劝学文本的分析脱离出静态的描摹。

## 一 示与诏：劝学文本的类型

劝学，按孔颖达的解释，即"劝民学问也"。劝学文，即是以"劝学"为题的文本。宋代，此类文本式样众多，既有劝学文、劝学歌、劝学诗、劝学吟，又有劝学札子、劝学箴、劝学事、劝学录，禅师以"劝学"作为流行题材书写的个人参悟，名为"劝学偈"。除了以"劝学"入题的文本之外，士大夫撰写的家训、家戒、家书中亦有大量以劝学为主体内容的作品，这些诗文一般均有着明确的劝勉对象，表达着共同的励学主旨。

本文旨在从话题的生成、借用与传播来看思想史上的一些变化，因此，非以"劝学"

入题、事实上以劝学为内容的文本并不涵盖其中。然而，即便缩小了观察范畴，要对劝学文本给出一个可供观察的分类体系也并不容易。以往研究中，人们习惯按照文学体裁类型的划分办法，将之纳入诸如诗、书、记、论、戒、箴、谕告等序列中。这一分类体系按照文本自身的呈现方式，即所谓"文章体制"进行类化，却将劝学文从社会事实、社会需求与社会联系中分离出来。为便于从后一种角度对劝学文做一观照，这里仅以劝学文的作文性质简单将之分为公务类劝学文与非公务类劝学文两种。

非公务类劝学文多用于私人之间的交流，父子、亲友、师生之间的劝学文均属于此类。公务类劝学文包括了朝廷颁布的劝学诏与地方官在任上撰写的劝学文，臣子向皇帝呈上的劝学札子、劝学疏，学官劝勉生徒的劝学文亦属此类。分列两种类型，一方面，是方便将文体不一、纷繁杂乱的宋代劝学文本归入清晰的类别之中，期望在类分中把握其整体概貌；另一方面，在界线分明的分隔中，不同劝学文本之间的关系变得可以理解，有利于联结其中的思想观点。需要指出的是，将劝学文进行类分，不过是为了方便观察，就意义及其重要性而言，非公务类劝学文与公务类劝学文相较，难分轩轾，对于宋代知识阶层而言，"劝学"是当时的主流话题，它被普通接受、重复书写。

## 二 劝与谕：劝学文本的传播及效应

非公务类劝学文往往以"示儿""示弟""示侄"入题，行文之初便预设了读者。公务类劝学文或以公文形式表之四方，或以奏疏形式达于帝听。两种文本在具体表述时，均采用了对人说话的口吻，表达发挥着"劝"字的意涵，用词亲切，使得劝学文本就如整理下来的谈话，用文字的形式存档以备被劝者的颂读与反复斟酌。

就劝学文本传播的具体方式而言，非公务类劝学文或镂版刻印，或于私人间相互传抄。公务类劝学文则以公文方式广之于众，其预设的阅读者是朝廷官员、地方百姓、学校学生。不过，无论何种劝学文本，阅读对象显然并不限于某个时代的某个人、某个指定的地方、某个特定的群体。它们被镂版雕刻成书后广为传播，一些篇章则由工匠雕刻，立石示人；部分名篇还由书法名家书之以帖供人观摹。

宋代知识阶层通过张榜公布、镂板刻书以及公共建设工程、纪念碑等形式，向民众传递着劝学意识，为建立劝学文化展开了系统化的尝试。那么，经过广泛传播，劝学文本是否达到了预期成效？这一问题似乎无从回答，毕竟，理解文本是一个极其复杂的大脑处理过程，书写者的"劝之言"与阅读者的"劝而行"究竟在何种程度上得以形成直接关系，亦难以估算。非公务类劝学文尤其是唱和诗中，诗人们彼此交流、互相鼓励，彰显着心灵上的呼应。公务类劝学文特别是地方官的劝学文中，经常刻意描绘通过发布劝学文而获得期望效果的记载。而且，在地方官笔下，劝学前后的风俗对比是非常大的，这种效果究竟是士人的愿景还是历史的事实，难以论断。不过，宋代士人普遍相信劝学是改造社会的重要良方，这一点确凿无疑。劝学文本的意义绝不止此。当不同地区、不同特质的人群以劝学为题反复书写时，人们团结在以劝学为名的旗号之下，并在多渠道的传播中，向各地广布着共同的价值理念，构建着集体认同，即便没有阅读能力的人群也能在其中获得相关信息。由此来看，宋代的劝学文绝不只是静态的文本呈现，而是一场由皇帝、地方官与士人主导的社会运动，它在特定的社会条件与文化背景下具有重要意义。

## 三　本与末：劝学之黄金屋与圣贤事

历史文献中的"劝学"话题是连续的、开放的。宋代的劝学文是对这一很早就出现的作文题材的借用，不仅表现在文本数量上的激增，劝学内容亦有所拓展。但是，这种对话题的借用不能仅视为文学上的变化，在学校兴起、科举制度逐渐完善以及道学形成的社会与知识背景之下，书写劝学文成为重要的象征符号，反映出政治理念的转型与思想观念的变迁。

宋代以前，劝学并非州郡官的主要职责。地方官虽致力劝学，但均是作为"政事"之余的补充。宋代仁宗以后，士大夫对"劝学"的理解与阐释出现很大变化，"以劝学为急""以劝学为先"逐渐成为政治上的关键词。

从作为"政事之余"的劝学到政事上"劝学为先"的观念变迁，并非单个个体的刻意追求与零散表述，宋代士大夫不约而同地书写与传播劝学文本，使得"劝学"这一古老的作文主题得以重新阐释并衍生出新的意义。长久以来，劝学一直被设定为一个前提而不是被分析的概念，叶适却从历史经验中区分出"立学化人"与"自化立学"两种取向，劝学不只是具体行动上的"学"，更是义理层面上的"明"。与叶适"自化立学"的意思遥相呼应，陈襄有"学之序"的提法，他将目光锁定在民众身上，认为学校之设"非以教人为辞章取禄利而已"，强调"自得于心方可言仕"的次序，以折中的方法细致演绎了"学也，禄在其中矣"的观念。

承认"学有序"对于理解宋代劝学文本的层次以及劝学运动的展开十分重要。在科举制度日趋发达的社会与文化背景下，宋代劝学文本中不乏强调学习态度、弘扬学习价值之类劝善说教的调子，亦不乏以科举场屋之业作为劝学内容的篇章。被目为"劝学者歆之以利名"的篇章中，传为真宗所撰的《劝学诗》因"书中自有黄金屋"等句浓缩了读书为名为利的思想，既被广泛传播，又备受诟争。

有意将圣贤学与科举业拆分是宋代理学家持守的观点。然而，在劝学这一主题下，理学家不仅不忌讳以黄金屋作为劝学目标，还将培育义理、追续先贤的"圣贤事"与"黄金屋"并举。上引叶适与陈襄即将两者同列并分疏了先后次序。真德秀则将圣贤事与场屋业视作劝学这一主旋律中的两个调子，前者为本，后者为末。如此，黄金屋与圣贤事在劝学文本中并行不悖。承认学之有序，承认黄金屋与圣贤事为一体之两面，劝学就不只是一个高悬的政治目标，而是有具体的落脚处，既符合世俗大众求富求贵的目标，亦满足了理学家求圣求贤的理想。

〔本文摘自《文学遗产》2021年第1期，原题《黄金屋与圣贤事：两宋的劝学文》。作者陆敏珍，浙江大学历史系教授〕

# 元朝德运问题发微

曹金成

五德转移学说是中国传统政治文化的一个重要组成部分，自秦汉大一统王朝建立以来就成为中国古代王朝构建自身合法性的一大理据。过往的研究认为，以五德相生为主流的中国古代政治生活中的德运转移学说，在辽金两朝一度复兴的同时，也基本走向了消亡的末路。不过，若将研究的时限下推到元代，其实历史的实情要比这一论断更为复杂。考虑到学界对元朝的德运问题一直缺乏专题性研究，本文即在全面搜罗、考辨史料的基础上，以元人关于本朝水德的诸多记载为中心，详细考察元朝的德运，并对"五德终始说"之终结等问题进行重新检讨。

目前所见文献显示，元人关于本朝德运最早的定位出自宪宗蒙哥汗时期的全真道士之口。全真道士姬志真撰于宪宗六年（1256）的《高唐重修慧冲道观碑》，对金末的社会情形有过一番总括："时无止，分无常，水金禅代之交，陵谷变迁之际，诸夏云扰，朔南未宁，生民涂炭迫侧，而心迹自致灰槁者有之，况久于其道者乎！"于此可以清晰地看出：虽然蒙古统治者并未对本朝德运有过官方认定，但为了论证蒙古灭金的合法性，当时仍有部分北方人士按照五德相生的德运观，认为蒙古应承袭金朝金德而为水德。这种认识与前代并无显著差异，不过此说并非蒙古国家意识形态的体现，而是部分北方汉族人士对蒙古承袭金朝正统的论证。

在元世祖统治初年，北方士人对蒙古水德进行了更为详细的阐释。在《取和林》一诗中，耶律铸有"龙飞天府玉滦春，德水清流复旧痕"之句，其后小字夹注："金大安元年，河清上下数百里。次年庚午，我太祖皇帝经略中原。……河清之征，太祖皇帝受命之符也。""河清之征"即"德水"，被耶律铸视作成吉思汗的"受命之符"，元朝以水德王的正统形象于此呼之欲出。此外，元世祖朝的元朝水德说，在后来也融入了道教真武信仰的某些因素。徐世隆在"至元七年二月"所撰《创建真武庙灵异记》一文，宣扬"我国家肇基朔方，盛德在水"，但从方位推出德运的这一理据，显然已经完全脱离了五德转移的传统解释脉络。

元世祖统一南北后，元人的本朝水德说亦得到南方人士的认可。福建人黄文仲著名的《大都赋》一文，大约撰成于世祖末年或成宗初年，其中说："我太祖皇帝之龙兴也，乘乾位，王水德，耀玄武，抚璇极，铁骑长驱，金烬奄熄，控扼南□，于焉驻跸。"值得注意的是，这时元人的水德观又与灭宋联系在一起，衍变出全新的解释模式，故在仁宗朝的江南地区出现了元灭火德之宋而为水德的五德相胜模式推演下的元朝水德说，见于《宋季三朝政要》卷六："前宋以丙午、丁未而遭金祸，推论五行者，谓宋以火德王，故能水胜火。……今以丙子、丁丑归大元，岂非子者午之对、丑者未之对，而纳音亦有水胜火之义乎？"这基本反映了元灭宋后江南民间在解释王朝兴衰方面庸俗化的旨趣与诉求。在元代中期，除了五德相胜下的元人水德说外，世祖朝官方汉族士大夫定位的元人水德说亦得到了道教徒与更多汉族文臣的积极响应。吴全节与赵孟頫等人以蒙古崛起漠北，推导出当为水德或水运，与玄武为北方之神恰好相符。显然，他们仍在强调并重申世祖朝"我国家肇基朔方，盛德在水"而有玄武之征的解释理路。在这一时期，江南地区还出现了大元皇帝"以火德而王天下"的说法，详载于文宗至顺刻本《事林广记》中，应是编刻《事林广记》的书商据当时"戌日为腊"反推的臆测之说，说明元朝火德说系江南地区所传。此说之出现，似乎透露出最晚到元代中期，以五德转移学说来推定本朝德运的理路框架，在原南宋故地的民间社会已经开始松动。

迄至元末顺帝统治时期，元人进一步丰富了本朝五运属水的观念。除了进一步以玄武附会水德外，拂郎国所贡异马"身纯黑"之色，也被文臣用来颂扬本朝色黑的水德之运。许有壬《应制天马歌》首句云："臣闻圣元水德正色在朔方，物产雄伟马最良。"张昱《天马歌》亦曰："天马来自茀郎国，足下风云生倏忽。司天上奏失房星，海边产得蛟龙骨。轩然卓立八尺高，众马俯首羞徒劳。色应北方钟水德，满身日彩乌翎黑。"甚至河清之象与水德的关系，在顺帝朝的河清一事中也得到再次阐发，成为今上圣武、太子睿孝的一大符应。如浙江临海人朱右所呈《河清颂》所记："皇元至正二十一年辛丑冬十有一月戊辰，黄河清七日……夫天一生水，为数之元，气钟于子，居方为北。皇朝启运，建国号元，得天一之数。肇造朔方，得水德之瑞。今天子圣神文武，皇太子睿智仁孝，河之呈祥，实应于此。"

综合上文的举证、分析可知，元朝人对本朝水德的看法，可谓与蒙元一代相始终。这种说法，既有出于在朝文臣之笔者，也有来自在野庶民之口者，而且在元代南北地区皆有流传。可以说，水德是元人对本朝德运的一种比较主流的认识和定位，其中，元朝因肇基朔方、秉持水德而有玄武之征，由于在世祖朝得到了官方汉族士大夫的定位，故在有元一代朝野上下皆有着持续的影响。

借由以上考辨与论述，我们还可对元朝在五德终始说终结的脉络中的地位进行重新检讨。过往的研究皆未留意元人关于自身德运的叙述。因此，学者多认为元朝不再讲求德运，并推测其根本原因是："经过宋儒的思想启蒙之后，人们已经失去了对于五运说的虔诚信仰。"同时，又指出传统的德运观在元末农民起义中成为一种思想武器，而从中脱颖而出的朱明王朝也因此有火德之说。现在看来，这种说法存在着明显的证据缺环和逻辑断层，其中的关节就在于元人的本朝德运观。本文的研究表明，元代汉人仍讲德运，这种观念在民间社会层面的延续，并没有因为王朝的更迭以及此前"宋儒的思想启蒙"而中断。而且，元人的水德说最初是在五运相生的框架下产生的，即蒙元承金朝金德而为水德，与前代并无显著差异。在后来的衍变过程中，元人又以河清、玄武、天马的具体属性附会水德。太常寺卿徐世隆笔下的"我国家肇基朔方，盛德在水"，是蒙元官方汉族士大夫对本朝德运的权威解释。从元人水德说的流衍历程来看，此说虽"倒末为本"，但借助官方汉族士大夫的话语权得到了时人较为普遍的承认。不过，在灭宋后，还产生了五德相胜理路下的本朝水德解释模式，即以火德王的宋朝被元朝所灭，故后者理当为水德。至元末顺帝朝，在文臣的笔下则将以真武信仰和五德相胜解释元朝水德的不同理据，巧妙地糅合在一起。

据此可以归纳出元人本朝水德说衍变的两大特点：一，方位属性（朔方）逐渐被解释为水德生成的根本原因，这直接取决于官方汉族士大夫的权威定位；二，以五德终始说推导王朝德运的理路已退居末席，甚至踪影全无。个中原因，恐怕在于元朝的蒙古统治者对于五德终始说的漠视。众所周知，继辽、金而崛起于北部中国的蒙元王朝，首次以北方游牧民族的身份混一南北，并实行"蒙汉二元"的统治政策。不过，在具体施政上，元朝统治者往往更倾向于蒙古本位的草原制度，所谓"内蒙外汉""内北国而外中国"者是也。这样，蒙古君主在本朝正统的构建上，也就更重视对草原因素的吸收与利用，而汉地文化传统中塑造正统的一些政治伦理观念像德运说等，自然就被忽视了。由此导致朝野上下逐渐失去了用"转移"来解释王朝正统的原初本义，而德运说内在的动力和逻辑也渐趋消解，从而使得对德运的定位完全沦为生拉硬扯、牵强附会之说。明代朝野流行的火德说的思想根源正在于此，其在清代的彻底消亡也与之密不可分。以上既有延续，又有显著变化乃至断裂、消亡的衍变过程，说明元代在五德转移说终结的脉络中正是承上启下的关键时期。

〔本文摘自《中国史研究》2021年第3期，原题《元朝德运问题发微：以水德说为中心的考察》。作者曹金成，山东大学历史文化学院副教授〕

# 明代法律演变的动态性

刘正刚　高　扬

　　例是明代法律体系的重要组成部分。作为"权宜之法"的例在具体行用中，有相当部分从"权宜之法"上升为国家"常法"，后又被列入国家"大法"。"金妻"或称"拘金妻解"，作为专有的法律名词始于明代。明初于洪武二十四年首次颁布军人携妻同往卫所的事例，属"权宜之法"，但并未严格执行。正统元年，因卫所逃军不断增加，国家出台"金妻"例，并列入《军政条例》，实现从"权宜之法"到"常法"的转变。正德年间，该例又被《大明会典》吸纳，进入国家"大法"系统。"金妻"例在行用过程中，文官与管军部门因各自立场不同而时有争论，但基于军妻有稳固卫所的作用，即使弊端丛生，终明之世仍在延续。"金妻"例演变的轨迹在明代法律中具有一定的普遍意义，揭示了法律在行用中因应时势而调整的动态性。

　　明初政府在延续历代军妻随军经验的过程中，逐渐认识到军妻对卫所建设的重要性，于洪武二十四年以"事例"的法律形式规定外卫官军调京卫者要携妻同行，此时尚属"权宜之法"，其适用范围并不广泛，仍存在军妻在原籍生活的情况。宣德四年颁布《军政条例》，也未出现强制军妻同行的条文。

　　随着逃军逐渐成为卫所制度面临的主要问题，洪武、永乐时期，多次下诏或颁布法规予以约束军士，宣德《军政条例》就是专门协助清勾的"常法"，但这些规范化、惩罚性的法规未能彻底遏止军士逃亡，卫所军人逃亡反而逐年增加。因此，明廷开始将目光重新转向卫所军户家庭，试图用"家"来稳固军心，阻止逃军。正统元年，国家在《军政条例》中增补了"金妻"条文，这是明朝首次将军妻同解列入"条例"。"起解军丁"是明代为填实卫所在军户原籍实行的清勾制度，本属强制性服役。"条例"规定清勾时，已婚者务要将妻小同解，没有妻小者则只解军丁本人，表明明廷已经正式把军士在卫所自我繁衍作为稳定军伍的首选。

从立法层面看，正统元年是一个分界线：之前并不要求"皆金妻"，之后"金妻"例作为国家"常法"颁布实施。正统二年，明廷再出台"逃军连妻递解"例，规定清勾军人仍复在逃者，"不须再差长解，止连妻小牢固锁项，着令有司递解原卫所补伍"。此例属于对正统元年"金妻"例的进一步补充，将在逃者军人夫妻均"牢固锁项"强行押解。正统时增补的《军政条例》，还对押解途中病故军人的妻小安置做了规定。"金妻"例从事例上升为条例，标志着其从"权宜之法"成为"常法"，其用意是使卫所达到"屯守有备"。但在实施中却发生强迫军妻随行，甚至用锁项押解等粗暴手段，在社会上产生了诸如不愿婚娶的负面影响。另外，随着政府对"金妻"例执行越来越严，加之路途艰辛，军士不愿携带真正妻小随行，遂同押解人合谋想方设法规避法律。从成化以后军人"雇倩妻小"，到弘治间"雇假妻"顶替流行，女性成为逃军与解军拉锯中的最大受害者。

"金妻"例虽然在地方适用中产生了一些弊端，但自正统元年成为"常法"后，军妻随军及其对卫所的稳固作用，已成为兵部以降管军部门的共识，故对"金妻"例予以严格执行。为了应对成化、弘治以来在清勾中出现的"雇假妻"等问题，正德元年对"金妻"例细化，并将正统元年"金妻"例收入正德《大明会典》中，标志着该例从"常法"升为"大法"。即便"金妻"例已经纳入"大法"体系，但对军妻有无及卖放情况，在具体实施上并不周全，导致逃军问题依旧。嘉靖年间，明廷为保证"金妻"例落实，从批文确定有无军妻到细化对清勾军人及其妻子年貌进行登记。地方社会为完成应对"金妻"的军差，在朝廷尚未解决雇倩军妻问题时，又将之前零星出现里甲为无妻军人买妻的现象公开化，以符合"真正军妻"的要求，但由此又造成"军丁有家而里甲破家"的现象。

"金妻"例在执行过程中出现的各种弊端，使其在明中期之后不断受到非议。文官群体从社会（州县）反应的角度，与以兵部为首的管军部门对卫所稳定的考量产生分歧。各地都在摸索解决"金妻"弊病的方案，但文官群体和管军部门仍难达成共识，也未能建立相应的沟通机制。军妻随军一直是兵部及各卫所管军部门防止逃军、稳定卫所的理想方式之一，尤其在"金妻"例编入《大明会典》成为"大法"后，加强了其不可变更性。虽然有文臣对因"买军妻"造成的社会矛盾提出过异议，但掌握军政法令制定及实施大权的兵部仍希望照常实施。

晚明卫所制依旧存在，并未因逃军严重而崩解，说明维护该制度的"金妻"例仍有实施基础，万历二年由兵部尚书谭纶领衔重修《军政条例》，再次重申"金妻"法规。与之相伴，文臣与管军部门就该法的争议也仍在继续。经过多番博弈，"金妻"例又恢复到正统元年无妻者只解本身，不再强制地方配妻的状态。文官群体因兵部等坚持"金妻"，也不再强调取消该例，而是积极参与对该例在实施过程中衍生诸多问题的讨论，以期消解之前弊端。自万历后期开始，文官对基层代娶军妻的批评声不断增多，至天启时，管军部门也意识到里甲代买军妻的弊端，态度开始有了转变。但似乎仅限于提案，并未付诸行动。随着卫所制的衰落，朝廷似无精力打破以往做法，因此，"金妻"所带来的各种社会问题一直延续至明末。

明代由各部院题准"例"的数量不胜枚举。"金妻"例作为其中之一，牵涉面广，影响深远。"金妻"例在实施过程中产生了诸多弊端，明廷将"金妻"责任推卸给地方，导致明中期以后，人们对"军妻"身份的恐惧，故盛行假妻等现象。在国家、社会与民众围绕"金妻"例的互动中，地方应对"金妻"的手段层出不穷，主要经历了从个人雇倩到里甲"朋费买妻"，最后泛化到对犯罪充军无妻者也要买妻。文武官员对"金妻"例实施中的各种弊端争论不休，朝廷权衡两方意见，明令禁止里甲代买军妻，并在万历重修《大明会典》中继续予以确认，故该例延续到明末。"金妻"例原本是为保证卫所军人有完整的家庭，但在行用中产生雇倩与买妻现象，又制造了新的社会矛盾，导致妇女孤苦及被"商品化"。

明廷基于长期的军事实践以及"寓兵于农"的军事理念，颁布"金妻"例，并试图靠该例防止逃军、稳固卫所，因此对"金妻"例在行用中产生的诸多问题，始终抱着修补心态，未能从根本上加以改变。以往学界多讨论"例"的灵活性及可变更性，却忽视了"例"在地方行用中的变中有不变、不变中有变的黏着性。明代"例"的制定和适用是一个长期的过程，在研究"例"的变迁时，必须要透视文本背后的民众、地方官绅及朝廷内不同利益群体的反应，才有可能真正揭示国家与社会在法律演变及行用中的博弈互动。"金妻"例具体展现了王朝在完善法律体系中由"权宜之法"到"常法"再升为"大法"的过程。立法与行用之间往往存在差距，只有把法律制定与实施结合起来考察，才能动态地揭示法律变迁的真相。

〔本文摘自《历史研究》2020年第4期，原题《明代法律演变的动态性：以"金妻"例为中心》。作者刘正刚，暨南大学古籍研究所教授；高扬，暨南大学古籍研究所博士研究生〕

# 疾痛中的性别隐喻

王超群

疾痛及其疗愈不只是个体身心不适的切身体验，也指涉患者所处之生活环境、家庭关系、医患互动等多方面内容，具有明显的社会特性。所谓疾痛"隐喻化"，即疾痛在社会演绎中由身体的不适转换为一种道德或价值评判，并被看作丰富情感表达的过程。以疾痛"隐喻化"为切入点，以明代女性医案为分析材料，将女性医疗置于性别文化框架内考察，逐层剖析疾痛中的性别隐喻，有裨于揭示男权社会对女性的规训，以及女性群体的自我意识与应对策略，深化对疾痛与性别关系的认识。

"男尊女卑、男主女从"是儒家性别差异文化中的核心思想，以女性"三从四德"、女性对男性强烈的依附性、女子规训书等为表现形式，本质上是一种男权文化。在此社会背景下，以男性为主体的医者群体在书写女性医案之际，亦视疾痛为一种隐喻式的修辞手法，从礼教之防、德行规范和生育角色三方面，提出对女性患疾身心的性别权力规训。

其一，"男女之大防"的性别规范延伸至医疗场域，强调在闺阃、产房等女性私密空间中，医患双方必须谨守礼教范限。"或证重而就床隔帐诊之，或证轻而就门隔帷诊之，亦必以薄纱罩手"，甚或"诊脉之际，帕拥其面，帛掩其容"，尽量减少诊疗中的男女接触，保证医疗过程的礼仪性和规范化。由于疾痛常牵涉女性身体隐私，医患双方囿于两性禁忌，"妇人常多讳疾之弊，虽问之未必尽吐"，男医亦不便追问"某事曾否有无、某处如何痛痒、某物若为色状"等问题。更甚者，罹患隐疾的女性羞于讲述疾病细节，往往"羞涩于言""未言而面先赪"，乃至歪曲或避谈病情。在礼教之防规训下的医疗场域内，妇女名节凌驾于其个体健康及生命之上，女性患疾的身心不再只是病痛之创，而被赋予更多道德意涵，带有价值评判的色彩。

其二，"妇人之病不易治"的医学观点主张女性禀赋柔弱，疾病多于男子，"男则气血俱足，女则气有余而血不足"。经血、胎产等生理现象成为女性体弱多病的根源，"妇人之病多男子者，经脉愆期，淋、带、崩漏，孕育胎产，乳、阴诸患，及妊娠所挟之证，此为病之不同也"。男医虽留意到女性在情志方面的困扰，但其少体察女病患的身心处境，仅笼统地描述为"性偏执""忿怒妒忌"等，主观判定女性情绪不稳兼性格极端。又多番提到"妇人梦与邪交""妇人与鬼交通"等，论证女性身心脆弱，易为"邪祟"侵袭，进一步贬抑、弱化女性身心，将女性疾痛与行为规范相勾连。最终落脚于塑造柔顺的理想女性形象，阐明女性理应遵守的道德规范，如"妇人之病，有可治、有不可治者，皆由其心性善恶所关也"。将女性疾痛引向"心性善恶"即"三从四德"之探讨，甚至归因于个人道德问题，旨在令女性的言行举止符合道德规范，加强对她们的身心规训。

其三，社会风习以繁衍子嗣为家庭要务，涉及生育相关的疾病，子嗣的诞生和存活是女性恢复健康、家庭获得幸福的唯一疗方。男医尤为关注女病患是否恢复生育力，特意以"次年生子""次年生女""育一子"等作为医案书写的结尾。基于此，男性主导的医疗话语体系热衷于达成"产男"的圆满结局，以诞育承继宗祧之子为女性生育价值的最终呈现。繁衍子嗣乃至"产男"无疑是男性权力对女性身体的功能界定，在重申女性的生育角色外，亦增强了这一群体对丈夫及家庭的依附性。

男性权力规训女性身心的同时，也留有其"反规训"的余地，即女性固然处于弱势地位，亦有自我意识及策略，尤其后者更能体现女性群体对性别权力规训的"背逆"。她们遵照礼教、德行和生育方面的要求，服膺于男权社会的身心规训，同时运用斯科特式"弱者的武器"，从女性的身份优势、性别特征等处得到支持，将身体不适转换为于己有利的话语表达，隐约流露出"反规训"的态势。

一方面，女性谨遵礼教之防，恪守医疗场域内的性别区隔、两性禁忌，甚少将隐秘的身心状况展露于人前。出于个人隐私考虑，甚至不愿配合或者拒绝男医的疗治手法。针对由"三从四德"衍生而来的德行规范，女性自觉约束自身的言行举止，以"服三从之顺，谨内外之别"。受社会环境和世情风尚所影响，女性普遍接受其生育角色，视为重要的家庭责任和社会义务。"无嗣""无子"是广大家庭妇女烦恼与痛苦的一大根源，而恢复生育力、"产子"则是她们提升家庭地位、获取家庭认可的主要砝码。另一方面，在家庭医疗活动中，女性亲属如母、妻、女、姊妹，可因己身的尊卑长幼伦序，获得一定的权力与地位。比如一些女性长辈依靠其母亲角色和家庭地位，表达个人医疗诉求，选择是否治病、采取何种诊疗方式，可谓一改性别规训中的弱势形象，展现出强烈的主导意识。少数女性更察觉到，疾痛属于个体及内部的私密性特征，提供了界定身体状态的间隙，身心不适的症状或可成为"弱者的武器"，使其具备掌控身体的可能性。通过诈病、堕胎等举动，她们试图应对家庭或社会性危机，将疾痛导向于己有利的医疗方向，以修复夫妻关系、维系个人名节等。尤为关键的是，同为女性的医护者对待女性疾痛的态度，既有别于男医的主观界定，又部分地构成对性别权力规训的正面回应。相较于男医对女性柔弱、情绪化等主观判断，女性医护者积极探察女性疾痛的内在根源，诸如生活抑郁、勤于家务、夫妻不睦和怀胎艰难等，又屡屡提及女性在劳务、生育上的职能分工，直指这一群体的贡献与价值。通过剖析女性疾痛与家庭、社会关系间的关联，女性医护者尝试为女病患发声，补充了她们在家庭和社会中的性别角色。

诚然，明代医案显示女性并非全是医学权威被动的牺牲品，医疗叙事内亦多有女性意识和策略，甚至存在一些"反规训"意味。但这或源于女性患者的家庭地位、身份角色，或源于疾痛的私密性特征，或源于女性医护者在社会性别中的"女性"身份，而非实质性地获得医疗话语权。从这一角度看，这种"反规训"基于"地位"、"身份"和"性别"等社会因素，仍在性别权力规训的范畴内产生及发展，并非女性自强、发挥能动性的表现，实则趋近于女性群体应对性别权力规训的一种折中方式。

职是之故，以"隐喻化"为研究路径，探索女性疾痛在社会演绎中的多样转化，并非着力于从性别对立中窥视男权对女性的宰制、女性的主观能动性等，而是在传统社会的运作机制内，探讨疾痛与性别间的交织与互动，即性别权力对疾痛过程的渗透和掌控，疾痛过程则折射且放大了性别权力的作用，从而演化为规训与"反规训"的形态，某种程度上丰富了疾痛的性别文化内涵。

〔本文摘自《人文论丛》2020年第2辑，武汉大学出版社，2020，原题《疾痛中的性别隐喻——以明代女性医案为中心》。作者王超群，武汉大学历史学院博士研究生〕

# "丁"的层累演进

蒋宏达

  "丁"（人丁）是明清赋役研究的一个基础议题。早在 20 世纪 50 年代，何炳棣先生就已深入考证明代以来"丁"的制度内涵及其演变过程。在他看来，明初以后，由于官府对人口问题的兴趣转向赋税方面，"丁"逐渐取代"户"而成为赋役登记的核心内容；从明代中叶开始，随着徭役折银的推进，"丁"又逐渐褪去"16 岁至 60 岁服丁役或纳丁税的成年男子"的原初含义，与实际人口脱钩，蜕变成独立的"纳税单位"。不过，新近的研究发现，"丁"的演变过程要比何先生所论更为复杂。由于明清之际各地赋役改革进程和人丁编审方式存在诸多差别，由此形成的"丁"的实际含义也常常因地而异。在经历从一条鞭法到摊丁入地的制度变迁后，官方语境中的"丁"尽管已不再简单等同于原初意义上的"成年服役 / 纳税男子"，但也不宜笼统概括成与自然人口全然无关的"纳税单位"。清代中期以来，特别是乾隆三十七年（1772）废止人丁编审后，"丁"的含义更大大溢出赋税范畴，具备了更为繁复的社会意涵。

  何炳棣以来的学者均侧重对"丁"的含义和类型的静态识别，而较少侧重对其演变过程的动态寻溯，且有关"丁"的研究多局限于官方视野，鲜少结合地域社会本身的变迁逻辑。这使得相关研究在区分"丁"的含义和类别之后，无法进一步对不同性质的"丁"之间的历史联系进行探讨，因而也就难以阐明导致"丁"的复杂化趋势的内在机理。

  在两浙都转运盐使司宁绍分司辖下的石堰盐场，"丁"的制度和社会意涵的演变有着清晰的线索，为探讨明清时期"丁"的复杂化趋势提供了一个生动案例。石堰场位于杭州湾南岸、余姚县北部，该场与东部鸣鹤、龙头二场的辖地共同构成一片由南向北凸起的扇状平原。这片平原的主体部分是元末明初以来由海涂逐渐淤涨而成的。随着海水北却，沿海居民不断向北添筑海塘、垦拓土地，石堰场区的历史进程也由此呈现为一个由南向北渐次铺展的过程。以大古塘（元末）、周塘（明中叶）和利济塘（清中叶）为界，这个扇状平原由南向北可分成四个特色鲜明的区块：大古塘和周塘之间为州县管辖的民沙区，周塘和利济塘之间为盐场管辖的丁地区，利济塘以北为灶户宗族控制下的沙涂区，濒海则为制盐的盐田区。这些区块形成于不同的历史时期，其上实施过互有差异的政治、经济制度。正是由于这种逐次成陆的地理特点，不同时代的制度痕迹得以较为清楚地保留在不同的区块空间之中。

本文以"以田准丁"、"摊丁入地"和"子母传沙"三项重要制度为线索，追溯明代以来石堰场"丁"层累演进的历史过程，以此探寻"丁"在地域社会中演变的制度机理。

所谓"以田准丁"，就是将一定数量的土地折合成单位人丁，并交纳一定量的白银来获取免田的灶户优待措施。以田准丁的普遍实施是由嘉靖后期突发的倭乱促成的。为维持御倭战争，两浙财源被搜括净尽，盐场成为少数能够汲取经费的管道。为筹措御倭兵费，盐司部门顺应时势，放开了对以田准丁的限制，规定灶户名下所有田亩在纳银之后均可免除杂泛差役。这使得纳银免田不再是用来维持灶户富力的辅助性的优免办法，而蜕变成官府重新登记灶丁、田亩并确立课额的手段。纳银免田法的实施突破了人丁原额的限制，消除"丁""盐"之间进行货币折算的障碍，促使赋役运作上的"灶丁"与现实煎盐人役分离。以田准丁的制度变革则进一步拉近了作为纳税单位的"丁"与实际田土的距离，使得"丁"与"地"之间形成相对稳定的比例关系。这些重要变革为入清以后的摊丁入地奠定了基础。

对于石堰场而言，摊丁入地的核心问题在于丁甲划分，也就是对周塘和利济塘之间的灶地进行细分（所谓"分灶别甲"），从而将丁银摊入相应的地块，即不同的灶、甲、丁中。从宏观上看，摊丁入地后，由于丁银与田赋合并征收，"丁"的财政意义大大弱化。不过，在基层社会的实际生活中，"丁"的重要性并未就此衰减。其中一个显著表现在于，摊丁入地以后，石堰场地区的"丁"开始与"地"融合，使得"丁"在民间语境中成了土地的代称。

在沿海沙涂开发中，宗族力量发挥过重要作用。当地常见的做法是合一族之力筑塘围垦，然后在族内裁分丁甲。不过，摊丁入地中确立的控产主体是家户，而非宗族，宗族组织并没有实现对丁甲土地的有力控制，乾隆年间以后大量丁产迅速分散外流。在以家户为主体的土地占有格局之下，宗族内部存在强劲的离心力量，使得丁甲土地不易作为宗族公产长久存续。直到清代后期，这一情况才发生变化，各姓宗祠的公产规模显著扩大。"丁"的意涵也随之衍化。

如果说周塘和利济塘之间的"丁地区"土地因摊丁入地的实施而变得地权明晰，便于税收监管和土地买卖的话，那么，利济塘以北"沙涂区"内的大片沙涂则从未有过类似的制度安排，从而面临着田土边界不清、地权归属不明的问题。从乾隆年间开始，这一带就陆续爆发土地纠纷。为应对这些矛盾，当地发展出两种沙涂占有方式：一为"首报为先"，即新涨沙涂归最先向官府申报纳粮者所有；一为"子母传沙"，即从较早成陆的老沙涂（母丁）添涨出来的新沙涂（子涂）归老沙涂的原主所有。从时间上看，"首报为先"惯例的形成要早于"子母传沙"，但嘉庆、道光年间以后，"子母传沙"之制后来居上，逐渐取代"首报为先"惯例，转变成主导性的土地占有方式。这一转变也意味着滨海沙涂的控产主体由此前具备"首报"实力的分散家户，转变为有能力通过控制"母沙"进而大规模垦占"子沙"的控产宗族。

如果说"丁"在周塘至利济塘之间因摊丁入地的制度原因而与灶地相融合的话，那么，在利济塘以北则经由一套宗族血缘话语而同新涨沙涂实现联结。在清代后期至民国年间的宗族文献中，当地有关"丁"的描述大都凸显出浓厚的血缘伦理色彩，"命丁"与"血产"成为其中最常见的土地意象。"丁产"与"祖宗"之间"命"与"血"的联系照应着清代后期以来各姓子弟为争夺沙涂而械斗相争、流血殒命的现实。如此，对于宗族成员而言，"子母传沙"便不只是对旧沙淤生新涂这一自然成陆过程的拟人化描述，更被提升为一种对宗族血脉延续、子丁蕃衍的社会过程的隐喻，从而引申出垦占沙涂的价值理据。

结合从"以田准丁"到"摊丁入地"再到"子母传沙"的制度变迁过程，我们可以比较清晰地梳理出石堰场"丁"的演变脉络，即从明初亲身服役的煎盐人役，到明中叶以后的盐课输纳单位，再到清中叶的田土登记名称和实际土地的代称，并于清代后期衍生出一种占有土地的资格和权利。石堰场的案例使我们可以将性质各异的"丁"置于一个相对完整的制度链条之中，从而呈现不同时代形成的"丁"之间前后相承的历史过程。

石堰场的个案以其独特的制度历程为我们进一步理解明清时期"丁"的演变提供了新的视角和思路。从中可以看出，"丁"的演变并不是惯常理解的从一种类型向另一种类型的前后直线嬗替，而是表现为一个由旧的类型衍化出新的类型、由旧的含义延伸出新的含义，且新旧之间不断迭加、层累的过程。"丁"的复杂化趋势不仅取决于"丁"的地域特点，而且与其层累演进的制度特性息息相关。

〔本文摘自《文史》2021年第2辑，原题《"丁"的层累演进——以明清时期的两浙石堰场为例》。作者蒋宏达，上海社会科学院历史研究所助理研究员〕

# 关于清朝嘉道变局性质的不同阐释及其反思

朱　浒

　　大体相当于 19 世纪上半叶的清代嘉庆、道光两朝，通常被视为清中期，也往往被合称为"嘉道"时期。按照长久以来的习惯划分，这一时期的前四十余年属于中国古代史，最后十年则是中国近代史的开端。由于兼跨两大体系，所以嘉道时期在许多通论性著述中都少不了一席之地。然而，与其之前号称"盛清"的时期、之后陷入剧烈动荡的 19 世纪下半期相比，嘉道时期显得颇为平淡。因此，在很长时间里，对于嘉道时期，除了白莲教战争、和珅倒台、天理教起事、鸦片战争等个别事件外，其他能够给人以较深印象的内容寥寥无几。

　　约自 20 世纪 90 年代为始，关于嘉道时期的研究似乎迎来了发展契机。在 19 世纪下半期和 18 世纪得到大力挖掘之后，学界越来越广泛地意识到 19 世纪上半期也是一个颇为重要的时段，以及存在较多研究空白。特别是进入 21 世纪以来，嘉道时期的不少内容都得到了进一步开掘。相比早先的论述，晚近研究在论题的广泛性、内容和资料的丰富性上确实远远过之。然而，这些研究要么是从属于政治史、经济史、思想史和社会史等专题门类，要么是事件史、人物史等方面的实证研究，始终很少有人起而阐述将嘉道时期作为研究断限的理由和标准，更少有人去阐明自身研究在该时期社会变迁中的定位。这样一来，虽然相关实证研究越发深入、细致，但许多选题的意义只能以填补空白为立足点，令人感觉这样的研究走向似乎难免陷入"碎片化"困境。

　　那么，关于嘉道时期的研究能够走出"碎片化"困境吗？嘉道时期有没有所谓"主体性"问题，或者说是具有特定研究价值呢？这就需要全面检视以往阐释嘉道变局的思路与模式，及其对后来造成的或隐或显的深远影响。大体上，迄今对于嘉道变局的主导性阐释可以归纳为三种模式，即"王朝周期变动观"、"社会形态发展观"和"传统社会转型观"。可以说，也只有彻底检讨这三种模式的特性及得失，才能准确辨析当下所谓"碎片化"研究困境的实质，才有可能重新认识嘉道变局的特定进程及其实践逻辑，也才有可能重新探讨嘉道时期的历史定位问题。

第一种关于嘉道时期社会变迁性质的阐释，也是最早出现的看法，可以称之为"王朝周期变动观"视域下的认知。这种看法是基于中国传统王朝的演化系谱来看待嘉道时期社会变迁的。其基本架构的要点有二：其一是将嘉道变局视为王朝周期性的盛衰变动阶段，其二则是认定该时期国势衰败的原因应归于王朝自身运转机制的演变结果。也正是在这种意义上，在那些持有此类看法的著述中，被用来描述历代王朝下滑轨迹时屡见不鲜的"中衰"一词，也频繁地成为指称嘉道时期的特色词语。

第二种关于嘉道变局的主要阐释，也是1949年以后在中国大陆地区最为通行的看法，乃是从"社会形态发展观"出发的认知。这种认知的路径基础，是马克思主义史学传统关于社会形态发展一般规律的学说。虽然不同的研究者在具体着眼点上有所不同，但按照这种认知的逻辑思路，清代中期的盛衰之变本质上属于社会形态范畴的变化。具体而言，这一变化乃是封建社会走向衰落和解体的表征，而变化原动力又取决于生产关系及阶级关系发生的基础性变动。大体上，此种阐释大约成型于20世纪五六十年代。由尚钺担任主编、于1954年出版的《中国历史纲要》，是较早阐述此种看法的代表作。由翦伯赞主编、于1966年全部完成的《中国史纲要》一书，因其流传范围和时间远超他书，其对嘉道时期性质的概括，也成为后来诸多中国近代史教科书所遵循的通例。

第三种关于嘉道变局的阐释，大致可以称为"传统社会转型观"视域下的认知。这种阐释的认知前提，是基于传统社会向现代社会转型的理论模式。虽然在关于转型动力的问题上，此类阐释在内部动力还是外部动力起主导作用的认识上迄今亦未达成一致，但其总体思路还是十分明确的。那就是，清中期盛衰之变的实质，是传统中国社会无法再按照自身惯性继续运行下去，从而走向近代转型的起点。另外需要说明的是，此种阐释最早起源于海外中国史学界，中国大陆学界大约在20世纪八九十年代以后，才开始出现该类型的明确表述。就目前所见，较早明确表达此种阐释的研究，应为美国学者孔飞力于1970年出版的《中华帝国晚期的叛乱及其敌人：1796~1864年的军事化与社会结构》。在大陆学界范围内，较早运用现代化视角来看待嘉道变局的代表性学者是吴承明。不过，与海外学者不同的是，吴承明认为该时期的转折应视为中国现代化进程的一次挫折。21世纪以来，不少以嘉道时期为时限的专题研究，或明或暗都是以"传统社会转型观"作为思考起点的。

这三种模式主导下的历史叙事，有着各不相同的论证取向、侧重内容和书写方式。而无论是早先还是晚近出现的许多实证性专题研究，在认识前提上基本都处在这些阐释模式的笼罩之下。就"王朝周期变动观"而言，这是一种源自本土悠久传统的思路，在清末民国时期一度成为认知嘉道时期的风行路径。然而，此种认知仍将清朝视作传统王朝，全然以治乱结果为评判标准，形成了难以克服的内在弱点，那就是其基于"因衰致亡"的逻辑，对嘉道变局的基本走向只能画出一条日渐沉沦的下行线，而难以顾及其中同时演化出来的上行线。

"社会形态发展观"长期成为中国历史体系的主流话语，对许多历史时期的解释都具有逻辑自洽性。但这种话语用来说明嘉道时期的根本特征、概括相关历史实践时，出现了一定的矛盾之处。其主要表现之一是，在中国古代史体系努力论证嘉道前期就出现了封建社会的解体迹象和"资本主义萌芽"时，近代史体系却要大力阐明鸦片战争后封建社会的延续及其在中国各方面的深厚作用。从"传统社会转型观"出发对嘉道变局的认知，使得越来越广泛的社会变迁内容被纳入研究视野，至今依然在学界有着很大吸引力。然而，由于社会转型理论主要是基于西欧经验而构建起来的，所以随着研究的深入，此种路径日益显现出了与中国历史经验相契合的困难。因此，如果意识不到这三种阐释模式在方法论上的局限性，无论怎样精深的实证研究，一旦涉及关于嘉道变局的整体认知，总会自觉或不自觉地落入既有模式的笼罩。在笔者看来，从反思以往研究的提问方式出发，在转换研究视角的基础上重塑问题意识，很可能具有更加紧迫的意义。

〔本文摘自《史学理论研究》2021 年第 2 期，原题《盛衰之理：关于清朝嘉道变局性质的不同阐释及其反思》。作者朱浒，中国人民大学清史研究所教授〕

# 论太平天国拜上帝教的创立

吴 彤

　　拜上帝教在太平天国运动中占有极其重要的地位。太平天国运动是一场具有理论指导的农民运动，而这一理论即拜上帝教。拜上帝教也对太平天国的历史进程产生了重大影响，它不仅是太平天国起义发生的诱因，而且对太平天国的各项政策措施以及太平军与清军之间的战争之进程产生了巨大影响。因此，准确、深入地认识和理解拜上帝教的历史，将大大有助于推进对太平天国运动的起因、性质、政策、成败等诸多问题的研究。

　　目前关于拜上帝教的已有研究主要集中在两个方面：一是拜上帝教对太平天国兴亡的影响，二是拜上帝教与儒家思想、基督教、道教、民间信仰之间的关系。至于拜上帝教的发展历程和教义，目前已有一些论著进行了论述，但均较为简略。而且，拜上帝教存续期间（1843~1864），其教义处于一个不断变化的过程之中，但目前已有研究未能充分体现其不同时期教义的差异和教义的动态演变过程。

　　拜上帝教的创立经历了一个过程，这一过程主要包括三个事件：一是1836年洪秀全在广州获得《劝世良言》一书；二是1837年洪秀全患病期间发生昏睡和异梦；三是1843年洪秀全仔细阅读《劝世良言》并产生思想巨变。

　　洪秀全是广东花县官禄埗村人，曾多次到广州府城参加选拔秀才的科举考试（都未通过）。1836年在广州考试期间，大街上有人宣传基督教，并向人们赠送一部名为《劝世良言》的宣传基督教的书，洪秀全也拿到一部。当时洪秀全只是对该书稍加浏览。

　　关于洪秀全得到此书的时间，《太平天国起义记》和《洪秀全来历》可信度较高，两书记载均为1836年。有几名当时的外国人在他们所写的书中认为，洪秀全是在1833年去参加考试并得到《劝世良言》的。但是，作为信息来源更为间接的外国人，他们的说法与洪仁玕的说法相比，可信度要较低一些。因此，洪秀全1833年得书是可能的，但这种可能性不是很大。

1837 年，洪秀全再次去广州参加考试，然而又一次落榜，因此极为悲伤和失望，加之读书备考已十分劳累，患了重病，回到家中后卧床不起。之后他昏睡多日，并在昏睡期间进入梦境。

这场睡梦经历了较长的时间。洪秀全于三月初一日进入昏睡并在此期间出现梦境，两日后洪秀全醒来，三月初三、初四两日再次进入睡梦。由此可见，洪秀全三月初一日开始昏睡，一共昏睡了三四天，并在昏睡中不止一次出现梦境。

关于这一梦境的内容，我们今天了解它的途径，主要有《太平天国起义记》《太平天日》《干王洪仁玕自述》，都是出自洪仁玕之手。虽然洪仁玕对梦境有一定了解，但他所提供的这些材料都或多或少存在一定程度的政治宣传的动机。但是，第一，我们仍然可以据此断定，此梦确实存在，是真实发生了的。第二，依据这些即使虚构成分较多的描述，我们仍可以大致推测出梦境的最基本的情节，得知其大致情景。这就是，洪秀全在梦中来到了一个庄严而且华丽的地方，他在这里受到了一个威严的老人的接见，老人对他进行了一番训导。

产生这一梦境的原因，一种可能是日有所思夜有所梦。更大的另一种可能是，他曾经听外国传教士讲道，并简略地浏览过《劝世良言》，于是产生了片段性的、含糊的上帝、天堂等观念，或许这个梦是这些观念在他头脑中的反映。

1843 年，洪秀全在邻村教书时，对这部书产生兴趣，于是潜心地仔细阅读。阅读之后，他联想到 1837 年患病时的梦境，觉得书中所说的内容与这一梦境有很多相符之处。于是他将两者互相印证，认为两者都是真实的、正确的，进而认为，上帝授予自己神圣的使命，派自己到人间来教导中国人，使中国人敬拜上帝。

洪秀全吸收《劝世良言》中的思想，在此基础上结合自己原有的思想和以往的经历，将书中的内容与自己的梦中经历联系起来，经过自己的理解和发挥，他的思想发生了变化，产生了一系列新的思想。于是，一个新的宗教，即拜上帝教便由此产生了。

拜上帝教创立时的教义，等同于洪秀全阅读《劝世良言》一书以后所形成的新思想，这是一个含有较丰富内容的思想体系。这一体系主要包括三方面内容：一，上帝是古今中外的唯一真神；二，中国人在远古时期曾经敬拜上帝，但后来不再敬拜；三，上帝派洪秀全做人间救世主，引导中国人重新敬拜上帝。

拜上帝教创立时，是一个纯粹意义上的宗教，而不存在任何政治欺骗的成分。拜上帝教的产生，是自发形成的，并不是出于某种政治目的而有意编造的一套说教。拜上帝教成为欺骗性的宗教，出于政治目的而对教义加入编造的内容，那是后来的事情。

拜上帝教之所以能够在中国出现，主要有三个原因。一是基督教在中国的传播。1807 年，基督教新教传教士、英国伦敦布道会传教士马礼逊到中国传教。继马礼逊之后，其他一些传教士也陆续来到中国进行传教，这一时期，西方传教士主要是在广州一带活动，很少进入其他地区。正是在广州的大街上，洪秀全得以与传教士和基督教发生接触，从而为他接受基督教和创立拜上帝教提供了条件。基督教在中国的传播直接促发了拜上帝教的产生，还极大地影响了拜上帝教的教义。传教士在宣传基督教的过程中采取了一些策略。例如在将基督教教义翻译成中文时借用中国古书中已有的"上帝"一词，将"God"一词翻译成"上帝"二字，这就导致了洪秀全的误解，使他认定两者是同一个唯一真神，并且因此接受了《劝世良言》的全部内容，视其为真理。

二是中国社会较为宽松的宗教环境。在当时的中国社会，宗教信仰是比较自由的。再者，传统的敬天观念对拜上帝教教义的内容也产生了影响，成为拜上帝教教义主要借鉴对象之一。中国传统宗教信仰中的其他一些内容与基督教某些教义也有相近之处。另外，当时的中国人普遍相信托梦，认为人的灵魂在某些情况下可以脱离身体。因此，洪秀全在读书以后，很自然地以为1837年之梦是自己的灵魂脱离身体而升天，这在当时并不是一件很离奇的事情。

三是洪秀全个人特有的个性特征。洪秀全在早年生活经历中，老师、家长等周围的人一直对他十分赞赏，周围人们的这种态度，促使他形成一种十分自负的个性。他认为自己很有才华，希望自己成为显赫的大人物。洪秀全在读了《劝世良言》以后认为自己是上帝派遣的救世主，与他这种自负的个性是有关的。同时，由于洪秀全屡次考试不被录取，心中感到压抑和抱怨，这种抱怨心态对洪秀全产生新思想、创立新宗教也起到了一定的促进作用。另外，洪秀全具有喜好新奇事物的心理特征，能够接受非正统的、在一般人看来比较新奇的思想。

由上述可见，拜上帝教的出现具有一定的偶然性。拜上帝教的出现是一个自然的过程，而不是人为地、有意识地为了某一目的而创立。拜上帝教的出现，实际上就是洪秀全产生了一套新思想，这一新的宗教也就自然地形成了。从这个意义上说，拜上帝教的出现，实际上是一个客观的"形成"过程。这也反映出拜上帝教的性质有一个变化过程。创立之初，它是纯粹意义上的宗教，并不具有任何政治性，其教义完全就是洪秀全的真实思想。后来，当洪秀全等人于1848年决定反清起义以后，才开始有意地对拜上帝教加以改造，加入了大量有政治目的的欺骗性教义。此后拜上帝教的性质发生了根本性的转化，它成为一种政治工具。

基于上述论断，我们可以进一步理解太平天国运动的性质和缘起。太平天国运动是一次旧式具有宗教性的农民战争。同时，又与其他一些同样具有宗教性的农民战争有所差异。太平天国起义的发动，是先出现一个纯粹的没有任何政治色彩的宗教，此后在传教的过程中，与当时的社会矛盾相结合，从而引发了起义。

〔本文摘自《史学集刊》2020年第6期。作者吴彤，吉林大学文学院中国史系副教授〕

# 华盛顿体系、反帝运动与国民革命的酝酿

马建标

从 1922 年到 1925 年，美国政府已经意识到华盛顿体系如果不能及时履行对中国的修约承诺，势必招致中国民族主义者的愤怒。由于法国这块"短板"，华盛顿体系列强的"大国协调"原则遭遇阻碍，最终错过了安抚中国民族主义者的时机。这个机会反过来被苏联政府成功抓住。1924 年苏联与北京政府建交，并在同年促成国共合作，为反帝运动奠定了组织准备。在五卅惨案基础上形成的上海反帝运动模式，依靠"情感力量"成功激起全国范围的反帝运动。反帝运动的"成功"秘诀，在于惨案本身蕴藏着巨大的政治动员潜力。

## 一 引言

1922 年到 1925 年，是华盛顿体系列强向中国兑现关于"关税自主"和"废除治外法权"等"国际承诺"的关键年份，也是引发中国民族主义运动的转折时期，20 世纪 20 年代的国民革命运动就是在此期间酝酿成熟的。在 20 年代初期的中国，马列主义只是在中国的知识界进行有限的传播。"五四"之后，中国知识界呈现多种思潮相互竞争的整体格局，马列主义、无政府主义、自由主义等多种思想竞相争鸣，其他思潮的存在自然会减弱马列主义对中国社会的影响。马列主义要超越狭隘的知识界，对社会大众产生影响，难乎其难。但是，1925 年爆发的五卅惨案，却在很短时间内引发了全国范围的反帝运动，而国共双方都通过此次反帝运动发展了自身的组织力量。这就引出一个问题，苏联、共产国际以及国共合作组织、普通人的民族情感在动员群众开展反帝运动的过程中，究竟发挥了何种作用？如果说普通民众只能依托最朴素的民族主义情绪才能激发出反帝意识，那么是否可以认为民族情感而非政党动员才是反帝运动得以实现的关键？此外，在反帝运动兴起的

前夕，美国主导的华盛顿体系列强是否采取过一定的应对措施？这些是本文要尝试讨论和加以回答的问题。

## 二 华盛顿体系的帝国主义性质刺激了中国的民族主义

华盛顿体系的实质是英美日等列强以"国际协调"的方式，对西太平洋和中国问题的利益再分配。华盛顿体系试图继续维护列强在中国的不平等条约特权，这一企图让关心国家主权利益的中国民族主义者无法忍受。该体系既体现了美国倡导的"自由国际主义"和"资本主义列强之间的国际合作原则"，也继续承认并维护列强与中国签署的不平等条约关系的有效性。这种"新旧杂糅"的国际关系决定了华盛顿体系列强在处理中国问题上的立场必然是自相矛盾的。这一体系让欧美列强和日本又回到了战前的东亚均衡状态，只是列强之间由一战之前的"双边结盟"变成了带有自由国际主义色彩的"多国合作"。

美国推动创建华盛顿体系，首要目的是遏制日本在亚太地区的扩张，却忽略了苏俄政府对华盛顿体系的潜在威胁。一战后，战胜国列强需要建立一个适应所谓"和平与发展"需要的世界新秩序。华盛顿体系因此应运而生，却不能从根本上克服资本主义列强在中国的利益冲突以及与中国的民族矛盾。但该体系是欧美列强与东亚强国日本之间达成的一个松散的国际联合体，凝聚力不足。在英美的施压下，法国虽最终决定批准所有华盛顿会议上达成的条约和决议，却也间接导致华盛顿会议条约生效延迟。法国的不配合，成为华盛顿体系的一块致命短板，严重阻滞了华盛顿体系在中国的落实，让中国人对华盛顿体系列强滋生不满。

1922年到1925年，可谓华盛顿体系列强"错失良机"的几年。与此同时，苏联则对中国采取灵活的双重外交，对华盛顿体系的冲击以及对中国反帝运动的刺激都发挥了难以估量的影响。

## 三 苏联的"新外交"与中国反帝运动的组织动员

苏联对华"新外交"的开展是苏联革命理想主义和国际现实主义双重考虑的结果。"新外交"的开展，主要由苏联政府外交人民委员会和共产国际负责，接受苏联共产党的领导。苏联对华"新外交"开展的特点是双管齐下，带有强烈的机会主义和理想主义。1924年，苏联对华双重外交都获得了成功：苏联驻华大使加拉罕成为北京公使团名义上的领衔公使，可以合法地代表苏联政府在中国开展外交工作，并秘密协助共产国际代表鲍罗廷等人在中国开展革命工作；共产国际则通过国共两党组织民众运动，从外部冲击华盛顿体系。

苏联革命的成功模式，对陈独秀、李大钊、毛泽东等知识分子具有强烈的吸引力，即使对蒋介石这样的职业军人也有很大的感召力。苏联"反对帝国主义"的口号触动了具有民族意识的蒋介石。但蒋的反帝立场，更多出于他本人的民族主义观念，而不是他接受苏联革命学说的结果。

苏联对华"新外交"也面临一些新的挑战。但不可否认的是，在苏联的推动下，1924年达成的国共合作仍为1925年五卅反帝运动的兴起做好了必不可少的组织动员的准备工作。

## 四　五卅惨案与反帝运动的"上海模式"

五卅惨案以及随后发生的反帝运动是中国与列强因不平等条约关系造成的长期矛盾累积的结果。五卅惨案促使反帝运动在全国范围的开展，上海的"反帝运动模式"在此过程中向全国推广。上海爆发的反帝运动能够成为全国效法的榜样，主要源于上海是全国的新闻舆论中心。

五卅惨案成功地引发了全国范围的反帝运动，其中在英国势力盘踞的几个重要口岸城市如上海、武汉和广州最为激烈。此次反帝运动的兴起，在上海等通商口岸城市发展起来的民众团体在其中发挥了不可替代的作用。五卅运动为全国反帝运动确立了一个"样板"。反帝运动的"上海模式"有以下特征：政治宣传价值是激励反帝运动的关键因素；媒介宣传的重要性；要让青年学生充当反帝运动的先锋，通过学生来号召各界参与反帝运动；反帝运动只有在口岸城市进行，才能痛击帝国主义在华势力。其中，惨案所激起的民族仇恨，是反帝运动得以成功的情感内核，容易引起全国的情感共鸣。

五卅运动以后，反帝运动的"上海模式"在广州、武汉、厦门等"条约口岸"城市不断地复制、推广。而由口岸城市带动更多的内地城市参与反帝运动，还得益于一个全国性的城市通信网的支撑。五卅运动进一步唤醒了中国人，也令华盛顿体系列强开始改变对华政策，成为华盛顿体系走向崩溃的转折点。1925年底召开的关税特别会议是华盛顿体系列强进行的最后一次"国际合作"，此后列强开始实行单独的对华政策。

## 结　语

从1922年到1925年，法国在"金法郎案"上与中国的纠葛，导致华盛顿体系一直到1925年8月才完全落实。在此期间，美国意识到华盛顿体系的无法落实已经招致中国民族主义者的愤怒，并设法联合英国对法国施压，敦促法国履行对华盛顿条约的义务，但为时已晚。由于法国这块"短板"，华盛顿体系列强的"大国协调"原则遭遇阻碍，最终错过了争取中国民族主义者的时机。苏联被孤立于华盛顿体系之外，促使苏联政府需要尽快与北京政府建交，以打破其在东亚的孤立处境。1924年，苏联与北京政府建交，并在同年促成国共合作，为反帝运动做好了组织上的准备。

苏联对中国的输出革命战略以及欧美列强带来的现代通信技术，进一步加剧了中国口岸城市的文化冲突。尽管口岸城市的文化思想冲突很厉害，乃至造成中国城市团体的严重分化和对立，但各界人士面对华盛顿体系列强屠杀中国人的"惨案"，能够及时团结起来，共同对抗帝国主义。看来，反帝运动的成功秘诀，就在于"惨案"恶化了延续80余年的中外不平等条约关系，点燃了中国人长期压抑的仇恨之火。正是这种朴素的民族情感、自尊心，把一个分裂而涣散的中国在"精神上"统一了起来。所以，在1925年的五卅运动中，中国地无论南北、人不分老幼，各个党派团体虽立场不同，却能达成最广泛的反帝统一战线。中国人的民族情感暂时弥合了阶级、党派、地域之间的界限。

〔本文摘自《中共党史研究》2020年第6期。作者马建标，复旦大学历史学系教授〕

# 1934年南京市民食盐中毒事件述论

朱 英

1934年南京突发市民群体性食盐中毒事件，报纸作为社会舆论工具，不仅及时予以客观报道，而且较好地起到了引导作用，发挥了公共媒体的社会功能。政府卫生部门也紧急应对，迅速救治中毒病人，全力找出毒源，随即采取措施防止更多市民连续中毒，使该事件很快得以平息。这次中毒事件的发生，促使社会各界高度关注食盐安全问题，引发了一场改革盐务、盐政和盐商的大讨论，推动了新盐法的实施，产生了多方面的连带影响。

1934年5月，在首都南京突发市民群体性中毒事件。中毒者大都恶心作呕，头痛头晕，心慌气短，嘴唇发紫，面色青白，重者不省人事，瞳孔放大，情况危急。当时，这一"关于社会民生之严重案件，传播全国，震惊遐迩"。面对这一群体性突发事件，报刊媒体如何反应？政府如何应对？产生了哪些连带影响？均值得探讨。目前学界尚无专文论及此次中毒事件，故本文对相关问题略做述论。

## 一 中毒事件发生后的舆论报道

这次中毒事件发生于1934年5月9日下午，中毒者主要集中在南京汉西门外凤凰街、石城桥等处。南京各报对该突发事件的反应十分迅速，体现出公共媒体对公共事件的敏感特性。南京主要民营和官办报纸均如实登载相关消息，随后追踪报道整个事件进展，使南京市民及时了解相关情况，保持高度警惕。

记者不仅四处调查采访以便及时报道相关消息，而且在此过程中尽力帮助中毒者较快得到治疗。报道还积极介绍南京市政府卫生事务所救治病人的情况与效果，强调中毒者大多数得到了及时救治，市民不必因此产生恐慌，报道内容翔实，引导正向。同时报道对此次市民性群体中毒原因也提供了参考方向，初步推测为中毒者共同食用的食品。值得一提的是，中毒事件引发了各种不实猜测，南京各媒体也及时登载记者对专业人士的详细访谈，予以澄清。在持续不断的追踪报道中，媒体对中毒原因也做了进一步推测，率先指出"料中毒为食盐所致"。此后报道对中毒事件的调查进程也密切关注，最后的调查结果也证明这一报道的推测基本准确。

总体而言，无论是民营还是官办的报纸，对这次食物中毒事件的报道都非常及时，并没有什么忌讳，在没有获得确切毒质来源的情况下，主要根据调查所得信息，说明系食物中毒，提醒广大市民注意。同时，针对中毒事件发生后坊间出现的不实传闻，及时采访专业人士，予以澄清，避免出现社会恐慌。报纸报道还说明政府相关部门抓紧时间进行分析化验，查明毒源，以便有针对性地采取应对措施。事件过后，又发表诸多评论文章提出需要改革的问题。如此种种，都表明在这次食物中毒事件中，报纸较好地发挥了媒体应有的传播功能与引导作用。

## 二　中毒事件发生后相关部门的及时应对

市民群体性中毒事件发生后，南京市政府相关职能部门反应十分迅速，应对措施也较为得法，取得了良好效果，并未使中毒事件演变发展引发社会恐慌。

首先，南京市政府相关部门面对市民群体性中毒事件突发状况，第一时间快速救治病人，使病人转危为安，警务局和卫生所反应迅速，尽力帮助病人及时得到救治，取得了良好效果。其次，市卫生所初步确定食盐为重点怀疑对象，快速锁定毒源呈报市政府请"遏止毒源，维护全市人民生命安全"，并发布通告，提请广大民众注意。再次，相关部门人员与媒体保持良好的互动，坦诚而主动地接受各报社记者的采访，及时向广大市民如实通告相关重要信息，避免各种谣言和传闻引发社会恐慌，同时盐务署大力整顿劣盐走私，对安定人心起到了重要作用。最后，相关部门对导致此次中毒事件发生的涉案人员提出诉讼，请依法予以处置，以平民愤；对相关店铺进行处罚，并严密侦查毒从何来。

由此可见，南京市卫生职能部门处理此次中毒事件自始至终都体现了认真负责的态度，唯一的遗憾是警察局最终没能查清毒盐来自何处何人。

## 三　中毒事件所引发的相关评论与整顿盐务

南京市民群体性食盐中毒事件还引发了人们对一些相关问题的评议和讨论，可以说是这次食盐中毒事件产生的连带影响，直接促使许多报纸发表了评论文章。

其一，对贫苦民众生活之艰难深表同情，呼吁政府制定相关法令，切实保障民众日常生活必需品的安全，并批评官府对民生的漠视，呼吁改进。其二，对盐务当局和垄断性大盐商展开批评，并呼吁官府严加整顿。批评政府机构管制不严，致使私盐泛滥，发生民众中毒事件。同时严厉批评盐务处置不当和盐商垄断经营，置食盐质量与人民健康于不顾。其三，呼吁当局改革盐务，推行新盐法。许多评论都强调食盐是民众日常生活必需品，关乎国人健康，盐务则直接影响食盐的生产、运输和销售等环节，关系到盐的质量与安全。时下之盐务存在诸多问题，政府必须大力进行改革。当局应接受此次中毒事件之严重教训，给予高度重视。

最高当局也决心为保证食盐安全而采取一些新举措，率先开始在南京废除食盐专商，试行自由行销，"财政部以京市改为淮盐积盐自由行销区，特令各盐商应行登记领照，并应受稽查。纯盐成分在百分九十五以上，盐色洁白者，方可行销。该部拟俟精盐盐质改进，税收成绩良好，再将行销区扩大范围"。可见，食盐中毒事件与报纸的连续呼吁，对于推动当局重视食盐的产运销安全，进而实行新盐法改革产生了影响；盐业界对此也十分重视，表示要引以为戒，深刻自省。为了总结这次中毒事件的深刻教训，盐政讨论会举行了专门会议，并汇聚有关中毒事件的各方材料和报纸相关报道，编辑印刷《为食盐牺牲人民生命之一斑》小册子，发送全国各地盐业公会；除此之外，南京市民食盐中毒事件的连带影响，还在医学试验方面引发了讨论，促进了医学试验的进步。

综上所述，民国时期南京市民群体性食盐中毒事件发生之后，报纸作为社会舆论工具，不仅及时予以客观报道，引起广大民众重视，而且较好地起到了舆论引导作用，充分发挥了公共媒体的社会功能。政府卫生部门也紧急应对，迅速救治中毒病人，全力找出毒源，随即采取一系列措施防止更多市民连续中毒，取得了明显成效，使这次中毒事件很快得以平息，没有发生大规模社会恐慌。这次中毒事件的发生，促使社会各界对食盐安全问题高度关注，引发了一场改良盐务、盐政和盐商的大讨论，推动新盐法的实施，产生了多方面的连带影响。无论是报纸的及时报道还是官府的迅速应对，以及群体性突发事件平息后的思考与讨论，南京食盐中毒事件都具有值得参考借鉴的历史价值。

〔本文摘自《史学月刊》2021年第1期。作者朱英，华中师范大学中国近代史研究所教授〕

# 全面抗战初期国民政府国际宣传网络的构建（1937~1938）

刘　静

卢沟桥事变爆发初期，国民政府的声音被日本国际宣传全面压制，陷入极为被动的困境。为对抗日本宣传，国民政府组建第五部专门负责国际宣传，然因涉及蒋汪之争和复杂人事关系，宣传效果十分有限。为赢得国际舆论和抵抗党内消极抗战的声音，蒋介石成功清除汪派势力，并令董显光另起炉灶，组建新的国际宣传组织。董显光审时度势，在短时期内迅速组建了一套覆盖境内外的国际宣传网络，并将宣传重心放在美国本土。通过"利用外人"和"隐藏痕迹"的策略，国民政府的国际宣传取得明显成效，为中国抗战赢得了广泛同情，同时也为抗战后期的国际宣传积累了宝贵经验。

卢沟桥事变爆发后，日本展开全面侵华战争。鉴于敌强我弱的形势以及列强在华利益的复杂缠绕，国民政府在战事初期便将寻求国际援助视为重要策略，试图争取与国，孤立日本。彼时欧洲局势不稳而美国孤立主义盛行，国民政府欲以外交途径寻求国际支持的难度颇大。为扭转被动局面，国民政府遂将注意力转到国际宣传上，试图通过运动同情中国的国际人士替中国发声，鼓动国际舆论，以获得国际道义支持和物质援助。此种国际宣传策略仅有少数人负责，运作极为隐蔽。本文旨在深入分析卢沟桥事变后国民政府国际宣传面临的困境，并从随时变动的国内外因素中重构国民政府迫切构建国际宣传体系的意愿及具体政策的落实和转向。

## 一　卢沟桥事变前后国民政府国际宣传面临的困境

九一八事变爆发后，日军不仅在军事上给国民政府以沉重打击，在国际宣传上亦攻势猛烈。相较之下，国民政府缺乏国际宣传组织和计划的缺点暴露无遗。鉴于此，如何协调资源对抗日本宣传攻势，便成为九一八事变后一直困扰国民政府的难题。1932 年 5 月，国民党中央决定将中央宣传部改组为中央宣传委员会，旨在协调多方资源，统筹国际宣传事宜。但在国民党内部暗流涌动的环境下，此种国际宣传体系并不能合理调配资源，反而内部互不统摄、互相牵制。此后，国民政府虽又添设国际宣传设计委员会等临时机构，且有扩大国际宣传之决议，然多为具文，国际宣传事业依然毫无头绪。

卢沟桥事变爆发后，日本迅速展开国际宣传，欲再次压制中方声音并博得国际舆论同情。日方的宣传使国民政府的国际宣传更显窘迫。国民政府对外宣传的重要媒介《大陆报》援引中央社消息虽然数量最多，但缺少独家消息，缺乏权威性，援引的路透社消息又大多采自日方消息源，其内容多反映日方视角，缺少中方声音。面对日本在国际宣传上的压倒性优势，国民政府逐渐意识到若不改变既有国际宣传策略，中国将重演九一八事变的悲剧，错失获得国际同情的机会。因此，国民政府开始致力于整合既有国际宣传资源，并使之适应战时需求。

## 二　战时国际宣传机构的初设与内争

1937 年 8 月 11 日，国民党中央政治会议决议组建大本营，下辖第五部成为国际宣传部的代称，部长内定陈公博，副部长则由谷正纲和董显光担任。该部职责为"永保精神动员之团结巩固，并将国军为自卫而应战之决心与事实，昭告国际朝野，免为敌人反宣传所蒙蔽"。第五部是一个跨部门的特殊机构，调用中央宣传部、军委会、参谋部和外交部中负责国际宣传的人才组成。该部虽旨在协调宣传资源，其工作却多各行其是，缺乏有效沟通，内部派系暗流涌动。

随着淞沪会战的深入，国内外形势更显复杂微妙，最终促使蒋介石下决心去除第五部汪派势力。在陈公博势力被清除后，第五部组织设计和人员素养暴露的缺陷说明国际宣传受阻不仅仅是因为派系问题。10 月底，董显光在彻查第五部各机构后提出改革方案，方案引发国民党内部的强烈不满，也暴露出第五部内部复杂的利益和裙带关系是重整国际宣传事业的严重障碍。蒋介石为平息党内不满，最终选择折中手段。11 月 16 日，蒋介石下令撤销第五部，另立名为国际宣传处的新机构，邵力子任宣传部部长，董显光以副部长之职负责国际宣传事务。在新机构中，董显光几乎裁汰了所有原第五部工作人员，只保留了三位专业人才。缩减后的国宣处在人事和经费上均直接由军事委员会负责，宣传部无权过问。

## 三 国际宣传处与境内外宣传网络的构建

1937年12月1日，国宣处正式开始在武汉办公，直到次年10月24日被迫西迁。在汉期间，国宣处正式定下国际宣传策略的基调为"绝对扫除一切宣传的痕迹；利用外人在各国推进宣传工作"。

### （一）国际宣传处境内组织的建立

国宣处境内组织包括编译、外事、对敌和总务四科以及秘书、资料和新闻检查三室等常规科室，新闻摄影室、播音室及上海别动队等机动设置。这套组织人员精简，不足30人，但所有工作人员都要具有必要的外语能力，且需具备新闻或公共关系的学历背景。除强调用人专业性，国宣处用人也有意淡化意识形态色彩。国宣处境内组织的核心是编译和外事两科。除编译和外事两科外，国宣处下属新闻摄影室和播音室在获得外人同情方面也各有进展。国宣处也通过一切可能的方式从武汉向国际友人进行新闻广播。

### （二）国际宣传处境外组织的构建

国宣处的主要宣传阵地在境外。国宣处最先将香港视作国际宣传的重心。然香港的宣传活动受到港英政府诸多限制。国宣处意识到将国际宣传主要阵地转移到美英等国本土的重要性。同时期，蒋介石根据各方情报，也意识到扩张境外宣传网络的必要性。在蒋的支持下，国宣处立即调整国际宣传重心。国宣处以伦敦与纽约为中心展开在英美的宣传活动。除官方宣传机关，国宣处也将目光放在同情中国的教会组织和人道主义机构，积极寻求它们的支持和合作。众多援华组织中，"不参加日本侵略委员会"是实践国宣处"借助外人"和"不露痕迹"宣传策略的典范。

整体而言，在武汉时期，国宣处在短短数月内便构建起一套覆盖境内外的国际宣传体系。这套体系以武汉为宣传材料的生产中心，以香港为联络中枢，最终将国际宣传的主要阵地放在美国。此后，重庆时期的国际宣传工作虽有所扩展，然其基本框架在武汉时期早已确立。

## 结 语

全面抗战爆发后，国民政府为适应战时需求，各机构改革出现明显中央化的倾向，国际宣传事业正是在此背景下展开的。长期以来，国民政府的国际宣传只停留在言说层面，具体实践仍属"对内宣传"的路子，目的是应付国内舆论或与政治对手竞争。因此，无论是宣传委员会还是第五部的设立，都是国民政府在特定时局要求下对国际宣传中央化的一个尝试，实际效果非常有限。

然而，战事延长为国际宣传策略的转变提供了契机。在日军持续的军事压力下，尽管蒋抗战意愿强烈，但无法限制党内主和声音。同时，美英等国并未表现出援助中国的姿态。对蒋氏而言，将中国抗战决心传递到国际社会，是争取国际同情、部分抵消日方国际宣传和国民党内主和声音负面影响的良方。董显光受到蒋介石信任，并被视为国际宣传的首要人选。但在复杂的派系和人事纷争中，蒋介石为将陈公博踢出第五部仍大费周章，而董氏也以牺牲部长之职换取组建国际宣传机构的自由裁量权。

随着沪宁两地失陷后国际局势的微妙演变，在军事和外交持续吃紧的情况下，蒋介石越发意识到拓展境外宣传网络的重要性。以此为契机，国际宣传处立即将宣传重心转移到境外，并成功构建一套以对美宣传为中心的国际宣传网络。此种国际宣传强调专业性并有意淡化国民党意识形态色彩，试图用专业新闻报道来影响国外舆论。其具体运作，则通过运动同情中国的国际友人来替中国发声。此种"利用外人"与"隐藏痕迹"的宣传策略，成功隐去官方色彩，并与国民政府的外交努力暗中呼应，为中国争取国际道义支持和打破日本反宣传做出巨大贡献。

〔本文摘自《史林》2021 年第 2 期，原题《"为中国发声"：全面抗战初期国民政府国际宣传网络的构建（1937~1938）》。作者刘静，南京大学历史学院博士研究生〕

# 抗日战争时期中国共产党对恩格斯的纪念及其历史价值

林绪武

抗日战争时期，因持续深入传播马克思主义的需要，又适逢恩格斯诞辰120周年和逝世50周年，中国共产党对恩格斯纪念活动趋多，主要与中国共产党深入传播马克思主义、建立和巩固抗日民族统一战线、争取革命领导权、阐述中国革命的前途等重点工作紧密联系。中国共产党对恩格斯的纪念必然表达相应的政治诉求。因此，探析这一时期中国共产党对恩格斯的纪念及诉求，具有重要的学术价值和现实意义。

抗日战争之前，马克思主义的大众化传播初有成效。抗日战争开始后，为更好地推动全国抗日民族统一战线的建立，中国共产党选择通过组织纪念活动配合进行抗日社会动员，并借此扩大自身影响力，因此，继续深入传播马克思主义有其现实需求。对这位马克思的挚友、马克思主义的共同创立者——恩格斯的纪念，自然就成为中国共产党开展纪念活动的重要内容。而1941~1945年中国共产党党内开展的整风运动，则是全党范围内马克思主义理论教育再深化的过程，通过组织纪念活动配合这一过程也是应有之义。

抗日战争时期，大众获取信息的方式较为闭塞，报刊成为信息传播的重要渠道。借助于报刊媒介，中国共产党以刊登恩格斯的文章、解读恩格斯的著作、诠释恩格斯的观点等方式纪念恩格斯，对外配合抗日民族统一战线的建立，对内加强马克思主义学习，统一全党思想，争取中国革命的胜利。

第一，高度评价恩格斯，树立其革命导师形象。抗战时期，中共中央纪念恩格斯的文本较为突出的一点是，将恩格斯与马克思的地位并列起来，为传播恩格斯的理论观点奠定了坚实的基础。中国共产党将恩格斯的生平介绍与马克思、马克思主义相联系，逐步树立起恩格斯的革命导师形象。这种形象的树立提升了恩格斯的声望，也在一定程度上促进了马克思主义的传播，扩大了马克思主义在中国的影响。

第二，传播恩格斯理论观点，扩大马克思主义影响。在抗战时期，中国共产党通过刊发纪念文章，介绍了恩格斯的部分著作，并对其中的诸多理论观点以及马克思主义经典著作加以评述。除此之外，中国共产党还翻译出版了恩格斯的部分著作。这些著作翻译出版后，中国共产党又借报刊宣传并鼓励民众加强学习。这些方式都进一步扩大了马克思主义的影响，同时为全党深入开展马克思主义理论学习提供了重要而丰富的经典文本。

抗战时期对恩格斯的纪念强化了中国共产党领导中国革命的正当性。中国革命的领导权事关中国革命的性质和前途，对恩格斯的纪念有两点作用与价值。

其一，争取抗日民族统一战线的领导权。中国共产党对恩格斯的纪念主要集中在以下几个方面，一是宣传恩格斯的革命观点及其对中国革命的支持，二是阐述无产阶级的先进性及其历史任务，三是通过将马克思主义与三民主义相联系和借助恩格斯的观点从侧面证实中国共产党抗日策略的正确性这两方面来论证中国共产党领导抗日民族统一战线的必要性。

其二，阐述中国共产党领导中国革命的必然性。中国共产党对恩格斯的纪念，有为中国共产党领导中国革命的正当性与必然性打下舆论基础之意，一是表明马克思主义的革命性，二是宣传共产党的先进性，三是论证中国共产党的领导是中国革命的必然选择。

抗日战争时期，苏联对中国革命具有重要影响。中国共产党在纪念恩格斯的过程中对中国革命前途的描绘，也是以苏联社会主义实践为参照而进行的。首先，中国共产党纪念恩格斯的文本对科学社会主义理论的"科学性"进行了评述。其次，中共宣传了苏联的社会主义实践。十月革命胜利后，苏联将"马克思与恩格斯的学说引用到生活中去"，"建立了愉快的幸福的生活"。苏联社会主义的成功实践"如恩格斯所预告的发展"，成为科学社会主义最有力的例证。最后，对恩格斯的纪念和宣传描绘了中国革命的前途。《解放》《时代杂志》《学习》《察哈尔日报》等报刊将纪念恩格斯与苏联社会主义建设相联系，丰富纪念恩格斯的内容与方式，增进中国民众对马克思主义的认同感的同时，也进一步让中国民众对中国革命的社会主义前途充满憧憬和信心。

抗战时期中国共产党对恩格斯的纪念对当代有相当的启示意义。

首先，坚持马克思主义的指导地位不动摇。抗战时期中国共产党对恩格斯纪念的重要诉求是深入传播马克思主义，争取更多民众对马克思主义的深入学习和信仰，以马克思主义指导中国实践。在纪念马克思诞辰200周年时，习近平总书记的重要讲话全面地回顾和总结了马克思的一生及马克思主义的形成、发展和重要特征，把对马克思主义的认识提高到新的阶段和水平。面对思想文化的多元化和意识形态的交锋，我们在新时代对伟人的纪念，要继续宣示对马克思主义科学真理的坚定信念，继续高扬马克思主义的伟大旗帜，不断开辟当代中国马克思主义、21世纪马克思主义新境界。

其次，坚持中国特色社会主义不动摇。抗战时期中国共产党对恩格斯纪念的另一诉求是抗战胜利后中国必须走社会主义道路。中国共产党成立后团结带领中华民族实现了站起来、富起来并迎来了强起来的伟大飞跃，历史和现实证明，只有社会主义才能救中国，只有中国特色社会主义才能发展中国，只有坚持和发展中国特色社会主义才能实现中华民族伟大复兴。党的十八大以来，改革开放和社会主义现代化建设取得了历史性成就，党和国家事业发生了历史性变革。经过长期努力，中国特色社会主义进入了新时代，这是我国发展新的历史方位。新时代对伟人的纪念，要进一步坚定中国特色社会主义道路自信、理论自信、制度自信和文化自信，继续把中国特色社会主义推向新阶段，夺取新胜利。

再次，坚持中国共产党的领导地位和执政地位不动摇。抗战时期对恩格斯纪念的又一诉求是坚持中国共产党的领导权。新时代对伟人的纪念，要突出自觉维护党中央的权威和集中统一领导，坚持和加强党的全面领导，提高党应对各种严峻挑战的能力，全面增强执政本领，在危机中育先机，于变局中开新局，带领人民全面建设社会主义现代化国家、实现中华民族伟大复兴。

最后，发挥报刊媒体对纪念活动的重要作用。在抗战时期，中国共产党正是借助报刊以多种形式开展对恩格斯的纪念，既缅怀了伟人，也表达了诉求，留下了珍贵的记录和丰富的资料，从而为今天的学人探讨这一历史提供了宝贵的文本和难得的史料。因此，新时代对伟人的纪念，报刊媒体仍要积极参与，为让马克思恩格斯设想的人类社会美好前景不断在中国大地上生动展现出来而传播中国声音、讲好中国故事。时至今日，人类社会已经进入信息时代，信息的传播极为便捷、渠道极其多样，纸质报刊这一传统媒体面临来自新媒体、自媒体的诸多挑战，需要其适应时代需求并实现转型发展，从而继续发挥党报党刊党媒的价值引领和舆论导向作用。


〔本文摘自《马克思主义研究》2020 年第 8 期。作者林绪武，北京大学马克思主义学院教授〕

# 论英国对二战后中英商约的筹议

侯中军

二战后期，在美国启动商约准备工作的同时，英国亦开启了商约筹议，但英国的准备工作整体上比较消极，曾寄望于先由中方提出草案，然后在中方的基础上加以修改。随着美方的加速推进，英方亦改变了策略，开始准备商约草案。英方所准备的商约草案只涉及居留及航海事项，不包含经商条款。与中美商约相比，英方希望获得国民待遇而非最惠国待遇，以期得到远超中美商约的特殊优惠。至1946年底，在英方草案的基础上，中方提出了对案。随着解放战争的全面爆发，英方认为中国的国内环境不利于商约的执行，与其订立一个不能令人满意的条约，不如不订，中英商约最终未能签订。

抗战胜利后，中英两国虽然并未签订商约，但厘清英国围绕该约的筹议过程及中英之间的交涉经过，对于二战后初期的中英关系史研究仍具有重要意义。战后中英商约虽然有"战后"一词的限定，但其所涉及的并非仅仅是战后的中英关系，至少英国方面的准备工作自1943年就已经开始了。但历史发展的结果是，直到南京国民政府覆亡，中英商约仍未能签订。

## 一　英国早期的筹备及最初的草案

1943年1月11日，《中英新约》订立，其中第8条第1款规定："缔约双方经一方之请求，或于现在抵抗共同敌国之战事停止后，至迟六个月内，进行谈判，签订现代广泛友好通商航海设领条约。"该约将以"缔约双方近年来与他国政府所缔结之近代条约中所表现之国际公法原则与国际惯例为依据"。这一要求为战后中英商约谈判的时间和原则定下了基调。

此时英国公司对在华内河及沿海贸易已经有所筹划，国民政府此时也开始酝酿商约的具体事宜。对中方而言，由于美国对尽早订立中美商约的态度更为积极，且在准备商约草案方面远较英国迅速，因此主要的精力集中在应对美方所提商约草案上。1944 年 1 月底，英国贸易委员会拟具了中英商约草案最初稿，共 36 条 77 款。与美国相比，英国的策略存在差异。美国希望能尽早向中国提交商约草稿以求得谈判上的主动。1944 年 3 月 28 日，美国国务院商业政策司司长富勒称美方起草工作取得一定成效，已完成了草案。至 1944 年 4 月底，中方已经完成了对美商约草案，此草案虽然是针对美方，但显然是中国为战后商约所准备的一个通用蓝本，同样适用于英国，中美双方的消息无形中敦促英国加快进度。1944 年 6 月下旬，英国中英商约草案起草小组正式向英国政府汇报工作情况。英国贸易委员会提出应等待中方先提出草案，但从重庆得到的最新消息进一步促使英国外交部加快了脚步，英国外交部亦认为，应先准备好一个可供探讨的草约。在此情形下，贸易委员会于 8 月 11 日提出了一个不包含经商事项的草案。

可以认为，新约订立以来，英国在对华商约准备工作上一直持消极态度，起初认为应于战后再来讨论此问题，甚至认为可以先等中方提出草案。但迫于美国对商约的积极准备，不得已启动了对华商约草案的准备工作。现有资料表明，中方的商约草案准备工作是以准备中美商约为主要任务，并以对美商约为对外商约的蓝本，对英商约的准备工作与对美商约的准备工作事实上是一体的。

## 二　英国内部对商约草案的讨论及美方的沟通

1944 年 8 月，英国贸易委员会提出了商约草案的征求意见稿。针对该意见稿，英国相关各部提出了一些针对性建议。1945 年 1 月 29 日，英国政府各部召开了部际协调会，就对华商约问题进行集体磋商。由外交部牵头，包括贸易委员会、自治领办公室、殖民部办公室、战争运输部等部门均派人参加了此次讨论。此次内部会议讨论了三个方面的问题：一是增加自治领以及殖民地条款，二是英国人的定义，三是公司及船只的国民待遇。英国内部此时讨论的焦点在于：是否要在商约适用范围中加入自治领和英属殖民地。经讨论，会议决定将自治领列入商约适用范围。当英国内部为条约草案征求意见时，中国方面于 1944 年 11 月向美国表示，已经接近完成草案。为了先于中方提出草案，美国加快了完善商约草案的步伐，于 1945 年 2 月完成了为数达 30 个条款的草案。对此英国外交部表示极为不满，但也向美国交涉称"英国商约草案一旦准备完毕将向美方提供一份副本，希望美方能先提供一份完整的中美草约的副本"，遭美国婉拒，但美方强调商约草案是基于通行国际贸易标准制定的，与已经订立的美国与利比亚商约原则相同，可以供英方参考。在与美方商讨商约草案条款的同时，英国贸易委员会内部专门召开会议，讨论是否列入经商条款，最终确定对华商约内不列入经商条款。

## 三　英国对华提出商约草案及中方提出对案

1945 年 6 月，中美商约的谈判工作正式启动。1946 年 7 月，尽管并未拿到中美商约草案的副本，在中美商约谈判开始之前，英国还是完成了对华商约草案。英方商约草案总条数为 32 条，不包含经商条款。1946 年 5 月 21 日，英国外交部正式命令薛穆，"授权阁下向中国政府提交条约草案，并正式邀请中国开启谈判"。1946 年 9 月 3 日，国民政府外交部条约司司长王化成通知英方，"在中美商约没有签订之前，中国政府不准备开启与其他国家的商约谈判"。英方对此不断催促，国民政府外交部遂发表公开声明，称"中国政府业已收到英国政府所提议的居留及航海条约的谈判建议，中方正详细研究以提出相应对案。上述事项正在准备过程中，并在不久后提交给英方"。1946 年 11 月 2 日，《中美友好通商航海条约》于南京正式签字。中美商约完成之后，中英商约谈判方提上中方的议程。11 月 25 日，国民政府外交部召集了立法院、内政部、财政部、国民党中央宣传部及国民党中央海外部等 12 个部门商讨对案，并最终通过了总条数达 30 条的中方对案。

## 四　英国决定推迟商约谈判

尽管英国于 1946 年 6 月已经向中方提交了商约草案，但中方的预定计划是先谈判中美商约，因此在中美商约签字前中英商约谈判并未进入中方的议事日程之内。中美商约签字后，以美约为蓝本，中方很快提出中英商约对案，并于 1946 年底提交给英方。收到中方对案后，英国将中美商约与英方草案及中方对案进行了逐条详细比较。随着中国国内形势的变化，英方有意放缓谈判节奏。中英商约谈判自此陷入僵局。1947 年 10 月 21 日，贸易委员会召集了参加单位空前广泛的英国政府部际会议。会议总结了中英商约谈判的缘起及准备过程，并解释了商约重视居留条款而不涉及进出口贸易的原因。出于平衡考虑，各部汇总意见后提出，"除非贸易委员会认为谈判破裂的政治后果过于严重，否则英方应做好破裂的准备"。此次会议讨论的结果，事实上已经黯淡了中英商约的谈判前景。解放战争爆发后，英国内部对于是否缔结中英商约的认识也愈益明朗化，推迟订约已经是一种共识，而国民政府外交部则希望能尽快订立商约。但直到国民党政权退守台湾，中英商约谈判都未能再次开启。

# 结　语

在最初阶段，英美之间保持了信息的互通，但英方在是否提前启动谈判问题上与美方存在分歧。美方的策略是先于中国提出草案，目的是先声夺人，掌握谈判主动权，让中国在美方草案的基础上修改；英国最初的策略正好相反，先让中国提出草案，英方根据中方草案来确定自身条款，后发制人。当得悉美方草案已经完成后，为了避免被动，英国改变了等待中方先提出草案的策略，而是希望能够提出自身的条款，遂启动了各部门之间的协调工作。

中英商约最终未能签订的原因是什么？对于该问题的考察，有助于理解在准备商约过程中国民政府与英国政府各自所处的态势及地位。对于国民政府而言，已经有中美商约作为蓝本，很难再做进一步让步。对于英方而言，中国国内政治经济形势的变化令其认为缔结商约的时机并未来临，推迟订约是既定政策。

〔本文摘自《近代史研究》2021 年第 3 期。作者侯中军，中国社会科学院近代史研究所研究员〕

# 新中国成立前后人民铁路卫生防疫事业的创建

黄华平

  铁路交通在给人们带来出行便捷的同时，也成为传染病快速传播的途径之一，因此，建立有效的铁路卫生防疫体制与应对机制是切断传染病蔓延的重要环节之一。新中国成立前后，中国共产党领导的人民铁路工作取得了重大进展，人民铁路卫生防疫事业逐步建立起来，在当时的传染病防控工作中发挥了重要作用。目前，学术界对新中国成立初期的卫生防疫工作已有的研究多是侧重全局性、整体性的论述，关于人民铁路卫生防疫工作的研究尚需加强，铁路卫生防疫工作在传染病防控中的重要作用未能得到充分体现。本文在相关资料及既有研究的基础上，对新中国成立前后人民铁路防疫事业的创建进行专门探讨，以期推动相关研究的进一步深入。

  从 1947 年人民铁路首个卫生机构诞生至 20 世纪 50 年代中期基本形成较为健全的全国铁路卫生防疫体制，人民铁路卫生防疫事业的发展可以分为两个阶段。

  一是在解放战争时期，中国共产党领导下的东北铁路总局建立了区域性铁路卫生防疫体制，成为新中国铁路卫生防疫事业的发端。

  解放战争时期，东北解放区内各类传染病频繁发生，尤其是烈性传染病霍乱和鼠疫最为严重。1948 年 10 月 7 日，东北行政委员会铁道部制定了《铁道部各级卫生机关组织暂行条例及组织细则》，规定铁道部卫生处设保健防疫课，各铁路管理局卫生科设保健防疫股，负责铁路卫生设施、卫生保健及卫生防疫等事务。卫生处保健防疫课与卫生科保健防疫股的设立，标志着人民铁路卫生防疫事业的发端。随后，东北解放区各级铁路卫生防疫机构陆续兴办起来。人民铁路卫生防疫事业的开创，为新中国铁路卫生防疫事业的发展奠定了基础。

  二是新中国成立至 20 世纪 50 年代中期，人民铁路卫生防疫事业继续发展，全国铁路卫生防疫体制逐渐建立起来。

  1949 年 5 月，中国人民革命军事委员会铁道部组建卫生处，6 月，卫生处改称卫生局，负责全路卫生防疫工作，下设医政、保健、防疫、材料和秘书五课，统管全国铁路卫生防疫工作。铁道部卫生局的设立，标志着新中国铁路卫生防疫行政机构的正式诞生。在铁道部卫生局设立的同时，各地方铁路管理局也先后建立起卫生防疫行政机构。至1952年底，以铁道部卫生局、各地铁路局卫生处（或卫生科）为核心的铁路卫生防疫行政机构基本形成。另外，在突发重大疫情时，铁道部还会成立临时的卫生防疫行政机构，疫情或突发情况结束后便会撤销。

1950年7月，铁道部正式颁布《铁路卫生防疫站组织条例》后，各地铁路局先后设立卫生防疫站或防疫所。1952年，铁道部卫生防疫总站成立。至1952年底，全国铁路34个主要车站建立起铁路卫生防疫站。为明确业务分工，更好地开展卫生防疫工作，1955年1月14日，铁道部颁布了《铁路各级卫生防疫站组织办法》。《铁路各级卫生防疫站组织办法》明确规定了各级卫生防疫站的职责范围。自此，新中国铁路卫生防疫站走上了更加规范的发展道路，也标志着以铁路卫生防疫站为核心的人民铁路卫生防疫体制初步形成。

新中国成立后，为更好地指导并规范铁路部门的传染病防控工作，铁道部先后制定、修订了关于铁路检疫、疫情报告和预防接种等方面的规章制度。在铁路检疫方面，1950年6月2日，铁道部制定了新中国成立以来第一个《铁路检疫实施办法》。1954年11月10日，铁道部与卫生部联合颁布了《铁路交通检疫实施办法》，进一步规范了铁路交通检疫管理，统一了各项检疫工作的具体操作程序。同年，铁道部还颁布了《铁路列车检疫实施细则》。《铁路交通检疫实施办法》和《铁路列车检疫实施细则》的实施，使新中国人民铁路检疫工作走上了规范化道路。在疫情报告方面，1950年6月2日，铁道部制定了《铁路沿线传染病疫情报告办法》。1955年10月10日，铁道部制定了《铁路职工、家属及旅客传染病管理实施办法》，规定应报告的传染病分为甲、乙两类。铁路疫情报告制度的建立，保障了铁路部门及时掌握铁路疫情动态，有利于制定切实有效的应对措施。在预防接种方面，1950年初，铁道部制定了《传染病预防接种暂行规则》《预防接种实施细则》。同年，铁道部还专门制定了《铁路职工家属种痘办法及种痘注意事项》。由此，人民铁路的预防接种工作开始实行有计划的管理。人民铁路卫生防疫体制的基本形成，为新中国成立初期的铁路卫生防疫工作的开展奠定了坚实基础。同时，伴随着卫生防疫实践的发展，人民铁路卫生防疫体制也得到了进一步的完善。

1949年察北专区发生的鼠疫和1952年美国军队发动的细菌战，是新中国成立初期党和政府面临的两次严峻考验，严重的疫情不仅威胁到广大人民群众的生命健康安全，也影响到人民政权的稳固。为阻止疫情沿铁路线蔓延，人民铁路在党和政府的领导下，建立了高效的应急防治措施，取得了疫情防控的胜利。

1949年7月中旬，察北专区发生鼠疫，10月初，腺鼠疫转为肺鼠疫并向各地蔓延。铁道部也迅速展开行动，建立了应对机制：设立领导决策机构、组建专业防疫队伍，开展预防注射等防疫工作、实施严格的铁路检疫措施、减少人员流动，开展消毒、灭鼠工作。经过上述工作，至12月7日，察北专区鼠疫防控工作胜利结束，新中国铁路取得了重大疫情防控工作的首战胜利。

1952年初，美国军队为挽回其在朝鲜战争中的败局，在整个朝鲜北方和中国的部分地区实施了细菌战。为粉碎敌人发动的细菌战，阻止疫情在铁路线的传播，捍卫人民政权，铁道部采取了紧急应对措施。铁道部设立了反细菌战领导机构，组建了反细菌战专业队伍，开展铁路检疫、消毒杀虫及预防注射等防疫工作。此外，各地铁路局还组织开展了卫生防疫知识宣传教育、铁路沿线环境卫生整治以及群众性的卫生运动等。至1952年底，基本上控制了细菌战引起的烈性传染病的发生，各局传染病发病率都比上一年有所下降。

新中国成立前后人民铁路卫生防疫事业的创建，为东北解放区和新中国成立初期的传染病防控做出了重要贡献，积累了诸多宝贵的历史经验。

首先，推行了正确的卫生防疫方针。无论是解放战争时期还是新中国成立初期，中国共产党均将预防作为防控铁路传染病的主要方针，并将其贯彻于人民铁路的日常卫生防疫工作中。此后，"预防为主，治疗为辅"成为新中国人民铁路卫生防疫工作的指导方针。

其次，采取了科学的应对举措。在"预防为主，治疗为辅"方针的指导下，人民铁路注重传染病的日常预防，开展了大规模预防注射接种和卫生防疫知识的宣传教育。预防注射接种是预防传染病最有效的方法之一。新中国成立后，人民铁路大力推广预防注射接种。卫生防疫知识的宣传教育是提升人们对传染病科学认识、增强卫生防疫意识的主要方式。爱国卫生运动在全国普遍开展后，各地铁路局先后组织了丰富多样的卫生防疫宣传教育活动。此外，人民铁路在应对重大突发疫情时则通过设立领导决策机构，组建防疫队伍，实施交通检疫、预防注射、消毒杀虫及封锁交通等应急措施，构建起科学有效的危机应对机制，在应对1949年察北专区鼠疫及1952年美国军队发动的细菌战中发挥了重要作用。

最后，充分发挥了人民群众的力量。新中国成立前后，人民铁路卫生防疫事业的创建离不开人民群众的积极参与。

综上所述，人民铁路卫生防疫事业在极其艰难的条件下为新中国成立前后的传染病防控工作做出了重要贡献，保障了人民群众的身体健康，维护了新生的人民政权。人民铁路在卫生防疫体制的创建和应对重大突发疫情的实践中，逐步形成了科学有效的日常预防和应急控制措施，为此后人民铁路卫生防疫事业的发展奠定了重要基础，积累了宝贵的历史经验。

〔本文摘自《当代中国史研究》2021年第1期。作者黄华平，安徽师范大学历史与社会学院教授〕

篇目推荐

## 史学理论与中国史学史

晁天义:《"大一统"含义流变的历史阐释》,《陕西师范大学学报》(哲学社会科学版)2021 年第 3 期。

陈峰:《中国马克思主义史学的域外渊源再估量》,《史学集刊》2021 年第 4 期。

陈娇娇:《传统历史编纂学视野下的史书语言观》,《廊坊师范学院学报》(社会科学版)2020 年第 4 期。

傅正:《改革开放以来近代史叙事的转型——兼对一种流行观点的商榷》,《四川大学学报》(哲学社会科学版)2020 年第 6 期。

李晓斌、钟李璐瑶:《从追溯黄帝世系到直述祖源——魏晋南北朝至唐正史本纪祖源书写范式的转换》,《广西民族大学学报》(哲学社会科学版)2020 年第 5 期。

李孝迁:《探源与传衍:近代中国史家的兰克论述》,《学术研究》2021 年第 8 期。

李勇:《20 世纪 50 年代郭沫若史学观念中的史论关系》,《史学理论研究》2021 年第 4 期。

李政君:《张荫麟对唯物史观的认知及其演变》,《齐鲁学刊》2020 年第 6 期。

鲁西奇:《空间的历史与历史的空间》,《澳门理工学报》2021 年第 1 期。

罗志田:《学问的单位:傅斯年和钱穆对中西学术分类异同的思考》,《文史哲》2020 年第 6 期。

马强:《从出土唐代墓志看唐人的史学修养及其著史活动》,《河南大学学报》(社会科学版)2021 年第 2 期。

任增强:《在"美国中国学"之外:再论海外中国学的范式问题》,《济南大学学报》(社会科学版)2021 年第 3 期。

时培磊:《中国古代史学的"国可灭,史不可灭"理念探析》,《南开学报》(哲学社会科学版)2020 年第 5 期。

舒习龙:《全面抗战时期的中国史学会新探》,《河北学刊》2021 年第 4 期。

宋培军：《40年来中国古代边疆理论研究的思考》，《中国史研究动态》2021年第2期。

汪高鑫：《论中国传统史学的经世致用理念》，《福建论坛》（人文社会科学版）2021年第4期。

王记录：《乾嘉时期经学与史学的互动与融通：学术史意义及特征》，《史学史研究》2021年第2期。

王新杰、谢贵安：《清末报刊广告所见史学之近代转型——以〈新民丛报〉为中心的考察》，《学术探索》2021年第7期。

谢辉元：《进化史观与中国马克思主义史学撰述的诞生》，《中国史研究》2020年第3期。

曾育荣：《从教化到通识：中国史学传统功能的现代转换》，《南开学报》（哲学社会科学版）2021年第1期。

张小敏：《中国海洋史研究的发展及趋势》，《史学月刊》2021年第6期。

张越：《民国史家对唯物史观和马克思主义史学的评论和认识》，《史学集刊》2021年第4期。

张仲民：《新文化偶像的塑造：胡适及其受众》，《学术月刊》2020年第12期。

周国林：《唯物史观对张舜徽史学研究的深刻影响》，《华中师范大学学报》（人文社会科学版）2021年第4期。

朱露川：《论中国古代史学话语体系中的"叙事"》，《四川师范大学学报》（社会科学版）2020年第5期。

代生:《咨政耆老与先秦治国理政——以清华简"书"类文献为中心的考察》,《暨南学报》(哲学社会科学版)2020年第10期。

杜勇、李玲玲:《周原庙祭甲骨族属问题再探讨》,《历史研究》2020年第6期。

蒋文:《由出土及传世文献看先秦"德"的具象化》,《复旦学报》(社会科学版)2020年第5期。

雷晋豪:《〈穆天子传〉"晋南"段的交通地理重建及相关问题》,《出土文献》2021年第2期。

刘光胜:《〈古文尚书〉真伪公案再议》,《历史研究》2020年第4期。

刘思亮:《磔狗与逐疫——先秦时代的防疫记忆》,《自然科学史研究》2020年第4期。

刘一曼:《关于武丁以前甲骨文的探索》,《甲骨文与殷商史》新十辑,上海古籍出版社,2020。

刘钊:《出土文献与〈山海经〉新证》,《中国社会科学》2021年第1期。

宁镇疆:《郭店楚简〈老子〉"绝伪弃诈"证说》,《中华文史论丛》2020年第4期。

王进锋:《商代官员的仕宦》,《史学月刊》2020年第12期。

徐义华:《从奴隶社会的运行机制看中国奴隶社会问题》,《中国史研究动态》2021年第3期。

易建平:《中国古代社会演进三历程理论析论》,《中国社会科学》2020年第11期。

张利军:《西周五服制的国家形态与国家治理》,《古代文明》2021年第2期。

赵世超:《中国上古统治思想演变略述(一)——以天人关系为中心》,《陕西师范大学学报》(哲学社会科学版)2021年第3期。

郭津嵩:《公孙卿述黄帝故事与汉武帝封禅改制》,《历史研究》2021年第2期。

郭伟涛:《论古井简的弃置与性质》,《文史》2021年第2辑。

姜生：《"秦人不得真道"考》,《文史哲》2021年第1期。

蒋晓亮：《汉代郡县官吏的关系网络与政务运作——从成阳三碑谈起》,《文史》2021年第1辑。

李均明：《五一广场东汉简牍所见"例亭"等解析》,《出土文献》2020年第4期。

宋洁：《〈九章律〉形成考》,《中国史研究》2021年第2期。

宋杰：《黄门与禁省——汉代皇帝宫内居住区域考辨》,《南都学坛》2020年第5期。

苏家寅：《汉代道制政区的起源》,《史学月刊》2021年第5期。

孙家洲：《汉人"土崩瓦解"论秦亡的内涵解析》,《贵州社会科学》2021年第2期。

孙正军：《汉武帝朝的秩级整理运动——以比秩、中二千石、真二千石秩级的形成为中心》,《文史哲》2020年第5期。

汤勤福：《论秦汉聚落"里居"形式的演化及动因》,《人文杂志》2020年第10期。

王子今：《秦汉边政的方位形势："北边""南边""西边""西北边"》,《中央民族大学学报》（哲学社会科学版）2021年第3期。

杨念群：《汉代"正统论"溯源——从"灾异天谴论"到"符命授受说"的历史演变》,《河北学刊》2021年第1期。

张小稳：《月令源流考》,《中国史研究》2020年第4期。

陈苏镇：《魏晋洛阳宫禁军制度的变迁》,《中国史研究》2021 年第 3 期。

董刚：《释汉赵刘曜光初四年玉石谶——兼论刘、石之争》,《学术月刊》2021 年第 8 期。

段治民：《东晋南朝买地券中"女青诏书"与〈女青鬼律〉关系研究》,《宗教学研究》2021 年第 2 期。

范兆飞：《中古早期谱系、谱牒与墓志关系辨证》,《中国史研究》2021 年第 2 期。

李灿：《鸠摩罗什失传〈贤劫经〉译本的新发现——比定自日本书道博物馆和中国国家图书馆藏吐鲁番写经》,《文献》2021 年第 1 期。

李梅田：《北魏宁懋石室再检讨》,《故宫博物院院刊》2021 年第 9 期。

陆帅：《东晋"度田税米"再考：性质、租额与实施背景》,《中国经济史研究》2020 年第 5 期。

吕博：《〈梁四公记〉与梁武帝时代的文化交流图景》,《历史研究》2021 年第 1 期。

王万盈：《财政体制转型与北魏国家治理》,《史学集刊》2021 年第 5 期。

魏斌：《传说与历史：并肆地区的北魏皇帝遗迹》,《文史》2021 年第 2 辑。

谢振华：《北魏道武帝嫁女与拓跋部圈层结构的调适》,《文史》2020 年第 4 辑。

熊昕童：《两晋南北朝督护制度考索》,《史学月刊》2020 年第 12 期。

严耀中：《关于孝文帝行政改革的一些新诠释》,《史学集刊》2020 年第 6 期。

杨际平：《论北朝隋唐的土地法规与土地制度》,《中国社会科学》2021 年第 2 期。

张荣强：《〈西凉建初籍〉与魏晋时期的职役户籍》,《中华文史论丛》2021 年第 2 期。

周东平、薛夷风：《北朝胡汉融合视域下中古"五刑"刑罚体系形成史新论——兼评富谷至〈汉唐法制史研究〉》,《学术月刊》2021 年第 3 期。

包晓悦：《唐代使牒考》,《敦煌吐鲁番研究》第 20 卷, 上海古籍出版社, 2021。

陈明光：《"法言法语"与唐代的"税钱""户税"》,《魏晋南北朝隋唐史资料》第 42 辑,上海古籍出版社，2020。

陈爽：《文本散逸与佚文措置：唐宋类书所见南北朝正史佚文举隅》，《唐宋历史评论》第8辑，社会科学文献出版社，2021。

高峰：《唐晋阳城结构初探》，《史志学刊》2021年第2期。

管俊玮：《唐代尚书省"诸司符"初探——以俄藏 Дx02160Vb文书为线索》，《史林》2021年第3期。

何玉红：《汉唐故事与五代十国政治》，《中国社会科学》2021年第4期。

黄正建：《从有关占星妖言左道的"判"看唐代文士对此类罪行的理解与应对》，《中国古代法律文献研究》第14辑，社会科学文献出版社，2020。

李军：《三州七关的收复与唐宣宗大中政局》，《社会科学战线》2020年第10期。

梁振涛：《百姓与部落：唐代北庭地区的人群管理》，《文史》2020年第4辑。

牛来颖：《〈天圣令〉法律用词与时代性比较——以〈杂令〉为中心》，《隋唐辽宋金元史论丛》第11辑，上海古籍出版社，2021。

裴成国：《中古时期丝绸之路金银货币的流通及其对中国的影响》，《吐鲁番学研究》2021年第1期。

吴丽娱：《格与礼法：再谈高宗朝三次修格的内容与取向》，《中华文史论丛》2020年第4期。

杨铭、贡保扎西：《法藏1078bis〈悉董萨部落土地纠纷诉状〉考释——兼论吐蕃在敦煌分配"籍田"（rkya zhing）的时间》，《敦煌研究》2021年第4期。

郁晓刚：《唐代两税法实施后东畿、河南府财政考述》，《中国史研究》2021年第3期。

张雯：《白居易〈白氏六帖事类集〉纂集考》，《文献》2021年第3期。

朱旭亮：《建构"文德"：唐代武臣之形象构造与历史书写》，《东岳论丛》2021年第5期。

朱艳桐：《北凉王国中枢职官考》，《西夏研究》2021年第3期。

# 宋元明清史

包伟民:《近古乡村基层催税单位演变的历史逻辑》,《北京大学学报》(哲学社会科学版)2021年第1期。

曹家齐:《南宋"三省合一"体制下尚书省"批状"之行用》,《学术研究》2020年第11期。

耿元骊:《宋代官户免役的政策调整、法律诉讼与限田折算》,《中国史研究》2020年第3期。

黄纯艳:《北宋财政能力与国家治理》,《史学集刊》2021年第5期。

李全德:《〈轩驭帖〉与北宋元祐更化前夜司马光、范纯仁的出处问题》,《史学月刊》2021年第7期。

李旭婷:《南宋地图绘制与题咏——政治话语与文人话语碰撞中的南宋士人心态》,《文学遗产》2020年第5期。

刘光临、关榮匀:《唐宋变革与宋代财政国家》,《中国经济史研究》2021年第2期。

束保成:《宋代阁职的内外演变与磨勘叙迁探析》,《浙江大学学报》(人文社会科学版)2021年第4期。

王旭:《宋代跨界市镇——乌、青镇关系考》,《中国社会经济史研究》2020年第4期。

王善军:《辽代族际婚试探》,《史学集刊》2020年第6期。

陈高华:《元英宗与佛教》,《隋唐辽宋金元史论丛》第10辑,上海古籍出版社,2020。

陈佳臻:《元代〈市舶则法〉的演变及其"官法同构"现象》,《江西社会科学》2021年第5期。

郭津嵩:《元初"四海测验"地点与意图辨证——兼及唐开元测影》,《文史》2021年第2辑。

李鸣飞:《钱大昕〈元史稿〉故实考辨》,《中国史研究》2020年第3期。

刘晓：《元镇守武昌"保定万户府"考——以万户张氏为中心》，《安徽史学》2021年第3期。

任建敏：《族类标签的产生与形塑：以宋末至明初广西的"獞"与"猺"为例》，《民族研究》2021年第3期。

温海清：《成吉思汗灭金"遗言"问题及相关史事新论——文献、文本与历史》，《史林》2021年第3期。

乌云高娃：《13世纪元朝与高丽的外交文书》，《隋唐辽宋金元史论丛》第10辑。

张俊峰、王洋：《"至元焚经"前后的全真教与山西社会——以元代纯阳万寿宫为中心的考察》，《史林》2020年第4期。

张佳：《变调：宋元明番族类题画诗中的族群与国家观念变迁》，《中华文史论丛》2020年第3期。

曹循：《明代锦衣卫官制与职权新探》，《历史研究》2021年第1期。

黄忠鑫：《明清时期太仓州城的"里铺"》，《中国历史地理论丛》2021年第2期。

李志远：《永乐十二年明成祖北征瓦剌败绩史实探析——兼考忽兰忽失温地望》，《蒙古史研究》第13辑，内蒙古人民出版社，2020。

刘波：《朝鲜王朝的土官制度》，《古代文明》2021年第2期。

刘耿、董少新：《〈1621年耶稣会中国年信〉译注并序》，《海洋史研究》第15辑，社会科学文献出版社，2020。

申斌：《明代中叶赋役经制册籍纂修的扩展机制——财政管理技术传播之一例》，《史林》2021年第1期。

宋可达：《明代应天巡抚辖区考辨——兼论"飞地"承天府的归属》，《历史地理研究》2021年第2期。

田澍：《明朝迁都北京与多民族国家治理》，《学术月刊》2020年第12期。

万志英：《13~17世纪东亚的海上贸易世界》，陈博翼译，《海洋史研究》第15辑。

中岛乐章：《龙脑之路——15~16世纪琉球王国香料贸易的一个侧面》，吴婉惠译，《海洋史研究》第15辑。

黄爱平：《清前期官修经解与官方经学探析》，《清史研究》2021年第5期。

李治亭：《清军入关辩》，《清史论丛》2020年第2辑。

刘文鹏：《军机处、藩部驻防与18世纪清朝的国家构建》，《学习与探索》2021年第4期。

孟繁勇：《盛京地区战略地位的演变与清朝兴衰》，《辽宁大学学报》（哲学社会科学版）2020年第5期。

王日根、徐婧宜：《清代封印制度的经与权》，《历史研究》2021年第2期。

王玉茹：《理论方法的多元化与清代经济史研究再出发》，《清史研究》2020年第6期。

温春来:《事例原则：清代国家治理的一种模式》,《中国经济史研究》2021 年第 2 期。

项坤鹏:《首里城出土清朝瓷器及相关问题研究》,《故宫博物院院刊》2020 年第 9 期。

张闿:《清代剃发政策再论——兼与鱼宏亮先生商榷》,《清华大学学报》( 哲学社会科学版 ) 2021 年第 3 期。

赵世瑜:《"王朝国家"与前现代中国的国家转型》,《清史研究》2021 年第 4 期。

# 中国近现代史

陈红娟:《〈共产党宣言〉中"消灭私有制"的译法演化与诠释转移》,《中共党史研究》2021 年第 2 期。

陈红民、胡馨仪:《抗战胜利后台湾省行政长官公署的设立与撤销》,《史学月刊》2020 年第 12 期。

戴东阳:《黄遵宪〈日本国志序〉考》,《近代史研究》2021 年第 1 期。

段金生、蒋正虎:《中国近代边疆研究的发展脉络与路径》,《云南师范大学学报》(哲学社会科学版) 2021 年第 2 期。

傅正:《改革开放以来近代史叙事的转型——兼对一种流行意见的商榷》,《四川大学学报》(哲学社会科学版) 2020 年第 6 期。

高士华:《抗战大后方研究中的时空问题》,《史学月刊》2021 年第 8 期。

郭若平:《"时局"历史中的中共早期政治主张》,《中共党史研究》2021 年第 1 期。

郭双林:《欧事研究会成员对一战的观察、分析与预测》,《近代史研究》2021 年第 1 期。

郝平:《20 世纪 50 年代山西农业救灾中的技术推广》,《当代中国史研究》2021 年第 1 期。

胡逢祥:《"从选题到著述,每每是感于历史使命"——吕振羽的治学之要》,《历史评论》2021 年第 3 期。

胡岳岷:《中国共产党土地制度百年变迁》,《福建论坛》(人文社会科学版) 2021 年第 6 期。

蒋宝麟:《从京师大学堂到学部:清末中央教育财政的形成》,《历史研究》2020 年第 5 期。

李玓:《化"危"为"机":皖南事变前后中国共产党应对反共高潮的策略与成效》,《安徽史学》2020 年第 5 期。

李皓:《被"局外中立"遮蔽的历史:清政府日俄战争善后筹议》,《安徽史学》2021 年第 2 期。

李翔:《国民党二届四中全会前后的党军体制》,《江海学刊》2021 年第 3 期。

李在全:《梁启超与司法储才馆》,《历史研究》2020 年第 5 期。

刘会军、张闻捷:《徐世昌与 1916 年府院之争再探讨》,《史学月刊》2020 年第 11 期。

罗敏:《武汉会战前后蒋介石的战略决策——兼论国共两党持久战战略之发展》,《近代史研究》2021 年第 2 期。

马敏:《博览会与近代中国物质文化变迁——以南洋劝业会、西湖博览会为中心》,《近代史研究》2020 年第 5 期。

马敏:《浅谈深化辛亥革命历史影响研究的三个视角》,《广东社会科学》2021 年第 5 期。

茅海建:《戊戌时期康有为与光绪帝》,《近代史研究》2021 年第 4 期。

牟振宇:《1945~1949 年间上海人口的时空数字化分析》,《南京大学学报》(哲学·人文科学·社会科学)2020 年第 5 期。

倪玉平:《清朝同光时期贵州隔省捐输研究》,《近代史研究》2021 年第 4 期。

彭春凌:《章太炎与井上哲次郎的交往及思想地图》,《杭州师范大学学报》(社会科学版)2020 年第 4 期。

瞿骏:《助产"主义时代":〈中国青年〉的定位、推广与阅读(1923~1927)》,《中共党史研究》2020 年第 6 期。

苏德毕力格:《"和约"下的对峙:晚清时期的教会与蒙旗》,《清史研究》2021 年第 3 期。

孙江:《阎锡山的帮会与"残留"日本人》,《史学月刊》2021 年第 5 期。

唐启华:《五四运动前之公布"中日密约"问题》,《近代史研究》2021 年第 1 期。

陶水木:《从"无虫"到"四无":新中国成立初期的粮食保管工作——以浙江省余杭县为例》,《当代中国史研究》2020 年第 6 期。

王才友:《挺进师与闽浙赣边区游击战略的选择》,《历史研究》2021 年第 1 期。

王先明:《革命与建设:20 世纪中国的时代命题与历史主线》,《史学月刊》2021 年第 2 期。

萧冬连:《计划经济时代影响中共经济决策的主要因素》,《中共党史研究》2021 年第 3 期。

徐志民:《中共与日共早期关系考(1921~1931)》,《史学月刊》2021 年第 7 期。

杨奎松:《浅谈中共建党前后的列宁主义接受史——以 1920 年前后毛泽东的思想转变及列宁主义化的经过为例》,《史学月刊》2021 年第 7 期。

杨奎松:《"问道于器"——辛亥以来国人着装"西化"的成因与经过》,《近代史研究》2020 年第 5 期。

杨天宏:《从"联俄"到"反赤"——吴佩孚对苏俄的认知及其变化》,《近代史研究》

2021 年第 2 期。

元青：《双语词典编纂与近代早期来华传教士对中国文化知识的获取》，《近代史研究》2021 年第 3 期。

张海鹏：《中国共产党与中国历史道路的选择》，《近代史研究》2021 年第 3 期。

周东华：《太平洋战争爆发后中国的大国地位与国际事务的话语权——以中国争取制止侵华日军毒气战为例》，《学术月刊》2021 年第 7 期。

周积明、徐超：《张（之洞）盛（宣怀）关系与晚清政局——以官办汉阳铁厂时期为探讨中心》，《河北学刊》2021 年第 2 期。

周良书、袁超乘：《"寸铁"与中共对国民革命的宣传动员》，《历史研究》2021 年第 3 期。

图书在版编目 (CIP) 数据

中国历史文摘. 2021年卷：总第2卷 / 李军主编
. -- 北京：社会科学文献出版社，2022.8
ISBN 978-7-5228-0490-3

Ⅰ.①中… Ⅱ.①李… Ⅲ.①中国历史-文集 Ⅳ.
①K207-53

中国版本图书馆CIP数据核字（2022）第133211号

**中国历史文摘** 2021年卷（总第2卷）

主 编 / 李 军
执行主编 / 张 峰

出 版 人 / 王利民
责任编辑 / 赵 晨 郑彦宁
文稿编辑 / 窦知远 白纪洋
责任印制 / 王京美

出 版 / 社会科学文献出版社·历史学分社 （010）59367256
地址：北京市北三环中路甲29号院华龙大厦 邮编：100029
网址：www.ssap.com.cn
发 行 / 社会科学文献出版社 （010）59367028
印 装 / 三河市龙林印务有限公司

规 格 / 开 本：787mm×1092mm 1/16
印 张：34.5 字 数：726千字
版 次 / 2022年8月第1版 2022年8月第1次印刷
书 号 / ISBN 978-7-5228-0490-3
定 价 / 168.00元

读者服务电话：4008918866